张远航◎主编

中国近代马克思传记稀有版本文献

④

马克思传

【德】梅林◎著
罗稷南◎译

中央编译出版社
CCTP Central Compilation & Translation Press

图书在版编目（CIP）数据

马克思传 / （德）梅林著 ； 罗稷南译. -- 北京 ： 中央编译出版社，2025. 6. -- （中国近代马克思传记稀有版本文献 / 张远航主编）. -- ISBN 978-7-5117-4922-2

Ⅰ. A711

中国国家版本馆CIP数据核字第202575WT58号

马克思传

选题策划 张远航
责任编辑 周雪凝
责任印制 李 颖
出版发行 中央编译出版社
地 址 北京市海淀区北四环西路 69 号（100080）
网 址 www.cctpcm.com
电 话 （010）55627391（总编室） （010）55627312（编辑室）
（010）55627320（发行部） （010）55627377（新技术部）
经 销 全国新华书店
印 刷 廊坊市印艺阁数字科技有限公司
开 本 710 毫米 ×1000 毫米 1/16
字 数 440 千字
印 张 36.75
版 次 2025 年 6 月第 1 版
印 次 2025 年 6 月第 1 次印刷
定 价 2380.00 元（全 7 册）

新浪微博： @ 中央编译出版社 **微 信：** 中央编译出版社（ID：cctphome）
淘宝店铺： 中央编译出版社直销店（http://shop108367160.taobao.com）（010）55627331

本社常年法律顾问：北京市吴栾赵阎律师事务所律师 闫军 梁勤
凡有印装质量问题，本社负责调换，电话：（010）55627320

馬克思傳

梅林著
羅稷南譯

目录

目次……1
英译者弁言……1
著者自序……1
年表……1

上册……1

第一章 早年……1
第二章 黑格尔的学徒……10
第三章 流寓巴黎……60
第四章 恩格斯……92
第五章 亡命布鲁舍尔……114

第六章　革命与反革命……157
第七章　流寓伦敦……195
第八章　马克思与恩格斯……229
第九章　克里米亚战争和恐慌……243
下册……273
第十章　王朝的兴替……273
第十一章　国际的早年……324
第十二章　资本论……365
第十三章　国际的极盛时代……395
第十四章　国际的衰落……442
第十五章　最后十年……502
附录……535

1

目次（上册）

英譯者弁言……一
著者序言……一七
年表……一
第一章　早年
1.家庭和學校……一
2.燕妮女士……六
第二章　黑格爾的學徒
1.在柏林的第一年……一〇
2.少年黑格爾派……一六
3.自我意識的哲學……二三
4.博士論文……二八
5.逸話和萊因新聞……三五
6.萊因議會……四〇
7.鬥爭的五個月……四六

8. 費爾巴哈……五四
9. 結婚和放逐……五七
第三章 流寓巴黎
1 德法年刊……六〇
2. 哲學的展望……六六
3. 論猶太問題……七一
4. 法蘭西文化……七六
5. 前進和馬克思被逐……八一
第四章 恩格斯
1. 公事房和兵營……九二
2. 英吉利文化……九八
3. 『神聖家族』……一〇二
4. 一部社會主義底基本著作……一〇九
第五章 亡命布魯舍爾
1. 德意志觀念形態……一一四
2 『眞正社會主義』……一一七
3. 維特林與普魯東……一二一

4. 史的唯物論……一二六
5. 德文布魯舍爾新聞……一三四
6. 共產主義者同盟……一四一
7. 在布魯舍爾的宣傳……一四五
8. 共產黨宣言……一五二
第六章 革命與反革命
1. 二月和三月……一五七
2. 六月……一六〇
3. 對俄戰爭……一六四
4. 九月……一六九
5 戈龍尼民主運動……一七五
6. 弗利里格來士和拉塞爾……一七九
7. 十月和十一月……一八二
8. 背信的法令……一八七
9 又一卑劣底詭計……一九二
第七章 流寓倫敦
1. 新萊因評論……一九五

2. 金格爾事件……一九九
3. 共產主義者同盟的分裂……二〇四
4. 放逐中的生活……二一一
5. 霧月十八……二一六
6. 戈龍尼共產黨案……二二一
第八章 馬克思與恩格斯
1. 天才與社會……二二九
2. 無比底聯盟……二三六
第九章 克里米亞戰爭和恐慌
1. 歐洲政治……二四三
2. 烏格哈提，海爾尼和莊斯……二四八
3. 家族和朋友……二五二
4. 一八七五年的恐慌……二五九
5. 政治經濟學批判……二六四

1

目次（下册）

第十章　王朝的興替
1. 義大利戰爭……一
2. 和拉塞爾的爭論……七
3. 流亡者之間的新鬥爭……一四
4. 幾支插曲……二三
5. 佛格特先生……二九
6. 家務和私事……三三
7. 拉塞爾底煽動……四一
第十一章　國際的早年
1. 國際的建立……五二
2. 成立緒言……五九
3. 斯利乞委塞的分離……六四
4. 倫敦第一次大會……六九
5. 奧大利和普魯士的戰爭……七六

6. 日內瓦大會……八三

第十二章 資本論
1. 產痛……九三
2. 第一卷……九六
3. 第二卷和第三卷……一〇七
4. 資本論的遭際……一一六

第十三章 國際的極盛時代
1. 英國法國和比國……一二三
2. 瑞士和德國……一三〇
3. 巴枯林底煽動……一三七
4. 社會民主聯盟……一四四
5. 巴斯勒代表大會……一五〇
6. 日內瓦的混亂……一五六
7. 『機密通信』……一六二
8. 愛爾蘭大赦和法國民衆投票……一六六

第十四章 國際的衰落
1. 色丹……一七〇

2. 色丹之後……一七六
3. 法蘭西內戰……一八二
4. 國際與巴黎公社……一八八
5. 巴枯林底反對派……一九五
6. 第二次倫敦會議……二〇三
7. 國際的解體……二〇九
8. 海牙會議……二一五
9. 臨別底悲痛……二二二

第十五章　最後十年
1. 馬克思在家裏……二三〇
2. 德國社會民主黨……二三六
3. 無政府主義與近東戰爭……二四三
4. 新時代的曙光……二四七
5. 暮色……二五六
6. 最後一年……二五八

附錄
1. 馬克思博士論文的準備工作……二六五

2. 批評黑格爾底法律哲學……一六七
3. 非勒得里奇·恩格斯……一七〇
4. 馬克思底初期經濟學研究和著作……一七〇
5. 作爲國際組織者的馬克思……一七四
6. 德國意識形態……一七六
7. 馬克思與戈龍『工人協會』……一七九
8. 第一國際……一八一
9. 馬克思恩格斯與拉塞爾斯乞委塞……一八二
10. 馬克思與巴枯林……一八四

英譯者弁言

這傳記的作者于一八四六年誕生在波麥郞尼亞的一個富裕底中產階級家庭裏曾經肄業于柏林大學和來比錫大學，得到了後一大學的哲學博士學位。他底傾向自始是民主底和自由底而且當他到了必須聽命于普魯士練兵官的愚弄的時候，他曾經離開普魯士去住在當時的『外國地』來比錫。這樣居心反叛使他和他底家族的關係破裂了。還在靑年時代他就積極參加到公衆生活和當日底政治鬥爭裏面。二十五歲的時候，他是維斯 (Guido Weiss) 和甲可伯 (Joham Jocoby) 所領導的一個民主派小團體的會員：這團體曾經有過足夠底勇氣在普法戰爭之後公開抗議卑斯麥兼併阿爾塞斯和洛林。

梅林底主要活動是新聞記者底和文學底，許多年間他是重要底自由派和民主派報紙的撰稿人，後來是編輯。在他底全生涯中他有一種熱切底正義感，一感覺到不合理他就常常挺身而出。他曾經爲柏拉滕而反對海涅，爲拉塞爾和巴枯林而反對馬克思和恩格斯，爲斯乞委塞而反對伯伯爾，爲白恩斯坦而反對李卜克內希，以及聯合盧森堡作了攻擊考茨基和里阿札諾夫的一番輝煌底論戰。

本書讀者自然會看出他並不是常常站在天使方面的，但是他無論出現在什麼場所那並不是因爲他先已爲他自己研究過那些後果而是因爲他自己底正義感以必然底邏輯迫使他如此的。

大約三十歲的時候，他變爲拉塞爾派的社會主義者，帶着反對歷史家徒里次克 (Treitschke) 的一本書出現在競技場上了。在他攻擊社會民主黨和馬克思的時候，那時期的社會主義是深染着民族主義底色彩的。

像許多出身於有產階級的善意底和自由精神底人們一樣，他懷抱着民主自由的原理和幫助工人的意願來參加工人階級運動而且遭受了這樣參加所必不可免的挫敗與失望。然而，不像別人一樣，他並不由此而後退去休養他底受傷底尊嚴和怨嘆無產階級的不感謝，但是被這初期底失敗所激勵他進而肉搏那問題，纔現爲馬克思主義者了。

一八九〇年他終於和他自己底本階級絕裂了。那時他是民主派底柏林民衆新聞（Berliner Volkszei-tung）的主任編輯，在這報上他堅決反對卑斯麥底政策而且保衛還在反社會主義法令之下受迫害的社會民主主義者們。他攻擊卑斯麥是極其有效底，而後者底回答是威嚇那些股東開除這可惡底批評家否則勒令停刊。依照着使馬克思和恩格斯對於德國資產階級絕望的那種卑怯的傳統，股東們背棄了防衛他們底經濟利益的他們底民主原理，於是梅林被犧牲了。四十四歲的時候他採取了邏輯底決定步驟，加入社會民主黨。

他底最偉大底文學活動時期由此開始。新時代，那時在考茨基主編之下，發表過許多他底輝煌底論文，其中的名作於一八九三年集印成勒辛軼事，那古典底弗勒得力時代的普魯士歷史；這些論文曾經使恩格斯從倫敦寫信給考茨基說他不能忍耐地期待着新時代的每一號新出版。從這些年一直到死，梅林底筆下產生過無數論文，關於哲學，文學，歷史，軍事及政治，使他在國際社會主義運動中獲得了最先進底地位。他底活動的主要場而是寫字台，但是無論如何他並不是安樂椅上的戰略家，而是隨時都配備着最銳利底武器的鬥士，而且他竭全力用牠打擊强大底敵人。

在前世紀末後幾年中，當白恩斯坦之流的修正運動破壞了社會民主組織中的革命底馬克思主義而且用理論底外衣虛榮自賞的時候，梅林是站在前線猛烈攻擊那必然召致德國工人階級運動崩潰於一九一四年中的政策的。在大戰的那幾年間他仍然忠於社會主義底國際主義的原理；不顧他底年邁，他在監牢裏住過好幾個月。聯合着蔡特金和盧森堡這些他樂於稱爲『社會民主運動中的眞實人物』他把無產階級國際主義的旗幟高舉在英勇底斯巴達斯團之中。他親歷過大戰後的初期階級鬥爭和革命工人們的失敗；他死於一九一九年一月，在他底七十三歲生日不久之後，這死當然是由於他底朋友盧森堡和李卜克內希被白色僱傭兵殺害之前一二天波及到他的恐怖浪潮所促成的。因爲他底死，德國文學失去了一個輝煌底作家和鋒利底批評家，德國工人階級失了一個偉大底歷史家和社會主義理論家，社會主義運動還不曾產生過的最偉大底文人。

藝術底或別底才能也許是不適宜於歷史底研究的，但是歷史底條件却使那些才能變爲適宜於這種研究的了，而且除了他底歷史著作而外，梅林對於工人階級運動的最大勞績是他切實地把馬克思主義底歷史唯物論底方法應用在文化底和文藝底諸問題上。在這一方面他是一個拓荒者，因爲馬克思和恩格斯很少進入這種園地，他們底時間幾乎全部從事於革命運動的更爲直接底經濟底哲學底和政治底各方面。馬克思到底不會實行寫作專論巴爾札克及其人間喜劇的志願，社會主義者將要怎樣長久地時常認爲何等遺憾呀？要敍述梅林在這一方面的重要性，沒有比盧森堡祝他七十歲生日的那一封信更好的了：

『……這幾十年來你站在我們運動中的一個特殊崗位上，盡了別人所不能盡的任務。你是眞正文化中的一切優點的代表。倘若德國無產階級是德國古典哲學的歷史底繼承人，如馬克思和恩格斯所說，那末你是這遺囑的執行者。你曾經保存了一度燦爛底資產階級文化中的還有價值底各樣事物，把牠帶到被剝奪了社會繼承權者的陣營裏，傳授給我們。謝謝你底著作，德國無產階級不但密切接觸着德國古典哲學，而且也接觸着德國古典文學，不但接觸着康德和黑格爾，而且也接觸着勒辛，席勒和哥德。你底輝煌底筆下的每一行都曾經教導我們工人們社會主義並不是一個麵包奶油的問題，而是一種文化運動，一種偉大光榮底世界觀念形態。當社會主義精神再現于德國無產階級隊伍的時候後者底第一個舉動將要是捧起你底著作，享用你底終身工作的成果……今日正當資產階級出身的知識份子把我們成羣出賣而回到統治階級的筵席上的時候，我們能夠輕蔑地大笑，隨他們去吧：我們已經爭取得資產階級最後還具有的精神才能和德性的最優良者——弗郎次·梅林了。』

現在呈獻於英語讀者之前的這馬克思傳是梅林底著作的頂峯。這書的初版在一九一八年纔發行於德國，在軍事檢察官的可惡底長久延擱之後，後者是想要阻止牠全部出版或祇許牠在閹割底形式之下出版的。無論那時期怎樣艱難，牠底成功却是迅速的，連續再版了六七次，銷售了好幾萬部。一九三三年，在馬克思逝世五十週年的時候，發行了一次新版，現在擺在讀者之前的這本書就是根據這新版譯出來的。在初版首頁梅林曾經標明『獻給克拉拉·蔡特金——馬克思精神的繼承者』，所以在美國初次出版的這譯本仍然遵從他底志願，雖然這時她也已經隨着她底老朋友梅林和盧森堡歸入那些永遠『照耀在工人階級的偉大心胸中』的人們去了。

梅林死後，馬克思主義研究的新時代以莫斯科馬恩學院爲中心而開始，並且發現了他所不知道的許多事實。所以五十週年紀念版上就增添了一篇附錄，這是在梅林底老朋友和他底文學受託者弗茲（Eduard Fuchs)指導之下編纂而成的。這附錄，附在本書之後，敘述着關於馬克思和馬克思主義的一切要點的闡明，尤其是關於拉塞爾和關於巴枯林的種種論爭，自從梅林死後。

本書的脚註是我加的，因爲要使英語讀者更明白或許他不大清楚的典故，但是我曾經盡量減少牠們。卷末的著作編目不敢說是完備，但是希望牠將要有所助益於有志深究馬克思主義的人們。馬克思底某些著作還不曾翻譯出來，但是已經逐漸少而又少，而且不久之後一切重要典籍都不會超出英語讀者能讀的範圍之外的。

介紹梅林給英語讀者的光榮降臨到我，我希望我可以被認爲並不是不稱職的。然而，我覺得必須道歉的是我所譯的引來底各種詩詞，但是在這一點上我是能夠以馬克思和恩格斯自解的，因爲繆塞也不曾把韻文底天賦放在我底搖籃裏面。末了，我要感謝漢斯·格婁波夫博士(Dr. Hans Glaubauff)和柏根(Frank Budgen)的各種友誼底幫助。

弗茲覺朗(Edward Fitzgerald)。

阿姆斯丹特，一九三五年七月十四號。

著者自序

本書有牠自己底一段小歷史。當建議發表馬克思和恩格斯的通信集的時候，馬克思底女兒洛拉·拉伐格夫人提出一個她贊同這建議的條件，要我作她底代表參加編輯工作。一九一零年十一月十號她寫信來允許我作一些我認爲必要底註釋說明或修改。

其實我並不曾使用過這種特權，因爲並無重要異議發生於編輯人們之間，卽編輯伯恩斯坦和我自己之間——伯伯爾不過把他底名字放在這工作上而已。我既沒有機會也沒有權力，自然更沒有存心依照拉伐格的意旨去干涉他底工作，除非有確實而急需底理由。

然而，在編纂這通信集的長久工作期間，我在學習時代所獲得的關於馬克思的知識融會貫通起來了。我情不自禁地想要把牠組織成一種傳記，尤其是當我知道拉伐格夫人會喜歡這計劃的時候。我取得了她底友情和信任並不因爲她以爲我是她底父親的最博學最賢明底弟子，而是因爲她覺得我對於他底性格曾經有過最深底考究而且或許能夠把牠描寫得最清楚吧。在談話中和通信中她往往使我相信她底家庭生活的許多半已遺忘的紀念曾經由於我底德國社會民主黨史中的敍述而重新顯活起來，尤其是在我所發表的遺文集中，而且由於我底著述她常聽見她底父母說過的許多姓名都從模糊底存在顯現爲分明底實體了。

不幸，這崇高底婦人在她底父親和恩格斯的通信集出版之前久已死了。在她自願脫離生活之前幾小時，她寄給我一通友好底遺書。她稟賦着她底父親的宏偉性格；我對於她的感謝是超過墳墓的，因爲她信托我發表許多他底珍貴底遺著，絲毫沒有干預我底任何批評底判斷的意圖。例如，她把拉塞爾給他底父親的信都交給我，雖然她從我底德國社會民主黨史上知道我怎樣用力替拉塞爾反駁馬克思。

當我開始實行寫作馬克思傳的志願的時候，馬克思主義者陣營中的兩位衛道的健將就不能表示一點這心胸博大底婦人的寬宏氣慨。他們竭力吹起義憤的號角了，因爲我在新時代上敘述馬克思與拉塞爾和與巴枯林的關係有一兩處竟敢首先不向黨中流行底傳說叩頭。

最後，考次基斥責我在大體上『反馬克思主義，』尤其是『辜負了』拉伐格夫人的委託。當我固執着實行寫下去的時候，他甚至用了新時代的六十多頁名貴篇幅來攻擊我。在這攻擊之中里阿札諾夫曾經竭力證明我犯了最卑劣底背叛馬克思的罪惡，夾帶着祇有發昏纔會那樣胡塗的滔滔詈駡。由於爲了禮貌而不願說出牠底眞名字的那麼一種感情，我曾經任隨這些人說到底去吧，但是我應該對我底讀者聲明：我對於他們底精神底恐怖行爲並不會絲毫讓步，而且我在本書中敘述馬克思與拉塞爾和與巴枯林的關係是嚴格遵照史實的眞確性來處理的，並不理會黨中流行底傳說。當然在這樣作的時候我也曾經避免任何爭論。

我底讚美和我底批評——這兩者在任何好傳記中必定有同等地位——都集中在一個偉大人物上，這人論到他自己最愛說的話是『人情底事沒有一件對於我是生疏的。』當我從事這著作的時候我規定給我自己的任務是表現他底一切峥嵘雄壯底偉大性。

我底目的決定了我達成牠的方法。一切歷史底著作同時是藝術和科學，而且這尤其適用於寫傳記。我一時不能記起什麼蠢材首先發表這奇怪底意見：美學底考究在歷史科學的殿堂中是沒有地位的。而且我必須坦白供認——或許這是我自己應該羞愧的——我厭惡資產階級社會倒不如厭惡那些粗鄙底思想家們那麼深刻他們因爲要毀謗可敬底弗爾太㊀，說道祇有一本正經底可厭文體纔是可以容許底文體。在這一點上馬克思大約是和我一致的。對於他所喜歡的古希臘人他曾經把克里阿（Clio）算作九個繆塞㊁之一。眞理是祇有輕侮繆塞的人纔是繆塞所輕侮的人。

倘若我可以假定讀者贊同我底著作所擇取的形式，那麼我還必須請求稍稍原諒牠底內容。纔一開端我就遇着一種無可奈何底必要：防備這書發展得太大，同時要把牠保持在至少是較爲進步底工人們所能理解的限度之內。現在呢，牠已經發展到比我原來的計劃更長了一半了。我常常被迫而把一行緊縮爲一個字，一頁緊縮爲一行，一章緊縮爲一頁！當我分析馬克思的科學著作的時候尤其苦於這種外來底壓迫，而且因爲預防對於這事的任何疑惑，我刪掉了一個大作家的任何傳記所慣用的副題中的第二項目：「他底生活和著作。」

無疑的，馬克思的無比底高度多半是因爲思想的人和行動的人在他是不可分割的聯貫着的，二者是相輔相成的，更無可疑的是鬥士的他往往勝過思想家的他。社會主義的偉大底先驅者們全都同意這一點；如拉塞爾所說，祇要行動的時機一到他就要何等高興地放下他所知道的一切不寫的！馬克思的終身信徒們，三四十年以來沉思冥想過他底著作的每一逗點的人們，到了他們可以而且必須像馬克思一樣起而行動的歷史時機，却全然失措了。他們祇是搖來搖去，好像在狂風中吱吱喳喳的占風標似的。

不過我並不願裝出自以爲是請來指示別人馬克思所領有的浩大底智識疆域的神氣。例如，因爲要給與讀者一種明白適當的馬克思底資本論第二第三卷的概觀，我曾經請求我底朋友盧森堡的幫助，而且因爲

㊀（Voltaire）法國大革命前的思想家。

㊁（Muses）術文藝美術之神。

她底慨然允許他也許要像我一樣感謝她的。本書第十二章第三節『第二卷和第三卷』就是她寫的。

我歡喜我能夠把她底珍貴作品收編在我底書裏面，而且我同樣欣喜我們底朋友蔡特金允許我在她底旗幟之下把我底小船駛入滿潮底海裏。這兩位婦人底友誼對於我是一種無上底安慰，當着洶湧底狂飈已經把那麽些『社會主義的英勇堅決底先驅者』像秋風裏的枯葉似的掃蕩掉的時候。

梅林 (Franz Mehring)

柏林，斯退格里茲鎮，一九一八年三月。

麼深刻他們因爲要毀謗可敬底弗爾太，㊀說道祗有一本正經底可厭文體纔是可以容許底文體。在這一點上馬克思大約是和我一致的。對於他所喜歡的古希臘人他曾經把克里阿（Clio）算作九個繆塞㊁之一。眞理是祗有輕侮繆塞的人纔是繆塞所輕侮的人。

倘若我可以假定讀者贊同我底著作所擇取的形式，那麼我還必須請求稍稍原諒牠底內容。纔一開端我就遇着一種無可奈何底必要：防備這書發展得太大，同時要把牠保持在至少是較爲進步底工人們所能理解的限度之內。現在呢，牠已經發展到比我原來的計劃更長了一半了。我常常被迫而把一行緊縮爲一個字，一頁緊縮爲一行，一章緊縮爲一頁！當我分析馬克思的科學著作的時候尤其苦於這種外來底壓迫，而且因爲預防對於這事的任何疑惑，我刪掉了一個大作家的任何傳記所慣用的副題中的第二項目：『他底生活和著作。』

無疑的，馬克思的無比底高度多半是因爲思想的人和行動的人在他是不可分割的聯貫着的，二者是相輔相成的，更無可疑的是鬥士的他往往勝過思想家的他。社會主義的偉大底先驅者們全都同意這一點；如拉塞爾所說祗要行動的時機一到他就要何等高興地放下他所知道的一切不寫的！馬克思的終身信徒們，三四十年以來沉思冥想過他底著作的每一逗點的人們，到了他們可以而且必須像馬克思一樣起而行動的歷史時機，卻全然失措了。他們祗是搖來搖去，好像在狂風中吱吱喳喳的占風標似的。

不過我並不願裝出自以爲是請來指示給別人馬克思所領有的浩大底智識疆域的神氣。例如，因爲要給與讀者一種明白適當的馬克思底資本論第二第三卷的概觀，我曾經請求我底朋友盧森堡的幫助，而且因爲

㊀（Vol aire）法國大革命前的思想家。

㊁（Muses）術文藝美術之神。

年表

一八一八　（五月五號）馬克思誕生於居里。

一八三五　畢業於居里高級中學。

一八三五·三六　在邦恩大學學習法律，和燕尼女士訂婚。

一八三六·四一　在柏林大學學習法律、歷史和哲學。開始研究黑格爾。加入少年黑格爾派：波爾，盧登堡，米陽和戈本等初次文藝習作（詩及其他）

一八三八　馬克思底父親死了。

一八四一　畢業於葉那大學。

一八四二·四三　投稿於戈龍尼萊因新聞，後來任編輯。與路格合作。

一八四三　與燕尼結婚。

一八四三·四五　旅居巴黎。

一八四四　與路格共同發行德法年刊。投稿於巴黎前進（伯恩斯台和貝那士主持）研究法國社會主義和共產主義。結交海涅，普魯東等：初次會見恩格斯研究經濟學和哲學。

一八四五　基佐應允普魯士政府的請求把他逐出巴黎。

一八四五·四八　旅居布魯舍爾。與恩格斯合作神聖家族和德意志觀念形態（和黑格爾派，費爾巴哈，斯丁納爾及『眞正社會主義者』論戰。）投稿於社會之鏡，維斯特伐侖汽船和德文布魯舍爾新聞。

一八四七　和維特林會見並且討論。和普魯東論戰，作哲學的貧困。加入共產主義者同盟，講演保護貿易自由貿易，工銀勞動和資本。與恩格斯同被委任起草共產黨宣言。

一八四八　共產黨宣言出版。被逐出布魯舍爾。改組共產主義者同盟（恩格斯，斯卡伯，烏爾伏斯蒂方·波恩等。）

一八四八·四九　在戈龍尼任新萊因新聞編輯。會見拉薩爾和弗利里格來士。游歷維也納：對維也納工人協會演講。

一八四九　被控違犯出版法及煽動武裝叛亂，旋由戈龍尼檢察官宣告無罪開釋。馬克思被逐出戈龍尼，新萊因新聞停刊。代表德國民主黨出席巴黎民族會議。被逐出巴黎。

一八四九·八三　流寓倫敦。

一八五〇　恩格斯到倫敦，然後到曼哲斯特。發行新萊因評論。對倫敦工人教育協會演講。最小底兒子死了。

一八五二　最小底女兒死了。擔任紐約民聲通信員（一直到一八六一年。）投稿於大憲章派的報紙。共產主義者同盟解散。與德國流亡者爭論戈龍尼共產黨案。路易拿破崙的霧月十八。

一八五五　馬克思底兒子愛加死了。

一八五七·五八　編纂美國新百科全書和拉塞爾通信。

一八五九　政治經濟學批判出版。投稿於倫敦的羣衆。

一八六〇　與佛格特論戰。

一八六一·六二　投稿維也納自由報。

一八六一　重返德國。在柏林會見拉塞爾。

一八六三　拉塞爾建立全德工人聯合會。

一八六四　拉塞爾死。在倫敦聖馬丁堂中成立國際工人協會。馬克思起草成立序言。威廉·烏爾伏死。

一八六五　與斯乞委塞底社會民主短期合作之後脫離全德工人聯合會。講演價值價格和利潤。倫敦國際會議。

一八六六　日內瓦第一次國際大會。先驅是國際的機關報。

一八六七　資本論第一卷出版。洛桑稜第二次國際大會。

一八六八　布魯舍爾第三次國際大會。巴枯林建立國際社會民主聯盟。

一八六八·六九　西歐中歐罷工運動盛行。

一八六九　伊森那赫德國社會民主勞工黨大會。巴斯勃第四次國際大會。關於巴枯林的機密通告。

一八七〇　國際理事會對於普法戰爭的宣言。恩格斯定居於倫敦。

一八七一　巴黎公社。國際理事會宣言法蘭西內戰。倫敦第二次國際會議。與來比錫民國報合作。

一八七二　海牙國際大會。開除巴枯林。國際理事會移至紐約。馬克思在阿姆斯丹演說。

一八七三　作反對巴枯林的小冊子：社會民主聯盟和旅行家國際協會。馬克思患重病。
一八七五　德國各勞工黨派在戈達合併。馬克思作戈達綱領批評。
一八七六　巴枯林死。
一八七七　與恩格斯合作反杜林論。
一八七八　德國宣佈反社會主義法令。
一八七九·八三　馬克思患病。
一八八一　馬克思夫人燕尼死。
一八八二　旅行至阿格斯和法國。馬克思女兒燕尼死。
一八八三　（三月十四號）馬克思死。
一八八五　資本論第二卷出版。
一八九四　資本論第三卷出版。
一八九五　恩格斯死。

1

第一章　早年

一　家庭和學校

卡爾・亨利奇・馬克思（Karl Heinrich Marx）於一八一八年五月五號誕生於居里（Trier）。因為十八世紀之末和十九世紀之初萊因地帶屢遭戰亂，官書戶籍錯落失散很難確知他底先代甚至亨利奇・海涅的生年現在也還是爭論的問題。

然而關於卡爾・馬克思情形，並不十分壞，因為他是生於較為承平底時代的；但是大約五十年前，當他底父親的一個姊妹死了的時候，留下一張無效底遺囑，為要確定合法繼承人的一切法律調祭都不能發見她底父母——即卡爾・馬克思底祖父母——的生卒日期。他底祖父是馬克思・利文（Marx Levi）但是後來『利文』被略去了。這人是居里的猶太法律教師（Rabbi），可以相信是死於一七九八年的。無論如何他並不曾活到一八一零年，而他底妻伊伐（Eva Marx, nee Moses）卻活過那時，可以相信是死於一八二五年的。

這一對夫婦有許多兒女，其中的兩個薩慕爾（Samuel）和赫斯奇爾（Hirschel），都是獻身於學術事業的。薩慕爾，生於一七八一年，死於一八二九年，繼承着他底父親在居里作法律教師。赫斯奇爾卡爾・馬克思底父親生於一七八二年。他研究法律學，在居里作過律師。後來他升為司法評定官❶並於一八二四年改宗基督

❶（Justizrat）當時由國家頒給著名律師的一種榮典。

教，取名爲亨利奇・馬克思。他死於一八三八年。

亨利奇・馬克思娶了一個名叫罕里達・普列斯堡（Henrietta Pressburg）的荷蘭猶太女子，據她底孫女伊利娜・馬克思（Eleanor Marx）說她底祖先一世紀以來都承襲着律師業務。罕里達・普列斯堡死於一八六三年。亨利奇・馬克思和他底妻罕里達遺留下一個大家族，但是當考察這些譜系的證件的時候，祇有四個兒女還在活着：卡爾・馬克思，麥斯特利赫的名叫斯克馬爾霍森的律師底寡婦索菲居里的名叫康拉特的工程師底妻哀米里，以及卡普城的名叫鳩達的商人底妻留易斯。

謝謝他底父母——他們底婚配是極其幸福的——卡爾・馬克思，生於他底姊姊索菲之次的長男，享受了歡欣底和舒服底青年時代。他底『輝煌底天賦』在父親心中喚起了將來會有功於人世的希望，而母親却說他是一個幸運兒，在他底手上百事順利云云。然而卡爾・馬克思並不像哥德似的是母親底兒子，也不像勒辛或席勒似的是父親底兒子。馬克思底母親用了全力愛撫丈夫和子女，是完全盡瘁於家庭事務的。她終身說着破爛底德國話，並不曾參與過兒子底思想鬥爭，或許竟沒有母親對於兒子擔心是否走上正路和會變成什麼的那種思慮。後來卡爾・馬克思對於荷蘭的母親底親戚顯然有着密切底情誼，尤其是對於『舅父』菲里卜。他往往用很友好底言詞述說這『好老孩子』，後者後來確是援助過他底貧困的。

雖然卡爾・馬克思底父親在兒子二十歲生日之後不幾天就死了，他也似乎已經秘密領會愛子心中的『魔』了。使他不安的並不是父母對於兒輩前程的那種輕微底焦躁，而是朦朧感覺兒子底品性中有着頑强得像崖石似的某物，那是完全和他自己底柔順性質不同的。作爲一個猶太人，一個萊因人和一個律師，他應該是三重武裝着反對東厄爾巴軍事貴族的狡詐的了，但其實他却是一個普魯士愛國者，雖然並不是在這名詞的現今底壞意思上，而是瓦爾狄克（Waldeck）和齊格勒（Ziegler）式底普魯士愛國者，富有資產階級教養而且誠信『老弗里茲』㊀底開明——拿破崙很有理由憎惡的一種『觀念形態』（Ideologue）。雖然這位征服者曾經給與萊因猶太人平等民權並且給與萊因地帶拿破崙法典（Code Napoleon）——舊普魯士反動派不斷攻擊的一種珍品——馬克思底父親是仇恨拿破崙的。

他對於那普魯士皇帝底『天才』的信仰甚至並未被這事實所搖動：普魯士政府或許曾經強迫他改變他底宗教以保持他底資產階級地位的吧。這種事甚至屢屢被另一些博學底人們徵引來辯護或至少是寬恕並不需要辯護或寬恕的一種行爲。其實，即令以純粹底宗教觀點而論，一個和洛克來布尼茲及勒辛一樣承認『純粹信仰上帝』的人是再也不能立足於猶太教堂裏面了的，歸依到普魯士國教倒是較爲當然底事，因爲這國教裏那時正盛行着一種寬容底理性主義，所謂理性底宗教，那特徵甚至遺留在一八一九年時的普魯士檢察法令上。

在那時放棄猶太主義不但是一種宗教解放的行爲，而且也是一種社會解放的行爲。猶太主義底團體並不曾在德國思想家和詩人的偉大智慧勞動中佔有任何地位。孟得爾孫㊁的溫和底努力並不能把他底『民族』導入德國文化生活之內，而且正當亨利奇·馬克思決定改宗基督教的時候，柏林一羣猶太青年的重振孟得爾孫運動的努力也遭遇了同前次一樣底失敗，雖然有幹斯（Edward Gans）和海涅（Heinrich Heine）這些人物在他們底隊伍裏面。幹斯，這一次冒險的舵工，首先下旗歸順了基督教。海涅猛烈地咒罵着他——

㊀（Old Fritz），對於普魯士皇帝弗勒得力（Frederick）的一種愛稱。

㊁（Moses Mendelssohn）德國猶太作曲家（1809——1847）。

『昨日還是英雄今日一名奴隸』——但是不久之後海涅自己也被迫而追隨着他，買了『一張歐洲文明社會的入門券。』幹斯和海涅對於十九世紀德國智慧勞動都曾經盡了他們底歷史底任務，而始終忠於猶太主義的文化發展的他們底同伴們的姓名却早已被遺忘了。

因此在那幾十年間，改宗基督教對於精神較爲自由底猶太人乃是一種文明進步底行爲，所以亨利奇·馬克思在一八二四年中使他自己和他底家族改變宗教是必須而且祗能從這意義上加以理解的。外面底情勢或許決定改宗的時期，但並不是改宗的原因。在那二十年的農業恐慌之中猶太高利貸者所破壞的莊園和農村範圍逐漸擴大，以致萊因地帶發生猛烈底反猶風潮。在這種情勢之下像馬克思底父親那樣正直無疵底人並沒有分擔這種仇恨的任何義務，而且爲了他底兒女他也沒有這樣作的權利。恰在那時他底母親死了，這或許免除了符合於他底整個性格的孝順之情所應有的種種顧忌；或者也許是他底長子已經到了入學之年這事實使這父親終於決定改變宗教吧。

但是，不論是不是如此，無可疑的是亨利奇·馬克思曾經獲得使他完全解脫一切猶太偏見的那種人道主義底素養，而且把這種解脫傳授給他底兒子卡爾作爲一種有價值底遺產。在亨利奇·馬克思寫給他底學生似底兒子的許多書信之中，並不曾流露一點猶太人所特有底任何特性，無論好底或壞底。那些書信寫成於一種舊派父親底，感傷底和婉轉底格調，寫成於十八世紀通信中所流行的一種作風，當一個眞正底德國人愛情奔放和惱怒咆哮的時候。並沒有小資產階級底心胸狹隘的任何痕跡，這些書信是容易注入兒子的知識趣味裏面的，當他指示堅決而透澈底理由反對兒子渴望成名爲一個『通俗詩人』的時候。但是時常喜歡思慮兒子底前途，這『頭髮已白而精神未衰』的老人完全不能避免這種意見：兒子底心胸或許不如他底頭腦那麼偉大，因此或許並沒有很足以慰藉這苦惱底人間的那種平庸然而溫良底感情。

在這一點上他底懷疑或許是對的。對於兒子的『心底深處』的眞愛並未使他盲目，倒是使他有些先見之明了的。正如人都不能預見他底行爲的終極結果一樣，亨利奇·馬克思並不曾想到而且不能想到他傳授給兒子卡爾作爲有價值底遺產的資產階級文化的寶藏恰好助長了他所憂懼的那『魔』——不知道是『聖靈底』呢或是『浮士特型底』呢。還生活在雙親的家宅裏的時候，卡爾·馬克思就已容易地克服了使海涅和拉塞爾經過初次偉大鬥爭纔負着永遠不曾復元底創傷離開去的事物。

學校生活對於這正在發育底少年的長成有過什麼影響是不易考察出來的。卡爾·馬克思從來不曾說起他底任何學友，那些學友也不曾傳出關於他的任何事故。他不久就習完居里高級中學的功課，他底畢業證書的日期是一八三五年八月廿五號。學校送出這有望底少年，照例祝賀他底將來進步，證書上寫着一些關於他底各科心得的刻板考語。然而，那些考語特別强調這事實：卡爾·馬克思常常能夠解釋古典中最困難底章節，尤其是困難不在於語文的特殊而在於意義的含混的處所。據那證書上說，他底拉丁文作文是思想豐富而深入的，不過往往偏重不相宜底事物。

在畢業考試中宗教問題是有些困難，歷史問題也是的，而在他底德文作文中閱卷先生却發見了一個『有趣底』意見，這意見現在我們看來確是更加有趣底。題目是靑年在擇業之前的反省，而批語是思想豐富和結構精良，但是作者又犯了常有底錯誤，過於鋪張非常底和奇特底說法，云云。現在把馬克思底原文照抄一節如下：『我們往往不能擇取我們覺得適合於我們自己的職業；我們在社會中的諸關係是早已在我們能夠決定牠們之前就多少固定了的。』這觀念是這樣自然地像夏季閃電似的初現在這少年心裏，這觀念的發展和完成便是這人的不朽貢獻。

二　燕尼女士

一八三五年秋季，卡爾·馬克思進了邦恩大學，留在那裏作了一年的學生，雖然他底法律的研究恐怕是既不很廣也不很深的。

關於這一時期並沒有直接底史料可以考據，但是由他底父親的書信看來，那其間似乎有些撒野。當初我們發見他底父親祇是埋怨『卡爾底帳單，沒有聯接也沒有結算』（眞的，在馬克思一生之中關於算帳的事，這位貨幣權威底理論家從來不曾把他自己底帳目弄淸楚過）後來我們又發見他底父親很惱怒地責駡『胡鬧』。

在邦恩的一年間，十八歲的卡爾·馬克思有着典型底學生底豪放的一切現相，而歡樂達到頂點是在他和那幼年時代的玩友訂婚的時候；那女子是他底大姊索菲底密友，因此這兩顆青春底心的結合是較爲順遂的。眞的，這確是這位天生底人類導師的最初底和最愜意底勝利，這勝利他底父親覺得『絕對不能理解』一直到他發見那女子『也有些天才』而且能夠作出平常女子所不能的犧牲的時候。

眞的，威士費爺男爵小姐燕尼女士（Jenny Von Westphelen）不但是非常美麗，而且具有非凡底精神和德性。她比卡爾·馬克思大四個年份，而其實還不過是二十歲。青春底美麗正在華苞初放，她很受許多讚頌和獻媚求愛了，而且作爲一位高官底小姐，她是可以聯姻貴冑的。燕尼女士却爲了『艱險莫測底將來』犧牲掉一切榮華底前途，如馬克思底父親所說；這父親有時覺得她也懷着使他不安的那種憂患底預感，同時又確信那『仙女，』『美人，』是這樣堅定，以至對兒子預言道縱然是皇太子也不能把她從他手裏搶去。

將來確是比亨利奇・馬克思當時所憂懼的更加艱險莫測的，但是燕尼女士，她底青年肖像今日還煥發着童真底光彩和魔力，却以最堅忍底勇氣扶助她所選定的男人，全不顧可怕底苦患和困窮。這並不是在尋常底意義上，說她減輕他底生活的重負，因爲她是幸福家庭的嬌兒，並不比慣於辛苦底婦人更能處理生活上的小困難，而是在高尚底意義上，說她理解他底終身事業。

在今日還留存着的她底書信之中全都流露着一種眞純底女性的氣息，她底這種氣質，是哥德所描寫過的一種天性，以同等底眞實顯現於各樣情調之中，不論是反映於幸福時期的笑語之中或因貧困喪失兒女而無力葬埋的悲痛之中。她底美麗是常常爲她底丈夫所誇耀的，在他們底命運聯結了二十年之後，一八六三年他回居里去送他底母親底喪的時候，他寫信來說：『我每天都到威士費崙故宅（在弗朗克府議院大街）去巡禮一次，牠對於我是比一切羅馬古蹟還更有趣的，因爲牠使我記起我底青年時代的幸福，因爲牠曾經保護過我底珍寶。每天我被人左問右問那從前「居里最美底姑娘，」那「舞會的女皇。」一個男子覺得他底妻像「神話裏的公主」似地生存在全市的記憶之中眞是怪愜意底事。』在馬克思將死的時候，那是超脫於一切感傷之情了的，他還用深深感動底悽涼音調說道他生平最美滿底時代是由燕尼女士而實現的。

這一對青年的訂婚並未先請求女方父母的允許，這情形使卡爾・馬克思的好心腸底父親懷着不小底疑懼，但是不久之後也就得到了他們底同意。不論他底名位如何，樞密官路特維・威士費崙男爵(Ludwig Von Westphalen)是既不屬於東厄爾巴軍事貴族也不屬於普魯士舊官僚的。他底父親菲歷卜・威士費崙(Philip Westphalen ）是軍事歷史上最顯著底人物之一。他是布朗斯委克的飛狄南大公的民政大臣；大公曾經在反抗路易十四及其諸侯的侵略的七年戰爭中率領一枝英國雇用的軍隊保全了西德意志。非歷卜·威士費崙是這大公底眞正參謀長，指揮着那些英國底和德國底將軍。他底勞績是這樣被重視，以至英王提議任命他作全軍副將，這榮銜是被非歷卜拒絕了的。然而他終於被迫而克制他底獨立精神到『承受』一種名位的程度，所以如此的理由正和使赫德及席勒屈從同樣待遇的理由相同：他想娶一位蘇格蘭男爵世家的小姐——她來到飛狄南大公的軍營中訪問她的嫁給統率英國補充軍的將軍的姐姐。

婚娶之後他們底兒子之一是路特維·威士費崙。他從父親承繼了世襲底榮譽，而在母親方面他底祖先是有過偉大歷史紀錄的：母親底直系曾祖之一在蘇格蘭宗教改革的鬥爭中受了火刑，另一曾祖伊爾·阿乞貝德（Earl Archibald）爲了反叛哲木斯第二被處死刑於哀丁堡的市場上。有了這樣底家族傳統，路特維·威士費崙是高超於乞丐自豪底軍事貴族和頑固無恥底官僚們的腐臭底偏狹心理之上的。當拿破崙兼併了這大公國和威士費崙王國的時候，他毫不遲疑地繼續着在布朗斯委克執行他底職務，因爲他顯然不大關心那些世襲底王公，倒是留意法蘭西征服者在他自己底小祖國內改革那些腐敗情形的。然而他反對外國底統制，終於一八三一年受了法國統帥達孚斯特（Davoust）的高壓手段。

她底女兒燕尼於一八一四年二月十二號誕生於薩爾斯維狄（Salzwedel），那時他在那裏作執政官，兩年之後他被調到居里來作樞密官。那時青年熱忱底普魯士首相是足夠賢明的，他知道他必須派一個最能幹底人，最沒有軍事貴族習氣底人來駐在新克復的人心還傾向法蘭西的萊茵地帶。

卡爾·馬克思終身都以最大尊敬和感謝述說威士費崙男爵，而且當他稱他爲『親愛底父親似底朋友』和申言對於他底『敬愛』的時候，那並不止是女婿的禮貌而已。威士費崙能夠背誦荷馬的全部詩詞，而且熟讀過英文底和德文底沙士庇亞的許多劇本。在『威士費倫故宅』中馬克思曾經得到他自己底家中以至學校中所不能給他的許多感奮。自幼小以來他便是威士費倫家的嘉賓之一，而且威士費倫是不至於不同意這訂婚的，以他自己底父母的幸福底婚配而論，在世俗看來那也正是男爵世家的貴族小姐下嫁給那時不過一個文官的平民呀。

威士費倫底精神並未遺傳給他底長子，後者是變爲官僚派底鑽營者了的，而且比這更壞：在五十年代的反動時期他是普魯士的內務大臣，爲了維護最頑固愚昧底軍事貴族的封建權勢甚至不惜反對首相曼特斐爾（Manteuffel）——這人至少是一個精悍底官吏。這長子斐狄南·威士費倫（Ferdinand Von Westphalen）和他底妹妹燕尼之間從來沒有過任何特殊底親切關係，後者不過是他底繼母底女兒，而且他比她大到十五歲。

燕尼底眞正底兄弟是愛加·威士費倫（Edgar Von Westphalen），他走在他底父親底道路的左面正如他底前母所生底哥哥走到右面去一樣遠。他甚至追加簽名在他底妹夫卡爾·馬克思的共產黨宣言上，但是他並未成爲一個很可靠底支持者。他遠游海外，經歷過變動不定底運命，回來而又出去到這裏那裏，隨時都演着一種狂放透頂底角色，但是他常常把他底心中的溫煖底一角保留給燕尼和卡爾·馬克思，因此他們底第一個兒子底名字是繼承着他底名字的。

第二章 黑格爾的學徒

一 在柏林的第一年

甚至還在卡爾·馬克思和燕尼訂婚之前他底父親就已決定要他到柏林去繼續求學了；在一八三六年七月一號的一封信裏亨利奇·馬克思不但允許而且說明他希望兒子卡爾入柏林大學繼續研究在邦恩所開始的法律和政治經濟學。

訂婚這事實或許更增强了這決定，因爲鑒於他們底前途渺茫，那謹愼成性底父親覺得這一對愛人的暫時分離是有益的。使他選擇柏林的原因或許是由於他對於普魯士的愛國主義，也或許是由於這事實：柏林大學並不培養『榮華底大學時代』，在謹愼底父母看來卡爾·馬克思在邦恩已經十足地習染着那種風氣了。費爾巴哈（Ludwig Feuerbach）對於柏林大學曾經說過，『比起這工廠來別底大學簡直是酒店。』

這青年學生自己確是不選擇柏林的。卡爾·馬克思喜歡晴朗底來因，普魯士底首都對於他始終是可厭可憎的。黑格爾哲學對於他並無引力，因爲他對於牠毫無知識，雖然自從牠底建立者死後比之他還生存着的時候，牠更加絕對地支配着柏林大學了。況且還要他離開他底愛人。不錯，他曾經和她約定以她同意將來和他結婚爲滿足，目前決定暫時放下一切戀愛表示，但是這樣底愛人底誓言顯然是寫在水上的。後來馬克思告訴他底子女們說當時他愛他們底母親曾經使他變爲一個狂躁底男子，眞的，一直到他得到許可和燕尼通信，他底青春底熱情纔寧靜下來。

然而他接到她底第一封信却是在他到柏林一年之後。我們欣喜找到他給他底父母的一封信，這或許比他以前或以後的來信更能使我們明白『在柏林一年間的感想。』這有趣底文件即使是在青年時期寫的也已經顯示了這人底全體：他追求眞理到了精疲力竭的地步，他無厭地渴求知識，他底無窮底工作能力，他底無情底自我批評，以及控制情感的那種殘酷底鬥爭精神——祇要情感似乎是在錯誤之中的時候。

一八三六年十月廿二號卡爾·馬克思考入柏林大學。他並不很留意於那些學究式底講演，而且在九個學期之中他祇選習了十二門功課，其中大多數是法律的必修科，甚至這十二門他或許也很少去聽講。幹斯(Edward Gans)是這官立大學的教師之中有些影響給馬克思底精神發展的唯一人物。他聽幹斯講授刑法和普魯士民法，而幹斯自己曾經在馬克思的這兩門功課的成績上加以『精勤』的評語。然而，比之這種評語——往往受私人關係的影響——更有莫大價值的是馬克思在他底最初寫作中追隨着有哲學頭腦底法學家的幹斯反對法律的歷史學派的無情底論爭。幹斯曾經發揮辯才很强烈地反對這學派的偏狹和陳腐，反對這學派對於立法和法律的進步上所有的惡影響。

據馬克思自己說他研究法律不過是作爲研究歷史和哲學的一種附屬修業。以歷史和哲學而論，他並不耐煩去聽什麼演講，頂多不過是掛名在蓋伯勒(Gabler)所授的關於邏輯的照例必修底各科目而已。蓋伯勒是黑格爾的正統底繼承者，但是在黑格爾的平庸底門徒們之中他算是最平庸的。卡爾·馬克思根本是一個思想家，甚至在大學裏面他就已獨立工作了，而且他在一年之內自修所得的知識是照例慢慢用藥匙喂似的講演十年也不能給他的。

初到柏林的時候『戀愛的新世界』吸引着他。他把『充滿愛慕而徒勞想望』的情感傾注在滿是詩篇的三本筆記裏面，那些詩全是獻給『我底親愛底和永遠戀着底燕尼的。』牠們在一八三六年十二月中纔達到燕尼底手裏，受了『悲喜交集的淚』的歡迎。這是他底姐姐索非寫信到柏林的。一年之後，在寫給他底雙親的一封長信中詩人自己對於他底繆塞㊀的產兒加以一種很不愛惜底責備：『在感情上全是平庸底和粗雜底；並不自然，虛浮在空中，完全陷於現實與理想的矛盾之中；修詞底思維代替了詩意。』在這些罪狀的結尾上青年詩人纔許可『或許有些溫柔之感和詩底熱情的吧』，作爲原恕之詞，但是這些評語是甚至可以同樣適用於席勒的勞拉里德（Laura Lieder）的。

以大體而論，這些年輕底詩詞透露着一種平凡底浪漫主義的氣息，很少有眞實底音律。而且韻文底技巧是更粗疏，更無望底不配比擬於海湼和普拉亭所曾經吟唱的。因此馬克思所具有的創造才能——後來表現在他底科學著作裏的——開始沿着特殊底旁道發展下去了。馬克思底散文的表現力曾經達到德國文學最大作家的水準，而且他很注重他底作品的美術底諧和性，並不像把乾燥無味底作風當作成爲學者的第一個條件的那些可憐底名人似的。然而在繆塞所放在他底搖籃裏的種種才能之中並沒有韻文底天賦。

正如他寫給他底父母的信上所說，詩對於他不過是一種附帶底趣味。他將要透澈研究法律，尤其願意苦攻哲學。他研究了海尼修新（Heineccius）笛波特（Thibout）和別底大家，把羅馬法全書的上兩卷翻譯爲德文，而且想要建立一種法律哲學。他說『這不幸底作品』差不多寫了三百『波根』㊁之多，但是這數字很

㊀（Musers）希臘神話司文藝美術之女神。

㊁（Bogen）十六頁

像是一種筆誤，結果他看出『全盤錯誤』於是投入哲學底懷抱，起草一種新底形而上學系統，但是又發覺了他底努力的徒勞。在研究中他有愛作提要的習慣，例如他讀勤辛底老孔僧（Lessing's Loakon）梭爾格底伊爾文（Solger's Ervin）溫克爾曼底藝術史（Winckelmann's History of Art）魯登底德國史（Luden's German History）等等，都是這樣作的，同時他記下他自己底感想。他也翻譯了塔細突斯(Tacitus)底德意志化身(Germania)和歐維德(Ovid)底哀歌（Elegies）而且開始自修英文和義大利文，這就是說讀文法，但是進步很少。他讀了克利（Klein）底刑法和編年記，以及一切新底文學作品，但是這祇是在順便和餘暇的時間。在這個學期的末尾他又專心於『繆塞的舞蹈和薩台爾❶的音樂』（Dance of Muses and Music of Satyrs），恍然覺得眞底詩境像遙遠底仙宮似的展闢在他底眼前，而他底創作全都化爲空無了。

第一個學期的結果是『許多不眠之夜，許多爭鬥之場，許多內心底和外面底刺激』但是並無所得；自然，藝術和人間都被疏忽了，友朋都喪失了。並且因爲用功過度而損壞了健康，他遂照醫生底囑咐遷居於斯徒拉洛（Stralau），這地方當時還是一個平靜底小漁村。在那裏他底健康剛一恢復他又從事於思想底鬥爭。

在第二個學期裏他也通曉了許多門類底學識，而且逐漸越加明瞭黑格爾哲學在變動不息底事物之中是一個穩固底支點。馬克思初次認識牠是頗爲零碎底的，而牠底『拙劣粗糙底格調』使他全不喜歡，但是在第二次養病的時候他把牠從頭至尾研究了一遍，不久之後就加入一個青年黑格爾派的團體，在這裏的意見紛岐之中他越更傾向於『這現代世界哲學』，但是也並不緘默於他心中的明朗底每一句話，以致『許多反駁』引起了『肆口謾罵』。

❶(Satyrs)希臘神話，半人半羊之神，好色者。

卡爾·馬克思把這一切解釋給他底父母，結論是要求他們允許他立刻回家，不必等到他底父親所允許的第二年的復活節的時候。他說他要和他底父親討論『這許多變遷』——他底心在構成的過程之中所發生的——而且祇有在父母的『慈顏』之前他纔能解脫『那些不安底幽靈』這一封信對於今日的我們是很可寶貴的，因爲牠是使我們能夠看淸少年馬克思的一面鏡子，但是牠却是他底父母所不歡迎的。他底父親已經病了，又看見了他曾經害怕而現在加倍惶恐着的那『魔』——自從他底兒子戀愛着這老人看作親生女似的『某人』以來，自從請求華族締結世俗顯然認爲斷送愛女於危險暗淡之中的聯姻以來。馬克思底父親並不一定要指定一種生活道路給兒子，倘若還有另一種道路更能使兒子完成『神聖底任務』，但是老人現在所瞻望到的却是並無安全停泊之所的一片風浪。

於是不顧他底『弱點』——他比任何人都認識得更明白——他決意『要强硬一下』，而且在他底回信中他照他底方式硬起來了，以無限底誇張代替了悲哀底嘆息。他訊問他底兒子怎樣解決那些問題而且替他解答道『上帝幫助我們！毫無條理，獃氣地徬徨於科學的各種園地週圍，窒悶地蹲伏於陰鬱底油燈之下。算是從拿着啤酒杯去播種改變到穿着學者底寢衣和帶着一頂亂頭髮去播種了。可厭底冷僻傲慢，輕視一切禮儀，連對待你自己底父親也如此不恭。把社會底光榮都局限於一個髒髒底房間以內，其中亂拋着燕尼的情書和父親的瀏諭——或許是含淚寫成的——都用作燃煙斗的材料了，這或許比失落在第三者手裏作出更胡鬧的事更好些吧。』

那時他被憂鬱壓倒了，因爲要鎭靜自持他用醫生給他的丸藥保衞他自己。卡爾底不善於處理事務受了嚴厲底譴責。『我底闊氣底兒子在一年之內化了七百台勒（Thaler），好像我們是金人似的。且不說一切歡導和一切規則吧；縱然是最富底學生也不過需要五百台勒呀。』不錯，他承認卡爾既不是浪費者也不是游蕩兒，而且怎樣能夠希望一個每週都在發明新學說而下週又撕掉牠的人耐煩去理會這般小事情呢？各個人都掏卡爾底錢包，各個人都這樣那樣詐取他。

這封信就在這樣作風之中寫下去了，父親終於嚴厲地拒絕兒子回家：『現在回家是愚蠢底事。我很知道你不耐煩上課聽講——反正已經繳過學費——但是至少我要你遵守禮儀。我並不是別人底意見的奴隸，但是我不喜歡惹人非議。』卡爾要到復活節纔能回家，或者可以提前十天吧，因為他底父親是並不拘執的。

在這一切牢騷之中我們可以看出他責備兒子沒有感情。這樣底責備後來也屢次對準卡爾·馬克思，像第一次一樣或許是有些道理，但是並沒有引起什麼辯解。俗語所謂『有權充分享受生活』這是掩飾卑怯底唯我主義的苟且者所發明的，當然是無意義的。而且也不是古諺所謂『天才的權利，』自命高出於常人之上。常常顯著為馬克思的特性的，不息地追求最高真理是發源於他底心的深處的。

正如他曾經坦直地說過，他底皮膚的厚度不足以使他漠視『人間苦患，』或者如胡登（Hutten）所說：上帝曾經給他負擔着一個心，使他感覺人間共同底憂患比別人更為深刻。後來沒有誰像卡爾·馬克思似的作過這樣多的創出『人間苦患』根源的工作。他底船直衝過風狂浪湧的生活之海，在敵人的不斷底砲火之下。他底旗幟總是豎在桅梢之上，但是那船上的生活對於船長或水手都是不舒服的。

馬克思對於最親近底人們確乎不是缺乏感情的。他底戰鬥精神能夠克制必須克制的種種情感，但是並不能使牠們完全熄滅，所以他壯年時代屢屢哀痛地訴說，在他底不如意底命運之下，他底最親近底人們比他自己受苦更多。這青年學生爽快地表示了他並非不瞭解他底父親的困難。他拋棄了即刻回家的意願，甚至拋棄了復活節的歸省他底母親大爲失望了，他底父親却很滿意，由此心平氣和他仍然繼續牢騷，可是除去了諦張，寫信來說在抽象底理論的技藝上他確乎比不上他底兒子。而且他已經太老了，不能學習必需底術語，在投入『至聖所』●之前；但是在某一點上抽象底議論並無益處，而且就在這一點上他底兒子聰明地保持着莊嚴底沉默，那就是說關於金錢這卑下底問題那兒子顯然還不明白這東西對於一家之主的父親的重要性。然而他說，疲勞迫使他放下他底武器。

不幸這最後一句話比在這一封信裏所表示的譏諷有着更嚴重底意義。寫這信的時間是一八三八年二月十號，亨利奇·馬克思剛纔從臥病了五週的床上爬起來。容許他起來的痊可狀態並未保持住，那病，顯然是肺病，又發作了而且加重，恰恰三個月之後在一八三八年五月十號他死了。死來在這時候，免却了將要使他底心逐漸破碎的各種失望。

卡爾·馬克思常常以感謝之情記念着他底父親，而且因爲他底父親把他珍藏在他底心的深處，所以那兒子把父親的形象銘記在心上一直帶到墳墓裏面。

二　少年黑格爾派

自一八三八年春季喪失了父親以後，卡爾·馬克思在柏林度過了三年多，而且在少年黑格爾派圈子裏的知識生活已經啟示給他黑格爾哲學的祕奧。

那時黑格爾底哲學被認爲普魯士底國家哲學，正在文化大臣阿爾騰斯泰（Altenstein）和他底樞密

●(Holy of Holies)猶太神殿之最內部，即納約匱之所。

官叔耳士（Schulze）的特別保護之下。

黑格爾把國家尊爲道德觀念的實體，尊爲絕對理性和絕對目的，因而對於以克盡國民義務爲天職的個人有着最高權威。這種學說當然是普魯士官僚很歡迎的了，因爲牠把『捕殺激進派』（Demagogue Hunt）●的罪惡也變爲高尚光榮的了。

黑格爾底哲學並不是爲善的，而且他底政治理論解釋着爲什麼他把君主專制——包括全體官吏的最善努力——看作最理想底政府形式。尤其是他不過是承認統治階級必須享有一部份間接底政權，而即使是這一部份也必須限定在一種合作方式之內。他底理論並不是預備給普魯士君主和代表神權底梅特涅㊀的，以他注重近代憲法上的一般民權而論。

然而，黑格爾獨立制作出來的體系和作爲哲學家的他所採用的辯證法是在不能協調底矛盾之中的。由於存在（有）的觀念產生不存在（無）的觀念，又由這兩者的矛盾產生更高的觀念：變。各樣事物在同時同地是是和不是，因爲各樣事物都在一種流動狀態之中，在一種永續底變化狀態之中，在永續底發展和衰落之中。所以歷史是在一種不斷底演化過程之中的由低級達到高級的發展過程。黑格爾以他底最爲淵博底歷史知識，開始證明這一點，雖然祗是在適合於他自己底觀念論的那種形式之中——絕對底觀念自行表現於一切歷史底事變之中。黑格爾說絕對底觀念是全世界的生命力（Vitalizing Spirit），然而並不加以較詳底闡明。

● "Demagogue" 指梅特涅時代的改良主義者和自由主義者。一八一九年的加爾斯巴德（Karlsbad）決議案嚴禁一切民主政治的煽動，"Demagogue" 是非法的，受了殘酷的虐殺。

㊀ Metternich（1773——1859）奧國政治家，專制主義者，自命爲神的代言人。

所以黑格爾底哲學和弗勒得力・威廉一氏底國家的聯合不過是一種權宜底結婚，祇能維持在彼此可以互佔便宜的期間以內。這種作用顯現於加爾士巴德議決案和『捕殺激進派』的時期但是一八三零年的七月革命給與歐洲底發展一種强烈底推動力，以致一般人以爲黑格爾底方法是比他底體系更遠爲可靠的。當七月革命底影響被遏止而且墳園底平靜再降臨於詩人和思想家的園地裏的時候，普魯士底貴族士官就趕快掘出中古浪漫主義的老朽廢物來抵擋近代哲學。這種情形後來鬆弛了一點，因爲可以說是開明底官僚們比貴族士官們較爲喜歡黑格爾，也因爲黑格爾盡力推崇官僚式底國家並不維持民間的宗教——這是一切封建勢力以至一切剝削階級始終努力着的任務。

所以在宗教方面首先發生衝突。黑格爾說聖經底故事必須和世俗底故事同樣看待，因爲信教和一般眞實事物並無關係；後來瑞瓦比的青年斯徒洛士（Strauss）死心塌地信從了這位大師底話。他主張對於聖經底故事必須加以正常底歷史底考察，而且在他底耶穌傳裏實行了他底主張。這本書出版於一八三五年，曾經轟動一時。在牠裏面斯徒洛士拾起了十八世紀資產階級啟蒙運動的線索，而這運動是黑格爾歷來輕蔑爲『僞啟明』的。斯徒洛士底辯證底才能使他比在他之前的利瑪魯斯（Reimarus）更爲透澈深入這問題的底裏。斯徒洛士並不把基督教看作騙術或把使徒們看作一羣流氓，但是把福音故事的神祕成分解釋爲初期基督教徒們的無意識底捏造。他把新約的大部份都看作關於耶穌生活的一種歷史紀載，把耶穌本人看作歷史底人物，同時他假定一種歷史底根據給聖經上所記着的一切較爲重要底事故。

從政治方面而論，斯徒洛士是完全無礙的，他終身都是如此的。政治議論較爲響亮尖銳的是奮里年刊（Hallische Jahrbücher）。這年刊於一八三八年由路格（Arnold Ruge）和伊許特美耶（Theodor Echtermeyer）創立爲少年黑格爾派的機關報。這刊物也討論文學和哲學，而最初牠不過想對抗柏林年刊，老黑格爾派的守舊刊物。路格曾經參加過『大學青年』（Burschenschaft）運動❷，而且作了『捕殺激進者』的犧牲，他在戈本尼克（Kopenick）和科爾堡（Kolberg）坐了六年的監獄。他很快地和早死底伊許特美耶聯合取得了領導地位。路格並不記取早年底悲劇，後來一種幸運底結婚使他得到霍里大學的講席。他過着舒服底生活，忘掉過去底辛苦，甚至頌揚普魯士國家政體的自由和公道了。眞的，他本來想要親身證實普魯士大老爺們的惡言——升官發財沒有比變節底激進派來得更快的了——但是他底困難卻就從此開始了。

路格並不是獨立底思想家，更沒有革命精神，但是他有足夠成爲一個學術刊物的好編輯的教養和苦幹底力氣，而且有一次他曾經自稱爲智識製造品的批發商人，這並不是沒有根據的。在他領導之下霍里年刊發展爲一切崛強底志士們的會合所了，因爲這些人比其他任何人都更能使這刊物有生氣——也正是官方所謂『不行』。例如，撰稿者斯徒洛士就比一切維護聖經的神學家們的聯合猛攻更能贏得讀者的注意。眞的，路格向當局們保證這刊物宣傳『黑格爾底基督教和黑格爾底普魯士』，但是文化大臣阿爾騰斯丕曾經受了浪漫主義反動的壓迫，並不相信他底保證，以至不理會路格申請官方准許他效勞的迫切要求。結果是使霍里

❶ 當時德國盛行各種年刊，其實都是些論文集，因爲檢察更特別注重短期薄本刊物，對於三百二十頁以上的長期刊物雖不大理會。

❷ 一種資產階級民主政治底學生組織，對抗守舊底貴族學生『團體』，於一八一五年成立於耶納（Jena）。這組織頗有爲自由而鬥爭底精神。一八一九年被加爾斯巴德議決案所禁止。"Burschenschaft" 現在還存在，但是久已失去了牠底原意了。

年刊開始認識應該作些事情打破那拘束普魯士底自由和公道的種種鐐拷了。

柏林少年黑格爾派，卡爾·馬克思在其中過了三年差不多全都投稿給路格底霍里年刊。這團體大半是由大學講師中學教師和著作家們組織而成的。盧登堡（Rudenberg），在馬克思給他底父親的一封信裏被稱為柏林朋友中的『最親密者』，作過柏林軍官學校的地理教員，但是被開除了，據說是因為有一早晨發見他醉倒在道旁溝渠裏，其實是因為懷疑他在漢堡和來比錫的報紙上寫過『惡意底論文』。梅耶（Edward Meyer）是和發表過馬克思底兩首詩的這短命刊物有關係的。斯諦納爾（Max Stirner）那時正在柏林的一個女學校裏作教員，但是不能發見他是否和馬克思同時是這團體的會員，也無法證明他倆見過面。無論如何這都沒有多大要緊，因為他們之間並沒有精神底聯繫。在另一方面，這團體裏的兩個最特出底會員，柏林大學講師波爾（Bruno Bauer）和多洛亭高級學校近代史教員戈本（Karl Friedrich Koppen），却是大有影響於馬克思的。

卡爾·馬克思加入少年黑格爾派的時候，不過二十歲，但是像他後來加入那些新團體一樣，不久就變為這一派底中心了。波爾和戈本都比馬克思大十歲以上，立刻認識了他底卓越底才智，覺得這還在向他們學習而且學了許多的少年人是最好不過底同志。在一八四〇年普魯士弗勒得力大帝即位●百年紀念節戈本所發表的有力底論文集是題名『獻給我底朋友居里的卡爾·馬克思』的。

戈本具有很大底歷史才能，他投稿給霍里年刊的那些論文更證明了這事實。我們感謝戈本的是他首先把法國大革命時代的恐怖政治作了一番真正底歷史底研究。他把當時歷史家里俄（Leo），朗克（Ranke），

●德文原本誤為生日。

洛麥（Raumer）和斯古洛塞（Schlosser）的代表著作加以最爲活潑底和最爲深刻底研究；他自已曾經攻入歷史的各種部門，自格里木（Jokob Grimm）和烏郎（Ludwig Uhland）所著作的關於諸底克族神話的一篇序言，以至關於佛教的一本大著作。像戈本這樣底人因爲要『用火和劍殲滅一切反對我們進天國的人們』，以至渴望普魯士歷史上最壞底專制君主的『精神復活』這事實是足夠使我們明瞭那些柏林少年黑格爾派所處的特殊環境的。

然而我們必定不可忽略兩種因素：第一是反動底浪漫主義和與牠相連的各種東西都努力染黑『老弗里茲』❶的事績。戈本自已把這些努力稱爲『可怕底羣貓合唱新約舊約底喇叭，猶太道德底豎琴，格言和故事底風笛以及其他可怕底樂器，這其間一切自由的讚美歌都湮沒在一陣條頓式啤酒店底嗡嗡嚷嚷之中。第二，當時對於這位普魯士君主的生活和行事還沒有近於正確底批評和科學底考察，而這種考察也不可能，因爲這種考察所必需的材料還沒有公開。弗勒得力大帝享有『開明』的名聲而這聲名是足夠使他被一方所憎恨和被另一方所讚頌的。

戈本著書的目的也在於拾起十八世紀資產階級啟明運動的線緒，而且路格曾經說過波爾戈本和馬克思的結合的主要特點是他們全是從這運動出發的。他們代表一種哲學底雅各賓黨❷，寫了“Mene Mene Te-kel Uplavsin”❸在德國的風暴過後底地平線上。戈本斥駁了這反對十八世紀底哲學的『淺薄底飾詞』，不論那些議論怎樣冗長可厭，我們都很感謝這些德國資產階級啟明運動的先驅者。他們底缺點之一是他們

❶見前，弗勒得力大帝的愛稱。

❷（Jacobin Party）一七八九年法國革命時代急進民主主義者的組織，譯爲『山岳黨』。

還不夠開明。戈本在這斥駁中所突擊的主要目標是無思想底黑格爾模仿者，『這種觀念的靜修獨學底苦行僧』『舊式邏輯的婆羅門』疊脚而坐永遠單調地重複喃喃背誦着三部吠陀經（Holy Vedas）祇有不時向舞妓們的俗世投下貪淫底一瞥的時候纔偶一間斷。

反攻來了，伐爾海京（Varnhagen）在老黑格爾派的機關報上咒罵這本書爲『可厭底』和『作嘔底，』或者他自己特別傷心於戈本底坦白之詞吧：『沼地癩蝦蟆』這種害蟲沒有宗教沒有祖國沒有信仰沒有良心沒有感情不覺冷熱無喜無憂無愛無憎沒有上帝也沒有魔鬼蹲踞在地獄週圍的門道上就要進地獄去也還嫌太壞的。

戈本尊崇『這偉大君主』是『一位大哲學家，』但是他說得太過，以至遠過於弗勒得力底知識程度之上了。他說『不像康德似的，弗勒得力大帝並不贊同理性的兩種形式：一種是理論底正直而無所顧忌地提出懷疑，反駁和否定；一種是實踐底在職責之下和受酬之內，改正別人作壞了的事，洗清一切兒戲底胡鬧。祇有最淺薄底人纔會主張哲學理論底理性顯然更比實踐底理性特別優越纔會以爲『老弗勒茲』恕置了那怡然自適底隱者㊁。恰相反，這位君主是從來不會落在哲學家後面的。』

現在倘若有誰又複述戈本底議論，那就連普魯士底歷史學派也要罵他淺薄無識的；即使是在一八四〇

㊀巴比倫王伯沙撒正在大宴羣臣之際，忽有怪手寫了這幾個字在牆上，誰也不懂，王召哲人但以理來解釋，據說 Mene 是『你底國運到此完結，』Tekel是『你被稱在天秤上顯出你的虧欠，』Upharsin是『你的國家分裂歸與瑪代人和波斯人』。（見舊約但以理書第五章第二十五節）

㊁指康德。

年吧，也並不能把像康德這樣哲學家所終身從事的啟明工作和那普魯士君主奉頒弄臣所排演的假文明戲相提並論的。

戈本苦於一般少年黑格爾派所傷心的柏林生活的貧乏空虛，雖然他自己比別人更容易防備牠，而他也却比別人感受更多。在這一次論爭中他所表現的都是由衷之言。柏林沒有萊茵地帶的高度發展着底工業所給與資產階級自覺心的那種有力底支持。結果，當那些問題成為實踐底的時候，這普魯士首都落在戈龍尼(Cologne)之後，甚至落在來比錫和戈尼斯堡之後了。東普魯士人瓦里斯洛得描寫當時的柏林人士道：當他們安坐在咖啡館裏，用習以為常底粗俗口吻，笑談着舍弗和海根㈠君主和時事的時候，他們自以為是十分自由而且勇敢的。其實柏林一無所有，除了軍營和住宅而外，小資產階級底庸衆就用惡意底輕微底反噬以抵償卑躬曲節於朝庭的屈辱。這一類反對黨的一個經常集合所是伐爾海根所主持着的說閑話底客廳，同時這主持者正是祇要一想到戈本所理解的那種弗勒得力底開明就要誠惶誠恐地在自己身上畫十字的。

沒有理由懷疑少年馬克思曾經參加意見在使他底名字初次宣揚於公衆之前的這本書裏面。他和戈本的交往是密切底的，而且他很贊賞戈本底作風。雖然他們不久就分道而馳，他倆還是保持着良好友誼，而且二十年之後當馬克思回到柏林訪問他的時候，發見他『恰和從前一樣，』於是鄭重祝賀他們底重逢，在彼此底友朋之中過了許多歡娛底時光。此後不很久，在一八六三年中戈本死了。

㈠(Cerf and hagen)都是德國神話中的人物。

三　自我意識哲學

然而，柏林少年黑格爾派的眞正首領並不是戈本，而是布魯諾・波爾（Bruno Bauer）他是被官方承認爲那大哲學家的正統派門徒的，尤其因爲他攻擊斯徒洛士底耶穌傳表示了大爲投合時好底勇敢，同時遭遇斯徒洛士底猛烈底抵抗。波爾得到文化大臣阿爾騰斯忝的庇護，這大臣把他看作很有希望底和有才能底青年。

然而波爾並不是一個急功近利之徒，因此斯徒洛士底預言落了空：他說波爾將要完結在正統派首領罕斯登堡的『呆板底經院主義』之中。恰相反，一八三九年波爾攻擊罕斯登堡因爲後者要把舊約的上帝憤怒和報復的上帝作爲基督教的上帝。這種筆墨交鋒總是始終在一種學究式底爭論的限度之內，而那尖銳却足夠使那衰老底和大驚小怪底阿爾騰斯忝把他所庇護底人調離那些好像眞正聖徒彼得似的首於報復底正統派的猜疑底疾視。一八三九年秋季他派波爾到邦恩大學作講師，打算在年終任命他作教授。

但是布魯諾・波爾，如在他給馬克思的書信中所表示，已經是在使他越過斯徒洛士的智識進步的時代。他開始批評福音書，終於摧毀了斯徒洛士還保留着的最後殘餘。他認爲福音書中的故事毫無歷史底眞實，其中一切全是幻想的產物；他認爲作爲一種世界宗教的基督教並非是強加在古希臘羅馬的世界之上的，而是那世界的自然產物。因此他採取了使基督教的起源可能加以科學底研究的道路，所以那時朝庭和客廳一致歡迎的時髦神學家海爾那克㊀盡力迎合統治階級的趣味來裝璜福音書，痛斥想要沿着波爾所開拓的道路前進的一切企圖，並不是沒有理由的。

當這些觀念在波爾底頭腦中開始成熟的時候，卡爾・馬克思是他底不能分離底同伴，而且波爾承認這比他年輕九歲的朋友是一個最能幹底戰友。他纔一定居在邦恩他就勸勉馬克思來跟他在一處。他說，邦恩的

㊀（Harnack）死於一九三〇年。

教授們的一個學會比起柏林的黑格爾學會『簡直是鄙陋庸俗』。柏林的學會至少總是一個知識趣味的中心。在邦恩也有許多娛樂——那裏的人所謂娛樂——雖然他在柏林和馬克思走在街上比之他在邦恩笑得更多。馬克思應該趕快了結那『無聊底考試』——祇要遵奉亞里士多德，斯賓諾沙和來伯尼玆就夠了——不必把這種滑稽底胡鬧看得太認眞。他覺得對付邦恩的哲學家們是容易底玩意。最要緊的是他們將要聯合出版一種急進底刊物，因爲霍里年刊上的柏林方而底嘮叨是不能忍受的。他覺得替路格難過，但是究竟這傢伙爲什麼不把那些笨蟲驅出他底刊物之外呢？

波爾底書信在當日是響着足夠革命底音調的，但是那總不過是他心裏所想着的哲學革命，而且他信賴國家底支持遠過於國家底敵視。一八九六年十二月他剛纔寫信給馬克思說普魯士似乎定規是要進步的，就單以耶那這些地方而論，雖然並非必需經過尸橫遍野的戰爭，不幾個月之後——接着他底庇護者和老君主差不多同時死去——他就誓言遵從『我們國家生活的最高觀念』，即曾經竭盡四百年高貴努力以調停教會與國家關係的霍亨索倫皇族精神。同時波爾聲明科學將要毫不躊躇地維護國家觀念，反對教會的僭越國家或許會有錯誤；國家或許會懷疑科學而使用壓迫底武器，但是理性天然地隸屬於國家因而不至於長久錯誤。新君主對於這種尊崇的答覆是任命反動底正統派伊奇宏（Eichhor）作阿爾騰斯添的後繼者，而伊奇宏立刻就進行犧牲科學的自由，在與國家觀念有關的範圍之內，就是說使學院教授的自由被教會所僭越。

以政治而論，波爾是遠不如戈本可靠的。戈本或許會誤解那突然崛起於萬民之上的霍亨索倫一族，但是並不至於會誤解那『皇族的精神』的。戈本並不像波爾那樣精通黑格爾派底意識形態，但是必不可忽略的是波爾底政治底短見正和他底哲學底深入相反。他曾經在那些福音書中發現牠們發生的時代的文化底儲積屑，他以爲——以純粹底意識形態底觀點而論這是不合邏輯的——即使夾雜着希臘羅馬哲學底混濁酵母的基督教已經壓倒古代世界文化近代辯證法的明朗而自由底批評主義也還是更加容易掃除那基督教日爾曼文明的惡夢。

使他這樣勇於自信的是那自我意識哲學。由於希臘國民生活的解體而發展起來並且孳生了基督教的各派希臘哲學，懷疑派（Sceptics）伊壁鳩魯派（Epicureans）和斯托伊克派（Stoics）已經統一於『自我意識』這名詞之下。這些學派在玄想底深度上不能和柏拉圖相比，在知識底廣博上也不能和亞里斯多德相比，所以牠們是被黑格爾所輕蔑的。牠們的共同目的是要使個人——由於一種可怕底劇變使他喪失掉曾經保障他的各種事物——獨立於他自己之外的各種事物；把他引回到他底內而生活，尋求內心和平之中的眞幸福，據說那種和平是縱然全世界崩潰在眼前也不至於動搖的。

然而，波爾聲言，在這殘破底世界的廢墟上這伶仃底自我害怕着這唯一有力的自己，牠把牠自身底一般權力當作自身以外的外力而迷亂了牠自己底意識。牠創造了一個敵對底兄弟，但是仍然是兄弟，敵對着掌握一切權力而且一言定生死的羅馬的統治者，那就是福音故事中的『君』和『主』，吹一口氣就制勝自然法則，克服敵人自稱爲世界之主和萬事裁判者。在基督教的奴役之下，人類纔被鍛鍊成這樣：牠可以更透澈地準備牠自身底自由和更周密地護衛牠將要爭得的自由。永存底自我意識——實現自己，理解自己和完成自己底本質——曾經控制着牠自己底迷亂的產物。

倘若我們撇開流行於當時哲學言語中的典型底文詞，我們是可以用更簡單更容易懂底語彙來表明何以波爾戈本和馬克思傾心於希臘底自我意識的哲學的。這就說在實際上他們也是想再振起資產階級啟明運動的端緒。古代希臘各派自我意識哲學並未產生過一個天才可以比擬於古代自然哲學家德謨克里特和赫拉克里丟斯，或抽象底哲學家柏拉圖和亞里士多德的，但是這各派卻擔負着一種重大底歷史任務。牠們開拓了新底和更廣底境界給人類智慧，而且破除了希臘的國家主義底界限和奴隸制度底社會界限，這些界限是柏拉圖和亞里士多德都不曾夢想超越過的。牠們曾經培養了原始基督教——那時是被壓迫者和受難者的宗教，一直到變爲壓迫者和剝削者的宗教之後牠纔歸附於柏拉圖和亞里士多德。雖然黑格爾論述自我意識的哲學是用一種很隨便底態度的，他卻也明白指出個人內在自由的重要性——在羅馬帝國以橫暴方法抹殺一切個人精神的高貴和美好的大災禍之中。十八世紀的資產階級啟明運動復興了希臘的自我意識的哲學：懷疑派的懷疑，伊壁鳩魯派的仇視宗教和斯托伊克派的民主精神。

在戈本論弗勒得力大帝，——他把他看作啟明運動的英雄之一——的書中，他說：『伊壁鳩魯主義，斯托伊克主義和懷疑主義可以說是古代有機體的神經，肌肉和腸胃系統。牠們底自然底和直接底聯合形成了古典的美與善，而當這美與善破滅了的時候那聯合也就分裂了。弗勒得力大帝兼取三者之長而且以非常底才力支配牠們。牠們變爲他底世界觀的和他底性格的以及他底全部生活的主要因素。』馬克思至少可以承認戈本所說的這三派哲學與希臘生活的關係具有『一種較深底意義。』

吸引着他底老朋友們的問題並非不同樣吸引着馬克思，但是他以不同底方式處理牠。他所追求的『作爲至上之神的人類自我意識』既不在宗教的歪曲底鏡子裏面也不在一個君主的淺薄底哲學裏面。他追溯到他認爲可以作爲希臘精神的眞實歷史的這些哲學宗派的歷史底來源。

四　博士論文

當布魯諾・波爾催促馬克思趕快了結他底『無聊底考試』的時候，他底不耐煩是有些理由的，因爲到了一八三九年秋季馬克思已經習過八種學科了。波爾的確不是以爲馬克思也患了尋常學生常在考試中所害的熱病，也不是不相信馬克思能夠一交鋒就戰勝邦恩的哲學教授們。

馬克思一直到死都保持着一種特性：他底無饜底求知慾使他敏捷地處理着困難問題，同時他底無情底自我批評却阻礙他同樣敏捷地結束問題。按照他底務求明澈底習慣馬克思必定鑽入希臘哲學的最幽暗底深處去了吧，所以自我意識哲學的三宗派是不能用一些名詞就可以說明的。波爾寫作得很快，以作品底恆久性而論則實在是太過快了，所以難於了解這種特性，遠不如後來的恩格斯（Friedrich Engels）。甚至恩格斯有時也不耐煩的，當馬克思不能發見他底自我批評的止境的時候。

然而那『無聊底考試』現出另一些困難了，對於波爾或許無礙而對於馬克思却是爲難的。當父親還活着的時候馬克思就已決定從事於一種不至完全違反本心底職業的學術工作；但是阿爾騰斯泰一死教授職務的最引動人底表面特色就不見了，就是說失掉了曾經許給各大學哲學講座的較大自由。波爾自己曾經不倦地指出學士院底長袍沒有別底用處。

而其實波爾不久就發見甚至普魯士底教授們要作各種科學底研究也不能完全不受操縱或阻礙。阿爾騰斯泰死於一八四〇年五月，樞密大臣來登堡暫代文化大臣，後者表示尊崇前任長官，想要履行任命波爾爲邦恩大學教授的預約。然而伊奇宏立刻作了文化大臣，而且邦恩大學神學院反對任命波爾作教授，理由是這將要擾亂該院的諧和一致，云云。在伊奇宏之下養成了德國教授們祇要相信上司在暗中贊賞就要顯出少有底英雄氣慨的風氣。

波爾在柏林度過了他底秋季休假，正要轉回邦恩的時候他纔得到這些消息。在他底朋友之中立刻發生一種爭論：宗教底學派和科學底學派之間是否已經有了一種無可挽回底分歧，擁護科學的人是否能以科學底良心調處於神學院的同事之間。波爾自己仍然保持對於普魯士國家的樂觀態度，而且拒絕了半官方向他提出的建議：他自己從事於文學著作由國家支給津貼。他滿懷着戰鬥精神回到邦恩，希望聯合立刻就跟他來的馬克思闖過困難關頭。

他倆都沒有放棄合辦一種急進刊物的意見，但是馬克思在邦恩大學擔任教職的希望現在顯然是很渺茫的。作爲波爾底朋友和助手他當然估計到邦恩學閥的敵視，他更想不到逢迎伊奇宏或來登堡，如波爾勸告他那樣設法把各樣事情弄『安當』。對於這種事情馬克思向來是很嚴格的，況且縱然他自信可以立足於這種泥滑底路上，那也容易預見他遲早總要失其平衡的，因爲伊奇宏不久就顯出他底眞顏色來了。因爲要一舉而完成柏林大學裏的那些僵化底黑格爾派的老髮徒的胡鬧他任命一個已經老瞶到相信神底啟示的謝林（Schelling）作教授來訓練那些曾經上書國王請求任命斯徒洛士作教授的霍里大學的學生們。

在這種情形之下少年黑格爾派底馬克思決定不在普魯士邦考試。他不願給與伊奇宏的熱心底黨徒們一個磨折他的機會，雖然他並非有意規避鬥爭。他是絕不如此的！他決定在一個較小底大學裏取得博士學位，然後發表他底博士論文作爲他底知識和才能的證明，然後定居於邦恩和波爾發行預定底刊物。在這種辦法之中邦恩大學就不至於完全阻住他，因爲作爲『一個外邦大學』的新進博士，他祇要遵照一兩種定規就可以在大學裏得到獨立講師的自由。

這是馬克思切實進行了的計劃。四月十五日耶納（Jena）大學贈給他哲學博士學位，他並未到場親領；論文是討論德謨克里特底和伊壁鳩魯底自然哲學之間的差異。這論文是馬克思準備要作的一部較大著作的預定部份，在這著作中他想論述伊壁鳩魯斯托伊克和懷疑派的整個連環與整個希臘玄想哲學的相互關係。此刻他祇是舉一個例來表明這種關係，而且祇說到那些更古底玄想哲學。

在更古底希臘哲學家之中，德謨克里特是最爲接近於唯物論的。從「無」不能產生任何物。凡物皆不能化爲「無」。一切變化都不過是物體的結合和分離。沒有忽然而生之物，凡物皆有理性和必然性。除了原子和空間就沒有存在，此外一切都不過是臆見而已。原子的數量是無窮的，原子的形式是沒有一定的。永遠降落於無限底空間之中，越大的落得越快，衝撞着較小底原子，這種物質底運動和由此而生的輪流交替就是種種世界的形成的開端。萬千世界同時地和相續地生成着和消滅着。

伊壁鳩魯從德謨克里特承受了這種自然觀，但是加以變更。那些變更之中最著名的是所謂『原子的偏斜。』伊壁鳩魯以爲在原子的降落中牠們『偏斜，』這就是說牠們並非垂直線地降落，而是在一種傾斜狀態中的。自西塞洛和普拉塔克以至來佈尼茲和康德都十分譏笑他提出這種物理底不可能，攻擊他仿效德謨克里特而又祇是損壞了原來底模型。然而，和這種譴責並行着一種趨勢，把伊壁鳩魯底哲學看作古代發展最高底唯物論系統，這大半是由於這事實：琉克利細阿❶的獻詩使這種哲學傳之久遠，而德謨克里特哲學却祇有零碎部分殘存於數百年狂風暴雨之後。康德斥駁原子傾斜爲『荒唐底發明，』但是他承認伊壁鳩魯是和最

❶ Lucretius（95——55 B.C.）羅馬詩人。

重理知底哲學家柏拉圖相反的最重感官底哲學家。

自然，馬克思並不否認伊壁鳩魯哲學的不合物理，而且斥責『伊壁鳩魯在解釋物理現象中的疏忽不負責任，』更進一步指出伊壁鳩魯的眞理的標準不過是他底感覺的明證：伊壁鳩魯相信太陽的直徑是兩尺，因爲他底眼睛看見如此。然而，馬克思並不以用一兩句話駁斥這些顯然底謬誤爲滿足，却要在這不合物理之中追求哲理。他底行爲是配享受他在他底博士論文的一個註解中稱頌他底先生黑格爾的美詞的。他指出當先生犯了隨便附會的毛病的時候他底學徒們不應該祇是責備他，而應該從牠所根據的原理的不適當之處解釋這毛病的根源，這樣纔能進一步獲得深思所能獲得的教益。

在德謨克里特認爲目的的在伊壁鳩魯却只不過是達到目的的手段。伊壁鳩魯的目的並不在於理解自然，而在於可以支持他底哲學系統的一種對於自然的見解。古代號稱自我意識的哲學分爲三派，據黑格爾說，伊壁鳩魯派代表抽象底個別底自我意識，斯托伊克派代表抽象底統合底自我意識，而懷疑派直接根據牠自己底片面性反對前兩派底片面性底武斷。這種關係正如後來一位希臘哲學史家所說：在斯托伊克主義和伊壁鳩魯主義之中，主觀底精神的個別底方面和統合底方面，即個人的原子性底孤立和他底泛神底隸屬於全體，以同等底要求互相敵對而不能妥協，同時這種衝突中和於懷疑主義之中。

不論他們底共同目的如何，伊壁鳩魯派和斯托伊克派是從不同底出發點上愈趨愈遠了的。「隸屬於全體」使斯托伊克派在哲學上成爲決定論者，以爲凡事皆有其必然性是自然之理，在政治上成爲堅決底民主主義者而在宗教上則不能解脫迷信和神祕主義的束縛。他們曾經乞援於赫拉克里丟底學說——在他「隸屬於全體」是具有自我意識的最不妥協底形式的——雖然他們對待他少有禮貌正如伊壁鳩魯對待德謨克里特一樣。另一方面，孤立底個性的原理使伊壁鳩魯在哲學上成爲非決定論者，主張各個體的意志自由，在政治上成爲被動底受難者——那聖書式底訓誡服從在上者的權威是伊壁鳩魯的一種傳統。同時這種態度使他們解脫了一切宗教的束縛。

馬克思在那一篇湛深底論文裏表明了德謨克里特底和伊壁鳩魯底自然哲學之間的差異。德謨克里特注重原子的物質底存在，而伊壁鳩魯卻把原子當作一個觀念，注重牠底形式和質素，牠底實體和外表。伊壁鳩魯把原子看作不但是現象世界的物質基礎，而且也是孤立底個體的象徵，抽象底個人底自我意識的形成原理。德謨克里特從原子垂直降落得到凡事皆屬必然的結論，而伊壁鳩魯卻以爲原子並不依直線形而降落，否則——如伊壁鳩魯哲學的最善解釋者琉克里細阿在他底獻詩中所質問——哪裏還有意志自由，哪裏還能從無法可想的命運中爭持人類生活的意志呢？作爲現象的原子與作爲觀念的原子之間的矛盾顯然出現於伊壁鳩魯的全部哲學之中，迫使他演出甚至在古代也被輕笑的那種十分牽强底物理現象的解說。伊壁鳩魯底自然哲學的種種矛盾就祇好調解於那些天體的運動之中，然而天體底普遍而永久底存在摧毀了抽象底個人底自我意識的原理。因此伊壁鳩魯底自然哲學撇棄了一切揑造底神物，『最偉大底希臘底啟明者』——馬克思稱呼他——伊壁鳩魯攻擊從天空高處狠惡底一瞥以恫嚇人類的宗教的專横。

即使我們現在仔細研究馬克思對於伊壁鳩魯底哲學的解釋，也分明見得在他底第一部著作中馬克思就已顯示他自己是一個建設底思想家了。其實他底獨到底思想甚至更加明白的，因爲當時反對他的人也祇能說馬克思發展伊壁鳩魯主義的基本原理所得的結論倒比伊壁鳩魯自己所得到的還更清楚了。黑格爾曾經說道伊壁鳩魯底哲學在大體上是輕率粗疏的，眞的，這哲學底創始者是一個自學而成底人，很注意普通人們的言語，確乎不會把他底思想裝飾在馬克思用以解釋牠的那種黑格爾哲學的玄妙語彙之中。由於那論文這黑格爾底學徒作成了他自己底成熟的證書。他以一種純熟底方式應用着辯證底方法，而且他底作風顯出他底先師黑格爾所特有而爲他底戰友所缺乏的那種表現的活力。

然而在這著作裏而馬克思還是完全根據黑格爾派哲學的觀念論，而對於今日的讀者最爲驚奇的是馬克思所加於德謨克里特的不滿意底評判。馬克思說德謨克里特所成就的不過是提出一種說明經驗結果的假設，而不是一種能動的原理；所以這種假設並不圓滿，對於自然現象的實際研究也絕不會有實際影響。在另一方面，他推崇伊壁鳩魯爲原子論的科學的建立者，姑不論他怎樣牽強地解釋物理現象，姑不論他怎樣宣傳抽象底個人底自我意識。馬克思承認這自我意識抵消了一切眞正底科學因爲貫通於事物的性質之中的並非個體底單一性。

這種問題在今日是無須討論的。以現代的一切原子論的科學而論——把一切現象的發展作爲物的細微底單元的運動的結果，來解釋聲，光，熱以及物體中化學底和物理底變化的法則——那先驅者却是德謨克里特而不是伊壁鳩魯。然而，在那時代的馬克思看來哲學——更正確地說，抽象底哲學——完全是科學，以至他得到那樣一個今日我們幾乎不能理解的結論，除非把這事實解釋爲這其間顯示了他底性格的基本質素。

以馬克思看來，生活就是工作，而工作就是戰鬥。所以使馬克思反對德謨克里特的是因爲後者缺乏一種『能動底原理』，就是如他後來所說，『一切前代唯物論的主要弱點：』祇在客體及觀念的形式之中領悟事物，本體，覺官，而不從主觀的實踐的，人類活動的形式中加以領悟。另一方而使他傾向伊壁鳩魯的是這位哲學家用以反抗宗教壓迫的『能動原理』。

『既不怕閃電，也不怕神威，
更不怕天庭的轟雷……』㊀

那論文的序言——馬克思打算獻給他底岳父——透露着一種不滅底和殘酷底鬥爭精神。『祗要一滴血還流動在哲學的征服世界底和自由無覊底心胸裏，哲學總是要用伊壁鳩魯的話向牠底敵人挑戰的「輕侮庸衆底神祇的人不是不敬上帝的人，而承受庸衆對於神祇的意見的人纔是（不敬上帝的人。）」』哲學並不放棄普洛米修斯的㊁誓言：

『簡直說吧，我仇恨一切神祇。』㊂

而且對於那些嘮叨着他們底顯然低劣底福祉的人們，哲學將要像普洛米修斯回答神祇的僕役赫木斯似地回答道：

『為了你們底卑劣底奴役，無疑的，
我決不願改變我自己底不幸底命運。』㊃

㊀ "Weder Von Blitzen geschreckt noch durch das Geraune Von Gottern,
Oder des Himmels murrenden Groll……"

㊁ (Prometheus)「希臘神話」半人半神之神，曾盜天火授其用法於人類，因而獲罪，被大神宙斯縛於高加索山上，日命一鷲來啄食其腸臟以苦之。

㊂ "Mit Schlichtem Wort, den Gottern allen heg'hei Hass".

㊃ "Fur deinen Frondienst gah' ich mein unselig Las,
Das sei versichrt, ninmermahr zum Tausche dar".

在哲學曆書上普洛米修斯是最崇高底聖人和殉道者。這是馬克思底挑戰底序言的結語，甚至他底朋友波爾都吃了一驚但是在波爾似乎以爲『不必要底奮勇』的其實正是註定定要作普洛米修斯第二——在鬥爭中和受難中——的人的簡約底誓言。

五 逸話和萊因新聞

馬克思剛纔把新得的博士文憑放在衣袋裏的時候，由於浪漫主義底反動的進攻他爲他底將來所建立的全盤計劃就崩潰了。

一八四一年夏季伊奇宏勳員一切可恥底陣營中的神學家們圍攻布魯諾・波爾，因爲他批評福音書。除了霍里和戈尼斯堡而外一切大學全都一致違反基督新教的學術自由迫使波爾走開。因此馬克思立足於邦恩大學的希望全都消失了。

同時，出版一種急進底哲學刊物的計劃也塌倒了。新即位底君主自命爲維持出版言論自由，頒發了一道溫和底檢察令在一八四一年尾這命令確是顯了一點光明的，但是那時的言論自由顯然祇限於浪漫派底牢騷。這位新君主的所謂言論自由也表明於一八四一年夏季樞密院命令路格把他底雜誌——在來比錫由魏剛發行——交付普魯士出版檢察處，否則禁止在普魯士邦發行。這就使路格充分認識了他底『自由和公道底普魯士』使他遷移到德烈斯丹去，於一八四一年七月一號發行他底雜誌德意志年刊。同時，由於他底自動，他採取了波爾和馬克思都已覺得他底文字裏久已失去的那種較爲尖銳的音調，於是他們決定投稿在他底刊物上，並不建立他們自己底刊物。

馬克思終於不會發表他底博士論文。牠底直接底目的已經不是急迫的事，據牠底作者後來表示，牠是被擱在一邊等待將來修改爲一部較大底著作——論伊壁鳩魯斯托伊克和懷疑派底哲學——的一部份了。然而，『另一種政治底和哲學底事業』不許馬克思實行他底原來計劃。

這些事業的最重要之一是要證明不但伊壁鳩魯連黑格爾也是澈底的無神論者。一八四一年十一月魏岡發表了一篇『最後通牒』題名爲『對於無神論者和反基督者黑格爾的末日裁判的警號』在正教徒的假面之下，那匿名底小冊子的作者以聖經裏底先知底腔調悲歎黑格爾底無神論，並且以最動人底形式從黑格爾自己底著作中證明他底意見。這小冊子大爲轟動，尤其是作爲開端的那正教徒底假面具確乎瞞過了公衆，連路格也被牠所騙了。其實『末日裁判』的作者是布魯諾・波爾，因爲他打算與馬克思繼續合作，根據黑格爾底美學法律哲學等，證明這位大師的眞精神的繼承者是少年黑格爾派而不是老黑格爾派。

然而末日裁判被禁止了，並且魏岡也阻止發行。而且馬克思害病，同時他底岳父臥病了三個月，於一八四二年三月三號死去。在這種情況之下馬克思覺得『要作什麼有價值底事是不可能的』但是他仍然於二月十號送去『一篇小稿子』，並且和路格約定他自己要盡力於出版事業。所謂『小稿子』是一篇批評當時國王所頒佈的愼重施行檢察的命令的論文，這是馬克思的政治事業的開端。他底深刻底批評點點曝露了隱藏在糊塗底浪漫主義的外套之後的荒謬無理。他底態度是敵對着那些『僞自由的』鄉紳以及某些少年黑格爾派的高興的——這些人以爲他們已經看見『光天化日』了，因爲那命令之中充滿『王道精神』云云。

在附帶的一封信裏馬克思要求趕快印出這論文，『除非檢察官檢察了我底檢察。』他底預料並未欺騙他，二月廿五號路格寫信通知他德意志年刊對於檢察吏發生了最大困難，『你底投稿變爲不可能了。』路格也通知馬克思他已經從檢察吏所拋棄的材料之中選出『一本辛辣而美好底東西的集粹』，打算在瑞士出版『哲學逸話』（Anekdota Philosohica）三月五號馬克思寫信給他表示對於這種計劃的熱忱。『爲了忽然復活的』檢察令馬克思預備作爲末日裁判的第二部的關於基督教底藝術的論文不能出版了。然後馬克思再加以修改，把牠送給路格去編哲學逸話，還連帶送去一篇批評黑格爾派關於自然法則的理論。這一篇批評對於君主立憲政體採取攻勢，表明這政體是一種自相矛盾和自相抵消的混雜物。路格答應接受這兩篇稿子，但是除了論檢察令的那一篇而外，他並未接到別的。

三月二十號馬克思聲明他想要使他底關於基督教藝術的論文解除末日裁判的那種作風，解除黑格爾派底語彙的冗累底限制，同時使牠更流暢和更透澈。他約定於四月中完成這工作。四月二十七號牠『差不多完成了，』請求路格再『寬假幾天』說是路格祇能收到這論文的總論，因爲在著作中牠已經發展成一部書了。但是七月九號馬克思就不打算請求任何寬假，簡直藉口『不愉快底外務』算是遷延的理由。同時他約定非作完逸話的稿子決不作別底事。十月二十一號路格說逸話已經準備好了，要交蘇里克的文藝書店出版。他還留着空位等待馬克思的稿件，一直到後者所約定的時限。然而路格很知道馬克思是一經決定就盡力去作的。

路格比馬克思大十六歲，但是像布魯諾·波爾和戈本一樣，他是很敬重這很年輕底人的才能的，雖然馬克思使這位編輯等得十分不耐煩了。馬克思對於合作者或發行者都不是一個好行方便底作者，但是他們之中沒有一個把那由於觀念過於豐富和永不滿足底自我批評所發生的事情歸咎於疏忽或怠惰的。

至於這一次在路格看來，還有別底緣故可以原諒馬克思，因爲比哲學更爲強烈的一種興趣已經吸引着他底注意。由於評論檢察令那一篇文章他已經走進政治競技場了；他在萊茵新聞的紙面上繼續這種活動代替了在逸話上紡織哲學底絲縷。

萊因新聞於一八四二年一月一月成立於戈龍尼，原來並不是一種反對派底報紙，而是頗爲接近政府的。自三十年代以來寬恩新聞（Kolnssche Zeitung）和主教們鬧過亂子，以至擁有八千定戶，早已成爲教王全權黨的喉舌，在萊因地帶握有不可侮底勢力，使政府的高壓政策感覺許多困難。寬恩新聞的這種態度與其說是發生於擁護天主教義的熱忱，不如說是發生於營業的打算，因爲牠底讀者顯然都不是喜歡歌頌柏林德政的。寬恩新聞的獨佔勢力是這樣强大，以至牠底所有者常常收買和牠競爭的任何報紙，甚至當後者得到柏林支持的時候。一八三九年十二月政府對於萊因一般新聞（Rheinische Allgemeine Zeitung）給與了必要底讓步，希望牠能夠打破寬恩新聞的獨佔，但是不久之後，一般新聞也受了牠底前輩所遭遇的命運的威脅。然而，一羣有資產底市民終於出來集股，把牠安置在一種新基礎上。政府贊同這計劃，許給這改組底報紙——就是著名底萊因新聞——享受一般新聞所獲得的那種讓步。

戈龍尼的資產階級對於還在被萊因民衆仇視爲外國壓的普魯士政權並無爲難的意思。營業是順利進行着的，萊因地帶的資產階級已經放棄親法的傾向了，其實在創立關稅聯盟（Zollverein）❶之後，牠就已要求普魯士稱霸全德了。萊因地帶資產階級的政治要求是極其溫和的，還不如經濟要求那樣廣泛——其目的在於推廣資本主義底生產方式於萊因地帶，這是已經有了很大底進步了的。他們提出的經濟要求如下：設立國家經濟機關，擴張鐵道，減低訟費及郵費，稅關在統一底旗幟和監督之下，總之，一切資產階級所必需的項目。

❶成立於一八三四年。

但是負責改組編輯部的兩個青年候補法官佐治·永格（Georg Jung）和高等法官考試及格者達戈伯·歐不亨（Dagobert Oppenheim）確是熱忱底少年黑格爾派，很受了赫斯（Moses Hess）的影響——赫斯，和他們一樣，是萊因商人的兒子，不但研究黑格爾哲學而且熟悉法國底社會主義。他倆從自己底同派之中，從柏林的少年黑格爾派之中，徵求撰稿人，而且，由於馬克思的推薦，盧登堡甚至作了德文版的編輯，雖然這一推薦，如後來所證明，並不是馬克思很愜意的事。

馬克思自己，當然是自始就和這冒險有密切關係的。他曾經打算從居里遷移到戈龍尼，但是他發見戈龍尼市的生活太喧鬧，於是暫時寓居在邦恩，這時波爾已經離開那裏了。他說，『倘若沒有人留在這裏使正統派麻煩，那是可惜的事。』在邦恩他開始投了幾篇稿子給萊因新聞，這些稿子把他抬舉到別底一切撰稿人之上。

雖然永格和歐不亨的私人關係是把這報紙變爲少年黑格爾派的會合所的第一步，然而不得股東們的承認或贊同這種變化是作不到的。股東們的聰明或許足夠認識在德國他們不能找出更能幹底知識份子的吧。少年黑格爾派是傾向普魯士的戈龍尼的善良底資產階級不能理解或懷疑他們會作出別底事來，或許把他們看作一些無害底偏僻人物吧。無論怎樣解釋都可以的，股東們確乎不曾干涉過，雖然在最初幾個星期中柏林方面斥責這報紙的『反政府底傾向』，甚至威赫說要在這一季的末尾封閉牠。使柏林的權勢者最爲氣悶的是盧登堡的被委任，這人是早已被認爲一個可怕底革命家而且常在警察嚴密監視之下了的。甚至在一八四八年三月間弗勒得力威廉第四還害怕這人——相信他是革命的眞實底煽動者。不論柏林怎樣感覺不滿，那致命底打擊終於不曾爆發，這大半是由於文化大臣伊奇宏，他雖然是澈底反動的，但是覺得必需設法對抗寬思新聞的反政府傾向。雖然萊因新聞的傾向『差不多是更危險底』，然而牠所發表的思想或許不能吸引當時社會的中堅份子吧。

馬克思底稿件實事求是地討論時事，比波爾和斯丁納爾底稿件更能調和那些股東與少年黑格爾派，這是不錯的。否則，那就無法理解他纔投稿幾個月之後（一八四二年十月）就作了那報紙的編輯。現在馬克思第一次顯示了他底無比底才能切實地使僵硬底情況按照節奏舞蹈起來了。

六　萊因議會

去年萊因省議會在杜斯爾多夫開過九個星期的會議，馬克思曾經作了五個長篇論文分析牠底活動。各省議會都是無用底，僞造底民意機關，由普魯士王室設立來掩飾背棄一八一五年許可立憲的約言的。牠們開了許多次關門會議，在門後面小聲議論一些無關緊要底『公事』。然而自從一八三七年與戈龍尼和波森的天主教黨發生衝突以來，這些議會就完全沒有召開過了。若論反對政府，萊因和波森的議會是可能如此的，但那也不過是教王全權派的議員們而已。

這些『名貴底』機關是被嚴密地防範着的，很難沾染自由主義底『惡習』，因爲按照法令，領有地產乃是當選議員的一個必要條件。照例，議員的半數是鄉紳，三分之一是城市地主，六分之一是農村地主。然而那種選舉原則並不能通行無阻，例如，在新獲得底萊因地帶之內就必須對於近代精神退讓幾步；但是鄉紳總是佔着議員人數三分之一以上，而又因爲一切決議必須三分之二的多數通過，所以不得鄉紳同意就什麼也作不成。城市地主受着更多限制：他們必須繼續領有地產十年以上纔有可以當選的榮寵。爲嚴密起見，政府再進一步，有權否決任何城市官吏的當選。

雖然這些議會都是公衆輕視的東西，弗勒得力·威廉第四登位以後又召開了一次(一八四一年)，他甚至把牠底權力擴張了一點，但是那不過是要敷衍王室於一八二〇年曾經預約過非得到將來底德國聯合會議的同意和批准，不再借新債的諾言。約翰·甲可賓(Johann Jacoby)曾經發表過一本小册子，籲請議會要求王室履行約言，但是他底宣傳都落在聾子底耳裏了。

甚至萊因議會可恥地讓步了，對於政府所最畏忌牠的關於教會的政治問題也確實讓步了。以三分之二的大多數牠否決了這要求：非法逮捕底戈龍尼主教必須送交法庭或令其復職；雖然這要求的正當是無論從自由派底和教王全權派底觀點上都不容爭辯的。牠從來不提憲法問題，而且牠以最卑怯底方式對付戈龍尼數千市民簽名的下列請求：容許公衆到議會裏傍聽，發表議會的全部會議紀錄，報紙有權討論議會事務和其他一切省務，頒佈確定底出版法以代替檢察令。議會所作的不過是請求國王准許發表會議紀錄中的發言人姓名而已，並不敢要求一種出版法，祇不過請求防止檢察令的濫用而已。牠底卑怯的成效是王室對於這些最溫和底請求也加以拒斥了。

議會顯出活氣就祇在牠奮起捍衛地主利益的時候。舊封建勢力的恢復是不成問題的。連東普魯士派到萊因地帶的官吏都這樣報告柏林了。凡是這種企圖都必定引起萊因人民的猛烈反對，他們不能容忍這一類事情。他們尤其要抵抗爲鄉紳或莊主的利益而施行的任何干涉，妨礙任意劃分地產的權利，雖然無限度底地產分割已經使地權粉碎，正如政府所指出似的。政府提議對於劃分地產應加某種限制『以維農家利益』，因此被議會以四九票對八票所否決，因爲這一點是全省所同意的。自此以後議會對於立法更放胆一點，而且通過了政府所提出的許多法令，禁止在私家領地和森林中採薪，捕魚獵鳥。議會裏的地主們無恥地濫用立法權爲他們自己謀利益。

馬克思曾經透澈地責難議會。他寫了六個長篇論文；在第一篇裏他批評議會關於出版自由和發表會議記錄的種種辯論。國王曾經准許發表記錄——不發表發言人姓名——這總算是一種改革吧，但是議會自身却加以拒絕了。萊因議會並不像波麥郎尼亞和布朗登堡議會那樣簡直拒絕發表任何記錄；但是牠也顯示了被選人超然高出於選舉人批評之上的那種愚蠢底傲慢。『議會受不住陽光的照耀，把牠自己隱蔽起來是較爲舒適自在的。倘若全省人民信賴他們所托以代表權利的人物的團體，那麼這些人物應該屈尊來接受這榮寵，這不過是當然底事，至於要求他們報答這抬舉而且要把他們底生活方式和品性交付曾經給與這種信賴的人民的批判，那倒眞是太過了。』馬克思以優美底詞令譏刺了他後來稱之爲『議院癡呆病』的最初現象，這病是他終生所厭惡的。

對於出版自由的問題他底利劍曾經表演了無比底光輝和尖銳。路格坦直地說：『對於擁護出版自由再不能有比這說得更深刻更透澈的了。我們底報紙能夠首先發表這樣成熟，這樣卓越，這樣善於清除混亂思想的權威作品，確是可以自豪的。』在某一節中馬克思提到他底家鄉的舒適底天氣，在這些論文之中即令是在今日吧，也還存着照耀萊因河岸葡萄園上的夏日的溫煦。黑格爾曾經說過『縱然是一個壞報紙，牠底卑下底主觀性也能表明一切的』，而馬克思却訴之於往昔資產階級底啟明運動，而且在萊因新聞上他承認康德是法國革命的德國理論家。但是，他追溯這運動的方法是展開着黑格爾的歷史底辯證法所開拓的一切政治底和社會底遠景底闊度的。祇要把甲可賓的四個問題和馬克思在萊因新聞上的論文一比較，就明白後者是怎樣的進步。甲可賓再再訴之於國王預約立憲的詔令，把牠作爲全個問題的始終，而馬克思却不屑於討論這個。

盡力頌揚自由底報紙爲人民的耳目，反對檢察報紙及其弊害——由於僞善而產生一切缺陷，甚至以美學底觀點而論那種被動性也是令人厭惡的——馬克思並未忽略這種自由會被誤用底危險。有一個代表城市產業所有者的議員曾經要求出版自由爲營業自由的一部份，馬克思質問道：『自身墮落到成爲一種營業的報紙是自由底麼？一個作家因爲要生存和寫作確是必須賺錢的，但是他不應該爲賺錢而生存和寫作……報紙的第一種自由必須是從商業解放出來。使報紙墮落到不過是維持物質生活的一種工具，那作家就該受一種內心底懲罰——外面底侵凌叫作檢察——除非他底生存原來就是他底懲罰。』馬克思終身奉行着這種原理以及他所要求別人的同一標準：人底寫作必須以作品自身爲目的。對於他自己和別人都不是一種工具，他就必須，倘若必要，爲他底作品而犧牲他自己底生存。

關於萊因議會的第二篇論文所討論的是『大僧正事件』，如他寫信給永格所說。這論文被檢察官勾銷了，永遠不會發表，雖然路格提議把牠登在他底逸話裏面。一八四二年七月九號馬克思寫信給路格說：『不要以爲我們是生存在萊因的政治底理想鄉。堅忍地支持着像萊因新聞這樣一種報紙是必要的。我批評議會活動的第二篇論文已經被檢察官所拋棄。在那論文裏我指出國家擁護者曾經採取宗教底立場而宗教擁護者却採取政治底立場。使我底論文被拋棄更不愉快的是因爲戈龍尼的愚蠢底天主教徒將要墜入圈套，而防衛大僧正是可以吸引新定戶的。因此，你就難以想像這些暴君對待那些正教蠢材是怎樣可惡而同時又怎樣愚蠢。但是這事件結果圓滿。普魯士在全世界的眼前舐了教皇底脚指，而我們底執行官在大衆之前還是毫無慚愧之色。』後一節是指這事實而言：浪漫主義底弗勒得力·威廉第四曾經冒昧和教皇古利亞進行談判，同時教皇賣弄教庭底教條，表示謝意。

馬克思寫給路格的這封信並不是說：馬克思因爲要使戈龍尼的胡塗教徒墜入圈套而認眞防衛大僧正。相反的，他絕對忠實於他底原理而且完全合於邏輯，當他宣說下面的話的時候：大僧正因爲完成宗教職務而被非法逮捕，天主教徒要求這非法被捕底人必須交付法庭裁判，這其間國家擁護者採取了宗教底態度而教會擁護者，採取了政治底態度。這確是萊因新聞必須決定底問題：在這是非混淆底世界中牠必須採取一種正確底態度，正如馬克思在給路格的同一封信裏所說的理由，就是教皇集權黨（這報紙所努力反對的）是萊因地帶的最危險底勢力，而政府的反對派又太過慣於實行鬥爭於完全屬於教會範圍之內。

第三篇論文由五個長篇組成，批評議會反對盜竊林木法案。因此馬克思被廹而『下凡』了，就是，如他在別底事情中所表示，他是困惱於談論實際利益的，因爲黑格爾哲學系統中不容許這種趣味。眞的，他對付這法案所引起的問題並沒有他後幾年間所表現的那種明快之氣。問題的爭點是正在發展底資本主義時代與大地主的最後殘餘底所有權之間的鬥爭，一種剝削大衆的獸性底爭鬥。一八三六年中普魯士所有的二十萬另七千四百七十八件刑罰案中，十五萬件以上，差不多四分之三，是關於私伐林木、盜捕魚鳥等等的。

在議會的討論中地主底剝削利益無羞恥地强制通過了，甚至超過政府所草擬的規定之外，於是馬克思以尖銳底批評代表『沒有政治底和社會底權利的被剝削底大衆』出而戰鬥。然而他底理由還是根據於正義的引伸，並不是經濟學的考察。他主張貧民所有的習俗底權利必不可破壞，他說明這些權利的基礎在於財產的某種曖昧底形式：既不是明確底私產也不是明確底公產，而顯然是中古遺制中的兩者的混合物。財產的這種混淆不淸底形式是由於採行羅馬法中的抽象底民法的條規而廢除了的，但是一種本能底正義感具體地實現於貧窮階層的這些習俗底權利之中，而這些權利根本是積極底和合法底的。

雖然這種歷史底考察具有『某種游移底性質』，而這論文終於顯示給我們到底激起了這『貧苦階層』的偉大底辯護人的是什麼東西。他描寫地主們所犯的罪惡和他們怎樣踐踏公理、正義和法律，以至國家利益，以貧乏者爲犧牲來滿足他們底私利——對於他所感覺得的不正不義，流露了酷烈底憤怒。『因爲要毀滅樵夫和漁民，議會不但折斷法律的肢體，而且刺穿法律的心臟。』根據這一點，馬克思舉例表明私利一致的階級議會實行開始立法的時候可以作出怎樣的事體。

同時他還是依從黑格爾底法律哲學和國家哲學，雖然他並不像黑格爾底正統派門徒們似的頌揚普魯士爲理想底國家。相反的，他比較普魯士底國家和黑格爾哲學所假設的理想國家。馬克思認爲國家應該是一個偉大底機構，在其中法律底、道德底和政治底自由必須得以實現，同時各個國民服從國家法律正如服從他自己底理性，人類底理性的法則一樣。馬克思從這種觀點圓滿地處理了議會中禁止採樵的種種辯論。那第四篇論文討論禁止私擅漁獵法案，也或許是根據同一觀點的，但是第五篇却不同，這是企圖綜結全文——討論『生活形式中的民俗問題，』土地分配問題。

和萊因地帶的資產階級一致，馬克思主張劃分地產的完全自由。他以爲拒絕農民有權隨意劃分土地是要加添法律底貧乏於物理底貧乏之上的。然而，這種法律底研究並不足以提供這問題的一種解決。法國社會主義者曾經指出無限制地分割地產已經產生一種無助底無產者而且使牠與各自分離底手工人立於同等地位。倘若馬克思要處理這問題，那麼他必須首先與社會主義搏鬥。

眞的，馬克思確已認識了這種必要，而他確也並不打算避免牠，倘若他要總結這些論文。然而，他並未作這種嘗試。其實，他底第三篇論文發表在他所主編的萊因新聞上的時候，他就已發見他自己必須解決社會主義之謎了。

七　鬥爭的五個月

在夏季中萊因新聞曾經有兩次涉及社會問題。這或許是由赫斯（Moses Hess）主持的。一次是轉載韋特林（Weitling）的關於柏林居住狀況的一篇論文，題名爲「對於一個現代重要問題的一點貢獻。」又一次是發表斯徒來斯堡博士會議的報告，這也是接觸着社會主義問題了的，而且加上這麼一段溫和底說明，大意是說：倘若無產階層疾視中產階層的富裕，這是和一七八九年中產階層反對封建貴族的鬥爭相似的，那不同就在於這一次的問題是可以和平解決的。

這雖然是小事情，却足以使一般新聞於八月間譴責萊因新聞鼓吹共產主義。其實在這一點上，那一般新聞的良心是不十分清白的，因爲牠曾經發表過海涅論法國社會主義及共產主義的更尖銳底文章。那時牠是唯一重要底德文報，甚至具有國際底重要性，而又感覺牠底地位被萊因新聞所威脅了。雖然那一般所施行的猛攻並沒有很積極底動機，可是並非沒有惡意底詭計的。對於那些富裕底商人子弟——頭腦單簡地玩着社會主義思想而並不願把財產分給碼頭伕或戈龍尼工人們——加以種種諷示，那一般新聞得意地說道：這是孩子氣的；以一七八九年法國封建貴族的命運恐嚇像德國這樣經濟落後的國家的中產階級，尤其是以德國中產階級並無自由呼吸的餘地這事實而論。

馬克思的編輯的第一任務是抵擋這種毒辣底攻擊，他覺得這是很不舒服的。他不願意防衛他心中認爲淺薄底事物，但是他所處的地位不便明白說出他所想像的共產主義。所以他竭力把論戰推到遠方，責備敵方歪曲共產主義，但是同時他承認萊因新聞無權用三言兩語處理一個兩大民族正在努力解決的問題。萊因新聞將要在『深長研究之後』纔對於共產主義加以透澈底批評，因爲勒洛（Leroux）和康西得朗（Considerant）的著作以及普魯東的精湛底著作，都不是一時的浮言淺說所能論斷的。然而以這些著作的現形式而論，萊因新聞並不承認這些觀念有理論底現實性，更不希望牠們的實現或以爲有實現的可能。

後來馬克思聲明這種論爭曾經損害他對於萊因新聞工作的熱情，所以他『急於』一得機會就引退去研究學問。然而，好像當人回思往事的時候似的，因果相循是難於分解的。馬克思曾經全心全力地爲萊因新聞工作，爲了牠底緣故他甚至不惜冒着與柏林故友們分裂的危險。他已經和他們很少往來了，因爲那一道溫和底檢察令已經把『至少總是以知識趣味爲中心的』黑格爾學會變爲所謂『自由人』的團體了，其中幾乎包括了這普魯士首都的一切前進底文學明星。現在他們集合起來，像一羣惶惑底庸衆似的扮演社會底和政治底革命黨。在夏季中甚至馬克思也被這種情形的發展所煩擾了，說道表示個人底解放是一回事——良心底事——而勇於自炫自頌又完全是另一回事。然而他以爲那時在柏林的波爾是不至於『庸懦無能』的。

不幸，馬克思的這種假定是錯誤的。據可靠底情報，戈本超然自處於那些『自由人』的滑稽劇之上，而波爾卻並不如此，其實他簡直是那些趣劇的台柱。他們所表演的襤褸底行列，妓院酒館的醜事……使他們成爲一切馴善底庸衆的一半贊賞一半害怕的對象，但是他們卻也不留餘地地降低了人們以爲他們所要代表的理想。

自然，那些下流底趣劇對於這些『自由人』的作品有一種極壞底影響，因此馬克思十分難於對付他們投到萊因新聞上的稿件。他們底許多稿件都被檢察員勾銷了，但是如馬克思後來給路格的信裏所說：『我自己不能不處置的還是不少。邁耶和他底徒弟們送給我們成堆的一榻胡塗底草稿，用懶散底筆調寫些空洞底思想，全都渲染着一小點無神論和共產主義（這是那些先生們從來不耐煩研究的。）因爲盧登堡完全沒有批評底才能，他們早已慣於把萊因新聞看作隨便使用底工具，但是我不願意使這種情形繼續下去。』這是馬克思所謂『柏林地平線變爲陰暗』的第一個理由。

一八四二年十一月破裂來了，當赫爾維和路格訪問柏林的時候。那時赫爾維正在得意於德國。他在戈龍尼，在德列斯丹他會見路格，而且和他同去柏林，很快地和馬克思成爲朋友，在那裏他們當然不能在那些『自由人』的滑稽劇之中發見什麼道理。路格和他底同志波爾門起來了，因爲，如他所指出，後者要他同意於『最荒謬底事體』例如打破國家，私有財產和家庭等觀念，完全不考慮這些問題的實踐方面。赫爾維也同樣反對這些『自由人』們，於是他們老羞成怒，照例報之以惡駡，扯拉到他進謁國王呀，和富家女子訂婚呀。

雙方都訴之於萊因新聞。得到了路格的贊同，赫爾維請求發表一篇聲明，大意是說：雖然『自由人』諸君全是十分優秀底人物，而他們底政治底浪漫主義，他們底誇大狂，以及他們底嗜好自我廣告，辱沒了自由的理想和團體——這是路格和赫爾維曾經坦白地對他們說過的。馬克思發表了這聲明，因此自命爲『自由人』的代表的邁耶就向他擲來炸彈似的一些發脾氣底信件。

當初馬克思冷靜地回答那些信件，客觀地努力於獲得這些『自由人』的合作。『我主張少發空論，少用好聽底字句，少說自己底諛詞，而要更具體地，更切實地處理現實問題，闡明那些問題的實際意義。我告訴他們我以爲這是不對底，甚至不道德底：私販共產主義和社會主義的學理——一種全新底世界觀——爲隨意撰戲底批評主義；倘若眞要討論共產主義，那就必須澈底更換另一種方法。我也請求他們由於批評政治情況而批評宗教，這是較爲適合於報紙的性質和教育大衆的需要的，因爲宗教——本身是虛空底——產生於人間，並不是從天而降，牠自身祇要一接觸變動底現實，牠底理論就要消失無蹤的。最後，我告訴他們倘若他們想要討論哲學，他們應該少賣弄些無神論的觀念（這使人想到故意高聲大嚷着不怕妖怪的孩子們）而多多使人認識無神論底意義。』這些話是值得我們留意馬克思編輯萊因新聞所遵守的原理的。

然而，在這忠告未達到之前，馬克思接到邁耶的『一封侮慢底信』不多不少祇是要求萊因新聞停止『隨俗浮沉』和『超出限制』，換言之，就是說爲了『自由人』的緣故萊因新聞必須挑起壓迫。馬克思對於這事不耐煩了，寫信給路格說：『這一切都顯示虛榮到可怕底程度。他們完全不能理解我們爲要保存一個政治機關報纔決定放棄那些除了自已人們鬧着玩而外毫無用處的柏林氣球……我們每天都必須對付檢察吏的挑剔，大臣們底信件，省長的牢騷，議會的怨言，股東的抗議，等等，而我必須堅守我底地位不過因爲我覺得盡其可能地打退那些暴君們的雄圖是我底義務而已，你大概可以想像到那封信是激怒了我的了；我曾經發了一個十分尖銳底回信給邁耶。』

這切實說明了馬克思與『自由人』們的最後分裂；『自由人』們差不多全都歸着到多少可以憫笑底政治結局：自波爾的工作於克魯茲新聞和郵報以至邁耶的完結在但澤新聞的編輯任內。邁耶的荒唐生活就表現在這惡謔之中：他現在敢批評的不過是新教底『公牛』而已，因爲他底報紙的自由派底主人恐怕得罪天主教的讀者，不准他批評教皇底綱領。這一個團體的另一些人退而托庇於半官式底甚至官式的報紙。譬如，盧登堡後來幾十年就作着普魯士國家公報的編輯一直到死。

然而，那時（一八四二年秋季）盧登堡卻算是一位「很可怕底」人，政府要求他離開萊因新聞。在夏季裏政府曾經用盡方法使他爲這報紙受盡辛苦但是政府希望牠會自己死掉。八月八號萊因省長斯卡伯爵士報告柏林，這報紙不過有八八五個定戶；但是十月十五號馬克思接任編輯，十一月十號斯卡伯就不能不報告定戶數量激增到一千八百二十個，而且這報紙的傾向變得更加放肆和敵對起來了。使事情更加惡化的是萊因新聞得到一份性質極其反動的國王結婚證書的抄本，而且在當局未許可以前就發表了牠底內容。這使國王很不愉快，因爲那證書目的在於使離婚更加困難，而且是人民大衆所激烈反對的。國王要求那報紙披露投稿人的姓名，否則立刻加以封禁。然而國王底大臣們不願把殉道者的冠冕加在萊因新聞的頭上，因爲他們分明知道這種有損威信底提示是要遭遇直接拒絕的。於是他們祇好要求發行人里腦辭退盧登堡並且另委一個負責編輯，同時一個名叫威索斯的候補法官被任爲檢察官，接替了多里柴爾的職務，後者底胡塗是弄得聲名狼藉了的。

十一月三十號馬克思寫信給路格說：「由於我們國家的權勢者的愚昧，盧登堡——早已被剝去寫德文論說的權利（他底主要工作是改正標點符號），祇是在我底干預之下纔寫些法文論文——被看作危險份子了，其實他對於任何物和任何人都毫無危險，除了對於萊因新聞和他自己而外。然而，他們非開除他不可。普魯士底權勢者，專制主義者，僞君子，胡塗人並不會麻煩保證人里腦，同時這位新底殉道者——現在已經熟練於表示他底新任務的形容舉止和言詞——正在盡力開拓機會。他到處寫文章，宣說他爲代表萊因新聞的原則而被開除，萊因新聞正在改變牠對於政府的態度云云。」馬克思敘述這件事是因爲牠曾經使他和柏林「自由人」們的爭吵更嚴重起來，但是在表面上他嘲弄那可憐人「殉道者」盧登堡似乎稍微過分了一點。

馬克思所謂政府『非開除盧登堡不可』以及『不曾麻煩保證人果腦』不過是說萊因新聞對於政府壓廹的讓步，並無意於維持盧登堡。無論如何，要維持是無望的，況且當時有各種理由使發行人不受『麻煩』——就是由警察加以審問和簽定一種聲明書，這種嚴厲試驗是完全不適用於絕對底非政治底人的。然而，他簽名在一篇反對壓廹報紙的書而抗議上，而且這文件的原稿，現在保存在戈龍尼市文獻保存處，確是馬克思底手筆。

這文件中述萊因新聞『廹不得已』承認盧登堡暫時退職和另派負責編輯。牠也使權勢者相信萊因新聞將要逐漸使各樣事情在不損報紙的獨立性之內力求妥協，以免壓廹；牠準備盡其可能地使論文措詞緩和。這文件所有的那種外交詞令的審愼是牠底作者生平沒有過第二次的。但是對於牠咬文嚼字是不對的，說靑年馬克思顯然違背他底信仰也是不對的，雖然他說到這報紙的態度是傾向普魯士的。除了反駁奧斯堡一般新聞的反德傾向和鼓吹擴張關稅聯盟到日爾曼西北部而外，萊因新聞屢次表示同情於普魯士，說明北德的科學相反於法國的浮淺和南德的理論。在這文件中馬克思也指出萊因新聞是第一個『萊因和南德』的報紙，把北德的精神輸入南方，因而有所貢獻於日爾曼民族各分支的文化統一。

萊因省長斯卡白對於這聲明的答覆是毫不客氣的：即使立刻辭退盧登堡另聘完全適合底編輯，也還要看該報將來的行爲如何纔能決定可否給與該報某種優容。然而，該報是被優容到十二月十二號纔派來一個負責編輯的，雖然情形並未有所改善，因爲在十二月中新底糾紛又發生了。關於莫士里農民貧困的兩篇通信引起了斯卡白送來兩次更正，都是內容空虛而形式惡劣的。那時萊因新聞又必須把壞事作成好事，稱讚斯卡白的更正爲『鎭靜嚴肅』，說道這使祕密警察羞愧，可以算是『以釋誤會而正觀聽』云云；但是當該報收集了充分資料的時候，就於七月中開始發表五篇論文，用許多眞憑實據表明政府以殘酷底方法壓制莫士里農民的怨憤。萊因地帶的最高長官因此陷於大衆譏笑的地位，但是他可以自慰的是他知道一八四三年一月廿一號內閣御前會議已經決定封禁這報紙了。

一八四二年尾有許多事情曾經使國王惱怒：赫爾維從戈尼斯堡寫了一封傲慢不恭底信給他，而且萊比錫的公報不得作者同意就發表了牠；最高法院赦免了約翰·甲可賓的犯上叛國之罪；德意志年刊新年宣言擁護『實施民主政治。』德意志年刊立刻被封禁，公報也不許在普魯士境內發行，而這『萊因的娼女』是被『徹察』了的，尤其使當局惱怒的是牠發表了反對封禁那兩種報紙的嚴正抗議。

萊因新聞被壓制的表面理由是未經官廳批准——『好像牠未經批准也能夠在普魯士存在一天似的，當着未經批准連一隻狗也不能存在的時候！』如馬克思所說的。附帶底『客觀理由』是照例嘮叨牠底傾向惡劣——『有惡意呀，空談理論呀，過激呀，一派胡說濫調』如馬克思所嘲駡的。為了該報股東的緣故，該報被允許出版到那一季的末尾。馬克思寫信給路格說：『在我們底死刑猶豫期間我們是在雙重檢察之下的。我們底眞正底檢察官，一個很端正底人，他自己是在省長哲來赫這盲目服從底蠢材的監視之下的。預備付印的時候必須送到警察的鼻子底下，倘若他們以為他們嗅出什麼非基督教底或非普魯士底氣味來了，那麼報紙就不能出版。』

候補法官韋左斯顯出的正直精神竟至拋棄檢察官的地位，因此得到戈龍尼社會的一致讚揚。柏林委派某部祕書聖鮑爾來接替他底職務，而這人作得十分斬截，以至雙重壓迫於二月十八號撤消了。

萊因地帶的全體居民覺得這報紙的被壓迫是一種切身底侮辱，定戶的數目一躍而為三千二百份，同時有幾千人簽名向柏林請願，想要擋住那致命底打擊。股東們派了一個代表到柏林去謁見國王，但是被拒絕了。人民的請願書流轉到官廳的廢紙簍裏簽名在牠上的官吏都受了嚴厲底處罰。然而，更糟的是股東們主張降低報紙的政策以挽回他們底請求的失敗。這是使馬克思於三月十七號辭去編輯職務的主要原因，雖然這並未阻止了他盡其可能地攪擾檢察官到最後一分鐘。

新檢察官聖鮑爾是一個青年底豪放家。在柏林他曾經和那些『自由人』們痛飲共醉，到戈龍尼不久他就和娼寮門外的更夫們斷鬧鬥毆。然而，他是一個伶俐底傢伙，立刻發見了萊因新聞的『理論中心』和牠底議論的『動力』。在他寫給柏林的報告裏他無意中稱讚了馬克思，後者底德性和智慧對於他顯然有一種深刻底印象，雖然他以爲他在馬克思底意見中發現『玄想底大錯誤。』三月二號他就能夠報告柏林『在現狀之下』馬克思已經決定脫離萊因新聞而且離開普魯士。這報告使柏林那些自作聰明底人們發議論了，大意是說倘若馬克思被移去，那是不錯的，因爲他底『極端民主的意見是和普魯士的國家原理完全相反的。』三月十八號這位聖鮑爾就向柏林送出勝利底報告：『這全盤事業的精神底主持者馬克思博士昨日決定退休，一個雖然無足輕重而真正溫和的歐不亨已經接替編輯事務……我很高興，今天我用不到平常四分之一的時間就檢察完畢了。』這位檢察官向柏林提議：因爲馬克思的去職現在可以容許萊因新聞繼續發行了。然而，他底主子們比他作得更其卑怯，他們教他賄賂戈爾尼新聞的編輯，教他恫嚇牠底發行人，這些人是早已把萊因新聞當作危險底競爭者了的。而且這種卑劣手段居然成功了。

一月二十五號，就是戈龍尼人民知道議決壓制萊因新聞的日子，馬克思寫信給路格說：『我並不驚奇。你是知道我自始就把檢察令當作怎樣一回事的。現在的遭遇我以爲不過是當然底結果。我把壓制萊因新聞看作政治意識進步的一種表徵，所以我辭職了。總而言之，環境對於我是太過難堪的。縱然是爲了自由的緣故，在奴役狀態之中工作，戰鬥不能用刀劍而祇是用針刺，這是一種壞事。我厭惡了僞善，愚蠢，權勢者的蠻橫，以及我們底屈從，馴服，含糊和猥瑣，現在政府已還我自由……在德國我所能作的不過如此。在此地人降低了自己。』

八　費爾巴哈

在同一封信裏馬克思說他已經接到收着他底初次政治論文的集子。這集子分爲兩卷，名爲新德哲學及政治軼文集（Anekdota Zur Neuesten deutschen philosophie und publizistik）這書於一八四三年三月初間出版於瑞士的蘇里支，發行者是弗洛比爾（Julius Frobel）彼被迫而逃避德國檢察的作家們所成立的避難所的文藝書店（Liteearisches Koutor）。

在這集子裏這少年黑格爾派的老衛士再上戰場，但是牠底陣線是動搖着的。在最前線的是費爾巴哈（Ludwig Feuerbaeh）這大胆底思想家曾經粉碎黑格爾底全部哲學，曾經宣言『絕對觀念』不過是神學的死靈魂；對於純粹幻境的一種信仰；曾經發見解決哲學的一切玄祕在於深思明辨人道和自然之中。他在那逸話中所發表的哲學改造導言對於馬克思是一種啟示。

幾年之後，恩格斯曾經追述費爾巴哈的最有名底著作基督教的本質（1841）對於馬克思思想發展上的大影響。恩格斯說因爲要認識這書底『解放底功效』人必須讀牠：『那熱情奔泛使我們立刻成爲費爾巴哈的信徒。』然而馬克斯在萊因新聞上所寫的文章却顯不出一點費爾巴哈的影響的痕跡，雖然馬克思確是『熱誠歡迎』那些新觀念的，不過有一兩點批評底保留；一直到一八四四年二月德法年刊出版的時候，他纔在那論題上表示對於費爾巴哈底觀念有某種關係。

導言裏的思想是早已含蓄在基督教的本質之中了的，所以恩格斯的記憶錯誤似乎不甚緊要，其實是並非無關緊要的，因爲這可以誤解費爾巴哈與馬克思之間的思想底關係。費爾巴哈祇是怡然隱居于鄉村之中，因此並非鬥士。和加里略（Galileo）一樣，他把城市看作玄妙底心靈的監獄，而在鄉村生活的自由自在之中自然的書卻展開在智力足以讀牠的任何人的眼前。費爾巴哈總是用這種話來斥駁責備他隱居於佈魯克堡的一切言詞。他愛鄉居底幽靜，並不是如古諺所謂隱遁者是幸運的，而是因爲在幽靜中他獲得了進行戰鬥所必需的力量。這思想家必須在平靜之中組織他底思想，遠離城市的喧囂擾攘，以探究他認爲生活之源及生活之祕的『自然』。

雖然隱居在鄉村裏面，費爾巴哈是在當日的偉大鬥爭的前線的。他底投稿使路格底刊物尖利而且深刻。在他底基督教的本質裏他指出人製造宗教而不是宗教製造人，人底幻想所創造的更高存在不過是他自己底存在的想像底反影。正當這本書出版的時候馬克思底注意已經轉移到政治鬥爭方面，把他引入社會生活的紛擾之中——當時德國可以說是有這種情形——而費爾巴哈在他底作品中所鍛鍊的武器並不適合於這種環境。黑格爾底哲學已經自行證明牠自身並不能解決馬克思在萊因新聞上所提出的問題，當着哲學改造導言出而給與那作爲神學的最後避難所和最後合理底支柱的黑格爾哲學以致命底打擊的時候，這導言對於馬克思有深切底影響，雖然他立刻加以批評底保留。

三月十三號馬克思寫信給路格說：『費爾巴哈底名著祇有一點是我不同意的，就是太過注重「自然」而太少注重政治。雖然與政治結合是近代哲學能夠變爲一種現實的唯一道路，但是我以爲這種結合早已發生於十六世紀之中，當熱心於自然者遇着熱心於國家者的時候。』馬克思底駁詰是理由充足的；因爲在那導言中費爾巴哈僅有一次談到政治，而且他底態度是由黑格爾而後退並非由黑格爾而前進的。結果是馬克思決定像費爾巴哈考察黑格爾的自然哲學和宗教哲學一樣澈底地考察黑格爾的法律哲學和國家哲學。

給路格的這一封信的另一段顯示了馬克思那時怎樣隱於費爾巴哈底強烈影響之下。他纔一認淸他不能在普魯士檢察之下寫作，普魯士的空氣太過難堪，馬克思就決定離開德國，但是並未離開他底未婚妻。一月二十五號他寫信去問路格是否可以替他在赫爾維想在蘇里支發行的德國使者上找到一點事情。然而因爲赫爾維被逐於蘇里支，他已經不能實行他底計劃。路格又提出別底建議，打算聯合編輯那改名底年刊，想要在戈龍尼『蕭淸編輯部』之後約馬克思到來比錫去討論『我們復興的基礎。』

在三月十三號的信裏馬克思在原則上贊成路格的意見，但是發表了他的『對於我們底計劃的臨時意見』如下：『巴黎失陷以後有人提議推戴拿破崙底兒子，有人提議貝那多（Bernodotte）作法國統治者，還有人擁護路易士·非里卜(Lous Philippe)，但是台里朗（Talleyrand）回答道：非路易十八卽拿破崙。這可以說是原則的事，別底一切都是狡計。而我要說除了斯徒萊斯堡（或者瑞士）而外一切都是狡計，不是原則。巨大底書冊並非一般人所需要，我們所能作的最好是發行一種月刊。卽使德意志年刊准許復刊，我們尤其量不過能模仿那過去底東西而已，這在今日是不夠的。另自發行一種德法年刊——却是原則的事，重要底事，足以提起熱情的事。』

在這一封信裏人可以聽見費爾巴哈底導言的應聲：與生活及人性相諧和的眞正哲學必定是屬於「德法」合流的。必須是法國底心情，德國底頭腦。頭腦必須改造，而心情必須革命化。祗有在有行動，情緒，熱烈，血性和感激的地方，纔有精神的存在。祗有來伯尼斯的精神及其殘酷底「唯物底理想主義」纔能把德國人從炷學和經院主義中拯救起來。

路格在三月十九日回答馬克思底信上說他自己完全贊同「德法原理」，但是事務的處理費了好幾個月的時間。

九　結婚和放逐

在初次從事社會鬥爭的活躍的那幾年間，馬克思也曾經遭遇着一些家庭困難。他總不願意提起牠們，除非在迫不得已的時候。正和那些爲了私人的小糾紛就能忘記上帝和世界的庸衆相反馬克思卻爲了『人類大事』而使自己超脫於他的最苦的困難之上。不幸，他底生活要他使用這種能力的機會太多了。

在他初次說到他底『猥瑣底私事』的文件之中，我們可以看出他對於這些事情所表示的一種很特別的態度。在一八四二年七月九號寫給路格的信裏，他自責不曾投稿給逸話，敍述了困難之後說道：餘下的時間都被最不愉快底家庭糾紛所耗去了，攪亂了。雖然對付過去了，而我底家庭所加於我的困難已經使我處於最惶惑的境況之中。我不能敍述那些猥瑣的私事來麻煩你；幸而我們的公事使一切有品格底人不至於爲私人糾紛所困惱。』這種非常性格往往激怒庸衆——爲了他們的『私人意氣』——反對『無情底』馬克思。

關於那些『最不愉快底家庭糾紛』的詳情已經無從明瞭，而馬克思也祗再提過一次，而且說得很概括，當德法年刊將要開始的時候。他寫信給路格說祗等他們的計劃更確定一些他就要到克魯支那赫——他底未婚妻底母親在她底丈夫死後遷居到這裏——去結婚並且要在岳母家裏住一些時，『因爲我們在開始工作之前必須先準備一定數量的材料……並無任何浪漫意味我可以使你相信我是從頭頂到腳根都十分嚴肅地處於愛情之中。我們已經訂婚七年了，我底未婚妻曾經爲我的緣故作過許多苦鬥，一半是反抗把「在天之父」和柏林政府看作同樣神聖的她的貴族親屬們，一半是反抗由一批小官和敵視我的人們所把持着的我自己的家庭，而且這些鬥爭幾乎摧毀了她底健康。所以多年以來我底未婚妻和我都不能不從事於不必要的和耗盡精神的衝突，更多過常談「生活經驗」的那些年長我們三倍的人們。」除了這些頗爲含糊的表示而外，關於訂婚時期中所有的困難，我們就毫無所知了。

並非沒有麻煩，但是比較迅速，那新刊物的籌備事務已經作好，無須馬克思到來比錫去。有錢的路格聲明準備投資六千台勒㊀來作文藝書店的股東之後，弗洛比爾就願意負責發行。編輯人馬克思的薪水約定爲五百台勒。有了這些辦法他纔在一八四三年六月十九號娶了他底燕妮。

還留待決定的是德法年刊要在什麼地方出版，巴黎呢，布魯舍爾呢或是斯推拉斯堡呢。新婚夫婦看中了阿爾沙坦的首都，但是選擇終於決定在巴黎，當路格和弗洛貝爾到巴黎和布魯舍爾去調查了之後。在布魯舍爾出版刊物不如在巴黎有更大的活動範圍而且有『九月法令』的保障，並且法國首都對於德國生活的接觸更爲密切，而且路格得意地寫信來說三千弗郎或再多一些馬克就能在巴黎住得十分舒服了。

馬克思依照他的計劃在岳母家裏度過了新婚的幾個月，然後在十一月中把他底草創的家室遷移到巴黎。可以印證他在德國的早年生活的文獻是他在一八四三年十月廿三號寫給費爾巴哈的一封信，請他投稿給德法年刊的創刊號，批評謝林：『看了你的基督教本質的第二版序言，我差不多可以自信你對於那饒舌家

㊀每台勒合三馬克。

是準備作點事情的。這將要成爲初次上演"的好戲，是不是謝林先生很靈敏地欺蒙了法國人：最初是庸懦折衷底古辛（Lo sin）後來連明智的勒洛斯（Leroux）也被騙了。庇爾·勒洛斯及其同人還在把謝林看作這樣的人：以理性底唯實論代替絕對唯心論，以有血有肉的觀念代替抽象觀念，以世界哲學代替傳統哲學……倘若你給我們的創刊號寫一篇專論謝林的文章，那麼你將要使我們的讀者大有所得，而且爲眞理盡了更大的勞役。你正是適合於這工作的人，因爲你是恰和謝林相反的。他爲要實現他靑年時代的誠實的觀念——我們應該相信我們的反對者的最好的地方——而除了想像之外沒有別的方法，除了虛張而外沒有別的才幹，除了鴉片而外沒有別的動力，除了陰柔易怒的感受性而外沒有別的官能。在他這些觀念總還是靑年時的幻夢，但是在你牠們卻變爲眞理，眞實底和陽氣底動力……所以我把你看作自然和歷史的雙重權力所任命的謝林的自然必然底反對者。』這一封信的聲調是何等溫厚，同時這信的作者是何等欣喜於一番偉大鬥爭的到來呀！

但是費爾巴哈遲疑着。眞的，他曾經對路格稱讚過這種大胆的嘗試，但是現在卻不肯加以贊助。甚至訴之於他的『德法原理』也不曾感動他。况且，正是因爲他的著作那些權勢者纔一怒而把還殘留着的哲學自由逐出德國之外，壓迫哲學底反對派非投降不可。

費爾巴哈自己並不是投降的人，但是同時他也不能提起足夠的勇氣投入環繞着德國的墳地而激起的浪潮裏。而費爾巴哈對於馬克思想要說服他的熱忱言詞的回答是友好的和有趣的，然而終於不過是一種拒絕而已。那是他底生活中的一個黑暗時期，從此以後他底獨居也就逐漸變爲精神上的孤立了。

第三章　流寓巴黎

一　德法年刊

這新刊物並不是誕生於幸運之中的。一八四四年終發行了特大號。牠是最初一號也就是最末一號，這證明要實現『德法原理』，或如路格所說『德法文化聯盟』是不可能的。『法蘭西政治原理』顯然無意『接受』德國底貢獻即黑格爾哲學的『邏輯底明澈』——路格以為這可以提供給在玄學上隨波逐流的法國人一種正確的指南針。

路格當初想要拉攏拉馬丁（Lamartine），拉曼納斯（Lamennais），路易·布朗克（Louis Blanc），勒洛斯（Leroux）和普魯東（Proudhon），但是這名單在意識上也就能夠混雜的了。祇有勒洛斯和普魯東對於德國哲學是有些認識的而這兩個人之中的一個是住在外省，另一個已經暫時放棄寫作絞腦筋在發明一種排字機器。別的那些人們，連路易·布朗克在內，都把政治的無政府主義看作哲學的無神論的發展，全都拒絕合作，提出了這樣那樣宗教的反駁。

然而，在另一方面這新刊物集結了德國著作家的堂皇的陣容：除了編輯人們而外，有海涅，赫爾維和約翰·甲可布，都是第一流的名家，還有第二流的赫斯和一位從巴拉丁納來的名叫貝那士的青年律師也是重要人物，更不用說那最年輕的撰稿人恩格斯了——他探討了各種著作的根基之後，初次全副武裝着現身疆場。

但是這一班德國人也是烏合的。有些是不大懂得黑格爾哲學，更不懂那『邏輯的明澈』，而且兩個編輯之間的不和立刻就使繼續合作不可能了。這唯一的特大號開始於馬克思，路格，費爾巴哈和巴枯林——一個年輕的俄國人，在德烈斯丹結交路格，寫過了一篇議論很多的文章給德意志年刊——之間的『通信』。這『通信』是由八封信組織成的，每一封信上簽署著作者姓名的首字，由此我們知道馬克馬和路格各人寫了三封，巴枯林和費爾巴哈各人寫了一封。後來路格宜稱這『通信』是他的工作，雖然他曾經應用『這封那封的詞句。』這些信都收在路格的文集裏，但是斷爛殘缺，而且不發表最後一封——這是簽着馬克思姓名的首字而且綜結着全部通信的論點的。以這些信的內容而論，無疑的，牠們確是簽着姓名首字的作者們的作品，而以其間的共同基調而論，馬克思在這合奏中是首位奏琴者。然而，並不必否認路格或許曾經修改過他自己的巴枯林的和費爾巴哈的信。

馬克思開始並且結束這通信。他的導言好像一曲簡短而激昂的喇叭聲：浪漫主義的反動正是革命的前導。國家政治是嚴肅的事，不能扯落到與滑稽劇一例看待。滿載愚人的船在無事之時可以順風駛去，但是牠終於難免覆滅，就祇因爲愚人們不肯相信會有這樣的事。而對於這一點，路格的答復卻是長篇牢騷，太息痛恨於德國庸衆的羊樣的無窮忍耐。他的信是『悲涼無望』的，正如他自己後來所說，或者正如馬克思在回信中較爲客氣地說：『你的信是一首良好的哀歌，一首嗚呼的輓詩，但是沒有政治意義。』倘若這世界是屬於庸衆的，那就應該研究這些現世的主人，雖然庸衆成爲世界之主不過因爲——好像尸體裏面的虫似的——他們的社會充塞了這世界。當着庸衆是君主專制的實際基礎的時候，君主自身絕不能夠超過庸衆之王。普魯士的新君，比他的父親更爲清醒活潑，曾經想就本身的立場上消滅這庸俗狀況，但是當庸衆依然是庸衆的時候，他就不能使他自己或他的臣工成爲眞正的自由人。所以頑固卑鄙的奴隸狀況又恢復了，但是卽令在這種困頓局勢之中，吧也還有着新希望的。馬克思指出那些主治者的無能和他們的臣僕的惰性——隨事聽天安命。這兩種性質加合起來就足以造成一次大崩潰。他指出庸俗主義的敵人，一切有思想的和受苦的人們，都已達到一種理解；他甚至指出那些忠順臣民所要維持的消極制度每日也在爲新人道徵集新兵同時剝削利潤的制度正在急劇地引起社會內部的分裂；那舊制度是不能修補這種分裂的，因爲牠並不會治療和創造，但祇是保存和享受而已。所以我們的任務是把這舊世界推入晴光白日之中，沿着積極的路線發展新世界。

巴枯林和費爾巴哈都各自以各自的方式高興地寫信給路格，以致後者宣言他已經被『這些新的安納卡西斯❶和新的哲學家們』所轉變了。費爾巴哈把德意志年刊的結局比如波蘭的結局，說道在一個朽爛的社會的大泥沼裏面少數人的努力是必然無效的，而路格也寫信給馬克思道：『正如天主教信仰和貴族式自由不能拯救波蘭一樣，玄學的哲學和可敬的科學並不能拯救我們。我們要和過去斷絕纔能脫離我們的過去。那年刊已經死了，而黑格爾哲學是屬於過去的。讓我們努力在巴黎建立一種刊物，使我們能夠以完全的自由和無情的正直批評我們自己和整個德國。』

馬克思說了最初的話也說了最後的話：顯然的，對於有獨立思想的人們必須創立一個新的據點。雖然關於過去可以無疑，而對於將來却很混淆。『在一般改革家之中已經發生一種無政府狀態，全都不能不承認對於將來沒有明確的觀念。然而，這確是這新運動的優點：我們並不武斷地提出關於新世界的教條，而是要在批

❶安納卡西（Anarcharsis）是普魯士人克洛茲（A.Clootz）的假名，他轉入法國籍，在巴黎主張極端革命和無神論，於一七九四年被判處死刑。他自比於西色青（Scythian）的哲學家安納卡西，後者以寄居雅典著名。

評舊世界中發見新世界。直到現在爲止，哲學家們總是在解決放在他們寫字台裏面的謎語，而愚昧的外界所要作的不過是閉着眼睛張着嘴接受那玄學炮製的餅干而已。哲學已經變爲世俗之事了，最顯明的證據是哲學意識本身已經被拉入騷亂的熱鬧之中，不但是表面底的，而且是深透底的。我們的任務並不是預先建立一種將來和永遠解決一切問題，而不過是無情地批評現世界。所謂無情地是說我們必須不怕我們自己的結論，也不怕抵觸當道的權力。』

馬克思並不打算傳播什麼教條規律，而且他把卡別提（Cabet）㊀，狄桑明（Dezamy）和維特林（Weitling）所宣傳的共產主義看作一種武斷的空論。無論誰喜歡不喜歡，當時德國人的興趣首先是在宗教，其次纔是政治。向他們提出一種製定的體系，如伊卡里亞游記㊁所敍述，那是無用的；人必須和他們開始於他們實地可行之處。

馬克思斥責那些『愚蠢底社會主義者』的態度：他們覺得政治問題是在他們的尊嚴以下的。從政治狀況的矛盾中，從政治理想與實際假定之間的衝突中，都可以得到社會的眞理：『所以沒有什麼阻礙我們批評政治，參加政治，這就是說參加實際鬥爭。因此我們必須避免說教的神氣，提着新原理喝道：眞理在這裏，都來鞠躬崇拜吧。對於現世界我們必須從舊原理中發展新原理。我們不必對世人說：停止你們的爭鬥，那些都是愚蠢的事，來聽我們說呀。我們把握着眞實的眞理呀。相反的，我們必須表明給世界牠爲什麼爭鬥，而這種覺悟是不論牠合意不合意都必須獲得的。事馬克思把這新刊物的綱領綜述如下：擘助當代達到實證（批評的哲學）

㊀ Cahet, Etienne（1788——1856）法國社會主義者，出身工人家庭，博學多才。

㊁ (*Voyage en Icarie*) 加別提所作的理想國。

牠的爭鬥和牠的願望。

馬克思已經達到這種實證，而路格却並不。甚至那『通信』就已表明馬克思是推動者而路格是被動者。一個附帶的原因是路格在巴黎害病，不多參加編輯工作。所以他不能充分使行他的職權，而且他覺得馬克思『太過拘執。』路格並不能給與這刊物他認爲最合宜的形式和態度，甚至不能寫文章在牠上面發表。然而，他很不喜歡那創刊號；雖然他發見『其中有十分出色的東西將要在德國引起一種騷動』而又埋怨『許多粗雜的東西』是倉促湊成的，倘若他來處理是要加以改正的。這刊物或許是能繼續出版的，但是許多外來的妨礙阻止了牠。

首先是文藝書店的資金用盡了，弗洛比爾宣稱沒有更多的錢他是幹不下去的，接着是普魯士在德法年刊初次出版之後就立刻採取行動。然而那行動並未獲得梅特涅的同情，也沒有獲得基佐的贊助，於是不得不暫時停止，祇好通知普魯士各省長那年刊犯了叛逆之罪，這是一八四四年四月十八號的事。同時省長們接到訓令，通緝路格馬克思和貝那士，務須力避紛擾，倘有該項年刊入境應即沒收。要烹野兎必須先捉住牠，所以這訓令是比較無傷的，但是普魯士國王的中心不安變爲更加險惡了，他終於通令所屬加緊國境防衛。他們沒收了在萊因汽船上的一百本德法年刊，和在貝薩賽附近的法國和巴勒提納邊界上的二百多本。出版者因此預料發行額很小，這確是很嚴重的打擊。

內部的不合由於外來的困難而增强加厲。據路格說，這些情形促成了他和馬克思的分裂，甚或是分裂的原因。而且馬克思對於錢財事項顯然十分淡漠，路格却恰相反，現出雜貨商人似的貪鄙。他居然實行以物品代付工錢的辦法，當付給馬克思定約薪資的時候，就送了許多年刊去抵償。他眞地惱怒了：他指出馬克思並無書業知識想要用他的錢冒險發行。在同一情况之中馬克思確是以自己的錢來冒險的，但是好像並不曾要求路格也同樣作。或許他曾經勸告路格不要因爲初次失敗就全盤放棄吧，或許路格——已經惱怒於再出一些佛郎使維特林的著作得以出版的建議——懷疑這勸告是意圖危害他的錢包。

再，路格自己表明過分裂的眞原因，他承認直接的事故是關於赫爾維的一場爭吵：他說這人是『流氓』雖然『或許說得太過，』而馬克思却注重赫爾維的『偉大前途。』其實以赫爾維而論路格是對的；這人並沒有『偉大前途，』而他在巴黎的生活方式確是可以引起反對的。甚至海涅也嚴詞非難他，同時路格自己承認馬克思也不很喜歡這人。總之，『苛刻』而有『惡意』的馬克思因寬容而致錯誤比之『正直無疵』的路格的乖張成性到底是更爲光明的，因爲馬克思是關懷革命詩人，而路格却留意小資產階級的道德。

因此使這兩個人永遠分離的這偶然細故具有較爲深遠的意義。和路格的分裂並沒有後來和布魯諾·波爾及和普魯東爭論的那種政治意義。作爲一個革命者馬克思或許在爲赫爾維而爭吵以前早已討厭路格了，即令一切經過情形確如路格所描寫。

倘若有人願意知道路格的最好的方面，那就必須閱讀二十年後他所發表的回憶錄。這四卷書裏敍述着他的生活一直到德法年刊停刊爲止，就是說在這一時期之中路格是那些代表經營小商業而懷抱大幻想的有產者層發言的教師們和學生們的文學前衛的一個模範人物。這書裏寶藏着路格童年——逍遙於洛根和波米拉尼亞盆地——的美妙的風俗畫，記述着大學生政治結社（Burschenschaften）和獵捕平民政治運動者（Demagogne hunt）的激動時代——這在德文中是唯一的文獻。路格的不幸是他的回憶錄出版於德國有產者層拋棄了大幻想而傾向大企業的時候；所以他的回憶錄幾乎引不起注意，而路透的要塞囚徒（Reuter's Festungstid），在文學上和史學上都下劣得多的一本書，却得到暴風似的喝采。路格確是那射擊隊的活躍份子，而路透不過是偶然混進他們裏面。然而德國有產者層已經賣弄風情於普魯士的刺刀，所以喜歡路透的『中庸的幽默』和他敘述『獵捕』時代嘲弄正義的惡行的那種滑稽態度，遠甚於路格描寫獄吏怎樣不能破壞他的精神和他怎樣在獄中獲得內在自由的那種『大胆的幽默』——這是弗里勒格來茲的適當底評語。

但是即令在路格的如畫的描寫之中吧，人也分明覺得『三月革命以前』的自由主義到底不過是庸俗主義，無論文詞怎樣漂亮而且牠的發言人們都是些鄙夫俗漢，終歸是這麼一套。路格在他們之中是最爲激昂的，他曾經在他的學識限度之內勇敢地戰鬥過了，但是那共同的脾氣使他更容易變節背信，當他在巴黎遇着近代生活的種種大矛盾的時候。

因爲癖愛談論哲學的人道主義，他曾經使他自已接近社會主義，但是巴黎工匠的共產主義使他驚恐失措，爲了他的錢包更甚於爲了個人安全。在德法年刊之中他曾經得意揚揚地宣誓死守黑格爾派哲學；但是不到一年他就歡迎那哲學的詭異的繼承者，斯丁納爾的哲學，而作了反對共產主義的勇將。他把共產主義看作一切愚蠢中之最愚蠢，看作頭腦簡單者所宣傳的新基督教，看作一旦實現就會使人類社會退化爲牧場的一種學說。

二　哲學的展望

路格與馬克思的分裂變爲無可挽回的了。

德法年刊因此是一個夭殤底嬰兒。一旦明白了編輯們不能長久合作之後，什麼時候和怎樣分開是無關緊要的，其實早分裂倒比遲分裂好。這可以使馬克思自己向前大走一步到明朗底境界。

他在德法年刊上發表了兩篇論文：一篇是黑格爾法律哲學批評的導言，另一篇是批評布魯諾・波爾所作的論猶太問題的兩本書。雖然這兩篇論文所討論的題材不同，而牠們的觀念形態的內容却是很密切地互相聯通着的。後來馬克思把他對於黑格爾法律哲學的批評總結如下：瞭解歷史發展的鑰匙必須求之於黑格爾所輕視的社會・之中，而不在他所頌揚的國・家之中。在第二篇論文中他發揮這種觀點比在第一篇中更爲詳盡得多。

從另一方面而論，這兩篇論文的相互關係正如方法與目的的關係。第一篇寫出無產階級鬪爭的一種哲學概觀，而第二篇寫出社會主義社會的一種哲學概觀。然而，這一篇或那一篇都不是臨時興至之作；兩篇都顯示牠們底作者的思想發展是在一種嚴整底邏輯秩序之中的。第一篇一開始就討論費爾巴哈——他曾經把宗教批評，一切批評的前提，完成在這要旨之中：人製造宗教，並非宗教製造人。

馬克思開始說人並不是存在於世界之外的一種抽象底東西。人是人群，國家，社會的世界，這世界曾經產生宗教作爲一種倒置底世界意識，因爲牠是一個倒置底世界。所以反對宗教的鬥爭間接地是反對以宗教爲神聖的世界的鬥爭。因此自天上的眞理消失以來，建立世間的眞理就變爲歷史的任務了。因此批評天國變爲批評地上，批評宗教變爲批評法律，批評神學變爲批評政治。

然而，在德國，這種歷史的任務祇能由哲學來完成。倘若否定一八四三年的德國狀況，按照法國歷史來估計，那就不能理解一七八九年的革命，更不能理解當代問題的核心。倘若以近代政治社會的實質作爲批評的對象，批評自身就已在德國實際之外，就不能達到牠底眞實目的。一直到那時爲止的德國歷史，好像新徵來的笨兵一樣，那任務不過是完成呆板可厭底訓練而已。馬克思舉出『近代主要問題之一』——即一般產業界與政治界的關係——來作爲這事實的一個例證。

這問題在德國形成了保護稅則，禁品稅率，國民經濟制度等問題。德國正在從英法將近結束的處所開始作起。英法在理論上認爲鎖鍊而加以反對的陳腐狀況在德國却被歡迎爲前途遠大的初升旭日。英法的問題是政治經濟的問題或社會支配產業的問題，而德國的問題却是國民經濟的問題或私有財產支配國家行政的問題。在一方面是解開糾結的問題，而另一方面却是從頭打結的問題。

雖然在歷史上德國並未達到英法的同一階段，而在哲學上却是並駕齊驅的。德國對於法律哲學與國家哲學——在黑格爾手中已經具備着最合邏輯底形式——的批評已經直接伸入當日爭辯最烈的那些問題的中心。馬克思早已明白確定他的態度：對於萊因新聞中曾經並存的兩種趨勢和對於費爾巴哈。費爾巴哈已經把哲學拋到廢紙堆裏，但是要討論切實底根本問題就必不可忘記當時德國人民的生活的眞正發展不過是在頭腦裏而。對於『那些棉花男爵和鋼鐵巨頭』，他說道：你們要求淸算哲學是很對的，但是非先實現牠就不能淸算牠。對於他底老朋友布魯諾·波爾及其同人，他却反過來說道：你們要求實現哲學是很對的，但是非淸算牠就不能實現牠。

法律哲學的批評自行溶解爲祇有唯一方法——實踐——纔能解決的種種課題。德國怎樣能夠使牠自已上升到一種實踐的水準，達到原則的高度（a la hauteur de principes），就是說，達到一種革命——使牠不但達到近代人民的水準，而且達到近代人民將來就要達到的人道水準——呢？德國怎樣能夠翻一個筋斗就不但越過牠自己底限制，而且同時越過近代人民底限制呢？——其實牠必定覺得後一種限制乃是超脫牠自己底限制的一種解放，而爲牠自己所必須設法獲得的。

批評的武器確乎不能越過武器的批評。必須實力纔能推翻實力，但是當理論獲得了羣衆的時候牠自身就變爲一種實力，而且一旦如此牠立刻就變爲急進底了。然而一種急進底革命必須有一種受動底要素，一種實際底基礎。理論被實證於一種人民之中祇是在那種人民的需要範圍以內。思想必須推進現實是不夠的；現實自身也必須促進這種思想。在德國似乎沒有這種情形，德國社會各方面的關係並不是戲劇式的而是敍事詩式的；甚至中產階層的自信心也祇根據於這種意識：牠是其他一切階層的庸俗性的總代表有產者的社會的各方面在慶祝勝利之前必定要遭受挫折，在表示寬大之前必定要顯示狹隘，所以各階層都陷於對下一層的鬥爭之中在牠能夠對上一層鬥爭之前。

這並不是說澈底的革命，人類的總解放，在德國是不可能的。這祇是說單純底政治革命——舊社會的支柱依然留着不動的革命——是不可能的。德國並沒有這種政治革命的基本條件：在一方面，某一階級從牠自己的特殊地位上來實行全社會的解放，甚至祇是以全社會都遭遇着這一階級所遭遇着的同一情況爲論據這就是說，這一階級佔有錢財或教育之類，或能夠任意取得牠們。在另一方面，某一階級爲一切社會缺陷集中，担負着全社會重大罪惡的責任，所以從這一階級得到解放便成爲社會自身的總解放。全部否定法國貴族和教會的意義形成了全部肯定那相近而相反的階級——有產階級——的意義。

由於半革命的不可能，馬克思得到澈底革命的可能性的結論。這種可能性存在什麼地方呢？他回答道：在於與澈底聯結着的一階級的形成，這一階級在有產者社會中是不屬於有產者社會的。這一階級必然要求

『一切階級的解體。因爲牠普遍一致受苦的結果，牠必需一種普遍一致性質的社會，並不要求特殊權利，因爲牠所遭受的並不是特殊的錯誤而這也就是唯一的錯誤。牠已經不能再訴之於一種歷史底權利，而祇能訴之於人的權利。牠必然不再僅僅站在一方面反對那種種結果，而是要站在一般的和全面的立場上來反對德國國家的根本假定（原理。）牠終於必定是這麽一種性質：牠非把牠自己從社會的一切其他方面解放出來就完全不能解放牠自己，從而同時解放那些方面。一句話，必須完全革除人所有的現狀，迫使產生一種同樣完全的新人道。使社會這樣解體的是無產階級。』由於工業革命風靡德國，這一階級已在德國國內開始發展了，因爲牠的形成並不是由於自然底貧窮而是由於人爲底貧窮，並不是出於被社會的重力所壓倒的大衆而是出於因社會急劇解體而產生的大衆尤其是中間階層的解體；那些生而貧窮的和『基督教德國』的農奴當然逐漸加入這些羣衆的行伍裏面。

正如哲學在無產階級之中發見牠的實力的武器一樣，無產階級也在哲學之中發見了思想的武器，而且思想的閃電一旦照入平民大衆的深處，德國民衆的解放爲「人」就要見諸實行的。德國民衆的解放是人的解放。沒有無產階級的清算哲學就不能實現，沒有哲學的實現無產階級就不能淸算牠自己。當一切內在底條件具備了的時候，德國復興的日子就要由法蘭西雄雞報曉了。

以這一篇論文的內容和形式而論，牠是高居於保存至今的一切馬克思青年作品的前列的。這裏簡單述出其中的基本觀念並不能表明馬克思從容發揮在那樣簡練精確底形式之中的充沛流暢底思想，那些覺得牠底風格詭異和情調張皇的德國教授們曾經發表過自顯其陋的批評。然而甚至路格也覺得牠的『簡練太過造作。』他批評牠的『無形式和超形式，』但是發見其中有『一種批評才能發展爲辯證底的不過偶然陷於急促。』這並非是不公道的批評，因為盛年底馬克思有時是一聽見他的劍在空中颼颼就會跳躍起來的，雖然在行動上他是機警而且持重的。激昂則是天賦予一切有才能底青年的陪奩。

然而這論文所開拓的對於將來的哲學底展望還是很遼遠的。誰也不會比後來的馬克思更能確切證明任何國家都不能一步跳過牠底歷史發展的必然底諸階段，但是在這論文中他所提示的遠景是模糊底，雖然並不是虛幻底。詳細說來，許多事情的發生都有些差異，而在大體上卻並未出乎他底預言之外。德國資產階級的歷史和德國無產階級的歷史便是他的明證。

三　論猶太問題

這是馬克思在德法年刊中所發表的第二篇論文在形式上並不那樣引人注意，而在分析能力上卻幾乎比前一篇更為優越。在這一篇裏他根據布魯諾·波爾所作的兩篇關於猶太問題的論文考察政治解放與人類解放的差異。

那時這問題還沒有那麼深陷入反色目族和親色目族的泥塘裏。由於最善於經商和貸款而權力增進起來的一個社會層因為牠的宗教的緣故被剝奪了一切國民權利，除了由放高利貸而享有的那些特權而外。『開明專制』的最有名的代表那皇宮哲學家弗勒得力大帝，曾經給與世人一個有益底實際教訓：他把『基督徒銀行家的自由』允許給那些幫助他鑄造假錢的和其他可疑的財政活動的猶太豪富；同時，他容許哲學家莫斯·孟德爾孫在他的國土之內並不因為後者是一個哲學家而且努力指導他底『民族』進於德意志的文化生活，而是因為他擔任着一個有特權的猶太富豪的會計職務。他一旦被他底主人辭退他底一切權利就要被削除的。

除了一兩個例外，甚至那些資產階級啟明運動的先驅者也並不表示特別反對僅僅爲了宗教的緣故就宣佈人民之中的整個部份爲公敵。他們憎惡以色列的宗教是因爲牠是排斥異端的最初典型——基督教因此而覺悟『人類意識』而且也因爲猶太人對於資產階級啟明運動並不表示任何興趣。當開明底批評實施於基督教的時候，猶太人是高興的，因爲他們自己也常常詛咒牠，但是同樣底批評轉而實施於猶太教的時候，他們就高聲呼號得好像人道被背叛了似的。猶太人爲猶太教要求政治解放，但是無意於全體平權和放棄他們自己底特殊地位，反而祇想鞏固那特殊地位；他們隨時準備放棄種種自由原理，當這些原理和任何猶太利益衝突的時候。

那些少年黑格爾派所實行的宗教批評當然擴張到猶太教，他們把牠看作基督教的初步。費爾巴哈曾經把猶太教分析爲唯我論的宗教：『猶太人把他們的種種特點一直維持到現在。他們的原理，他們的上帝，是現世商業的原理——在宗教形式之中的唯我論。唯我論使人集中於自己，以自己爲中心，同時牠限制着他的理論的眼界，因爲他漠視與他自己的福利沒有直接關係的各樣事物。布魯諾·波爾發揮了這同一意見，說道猶太人爬進有產者社會的裂縫裏和角落裏來剝蝕不穩定的部份，好像伊壁鳩魯所說的神們似的住在世界的空隙裏；在那裏面他們是得免於一定的勞動的。猶太人的宗教是動物底狡計，借以滿足他們底肉慾的。他們常常反對歷史底進步，而且在其他一切民族的仇恨之中他們已經使他們自己和世界斷絕，生活在最虛妄底和拘執底生活之中。

費爾巴哈從猶太人底性質解釋猶太教底性質，而波爾在他的論猶太問題的兩篇論文之中，除了獲得馬克思所稱頌的透徹，大膽和深刻而外，是嚴格地經由神學的考察來解析這問題的。他說，像基督徒一樣，猶太人祗有克服他們底宗教纔能爭取自由。基督教國家由於牠自身底宗教性質不能解放猶太人，同時猶太人由於他們自己的宗教性質也不能被解放。倘若基督教徒和猶太人想要自由就必須不作基督教徒和猶太教徒。但是自從作爲一種宗教的猶太主義被基督教所排斥以來，猶太人在獲得自由之前必須經過比基督教徒更爲長遠艱難的道路。據波爾的意見，在猶太人能夠希望自身解放之前必須學習基督教理和黑格爾哲學。

對於這一點，馬克思說道，討論誰來解放和誰被解放是不夠的。批評必須再進一步，討論所謂解放是哪一類，政治的解放呢或是人的解放呢。在某些國家之中，基督徒和猶太人是同樣得到完全的政治解放了的，雖然並沒有得到人的解放。因此政治解放與人的解放之間必然有某種差異。

政治解放的眞意是成爲高度發展的近代國家，也就是充分發展的基督教國家；因爲基督教德意志國家，特權者的國家，祗算是不完備的，還不會發達到政治淸明的神學國家。然而，政治發達到最高階段的國家並不要求猶太人放棄猶太教或一切人民放棄一般宗教。這種國家曾經解放了猶太人，而且牠底根本性質迫使牠這樣作。即令是在憲法上明白規定一切政治權利的享用完全與宗教信仰無關的國家裏，國民也不肯相信沒有宗教的人能夠是好人和好國民。所以，宗教的存在無論如何並不是和國家的充分發展相矛盾的。猶太人，基督徒，以及一般教徒的政治解放是使國家從猶太教，基督教和一般宗教解放出來。由此國家能夠擺脫一種束縛，雖然國內的人民並不一定解脫了牠，因而使政治解放受着限制。

馬克思把這觀念再發揮下去。這樣的國家否定了私有財產的權利。一旦人取消了以財產多少爲取得積極底和消極底公民權的資格之規定，如北美許多州所實行的那樣，人就已以政治方式否定私有財產，爲當國家宣佈身份，地位，教養和職業的差別並非政治的差別的時候，當國家不顧這些差別，宣佈每個人民都平等享受民權的時候國家就已以牠自己的方式否定身份，地位，教養和職業的差別了。然而國家仍然容許財產，教養和職業活動於牠們各自的方式之中，顯出牠們各自的性能。並未廢除這些實際的差別，國家的存在反而成爲這些差別的存在的前提。牠把牠自己看作純粹政治的國家，使牠底普遍一致性顯然和牠底構成要素正相反。

國家政治的充分發展根本是在社會生活方面，而物質生活方面却正相反。在有產者社會中自私底生活假定（原理）始終超然於國家範圍之外，而成爲有產者社會的基本屬性。國家政治與牠自己所設定底原則的關係，不論是私有財產之類的物質要素或宗教之類的精神要素，都具有公衆利益與私人利益之間的矛盾性。歸依某一宗教的人發見他自己與他底公民資格和同一社會中別底人們是互相衝突的，這種衝突自必化爲國家政治與有產者社會之間的裂痕。

有產者社會是近代國家的基礎正如古代奴隸制是古代國家的基礎一樣。近代國家承認牠起源於『人權宣言』，所謂人權是作爲政治權利而使猶太人公開享有的。『人權』承認了有產者個人及其造成他的生活內容和當代有產者生活內容的精神的和物質的無限活動。『人權』並不使人離宗教而自由，而祇是給人宗教的自由。牠並不使人離財產而自由，而祇是給人財產的自由。牠並不使人離買賣的侮辱而自由而祇是給人買賣的自由。政治革命由於摧毀封建主義的雜湊補綴的制度——一切行、幫會、社都是人羣分裂的表現——而創造了有產者社會。牠創造了統攝全體的政治的國家，眞實的國家。

然後馬克思綜結道：『政治的解放是使人一方而變爲有產者社會的一份子，獨立自私的個人，而另一方面却變爲國家的公民，一個道德的存在。祇有到了眞實的個人重新吸收了抽象的國家的公民而變爲一個社會的存在（在實際生活中，在他自己的工作中和他自己的狀況之下）的時候；祇有到了承認而且組織他固有的勢力爲社會的勢力因而不再在政治勢力的形式之中使他自己和社會勢力分離的時候——然後人性的解放纔算完成。

所謂基督徒比猶太人更能夠得到解放云云，如波爾想從猶太教加以證明的這主張，仍然是必須考察的。馬克思出發於費爾巴哈——從猶太人解釋猶太教而不是從猶太教解釋猶太人——但是他比費爾巴哈更進一步，說明了反映在猶太教之中的特殊的社會因素。什麽是猶太教的現世基礎呢？實際的必要，自利。什麽是猶太人的現世教儀？買和賣。什麽是他的現世上帝呢？錢。「那就很好了：從買賣，從錢解放出來，這就是說，從商業，從眞正猶太教解放出來，這便是我們當代的自我解放。廢除買賣的必要條件，廢除買賣的可能性，這樣一種社會組織纔能使猶太人不能作猶太人。他的宗教意識纔能在社會的淸爽活潑的氛圍之中化爲烏有。另一方面，到了猶太人承認他的這種商業性質爲無益而致力於其廢絕的時候，那麽他就已根據他自己的往日的發展而致力於人性自身的解放反對人類自相疏遠的那最高底實際表現。」馬克思把猶太教看作由於歷史發展和猶太人自己熱心經營而達到現在高度的一種盛行於當代的反社會的因素，達到了這高度牠自身就必然要崩潰了。

馬克思在這論文裏的成功是雙重的。他深入到社會與國家之間的關聯的根柢。國家，並不如黑格爾所想像，並不是道德觀念的實體，絕對理性和自身具備絕對目的，而是必須遷就於非常馴順的任務以君臨於有產者社會的無政府狀況之上的，這社會已經把牠徵募來作守衛者了。這種無政府狀況是人反對人，個體反對個體的大混戰，祇爲個性不同而互相分離的一切個人的普遍鬥爭，從封建鐐鎖中解放出來的各種原始勢力的無限亂動。這是眞正的奴隸狀況，雖然個人自已覺得似乎自由和獨立，把他所有的分離的因素如財產、實業和宗教之類的無限亂動誤認爲他自已的自由而其實那却表現了他全然是奴隸而且遠離人性。

然後馬克思說明當日的宗教問題並沒有社會意義以外的意義。他指出猶太教的發展不在於宗教理論之中，而在於變形爲猶太教的工商業務之中。實際的猶太教不過是充分發展了的現世基督教而已。因爲有產者社會是一種完全商業底猶太性質的，猶太人當然隸屬於牠而且能夠要求政治解放，正如他能夠要求一般『人權』一樣。然而人性的解放是要把社會諸勢力組織成一種新體系，使人成爲他賴以生存的物資的主宰。由此，我們看見一種社會主義社會的模糊廓輪正在開始形成。

在德法年刊之中馬克思還在耕種着哲學的園地，但是在他的批評的鋤犂所掘成的畦溝裏，唯物史觀的萌芽已經開始生發，而且在法蘭西文化的暖日之下不久就要開花了。

四　法蘭西文化

以馬克思平常著作的方法而論，投到德法年刊上的這兩篇論文或許是早已寫好了的，至少已經草擬了一個大綱，當他還在德國的時候，很像是在快樂的新婚期間。兩篇論文中所有的觀念都集中於法蘭西大革命，所以一到巴黎他當然要投身於大革命的歷史的研究，當着有機會搜求牠底材料以及牠底先驅者法國唯物論者和牠底繼承者法國社會主義者的材料的時候。

那時巴黎是配稱爲資產階級文化首都的。經過了一些幻想和挫折之後，法國資產階級終於在一八三〇年七月革命之中獲得了一七八九年大革命中所已開始的東西。牠底力量現在是鬆懈的，雖然舊勢力的抵抗並未完全打破，新勢力纔開始抬頭。結果是爆發了無休止底思想鬥爭——隨時展開在這裏那裏——這是不能發見於歐洲其他各處的，而且確乎不曾發見於毫不動彈地躺在精神死寂之中的德意志。

馬克思現在投身於這種回旋底潮流裏面。路格寫信給費爾巴哈說馬克思讀了巨量書籍而且異常勤奮地寫作着。然而他並不曾完成了什麼，時常中止他底工作，一再投入無限的書海裏面、他是發奮而且猛勇的，尤其是當他工作到害病而且連續三四夜不睡眠的時候。他已經拋棄黑格爾哲學的批評主義，因爲要利用留住巴黎期間寫一部議會史，已經搜集了必要底資料而且採取了一些很有益的意見了。這封信是很有考證的價值的，因爲牠寫得並無贊揚的意思。

馬克思不曾寫作議會史，但是這事實並未否定路格的報道。恰相反，這卻使牠更爲可信了。馬克思對於一七八九年的革命鑽究越深，他就越容易拋棄黑格爾哲學的批評主義，不把牠當作達到明瞭當代的鬥爭和要求的方法。然而單是議會史並不能滿足他，因爲，雖然牠可以代表一大部份政治能力，政治權威和政治理解牠自身已經在社會的無政府狀況之前顯然無能了。

除了路格的這一點稀少底說明而外，不幸，並沒有證件可以使我們知道馬克思在一八四四年春夏間研究的詳情，然而他底研究所施展的一般方法是可以看出來的。法蘭西大革命的研究把他引到『第三階級』（平民）的歷史底文獻，這種文獻起源於布爾彭（Bourbon）皇室復興之下而發展於具有偉大歷史才能的人們之手：他們追溯他們底階級的歷史的存在到十一世紀，把法國歷史看作階級鬥爭的不斷連續。馬克思對於階級及其鬥爭的歷史性質之認識是得力於這些歷史家的——他特別指出基佐（Guizot）和台利（Thierry）——然後他進而從資產階級經濟學家尤其是李嘉圖（Ricardo）研究階級的經濟解剖。馬克思常常否認他自己首倡階級鬥爭的理論。他認爲他所貢獻的是證明：各階級的成立必然決定於生活發展中的歷史底鬥爭，階級鬥爭必然要發展到無產階級專政，而這專政不過是達到完全廢除階級而建立無階級社會的過渡時期。這一套觀念是在他流寓巴黎時間發展起來的。

十八世紀『第三階級』抵抗統治階級所使用的最輝煌最尖銳底武器是唯物論哲學。在流寓巴黎期間，馬克思熱心研究這種哲學，但是更注重於洛克（Locke）所領導而發展爲社會科學的一派，比之於狄卡爾（Descartes）所代表而發展爲自然科學的一派。在青年馬克思的巴黎書齋中照耀着的另一些明星是赫爾維提（Helvetius）和霍爾巴黑（Holbach）：他們把唯物論應用到社會生活裏面，他們主張人類智慧的自然均等，理性進步與產業進步的根本一致，人類性善，以及教育萬能。馬克思稱贊他們底學說爲『眞正人道主義』，正如他稱贊費爾巴哈底哲學一樣，那不同是赫爾維提和霍爾巴黑的唯物論已經變爲『共產主義的社會基礎。』

『巴黎現在呈獻給他研究共產主義和社會主義所必需的一切機會，這種研究是他在萊因新聞上早已預定了的。他所升入的巴黎思想界是關目的觀念和形式的豐富幾乎混淆不淸。巴黎的文化氛圍中孕育着社會主義的種子，甚至每年接受政府巨額津貼的財閥的老牌機關報政論日報（Jonrnal des Debats）也不能完全不顧時代精神，雖然牠不過在牠底文藝欄裏發表一些社會主義的零星談屑。反對派陣營裏有着像勒洛斯那樣輝煌底思想家現在無產階級正在產生這樣的人物了。敵對底陣營之間有聖西門派的殘餘，孔西德朗（他底機關報是和平底民主政治 Democratie Pacifique）所領導的活躍底弗利耶派，天主教士拉馬那斯和卡包那洛·布乞斯的基督教社會主義，小資產階級社會主義者如西士猛狄，布里地，庇克格爾和維達爾等同時，甚至於在美文學的巨製中也有像白朗吉底詩歌和喬治沙底小說之類的作品，輝煌地反映了社會主義的思想和問題。

這一切社會主義派別的共同特點是他們全都寄托在資產階級的好意和理性上，他們希望由於和平宣傳社會改良或革命的必要而說服有產者們。他們全都是從大革命的失望之中產生出來的，所以他們輕蔑曾經消失在那些失望之中的政治途徑。他們想要幫助受苦羣衆是因爲後者不能自助。三十年代的工人叛亂已經失敗了，而且甚至他們底最堅決底領袖如巴爾布斯和布朗格等，也毫不知道社會主義底理論或達成社會革命的實際方法。

然而，工人階級運動依然迅速進展；詩人海涅曾經以先知底眼光把問題略述如下：『共產黨是法國的唯一值得尊敬底政黨。我也尊重聖西門派的殘餘——還存在奇異底旗幟之下——或還活躍着底弗利耶派，但是這些好人物祇是感動於言詞，把社會問題當作傳統觀念的問題而不感覺任何嚴酷底必然性。他們都不是上界聖靈指定來實行牠底決定的僕役。或遲或早聖西門派的殘卒和弗利耶派的幹部都要來加入共產主義底勁旅的，來担負那神聖底任務，以嚴酷底必然性賦予這創造底名詞。』這是海涅在一八四三年六月十五號寫的，而來担負海涅以爲聖西門派和弗利耶派可以担負的任務的這人就在同一年內到了巴黎。他以嚴酷底必然性賦予那創造底名詞。

當馬克思還在德國的時候，還注重於哲學底觀點的時候，他曾經宣言他自己反對牽強武斷將來的學說，反對一舉而解決一切問題的企圖，反對揭櫫任何教條，反對不屑討論政治問題的『愚蠢底社會主義者』的思想。他曾經說過思想必須推進現實是不夠的，現實也必須促進思想，現在這種種事例就明擺在他眼前。自從一八三九年的工人叛亂以來，工人運動與社會主義已經在三種情況之中開始互相接近了。

第一是已經有了社會民主黨。這黨的社會主義並不很重要，因爲牠是由中下階層和無產階級組織而成的，也因爲牠所標榜的勞工管理和工作權利不過是中下階層的空想，在資本主義社會中沒有實現的可能。資本主義社會把勞工組織爲工銀勞動，而這是以資本的存在爲先決條件，只能由資本制度的廢除纔能廢除的，當着環境沒有所謂工作權利的時候，這種權利祇有在生產工具公有的時候纔能實現，就是說廢除資產階級社會；但是這一黨的領袖們路易斯・布朗克，里杜魯・洛林和飛狄南・弗洛孔都鄭重拒絕把斧子砍在資產階級社會的根基上，聲明他們並不是共產主義者也不是社會主義者。

然而雖然這一黨的社會目的完全是烏托邦底，牠畢竟代表了一大進步，因爲牠爲實現那些目的而採取了政治底途徑。牠宣言沒有政治改革就不能有社會改革，因此奪取政權是勞苦大衆能夠自救底唯一方法，所以牠要求普及民權；這要求立刻得到無產階級陣營中的響應，這階級已經疲倦於小衝突和大叛亂，正在尋求進行階級鬥爭的更有效底武器。

還有大部份工人集結在卡比提所倡導的共產主義的旗幟之下；卡比提原來是一個甲可賓黨，後來由於讀書，尤其是讀了托馬斯・摩爾的烏托邦，轉變到共產主義。卡比提承認共產主義正如社會民主黨駁斥牠一樣公開；但是他同意後者所主張的民主政治是一個必然的過渡階段。所以卡比提描寫他的理想社會的伊加里亞遊記成爲弗利耶的綺麗的幻想著作所不能比的風行一時的書籍，雖然卡比提的書的狹隘是無限低劣於前者的天才的。

最後，無產階級自己陣營中開始發出了白明響亮的聲音，無疑地顯示牠從幻夢中醒來了。在萊因新聞時代馬克思就已認識了曾經作過印刷工人的勒洛斯和普魯東，而且他早已預定澈底研究他們底著作。他注意他們底著作是因爲他倆都想憑借德國哲學的成績來達到他們底目的，雖然他倆都犯了嚴重底誤解。馬克思自己告訴過我們他曾經費了許多時間往往通宵不眠，盡力解釋黑格爾哲學給普魯東。這兩人的結合是暫時底，不久就分離了，但是普魯東死後馬克思慨然作文證明普魯東的出現所給與工人階級運動的偉大推動力，這一動力確已影響了馬克思。馬克思把普魯東的第一部著作（在其中著者拋棄一切烏托邦主義而且無情地批評私有財產爲一切社會罪惡的根源）看作近代無產階級的最初底科學底文獻。

上述這些傾向都有助於進行工人階級運動與社會主義之間的聯合，但是牠們全是互相矛盾的，纔走了幾步之後牠們自己又陷於種種新底矛盾之中。馬克思已經研究過社會主義，現在纔開始研究無產階級。一八四四年七月路格寫信給德國的一個朋友說：『馬克思已經投入這裏的德國共產黨——祇是社會底地，我以爲，因爲他不會想到什麼可怖底重大政治事件。德國能夠受得住那些工匠們（尤其是這裏的少數幾個轉向者）或許要造成的損壞並且無須怎樣修補。』路格不久就發見馬克思爲什麼認眞注重少數幾個工匠及其行爲的理由了。

五　「前進」和馬克思被逐

關於馬克思流寓巴黎的生活我們沒有得到很詳細底記載。他底妻獻給他他們底第一個孩子，一個女兒，然後昂然回到德國去誇耀牠給他們的親戚們。馬克思和他底哥龍尼的朋友們依然是很相好的，而且他們的一千台勒的贈品是大有幫助於他在巴黎那一年的這麼些成就的。

他和亨利・海涅很親密，而且作了許多事使一八四四年成爲詩人生平中可紀念的一年，幫助他產生了冬天的童話織工的歌以及諷刺德國君主的不朽底詩篇。他們的結合並不長久，但是馬克思始終忠實於海涅，甚至當庸俗者咒罵他比咒罵赫爾維更猛烈的時候；而且他慨然保持住沉默，當衰病底海涅胡亂引他來證明詩人收受基佐政府的年俸是無可責難底的時候。如我們所知道，馬克思在少年時代就枉然渴望着詩人的桂冠，所以他終身對於詩人都保持一種誠懇的同情，始終不變地對於他們底小弱點表示最大優容。他覺得詩人是特殊人物，應該被寬容自行其是，不必用尋常底甚或非常底尺度去衡量他們。倘若要他們歌唱就該恭維他們；嚴厲批評他們是沒有用的。

但是他看海涅不但是詩人，而且也是戰士；在波爾尼與海涅的爭論——在那時是作爲分別綿羊與山羊的界限的——之中他堅決地支持着海涅，宣言道基督敎德國的低能兒們把海涅底和波爾尼底作品看作一律，這在德國文學史上是唯一愚蠢底事，雖然這文學史上隨時都不缺少十分愚蠢底點綴品。馬克思絕不惑於海涅叛國云云的叫囂，這叫囂是連恩格斯和拉塞爾都受影響了的，雖然他倆都還極其年輕，是可恕的。有一次海涅寫信請馬克思原諒他的『書法潦草混亂』『我倆祇需要些微暗示便能互相了解，』這句話是大有深意的。

當馬克思還是學生的時候，海涅於一八三四年曾經寫過：『我們的古典文學中所鼓吹的自由精神較少顯現在我們底學者詩人和文士之中，比之在我們工匠大衆之中。』十年之後，當馬克思住在巴黎的時候，海涅宣說：『在反抗現狀的鬥爭中無產階級有權要求最進步底思想家，最偉大底哲學家，作爲他們底領袖。』這判斷的坦直和正確變爲越更顯然了，當人明白海涅同時嘲罵那些流亡者的小宗派的啤酒店政治學的時候，在那些宗派之中波爾尼是表演着屠龍英雄似的大角色的。海涅知道馬克思注重『少數幾個』工匠與波爾尼這樣作之間是大不相同的。

海涅與馬克思的結合是由於德意志哲學和法蘭西社會主義的精神，由於共同深惡基督教德國的懶惰，那種錯誤底條頓主義——想要以急進底言詞來胡亂近代化古舊底德國外表。顯現在海涅底諷刺詩裏的馬斯曼士和維尼狄斯之流是跟蹤着波爾尼底脚跡的，雖然波爾尼在知識和技巧上或許是遠過於他們的。波爾尼對於藝術或哲學都沒有感情因爲他說過哥德是叶韻的惡漢而黑格爾是不叶韻的惡漢，而且當他脫離德國歷史的偉大傳統的時候，他對於西歐文明的新勢力並沒有建立新底精神底聯繫。海涅却不然他不拋棄他自己就不能拋棄哥德和黑格爾，而且他勇猛地投入作爲精神生活的新源泉的法蘭西社會主義之中。他的作品激動着孫輩的憤怒正如牠們曾經激動過祖輩的憤怒一樣，而波爾尼的著作却被遺忘了，多半是因爲那內容而不全是因爲那『迂緩單調底』風格。

波爾尼曾經反噬海涅甚至當他倆並肩站着的時候，而且後來波爾尼底文學使徒們竟胡塗到發表那些亂咬底胡說，關於這些事，馬克思宣言他絕想不到這人是這樣荒謬淺薄而且猥瑣。然而，倘若他眞要寫出他對於這爭論的意見，他是絕不會因此而討論到造謠者的私人品行問題的。在公衆生活中很難找出比那些小心眼底和官派底急進者更壞底詭辯家了：他們把他們自己包裹在他們自己底道德底腐朽底外衣裏，而不斷地誹謗與歷史有更深關係的更優秀更自由的志士們。馬克思常常站在後者這一面，而從來不站在前者那一面，尤其是當他自己認識了那些優秀人物的時候。

後來馬克思說到那些在巴黎流寓時期向他表示最大關心的『我國貴族們，』並且聲明不可太過重視那些俄國貴族曾經在德國大學裏受教育而且在巴黎度過青年時代。他們總是一來就抓住西歐底極端派，但是這並不阻礙他們一回國服務就變爲下流惡徒。馬克思似乎是說某一託爾斯泰伯爵一個俄國官府的祕探，或其他同類蠢材。他確不是說當日受過他的思想的大影響的那俄國貴族，即密凱爾·巴枯林。甚至當這兩人分道而馳之後巴枯林也承認這大影響而且在馬克思與路格的爭論之中巴枯林是站在馬克思方面的，雖然一直到那時路格都是他底保護人。

那爭論在一八四四年夏季又熾燃起來，而且這一次是公開的。巴黎有一個刊物叫作前進，自一八四四年一月一號起每週發行兩次。牠的來歷並不是沒有毛病的。創辦人是經營戲劇業和出版業的伯恩斯台，正在設法推廣營業。供給必需資金的是那喜歡住在巴黎的麥耶比爾。據海涅說，這普魯士的忠實的指導者是很高興發展這刊物的，或許他需要牠。狡獪底商人伯恩斯台就給這刊物一件愛國的外套，而且聘任波恩斯特作編輯，後者是前任普魯士軍官，一個梅特涅的『心腹』而同時拿柏林政府的錢的十足市儈。當德法年刊出版的時候，這前進就迎頭給以一通謾罵的祝爆，至於那謾罵底特色是否愚蠢更甚於卑鄙呢是難說的。

然而，這報紙的營業並不順利。伯恩斯台因爲要以最大速度把巴黎上演的劇本賣給德國舞台經理，曾經組織了一個經常底翻譯工廠，而且他想要壓倒德國青年戲劇家以爭取德國庸衆——他們現在變爲更頑固，由於學會了幾句稱頌『折衷進步』和斥責左翼右翼『過激派』的言詞。編輯波恩斯特是和他同舟的，因爲要和那些德國流亡者自由往來就必須息止他們的懷疑，爲要獲得他的血腥底錢這是絕對必要底手段。然而，普魯士政府是盲目到連本身利益都看不見的，以至禁止這前進報在牠的領土內發售，德國其他各邦政府也就照例取締了。

波恩斯特在五月初歇手不幹，以爲這把戲是無望的，而白恩斯台却不以爲然，他要作買賣，而作法是毫不固執底。這冷血底投機商人暗中打算無論前進爲什麼在普魯士境內禁止發售，牠正好趁勢營謀違禁刊物所特有的利益，德國庸衆會把牠認爲值得祕密購買的東西的。所以，當一團火氣底青年貝那士獻給前進一篇激烈論文的時候，那是極其合於他的計算的，因此打了幾次小戰之後，貝那士就被聘爲編輯，接替波恩斯特。因爲沒有任何其他中介物，巴黎的德國流亡者都開始投稿給前進，文責由各人自負，獨立於那編輯部之外。

第一個這樣作的是路格，他一來就用他的名字，甚至辯護馬克思發表在德法年刊上的論文，好像他早已贊同牠們似的。然而幾個月之後，他用假名在前進上發表了兩篇論文，一篇是略論普魯士政策的短文，而別一篇長文却除了關於普魯士皇室的謠言而外毫無內容，其中扯拉到『酒醉國王』和『跛行王后』以及他們的『純然精神的結婚』等等。這兩篇論文都署名『一個普魯士人』，而在當時情況之下這好像是馬克思作的似的，因爲路格是德列斯丹的市政委員，而且曾註册於巴黎的薩克遜公使署，貝那士是巴維略人，而白恩斯台是漢堡人，雖然他在奧地利住過很久，但是他不曾久住過普魯士。

現在要發見路格用這引人誤會底筆名的居心是不可能的，但是，由他寫給他的親友的信看來，他已經恨透了馬克思，稱他爲『十足底壞傢伙』和『驕橫底猶太人』，而且兩年之後他遞悔過書給普魯士內務大臣，出賣了流亡巴黎的同志們，昧着良心把他自己在前進報上所犯的罪過都推到那些『無名』青年頭上。或許他署名『一個普魯士人』是要增加那兩篇討論普魯士國事的文章的重量，也自然是十分可能的，但是，即令如此，他底行爲也是不負責任底和無思慮底，所以馬克思趕忙揭開這所謂『普魯士人』的狡計是完全可以理解的。

馬克思的回答隱寓在一種嚴峻語調之中他僅僅論到路格所加於普魯士政策的一二點可以反對的意見，而用一個簡短底腳註打消了關於普魯士皇室的全部謠言：『有特殊理由使我必須指出上面的論文是我第一次投給前進的稿件。』其實，這也是最後一次了。

爭論之點是一八四四年西里西織工的暴動；路格把這暴動當作無關重要底事，說是牠並不以政治爲中心，而沒有這種中心意義就沒有社會革命的可能。馬克思的回答的主旨曾經申述在論猶太問題裏面。政治的力量並不能療治社會積弊，因爲國家不能廢除牠從而產生的諸條件。他嚴厲地攻擊烏托邦主義，說明社會主義不經過一次革命是不可能的，但是他也同樣嚴厲攻擊布朗克之流，說明政治底投機性朦混了社會的根本性，當前者想要以無益底小衝突造成進步的時候。他用深刻底警句說明革命的性質：『各種革命破壞舊社會，所以牠是社會底的。各種革命推翻舊政權，所以牠是政治底的。』以政治爲中心的社會革命，如路格所主張，是無意義的，但是以社會爲中心的政治革命是可以理解的。在大體上，革命——推翻舊政權和毀壞舊關係——是一種政治行動。以社會主義首先必需破壞和掃除而論，牠是必需這種政治行動的，但是當牠的組織活動已經開始的時候，當牠的內具的目的，牠的中心意義，顯現了的時候，社會主義就已拋棄了那政治的外衣。

這些觀念是從馬克思自己的論猶太問題中發展出來的，而西里西織工的叛亂立刻證實了他所發表的關於德國階級鬥爭的微弱底議論。他底朋友永格從戈龍尼寫信來說：在戈龍尼新聞上比在從前的萊因新聞上出現了更多共產主義，而且戈龍尼新聞爲被難和被拘的織工家屬開出了一種定閱價目。在餞別退職的縣長的筵席上那些高官富商們爲這種定閱辦法募集了一百台勒，而且各處對於這危險的叛亂都有同情的表示。在前幾個月要認爲是對於他們（織工）的太胆而全新的態度現在已經變爲當然的事了。

馬克思運用人們對於織工的普遍同情來反對路格小視他們底暴動的意義，但是他一刻也沒有被『資產階級對於新底社會傾向和思想並不表示抵抗』所欺騙。他分明知道一旦工人階級運動有了眞實力量，那結果就會終息了統治階層陣營內的政治反感和矛盾而集中全部敵意來反對工人。他指出資產階級解放與無產階級解放的深刻差異，同時指出這一階級是產生於社會的安寧而另一階級却是產生於社會的不幸。資產階級的革命起因於國家政治共同性的分離，而無產階級的革命起因於人道共同性的分離。後一種分離比之前一種分離更爲透澈，更爲不堪，更爲具有內在底矛盾性，所以這種分離的消除，即使是西里西織工暴動所表現的那種暫時底局部現象，那意義也是更爲無限重要的，正如作一個人比作一個國民更多意義，人的生活比政治生活更多意義一樣。

馬克思對於西里西織工叛亂的意見是這樣根本不同於路格的意見的，馬克思說：『祇消一看織工們的歌曲；一看無產階級反對私有財產社會的這戰鬥聲的尖刻有力，直率無情。西里西暴動一開始就有了英法叛亂終結纔有的那種無產者的階級意識。全個暴動都具有這種性質。牠不但破毀機器，工人之敵，並且也破壞了商人的簿記，他們的財產契據。至少在開始的時候，別底那些運動全是專一反對工業家的，反對那有形底敵人的，但是這一次運動却也反對銀行家那無形底敵人。所以英國的叛亂沒有一次具有這樣的勇敢，審愼和持久性。』

關於這一點馬克思也說到了維特林底輝煌底作品（維特林常常在理論上勝過普魯東，雖然在實踐上落在他後面：）『資產階級——連牠的哲學家和律師都在內——關於牠自己的解放，政治解放，能夠表示給我們一種著作，可以比得上維特林的協和及自由的保證人的麼？試把德國政治文書的那種低抑審愼的中庸性來和德國工人的這堂皇無匹的初次表現一比較，試把德國資產階級的塌跟倒樣的政治鞋子來和青年無產階級的大皮靴一比較，人就有權爲這被忽視的德國之子預想到一副善於競爭的身手。」馬克思說過德國無產階級是歐洲無產階級底理論家，正如英國無產階級是他們底經濟學家法國無產階級是他們底政治家一樣。

馬克思對於維特林的作品的評判已經由後世加以證實了。當時這些作品是輝煌底成就，那輝煌由於這事實而增加了：這德國縫工開拓了工人階級運動與社會主義之間互相貫通的路，這是在路易·布朗克加別提和普魯東之先而且更有力的。然而馬克思對於西里西織工暴動的歷史的估價在今日的我們看來似乎是可異的。他把當日確未實現的種種傾向滲入在牠裏面，而且路格的估計似乎更爲正確，他說那不過是飢餓底暴動，並沒有什麼更深底意義。然而正如前次關於赫爾維的爭吵一樣，這回我們又看見形式底正確乃是庸夫反對天才的惡癖，而且偉大心情到底總是勝過偏私小見的。

爲路格所輕蔑而爲馬克思所熱忱研究的『少數幾個工匠』是組織在『正義同盟』裏面的，這同盟會經發展於三十年代的法國祕密組織，而分散於一八三九年的最後失敗。這失敗對於那組織是一件好事情，因爲那些分散的份子不但重新集合在他們的舊中心巴黎，而且也在英國和瑞士這些地方的集會結社的自由給他們得到更多發展機會，所以從老樹上分出去的枝條開始比母樹更茂盛了。巴黎的同盟的領導者是但澤人赫爾曼·伊委白克，他困守在加別提的空想裏面，曾經把加別提的烏托邦翻譯爲德文。維特林在瑞士領導着宣傳，顯然在思想上比伊委白克更爲優越，而倫敦的這同盟的領導者們，鐘錶匠覺斯弗·莫爾，鞋匠亨利奇·波爾和曾經學過農林科而有時作作曲家有時作語言教師的卡爾·斯卡伯也顯然是更優越於伊委白克的，至少在革命的決心上。

馬克思初次聽見這『三個眞男子』或許是由於恩格斯，當他路過巴黎，於一八四四年九月訪問馬克思，談到這三個人所給他的『深刻印象』的時候。恩格斯留在巴黎的那十天光陰多半都陪同馬克思度過他倆有機會印證他們發表在德法年刊上的他們底思想的廣泛同情。同時，他們底老朋友布魯諾・波爾曾經反對那些思想而且在他所辦的一個文學刊物上發表了一篇批評。他倆正在一處知道了這攻擊，而且立刻決定回答牠。恩格斯就坐下來把關於這件事他所要說的話全都寫在紙上，但是馬克思却依照他底習性把這件事思考到比他們原來底計畫更深奧的處所，而且在勤苦工作的幾個月之中他產生了三百多頁的一部著作。一八四五年一月中這著作結束的時候他流寓巴黎的時間也就告終了。

貝那士接任前進編輯之後，他繼續猛烈地攻擊『柏林的基督教德國蠢材，』而且那刊物上並不缺少犯上叛君的材料，同時海涅也對準柏林皇宮中的『新亞歷山大』接連放射了幾枝倒鉤箭。不久之後德國合法底君主專制政府就請求法國不合法底資產階級政府使用警棍打擊前進，但是基佐政府斷然不肯聽話。不論他底意見怎樣反動他總是一個有些教養的人，並且不願意充當普魯士專制政府的幫凶而至引起國內反對派的嘲罵和輕蔑，但是，當前進發表了一篇關於柴赫市長謀刺威廉第四❶的『大逆不道底論文』的時候，基佐對於普魯士政府就變為更殷勤有禮了。經過內閣會議之後基佐同意採取反對前進的行動，有兩個辦法處罰負責編輯未向當局繳足保證金而且應該起訴他煽動叛逆之罪。

❶普魯士的斯托科市長柴赫（Heinrich Ludwig Tschach），民主派和慈善家，於一八四四年七月謀刺弗勒得力・威廉第四，不成，同年被處死刑。

柏林政府贊成第一個辦法，但是當執行的時候並未發生效果。貝那士因爲沒有繳足保證金被判處徒刑兩個月，罰金二百弗郎，但是前進立刻聲明改爲月刊，這樣一來就完全規避了保證金的法規。柏林政府不理會第二個辦法，顯然是恐怕巴黎的律師們對於普魯士國王的行爲或許會警惕他們底良心，但是牠繼續提出抗議，終於要求驅逐該報編輯和撰稿人離開法國。長久交涉之後基佐同意了。

據當時的輿論和恩格斯後來在馬克思夫人墓前的演說看來，基佐的被說服是由洪保特的鑽營，這人是和普魯士外交大臣有姻戚關係的。後來有人企圖洗清洪保特關於這案件的嫌疑，說是普魯士檔案保存所中並沒有關於這種勾當的任何文件。然而，這理由是不充足的，因爲，首先那檔案是公認爲不完備的，第二關於這種事情照例是不入記錄的。檔案所證明的不過是這件事的決行是在幕後而已。

柏林政府最惱恨海涅，因爲他在前進上發表了關於普魯士狀況，尤其是那國王的十一首最尖刻底諷刺詩，但是對於基佐，海涅卻把這全部不愉快底事說得極其含糊。他是享有歐洲聲名底詩人，而且法國人民幾乎把他看作本國詩人。自然，基佐不能直接向柏林解釋這些困難，所以似乎有一隻小鳥曾經把這件事說明給駐巴黎的普國大使了，因爲他突然於十月四號報告柏林道在前進上不過發表了兩首詩的海涅是否是那刊物的一個編輯是很可疑的，結果柏林當局也就諒解了。

海涅自己並沒有被麻煩，但是一八四五年一月十一號一批投稿在前進上的人或有這種嫌疑的人都接到了驅逐令，包括馬克思，路格，巴枯林，白恩斯台和貝那士。其中的幾個各有自救的辦法，白恩斯台聲明停閉前進，路格曾經奔走於薩克遜大使和法國議員之間，保證各個人都確是守法的市民。自然，馬克思對於這些辦法是毫不關心的，他準備遷移到布魯舍爾。

他流寓巴黎不過一年多些，而在他的流浪和研究的全部歲月之中却是一個最重要的時期。其中富有經驗和刺激，而且使牠更加豐富的是獲得了一個合作到底的堂皇戰友。

第四章　恩格斯

一　公事房和兵營

弗力德里奇·恩格斯於一八二零年十一月十一日生於巴爾曼。像馬克思一樣，在他底父母的家庭裏他並不曾獲得革命思想，他走入革命道路並不是由於本身爲困窮所迫，而是由於卓越底智慧。他底父親是一個思想保守而信奉國教的富裕底工業家，因此爲了宗教恩格斯比馬克思有更多困難須要克服。

他肄業於爾巴發特高等學校，但是在畢業之前一年就進入了職業生活，像弗里利格來士一樣，他變爲一個很能幹的商人而又無意於『這些帳行業』——如他所說。我們對於他的最初認識是由於他在白利門經理劉坡德的公事房裏作十八歲練習生時候寫給葛萊伯兄弟的幾封信，這兩兄弟是他在神學院時候的學友。這些信裏並沒有多少關於業務的話，除了像下面似的說法而外：『我們一不高興就離開我們公事房的椅子』。青年底恩格斯和後來底恩格斯都是快活底酒徒，而且雖然他從不曾把他自己弄到像華夫似的胡說或像海涅似的高歌，他曾經以粗豪底幽默告訴我們他在白利門的盛極一時底地下酒店裏面的暢飲歡宴。

像馬克思一樣他當初是學作詩，但是也像馬克思一樣不久就覺得詩人的月桂冠確是與他無緣的。在一八三八年九月十七號他寫的一封信裏——他還未滿十八歲——他說哥德『給青年詩人』的忠告矯正了他對於詩底天職的一切信念。他引了這德國大詩人的兩段短論，表明德國語文已經發展到任何人都不難以音律和韻語愉快地表現他自己的高度，所以任何人都不應該把這種才能自許得很高。哥德用韻語結束了他底忠告：

『青年寫作者，留心呀，
當心魂歡躍的時候，
繆斯或許招引你，
而你底嚮導人却永不能。』

青年恩格斯恍然覺得他是在哥德所忠告之列的，而且他以爲他底韻文或許不會產生有詩底價值的東西，然而他還是把作詩當作『一種愜意底副業』，如哥德所說，而且不時把他底詩送去發表，『因爲像我一樣大底甚或比我更大底蠢材們都曾經這樣作的，而且我並不會因此而提高或降低德國文藝水準。』即令是在青年恩格斯所常有的這種玩笑底聲調裏也毫無輕浮性質的暗影，而且在同一封信裏我們發見他要他底朋友從戈龍呢寄一些流行底世界作品給他，齊格飛（Siedfried），滑稽者（Eulenspiegel），海連娜（Helena），俄克太芬（Octavian）蜈蚣市民（Lehildburger），赫蒙斯金德（Hey monskinder）以及孚士特博士（Doktor Fnust）而且他說他正在研究甲可布波米（Jakob Bohme）『他是憂鬱底，但是精神深邃。他底大多數作品都必須透澈研究纔能有所領悟。』

所以恩格斯不久就進入深奧之境，對於『少年德國』派●的淺薄文學完全失去興味。在一八三九年一月十號寫的一封信裏，我們發見他攻擊這些『好人物』的主要原因是他們把許多東西都送進其實並不存

●（Das Junge Deutochland）一八三零年法國七月革命之後，在波爾尼和海涅影響之下的一羣青年作家的團體。

在的世界裏面：『孟特這傢伙關於用舞蹈來解釋哥德底詩的台格里阿尼寫了一大堆廢話。他用從哥德，海涅，拉赫爾和斯蒂格里茲借來的華麗羽毛裝飾他自己而且關於白蒂那寫了極其糊塗底話但是這一切是這樣時髦，時髦得愛小玩藝的或無聊的太太小姐們都喜歡讀牠了……還有亨利奇勞白這傢伙亂揑造一些不存在底人物，不成爲游記的游記頂胡說的胡說，眞可怕。』

恩格斯發見七月革命——他說這是『自解放戰爭以來人民意志的最好表現』——的『霹靂』以後在文學上有一種『新精神』。這種新精神的最重要的代表是畢克，格朗，雷瑙，伊麥曼，普拉亭，波爾尼，海涅和庫茲科，而庫茲科確是應該列於『少年德國』諸明星之上的。據五月一號的一封信，恩格斯曾經投給電閃報一篇論文，這報就是由『這十分有才能的人』●主辦的，但是他請求編者嚴格審察，否則他恐怕他會陷於『一種討厭的窘境』。

少年德國派所發表的爭自由的激烈議論並不曾使恩格斯看不見他們底作品的美學底低劣，但是他不願因此而寬容舊派對於牠的反動底攻擊。他無條件地聯合着這受迫害底黨派，或許還簽名加入過『少年德國』，而且在一封信裏我們發見他警告他底一個朋友：『而且我要告訴你一件事，弗利次，倘若你要變爲一個牧師，那麼你隨便去作正教徒吧，但是倘若你要變爲一個虔信派，那麼你就要對付我了。』他特別喜歡波爾尼或許是因爲這種同感，而且在少年恩格斯看來波爾尼攻擊那告密者孟澤的文章，以風格而論，是最好底德文作品，而海涅却不能不爲『黑暗人物』這偶然之詞所冒瀆了。當時反對海涅的情感正在高漲，甚至少年拉塞爾在他底日記裏寫道：『這人已經放棄了自由的信念！這人已經從他底頭上撕掉自由的甲可賓小帽，而把一

●庫茲科 (Karl Gutskow)。

頂金編高冠戴在他底尊貴底捲髮上』

然而把恩格斯引入他終身行之的生活道路的並不是波爾尼或海涅，或任何詩人，祗有他底命運纔把他鑄造爲他所變成的人。他生於德國虔信派的堡壘巴爾曼，長於虔信派的另一堡壘白利門。他的解脫這些束縛就是他終身從事的那偉大解放鬥爭的開始。在他異常溫和地寫過的下面的話裏，我們發見他還在和他底童年的信仰鬥爭：『我每天爲眞理而祈禱，確是幾乎終日的，自我開始懷疑以來我就這樣作了，但是我還是不能回復到你底信仰……我寫信的時候淚眼模糊。我深深感動，但是我覺得我並未迷路，我一定要發現我達到我全心所渴望的上帝的路。而且這也正是一種聖靈的表現，卽使聖經說過一萬次相反的話。』

在這些精神底鬥爭之中恩格斯從當時正教派底領袖亨斯坦堡和克朗馬赫發展到斯徒洛斯，中間經過暫時承認殊里馬赫，但是祗把他當作臨時底支柱而不是永久底基礎。然後他坦白告訴他底神學底朋友們說他不能有後退路。正直底唯理論者或許能夠拋棄他對於奇蹟的自然底解釋和他底淺俗的道德論而爬回正教派用來拘束狂人的緊身衣裏，但是哲學底思索却不能從『洋溢着朝陽光輝的戴雪峯頂』下降到正教派的『煙霧底幽谷』中。『我正在達到變爲黑格爾派的界點。我眞不知道我要變或不變，但是斯徒洛斯已經爲我照明了黑格爾，而那一切都顯得很可取似的。這人的歷史哲學無論如何是十分合於我自己底心意的。』

恩格斯脫離教會之後就直接傾向於政治底異端。在一個小官讚頌那捕殺急進派的負責人普魯士國王的演說之後這烈性青年人大叫道：『我對於那國王的唯一希望是他底頭被人民痛打和他底皇宮窗戶被革命底石塊打碎。』

有着這樣思想的恩格斯自然是要越過庫茲科的電聞報而走上德意志年刊和萊因新聞的路線的。他偶然投稿到這兩種刊物上，那時他正在柏林服兵役於砲兵衛戍隊（自一八四一年十月至一八四二年十月），這砲隊就駐紮在離黑格爾住過而且死在裏面的住宅不遠的古卜斐格拉賓兵營裏。或許是由於顧慮到他的保守的和正教的家庭吧他曾經用過弗力德里奇·歐士華這筆名而且穿着『皇家制服』的時候他更不能不保持這筆名。一八四二年十二月六號庫茲科寫了一封討好底信去給被恩格斯在德意志年刊上嚴厲批評過的一位作家：

『把歐士華引進文壇這過失不幸是我底的。幾年以前一個名叫恩格斯的青年商人從白利門寄了幾封信來談論烏柏達（Wuppartal）事件。我改正了他底原稿，刪去太過刺目的對人批評，然後付印。後來他又送一些稿件來但是我常常必須重新改作牠，後來他忽然不許我修改，而且開始研究黑格爾，轉到別底刊物上去了。在他發表對於你的批評之前不久我曾經寄了十五個台勒到柏林去給他。這些青年人們往往是這樣的：他們叨惠我們教他們的思想和寫作，然後他們底第一個獨立行動就是精神底弑親。自然，這種惡行是不會滋長的，倘若萊因新聞和路格底報紙不曾迎合牠。』這確不是老麼爾人在飢餓之塔裏的呻吟，而是老母雞看見她所孵出的小鴨欣然游水去了的惶恐的咯咯。

恩格斯在公事房裏是一個能幹底商業從業員，而在兵營裏是一個能幹底軍人。自從服役以後他終身都喜歡研究軍事科學。密切地繼續接觸着實際底日常生活補償了他底哲學意識所缺乏的玄想的深度。在柏林服役的時候他和那些『自由人們』暢飲歡宴，對於他們底爭論投了一兩篇稿子，雖然那時他們底行爲還沒有墮落。一八四二年四月恩格斯所寫的一本五十五頁的小冊子用假名出版於來比錫。牠的題名是謝林與啟示，批評『最近對於自由哲學的反動攻擊』，就是批評謝林想用他自己底信仰啟示把黑格爾哲學驅逐出柏林大學之外的企圖。路格以爲這是巴枯林作的，稱頌道：『這有爲底青年正在超過柏林的一切老蠢材咧。』眞的，這著作代表哲學的少年黑格爾派是極其有力的，但是另一些批評家說這著作的特色是出於哲理的詩意充溢甚過出於批評的深刻，這也不是沒有理由的。

差不多同時，在布魯諾·波爾被辭退的新刺激之下，恩格斯發表了由四章組成的一首基督史詩，諷刺所謂『信仰戰勝惡魔魁首』以至魔黨大起恐慌云云。這詩發表於祝里奇附近的紐孟斯特，在其中恩格斯充分應用青年底特權蔑視吹毛求疵底批評。他用韻語描寫了他自己和與他還沒有私人接觸底馬克思；出於這詩我們可以約略知道他底風度：

『但是長腳大步跳舞着的，
是歐士華，穿着灰底上衣和胡椒色短褲；
胡椒外表和胡椒內容，歐士華這山居之人。
從頭頂到腳尖全是最激烈底，
他打着一種樂器，那是斷頭機，
而且在牠底鍵上他彈着一隻小曲。
高唱着兇惡底歌，尾聲疊句是：
組織你們底軍隊，武裝起來！市民們！●

●這兩句是法國革命歌曲（Eormez Vos bataillons! Aux armes citoyens!）

＊＊＊＊＊＊
＊＊＊＊＊＊

『狂熱地追蹤而來的是誰呀？
一個黑眉毛底居里人，十分放肆底傢伙，
不走也不跳，祗是顚起脚跟
伸長雙臂向空中
好像他底狂怒就要抓住天幕
把牠撕破在地上。
他握拳揮手怒不停，
好像有十千魘鬼跳躍在他底胸中。』

二　英吉利文化

一八四二年九月他底兵役滿期的時候，恩格斯回家住了兩個月，然後起身到英格蘭去担任厄門和恩格斯公司（Ermen & Engels）這大紡紗廠的書記，因爲他底父親是這公司的一個股東。在中途他經過戈龍尼，在萊因新聞的編輯部裏會見馬克思。然而，這初會是冷淡底，因爲馬克思差不多已經和『自由人們』脫離關係，而且他把恩格斯看作和他們是同流，同時恩格斯因爲波爾兄弟們的書信，對於馬克思也懷抱着一種反感。

在英國的二十一個月對於恩格斯是和在巴黎的那一年對於馬克思同樣重要的。他倆都精通德國哲學，而且在國外的時候都達到同樣結論但是馬克思理解當代的鬥爭和要求是根據於法蘭西大革命而恩格斯却是根據於英國工業。

英國也已經經過了牠的資產階級革命，其實比法國更早一百年，但是正因爲這樣，英國資產階級革命是實行於條件很不充分的情況之下的，所以溶解爲貴族與資產階級之間的一種妥協，建立了一種聯合統治。英國的『中產階級』並未被迫而進行法蘭西『第三階級』所遭遇的反君主反貴族的那樣艱苦底長期鬥爭，但是『第三階級』鬥爭的階級性質到了事情過去之後纔被法國歷史家所認識，而英國無產階級在一八三二年『改革法案』(Reform Bill)中實行反抗統治階級的時候，同時就自然發生了階級鬥爭的觀念。

這差別是由這事實來說明的：大規模底工業在英國比在法國已經有了更深底根基。在顯然發展底過程之中英國工業已經摧毀了舊底階層而創造了新底階層。近代資產階級社會的內部構造在英國比在法國更爲明顯得多。在研究英國工業的歷史和性質之中，恩格斯發現經濟因素——雖然在那時的歷史研究中沒有地位，或祇有很小底地位——是一種決定底歷史底動力，至少在近代是如此的，而且經濟因素構成了現存階級矛盾的發展的基礎。在這些階級矛盾由於大規模底工業發展而完全形成了的地方，牠們就成爲政治派別和政治鬥爭的發展的基礎，因而成爲全部政治的歷史的基礎。

恩格斯注重經濟方面多半是由於他底職業的緣故。他投給德法年刊的論文是批評國民經濟，而馬克思的却是批評法律哲學。恩格斯底論文是以青年熱情寫成的，却也顯示了他底判斷力的異常成熟。德國文學底庸材們自然有權抹煞牠爲『十分混亂底小品』，而馬克思却稱牠爲『輝煌底漫筆』。其實那眞不過是漫筆而已，因爲恩格斯關於李嘉圖和斯密亞丹所發的議論是不完備也不都正確的，而且他所提出的意見是英法社會主義者早已說過了的。然而他把私有財產之類作爲解釋資產階級社會一切經濟矛盾的眞實根源却是高明底見解，這使他遠過於普魯東，後者除了攻擊私有財產本身而外並無所闡明。關於資本主義競爭的殘酷，馬爾塞斯底人口論，資本主義生產力的增進，商業恐慌，工銀制度，科學的進步（他說科學在私有財產控制之下已經墮落爲鞏固奴役制度的一種工具而不是解放人類的工具）等等，恩格斯底意見都具有科學底共產主義的茁壯底萌芽（在經濟學方面）。因此在這一方面，恩格斯確是先驅者。

說到他自己底種種貢獻他眞是太過謙遜。有一次他說馬克思曾經給與他底經濟著述『最後形式，』又有一次他說，『馬克思比我們全體都更偉大，看得更遠，更多而且更敏銳，』第三次他又說在他所發見的馬克思或許都已發見了。然而事實仍然是這樣，恩格斯開其端而馬克思承接來處理那到底必須決戰而且正在爭鬥中的各點。

以哲學方面而論，馬克思確是更偉大，修養也比較更高的。倘若有人願意弄些『假若』和『設使』的孩子玩意來尋開心，那麼儘管設想這樣的問題吧：恩格斯能夠單獨解決他倆所共同解決的問題嗎？他能夠像馬克思一樣以較爲複雜底法國形式來解決牠嗎？然而，恩格斯以較爲簡單底英國形式來解決這問題是並非不明快的，這事實曾經被不正當地忽略了。倘若有人以爲他專從經濟觀點批評政治經濟是可以疵議的，但是規定政治經濟的基本性質而使牠眞實進步的却是由於那著者應用了黑格爾派的辯證法。

在恩格斯投給德法年刊的第二篇論文裏，更加顯出那哲學底出發點。他敘述英國的狀況是以加賴爾（Carlyle）的一本書爲根據的；他說，比起法國文學的豐富來，英國文學是貧瘠底的，而在英國文學的這一整年的收穫中祇有這本書是值得讀的。他又加註說明英國貴族和資產階級的精神的枯竭。他說，英國知識份子——大陸人士認爲是英國國民的表率——是天下最可鄙底奴隸被種種成見所拘束尤其是宗教底成見：『英國社會的唯一端正底階層，並不爲大陸所知，是工人，英格蘭貧民——不論他們怎樣粗野不學。英國得救的希望就在於他們。他們是沒有受過教育的，但是他們沒有成見，所以他們是可造底良材。他們還具有充分底生命力足以担負一種偉大底國民運動。他們還有一種前途。』然後恩格斯指出，用馬克思底話，哲學正在開始沉入『素樸底人民大衆』之中。有聲名底英國翻譯家都不敢把斯徒洛斯底耶穌傳翻爲英文，有地位底出版家也不敢發行牠，但是一位社會主義的宣傳者翻譯了牠，而且作爲一辨尼的小冊子發售於倫敦，伯明罕和曼哲斯特。

恩格斯譯了加賴爾的『最美底，奇美底』幾節，就其中加賴爾用最黑底顏色描寫了英國的狀況。然而，他引用布稜諾・波爾和費爾巴哈底話來反對加賴爾的改善方法：一種新宗教，一種泛神底英雄崇拜，等等。恩格斯指出一切宗教的可能性都已經枯竭了，連泛神論在內，這是費爾巴哈在逸話的論文中已經論斷明白了的。『一直到現在常常發生這問題：神是什麼？德國哲學給我們的答案是：神是人。人不能不實現他自己，對付阻礙他自己的一切生活境況，依照他自己底品質來判斷牠們，依照他底本性的要求來創造一種完全合於人底方式的世界，於是他就已解決了我們當代的謎了。』馬克思直接解釋費爾巴哈底『人』爲人底品質，國家，社會，而恩格斯則解釋人底品質爲人底歷史，即『我們的一與全』，必須『由我們』高舉起來比前代任何哲學派別舉得更高，比黑格爾舉得更高——黑格爾終於不過把人看作人自己底邏輯的結論的一個準則而已。

仔細研究德法年刊上馬克思和恩格斯的論文中的相同底思想怎樣發展，一方怎樣閃耀着法國革命的光輝，另一方怎樣照耀着英國工業的光輝(近代資產階級社會發端的兩個歷史的大轉變)而又根本相同：這是極有趣的。馬克思是由『人權』而認識資產階級社會的無政府性質，恩格斯則宣言競爭是『這種經濟學家的主要範疇，他底愛女』『我們用什麼法則纔能說明商業恐慌的週期循環呢？那不過是根據於有關各方的無意識心理的一種自然法則而已。』馬克思達到這結論：祗有到了經由人的固有能力被組織成社會能力而使人變爲一種社會存在的時候，人性的解放纔能成功。而恩格斯則宣言意識底地生產，把人當作人而不當作沒有社會意識的各自孤立的個體，纔能克服一切人爲底和不能相容底矛盾。

人可以看出馬克思底和恩格斯底結論之間的符合是差不多連文字都相似了的。

三　『神聖家族』

馬克思和恩格斯合作的第一部著作是他們底哲學思想的檢討，採取一種論爭的形式，反對布魯諾·波爾兄弟(愛加·愛伯)於一八四三年十二月在柏林——卡洛登堡發刊的一般文學新聞(Allgemeine Literatur Zeitung)。

柏林『自由人們』企圖在這刊物上說明他們所謂世界觀。布魯諾·波爾曾經被弗洛比爾邀請給德法年刊寫稿，但是遲疑之後終於不寫。他底個人底虛榮心曾經被路格和馬克思所重傷，雖然這並不是他固執着他底陳舊底自我意識哲學的眞實理由。爲對付他們底挖苦，他譏刺『死去底萊因新聞』『急進派』和『紀元一八四二年的恰巧底指揮棍』等是有事實的根據的。德意志年刊和萊因新聞纔一從哲學轉到政治，就被浪漫主義底反動摧毀得那樣迅速和透澈，以及『大衆』對於這『思想底大屠殺』的完全冷淡，已經使波爾相信賴着這些路線下去是不能有所進展的。他以爲他底得救祇能在於回到純粹哲學，純粹理論和純粹批評，當然，一旦退入抽象觀念的雲霧裏，要從那些材料之中創造一個萬能底世界主宰是沒有多大困難的。

一般文學新聞的綱領，在可能捉摸的程度以內，曾經由布魯諾·波爾綜述如下：『直到現在爲止歷史上的一切偉大運動都被誤導入歧途，纔一開始就已鑄定失敗，因爲牠們激發羣衆的利慾和熱情，就是說牠們得到不幸底結果是因爲牠們底中心觀念不過是想獲得一種膚淺底理解和羣衆的喝采。』這種『理』智與『羣衆』的對立確是一般文學新聞的全部樂曲的主題，據說理智到底是要在什麼地方遇見牠底唯一對敵的，就是說在羣衆的自欺和無脊骨之中。

因此，波爾底刊物輕蔑一切『羣衆』運動：基督教和猶太教，貧民主義和社會主義，法國革命和英國工業。恩格斯批評牠的話差不多是太過客氣了：『牠底腐朽底黑格爾哲學就好像一個老醜婆似的，形體已經枯槁成一種反常底漫畫，還要盛裝濃抹，賣弄風騷，』因此在這一般文學新聞上黑格爾哲學已經化爲荒謬。當黑格爾說作爲創造底宇宙精神的絕對觀念達到哲學家意識之內不過是繼後底地的時候，他不過是說絕對觀念顯然製造歷史於想像之中，而且他分明預防這種誤解：哲學者個人自身便是絕對觀念。然而，波爾和他底徒衆却把他們自己當作批評主義的化身，把他們所意識的絕對觀念作爲宇宙精神，反對其餘的人類。這種虛誇是必然要迅速地消散在德國的哲學氛圍之中的，其實這一般文學新聞即使在『自由人們』之中也祇得到一種很微溫底歡迎。戈本或斯丁納爾都不來合作，而且斯丁納爾確在暗中準備加以攻擊。麥耶和盧登堡也自居於超然地位，除了李赫而外，波爾兄弟就祇好甘居於『自由人們』的第三等角色之列：一個永格尼茲筆名叫作施里加和一個叫作柴起林斯基的普魯士中尉——這人活得很久，一直到一九零零年升爲步兵將軍纔死掉。不到一年這一般文學新聞就消聲匿跡，到馬克思和恩格斯攻擊牠的時候，牠不但死了而且也被遺忘了。

這事實對於他們初次合作的批評的批評主義之批評——他們這樣稱呼牠他們的出版家提議稱爲神聖家族，——是不順利的。他們底反對者立刻嘲笑他們鞭打死驢子，而且當恩格斯接到這書初印出來的第一本的時候他說這雖然是一部好著作而用這麼多的篇幅（三百多頁）來說明批評底批評主義之最可輕蔑確是可悲底矛盾。他以爲這書的最大部份將要失去讀衆，牠將要引不起一般人的注意。這推斷適用於今日更甚於當時，但是另一方面，在今日牠却具有當時所無的一種吸引力至少是與當時不同的一種興趣。後來有一位批評家說除了牠底苛細嚴酷和過分緊張而外牠顯示了著者們的最輝煌底天才，而且以結構的精良和文字的堅確而論，牠是屬於馬克思所有著作中最優等底的。

在這位批評家所徵引的那幾節裏，而馬克思表現他自己是一個建設底批評家：以實證底事實推倒虛幻底觀念，一面摧毀一面創造，一面破壞一面建立。他以輝煌之筆敘述那些歷史現象來回答布魯諾·波爾對於法國唯物論和法國革命的批評，打消了波爾所謂『理智』與『羣衆』及『觀念』與『利益』之間的矛盾之後，馬克思冷峭地說道：『觀念總是暗淡無色底，當牠和利益分離的時候。』凡成爲歷史底表現而作爲一種觀念深入世間的各種羣衆利益必然演進到牠底實際限度之外而使其自身與全人類的利益相符合。弗利耶誤解牠爲歷史上各時代的情調。『並未被「誤導」資產階級已經在一七八九年的革命中獲得了各種利益而且達到「眞實底成功」，雖然「悲惻之懷」已經消失而且裝飾牠底搖籃的「熱情」花枝已經枯萎。這些利益在事實上是這樣强大有力，消滅了馬拉提底筆，恐怖黨的斷頭台，拿破崙的劍，教會的十字架和波爾彭氏貴族。』『資產階級於一八三零年完成了牠的一七八九年的願望，然而牠底政治的開明也就從此告終。牠不再企圖建立理想國，不再想致力於世界福利和人類的普遍利益。牠把牠底立憲底代議政體底國家當作牠獨攬大權的正式表現，當作牠底特殊利益的政治表現。單就這方面而論，這次革命是失敗底，因爲他們底政治觀念並不合於他們底實際利益，他們底基本原理並不和這次革命底基本原理相一致，而且他們得以解放的現實條件和資產階級藉以解放自身和社會的現實條件是根本不同的。

波爾主張國家團結着資產階級社會的各原子，馬克思回答道：團結牠們的是這事實：祇有在想像中在他們底幻像的天空中牠們纔是原子，而其實牠們確是和原子大不同的，就是說，並不是神明底自我，而祇是自私底人類。『在今日祇有愚騃底政治底無知者纔會想像資產階級生活必須由國家來團結，眞理是國家是由資產階級生活團結着的。』波爾輕蔑自然和工業在歷史認識上的重要性，馬克思反問道批評底批評主義能夠說是已經達到歷史認識的初步了麼，當牠仍然把人類對付自然的理論與實踐——自然科學與工業——排出於歷史底運動之外的時候：『像牠把思想和感情分開，把靈魂和肉體分開一樣，牠也把歷史和自然科學及工業分開，而且把歷史的產生地看作是在天空的雲層霧陣裏而不在人世的物資生產之中。』

正如馬克思爲法國革命辯護而反對批評底批評主義一樣，恩格斯曾經爲英國歷史辯護。特別反對他的是青年孚赫，這人比較一般文學新聞的其他撰稿人更爲注意現世實情，我們現在可以不必敘述恩格斯怎樣確切地評論資本主義的工銀法則——二十年之後，當拉塞爾採取這法則的時候，恩格斯把牠稱爲『腐朽底李嘉圖法則』而送入地獄深處。恩格斯曾經指出孚赫的許多栽誣底錯過——這人在一八四四年還不知道英國的禁止組合法案已經在一八二四年廢止了——但是他自己的議論也往往近於吹毛求疵，而且在一個要點上他是錯的，雖然見解和孚赫不同。孚赫嘲笑阿斯來爵士的工作十小時法案是並未砍中樹根的『淺薄方案』而恩格斯却說雖然是最爲溫和吧牠（『通行於全英』）確是一種十分積極底原則的表現——因爲牠不但從根上砍伐對外貿易以及工廠制度，而且深深地砍進去了。那時恩格斯連馬克思也是的，把阿斯來爵士的法案看作把反動鐐鎖套在大規模工業上的一種企圖，雖然他們覺得資本主義的現實狀况將要一次再次打破這樣底鐐鎖。

在神聖家族中馬克思或恩格斯都不曾完全克服了哲學底舊習。在緒論的開端他們就引用費爾巴哈底『眞正人道主義』以反對布魯諾·波爾底玄學底理想主義。他們無條件地承認費爾巴哈的輝煌進步和偉大功績，提供了批評一切形而上學的重要根據，用「人」來替代那陳舊底廢物，來替代那陳舊底哲學的永恆不變底自我意識。但是他們一再超過費爾巴哈底人道主義而進向社會主義——從抽象底人到歷史底人——而且在衆說紛紜的社會主義之中他們以異常底敏銳發見了他們底道路。他們揭發了飽悶底資產階級所引以自豪的那種游藝性質底社會主義的祕密。人的不幸——必須接受佈施以生活的極度恥辱——都成爲資產貴族和教育貴族的一種娛樂一種滿足虛榮的方法一種擺架子的方法。德國的各種福利會，法國的慈善團體，英國的各種愚狂作爲慈善音樂會跳舞會和演劇佈施會，以及爲勞動犧牲的工人向公衆募捐之類，都是除此而外並無深意的。

弗利耶是對於神聖家族的內容最有貢獻的那些偉大底烏托邦主義者之一，但是恩格斯把弗利耶與弗利耶主義分別開，說明和平底民主●所宣傳的被閹割底弗利耶主義不過是資產階級慈善家的社會說教而已。恩格斯一再強調歷史發展和工人階級獨立運動的重要，這是連那些最偉大底烏托邦主義者都不能了解

●（Democratie Pacifigue）孔西德朗（Victor Considerant）在巴黎所主編的一種刊物。

的作爲回答愛加·波爾，恩格斯說道：『批評底批評主義並未創造任何事物，而工人却已創造了各種東西，眞是多得使全部批評主義慚愧無地。這是英法的工人所能給與證明的。』

對於所謂『理智』與『羣衆』之間的不相容底矛盾，馬克思指出烏托邦主義者們所運用的共產主義底批評其實都是適合於廣大底羣衆運動的。因爲要認識這運動的高尚性人必須明白英法工人對於知識及道德力的無饜底渴望和孜孜不倦地求進步。馬克思攻擊愛加·波爾翻譯普魯東的譯文拙劣和在一般文學新聞上胡亂批評普魯東，用了那麽大的氣力是不難理解的。倘若斥責馬克思在神聖家族中頌揚普魯東而不幾年之後却加以猛烈的攻擊，那是淺薄底似是而非底詭辯。在神聖家族中馬克思防衛普魯東的眞實業績被愛加·波爾的空論所抹煞和曲解。馬克思承認普魯東在經濟方面有一種先鋒底業績正如布魯諾·波爾在神學方面一樣，但是馬克思攻擊波爾的神學的偏窄也正如他攻擊普魯東的經濟的偏窄一樣。

普魯東把財產判定爲資產階級經濟制度根本上的一種內部矛盾，但是馬克思說：『這樣底私產，這樣底財富，不能不維持牠自身的存在，同時維持牠底反對者——無產階級——的存在。這是私有財產自身充分表現出來的那種矛盾的積極方面。在另一方面，這樣的無產階級不能不揚棄牠自身，同時揚棄牠底條件底對立物——使牠成爲無產階級的東西。這是這矛盾的否定底破壞底方面，表現私有財產已經分解和正在分解。所以，在這種對立之中，有產者是保守底的，而無產者是破壞底的。一方面的行動是要維持這矛盾，而另一方面的行動是要破壞牠。私有財產在牠底經濟運動中達到牠自身底分解，分解在獨立於牠自身（有意地和無意地—之外而爲這問題的性質所制約的一種發展之中，就是說在這種情況之中：牠產生無產階級爲無產階級，由精神底和身體底災害而覺悟到牠底災害，由非人道而覺悟到牠底非人道，因而要消除牠自身。無產階級執行着私有財產由於創造無產階級而對私有財產自身所宣佈的判詞，正如牠執行着工銀勞動由於爲別人生產財富並爲自己製造不幸而對工銀勞動自身所宣佈的判詞一樣。當無產階級勝利的時候，牠並不因此而變爲社會的絕對方面，因爲祇有由於消除牠自身和牠底對立物牠纔能夠勝利。所以不但是無產階級，而且是牠的對立物，私有財產，都將要消滅的。』

馬克思明白指出當他把這種歷史底任務付托給無產階級上的時候他並不是把他們當作神仙：『其實是相反的：因爲一切人的抽象屬性，甚至人的形體，實際底地都具備於充分發展底無產階級之中，因爲無產階級的生活狀況代表現社會的一切非人道的焦點，因爲人淪落于無產階級之中而對於這淪落已獲得一種理論底覺悟，被無可避免的絕對必要（必然性的實際表現）所逼迫而反抗這種非人道——這一切便是無產階級能夠而且必須解放牠自己的理由。然而，牠不消除牠賴以存活的狀況便不能解放牠自己，而要消除這些狀況就非消除總集在牠自己的環境中的社會生活的一切非人道的狀況不可。

『牠經歷這種勞動的艱苦訓練並不是枉然的。問題並不在於這個或那個無產階級，甚或全世界的無產階級，現時須要以什麼爲目的。問題是無產階級現時將要因爲這種情況的結果被廹而作出什麼歷史底事件。無產階級的目的和歷史底行動是早已經預先註定（必然地和顯然地）在牠自己的生活情況中和在近代資產階級社會的整個組織中了的。』

馬克思一再强調這事實：英法無產階級的大部份已經意識到無產階級的歷史底使命而且不停地努力把這種意識發展到完全淸楚的地步。在神聖家族中，灌溉出園底淸泉潺潺流過不毛底荒野，而尤其是討論無價値底施里加的不可信底智慧的那兩章使讀者的忍耐性受到嚴厲底試練。這本書的最公平底估價是把牠看作一種即興底隨筆，牠顯然是如此的。正當馬克思和恩格斯會面暢談的時候，一般文學新聞第八期到了巴黎。牠裏面登載着布魯諾・波爾用含糊然而尖刻底形式攻擊他倆在德法年刊上所得的結論的文章，或許他倆偶然想要用一種愉快底嘲笑底方式答覆他們底老朋友，就趕快作出一本簡短底小冊子來的吧。總之，恩格斯立刻坐下就寫大約達到十六頁多一點；當他聽說馬克思底回答長到三百多頁的時候，他大爲驚奇了。他也覺得『古怪』的是這本書的產生他祇担任了一小部份而他底名字却列在封面上，甚至在馬克思底名字之前。

或許馬克思一開始是依照他底習以爲常底透澈方式來寫作的，而後來又覺得沒有時間來使牠簡短，或者他也許故意伸長牠以便利用超過三百二十頁的書籍得免於檢察的規定。

這書的作者們聲明牠不過是一個發端，他們將要繼續發表他們底獨立著作，來討論他們各人對於最新哲學和社會理論的態度。他們的這種企圖的誠懇嚴肅是可以由這事實證明的：當恩格斯接到印好的神聖家族的第一本的時候他已經完成了獨立著作的第一部稿子了。

四　一部社會主義的基本著作

恩格斯所完成的稿子是一八四四年英國工人階級狀况，在一八四五年夏季出版於來比錫；發行人魏剛曾經發行過德意志年刊，而在幾個月以前也曾發行過斯丁納爾的自我及其所有。作爲黑格爾哲學的末流的斯丁納爾陷入了資本主義競爭的膚淺底認識裏面，而恩格斯在他底書裏却奠定基礎給這些德國理論家：他們藉着費爾巴哈使黑格爾底玄想哲學解體的結果而進步到共產主義和社會主義，而且代表着大多數人的。他描寫了英國工人階級生活狀况的可怕底實情，那實情便是資產階級統治的標本。

差不多二十年之後，當恩格斯再版這書的時候，他稱牠爲近代國際社會主義在胚胎發育中的一種形態，而且加添說：正如人在胚胎初期還現出遠祖的原形（魚形）一樣，這本書也處處現出近代社會主義的原來底跡象，德國古典哲學底跡象。這是眞的，但是應該聲明，這些跡象比之在德法年刊中所顯現的確是稀少得多了。這一次並不提起布魯諾・波爾或費爾巴哈，也祇偶然提到『朋友斯丁納爾』，而這一提起不過是要開他一個小玩笑而已。德國哲學對於這本書的影響必須認爲確是進步底而不再是退步底。

這書的眞價值並不蘊在於牠對於英國資本主義生產方式發展而生的無產階級底不幸的那些敘述，因爲在這一方面在恩格斯以前已經有過許多先驅者，巴來提和卡斯乞爾等，他可以隨便徵引的。而且這書的價值甚至並不在於反對使工人羣衆這樣慘苦的那熾熱底憤怒，或這些苦況的刻畫動人底描寫和對於犧牲者的深摯同情，雖然這些都是本書的特色。這書的最可讚美而又最爲顯著底歷史底特徵是這二十四歲的作者理解資本主義生產方式的精髓的那種透澈：他不但說明了資產階級的興起而且說明了牠的沒落，不但說明了無產階級的不幸，而且說明了牠的得救。這書的目的是要表明大規模底工業怎樣創造近代工人階級成爲一種非人底殘破底族類，智慧底地和道德底地淪落到獸畜的地步，同時以歷史底辯證法則表明工人階級的發展，必然要發展到推翻牠底創造者的地步。本書預言作爲工人階級運動與社會主義融合的結果英國將要出現無產階級的統治。

本書所表現的這些成績是祇有熟悉黑格爾底辯證法以至成爲第二天性而且正確地應用不誤的人纔能夠達到的。所以本書變爲社會主義的礎石之一，正如牠底作者所規劃。然而在出版的時候牠所引起的最大興趣並不由於這一點而大半是由於牠所討論的事件。有一位學院老爺帶着可笑底虛榮說道這本書使社會主義可以『上得大學教室了，』但是這意思不過是說這個或那個教授將要對牠投來鏽爛底戈矛了。而最使那些有學問底批評家們神氣十足的是當恩格斯所預言的英國革命並未實現的時候，但是五十年後恩格斯泰然自若地說道可異的事並不是『由青年熱忱所造成的』這個或那個預言的未曾一一實現，而是已經實現了那麼多，雖然在那時他未免言之『過早』。

以今日而論，那在『過早』的時候就預見了那麼多事情的『青年熱忱』也並非不是這先驅者底書的動人的魔力。從現時遙望將來底形勢的天才底眼睛所見的方來底事變比常識底眼睛看得更清楚，所以也就覺得更近了；常識是難於聽信正當吃午飯的時候熱騰騰底湯必不一定會出現在餐棹上這意見的。然而除了恩格斯而外，在英國還有些人看見了革命的來臨，甚至連英國資產階級的喉舌太晤士報也在內，但是他們底不安底良心祗看見革命中的破壞和殺戮，而恩格斯底社會底眼光却看見從殘灰中生長出來的新生命。

除了這本書而外，恩格斯也曾表現過他底『青年熱忱』在一八四四至四五年的冬季，當這書還在鍛鍊中的時候，他已經又燒紅了另一些鐵塊。除了繼續寫成這本書以作爲較大的關於英國社會史的著作的第一部而外，他打算聯合赫斯發行一種社會主義月刊，由流亡的社會主義作家們執筆，來批評李斯特之類。他底計劃是常常和馬克思底計劃互相符合的，而且他不倦地催促後者：『結束了你底經濟著作吧，即使你不完全滿意牠。這是不要緊的。現在人心成熟了，我們必須趁熱打鐵……時機迫切，所以要你在四月中完結了牠。像我一樣作吧：限定一個完成的時期，然後盡可能地趕快付印，倘若你那裏不能印，那麼向孟尼茂或達木斯丹或別處試試看，但是要緊的是出版要快。』對於神聖家族的可驚的長，恩格斯甚至安慰他自己說這到底不是壞事：『這樣一來許多東西都已得見天日否則天知道牠們要擱在你底書桌裏多麼久。』在後來的歲月中他也這樣大聲催促過他多少回的！

當他催促馬克思完成他底著作的時候他是不耐煩的，但是他却是最忍耐底援助者，當那天才和自身苦鬥而同時受着實際生活的壓迫的時候。馬克思被逐出巴黎的消息纔一傳到巴爾曼，恩格斯就開始募捐，寫信給馬克思說，『把你因此而使用的一切意外開支都共產主義底地分派在我們之中吧。』報告了『募捐情形良好』之後他寫道：『我不知道你覺得這數目夠不夠把你自己安頓在布魯舍爾，但是我高興說明我希望快就要得到的我在英國所作的第一件東西的當然酬金至少是一部分，是以最大的欣喜放在你底支配之下的。無論如何，我自己此刻並不需要牠因爲那老紳士一定會借給我我所需用的任何東西的，倘若必要。一點也不讓那些混蛋畜生得到由於他們底惡行而使你經濟困難的那種快意。』此後恩格斯曾經終身不倦地努力剝奪掉那些卑劣小人的這種快意。

像顯現於青年時代的書信中的爽朗底恩格斯一樣，他是絕無浮誇之氣的。他那樣隨便提到的『在英國所作的第一件東西』後來證明牠是在九十年之後也還值錢的。牠便是那劃時代底著作科學底社會主義的第一部偉大文獻。當寫作牠的時候恩格斯纔二十四歲，而且牠本身已足夠引起學院老爺們的紛紛議論；但是他底才能並不是在溫室的潮熱之中迅速早熟而在露天之中迅速彫謝的花木。他底『青年熱忱』是從一種偉大思想的不熄之火中發生出來的，這火溫熱了他底衰老之年正如牠曾經鼓舞過他底青春時代一樣。

這時他正在他底父母底家宅裏過着『在一切莊嚴華貴之中的一種和平寧靜的生活，』這生活是最愛挑剔底俗人也必然認爲滿足的，但是他不久就厭惡了牠，而且單是他底父母的『呆板面孔』已經使他在商業上另找出路。在春季中他計劃離開家庭，先到布魯舍爾去。他底『家庭糾紛』由於共產主義在伊爾伯費和巴爾曼的宣傳而大爲增强起來，他曾經活潑地參加了這宣傳。在寫給馬克思的一封信裏，他說共產主義的集會第一次是四十人，第二次一百三十人，第三次二百人：『這事是一個大轟動。人們除了共產主義而外不談別的，我們每天都得到新底贊助者。共產主義在烏白達是一種無畏底眞理，眞的，牠已經成爲一種勢力。』這勢力後來降伏於一道警察命令之前，而且情形眞正是夠奇怪的。恩格斯自己底信上也說過祗有無產階級仍舊漠然於這共產主義運動，而最愚蠢，最懶惰，最庸俗底人們，向來祗顧自私自利的人們，却開始對於牠變爲幾乎是熱心底的。

這一切都是很不合於恩格斯在同時所論述的英國無產階級的前途的，但是那正是這人的特徵：一個從頭頂到脚尖通身輝煌底人物，總是那麼謹嚴，清醒，敏銳，不倦不怠，而還是免不了有一點十分配合於熱忱勇毅底青年的那種可愛底傻氣。

第五章　亡命布魯舍爾

一　德意志觀念形態

被逐出法國，馬克思帶着他底家屬到了布魯舍爾。恩格斯恐怕比國當局也終於要和他爲難，而其實爲難是立刻就來了的。

在寫給海涅的一封信裏，馬克思說他纔一到布魯舍爾就立刻被傳到公安局去簽定決不印行關於比國現行政治的任何文件的聲明書。他欣然同意了，因爲他旣沒有這種企圖也沒有幹這種事的可能，但是因爲普魯士政府迭次要求比國當局驅逐馬克思，他就在同年（一八四五）十二月一號正式脫離普魯士國籍。

從此以後他始終不想取得任何國籍，雖然一八四八年春季法蘭西共和國臨時政府曾經以榮典底形式獻給他法國公民權。像海涅一樣，馬克思不能決心這樣作，雖然弗利里格萊斯（他是常常被人稱爲純粹底德國人用來作這兩個『沒有祖國底流浪人』的明顯對照的）完全不反對他在流亡英國期間取得歸化文書。

一八四五年春季恩格斯到了布魯舍爾，然後兩朋友一同到英國去研究，在那裏居留了六個星期。在巴黎的時候馬克思就已開始專心研究麥克·古洛克和李嘉圖，在這一次訪問英國期間他更深入地閱讀了這島國的經濟書籍，雖然所看的不過是『在曼哲斯特能夠得到的那些書』和恩格斯所有的抄本及集萃。恩格斯在第一次留英期間曾經投稿於歐文底刊物新道德世界和大憲章運動者的刊物北斗（The North Star）現在他又恢復了那些舊交誼，而且兩朋友一同和大憲章運動者及社會主義者建立了許多新關係。

當旅行回來的時候他們開始一種新底合作。後來馬克思簡明地說道：「我們決定規劃出我們自己與德國哲學見解和觀念形態相反的共同立場，其實就是清算我們已往的哲學思想。我們是以批判後期黑格爾哲學的形式來作這件事的。兩大部八開本的原稿交到維斯特伐侖出版家手裏的時候，我們得到通知說情勢變化使出版成爲不可能了，於是祇好把原稿委棄給鼠子去作嚙嚼的批評。我們並不懊惱，因爲我們的主要目的已經達到了——我們自己已經得到一種相互理解。」真的，鼠子已經批評過那原稿，但是牠的殘餘部份是足夠說明給我們爲什麼牠底作者們並不很懊惱這種不幸的。

他們那樣詳盡地甚至太過詳盡地，清算布魯諾·波爾，還對於讀者確是硬殼胡桃，而且篇幅多到八百多頁的兩大本原稿使胡桃殼更加硬了。書名是德意志觀念形態批評晚近德國哲學及其代表人費爾巴哈，布魯諾波爾和斯丁納爾，並批評德國社會主義及其各種預言家。恩格斯後來在回憶中說道對於斯丁納爾的批評並不比斯丁納爾自己底書的篇幅更少，以他發表過的那些文章而論，恩格斯底記憶是完全可靠的。這部書甚至比神聖家族的最乾燥的那幾章還要更加枝節散漫，超過論爭之外；沙漠中並不是全沒有膏沃之地，然而究竟比較稀少，即令當着辯證法的鋒芒自行顯現的時候也立刻墮入吹毛求疵和巧辯之中，有些近於孩子氣底性質。

在今日，我們對於那些事情確是更加沒趣的，但是單靠這一點並不足以解釋（那些缺點，）尤其因爲馬克思和恩格斯以前和以後，甚至就在同時，都顯示了他們是能夠作出精警深刻底批評的，他們底作風並沒有煩宂底毛病。那主要原因是這些思想鬥爭發生於一個很狹小的範圍之內，而爭論者的大數又都是很年輕的人們。文學史上也有過同樣現像，沙士庇亞和同時的劇作家們都有一種傾向，把對話轉折到死境，由於咬文嚼字的解釋或誤使他們所反對的人們的言語蠢量愚昧——一種在表現上誇張和隨便的傾向。這一切的用意並不在於一般觀衆而是在於暗地諷示同業專家。沙士庇亞的許多現今無法理解的幽默詞令是可以用這事實來說明的：他在著作的時候有意地或無意地顧慮着格里尼，馬爾洛，班•瓊生，比孟提和弗里乞的意見。

這種情形或許可以解釋馬克思和恩格斯有意地或無意地採取那種格調，當他們以純粹思想訓練的技藝對付布魯諾•波爾和斯丁納爾及其他老朋友的時候。關於費爾巴哈他們必須說的話應該是比較更有趣得多的，因爲這已經不是純然消極底批評，然而不幸這本書的這一部份是無法完備的。他們對於費爾巴哈的態度分明表現於一兩句警句之中，這些警句在一八四五年被馬克思塗掉，而於幾十年後由恩格斯發表出來。馬克思最不滿意費爾巴哈的唯物論的是缺乏『能動原理，』正如他在學生時代不滿意於德謨克拉圖斯一樣。他說，這是『前代一切唯物論的主要缺點，』認識事物，實體，感性都祇在客觀的或觀念的形式之中，而非主觀底地，不在實踐之中，不在人類感性的活動之中。結果，能動方面卻被唯心論發揮以反對唯物論，但祇是抽象底地，因爲唯心論當然不知道眞實底感性活動。換句話說，當費爾巴哈揚棄黑格爾的全部的時候他曾經揚棄過多。其實就是說，必須把黑格爾的革命底辯證法從思想的王國轉移到現實的王國。

當還在巴爾曼的時候，恩格斯就已誠懇地寫信給費爾巴哈，要他贊成共產主義，後者底答復的音調是友好底，但是至少在當時，卻在否定之中。費爾巴哈打算在夏季到萊因去，於是恩格斯想要去『對他嘵嘵不休，』因爲他到布魯舍爾去必須路過萊因。同時他介紹費爾巴哈底門徒赫爾曼•克來吉去見馬克思，說這門徒是『一位出色底煽動家。』

然而，費爾巴哈並不曾到來，因而且他後來底著作證明他要脫去他底『舊皮殼』已經太遲了。他底門徒克來吉也當不起那稱號。他曾經渡過大西洋去進行共產主義宣傳，但是在紐約犯了無可挽回底錯誤，使馬克思在布魯舍爾開始集結在他周圍的流亡底共產主義團體受了破滅的影響。

二　『眞正社會主義』

馬克思和恩格斯曾經計劃在這本書的第二部份裏討論德國社會主義及其各種預言家，並且批評『德國社會主義的一切陳腐無味底文獻』。

攻擊開始於反對赫斯（Moss Hess），格蘭（Karl Grün），魯寧（Otto Luning），背提曼（Hermann Püttmann）之流。他們都曾有過很可敬底著作，尤其是在期刊方面。那些期刊是社會之鏡（Gesellschaftsspiegel）月刊（於一八四五年夏季出版至一八四五年夏季）萊因年刊和德意志國民鑑（出版於一八四五年及一八四六年），維斯特伐倫汽船月刊（一八四五年出版至德國革命時期）以及居里新聞等幾種日報。

這異常的現象——格蘭有一次稱之爲『眞正社會主義』——而馬克思和恩格斯引用牠卻是意存諷刺的——是短命的。到一八四八年這現象在實際上已經沒有了，即使有所殘存也在革命的第一聲鎗響之後立刻消滅了。牠對於馬克思的思想發展上並沒有任何影響，他自始是牠底老練底批評者，但是後來他在共產黨宣言中所加於牠的嚴酷底評詞卻不曾包括他對於牠的全部態度，而且有一個時期他認爲牠是一種混合物，無論怎樣荒唐，牠總算產生過一些有價值底東西，而且恩格斯對於這意見更爲堅持。

恩格斯曾經和赫斯共同發行社會之鏡，甚至馬克思也投了一篇稿子。在布魯舍爾時期馬克思和恩格斯與赫斯對於許多事情是一致合作的，有一個時期赫斯似乎完全採納他們底意見。馬克思屢次勸勉海涅投稿給萊因年刊，同時這年刊和德意志國民鑑，都是普提曼主辦的，曾經發表過恩格斯底幾篇論文。馬克思和恩格斯都投稿給維斯特伐倫汽船，而且這汽船發表過沒有公開的德意志觀念形態的第二部的唯一部份。㊀關於法國和比國社會運動格蘭曾經發表過一本批評深透底書。

『眞正社會主義』是從解體底黑格爾哲學中發展出來的這事實使人以爲：馬克思和恩格斯當初都曾是這哲學的信徒，因此後來他們對於牠批評得格外嚴厲，但是這是不確的。馬克思和恩格斯與『眞正社會主義』擁護者之間的區別是：雖然雙方都從黑格爾和費爾巴哈達到社會主義，馬克思和恩格斯都從法國革命和英國工業研究過社會主義的性質，而『眞正社會主義』擁護者卻以把社會主義的公式和口號翻成『陳腐底黑格爾式底德文』爲滿足。馬克思和恩格斯盡力要使『眞正社會主義』超過這水準之上，而且公平地承認這整個傾向是德國歷史的產物。這承認對於格蘭和他底朋友們總算是十分客氣的了，因爲他們把社會主義解釋爲企圖實現人性的一種嬾惰底玄想，還遠不如康德把法國大革命的意志表現看作眞實底人類意志的法則。

在指致『眞正社會主義』改進的努力之中馬克思和恩格斯是任勞任怨的。和赫斯合辦社會之鏡，恩格斯對於許多事情都不計較：雖然很不快意，但是到一九四六年他就在德意志國民鑑中攻擊『眞正社會主義者』了。『他們開始於提倡稍稍人道，稍稍「實現」這人道，或者魔道吧，也稍稍談論財產，稍稍談論無產階級慘狀，工人組織，救濟下層人民的乞憐底協會，再加上完全不懂經濟學和社會的眞實性質——不過如此而已，

㊀英譯者註：不確，見後著作編目。

又因爲要求理論的不偏不倚和一思想的絕對寧靜」以至失去最後一點血性和最後一點能力及生氣，他們想要用這種可厭底廢料來革命化德國，來推動無產階級來使羣衆思想和動作」！馬克思和恩格斯對於『眞正社會主義』所以決定採取這種態度正是爲了無產階級和羣衆的緣故。他們攻擊格蘭比較其他任何人都更爲猛烈，不但因爲他在事實上給與他們最多機會，而且也因爲他住在巴黎使那裏的工人發生無益的糾紛，以至普魯東受了很壞的影響。所以他們在共產黨宣言中嚴厲劃分他們自己和『眞正社會主義』者的區別，甚至指出他們的老朋友赫斯，這都是因爲要在國際無產階級方面開通實際煽動的道路。

同時他們或許準備原恕『眞正社會主義』的『學究底天眞』的吧：牠把『牠底愚笨底初級練習看得那麽認眞和嚴重，而且以這麽大吹大擂的方式向世人宣傳』，但是無可寬恕的是牠似乎想要擁護政府的企圖。據說『眞正社會主義』想要趁着資產階級反抗三月革命以前的專制主義和封建主義的鬥爭『這好機會』從背面打擊自由主義的反政府派。『牠使同道的僧侶，學校教師，豪紳地主和官僚服役於德國的各專制政府，作爲放在路邊嚇人的東西來抵擋資產階級的洶湧前進。牠成爲糖果一類的東西，以補助那些政府鎭壓德國工人叛亂的皮鞭和排鎗之不足。』其實這是太過誇張了的，對於那些有關係的人們是很不公道的。

在德法年刊上馬克思自己曾經指出德國情況的特殊性使資產階級不能起而反抗政府，除非牠自身被背後的無產階級所推動。他曾經說過社會主義對於自由主義的態度是在牠還是革命底的地方支持牠，而在牠已經反動的地方反對牠，但是『眞正社會主義者』却在另一方面犯了錯誤，籠統排斥一切自由主義，這種辦法自然是德國各政府所歡迎的。在這一點上，格蘭是最大罪人，而赫斯也並非沒有錯誤，編輯維斯特伐侖汽船的魯寧或許是過惡最小的。無論如何他們在這一方面所犯的錯誤都是由於愚昧和缺乏判斷力而不是由於想要擁護那些政府。在宣佈他們的一切幻想的死刑的那一次革命中他們都是並無例外地站在資產階級的左翼的，更不用說赫斯是德國社會民主黨的戰鬥員。在『眞正社會主義者』之中並沒有一個投降敵人，在這一點上當日曾經被資產階級性的社會主義的暗影所蒙蔽的『眞正社會主義者』是有着最好紀錄的。

況且他們都很尊敬馬克思和恩格斯，誠意地把他們的刊物交給這兩朋友處理，甚至當着『眞正社會主義』受了那一番痛打的時候。這顯然不是暗藏惡意，而是缺乏理解，以至不能改掉他們底老脾氣。不幸，他們全心相信這庸俗底舊觀念：事情總會圓滑過去的，不必鬧翻。他們覺得一個青年政黨不應該嚴格立異，就是必須爭論也要很有禮貌而且極其優容。他們尤其覺得像波爾路格和斯丁納爾這些有名望底人是必須敬重的。他們當然碰了馬克思底釘子，有一次他說：『那是老婆子們底特性，總要設法彌縫和洗刷一切眞實底爭論。』然而馬克思對於這問題的堅強主張是得到這裏那裏的理解的，甚至在『眞正社會主義者』的陣營中。例如，維特米耶和魯寧有姻戚關係，而且共同編輯維斯特伐侖汽船，就已變爲馬克思和恩格斯的最忠實底擁護者。

維特米耶曾經作過普魯士砲兵中尉，但是爲了政治信仰辭去軍職，而且作了在格蘭影響之下的居里新聞的副編輯，追隨着『眞正社會主義者』。一八四六年春季他來到布魯舍爾。他是否專誠去會見馬克思和恩格斯，我們不得而知，但是無論如何，他却立刻變爲他們底朋友，而且强烈反對由馬克思和恩格斯的無情批評所引起的『眞正社會主義者』陣營中的抗議，雖然他底姻戚魯寧也加入在這抗議之中。維特米耶生於維斯特伐侖，有些沉靜甚至緩慢，但是具有他底鄉人的那種忠實而堅韌底德性。他始終沒有成爲一個才能顯著的作家，而且當他回到德國的時候，他作了戈龍尼明丹鐵路的工程測量員，祇在業餘的時間纔助理編輯維斯特伐侖汽船。他現在正在切實設法幫忙馬克思和恩格斯解決那日見其更加困難的問題：就是找到出版家的困難。

因爲路格的懷恨，蘇里支的文藝書店已經對他們閉門。路格很知道馬克思不論寫什麼都不會隨便的，但是他切實壓迫他底股東弗洛白爾不要和馬克思有業務關係，而且在來比錫的魏剛少年黑格爾派的主要發行家，也曾經拒絕發表批評波爾，費爾巴哈和斯丁納爾的文章。於是維特米耶開拓了一個可靠底途徑，勸勉維斯特代倫的兩個富裕底共產主義者，朱萊士·麥耶和雷木白，來擔負建立一家出版所所必需的資金，開始印行三種以上的書籍：德意志觀念形態，一種社會主義作家的叢書和一種由馬克思，恩格斯和赫爾合編的季刊。然而，到了交付資金的時候，那兩位資本家收回了約言，雖然當時他們曾經對赫斯承諾過。『營業困難』突然恰恰在那時候麻痺了他們底共產主義的自我犧牲精神。結果是馬克思和恩格斯的苦痛失望，而更糟的是維特米耶實在無法處置德意志觀念形態的原稿。現在牠就眞祇好被委棄給鼠子去咬嚼批評了。

三　維特林與普魯東

現在發生於馬克思與對於他底青年發展上有重大影響的兩個輝煌底無產階級理論家之間的爭論比較馬克思對於後期黑格爾派哲學家和『眞正社會主義者』的批評是更爲動人，更爲具有政治意義的，或者就簡直不能相比。

維特林和普魯東都生長於無產階級之中。他倆都稟賦着健全和强毅的德性，都有多樣的才能，而且都是這樣受惠於外圍的環境，以至可以列入少數例外的人物之中而使庸衆捏造出這種神話：工人階級的人祇要有眞才能都可以升入有產階級的。他倆都不屑於採取這條路，而自願貧困，獻身爲他們的階級和爲他們的受苦底同人而戰鬥。

他倆都是身體壯健的人，有力享受生活中的美好事物的，但是爲了致力於他們的目的他們却樂於忍受最難堪的苦患。「一張最簡單的牀，一個小房間裏常常住着三個人，一塊木板算是寫字台，間或有一杯黑咖啡」——這就是維特林的生活，當他底聲名震動着世俗的大人物的時候。普魯東住在巴黎的一間頂樓裏的生活也是同樣的，「穿着一件毛線衫，拖着啪嗒的木屐」，當他享有歐洲聲名的時候。

法蘭西和德意志的文化交流在這兩人的長成之中。維特林是一個法國軍官遺留在德國的兒子，纔一長成就跑到巴黎去研究社會主義的根源。普魯東出身於原是德國屬地而爲路易第十四兼併入法國的自由領地巴爾剛底。他底朋友們常說他有德國的頭腦，或說德國的硬頭腦。但是，無論怎樣，當普魯東開始思想活動的時候他覺得他是傾心於德國哲學的，而維特林却把那些哲學家看作不過是飄忽的「昏亂者」而已。同時普魯東却極其嚴厲地斥責維特林所重視的那些偉大底烏托邦主義者。

這兩個人有同樣聲名和同樣命運。他倆是近代無產階級的最初代表，證明無產階級的智慧和精力，證明牠能夠解放牠自身，而且他倆首先打破工人運動與社會主義所彷徨着的謬誤圈子。對於這一點他倆開拓了一個新時代，而他們底著作和活動是模範底的，對於科學底社會主義的發展有過一種有力底影響。關於維特林和普魯東的初期工作，沒有誰比馬克思稱讚得更慷慨的了。由於維特林和普魯東他纔在現實生活中看清了黑格爾哲學的批評底分析所給與他的乃是玄學底思維的結果。

然而，無論他倆如何明辨和遠見，維特林的發展總不會超出德國手工工人之外，而普魯東總不會超過法蘭西小資產階級之外：因此他倆都離棄了卓越地完成着他們所輝煌地開始了的事業的這人。這離棄並不是因爲私人底虛榮或頑固底成見，雖然或許他倆越是克盡某種使命就越更覺得自己被歷史發展的潮流推蕩到礁石上。他們和馬克思的爭論證明他們簡直不會理解他正在追求着的東西。他們都作了一種狹隘底階級意識的犧牲，因爲這意識影響他們是不自覺底的，所以那影響格外沉重。

一八四六年初維特林到了布魯舍爾。他在瑞士的煽動工作已經完結，一半由於內部的糾紛，一半由於當局的使用暴力然後他到倫敦去，然而他在那裏不能和正義同盟的份子合作。他努力挽救他自己脫出殘酷底命運，托庇於預言者的驕傲之中，這把事情弄得更糟了。雖然大憲章運動的風潮正在高漲於英國，他並不投身於工人運動之中，却轉而注意於草創一種論理學和文法，想要設立一種世界語，從此以後這就越更變爲他的癖好了。他沉迷在與他底才能和學識都不相適合的事業之中，結果是陷於精神的孤立，使他越更越更離開他的力量的眞實源泉，他底階級的生活。

他移居布魯舍爾確是他所能作的最好的事，因爲，倘若說有誰能夠在精神上救助他的話，那就祇有馬克思。馬克思慇懃接待他，這事實是不但爲恩格斯所證實，而且也由維特林自己證實了的。然而他們之間的思想到底是不能協調的，而且在一八四六年三月三十號布魯舍爾的一次共產黨集會上，這兩個人猛烈地衝突起來了。維特林極度激怒馬克思，那情形可以由前者寫給赫斯的一封信裏看出來。事情是關於進行籌備開辦一個出版社，而維特林譏諷馬克思和他底朋友們打算截斷他的「財政來源」，祇圖他們好作「報酬優厚底翻譯」云云。甚至衝突之後馬克思還是盡力幫助維特林。赫斯根據維特林給他的信曾於五月六號從維那爾寫信給馬克思說：『希望你對於他底厚意不至於暗中掏空你底錢包，當牠裏面還有些東西的時候。』其實牠裏而已經很少了。

幾天之後維特林硬把事情弄到絕裂的地步。克來吉在美國進行的宣傳並不合於馬克思和恩格斯的願望，克來吉在紐約發行民聲（Volkstribun）週報，以一種既幼稚而又自負的方式進行着虛誇浮燥的宣傳。這種宣傳與共產主義原理毫無關係，倒是要使工人意氣沮喪的。然而尤其更糟的是克來吉寫了一些措詞奇特的信給美國富人請求他們資助那週報。當他在美國自稱為德國共產黨宣傳代表的時候，那眞正代表就以各種理由抗議這種假冒的團體。

五月十六號，馬克思和恩格斯聯合同人決定發表一篇詳細抗議，分送給民聲和一切同情者。祇有維特林拒絕參加這抗議，而且以各種空洞底口實辯護他底態度：民聲到底是共產黨的機關報，牠是適合於美國環境的；共產黨在歐洲有許多强大的敵人，用不着注意美國的糾紛，況且是反對自己底同志云云。然而他並不滿足於他個人的單獨拒絕，而且寫信給克來吉痛罵簽名在抗議書上的那些人為『狡猾底陰謀家』『這一黨，正在弄錢，大約十多個人除了攻擊我而外一事不作。這些反動派，我首先被排出，然後是別人以至他們底朋友，最後，當然他們要割斷他們自己底咽喉……因為要幹這種事情大批錢財現在正在源源而來，而我竟至不能找到一個出版家。在這一方面而我和赫斯是完全孤立的，而且赫斯也被排擠了。』此後赫斯也就棄絕了這妄誕底人。

克來吉發表了布魯舍爾共產黨的抗議書，而且維特米耶也在維斯特伐侖汽船上發表了牠。然而，克來吉也發表了維特林底信——至少是最惡劣的部份——作為對消物，而且勸告社會改造聯合會（一個留美的德國工人團體曾經承認克來吉底週報為他們底機關）聘請維特林為編輯，並且匯錢給他作旅費。維特林接了錢之後就不再見於歐洲。

在同一月中，五月，馬克思與普魯東也將近絕裂了。因爲要彌補自己沒有機關報的缺陷，馬克思和他底朋友們發行了一種石印或鉛印底通告同時設法在有共產黨團體的各大城市之間建立經常底通信聯絡。布魯舍爾和倫敦已經有這種『通信局，』並且打算在巴黎設立一個。於是馬克思寫信給普魯東請他合作。一八四六年五月十七日普魯東從里昂寄信來贊成，但是聲明他不能常寫也不能多寫。同時他利用這機會對馬克思發了一通道德講話，顯示給後者他們之間有着怎樣寬廣的鴻溝。

在經濟學方面普魯東現在標榜『一種幾乎絕對地反教條主義，』並且勸告馬克思不要陷入他的同鄉路德底錯誤，在推翻舊教神學之後立刻就開始建立新教神學。『我們不可由於創造新混亂而給與人類新工作。我們寧肯給與世人一種賢明和遠見的寬容的模範。我們不要担負一種新宗教使徒的任務，即使那宗教是邏輯的和理性的宗教。』換言之，像『眞正社會主義者』一樣，普魯東願意保持馬克思認爲一切眞實共產主義宣傳所必須首先禁絕的那種含糊了事的態度。

普魯東也放棄了他久已相信的革命：『我寧肯用一種緩慢底火燒毀財產而不願在財產所有者的聖巴爾梭落繆節的夜間●給與牠一種新力量。』他聲明他已經在一本書裏詳細解釋他怎樣解決這問題，這書已經印成一半，而且準備承受馬克思爲報復而施的批評的鞭撻。『順便說明我對於時局的意見：我們法國無產者對於知識有着這樣大底渴望，倘若我們獻給他們的除了血而外並無飲料，那麽我們必定要受到一種不好底待遇。』然後普魯東反駁馬克思不應該指斥格蘭曲解黑格爾哲學，因爲不懂德文普魯東全靠格蘭和厄委貝克來研究黑格爾和費爾巴哈，以及馬克思和恩格斯。他通知馬克思說格蘭想要翻譯他自己底最近著作爲

●一五七二年八月二十四號聖巴爾梭洛米（St. Bartholomew）節夜巴黎大屠殺耶穌新教徒。

德文，並且問馬克思是否願意幫助發行，而且說道這對於有關各人都是光榮的。

普魯東底信的結尾幾乎好像開玩笑似的，雖然或許是出於無心。但是，無論如何，馬克思不能忍受在普魯東的虛誇胡說中被稱爲渴血者，而格蘭底行爲引起了更大疑慮。這就是恩格斯於一八四六年八月決定到巴黎去接收通訊的理由之一，因爲巴黎還是共產主義宣傳的最主要底中心。必須搶先向巴黎共產黨員說明關於和維特林的絕裂，關於維斯特伐倫出版的失敗，關於其他曾經惹起糾紛的事項，尤其是關於厄委貝克的靠不住，和貝奈斯的更不可靠。

當初恩格斯從巴黎寄來的報告，和布魯舍爾通信局所接到的其他報告，以及馬克思得到的私人通訊，都是很樂觀的，但是馬克思逐漸達到這結論：格蘭已經澈底『污穢』了全盤事情。普魯東在他底信裏所說的那一本書出版於同年秋季，而且正如他底信裏所說眞是走進泥沼裏去了。然後馬克思就握起澈底批評的鞭子，還是普魯東曾經邀請過的，而普魯東的報復却完全是一通謾罵。

四　史的唯物論

普魯東底書叫作經濟的矛盾之體系，副題是貧困的哲學❶，所以馬克思的回答就叫作哲學的貧困，因爲要使他底打擊更爲確實牠是用法文寫的。但是馬克思並未成功，因爲普魯東對於法國工人階級和拉丁諸國的無產階級的影響正在增高而非衰落，所以後來幾十年間馬克思還必須和普魯東主義爭鬥。

然而，他底回答的本身價値或牠底歷史底重要性並未因此而減色。牠在牠底作者的生涯中和社會科學

❶ Systeme des Contradictions economiques ou Philosophie de la Misere・Paris, 1846.

的歷史中都是一座紀程碑。在這本書裏史底唯物論的決定底諸觀點纔初次得到科學底展開，在他底早年底著作中這些觀念好像孤立底彗星似的一閃現，而在後來的著作中他把牠們提鍊爲簡約底警句，但是在回答普魯東的論爭中他纔以說服論敵的清析使牠們系統地展開。馬克思的最偉大底科學底成績是他的史的唯物論的開發；對於歷史科學他作了達爾文學說對於自然科學所作的工作。

恩格斯在這業蹟中是有貢獻的，而且有着比他所謙遜承認的更大底貢獻，但是他把那基本觀念的古典底構成形式完全歸功於他底朋友。他敍述當一八四五年春季他到布魯舍爾的時候馬克思怎樣指示他史的唯物論的基本觀念的最後發展形式就是說，各個歷史底時代的經濟生產，以及由此而必然發生的社會機構，形成了那時代的政治底和文化底歷史的基礎；所以整個歷史都是階級鬥爭的歷史，在社會發展的階段上被剝削者與剝削者之間的鬥爭，和被治階級與統治階級之間的鬥爭；這些鬥爭現在已經達到一個階段，在這階段中被剝削和被壓迫的階級，無產階級，並不能使牠自身脫離剝削底和壓迫底階級——資產階級——而自由，除非同時使整個社會永遠脫離剝削和壓迫而自由。

這是在回答普魯東的書裏所現表的基本觀念，由這焦點煥發出無限光芒。這書的風格是異常清析而鋒利的，顯然相反於在和布魯諾·波爾和斯丁納爾論爭中有時使讀者厭倦的那種枝節散漫。這一次行船並不是拖拖拉拉地駛過泥塘沼澤，而是在清風徐來之中快航過空闊底海上的。

這書分爲兩部分。在第一部中，如拉塞爾所說，馬克思表示他自己怎樣由李嘉圖變爲社會主義者，在第二部中表示他自己怎樣由黑格爾派變爲經濟學家。李嘉圖曾經證明資本主義社會中商品交換的行爲是以那些商品所含的勞動量爲根據的。普魯東主張商品的這種「價值」必定是這樣「構成」的：一個生產者的生產品必須和含有同樣勞動量的別個生產者的生產品互相交換，社會的改革是由於把社會的一切成員都改變爲交換同量勞動的工人。英國社會主義者也曾經從李嘉圖的學說得出這種『均等』的結論，而且企圖見諸實行，但是他們的『交換銀行』不久就破產了。

現在馬克思指出普魯東所發明的解放無產階級的『這種革命理論』其實不過是近代工人階級奴隸狀況的公式。李嘉圖根據他底價值法則邏輯底地展開他底工銀法則：作爲一種商品的勞動價值是由要獲得工人爲維持生活和綿延嗣續必需的生產品所必要的勞動時間而決定的。那是一種有產者底幻想，想像出並無階級矛盾的個人交換，虛擬出在資產階級社會中有不許以別人爲犧牲而使自己致富的一種永久公平狀態的可能性。

馬克思把事情的眞實發展敍述如下：『因文化的開始而生產開始發達，根據着職業，身份的對立，終於根據着積蓄勞動和直接勞動的對立。沒有對立就沒有進步：文化曾經遵行這法則一直到現在。直到現在生產力的發展都是在這種階級矛盾所主宰的基礎之上的。』普魯東想用他的『構成價值』的學說來爲工人個人獲得由社會勞動進步的結果而逐漸增加的每日勞動的生產品；但是馬克思指出使英國工人在一八四零年的生產比在一七七零年增加二十七倍的那種生產力的發展是依存於以階級矛盾爲基礎的那些歷史底條件的：私人資本的積蓄，近代的分工，無政府的競爭和工銀制度。至於剩餘勞動的生產則必爲一階級所利得而爲一階級所損失。

普魯東首先推舉金和銀作爲他的『構成價值』的例證，說是由於牠們在君主手上得到最高信任，牠們就已變爲錢幣。馬克思答道，並沒有這回事。錢幣不過是代表一種社會關係，而且和個人的交換一樣，牠反映某種特殊的生產方式。『眞的，必須完全忽略歷史纔會不知道在各時代中君主都必然服從各種經濟條件，從來不能指揮牠們。公法和私法的制定都不過是承認和紀錄各種經濟條件的意嚮而已。……法律不過是事實的公認而已。』錢幣上的君主的印章所給與牠的是牠底重量而不是牠底價值。金和銀符合於『構成價值』那穩妥不過好像貼膏藥似的。以牠們的作爲價值的表徵的作用而論牠們確是一切商品中唯一不受生產成本的決定的商品而且在流通上能夠被紙幣所代替，這是李嘉圖早已說明了的。

馬克思暗示了共產主義的最後目的，說明普魯東所尋求的『供給與需要之間的正當均衡』曾經是可能的，祇有在生產工具被限制的時候，在交換實施於很窄小的疆界之內的時候，在需要支配供給和消費支配生產的時候。自從大規模的工業發展以來這就已成爲不可能的了，因爲工業被牠的工具所驅迫，不能不生產繼續增加的數量，並不等待需要，於是自然必然在繼續不斷中經歷着繁榮和蕭條，恐慌和停滯，新的繁榮，等等。『在現社會中，在以個人的交換爲基礎的工業中，生產的無政府狀況是許多災禍的根源，同時也是一切進步的原因。所以必須擇一而行的兩種辦法是：致力於以我們現有的生產工具來獲得前數世紀的正當均衡，這是反動的和空想的，否則就必須致力於除去無政府狀態的進步，這就必須爲維護生產力而廢棄個人的交換。』

馬克思回答普魯東的書的第二章甚至比第一章更重要。第一章中他討論李嘉圖還不曾十分透澈地完成科學底客觀性——例如，他還毫無保留地接受李嘉圖的工資法則。但是在第二章中他討論黑格爾就勝任愉快了。普魯東粗率地誤解了黑格爾的辯證法。他固執着已經變爲反動底諸方面——例如現實世界是從觀念世界中演繹出來的云云——而拋棄了牠的革命底方面：觀念的自動性，觀念在「正」和「反」的衝突中發展到出於消解牠們的矛盾形式以保持雙方的眞實內容的更高統一的自動性。普魯東在各個矛盾範疇中劃出好的和壞的方面，然後尋求一種綜合，尋求一種可以保持好的方面和消滅壞的方面的科學公式。他以爲好的方面爲資產階級經濟學者所强調，而壞的方面爲社會主義者所非難。他以爲有了他的公式和綜合他便使他自己超出資產階級經濟學者和社會主義者之上了。

馬克思對於這種要求答覆如下：『普魯東先生自誇他已經批評了經濟學和共產主義，其實他還遠在兩者之中的任何一者之下：在經濟學者之下，因爲他自以爲是一位有魔術公式裝在袋裏的哲學家，用不着去研究經濟的具體實情，而且在社會主義者之下，因爲他旣沒有充分的識見也沒有充分的勇氣足以使他自己……甚至思辨底地——超出資產階級的地平線。他志在得到一種綜合，而其實不過是一種含糊。他想要成爲一位高翔於資產階級和無產階級之上的科學家，而其實他不過是搖擺於資本與勞動之間經濟學與社會主義之間的小資產階級份子而已。』然而，我們必不可以把這裏的小資產階級份子和庸衆混合爲一，因爲馬克思常常把普魯東看作有才能的人，可惜不能超出小資產階級社會的境界。

要指出普魯東所用的方法的失當，在馬克思是並無困難的：倘若把辯證的過程分爲好的方面和壞的方面，又提出一個範疇以對抗另一範疇，那麽全部生活都離開了觀念；牠不再發生作用，不再演成「正」和「反」了，作爲黑格爾的眞實學徒，馬克思很知道普魯東所急於要消除的壞的方面正是由於產生鬥爭而造成歷史的方面。倘若要維持封建主義的較好的方面，如城市中的家長制的生活，農村家庭工業的繁榮和都市手工業的發展等等，而同時又要消滅投射暗影在這好景之上的各種事物，如農奴制度，特權制度和無政府狀態等等，那麽產生鬥爭的各種事物都已一掃而空，資產階級纔一誕生就要被絞死了。因此，這種人所担負的是閹割歷史的奇怪任務。

馬克思把這問題的形成底正確方式敍述如下：『倘若要正確地估價封建的生產就必須把牠看作以矛盾爲基礎的一種生產方式。就必須表明在這矛盾之內財富是怎樣產生的，生產力的發展與階級鬥爭怎樣同時並進，這些階級之一，即壞底方面社會罪惡，怎樣不斷發展以至牠的解放的物質條件已經成熟爲止。』然後他說明在資產階級社會之中同樣發展着這歷史過程。在這歷史過程中所運行着的諸生產關係並沒有單純一致的性質，而是一種兩面性質：在同一情況之下同樣產生貧窮與富裕；資產階級發展到什麼程度無產階級就發展到同樣程度，結果是這兩個階級的鬥爭。經濟學者是資產階級的理論家，而共產主義者和社會主義者是無產階級的理論家。當無產階級的發展還不足以構成一個階級的時候，當資產階級社會的生產力的發展還不足以顯示無產階級解放和新社會建立所必需的物質條件的時候，擬具種種制度和探求科學的救濟方法以應付被壓迫階級的要求的是烏托邦的社會主義者們。

『但是當歷史進展到那一階段的時候，無產階級的鬥爭就不再需要他們在他們的頭腦裏面探求科學。他們所必須作的不過是認清眼前經過的事實和使他們自己成爲鬥爭的工具而已。當他們還在他們的頭腦裏擬具種種制度的時候，當他們不過是在鬥爭的開端的時候，他們看見的貧窮不過是貧窮而已，並不能認識貧窮的革命方面可以推翻舊社會。』

馬克思把經濟的諸範疇看作不過是理論的表現，社會諸關係的抽象。『社會諸關係是和生產力密切關聯着的。因由新的生產力的獲得，人類改變牠的生產方式；依照着牠獲得生計的方法，人類改變牠的一切社會關係。……但是依照着他們的物質的生產關係而構成他們的社會關係的人們，也同樣依照着他們的社會關係而構成他們的原理，他們的觀念和他們的範疇。』馬克思把稱頌資產階級社會爲『永久的和自然的制度的資產階級經濟學者比如正教派的神學家，以為他們自己的宗教是上帝所啟示的，而別的一切宗教都是人所捏造的。

馬克思依據普魯東所考察的那些經濟範疇來顯示後者的方法的失當：分工與機器，競爭與獨佔，土地所有權與地租，罷工與工人組織。分工並不是如普魯東所說的一種經濟範疇，而是一種歷史的範疇，在歷史的各時代中具有各種形式。依照資產階級的經濟學說，工廠是分工存在的條件，但是工廠並不如普魯東所說發生於工人之間的友誼合作的結果，甚至並不發生於往昔行會的懷抱之中。近代工廠的主人公是商人而不是往昔行會的頭領。

同樣，競爭與獨佔並不是自然的範疇，而是社會的範疇。競爭不是工業底的，而是商業底狂熱。牠所注重的不是生產，而是利潤。牠不出於人性的必然，如普魯東所說那樣，而是起源於十八世紀的歷史的必然性的結果，或許在十九世紀之中因為歷史底理由牠會消失掉的吧。

普魯東以為地租沒有歷史的起源，而是根據於心理的和道德的考慮，和財富的生產祗有一種很迂遠的關係，地租必定使人和自然聯繫得更密切云云，這全是錯誤的：『在各時代中財產的發展各不相同，而且在完全不同的社會關係之下。所以解釋資產階級的財產不過是解釋資產階級生產的全部社會關係。解釋財產為一種孤立的關係不過是形而上學或法律學的幻想而已。』地租——在農產品的生產成本（包括通常資本利率和資本利息在內）以上的價格的附加額㊀——起源於特定的社會關係之下，而且祗能起源於那些特定的社會關係之下。地租是具有資本主義形式的土地所有權，隸屬於資產階級生產條件的封建財產。

㊀這不是近代的定義。參看『亨利·佐治等著作』——譯者。

最後，馬克思說明罷工和工會的歷史底重要性，這是普魯東所否定的。雖然資產階級經濟學者和社會主義者都可以警告工人，雖然或許是爲了相反的理由，反對使用這些武器，罷工和工會還是要和大規模的工業發展並行發展下去。由於競爭而使工人們的利害不一致，然而維持工資到底是他們的共同利益。抵抗的思想，爲他們所共有，把他們團結在含有將來鬥爭的一切要素的工會之中，正如資產者開始以部份的團結反對封建諸侯，然後使牠自身就構成一個階級，而且作爲構成的階級，把封建社會改變爲資產階級社會。

無產者與資產者之間的對立是一種階級對階級的鬥爭，這種鬥爭的最高表現便是全部革命。社會運動並不排除政治運動，因爲沒有一種政治運動同時不是一種社會運動的。祇是在一種無階級的社會中社會革命纔不是政治革命，但是一直到那時爲止，在一切社會大改革的前夜，社會科學的結語總必是：『勝利否則死亡！血戰否則一事無成！這是這問題的無情底公式。』馬克思引用佐治·沙(George Sand)的這幾句話來結束他對於普魯東的答辯。

在這書裏馬克思從幾個最重要觀點展開了史的唯物論，同時他終於清算了他和德國哲學的關係。他越過費爾巴哈而追蹤黑格爾。官方底黑格爾學派確已破產了。牠已經使牠底宗師的辯證法墮落爲一種空形式，適用於各樣事和各樣人，而又總是最愚昧底地。對於那些黑格爾派人，可以說，而且已經說過：他們什麼也不懂而又什麼都寫。

他們的喪鐘早已響過，當費爾巴哈打擊那玄想的概念的時候：科學的實證的內容往往壓倒牠的形式方面。但是費爾巴哈的唯物論缺少一種『能動的原理』。牠停滯於純粹自然科學方面而排除了歷史的過程。馬克思以爲這是不夠的，而且他後來何等正確地看清了這一點，當這種唯物論的巡迴說教人們，布希那(Buehner）和佛格特（Vogt）出現的時候。他們的偏狹庸俗的思想方法甚至於使費爾巴哈也叫道雖然他可以從背面贊同這種唯物論而絕不能從正面贊同牠。或者引用恩格斯的一個比喻來說明吧：『資產階級底常識的頑固底馱馬當然要驚跳於劃分本質與現象和原因與結果的溝壑之前但是倘若要狩獵於抽象思想的崎嶇之鄉，就必不可以騎着一匹馱馬。』

然而黑格爾學派並不是黑格爾。他們儘可以炫耀他們底無知，但是黑格爾自己卻是永遠居於頭腦最優秀的人們之列的。遠過於其他一切哲學家，他的思想方法有着使他達到一種宏大的歷史觀的歷史底重要性，雖然這歷史觀是純粹觀念論的，好像是在一面凹鏡裏看事物一樣，把世界歷史看作不過是一種思想發展的實踐例證。費爾巴哈在對抗黑格爾哲學的這眞實內容上並未成功，而正統派的黑格爾學徒卻已放棄了。馬克思重新開始研究牠，但是把牠翻轉過來：他不再從『純粹思維』出發，而從現實的頑梗事實出發，因此給與唯物論這種歷史的辯證法和一種不但可以解釋社會而且可以改革社會的『能動原理。』

五　德文布魯舍爾新聞

馬克思在巴黎和布魯舍爾都已替他答覆普魯東的書找到了出版家，但是，雖然牠並不很大，他必須自己支付印刷費。一八四七年夏季這本書出版的時候，他也在德文布魯舍爾新聞（Deutsce e Brusseler Zeitung）上有了發言權，使他底意見得以發表於公衆之前。

這新聞紙自那一年春初以來每週發行兩次；主持人是從前在巴黎編輯伯恩斯台的前進報的波恩斯特，那時他接受與地利和普魯士政府的新給，這事實是由柏林和維也納的文書確切證明了的，而不十分清楚的唯一疑點是波恩斯特現在在布魯舍爾是否繼續他的偵探工作。他很有嫌疑，但是嫌疑都被這事實所消散：駐在布魯舍爾的普魯士大使向比國當局痛斥他的報紙。當然，那痛斥也許是故意撒塵灰在集聚在布魯舍爾的那些革命份子的眼睛裏，要想使波恩斯特得到他們的信任，因爲這些王座與祭壇的守護者爲達到他們的高尙目的是不擇任何手段的。

馬克思無論如何不相信波恩斯特是一個猶大。姑不論德文布魯舍爾新聞有許多缺點，牠確是在作着好工作，馬克思說，那些以爲牠不夠好的人們應該使牠更好，而不應該退避在波恩斯特這名字有嫌疑的便宜藉口之後。八月八號馬克思寫了一封辛辣的信給霍爾維：『或許這人是不好的，或許他的女人不好，或許傾向不好，或許作風不好，或許形式不好，或許發行上有某些危險……我們德國人總是暗中準備着一千句格言來證明他們爲什麽一再放過機會不利用。一個作事的機會對於他們却不過是一種惶惑的根源。』然後他太息他底原稿遭受了德文布魯舍爾新聞的同樣命運；這封信的結尾是痛罵那些責備他寧肯用法文寫作也不願放下筆桿的蠢材們。

縱然我們因此覺得馬克思因爲不願『放過機會不利用』而對於波恩斯特的嫌疑有些輕忽，那也不能怪責他因爲這機會確是好的，僅僅爲嫌疑的緣故就放過牠是愚蠢的事。一八四七年春季財政困難迫使普魯士國王召集聯邦會議，一種從前各省議會的集會，這就是說一個封建的代議集團，和一七八九年春季法國路易十四在外力壓迫之下所召集的一樣。普魯士時局的發展並不如從前法國那樣急劇，但是聯邦會議握緊錢包而且悍然通知政府牠將要拒絕通過任何財政議案，除非擴大議會權利，尤其是保證按期召集。因此事情開始發展，因爲政府的財政困難確是很急迫的。跳舞遲早就要重新開始，而音樂的起奏越快越好。

這是馬克思和恩格斯投稿於德文布魯舍爾新聞的一貫意見。有一篇論文是用假名發表的，但是，以作風和內容而論，可以斷定牠是出於恩格斯的手筆。牠批評聯邦會議中關於自由貿易與保護稅則的辯論。那時恩格斯深信德國資產階級必需保護稅則以免牠自身被外國工業所壓倒，而且使牠自身有機會發展到足夠推翻封建主義和專制主義的勢力。為了這理由而且就祇為這理由恩格斯勸告無產階級支持保護稅則方面。他以為保護稅則的倡導者李斯特（List）已經作出最好的資產階級的德國經濟文獻，雖然他說李斯特的最好著作是剽竊大陸派的法國理論家弗里耶（Ferrier）的。他也警告工人們不要被『勞工階級福利』之類的言詞所欺騙，那些話都是自由貿易派和保護關稅派共同用以遮掩他們的自利企圖的華美浮詞。他說工人的工資在自由貿易派之下和在保護稅則派之下將要是同樣不變的。他支持保護關稅派僅僅祇是當作『一種進步的資產階級政策』，而且馬克思的觀點也是如此的。

發表在德文布魯舍爾新聞上，以打退基督教底封建社會主義的攻擊的一篇長文是馬克思和恩格斯合作的。

那攻擊發動於萊因觀察者（Reinischer Beobachter）這是政府新近開辦於戈龍尼以挑撥工人反對資產階級的一種機關報。在這報紙上青年赫曼·淮格納立功揚名了，如後來他在他底回憶錄中所說。馬克思和恩格斯對於戈龍尼向來維持着密切聯繫，他們是很明瞭淮格納的活動的，因為『漂亮底國教教務官們』這一句嘲弄之詞往往作為他們的議論的尾聲疊句，而那時淮格納正是馬德格堡的一位國教教務官。

萊因觀察者現在利用政府不能從聯邦會議獲得想要的東西的失敗而企圖煽惑工人，說道資產階級拒絕通過必要的財政方案已經證明牠祇顧爭取權力以謀私利。牠毫不關心人民福利，而祇是把羣衆推向前去威脅政府。羣衆被看待為不是東西，不過是攻擊政府的肉彈而已。馬克思和恩格斯的回答在我們今日看來顯是這樣的無產階級對於資產階級並不比對於政府更多幻想，而牠所關心的不過是資產階級的支配或政府的支配哪一種更適合於牠底目的。對於這問題的回答是可以由比較德國工人狀況與英法工人狀況而得到的。

「幸福的人民呀！」萊因觀察者反諷地說。『你們已經在爭奪基本原理的戰場上得勝了，倘若你不知道那是什麼東西，就請問你們的代表們解釋給你們吧，或者在他們的冗長的演說中你可以忘記你們的飢餓。』這些籠絡羣衆的話得到了馬克思和恩格斯的辛辣嘲笑的回答：這樣煽動的言詞並不受罰，可見在德國眞是言論自由的了。馬克思和恩格斯說明德國無產階級在事實上已經澈底明瞭爭論中的基本原理，所以牠非難聯邦議會的不是曾經爭取那些原理，而是曾經喪失掉牠們。倘若聯邦議會不以僅僅要求擴大自身權力爲滿足，進而要求階級制度法律平等廢止徭役言論自由集會自由召集眞正代表民意的議會，那麼牠就一定可以得到無產階級的全誠擁護。

萊因觀察者所嘮叨的使共產主義成爲不必要的基督教社會原理是被透澈地批駁了的：「基督教社會原理已經發揮了一千八百年，並不需要在普魯士國教教務官的手裏再加以發揮。基督教社會原理公認古代奴隸制度，讚美古世紀農奴制度，而且倘若必要，牠也很願意加緊壓制無產階級，縱然牠有時必須裝出皺眉嘆氣的樣子。基督教社會原理宣揚統治階級和被壓迫階級的必然性，而牠所貢獻的不過是敎後者虔誠祝禱前者的慈悲而已。基督教社會原理把改善一切不仁不義的事宜都交托給天國，因而公認地上的種種不仁不義是永遠相續的。基督教社會原理說明壓迫者所加於被壓迫者的邪惡是「原罪」的正當處罰，或是無限智慧的上帝使贖罪者經歷的憂患。基督教社會原理倡導怯懦，自卑，退讓，忍辱屈節，總之，種種下愚賤類的特性，而無產階級並不願被看待爲下愚賤類，牠需要勇敢，自信，獨立自尊甚至比需要每日的麵包更甚。基督教社會原理是卑怯的和僞善的，而無產階級却是革命的。』

馬克思和恩格斯引導來反抗這種專制君主的社會改良的巧言佞色的就是這革命的無產階級。有一種人准備含淚感謝君王賜來的一脚，祇因爲幻想君王接着就會賞賜一枚銅幣。正直底人們，無產階級，如霍布士（Hobbes）所說是好勇鬥狠的青年，他們對付實行虐待他們的君王是可以由英國查理第一和法國路易第十六的命運而明瞭的。

這回答像一陣夾雹的暴風雨一樣摧毀了封建社會主義的根苗，雖然有些雹彈落在目標之外。馬克思和恩格斯贊成聯邦議會拒絕通過反動政府的財政議案，這是對的，但是他們以同樣態度贊成議會否決政府徵收所得稅的提案，這就太過尊重那議會了。這提案其實是政府爲資產階級設置的一種陷阱。廢除大城市工人負担最重的磨粉稅和屠宰稅，而以徵收有產階級的所得稅來補足財政支絀，這種要求首先是由萊因州資產階級提出來的，那動機正和英國資產階級爲廢除穀物關稅法令而鬥爭的相同。政府自身就很反對這種提議，因爲牠打擊着富裕底地主們，他們不能期望因廢止那些賦稅而減低他們所剝削的農業工人底工資因爲那些賦稅祇在大城市裏徵收。然而，政府終於提出了那議案，因爲牠確信像聯邦議會這種封建的代議機關決不會贊成有利於勞工階級而暫時以資產階級爲犧牲的一種稅制改革，因而牠希望借此籠絡民心而使議會失去人望。政府的預料是正確的，當這議案提到議會的時候，差不多全體王公，全體貴族士官，全體官僚果然一致投票反對，而且政府的計劃眞是幸運：甚至一部份資產階級也急忙掉轉了牠底尾巴，當牠臨到爭論的時候。

於是否決所得稅提案就被政府津貼的報紙濫情揭發爲資產階級施展僞善欺騙手段的明證，萊因觀察者尤其曉曉不休到討厭的地步。馬克思和恩格斯通知那『國教教務官』說他是『在經濟研究中的最大胆最無恥的無學者，』因爲他斷言所得稅的建立可以一舉而改革現社會的貧困云云，這完全是對的，但是他們以爲資產階級否決所得稅法案是給與政府一個正當的打擊，這却是不對的。其實資產階級的行爲對於政府並不是一種打擊，而且否決那法案寧可說是反而增强了政府的財政地位，因爲牠保持着已有成效的磨粉稅和屠宰稅而不必實驗新底所得稅，這新稅的徵收確是要遭遇無數困難的，如這種稅的全部歷史所證明。所以，以這一點而論，馬克思和恩格斯把其實已經反動的資產階級看作還是革命的了。

另一方面，『眞正社會主義者』們却常常造成相反的錯誤，所以，當資產階級磨拳擦掌準備鬥爭的時候，馬克思和恩格斯對於他們加以另一種攻擊了。爲這攻擊馬克思在德文布魯舍爾新聞上發表了他的『反對散文底和韻文底德國社會主義，』這是由幾篇美術文組織成的，另一篇未曾發表的是恩格斯手寫的但或許是兩人的合作。『眞正社會主義』這一次被攻擊主要地是在牠的美術文藝方面，那是牠的最弱底方面，就是說，以風趣而論，是牠的最强底方面。在攻擊這種文藝的歪曲中，馬克思和恩格斯並未時常充分尊重文學和藝術的權利，例如在上述未發表的那一篇中，弗里利格來斯的傑作往前去（Ca ira）是受了不應當苛待的，貝克（Karl Beck）的窮人之歌（Songs of the Poor）也被馬克思在德文布魯舍爾新聞上加以虐評，都藏其中的『小資產階級幻想，』但是同時馬克思預言了後五十年虛矯底自然主義的發展的悲運：『貝克歌頌這種卑怯的小資產階級的困苦。他的英雄是懷着虔敬底，猥瑣底和無出息底想望的窮人，"Pauure honteux"，而不是倔强底，雄糾糾底和革命底無產階級。』不幸的格爾因此受了嚴厲底叱責，因爲在他的久已被人遺忘的那一本書裏他從『人的立場』曲解哥德，苦心把這大詩人所描寫的猥瑣可厭底俗人特性穿鑿成他所謂

『眞人』的圖像。

比這小戰更重要的是一篇較長的論文，在其中馬克思以同樣底嚴厲批評資產階級的一般急進言詞和政府的虛僞底社會主義言詞。海印森（Narl Heinzen）在反對恩格斯的論爭中設法說明財產分配的不公是由於國家權力的結果，說道凡是攻擊資產階級積累錢幣而忽視君主平時積累權力的人都是懦夫和愚人。海印森這人是一個很平庸底詞語販賣者，並不值得特別注意，但是他的下述的議論很合於『開明底』庸俗的心意：專制的存在是由於前幾世紀人民缺乏常識和道德，而現在人民却已經具有種種有價值底品性，一切社會問題在『專制或共和』這大問題之前都顯得無關緊要了。這種妙論很適合於補充那些王公們所謂革命全乃是由於自由主義運動者惡意製造出來的議論之不足。

馬克思根據德國歷史證明歷史造成那些王公而不是王公造成歷史。他明白指出絕對專制的經濟原因，說明牠是發展在一種過渡時期之中，當時的封建階層正在衰落而新的近代資產階級還在構成過程中的時候。德國的絕對專制發展較遲而時間較長是因爲德國資產階級發展的殘缺不全。所以那些王公所表演的劇烈底反動局面是由於經濟的理由的。從前絕對專制曾經鼓勵工商業和資產階級的興起以爲富國强兵的必要條件，而現在却每每設法阻撓牠們，因爲已經壯大的資產階級手中的武器逐漸增加危險了。絕對專制現在把牠的陰鬱焦急的眼光從牠發源的城市轉移到鄉村去了，而鄉村的田地是以頑固的封建殭尸作肥料的。

這論文包含着許多有益底觀念，但是正經底庸衆的『常識』是反對牠的盾牌。馬克思據以代表恩格斯反駁海印森的同一理論在三十年之後又必須由恩格斯據以代表馬克思反駁杜林。

六　共產主義者同盟

在一八四七年中居留布魯舍爾的共產主義者是比較衆多的，雖然這一羣人中沒有一個可以與馬克思和恩格斯比肩。有時赫斯（Moses Hess）和烏爾伏（Wilhelm Wolff）——都投稿於德文布魯舍爾新聞——似乎可以居於這一夥中的第三位，但是結局都不會作到。赫斯總不能掃開他早年的哲學底蛛網，終於因為共產黨宣言峻烈地批評他底著作而引起他和馬克思及恩格斯的完全分裂。

馬克思及恩格斯和威廉·烏爾伏的交誼是新近的事，烏爾伏在一八四六年春季纔到布魯舍爾，但是這交誼顯然是堅牢的，一直到烏爾伏不幸早死纔完結。他並不是獨立底思想家而作為一個著作者他卻有『那種通俗底作風』他出身於西里西亞的佃農階層，受盡艱苦纔進了大學，在大學裏他用古代大思想家和詩人的典籍養成一種反對他底階層的壓迫者的白熱仇恨。作為一個自由主義煽動者，有好幾年間，他在西里西亞被拖到這一監牢那一監牢，後來曾經作家庭教師謀生活，同時卻不斷實行反對官僚政治和檢察制度的遊擊戰爭，一直到又被控斥他纔不能不逃亡國外，以免瘠死在普魯士的監牢裏。

自流寓布里斯洛以來他就和拉塞爾相友好，後者曾經和馬克思及恩格斯共同把不朽底月桂冠放在他的墓上。烏爾伏具有高貴性質正如詩人所謂一本真忱付出生活理想的代價。他的堅定的德性，無瑕的忠貞，敏感的良心，始終不變的無我精神和表裏如一的謙遜使他成為模範的革命鬥士，使他得到朋友和敵人的敬重，不論他們是支持或仇恨他的政治意見的。

圍繞着馬克思和恩格斯的這羣人中的另一份子，雖然和他們並不十分親密，是斐狄南·烏爾伏。恩斯蒂

•杜龍克（Ernst Dronke）曾經寫過關於三月革命以前的柏林的一本好書，而且因為所謂辱君罪被判處徒刑兩年，最近纔從委色爾獄中逃出來到這羣人裏。這羣人的中心團體的另一份子是喬治•維爾斯（George Weerth），在曼切斯特和恩格斯相識，住在布列孚作另一德國公司的職員。維爾斯是真正詩人，而且完全擺脫了小家氣的裝腔作勢。他也不幸早死，而且還不曾有虔敬底手來收集他為無產階級革命精神歌唱而又隨意散置了的那些韻文。這知識份子的團體是由幾個有才能的工匠的加入而增強了的，如卡爾•瓦洛（Karl Wallau）和斯蒂班•波恩（Stepan Born）——德文布魯舍爾新聞的兩位編輯——等。

布魯舍爾，這號稱為模範的資產階級君主國的首都，是最適宜於建立國際聯絡的地方，當着還被認為革命中心的巴黎被著名的九月法令所窒息了的時候。馬克思和恩格斯已經和參加比國一八三零年革命的份子建立了良好關係。在德國，尤其是在戈龍尼，他們都有些故交和新友，最重要的是佐治•永（George Jung）和兩個內科醫生狄斯特（D'ester）和達尼爾（Daniels）。在巴黎恩格斯已經和社會民主黨建立了關係，尤其是和該黨的理論家布朗克（Louis Blanc）和弗洛孔（Ferdinand Flocon）——黨機關報改造的編輯，關係更為密切的是大憲章運動中的革命的一翼，北斗的編輯海爾尼（Julian Harney）和在德國受過教育的莊斯（Ernest Jones）。博愛民主協會其中有正義者同盟的代表斯卡伯（Karl Schapper）和莫爾（Joseph Moll）等，都是强烈地在那些大憲章運動領袖的思想影響之下的。

一八四七年一月正義者同盟採取了一個很重要的步驟。作為倫敦『共產主義者通信委員會』，這同盟和布魯舍爾的『通信委員會』保持着聯繫，但是這種聯繫相互間是有些冷淡的。一方面不信賴『知識份子』——不能確知工人的挾腳鞋的痛處；另一方面不信賴『粗魯漢』（Straubinger），就是說不信賴手工業行幫的偏狹性——那時還盛行於德國工人之間的。恩格斯曾經盡力使巴黎的『粗魯漢』遠離普魯東和維特林的影響，但是他覺得倫敦的『粗魯漢』是本質較好的，雖然他把正義者同盟於一八四六年秋季爲斯乞里委——荷爾斯坦問題所發表的宣言稱爲『全然胡說。』英國的『粗魯漢』並不曾從英國學到什麽，除了愚昧地無視一切具體情况和不能把握歷史發展的過程而外。

十多年之後馬克思說到他從前對於正義者同盟的態度：『我們發表了一些小册子，有的是鉛印的，有的是石印的，無情地批評了作爲那同盟的祕密敎義的英法社會主義或共產主義與德國哲學的混合物。我們提議以一種科學底考察資產階級社會經濟機構爲唯一可守的基礎，並且以通俗的形式說明這原則：要緊的並不是作出一種烏托邦底體系，而是自覺底地參加在目前發生的社會變革的歷史過程之中。』一八四七年一月這同盟的中央委員會派了一個委員，鐘錶匠莫爾，到布魯舍爾來邀請馬克思和恩格斯加入組織，因爲牠想要採納他們的意見，因此馬克思以爲這是那些小册子所收穫的效果。

不幸馬克思所說的那些小册子一個也沒有保存，除了駁斥克來吉的那傳單而外。傳單嘲罵他爲愛生尼●——指『正義者同盟』——的密使和先知。他也被責難的是他神祕化了全世界共產主義的現實底歷史發展，把牠的起源和進步歸功於一些傳奇式的詭異脚色，關於這等脚色的神力他傳播了最荒唐可笑的故事。

傳單影響了正義者同盟的某些份子，這事實證明他們不僅僅是『粗魯漢，』他們除了虛擬的英國而外已經多懂得一點英國歷史。雖然他們的團體被稱爲『愛生尼，』受了一兩句很不友誼的言語，他們却擇善而，從那態度比之終於跑到克來吉方面去的維特林好得多了。的確，倫敦正義者同盟在倫敦市的騷動而廣大的

●（Essaer bund）猶太敎派之一，創始於紀元前二世紀，以持戒與禁欲著稱。

氣團中始終保持着更多的新機和活力，比之蘇里奇甚至巴黎的同樣團體。因爲首先要在德國工人中進行宣傳，牠在倫敦已經採取了一種國際性質。牠和各國政治亡命者保持密切關係，而且以前此大憲章運動的迅速發展爲例，牠的領袖們都擴大眼界，超過了他們的手工業者的舊觀念之上。除了較老的領袖斯卡伯，波爾和莫爾而外，幾個較年輕的，如細工畫匠卡爾·庇方特（Karl Pfander）和裁縫匠佐治·伊克卡留斯（Georg Eccarius）都顯出了他們的理論底才能。

莫爾帶來送給布魯舍爾的馬克思和巴黎的恩格斯的介紹信是斯卡伯寫的，日期是一八四七年一月二十號。牠寫得很審愼，委托賫送者報告同盟的狀況和詳細說明一切要點，但是在面談的時候莫爾就比較隨便了。他邀請馬克思加入同盟，而且消釋了他的以前的反對，由於通知他說同盟要在倫敦召集大會，以便接受馬克思和恩格斯所發表的批評，而且要把他們的意見列入一篇宣言作爲同盟的綱領。然而他說，馬克思和恩格斯必須加入同盟，並且協助牠克服那些落後的反對份子。

馬克思和恩格斯決定接受邀請而且都加入同盟了，然而在一八四七年夏季所舉行的同盟大會的結果不過是使組織民主化以適合於被迫而祕密工作的宣傳團體而已，而且要避免一切內部糾紛。同盟會員三人以上十人以下爲一組，由組而聯成區，區有指導機關，各區之上是中央執行機關，以至全體代表大會。該同盟宣言牠的目的是推翻資產階級，建立無產階級統治，廢止以階級矛盾爲基礎的舊社會和造成無階級無私產的新社會。

按照着該同盟——現在改名爲共產主義者同盟——的民主性質，這新規約首先要提交各組去討論，最後決定則留待本年年終之前召集的第二次大會，而且大會也要討論該同盟的新綱領。馬克思並未出席於第二次大會，但是恩格斯代表巴黎共產主義者，威廉·烏爾伏代表布魯舍爾團體，都去出席了。

七　布魯舍爾的宣傳

共產主義者同盟認爲牠的第一任務是組織德國工人協會㊀，使牠有公開宣傳的可能性，而且由此吸收最可靠的份子以謀牠本身的擴張。

這些協會的工作是各處一致的規定每週的一天開討論會，另一天開社交會（唱歌，朗誦等）在各地建立與協會有關的圖書館，可能的時候就開班教授工人共產主義基本原理。

依照着這計劃，德國工人協會（Deutscher Arbeiterverein）在八月尾成立於布魯舍爾。協會的主席是赫斯和瓦洛，而祕書是威廉、烏爾伏。協會會員不久就達到一百多人，都在每星期三和星期日晚間集會。星期三晚會討論有關無產階級利益的重要問題，而星期日晚會先由烏爾伏作本週政治報告——他不久就作得很是高明——然後是社交和游藝，而且也有些婦女來參加。

七月廿七號這協會開了一次國際宴會，表示各國工人對於別國工人的互相友愛的感情。那時是常常以宴會的形式來作政治宣傳以避免警察干涉的。然而這一次特殊的宴會中隱伏着一種特別的企圖；這宴會是由波恩斯特和德國流亡者的不平份子佈置出來的，正如偶然來到布魯舍爾參加的恩格斯寫信給偶然不出席的馬克思所說，『他們想要把我們推出來担任反對比國民主主義者的二等腳色，並且想要成立比我們的小小工人協會更堂皇廣大得多的組織』。恩格斯在適當的時期挫折了這陰謀，而且無論他怎樣推辭，因爲他

㊀日譯本爲「德意志勞動者教育協會」

『看來十分年輕』這事實終於被選爲副主席之一，另一個是法國人伊伯特（Imbert），同時梅令尼（Mellinet）將軍被選爲名譽主席覺特朗（Jottrand）律師爲實際主席這兩個人都是一八三零年比國革命中的活躍鬥士。

出席宴會的一百二十個賓客，有比國人，德國人，法國人，瑞士人，波蘭人，義國人和一個俄國人。經過了幾番演說之後，就決定沿着博愛民主協會的路線在比國成立一個『改革之友協會』（Verein Von Reformf. eunden）。恩格斯被選爲籌備委員但是他纔一被迫離開布魯舍爾就寫信給覺特朗推薦馬克思，說明倘若馬克思出席九月廿七號的宴會是必定會被選出的：『這並不是要馬克思代理我底委員職務，恰相反，我原來是代表他出席宴會的。』其實當『萬國民主主義統一協會』，在十一月七號和十五號組織成立的時候，伊伯特和馬克思是被選爲副主席了的，同時梅令尼被選爲名譽主席覺特朗爲實際主席。協會規約由比，德，法，波各國民主主義者簽定了，約共有六十個人署名。署名的德國人中有馬克思，赫斯，喬治·維爾斯，兩個烏爾伕，斯蒂班恩和波恩斯特。

新協會於十一月廿九號舉行第一次大會紀念波蘭革命週年。斯蒂班恩代表德國發表演說，大受喝采。馬克思並未出席，正在倫敦代表博愛民主主義者協會出席同日舉行的同樣集會。他在這集會中的演說的措詞是含着徹底的無產階級革命聲調的：『舊波蘭已經消失了，而希望牠的復活乃是過去的事。然而不但是舊波蘭，連舊德國，舊英國，舊法國，其實舊社會的全部都在破滅之中。在舊社會的破滅中，對於在其中並沒有東西來損失的人們，是無所損失的，而今日各國人民大衆都在這種情況之下。』在馬克思看來，無產階級戰勝資產階級就可以使一切被壓迫民族得到解放，正如英國無產階級戰勝英國資產階級就可以使一切被壓迫者戰勝一切壓迫者。波蘭的解放不但在於波蘭國內，也在於英國國內。倘若大憲章運動者擊敗了他們國內的敵人，他們也就打破了整個舊社會。

在回答馬克思代表民主主義協會交給他們的那宣言中，博愛民主主義者協會採取了同樣聲調：『你們的代表，我們的朋友和兄弟馬克思，將要告訴你們我們是以怎樣的熱忱歡迎他的來臨和閱讀你們的宣言。所有的眼睛都放出喜悅的光輝，所有的聲音都叫喊歡迎，所有的手都友愛地伸向你們的代表……我們以最歡欣的滿足之情接受你們呈獻給我們的聯盟。兩年以來我們協會都奉行這標語：一切人都是兄弟。在我們上次的週年紀念會中我們提議召集萬國民主主義者大會，所以我們聽見你們也公開提出同樣意見是很欣慰的。各國君主的暴亂必須以人民的叛亂為答復……我們相信我們必須獻身於眞正底人民，無產階級，以及每日在現社會制度壓迫之下流血流汗的人們，倘若我們要達到博愛的目的……我們不久將要看見，共實已經能夠看見實行博愛的人們，人道的優秀騎士，正在從農舍屋頂室耕地工廠走上同一路道。』然後博愛民主主義者協會提議於一八四八年九月在布魯舍爾召開萬國民主主義者大會，以對抗一八四七年九月所舉行的自由貿易大會。

然而，馬克思去到倫敦，除了在博愛民主主義者協會的大會中發表演說而外，還有別的理由。在這協會舉行的波蘭革命週年紀念會之後，而且就在同一房間裏——斯卡伯，波爾和莫爾於一八四零年所成立的『共產主義工人教育協會』會所——『共產主義者同盟』舉行了第二次代表大會來通過新規約和討論新綱領。恩格斯也出席這次大會。他曾經離開巴黎，於十一月廿七號在奧斯坦德會晤馬克思同到英國去。經過了大約十天的討論，馬克思和恩格斯被委託起草一篇宣言說明共產主義的基本原理。

在十二月中旬馬克思回到布魯舍爾，恩格斯由布魯舍爾轉回巴黎。他們似乎並不亟急執行被委託的任務，以至共產主義者同盟中央委員會於一八四八年一月廿四號嚴厲警告布魯舍爾區委員會懲戒會員馬克思，除非他所承認起草的共產黨宣言於二月一號交到中央委員會。現在我們是無法發見那延遲的原因的，或許因爲馬克思不論幹什麽都要深思熟慮的那透徹的習慣吧，或許因爲恩格斯的離去吧，或許那些倫敦人聽見馬克思專心致力於布魯舍爾的宣傳，等待得不耐煩了吧。

一八四八年一月九號，馬克思對民主主義者協會演講自由貿易問題。他本來想在布魯舍爾自由貿易會議席上發表這演說，但是不能得到發言的機會。那演講徹底揭破自稱爲『工人福利』而宣傳的自由貿易論者的欺騙，但是雖然自由貿易以工人爲犧牲而有利於資本家，他承認這是適合於資產階級政治經濟學的基本原理的。他說貿易的自由是資本的自由，目的在於撤廢還在妨礙資本充分發展的國家障壁。自由貿易使某些國家解體，而且使資產階級與無產階級之間的矛盾更加惡化，因而促進了社會革命，所以在這革命的意義上馬克思是贊成自由貿易制度的。

同時他爲他自己辯白他主張保護關稅論的嫌疑，並且聲明他贊成自由貿易而又擁護德國保護關稅論者的政策爲『進步的資產階級政策』之間並無矛盾。正如恩格斯一樣，馬克思純然是從革命的立場來考察自由貿易與保護關稅的全般問題。德國資產階級需要保護關稅作爲反對封建制度和絕對專制的一種武器，作爲集中牠的力量的一種方法，以建立國內市場上的自由貿易和發展大規模的工業，這遲早是要變爲依賴世界市場的，就是說依賴自由貿易。他的演講得到民主主義者協會會員的熱忱歡呼，決議自費把牠印成法文和佛蘭德文分發各地。

然而比這演講更重要得多的是他對德國工人協會所演講的工資勞動與資本，他開始假定工資不是工人在他所生產的商品中他所應得的一份，而是資本家用以購買一定數量勞動生產力的那既成商品中的一份。他說，勞動力的價格，像其他一切商品的價格一樣，是決定於牠的生產成本的。單純勞動力的生產成本是供應工人使其能夠生存和綿延嗣續的種種用費。這些用費的價格表現爲工資，而且，像其他一切商品的價格一樣，這種價格依照着競爭的波動有時高有時低於生產成本，但是在這些波動的限度之內這種價格是接近等於工資的最低額的。

然後，他考察資本。在回答資產階級經濟學者所謂資本是積蓄底勞動之中，他質問：『一個黑種底奴隸是什麼呢？一個有色人種的人類。這並未說明了什麼。一人黑種人就是一個黑種人，但是在某些條件之下纔可以變爲一個奴隸。一架紡紗機是一架紡紗的機器，祇有在某些條件之下牠纔變爲資本。離開這些條件牠就不再是資本，正如金子並不是貨幣或糖並不是糖的價格一樣。』資本是一種社會底生產關係，一種資產階級社會的生產關係。

許多商品的——許多交換價值的——總額變爲資本是當牠顯現爲一種獨立底社會權力，就是說，顯現爲社會的一部份人的權力，而且由於和直接的活的勞動力交換而增加其自身的時候。『除了勞動能力而外一無所有的這階級的存在是資本的存在之必要條件。使積蓄勞動得以成爲資本的不過是支配活底勞動力的那過去積蓄底，使勞動對象化底的權力。資本並不成立於這事實：積蓄勞動服役於活底勞動力而成爲擴大生產的一種工具。牠是成立於這事實的：活底勞動力服役於積蓄勞動而成爲維持並增加牠底交換價值的一

● (Flemish) 比利時北部佛蘭德人所用的一種德文，與荷蘭語很相近。

種工具』資本與勞動力彼此互為條件牠們彼此互相生發。

當資產階級經濟學者由此斷定資本家的利益與工人的利益是一致底的時候，那眞正底意義祇不過是說：工人必定餓死除非資本家雇用他而資本必定消滅除非牠剝削工人。資本增進生產越更迅速，就是說，工業越更繁榮，資本家就需要更多的工人而工人出賣勞動力也就更貴。所以使工人階級的生活狀況可以過得去的必需條件是生產資本盡可能地迅速增加。

馬克思說明因此工資的顯然增加都以生產資本還更迅速地增加為前提。資本增加的時候工資也可以增加，但是無論如何資本的利潤增加得更為迅速。工人的物質狀況因此而改善了，但是以他的社會地位為代價；他和資本家之間的社會裂痕更加寬了。所以，說對於工資勞動的最有利條件是資本的最迅速地增加不過是說：工人階級越更迅速地增強敵方底勢力，（統制着牠的對方財富）那麼准許牠工作以重新增加資本權力的條件就會更有利，使牠滿足於鑄造把牠拖到資產階級脚下的黃金鎖鏈。

然而，馬克思繼續說，資本的增加與工資的增加並不是如同資產階級經濟學者所主張那樣不可分割底聯結着的。說資本長得更肥胖牠底奴隸就被餵養得更好，這是不確的。生產資本的增殖包含着資本的累積和集中。牠的集中不免更詳細分工和更多使用機器。增進分工毀滅着工人的特殊技能而當這特殊技能被一種任何人都能完成的勞動形式所代替的時候，工人們之間的競爭就增加了。

分工越更使一個人能作以前要三個人來作的工作，這種競爭就越更加甚。機器使這結果發展到更高的程度。生產資本的增殖迫使工業資本家更加使用強烈底手段因而毀滅較小工業家把他們拋入無產階級的隊伍裏。再因為利率依照着資本的累積而降低，更小底資本家就不能再依賴他們的利息而生活，被迫而受僱於工業，因而增加了無產階級隊伍。

最後生產資本越更增加，牠就更不能不爲那些並不知道需要如何的市場而工作。生產遂漸超過需要，供給盡力強制需要，結果是發生恐慌，產業上的地震，一次更比一次猛烈：在這災禍中商業界爲保持自身祗好把牠底財富的一部份，牠底生產品的一部份，甚或生產力自身的一部份犧牲給地獄裏的黑暗神祇。資本不但吃厲了勞動，而且好像高貴底蠻族酋長一樣，牠把牠底奴隸也拉到牠底墳墓裏殉葬，斷送了厄於這恐慌中的全體工人。然後馬克思總結道：倘若資本迅速增殖，那麼工人們之間的競爭就更加劇烈，這就是說，工人們的生活手段和就業方法就比較地更爲短絀。而資本的迅速增加到底是工資勞動的最有利狀況。

不幸，馬克思對布魯舍爾德國工人的全部講演就祗遺留下這一片段，但是這也足夠表明給我們他執行他底宣傳是怎樣熱忱和怎樣透澈了。而巴枯林對於這卻有另一種意見。因爲在波蘭革命週年紀念會中發表演說，被法國驅逐之後，他到了布魯舍爾。一八四七年十二月八日他寫信給一個俄國朋友說：『馬克思還在進行同從前一樣無聊的活動，由於使工人們成爲被邏輯所宰割的東西而腐化他們。那正是同前一樣的理論狂和冥頑自足。』而在給霍爾革論馬克思和恩格斯的一封信裏他說得還要更加狂妄：『總而言之，謊話和愚昧，愚昧和謊話。和他們在一處就不能自由呼吸。我遠離他們，而且我曾經很明白地告訴他們我不願加入他們底共產主義的工匠團體，我拒絕和牠有任何關係。』

巴枯林的這些話是值得注意的，並不因爲牠們洩露了他底私怨，（從前巴枯林屢次許論馬克思都和這一次完全不同，）而是因爲牠們顯示了引起兩個革命黨之間猛烈鬥爭的一種對敵點。

八 共產黨宣言

同時後來名爲『共產黨宣言』的原稿也已寄到倫敦去了。

第一次大會，——把綱領的討論留待第二次大會——纔一完畢就有許多籌備工作要作。自然，這是由這運動的理論家們去作的，而各種文稿則由馬克思恩格斯和赫斯擬定。

那些重要文稿一直流傳到現在的就祗有這一件。恩格斯於一八四七年十一月廿七號，就是說在第二次大會開會之前不久，寫信給馬克思討論這文件：『把這信仰的告白想了一想。我以爲頂好是刪除那問答式而且把這東西叫作共產黨宣言。因爲要插入一些歷史底敘述，我以爲現在的形式是不適宜的。我現在正在修改我在此地所寫成的部份。牠是一種簡單的論述體，但是可惜編校得太過怱促。』然後恩格斯說到他還不曾把他的草案交給巴黎支部，但是，或者除了一兩個小節目而外，他希望牠可以通過。

這草案原來完全是問答體；這比別種體裁或許更能增高一般人的理解，或許更適合於直接煽動的目的，比之後來的內容與形式完全諧和的宣言。恩格斯却立刻犧牲掉他的遍重歷史底敘述的二十五個問答，他這樣作是他底純潔底良心的明證，因爲他明瞭把共產主義表白給世界的宣言必須是，如希臘歷史家所說，一件有永久底意義的作品，而不是爲目前讀者而作的論爭。

爲『共產黨宣言』在世界文學中取得永久地位的確是那古典底形式，雖然這種說法並不想對於那些自命聰明的愚人有絲毫讓步——他們熱心地以斷章取義的方法證明宣言的作者們曾經剽竊加萊爾或吉朋或西斯孟狄或別人云云。那全是胡說；這宣言確是和往昔的那些作品一樣是獨立底創作。不過，其中所有的觀念沒有一個不是馬克思和恩格斯曾經在他們從前的論文中論述過的所以牠不是一種新啟示而是作者們的世界觀顯現在一面不能更清爽也不能更大或更小的鏡子裏面。以文章的風格而論，在構成牠底最後形式上馬克思似乎用力更多，但是，比照他自己底草案看來在處理爭執中的問題上恩格斯是並不後於馬克思的，因此他和馬克思比肩並立同是宣言的作者。

自宣言發表以來，已經過了一世紀的三分之二，而在這已經展開的六七十年間所有的重大底政治底和經濟底變革沒有一件是那宣言所不曾提示過的。在某些方面歷史發展有些不同，尤其是那發展比之宣言作者們所預料的較為遲緩。他們的眼光透入將來越深遠，將來就顯得越挨近。這很可以說，沒有影也就不能有光了。這是勒辛曾經說明的那些『正確地洞察將來』的人們的一種心理現象：『自然需要幾千年的東西，必須成熟於他們生存的短時間內。』馬克思和恩格斯確是並不考慮到幾千年的，但是他們誤算作幾十年了。當他們起草『共產黨宣言』的時候他們以為資本主義已經達到在我們今日都還難於達到的高度。在恩格斯的草稿中他把這一點說得比宣言的最後形式還要更明顯；他說在一切文明國家之中差不多一切生產部門都進行於工廠之中，手工業幾乎全都被大規模的工業排出於一切生產部門之外。

在宣言中所略述的工人階級各政黨的興起情形尤其顯現他們底這種誤算。甚至當日最重要的工人階級運動，大憲章運動也還強烈地受着小資產階級份子的影響，且不說法國社會民主黨吧。瑞士的急進派和那些把農民解放看作民族自由的主要條件的波蘭革命黨都不過是牆上的影子。後來宣言的作者們自己也曾說明當日無產階級運動所佔有的範圍何等狹窄，而且我們特別注重俄國和美國的缺如：『在這時代中，俄國算是歐洲反動的最末底大後備軍，而移民到美國去吸收了歐洲無產階級的過剩力量。這兩個國家都供給歐洲原料，而且同時都是歐洲工業生產品的市場。所以牠們都是這樣或那樣支持着歐洲社會秩序。』三十年之後這情狀改變了多少呢？在我們的今日這情狀改變了多少呢？

當我們承認宣言規定給資本主義生產方式的『高度革命任務』曾經經過了比宣言作者們所預期的更長久的時間纔顯現的時候，這就眞駁倒了宣言了嗎？第一節中輝煌而有力地描寫着的資產階級與無產階級之間的鬥爭一直到今日在根本上並沒有變動，雖然敍述這階級鬥爭的過程太過概括一點。在今日誰也不會以同樣概括的形式宣稱：近代工人——和從前被壓迫階級的份子不同，那些份子至少是相信他們能夠繼續他們的奴隸生活的諸條件的——越更深陷於他自己底階級的諸條件之下而工業進步並未提高他自己。眞的，資本主義生產方式確也有這種一般趨勢，但是工人階級的廣大層究竟已經爲他們自己在資本主義社會的基礎上獲得了甚至使他們超過某些小資產階層生活水準以上的一種生存了。

自然，要留心不至陷入資產階級批評家們對於這宣言所犯的錯誤，據他們說牠所提出的『貧窮增加說』是錯誤的。這學說——主張資本主義生產方式使在牠支配之下的羣衆貧窮化——是在『共產黨宣言』未發表之前早就提出了的，甚至還在馬克思或恩格斯用筆寫作之前。那是由於社會主義思想家和急進派政客提出的——其實首先是由於資產階級經濟學者。馬爾塞斯的人口論就是想要粉飾這『貧窮增加說』而且把牠變爲一種永恆底自然法則的。牠反映了統治階級立法者所經常碰着一種困難事態。『濟貧法』通過了，『救貧院』也建立了，貧乏是被認爲窮人之過和應得之罰的。馬克思和恩格斯並未發明這『貧窮增加說。』而且自始就反對牠；並不是說他們想要否定大衆貧窮這無可辯論的公認事實，而是說他們證明了牠並不是一種永恆底自然法則，而是能夠用造成牠的那同樣生產方式的效力加以剷除的一種歷史現象。

倘若要從這一角度對於『共產黨宣言』加以任何攻擊，那就祗好說牠底作者們還不曾完全擺脫這資產階級的『貧窮增加說』的影響。宣言採取了李嘉圖根據馬爾塞斯人口論所發展出來的工資理論，因此牠過低估計工資鬥爭的和工會組織的重要性——牠根本祗把工會看作使工人準備政治的階級鬥爭的訓練學校。那時馬克思和恩格斯並不把英國的『十小時勞動法令』看作『一種原則底勝利』，而祗是看作在資本主義之內把一種反動底束縛加在大規模工業之上。宣言並未承認『工廠法令』和工會組織是無產階級解放鬥爭中的諸步驟——這鬥爭必須把資本主義社會變爲社會主義社會而且除非初次苦戰而得的成功不至於再失去纔能一直戰鬥到底的。

所以宣言過於片面地從政治革命的觀點上來考察無產階級對於資本主義生產方式的貧窮化諸傾向的反應。宣言根據法國革命和英國革命而得到牠底結論，期望在那幾十年間的內戰與民族戰爭的「消耗熱」的氛圍中無產階級將要迅速達到政治的成熟。這種意見明白表現於宣言中論述德國共產黨的任務的那幾節裏面。宣言贊成無產階級與資產階級合作，當後者在革命方式中實行反對絕對專制，反對封建大地主和反對小資產階級性的時候，但是牠明白指出共產黨必不可不使工人們澈底瞭解資產階級與無產階級之間的根本對立。然後牠宣稱：

『共產黨注重德國方面，因爲德國正在資產階級革命前夜，因爲德國將要在歐洲文化發展更高和無產階級發展更高——比之十七世紀的英國和十八世紀的法國——的情形之下經歷這種革命，而且因爲德國資產階級革命不過是無產階級革命的直接序幕。』在宣言中所說的資產階級革命不久就發生了，但是發生於結果確是相反的諸條件之下：使資產階級革命遲疑地半途而廢，一直到幾個月之後的巴黎六月之戰纔恢復了一般資產階級——尤其是德國資產階級的——一切革命熱情。

因此我們看見輝煌鑄製的這宣言究竟不能免於時間經過的磨損。在一八七二年的新版的序言上，作者們自己指出此處彼處已經過時，但是他們能夠以同樣底眞確加添說：以全體而論，宣言中的諸原則是已經證明確實了的。這句話的確實性可以保持到資產階級與無產階級之間的世界歷史的鬥爭完結的時候。宣言第一章以無比底精練略述這鬥爭的基本原則，而第二章則以同等底魄力申敍近代科學共產主義的主要觀念。雖然批評社會主義和共產主義文獻的第三章祇說到一八四七年爲止，牠底批評是這樣透澈，以至此後興起的社會主義或共產主義諸傾向沒有一個不會預先被批評在這一章裏面的。甚至第四章和最後一節中的關於德國發展的預言也已經證實了，雖然是在另一意義上而不在作者們所企求的意義上：德國的革命，纔在萌芽中發育就被阻礙，轉變爲無產階級鬥爭的强大展開的序幕。

縱然有些錯誤吧，那根本原理和教訓是無可非難的；『共產黨宣言』已經變爲有世界意義的歷史文獻，而那結句的吶喊還在響澈全部歷史：『全世界的工人聯合起來！』

157

第六章　革命與反革命

一　二月和三月

一八四八年二月廿四號法國資產階級帝制政府被革命推翻了，這運動並不是在布魯舍爾沒有反響的，但是國王里阿坡德這狡猾底老狐狸居然解脫困難，比他的巴黎的岳丈聰明得多。他通知他的自由主義底大臣們，議員們和市長們說，倘若國家需要，他可以立刻讓位，而這慷慨底神氣是這樣感動了那些多情底資產階級政治家們的心，以至他們立刻壓抑住他們的一切反叛感情。

但是從此之後這國王就唆使他的軍隊驅散一切共公集會，派遣他的警察獵捕外國流亡者。馬克思受了特別殘暴底待遇。警察不但拘捕他，而且拘捕他底妻，把她和一羣妓女共同監禁了一夜。對於這汚辱事件應該負責的警官隨後被撤職了，拘捕令也立即撤消，但是依然要執行驅逐出境令——雖然那完全是不必要的狡猾手段，因爲馬克思無論如何都要離開布魯舍爾到巴黎去的。

法國革命爆發之後，倫敦共產主義者同盟的中央委員會立刻把執行權移交給布魯舍爾區支部，但是因爲布魯舍爾實際在戒嚴令之下，支部就把這權力委託給馬克思並且訓令他在巴黎組織新的中央領導機關；那訓令曾經由弗洛孔代表臨時政府簽名的一封信加以追認，這對於他是一件偶然得到的大榮譽。

三月六號他又得到一個機會表示他對於當時政治環境的卓越的見識，當他在巴黎的德國流亡者大會上猛烈反對一種以武力侵入德國使其革命化的冒險計劃的時候。這計劃是出那可疑的波恩斯特策動的。不幸赫爾維贊助牠。巴枯林也贊成了，雖然後來他懊悔不該加以支持。臨時政府也準備支持這計劃。但是這是較少出於眞正革命熱情而多半出於『落後思想』(Arriere pensee)：因爲當時失業盛行，設法調開許多外國工人或許是一件好事。臨時政府把幾個兵營分配給這些革命黨，並且允許每天給每人五十生丁作爲開到邊境去的行軍費。霍爾維對於臨時政府熱心支持這冒險的緣故並無幻想，他自己也曾說過那是出於『自利的動機』，想要『調開和法國工人競爭的幾千外國工匠』，但是他沒有政治遠見，以致把這冒險進行到牠悽慘地完結在納特多生巴哈(Niederdossenbach)附近。

馬克思一方面猛烈反對這種革命的胡鬧——三月十三號維也納的革命勝利和三月十八號柏林的革命勝利已經使這胡鬧失去可有的任何辯護理由——一方面盡力鑄造推動德國革命的種種武器（德國革命是共產黨所注重的主要事業。）執行他底使命，他在巴黎組織了新的中央領導機關，其中包含從布魯舍爾來的他自己，恩格斯和烏爾伕，以及從倫敦來的波爾，莫爾和斯卡伯。這新團體發表了一篇宣言『爲了德國無產階級，小資產階級和農民的利益』提出十七個要求，其中之一是德國必須成爲整個不可分割的共和國，並進而主張：武裝人民，王公和其他封建產業以及礦場和交通機關一概收歸國有，建立國家工廠，以國家經費實行普遍的強迫教育制度，等等。自然，這些要求祇是想規定共產主義宣傳的一般方針，因爲馬克思比誰都更明白牠們並不是一天兩天可以作到的事，而祇是革命發展的長久過程的結果。

共產主義者同盟太弱小了，並不能單獨推動革命運動，而且牠不久就看清在歐陸的他的改組不過是在牠的幼稚時期。然而，這已經不十分重要，因爲工人階級現在已經獲得公開宣傳的可能和方法，所以同盟存在的主要理由是失去了的。在這種情況之下馬克思與恩格斯在巴黎建立了德國共產主義者俱樂部，而且力勸牠的會員們離開霍爾維的游擊隊而徒手單身到德國去進行革命運動。他們終於派遣了幾百個工人回到德國，而且，謝謝弗洛孔的斡旋，他們得到了臨時政府允許給與霍爾維和他的義勇軍的同樣幫助。

作爲這些努力的結果，共產主義者同盟的大多數會員都回到了德國，而且他們在那裏的活動證明同盟確是訓練革命黨員的良好學校。不論德國任何地方的革命運動現出有力發展的跡象，那就可以看見同盟的會員是那後面的原動力：斯卡伯在那棱（Nassau），烏爾伏在布里斯洛（Breslau）斯蒂班・波恩在柏林以及其他份子在各處。波恩說得好——他寫信給馬克思道：「同盟是被解散了——各處而又無一處。」作爲一個組織牠已經停止存在，但是牠的宣傳是顯現於凡有無產階級爲自由而鬥爭的條件存在的地方的，雖然這祇是指德國的較小區域而言。

馬克思和他的最親近的明友們回到萊因地帶，這是德國最進步的地區，而且在這裏拿破崙法典提供給這運動更大自由，比之普魯士國法在柏林，所以他們獲得了民主派在戈龍尼所作的籌備工作的領導地位，而且由共產主義份子建立了一種報紙。然而，事情並不是一帆風順的，而恩格斯尤其失望於烏伯塔的共產主義甚至毫無實際，在當地沒有勢力，而自革命開始顯示生活的眞象以來烏伯塔的共產主義不過是過去的淡薄底暗影而已。四月二十五號他從巴爾曼寫信給在戈龍尼的馬克思說：『想在這裏募集股本，那是沒有一點用處的：……他們全都避免討論一切社會問題好像害怕瘟疫似的；他們稱牠爲煽動……並不曾從我的老紳士得到任何東西。他把戈龍尼新聞看作煽動的最大限度，他寧肯用一千粒子彈完結我們也不願用一千台勒幫助我們。』然而，恩格斯終於募得十四股，而且新萊因新聞（Neue Rheinische Zeitung）第一號就在一八四八年六月一日出版了。馬克思作了主筆，而恩格斯，杜龍克，維爾斯和兩個烏爾伏是編輯部的職員。

二　六月

新萊因新聞自稱爲『民主主義的機關報，』但是這並不是說代表議會中的左翼民主派。牠並未懷抱這種野心；牠認爲當務之急的是嚴密監視官僚底民主派。牠宣稱牠的理想絕不是黑、紅、金●共和國，而其實牠底眞正底反對派底工作也要在這共和國成立以後纔能開始。

完全依照着『共產黨宣言』的精神，牠設法在現存條件的基礎上推進革命運動。這事業的更加緊急是由於這事實：在三月中所爭得的革命地盤到六月又失去了一半。在維也納，階級矛盾還沒有發展，盛行着一種隨隨便便的無政府主義，而在柏林資產階級卻已取得權力，但是過於躁急，唯恐一不小心這權力又回復到三月革命中失勢者的手裏。在德國各小邦中，自由主義的大臣們裝得神氣十足，但是並不自別於封建前輩而在王座之前表示一些正直，倒是顯得脊骨更軟了。而且在君主看來，那召集來創造德意志主權統一的於五月十八號在弗郎克府舉行的第一次國民大會證明牠自己不過是一個無聊的漫談俱樂部而已。

新萊因新聞第一號就把這種虛浮不實批評得這樣透澈，以至原來不很多的股東的一半立刻退卻了。這報紙對於那些議會英雄的政治見解和勇氣並沒有任何過分要求。牠批評弗郎克府議會的左翼的聯邦共和主義說：這由於立憲君主國，小公國和小共和國所組織成的聯邦共和政府並不能承認爲統一的德國的最後組織，但是牠緊接着說：

●德國革命的國。

『我們對於目前建立一個不可分割的德意志共和國並未提出空想的要求但是我們要求所謂急進民主黨不要把鬥爭和革命運動的初步與最後目的混爲一談。德國統一和德國憲法的成功祇能由於迫使解決內部紛爭和對東方❶鬥爭的一種運動的結果。確定的憲法並不能由政府賜與牠的得到將要由於我們還必須經歷的那運動的結果。所以問題不是實現這種那種政治理想或固執這種那種意見，而是把握時局發展的一般趨勢。國民會議現在必須採取的祇是目前可能實行的步驟。』

然而國民會議作了按照一切邏輯法則都出乎實際問題之外的事體：牠選舉奧國大公爲帝國執政，因此使這運動操縱在諸侯們的手裏。

柏林的事件比弗郎克府的事件更爲重要。普魯士邦是德國國內革命的最危險的敵人。三月十八號的革命推翻了普魯士政府，但是在特定的歷史情況中那勝利的成果首先落入資產階級的懷抱，而且牠急忙出賣革命。因爲要保證『法律關係的繼續性』，換言之就是要否定資產階級自己的革命的本意，資產階級的岡孚生——漢斯曼（Camphausen-Hansemann）內閣召集了聯邦議會，把起草一種資產階級憲法的權利委託給這種封建團體。四月六號和八號通過了兩條法令：一是確立各種資產階級的權利爲新憲法的基礎，一是規定以平等的不記名的間接投票法選舉新議會來起草國王所同意的憲法。

有了這『國王同意』的漂亮原則，三月十八號柏林無產階級反抗普魯士近衛軍所爭得的勝利就化爲無結果了，因爲倘若那新議會的議決案必須經過國王同意，那麼國王顯然又處於强固地位。牠又能獨斷專行了，除非牠被第二次革命所顚覆，這種可能是岡孚生——漢斯曼內閣用全力阻止着的。牠使這議會——於五

❶對東普魯士——漢譯者。

月廿二號集會——屈服於最卑鄙的奸計，把牠自己作爲『一面盾牌』放在王室前面，而且要使無領袖的反革命派有頭領纔召回那普魯士王子——這澈底反動的王位繼承者因爲逃避三月十八號羣衆憤怒曾經出亡到英國。

柏林議會確乎不是很有革命精神的團體，但是牠到底不像弗郎克府議會似的那樣一致埋頭在雲霧裏。牠讓步於『國王同意』這吸食牠的骨髓的原則，但是柏林羣衆於六月十四號突擊蘇華斯（Zeu:haus）●之後議會又振起精神，對於國王採取了多少總算是堅決底態度。結果是岡孚生辭職，雖然漢斯曼仍然在位。這兩人的不同是：當岡孚生還被進步的資產階級意識形態的殘餘所苦惱的時候，漢斯曼却坦然毫無羞恥地或遲疑地賣身於資產階級的貪汚利益，不惜叩頭於國王和普魯士貴族士官之前，而且腐化議會，壓迫羣衆到前所未有的程度。在這時候反革命派爲自己打算是願意捧他爲頭領的。

新萊因新聞竭力防止這種災害的發展。牠指出岡孚生爲資產階級的利益而散播反動種子，但是所收穫却是封建黨派的利益。這報紙盡力增强柏林議會的抵抗，尤其聲援牠的左翼，奮勇斥駁由於許多舊武器和舊旗幟被毀於蘇華斯的突擊而引起的憤懣，說道人民已經顯示正確的良知，不但要攻擊壓迫者們，而且也要摧毀過去的豪華的幻想。最重要的是牠警告左翼不要以議會的表面勝利自滿，指出反動派是樂於給與牠這種虛榮的，祇要眞實的支配地位仍然把持在舊權勢者的手裏。

這報紙預言了漢斯曼內閣的慘淡結局，那內閣是想以和舊的封建底警察國家安協的方法創立資產階級統治基礎的。『在這種曖昧而矛盾的任務之中牠看着牠自己和牠底目的——建立資產階級統治——在

●在安突登林頓的一個軍事建築物，現在祇是軍事紀念博物院。

每一轉點上都被專制主義和封建勢力所制勝——而且牠將要是失敗者。資產階級是不能建立牠底統治的，除非爭取全體民衆作爲暫時同盟者，除非採取或多或少的民主主義。』辛辣底嘲罵曾經針對着資產階級想要把農民解放——資產階級革命的正當事業——變爲欺騙手段的企圖：『一八四八年德國資產階級正在出賣農民，毫不遲疑也無羞恥，雖然農民是牠底天然底同盟者，牠底血中之血和骨中之骨，雖然沒有農民的支持牠是無法反抗貴族的。』這報紙聲言一八四八年的德國革命不過是模仿一七八九年法國革命所作成的歪詩諧文而已。

牠是歪詩諧文也還有另一意義，因爲德國革命的勝利並不是牠自己底力量的結果，而是曾經給與無產階級一部份政權的法國革命的結果。這並未認可或原諒德國資產階級的背叛革命，而祇少是解釋牠。當漢斯曼內閣正在開始掘墓工作的時候，資產階級所畏懼的魔影是幾乎被禳除了的。在堅持了四天的一場猛烈底巷戰中巴黎無產階級被打敗了，謝謝一切資產階級黨派服役於資本的聯合工作。

在德國『勝利的失敗者』❶的旗幟是由新萊因新聞從塵埃裏舉起來了的，而且在一篇輝煌的論文中馬克思指出民主主義者在資產階級與無產階級的鬥爭中應該站在哪一方面：『人們將要問我們曾否流淚，太息，追悼那些死於民衆暴怒之前的國軍，動員部隊和共和軍將士。國家將要撫恤他們的寡婦孤兒，皇皇令文將要褒揚他們，莊嚴行列將要送他們下葬。官家報紙將要宣傳他們底不朽，從東到西的歐洲反動派將要歌頌他們的光榮。另一方面，民主派的報紙有權利和理由把榮譽的花冠戴在平民的低垂的額頭上，——他們被飢餓的痛苦所困頓，被官家報紙所侮蔑，被醫師所捨棄，被一切可敬底市民咒罵爲竊賊，地痞和囚奴，而他們的妻

❶指上述巴黎工人。

和子陷溺在更大的慘狀中，能夠到外國去謀生要算是頂幸運的了。』

這堂堂底論文——甚至在今日也還燃着革命熱情的火焰——的代價是新萊因新聞失去了還剩下的那些股東的一大半。

三　對俄戰爭

在外交政策中對俄戰爭是新萊因新聞的活動底樞軸。牠把俄國看作革命的真實危險底敵人，以爲一旦革命運動具有全歐的性質那國家就必然加入鬥爭。

在這一點上牠是十分正確的，因爲當牠號召反俄的革命戰爭的時候沙皇正在獻策給普魯士王子用俄國軍隊重建普魯士專制政體（當時新萊因新聞並不知道這個，但是後來文件證明確有其事，）而且一年之後俄國熊摧毀匈牙利革命而拯救了奧地利的專制政體。新萊因新聞宣稱不推翻普魯士和奧地利的專制政體德國革命是不能得到最後勝利的，而且在沙皇權力未破滅的時候這也是不可能的。

新萊因新聞希望由於這樣一次反俄戰爭而爆發革命勢力正如由於反封建德國的戰爭而發生一七八九年法國革命那樣。牠批評德國民族的『卑賤』（en canaille）牠痛斥德國七十年來反對美，法，義，波，荷，希等別國的獨立自由所作的僕從勞役。維爾斯說：『現在德國人要解脫他們自己的束縛就必須改變他們的整個對外政策；否則他們將要發見他們爲別國所鑄造的鎖鍊將要縛住他們自己的還未長成的自由。德國將要爭取牠自己底自由到讓別國得以自由的程度。』這報紙斥駁那種狡詐底政策：雖然這政策在德國國內是根本動搖的，牠不顧德國人的大同主義底性質立意煽動一種偏狹的敵視外來事物的仇恨，因爲要麻痺民主主義的力量，轉移牠的注意，把革命的潛流導入歧途，鑄造一種對內壓迫的武器。

「不顧德國報紙幾乎全體一致的愛國叫囂」新萊因新聞自始同情於波森的波蘭人，義大利人和匈牙利的匈牙利人，而且嘲笑那「含混之深」和「歷史的荒唐」：一方引導德人加入反對波蘭，匈牙利和義大利的自由的十字軍，同時又要求德人反對主持這事的政府。「對於德國祗有反俄的戰爭纔是革命的戰爭。在這種戰爭中牠纔能夠洗清過去的罪惡，振起牠自己的勇氣，打倒牠自己的暴君，以擺脫長期受苦的奴隸制度的鎖鍊的國民風度，不惜爲文明進步而犧牲其子弟於疆場，而且以爲國外的自由而戰來爭取國內的自由。」

因此新萊因新聞支持波蘭的自由比支持其他被壓迫民族的自由更爲熱烈。一八四八年中波蘭境內的革命運動祗限於普屬波森省，因爲俄屬波蘭還在爲一八三零年的革命而疲敝不堪，奧屬波蘭也爲一八四六年的暴動而無力再起。波森運動在態度上是夠溫和的了，牠不過要求實行一八一五年的條約：以土著軍隊代替佔領軍隊和由土著人民担任一切職位。但是從未得到許可。在三月十八號事變所引起的恐慌中柏林政府纔答應「民族底改組」，自然這是並不想實行的。波蘭人卻眞相信牠的好意，但是牠設法煽動波森省的德國人和猶太人，而且有計劃地引起一次內爭，那慘殺完全是普魯士的罪惡。在武裝抵抗中波蘭人英勇作戰，曾經幾次打敗人數更多武器更好的敵人，例如四月三十號米洛斯拉夫（Miloslav）附近戰役，但是在長久期間波蘭的鐮刀是無法對抗普魯士的榴霰彈的。

對於波蘭問題德國資產階級也表現了背信不義和驚惶失措的常態。在三月革命以前牠曾經分明知道波蘭問題和德國問題有着何等密切的關係，就在三月十八號以後牠的代言人也曾在弗朗克府的所謂預備議會中宣言爲重建波蘭統一而工作是德國民族的莊嚴義務。但是宣言並未妨礙國爭生也在這問題上對於普魯士貴族士官作了卑賤的勞役。他以可恥的形式實行『民族改組』的約言，把波森省一片又一片地剝奪去在全部的三分之二以上，然後使聯邦會議決定把牠合併入德意志聯邦。這卑劣手段是那內閣的最後喘息，牠就在德國人民一致輕蔑之中完結了牠底可憐底生存。弗朗克府的國民會議現在面對着這問題：牠應該或不應該承認波森兼併區內選出的議員爲牠底議員呢？經過了三天辯論之後牠決定了，並未出乎意外，這革命的墮落子息對着反革命派祝福了。

新萊因新聞的注重這問題是無疑的：牠把弗朗克府的辯論記載得很詳細，而且發表了八九篇論文，其中有幾篇很長，顯然和一向忽略這會議的成語叫賣的輕蔑態度成爲明白底對比。這些論文算是這報紙上所發表過最長的著作，以內容和作風而論，大概是馬克思和恩格斯合作的。無論如何，在這工作中恩格斯是佔大部份的——都顯出他底作風和態度。

在這些論文中引人注目的第一件事——而且也是使這報紙大有聲譽的事——是用以暴露柏林對付波蘭的種種可鄙的把戲的那種明朗直率。然而，馬克思和恩格斯所能有的道德底憤怒——遠過於庸俗市儈的想像之上——絕不同於法國的勃倫（Robert Blum）之流對於被虐待的波蘭人所表示的感傷底同情。他們評判這一類可敬底左翼領袖的努力爲『空虛底偉論，但是我們也樂於承認，這偉論是規模廣大而且出於好意的，』而他們底評判是理由充足的，因爲勃倫不懂得出賣波蘭同時就是出賣德國革命，後者因此失掉對抗牠底死敵——沙皇——所必需的武器。

馬克思和恩格斯對於所謂『各民族一致親睦』的要求也加以不徹底評判，因爲這含糊的理想全不顧到各民族的歷史發展和社會情況。在他們看來所謂『正義』『人道』『自由』『平等』『博愛』和『獨立』總不過是說着好聽而在歷史和政治問題上毫無作用的道德成語而已。凡是他們稱爲『近代神話』的東西都是他們所憎惡的，而在發熱底革命時代他們祇承認一個標準：『贊成或反對？』

新萊因新聞上關於波蘭問題的評論發揮着一種眞正革命熱情，使牠們高超於當時民主派的一般親波論調之上，即使到今日牠們也顯然是牠們底作者們的政治眼光深遠的明證。然而，他們對於波蘭歷史並非完全沒有錯誤。說明波蘭獨立鬥爭祇能在農民民主主義戰勝封建家長制的專制主義中同時獲得成功，這確是很重要的，但是作者們誤認自一七九一年憲法運動以來波蘭人自己就已明白了這一點。他們說貴族民主派的舊波蘭已經死了埋了，不過遺留下一個强有力底兒子，農民民主派底波蘭，這也是錯的。在西歐疆場上以無比英勇爲脫離東歐列强束縛而戰的波蘭軍官都被馬克思和恩格斯看作波蘭貴族的代表人物，其實列列維爾（Lelewels）和米洛斯拉夫斯基（Meiroslarskis）之輩都是在鬥爭的洪爐中熔鑄成鋼而且超越於他們自己的階級之上的，正如霍頓（Hutten）和西京根（Sickingen）曾經超越於德國封建階級之上，或者，遠一點說，正如克勞塞維支（Clausewitz）和尼西那（Gneisenau）超越於普魯士軍閥之上一樣。

馬克思和恩格斯不久就撇棄這種錯誤，但是恩格斯常常在新萊因新聞上對於南斯拉夫各族的民族解放鬥爭加以輕蔑底評判。在一八八二年他還維持着一八四八年他和巴枯林論爭中所採取的態度。一八四八年七月巴枯林正在俄國政府間諜的嫌疑之下，而且新萊因新聞上發表了厄委貝克從巴黎寄來的這種消息，而同時哈瓦斯社也發表了同樣報告。然而，這嫌疑幾乎即刻就證明是毫無根據的，所以新萊因新聞慨然聲明道歉了。在八月尾和九月初馬克思旅行到柏林和維也納，而且在柏林和巴枯林恢復了故交的情誼。十月中巴枯林被普魯士驅逐的時候，馬克思曾經出來痛斥當局。當恩格斯發表論文反對巴枯林對斯拉夫民族的宣言的時候，一開始就說明巴枯林是『我們底朋友』但是接着就攻擊巴枯林的大斯拉夫（Pan-slav）傾向雖然他說得十分嚴肅。

關於斯拉夫問題，馬克思和恩格斯的態度也是以革命利益為最高决定點的。奧屬斯拉夫族——波蘭人除外——已經站在反動方面，援助維也納政府鎮壓革命底日耳曼人和匈牙利人。他們曾經攻佔革命底維也納，把牠交付『效忠皇室底』當局的無情報復。當恩格斯正在反駁巴枯林的時候，他們又已實行攻擊反叛底匈牙利——這革命戰爭的消息曾經由恩格斯盡量披露在新萊因新聞上；他對於當時的局勢十分熟悉，但是同時熱烈的同情使他過高估計麥昂族（Magyar）㊀的歷史發展的程度，正如他從前過高估計波蘭人一樣。巴枯林主張奧屬斯拉夫族應該獲得獨立的保證，恩格斯回答道：『……對於代表歐洲最反革命底民族所獻給我們的種種親睦底感情話我們底答覆是：仇俄從前是德國人的第一種革命熱情而且現在也還是的。自革命以來，這反俄的仇恨由於仇恨捷克人和克洛人而增加了，因此我們和波蘭人及麥昂人一起祇有用暴力反對那些斯拉夫人纔能獲得革命的勝利。現在我們知道革命的敵人集中的所在：在俄國和在奧屬斯拉夫諸國，所以為這些國家而發的訴之民主前途的詞語並不能阻止我們把我們的敵人看作我們的敵人』。於是恩格斯宣言要和『反革命底斯拉夫主義』作無情的鬥爭到死。

這些話並不單是為憤恨奧屬斯拉夫族服役於歐洲反動派而激發出來的。除了波蘭人，俄羅斯人和或許土耳其的斯拉夫人而外，恩格斯否認斯拉夫民族有任何歷史底前途『就為這簡單理由：其他一切斯拉夫民

㊀匈牙利的主要民族。

族對於獨立和民族生活都沒有歷史底，地理底，政治底和工業底首要條件。』他們的爲民族獨立底鬥爭使他們願意作沙皇主義底工具而善意自欺的民主的大斯拉夫主義絕不能變更這事實。偉大的文明民族致力於革命發展底歷史底權利是更重要的，比之那些發育不全的弱小民族的獨立鬥爭，即使這裏那裏有些燦爛底民族花朵將要被摧折於萌芽之時。作爲更廣大底鬥爭的結果這些弱小民族將要獲得參加在歷史發展過程中的特殊地位——倘若牠們祇顧自己牠們就完全違反這種過程。而且在一八八二年中他又重復申說這同樣意思：倘若巴爾幹斯拉夫族的獨立鬥爭違反西歐無產階級的利益，那麼讓那些沙皇的走卒見鬼去吧；在政治鬥爭中詩底同情是沒有地位的。

恩格斯錯了，當他否定弱小底斯拉夫各族有任何歷史的前途的時候，但是決定他底態度的那根本觀念是正確的，而且新萊因新聞固執着這觀念，甚至在當牠適合於俗衆的『詩底同情』的一種事件的時候。

四　九月

這種事件就是三月十八以後普魯士政府遵照德意志聯邦的訓令爲斯乞里斯委——荷爾斯坦(Schleswig-Holstein)問題而反對丹麥的戰爭。

荷爾斯坦是屬於德意志聯邦的一個日耳曼人區域。斯乞里斯韋卻不是聯邦的一份子，而且至少牠底北部是屬於丹麥的。這兩個公國和丹麥是同在一個王室統治之下的，雖然斯乞里斯委——荷爾斯坦嚴格遵守男性繼承統治的原理，而在領域較大人口較多的丹麥則男性和女性繼承統治都是容許的。斯乞里斯委和荷爾斯坦在行政上是一致的，聯合享有獨立國家的權利。

丹麥和這兩個公國的關係至少在形式上是依照着國際條約的，而在實際上却一直到將近十九世紀之初德意志精神都統治着戈本海京德語是這王國的官話，而斯乞里斯委——荷爾斯坦的貴族對於丹麥政界是有決定的影響的。在拿破崙底戰爭中民族衝突開始發展了。按照維也納條約，丹麥必須效忠法國大革命的後嗣而失去挪威的邦交，而在生存鬥爭中牠不能不兼併斯乞里斯委——荷爾斯坦，因爲牠底男性傳統將近中斷立刻就會發生那兩個公國完全脫離丹麥的危機，而在這種情形之下牠們是會歸入另一統系的。丹麥開始盡力解脫德國的勢力而又因爲力量不足發揚獨立精神，牠就開始促成一種人爲底斯堪底那維亞主義，想要把牠自己和瑞典及挪威聯合成一種文化集團。

丹麥政府想要完全控制這兩個厄爾巴（Elbian）公國的企圖遭遇着後者內部的堅強抵抗，而且那衝突立刻就發展爲德國民族問題。尤其是關稅同盟（Zollverein）成立以後，德國開始認識斯乞里斯委——荷爾斯坦地峽對於牠底商業發展和海上交通的重要性，於是積極稱讚斯乞里斯委——荷爾斯坦境內的反抗丹麥的宣傳。自一八四四年以來『大海圍繞着斯乞里斯委——荷爾斯坦』（Schleswig-Holstein meerumschlungen）這歌曲變成了一首國歌似的盛行着。這運動確乎並未高出於三月革命以前的煽動底催眠底討厭步調，但是德國各邦政府都不能完全不受牠底影響。在一八四七年中丹麥國王克利斯卿第八（Christian VIII）在這爭鬥中採取了斷然行動，下詔宣佈斯乞里斯委公國甚至荷爾斯坦公國的一部份爲丹麥王國的完整領土，以至德意志聯邦會議這回也振起精神提出了跛形抗議，並不像往常那樣一遇到必需反抗諸侯橫暴以保衛德國人民利益的時候就自認無能了。

新萊因新聞自然毫不同情於這被海圍繞底資產階級底陶醉的狂熱——新聞把牠看作斯堪底那維亞

主義的反面——『狂熱於殘忍底，汚濁底海盜底古代北方民族性這是不能用言語表現牠底深奧底激動的，但是確能夠表現在行爲上，就是凌辱婦女，時常濫醉，動輒感傷流淚和無端發怒逞凶。』這局勢變得最爲奇特，因爲在斯堪底那維亞主義旗幟之下戰鬥的是丹麥資產階級的在野黨，所謂愛德丹麥人（Eider-Danes）的黨，牠想要使斯乞里斯委公國成爲丹麥的，擴張丹麥的經濟活動，使丹麥國由於實行近代憲政而鞏固起來。而另一方面，這兩個公國爲既得權利的鬥爭越更越更發展爲維護封建傳統和王家特權的鬥爭。

一八四八年一月弗勒得力第七（Frederick VII）作爲男性傳統的最後一個而坐上丹麥王位；按照他底父親遺囑他應該立即開始籌備丹麥及那兩個公國的自由憲法。一個月以後戈本海京的二月革命引起一種强有力底人民運動，使愛德丹麥人取得政權，後者立即以不顧一切底魄力開始實行他們底政治綱領，目的在於兼併斯乞里斯委公國以至愛德河流域。於是那兩個公國宣言獨立，脫離丹麥王室，在基爾（Kiel）成立臨時政府，組織了七千人的一枝軍隊。這臨時政府是由貴族領導的，並不動員兩個公國之內的很足以對抗丹麥的人力物資，却乞援於德意志聯邦會議和普魯士政府，因爲牠沒有理由害怕這兩方之一會干涉貴族的封建特權。

牠得到了這兩方的自願援助；這兩方都樂意把『保衛德意志』作爲治療所受革命重創的一種便宜機會。普魯士國王的近衛軍在三月十八日大敗於柏林街市戰士之後，他急於想要以一種容易取勝的軍事行動來恢復他們底威望，而軍力弱小底丹麥似乎獻出了如願以償底機會。普魯士國王既仇恨愛德丹麥人爲革命的成果之一，而同時又把斯乞里斯委——荷爾斯坦人看作反抗天賦神權的叛逆，於是他訓令他底將軍們盡其可能地延緩完成他們的「爲革命的賤役」』同時他秘密派遣維登布魯乞市長到戈本海京去通知丹麥政府他底最高希望是維持斯乞里斯委——荷爾斯坦的公爵統治，而他的出兵干涉不過是要預先防止那裏的急進底共和黨人云云。

然而丹麥並不受這密使的欺騙。於是牠乞援於隣近的強國，而且英國和俄國都答應很願意幫助。牠們底幫助唆使小丹麥好像學童似的去衝撞大德國了。丹麥軍艦截斷了德國的海上貿易，但是在普魯士將軍朗吉爾(Wrangel)統率之下的德國聯軍已經侵入那兩個公國，而且不論戰略怎樣拙劣總算打退了脆弱底丹麥軍隊，不過牠底軍事成功被各大強國底外交干涉所取消了。五月尾朗吉爾奉柏林命令從朱特朗(Jutland)撤退，於是國民會議於六月九日宣言兩公國的問題是德國民族問題，因此會議爲維護德國榮譽有權討論此種問題，云云。

其實這戰爭正在進行於德意志聯邦的名義之下，那領導權應該是屬於國民會議和牠所選舉的德國執政哈布斯堡大公的，但是普魯士政府忽視這些事實，竟於八月廿八日，在英俄壓迫之下，締結了休戰七個月的馬爾孟(Malmoe)協定，同時並不理會那執政所提出的條件。這協定對於德國是可恥的：解散斯乞里斯委——荷爾斯坦臨時政府，在休戰期間最高權力屬於一個丹麥支持者臨時政府的法令作爲無效，斯乞里斯委和荷爾斯坦的軍隊各自分開。德國也遭受了軍事的失策，因爲休戰條約中所包括的整個冬季正是丹麥艦隊不能活動以封鎖德國海岸的時候，而德國陸軍是可以利用結冰越過波爾底(Bel.)而征取費恩(Fven)，把丹麥迫退到雪郎(Zealand)島去的。

協定簽字的消息於九月初間傳到，像一枚炸彈似的投在弗郎克府國民會議裏面，那時議員們正在『以中古經院學派的洗衣婦底嘮叨』討論着將來德國憲法的『基本權利』咧。在驚惶失措之中議員們，終於否決了那停戰協定而且使德國內閣辭職了。

這否決是很受歡迎的，但是新萊因新聞毫無幻想，牠主張對丹戰爭是歷史發展的結果，姑不論一切條約權利。『丹麥人無條件地依靠着德國在商業上，工業上，政治上以至文學上。丹麥的首都是漢堡而不是戈本海京，這是週知的事實；丹麥從德國輸入文學正如輸入物資一樣。除了霍爾巴（Holberg）而外，丹麥文學不過是德國文學的一種模糊底抄本而已……德國必須佔領斯乞里斯委正和法國已經佔領弗蘭德，阿塞斯和洛爾以及遲早要佔領比利時一樣。這是以文明反野蠻，以進步反停滯的權利……我們在斯乞里斯委——荷爾斯坦所進行的戰爭是一個眞正的國民戰爭。誰是自始就佔在丹麥方面的呢？那就是歐洲最反革命的三大勢力：俄國，英國和普魯士政府。普魯士政府執行這戰爭祇不過是在表面上而已。試看維登布魯乞的通牒，普魯士軍應英俄之請而自願撤退，以及現在締結的這休戰協定吧。普魯士和英俄最害怕德國革命及其第一成果，德意志的統一：普魯士是因爲牠將要由此而失其存在，英國是因爲牠將要由此而喪失德國市場，俄國是因爲民主政治將由此而進展到維斯杜拉，以至狄維那和狄尼泊。這三大勢力已經聯合起來反對斯乞里斯委——荷爾斯坦，反對德意志，反對革命。由弗郎克府的決議所能引起的戰爭將要是德國反對普英俄的戰爭。德國革命運動需要這樣一次戰爭來把牠從昏睡中喚起，這反對三個反革命底大強國的戰爭將要使普魯士終於成爲德意志的一部份，將要使德國與波蘭聯盟成爲必不可免的迫切需要，將要立刻使義大利得到自由，將要直接打擊一七九二至一八一五年的德國的反革命底舊同盟；這戰爭將要「危及祖國」而又拯救了牠正因爲德國的勝利是要依靠民主主義的勝利的。』

新萊因新聞的這些明白尖銳底評論反映了當時革命羣衆的本能底直覺。週圍五十英里的數千羣衆湧入弗郎克府準備新底革命鬥爭，但是，新萊因新聞指出，這樣的鬥爭將要掃除國民會議自身，而後者是寧願卑怯地自殺而不肯英雄地自裁的。九月十六日牠竟承認了馬爾孟休戰協定，同時，除了一兩個人而外，左翼的議員們全都放棄了會議應該繼續作爲革命機關的主張。唯一底鬥爭就祇是在弗郎克府市內的一場小戰，而且甚至這小戰也是由那德國執政故意操縱出來的，因爲他想借此爲口實從隣近的麥陽斯聯邦衛戍區調來龐大的軍隊，以刺刀威服這最高議會。

同時柏林的漢斯曼內閣倒了，遭受了新萊因新聞曾經替牠預言的悲慘命運。牠曾經增强『國家權力』以壓制『目無政府底勢力』，因此扶助着舊普魯士的軍閥官僚國家在三月十八日被打之後再站起來但是牠並不曾增進了牠不惜出賣革命來換取的資產階級的無恥利潤。總之，正如柏林會議的一個議員所悲嘆：『不論三月間怎樣攻破舊底軍閥制度依然整個地和我們並存。』這是真的，而且自從巴黎六月革命以後，牠就已恢復了牠底佩劍鏗鏘的威勢。這是公開的祕密：普魯士政府所以那樣容易地同意對丹休戰協定的理由之一是牠想要召回朗吉爾底軍隊到柏林附近來準備一種反革命底詭謀。因此柏林議會提起勇氣要求陸軍大臣下令警誡一切軍官停止反革命活動，並且勸告凡有違反現存憲法的政治信仰的一切軍官辭職乃是光榮的事。

這要求眞是不很重要，尤其因爲同樣底訓令早已頒佈給官廳職司，並未發生任何效果。而官僚準備脫離資產階級內閣更甚於軍國主義者。漢斯曼內閣倒了，起而代之的是白弗爾(Pfuel)將軍的純粹官僚內閣，白弗爾慨然頒佈了議會所要求的令命給軍官們，好像要證明給世人軍國主義者已經不害怕資產階級而且現在處於愚弄牠的地位似的。

在這種情況之下那『浮燥底，過分聰明而又軟弱無力底』議會充分經驗了新萊因新聞的預言：牠底左翼總有一天會覺醒到牠底議場底勝利恰是牠底實際底失敗。反革命底報紙實稱左翼是在柏林羣衆的壓迫之下取得勝利的，新萊因新聞為回答這種叫囂，踢開自由主義報紙的無用底否認，坦白地說道：『民主底人民大衆有權參與政治而對於制定憲法的會議給以道德底影響乃是一種舊有底革命權利，自英法革命以後從來不曾廢止過的。歷史必須謝謝這種權利，因為有了牠這種會議纔能夠採取強有力底步驟。』這諷示針對着一八四八年九月的弗郎克府議會的『議會癡呆症』，也同樣針對着柏林議會。

五　戈龍尼民主運動

柏林和弗朗克府的九月危機有強烈的反響發生於戈龍尼。萊因地帶是反革命派認為最可疑慮的地方，已經佈滿了從東部各省徵調來的軍隊。差不多普魯士軍的三分之一都屯駐在萊因地帶和維斯特伐侖，在這種情勢之下小叛亂是完全無用的。此刻所需要的是實行一種民主主義的透澈底訓練與組織，準備把有心無意底革命變為全誠底革命。

六月間八十八個民主團體曾在弗郎克府舉行了代表大會，決定建立一個民主主義的組織。然而，祇有在戈龍尼，這團體纔具有一點堅固底形式，在德國其他地方牠仍然是很散漫的。戈龍尼的民主主義者組織為三大協會，各有幾千會員：民主主義協會由馬克思和斯乞尼特（Schneider）律師領導，工人協會由莫爾和斯卡伯領導，雇主雇員協會則由青年實習律師貝克（Hermann Becker）領導。當弗郎克府大會決定以戈龍尼為萊因地帶和維斯特伐侖的運動中心的時候，這些協會就組織了一個聯合中央委員會，並且召集萊因地帶和維斯特伐侖的一切民主團體於八月中在戈龍尼舉行了一次大會。十七個團體的四十個代表都來出席大會，確認戈龍尼三大協會聯合組織的中央委員會為萊因地帶和維斯特伐侖的區委員會。

馬克思是這組織的思想領袖，正如他是新萊因新聞的思想領袖一樣。他底領導天才達到一種高度，而那些蹩俗底民主主義者是不願意容忍這個的。叔爾次（Karl Schurz）那時是一個十九歲的學生，初次在戈龍尼大會裏看見馬克思，後來在回憶錄中描寫道：『那時馬克思纔三十歲，已經是社會主義學派的公認領袖。這前額寬闊，黑眼睛，黑頭髮，滿臉鬍鬚的體格堅實的男子立刻引起大衆的注意。他有學識淵博的聲名，真的，他底言語是沉重有力，條理分明的，但是我生平不曾遇見過態度這樣驕傲難堪的人。』叔爾茲後來變為資產階級的英雄之一，常常特別記住馬克思一說到『資產階級』這名詞就使用那辛辣輕蔑的聲調——好像吐出某種可厭底東西似的。

兩年之後特周（Techow）中尉敍述他和馬克思會晤，也唱着同樣底調子：『馬克思影響我不但由於他底非常卓越底思想，而且也由於他底很傑出底人格。倘若他底心像他底腦一樣偉大，他底愛像他底恨一樣廣博，我是願意為他赴湯蹈火的，姑不論他在某些事件上暗示看不起我而且終於明白說出。在我們之中我認為他是第一個而且唯一一個有領袖品格的人，有才能支配大局而不受枝節問題的擾亂。』這之後接着就是照例底濫調：馬克思底危險底個人野心已經吃掉這一切了。

一八四八年夏季，弗利耶派的美國使徒布里斯邦（Albert Brisbane）作為紐約民聲報（New York Tribune）的通信員，偕同牠底發行人端納（Charles Dana）正在戈龍尼，對於馬克思卻有另一種批評：『我看見馬克思，這人民運動的領袖。那時他底星運正在上升。他是一個大約三十歲的人，體格強壯，有一副英俊的面孔和濃密底黑髮。他底狀貌顯示巨大底精力，而在他的沉靜溫和後面人能夠窺見一種大無畏底熱情之火。」這是眞的——在那些日子馬克思正在以冷靜而大胆底氣魄領導着戈龍尼的民主運動。

雖然九月的危機已經引起民主主義陣營內的廣大激動，弗郎克府國民議會並不能提起足夠底勇氣來組織一次革命，同時在另一方面白弗爾內閣也並未準備組織一次反革命。一次局部底叛亂並無任何成功的希望，所以政府當局很想要引起一次容易壓倒在血泊之中的叛亂。官廳方面開始採取種種方策反對民主派的區委員會的份子和新萊因新聞的編輯，而又散佈謠言說政府已經放棄這些方策。馬克思看出當局的奸計就提出警告：此刻並沒有激發全國人民的大問題促使他們起而鬥爭，所以一切暴動的企圖必然失敗。在此刻暴動不唯無益而且有害，因爲不久的將來就會有大事件發生，民主主義者不應該在那戰鬥的日子到來之前就自行給人解除武裝。倘若皇帝敢於組織一次反革命，那麼在人民方面一次新革命的鐘就算是已經響了。

然而，一些小騷亂發生了，當七月廿五日貝克，莫爾，斯卡伯和威廉·烏爾伏被捕的時候。軍隊正在前進來衝散公衆集會的消息甚至引起羣衆在街上建造防禦工事，但是其實軍隊並未開動，一直到又完全歸於平靜之後軍司令官纔鼓起足夠底勇氣在戈龍尼宣佈戒嚴令。在戒嚴令之下新萊因新聞被壓迫於九月廿七號停止出版。這或許是那無意義的軍事行動的唯一目的，而且不幾天之後白弗爾內閣就解除了那包圍狀態。新萊因新聞實際上受了很沉重底打擊，這是在牠再出版的十月十二號以前的事。

編輯部被破壞了，因爲大多數職員都已逃出國境：杜龍尼和恩格斯到了比利時，威廉·烏爾伏到了巴勒丁那，而且一時都不能回來。一八四九年一月初間恩格斯繞道法國到了白尼，幾乎全是步行。況且，這報紙的財政正在悲慘狀況之中。股東們都轉背向着牠之後，這報紙依靠銷數增多設法存在了一個時期，但是最近受了打擊之後牠不至於消滅不過是因爲馬克思把牠接收過來作爲他底『私產』而已，這就是說他犧牲了他父親給他的一點遺產。關於這件事馬克思從來一字不提但是從他底妻底書簡中和他底朋友底口頭上我們知道他顯然犧牲了大約七千台勒以擴大宣傳和維持這報的生命，雖然這數字是否正確自然是無關宏旨的要緊的是他爲了維持那旗幟的飄揚曾經犧牲了他底全部所有。

在另一方面馬克思底地位也是很不安全的。革命爆發之後聯邦議會於三月三十日決定德國流亡者對於德國國民會議可以有選舉和被選舉的權利，祇要他們回到德國聲明願意恢復他們底市民權利。這決定是由普魯士政府公開承認了的，所以馬克思履行了保證他底市民權利底一切條件，當然有權要求恢復他底普魯士底市民權利。在事實上，一八四八年四月當他提出申請的時候，戈龍尼市參事會立刻就批准了；而且當他向戈龍尼警務局長牟勒說明在這事還未確定以前他不便把家眷從居里接到戈龍尼來的時候，牟勒說按照，普魯士舊律必須追認市參事會的決議的地方當局一定可以准許他恢復國籍。然而，在新萊因新聞初出版的時候，馬克思於八月三號接到警察廳長吉格爾底正式通知說在現狀之下皇家政府已經決定『暫』不給與他普魯士市民權，所以他必須繼續把他自己看作一個外國人云云。八月廿二號他憤而申訴於內務大臣，但是他底申訴被拒絕了。

因爲他是忠誠底丈夫和父親，馬克思就在這時候不顧困難把他底家眷接到戈龍尼來了。這時他底家已經增加了人口：誕生於一八四四年五月繼承着母親的名字叫作燕妮（Jenny）的大女兒之後接着來了二女兒洛拉（Laura），她是生於一八四五年九月的。不很久之後又生了一個男孩愛加（Edgar）。在馬克思的兒女之中祇有愛加的確實生日是不可知的。而且自從流寓巴黎之後這家庭裏就已參入了狄羅斯（Hele ne Demuth），一個忠誠底女僕和朋友。

馬克思並不是對於每個新相識都立刻當作朋友和兄弟的，但是他對朋友的忠誠是無可非議的他底友情是篤厚的。就在據說是他底難堪底傲慢曾經推拒了喜歡和他接近的人們的那一次大會中他贏得了居里律師斯乞里（Schily）和克里菲教師伊曼特（Imandt）的終身友誼；而且，雖然指導他底終身生活底原理的嚴肅底單純性質使假革命底特別和叔爾次之流覺得討厭，同時那性質自然必然地也把真革命底弗利里格來士（Freiligrath）和拉塞爾（Lassalle）之流吸引入他底思想和品性的軌道之內。

六 弗利里格來士和拉塞爾

弗利里格來士比馬克思長八歲，在青年時代曾經吸飲過許多正教派的純牛奶。有一次他曾經受了老來因新聞的鞭策因為他作詩譏笑赫爾維被普魯士驅逐之後的不成功底旅行。然而，不久之後三月革命以前的反動使他改變了，而且當流亡在布魯舍爾的時候他認識了馬克思。他們的初會是隨便然而友好的。『好傢伙，他底態度是有趣而謙和的』他批評馬克思，而且他底看法是不錯的，弗利里格來士自己完全沒有一切個人底虛榮心，或許正因為這理由他對於在別人覺得高傲的人物發生好感。

兩人的認識於一八四八年夏季和秋季成熟為一種貞固底友誼，而把他倆聯結起來的是彼此感覺在萊因革命運動中彼此都有不妥協底勇氣的互相尊重。馬克思在寫給維特米耶（Weydemeyer）的信裏提到弗利里格來士：『他是一個真革命和十分正直底人，而這是我很少給與人的讚詞。』同時馬克思勸告維特米耶給與這詩人一點愛撫，說道一切詩人都需要愛撫和鼓勵，倘若要他們獻出他們底特長。馬克思並不是輕易吐露衷情的人，但是有一次兩人關係緊張的時候他寫信給弗利里格來士說：『我坦白告訴你，我並不打算僅僅因爲無關重要底誤會就失去我認爲眞夠朋友的少數人之一。』除了恩格斯而外，在最艱難的時候馬克思再沒有比弗利里格來士更好底朋友了。

因爲這友誼是這樣單純眞摯，他就常常成爲庸俗市儈的煩惱根源了。有時他們說詩人熱情幻想的惡作劇把他引入壞人羣中，有時他們說一個惡魔似底煽動家已經毒害了一個無邪底詩人而且萎縮了他底歌聲，對於這種胡說是值不得濫費一個字的，但是應該說明有些人曾經獻出一種錯誤底解毒劑來消除這種胡說。他們想使弗利里格來士變爲近代社會民主主義者，這是看錯了他的。弗利里格來士成爲革命者是出於熱烈底本性和詩才，並非由於任何科學的研究。他把馬克思看作革命的先驅者，把共產主義同盟看作革命的前衛，而共產黨宣言的歷史底理論對於他却仍然多少是疏遠的，況且他底熾熱底幻想並不能從日常煽動工作的總是暗淡枯燥的情節中製造出什麼東西。

拉塞爾，差不多同時加入馬克思底團體，是完全不同底另一種典型。他比馬克思小七歲；一直到那時候他底聲名完全建於他代表被丈夫虐待而且爲貴族遺棄的哈茲菲爾特（Hatzfeldt）伯爵夫人作過熱烈底鬥爭。一八四八年二月他曾經被捕，罪名是教唆盜竊文件箱●，但是八月十一號發表了一篇輝煌的辯論之後，由戈龍尼法官宣告無罪釋放，此後他就獻身於革命鬥爭。以他的『對於一切眞實才能的無限無誤底同情』他自然不能不深深感佩革命鬥爭的領袖馬克思。

拉塞爾也曾經通過黑格爾學派而且熟悉他底方法，一直到那時他並不懷疑那方法底確實性，也並未受

●據說箱案藏着關於哈茲菲爾特案的重要證件。

黑格爾的後繼者們底頹廢影響。在游歷巴黎的時候他認識了法國社會主義，而且從海涅底詩的遠景中接受了偉大將來的輪廓。然而這青年人所開拓的偉大前程在發展中就被阻礙於某種限度，因爲他不能完全清算掉一個被壓迫民族所有的落後遺產的曖昧氣質。波蘭猶太教的腐敗氛圍絕對支配着他底雙親的家庭。在替哈茲非爾特伯爵夫人的辯護中甚至他底無私底精神也不能使他充分認識他底主張中的真理，這是可以從他底觀點得到證實的：在這私人事件中他所抗戰的乃是現已拖近墳墓的一切時代的社會災禍。甚至並非不特別喜歡他的弗利里格來士也輕蔑地說道：在拉塞爾看來世界歷史似乎是環繞着『慘澹底家庭細故』而進行的。

七年之後馬克思自己發表了大致相同的意見：拉塞爾因爲他曾經無情地打破一種私人奸計就自以爲是世界征服者，好像凡是具有真實性格的人都應該準備犧牲十年光陰在這一類小事情上似的。幾十年之後恩格斯說馬克思對於拉塞爾自始就懷抱反感，又說新萊因新聞故意盡其可能地少發表哈茲非爾特案件，以避免發生牠和拉塞爾有所共同的印像。然而，關於這方面恩格斯的記憶是錯的，因爲一直到九月廿七號新萊因新聞被壓迫的時候牠還發表了拉塞爾在所謂教唆盜竊文件訟案中受審的很詳的報告，雖然這報告自然並不掩藏全部事件中的難於同意的諸方面。況且，馬克思自己，如他在一封信裏通知弗利里格來士所說，曾經從他自己底微薄收入中設法援助哈茲非爾特伯爵夫人的可怕底窘迫，而且，在戈龍尼期間，當他自己遭遇嚴重窮困的時候，他曾經在這他有許多朋友的城市裏選擇拉塞爾作爲他的債主，除了弗利里格來士而外。

但是恩格斯確是對的，他說馬克思對於拉塞爾懷着反感，而且他和弗利里格來士也是如此的。那是沒有多大道理的一種反感。我們有着充分證據來表明馬克思並不讓這反感使他看不見哈茲非爾特案的更深底意義，姑且不說拉塞爾對於革命所表示的火樣底熱情，傑出底才能以及這更年輕底戰友向他表示的忠實友誼吧。

這兩個人的關係的發展是必須審愼地從頭加以考察的，並不是爲拉塞爾的緣故——他底歷史底地位是早已判定了的——而是爲使馬克思自己免於被誤解因爲他對拉塞爾的態度可以說是他生平最困難的心理學底問題。

七　十月與十一月

十月十二號新萊因新聞又開始出版，並且聲明弗利里格來士加入編輯。牠能夠迎接新底革命，眞是幸運底事，因爲十月六號維也納無產階級用沉重底拳頭打翻了哈布斯堡皇室反革命底陰險計劃——拉特斯基（Radetzky）在義大利勝利之後，奧國皇室打算在斯拉夫人幫助之下首先壓倒叛亂底匈牙利人，然後壓倒叛亂底德國人。

自八月廿九號至九月七號馬克思自己都在維也納引導當地的羣衆，但是以當地報紙偶然記載的情形而論他並沒有特殊的成就，這是不足怪的，因爲維也納工人發展的水準還比較低。他們以革命底本能反對調遣軍隊到匈牙利去鎭壓革命，這是很値得稱讚的。他們底行動引起反革命派首先向他們開鎗，而匈牙利的貴族顯然是不値得這高貴的犧牲的。匈牙利貴族急於根據歷來的特權以爭取匈牙利的獨立，而匈牙利軍隊却猶預不前，這却增加了而不是減少了維也納叛亂的困難。

德國民主派的態度並不更好。牠的確承認牠自己多分依賴於維也納叛亂的成功，因爲倘若反革命派在奧國首都得勝，那麼牠必然對於普魯士首都加以牠期待已久的致命打擊。然而，德國民主派自足於憤憤不平，和沒出息底同情表示以及枉然乞援於無能爲的德國執政。十月尾民主派在柏林開第二次代表大會，表發了一篇路格起草的聲援被圍的維也納的宣言。新萊因新聞適當地指出那宣言努力要以說教式底痛哭流涕補足革命實力的缺乏，而且其中並無革命熱情或思想的蹤影。另一方面，馬克思的強勁底散文和弗利里格來士的宏麗底韻文都主張推翻國內的反革命派纔是給與被圍的維也納人的唯一可能的有效援助，卻好像在沙漠中吶喊似的回響着。

維也納革命的命運是這樣註定了的。被資產階級和被農民所出賣，僅祇由學生和一部份小資產階級支持着，維也納工人英勇地戰鬥了，但是十月卅一號晚間圍城的軍隊終於衝入市區，以至十一月一號反革命的黑黃色大旗飄揚在聖士提班教堂的尖頂上。

維也納的動人底悲劇之後緊接着來的是柏林的奇特底悲喜劇。白弗爾內閣辭職讓位於布郎登堡（Brandenburg）內閣，後者立刻命令議會撤退到布郎登堡邦首都，而且使朗吉爾將軍率領近衛聯隊進軍柏林以武力維持命令。布郎登堡，霍亨索倫皇室的庶子，過分得意地自比爲可以踏倒革命的巨象，但是新萊因新聞更確切地說道布郎登堡和他底同謀犯朗吉爾都是『無頭腦無心肝無原則，不過是嚇人底貓鬚而已』。但是這樣底東西正顯示了那議會的怯懦。

朗吉爾底雄糾糾底貓鬚確是足夠威嚇那議會的。牠曾經拒絕退出憲法規定給牠的所在地柏林，但是當打擊和暴行連接而來的時候——解散市民軍，宣佈戒嚴令等等——議會纔聲斥大臣們爲叛逆，向檢察官控告他們。牠不顧柏林工人的要求：必須以武力保障民權來代替宣言『消極抵抗』，換言之，就是虛空地決議忍受敵人打擊而不反擊。牠被郎吉爾底軍隊驅逐出會議廳，然後，在郎吉爾底刺刀的再現所引起的感情沸騰中，牠鄭重宣言在議會不能在柏林自由開會的期間，布郎登堡內閣無權處理國家財政或收納賦稅。然而在議會快要潰散之前，牠底議長安魯（Von Unruh）唯恐危及他底寶貴皮膚的安全，急忙召集議會祕書處在幾分鐘之內記錄下來反對內閣的決議是無效的，因爲技術上的手續不合云云，雖然他曾經讓這決議公佈而並未阻撓。

以可敬底方法反抗政府的野蠻暴行的祇有新萊因新聞。牠宣佈以第二次革命對付反革命的時機已經到來，牠號召羣衆以一切反暴行的可能方法反抗當局的暴行。牠說消極底抵抗必須以積極底反攻爲基礎，否則那不過是綿羊反對屠夫的無效底掙扎而已。同時牠無情地駁斥所謂國王同意的理論的法律底詭辯，這是資產階級想要借以掩飾牠自己底卑怯的。新萊因新聞說：『普魯士國王以絕對權威君臨議會正是專制君主份內應爲之事，而議會不能以最高立法機關的地位對付國王卻是錯誤。……舊官僚不願變爲一向是牠底專橫底教師的資產階級的僕役。封建的黨派也不願把牠們底特權和利益作爲資產階級的神壇上的犧牲品。最後，國王終於看見牠底眞實而自然底社會基礎在於舊封建社會份子之中，牠是這種社會最高表現，同時牠把資產階級看作外來底和人爲底基礎，只在以牠底衰落爲條件之下纔肯支持牠。「由於神恩而興起」變爲資產階級的公認底權利，王家血統的權利變爲紙上的權利，王室底太陽變爲資產階級的微弱底燭光。於是國王不聽資產階級的勸告，而且以全反革命來回答後者底半革命。當牠叫喊「議會在布朗登堡，在布郎登堡集會！」的時候，牠把資產階級推進革命的手中，推進人民的手中了。』

新萊因新聞適當地把那口號諧譯爲『議會在衛兵室裏，在衛兵室裏集會！』希望人民在這口號之下獲得勝利而且把那口號變爲布郎登堡世家的墓誌銘。

柏林議會褫奪了政府的收稅權之後，戈龍尼的民主主義協會區委員會於十一月十八號發表宣言，由馬克思，斯卡伯和斯乞尼特簽名，要求萊因地帶的民主團體立即準備實行下列方策：凡當局意圖強徵稅收必須以各種可能方法加以抵抗；各處必須組織市民軍以便立即抵抗敵人；以市政收入和自動捐助供給貧民武器及彈藥；倘若政府拒絕承認並尊重議會決議，那麼各地必須選舉公安委員會，倘若可能則徵取市參事會的同意，凡對抗議會的市參事員必須由人民另行投票改選。因此這民主協會作了柏林議會早應該作而且必須作的事，倘若牠重視牠底抗稅的決議。然而，柏林議會的那些豪傑們戰慄於他們自己底英斷，趕快跑到他們底選舉區去阻止他們底議決案的實行，然後他們就偷偷地鑽到布郎登堡去繼續開會。因此連最後一點尊嚴和權力的蹤影都失去了，以至十二月五號政府輕易就解散議會而且頒佈一種新憲法和新選舉法。

柏林議會的卑劣反覆麻痺了萊因區委員會的行動，萊因是佈滿了軍隊了的。十一月廿二號，克塞爾曾經熱烈歡迎那宣言，在杜斯爾道夫（Dusseldorf）被捕，同時戈龍尼檢察官控告簽名在牠上的人們，雖然他並不敢拘捕他們。二月八號宣言簽名者在戈龍尼法庭受審判，罪狀是煽動人民武裝反抗政府當局和皇家軍隊。檢察官想應用四月六號和八號的法律——這是被政府的暴行所蹂躪了的——以反對議會和反對被告。馬克思用有力的演說加以駁斥道：實行革命成功的人們可以合理底地以絞刑處置敵人，而不裁判他們；他們可以掃除他們的失敗底仇敵，而不把他們當作罪犯來審問。應用成功底革命或反革命所曾經推翻的法律來反對曾經擁護那法律的人們，那是卑怯的僞善。議會對不對或國王對不對的問題是一個歷史的問題，祇能由歷史來決定而不能由法官決定。

但是馬克思還再進一步，根本不承認四月六號和八號的法律，聲言這法律是聯邦議會爲使國王免於承認在三月鬥爭中的失敗而加工製造出來的。代表近代資產階級社會的議會不能按照一個封建團體所制的法律加以裁判。社會底基礎在於法律這種原則是法律家揑造出來的。正相反，其實是法律的基礎在於社會：『在我手裏的是拿破崙法典。(Code Napolean)牠並未產生資產階級社會。正相反牠是由資產階級社會產生的，興起於十八世紀而繼續發展於十九世紀的這社會不過把這法典作爲牠底法律的表現而已。當這法典不能忠實地反映社會關係的時候牠不過是一疊紙而已。舊法律以舊社會爲基礎，你不能使舊法律成爲新社會的基礎。』

柏林議會並不會理解由三月革命爲牠發展起來的歷史任務。檢察官斥責議會拒絕一切調解是無根據的，因爲那議會的不幸和錯誤確就在於牠自身已經由革命的議會墮落爲和事老的暧昧團體：『我們所親歷的並不是在同一社會基礎上的兩派之間的政治鬥爭，而是兩種社會的衝突在一種政治形式之中的社會衝突。這是舊底封建官僚社會反對近代資產階級社會的鬥爭，自由競爭的社會與行幫公會的社會之間的鬥爭，地主的社會與工業的社會之間的鬥爭，信賴權勢的社會與尊崇知識的社會之間的鬥爭。』這兩種社會之間是沒有和平的，祗有其中之一必須倒下的鬥爭。抗稅並不會搖動社會基礎，像那位檢察官所隨便主張的。這在社會方面正是一種反對威脅牠的基礎的政府的自衛行動。

關於抗稅案，議會的行動並未違法，而關於宣佈消極抵抗牠的行動却不合法：『倘若收稅被宣佈爲非法，那麼我底義務是反對一切遂行非法行動的企圖。』雖然宣言抗稅的人們已經因爲保重他們自己的皮膚而不敢採取革命的路道，人民大衆却爲實行這宣言而不能不如此。議會對於人民的態度是不堅決的：『議會本身並沒有自己的權利；不過人民曾經把維護他們的權利的任務委託給議會。當議會不能完成這種任務的時候，牠就已喪失了委託權，所以人民親自出場維護他們自己的權利。當國王組織反革命的時候人民當然以新革命回答他。』馬克思結束他的演說道：舞台上已經演出的不過是戲劇的第一幕而已。最後收場將要是反革命的完全勝利或則是新的和勝利的革命，雖然這或許要在反革命完全勝利之後纔可能。

在這一番高傲的革命演說之後法官宣告全體被告無罪，而且首席法官感謝了馬克思的很有教益底解釋。

八　背信的法令

由於柏林和維也納的反革命的勝利，可以說是德國的大局已定了。革命的成果僅僅祇剩下弗郎克府議會，而牠久已失去一切政治威信，把牠的力量都耗費在關於紙上憲法的無窮討論之中。其實還未了結的問題是這議會是否將要被解散在普魯士或奧大利的刺刀尖上。

十二月中新萊因新聞發表許多輝煌的論文，敘述普魯士的革命與反革命的發展，然後把希望的眼睛轉向法國工人階級的興起。預期由此引起一次世界戰爭。『英國——已經把各個民族變爲牠的無產者，把全世界挾在牠的巨大的觸角之中，曾經付過一次歐洲復興的代價，在牠自己的懷抱中階級矛盾已經發展到最分明最無恥底形式——顯然是革命潮流所要衝破的岩石。英國將要餓死這還未誕生的新社會。英國支配着世界市場，除開英國之外歐洲大陸各國的經濟關係的變動不過是茶杯裏的風浪而已。各國國內的工商業關係是決定於牠們的對外關係的，決定於牠們和世界市場的關係的。但是英國支配着世界市場，而英國是由資產階級支配着的。』

所以，法國社會的任何變革將被摧毀於英國資產階級，摧毀於大不列顛的工商業世界霸權。法國或歐洲大陸其他各國的部分底社會改革，當其目的局限於一方的時候，終於是空底希望。古老底英國祇有由一次世界戰爭纔能被推倒，祇有世界戰爭纔能供給大憲章派——英國無產階級組織的黨——反叛他們底權力廣大的壓迫者所必需的勝利條件。祇有當大憲章派執掌英國政權的時候，社會革命纔能出烏托邦底世界進展到現實底世界。

這將來希望的先決條件並未實現。法國工人階級，還未醫好六月所受的創傷，不能再起。反革命在六月中從巴黎開始蔓延歐洲，進展到弗郎克府，維也納和柏林，暫時結束於十二月十號的假拿破崙被選為法蘭西共和國總統。革命祇殘存於匈牙利，得到恩格斯作牠底雄辯而老練的代言人，當他回到戈龍尼的時候，新萊因新聞，被迫而把牠的活動限於一種游擊戰以反攻正在進展着的反革命，而牠的游擊是和去年的大戰同樣勇敢堅決的。德國政府所加於牠的一束出版法令把牠看作壞報紙中的最壞的報紙，牠就以嘲笑之詞歡迎道德國的權勢者是一切滑稽權勢中的最滑稽的權勢；而東厄爾巴軍事貴族所誇耀的『普魯士主義』也得到確切底諷刺的回答：『我們萊因居民幸而從維也納的大混亂中恭逢一位萊因盆地的大公，而這人並未履行他成為「大公」的條件。普魯士國王祇是經由柏林議會對於我們纔算是存在的；如今並沒有議會對於我們底「萊因盆地大公」，那麼普魯士國王對於我們也就不存在了。我們落在「萊因盆地大公」的手裏是由於人民受騙的結果，一旦我們處於推翻這騙局的地位，我們就要問「大公」要外交使節的國書。』這些話是發表於反革命最狂歡的時節的。

初看新萊因新聞覺得沒有載着可以期望有見的一樁事，就是，那時德國工人運動的詳細情形。這運動是不能不認爲重要的，牠甚至已經擴張到東厄爾巴軍事貴族自己的區域之內。牠有牠的代表大會，牠的組織，牠的報紙，和一位能幹的領袖斯蒂班·波恩——在巴黎和布魯塞爾時代他就已和馬克思恩格斯友好，現在還從柏林和來比錫投稿給新萊因新聞。波恩很明瞭共產黨宣言，但是他把牠的原則應用於階級意識尚未發展的德國大部份無產階級是少有成就的。後來恩格斯嚴厲責備波恩的活動，但是波恩在他的回憶錄中說在革命的幾年間馬克思或恩格斯對於他的活動從未說過一句不滿意的話，雖然這期間難免有他們或許不滿意的一件兩件事情。這話十分可能是對的。無論如何在一八四九年春季馬克思和恩格斯總對於德國工人階級運動開始行動，那運動當時是已經獨立於他們的影響之外而發展了的。

當初新萊因新聞不很注重這運動，這可以由兩方面加以解釋，一方是因爲戈龍尼工人聯合會有牠自己的機關報，由莫爾和斯卡伯編輯，每週出版兩次，一方是因爲——確是更重要的——新萊因新聞『是民主主義的機關報』，就是說那主要目的是代表資產階級和無產階級的共同利益以反對專制主義和封建主義。那時這任務是最重要的，因爲牠有助於創立無產階級與資產階級開始談判的基礎。然而民主主義的資產階級份子墮落得很快，每到多少有些嚴重的關頭他們就慘然潰退了。一八四八年六月第一次民主主義大會所選出的五個中央委員之中有希麥耶和克來吉（已經從美國回來）這些人物。在這樣領導之下這組織開始衰落了；在普魯士政變的前夕開第二次大會的時候，那情形變爲更加慘澹。當新委員會成立的時候，馬克思底朋友和他底政見支持者狄斯特（Dester）被選爲委員，但這不過是長期的支票。柏林議會的左翼議員在十一月危機中失敗了，弗郎克府議會的左派越更越更深深沉在乞憐妥協的泥坑之中。

在這種情況之下馬克思，威廉・烏爾伏，斯卡伯和赫爾曼於四月十五號宣告退出民主主義區委員會，他們的理由是：『我們以爲民主協會的現行組織包容着太多的混雜份子，使推行主義的任何有益活動成爲不可能。我們以爲由一些工人團體組織起來的更爲嚴格底協會將要是更有用的，因爲這些團體的份子是單純的。』同時戈龍尼工人聯合會退出萊因地帶民主協會，並且邀請工人階級和一切擁護社會民主原則的團體派代表出席五月六號的省區大會。這省區大會是召集來決定萊因——維斯特伐侖工人聯合會的組織的，並且討論是否要派代表於六月中到來比錫出席波恩組織的來比錫工人兄弟會所召集的一切工人團體大會。

在這些步驟還未採行之前，新萊因新聞於三月二十號開始發表威廉・烏爾伏論西里西百萬翁使農村貧窮的文章，而且於四月五號開始發表馬克思對佈魯舍爾工人協會講演工資勞動與資本的演講詞。這報紙說明一八四八年的廣大羣衆鬥爭的基礎，並且指出當工人階級不會勝利的時候，各種革命叛亂必然歸於失敗，姑不論牠底目的在表面上似乎怎樣遠離階級鬥爭，然後這報紙進而注意到經濟關係的問題——資產階級的存在和工人階級的奴隸狀況都以這種關係爲基礎。

然而，這預期底發展被另一些鬥爭所間斷，那些鬥爭現在環繞着弗郎克府議會終於粗製濫造出來的紙上憲法而發生了。這寶貝憲法的自身並不值得流一滴血，而牠所想要戴在普魯士國王頭上的世襲帝國皇冠對於全世界都好像是一頂愚蠢底小帽。普魯士王並不接受，但是也不一定拒絕。他想要和德國王公討論德國憲法問題，暗中希望他們承認普魯士的霸權以報答普魯士軍隊摧毀各小邦中殘留着底革命勢力的功勞。

這種掘墓盜屍的魯莽作法又煽起了革命的火焰，引起許多叛亂——倘若牠們底內容並非出於那德國憲法就當得起牠們的名稱。那憲法到底是主權在民的具體表現，這民權確是曾經因爲要再度建立王權而被毁了的。擁護德國憲法的武裝暴動發生於薩克遜王國，巴登大公國和巴威略的巴勒丁那。在各處普魯士國王都盡了劊子手的任務，雖然後來別底君主們賴了他底劊子手底酬金。萊因地帶也發生了兩三次暴動，但是立刻就被政府早已調到這可慮底區域裏來的絕對優勢底兵力打碎了。

於是當局們鼓起足夠底勇氣對於新萊因新聞要加以致命底打擊。因爲各處都顯出革命再起的徵象，這報紙的革命熱情的火焰燃得高而又高，而四五月間牠所發行的那些特刊其實無非是檄告人民準備方來底叛亂。反動底十字架新聞（Kreuz Zeitung）稱頌牠底肆無忌憚是可以匹諸永久的，比起牠來一七九三年革命政府創刊的告知報（Moniteur）是黯然無色的。政府心癢手癢地想加害於這報紙，但是不敢。謝萊因地帶幾位法官底精神，馬克思被控兩次都不過是增加他底榮譽而已，而且柏林主張戈龍尼必須再宣佈戒嚴的指示也被神經過敏底衛戍司令所規避。他祗是咨請警察廳驅逐『危險人物』馬克思。

這咨請困惱了警察廳，牠把這件事轉呈省長。省長又把這不愉快底責任推給內務大臣曼特斐爾（Manteuffel）。三月十號省政府呈報柏林說：馬克思並未得警廳許可，仍在戈龍尼居住，他所編輯的報紙仍繼續發表破毀的言論，煽惑人民反對現行憲法，主張建立社會共和制，同時譏笑嘲弄人間所敬重底各種事物。並且說該報因言論放肆而銷數激增，所以該報越更越變爲危險的了。那呈報又說，警廳對於衛戍司令之咨請驅逐馬克思深爲疑懼，而省政府不得不支持警廳，因爲此種驅逐除了他所編輯的報有危險傾向而外並無其他任何特殊理由，或許會引起民主黨方面的示威。

接到這呈報之後曼特斐爾就去徵求萊因省長伊乞曼（Eichmann）的意見。三月廿九號伊乞曼宣稱驅逐馬克思是正當的，但是執行有些困難，除非馬克思更有其他罪狀。四月七號曼特斐爾纔通知省政府他並不反對驅逐馬克思，但是他必須把時機留給省政府去決定，而且他覺得最好是驅逐令連同某種特殊罪狀一起頒發。然而結果是驅逐令的理由祇說到馬克思所編的報紙的『危險傾向』，並未提出任何特殊罪狀。驅逐令是五月十一號頒發的，這時政府驟然覺得牠自己充分有力足以發出三月二十九或四月七號牠所不敢發出的打擊。

最近一位普魯士教授纔在國家檔案保存所中搜集出這案件的文書，他很佩服詩人弗利里格來士的先見之明，後者在這驅逐的直接印像之下曾經寫過：

『在正直底戰鬥中本沒有正直底襲擊——
『但是卑賤底西加爾莫克人●的
『卑劣狡詐底惡毒，
『鬼祟陰險底醜行打倒了我。』

九 又一卑劣底詭計

當驅逐令來到的時候，馬克思並不在戈龍尼。雖然新萊因新聞的銷數激增，現在大約有六千定戶，牠底財政困難是無法消除的。由於銷數增加，直接的支出也就增加，而收入是緩不濟急的，所以馬克思到漢木（Hamm）去和里目伯爾（Rempel）商議，後者就是一八四六年答應投資設立共產黨出版所的兩個資本家之一。然而，這慷慨傢伙仍然握緊他底錢包，把馬克思介紹給一個名叫亨茲（Henze）的卸職中尉，這人其實已經

●居於西北利亞西部的蒙古人種。

借過三百台勒給這報紙，那是馬克思私人負責借貸的。雖然亨茲後來被證實爲引誘犯罪的間諜，那時他但是被警察追蹤着的，而且他陪同馬克思回到戈龍尼，後者纔發現驅逐令正在等着他。

這就判定了新萊因新聞的命運。有幾個編輯和馬克思處於同樣地位，隨時都可以被當作『外國人』驅逐出境，而別底幾個也全都在警察監視之下。五月十九號出版的用紅色印刷底終刊號中有弗利里格來士的著名底告別詩和馬克思底挑戰底告別論文，後者嚴峻地攻擊政府：『爲什麼嘮叨那麼些愚蠢底謊話和官樣文章呢？我們自己是無所顧忌的，並不請求你底考慮。一旦我們的時機到了的時候我們對於我們底恐怖行爲並不託詞辯解，而今皇家的恐怖主義者，有上帝保佑和法律權威的恐怖主義者，却在實行上是殘忍卑劣的，在理論上是躲閃的和兩副面孔的，而在理論上和實行上都沒有光明正直。』新萊因新聞警告工人在軍警佈置之下一切小規模騷動都必至徒然失敗，然後編輯們謝謝讀者的同情和支持，聲言他們的誓言隨時隨地總是：『工人階級的解放！』

同時馬克思履行了一隻沉船的船長所應盡的義務。亨茲借他的三百台勒報紙營業所得的一千五百台勒，以及他的私款全部資財其實都已用去支付印刷所，紙店，書記，通信員，編輯員等等了。馬克思爲他自己和他底家屬僅僅保留着他底妻的銀器，而這也不能不送進弗郎克府的當鋪。他所當得的幾百格爾特便是他和他底家屬賴以生活的全部資金。他和恩格斯從弗郎克府到巴登和巴勒丁那的叛亂地區，先到卡爾斯魯希（Karlsruhe）然後到凱塞斯洛頓（Kaiserslautern）會晤當地臨時政府首腦狄斯特。馬克思從狄斯特接受了民主主義中央委員會的委任代表德國革命黨到巴黎去出席國民會議中的山岳黨（Montagne）會議，山岳黨是當日的社會民主黨，小資產階級和無產階級份子的一種混合組織，準備大舉攻擊法律與秩序各黨派，及其代表人，假拿破崙。在回來的路上他們因爲參加叛亂的嫌疑被希省的軍隊所拘捕，押解到達爾木斯特德（Daamstadt）再到弗郎克府，他們終於被釋放了。然後馬克思回到巴黎，而恩格斯則回到凱塞斯洛頓去担任一個名叫威里乞（Willich）的前任普魯士中將所召集的一枝義勇軍的參謀。

六月七號馬克思從巴黎寫信來說皇黨的反動正在得勢，那是比在基佐治下更加惡劣的，但是革命火山的猛烈爆發也不遠了。然而他底期待是失望的，因爲山岳黨所計劃的攻擊，失敗於一種不很高明的方式之中。一個月之後勝利者的報復也就降臨到馬克思。七月十九號巴黎警察總監傳達內政部長的命令給馬克思：他必須永遠居住在莫爾比漢（Morbihan）州。這是一種卑劣的打擊，如弗利里格來士在接到這消息後寫信給馬克思所說『醜行中的醜行。』『戴尼爾說莫爾比漢是法國最不衛生的地方，低濕而有炎瘴，好像布里台尼的彭亭沼池一樣。』馬克思並未屈服於這『變相底謀殺』，但是由於申請內政部長而得到延緩執行。

這時馬克思正在財政窘迫之中，他曾經求助於弗利里格來士和拉塞爾。他倆都盡了最大的努力，但是弗利里格來士埋怨拉塞爾在籌措這必需款項的時候並不謹愼，以至這事成爲小酒店的談資。馬克思因此大爲懊惱，在七月三十號的回信中說：『無論怎樣困難也不能公開乞求呀，並且我曾經告訴過他。這事使我煩惱得可怕。』然而拉塞爾用一封洋溢着好意底信消解了馬克思底煩惱，雖然他聲明他以後將要『以最大審愼』處理事務的約言仍然是可疑的。

八月二十三號馬克思寫信給恩格斯說他已經離開法國，九月五號又寫信給弗利里格來士說他的妻將要於十五號來和他住在一處，雖然他還不知道到哪裏去找她底旅費和安家所必需的款子。窮神陪伴着他的第三次流亡，而且牠還要一直作着太過忠實底同伴。

第七章　流寓倫敦

一　『新萊因評論』

馬克思從巴黎寫給恩格斯的最近一封信裏說在倫敦有建立一份德文報紙的種種可能，而且辦報所必需的資金的一部份是有把握的。同時他邀約恩格斯——巴登和巴勒丁那叛亂失敗之後那時亡命在瑞士——立刻到倫敦來，於是恩格斯從幾諾亞坐船來了。

這纔發見他們並不能找到這冒險事業所必需的資金。那數目並不很多，他們也決不期望這報紙很長命，而且馬克思預料三四個月之內或許會發生世界戰爭。馬克思編輯的新萊因新聞政治經濟評論（Neue Rheinische Zeitung, Politisch Okonomisch Revue）的招股說明書於一八五〇年一月一號發表於倫敦，並且由斯克拉木（Konrad Schnamm）簽名為保證人。說明書宣稱：去年夏季在德國南部和巴黎參加革命運動之後，新萊因新聞的編輯同人們又已會集於倫敦，決定繼續出版他們底報紙。在開辦之初牠將要作為每期八十頁的月刊出版，但是當資金容許的時候牠將要成為同樣版式的半月刊，或依照英美大型週刊成為週報。同時一旦情況許可回到德國牠就要繼續出版日報。最後，說明書邀請讀者認股，每股五十佛郎。

募得的股數似乎不多。這雜誌由漢堡的一個書商包辦印刷，每二十五銀格洛斯正抽收百分之五十的佣金，即每本實價的四分之一。這書店對於發行並不願担負許多麻煩，尤其是因為屯駐漢堡的普魯士軍隊阻礙牠底活動，所以即使牠眞熱心於這件事情形也不會好起來。拉塞爾在杜斯爾多夫僅僅得到五十個定戶，而担任在那郎克府推銷一百份的維特米耶經過六個月的努力纔收到五十一個基爾端❶：『我對於人們用盡壓力，但是沒有一個人趕快付款。』馬克思夫人沉痛地寫信給他說：這冒險事業已經完全被不善經營所摧毀，也不能說誰該負最大責任，書商的延緩麼，或戈龍尼的經理和朋友們麼，或民主主義的態度呢。

無論如何，一部份責任是應該歸之於第一期的編輯準備不充分的，而馬克思和恩格斯是對於這負着主要責任的。一月號的稿件於二月六號纔寄到漢堡。然而我們有各種理由滿足於這計劃已經全部實行了，因爲再遲幾個月就會由於革命波濤的急劇退潮而使這計劃成爲完全不可能的。眞的，這評論所出過的六期提供給我們一種可貴底事例：馬克思是怎樣以他底妻所說的『全心全力集中注意，從容鎭定』使他自已超脫於每日甚至每時『以擾亂底形式』包圍着他的生活的麻煩之上。

在青年時代，馬克思和恩格斯，後者更甚於前者，都把要來的事看得比實際趨勢更近，而且他們往往在還未開花的時候就希望摘取成熟的果實。因此他們是怎樣常常被斥責爲錯誤的預言者呀！而被看作錯誤的預言者並不增加政治家的聲譽。然而，我們必須分別那錯誤是出於明白深刻底思想，或是出於執迷底自欺。由後者所得的失望使人因爲幻想的消滅而頹唐失志，而前者的失望則是有益底試練，因爲思想者可以由此尋出錯誤的原因進而獲得新底智識。

對於自我批評或許沒有人像馬克思和恩格斯那樣嚴峻無情的了。他倆都完全沒有那種可鄙底獨斷習氣，像某些人似的，甚至在最痛苦的失望之前也還要設法掩飾，說道祇要這種那種情形少微有點不同，牠就確

❶（Guilder）荷蘭銀幣，合英幣一先令八辨士。

是對的。他們也同樣沒有廉價底失敗主義和無出息底悲觀主義。他們從失敗中學習因而獲得新底力量以準備將來底勝利。

由於六月十三號巴黎工人的失敗，德國憲法運動的失敗，匈牙利革命的被俄國沙皇所摧毀，革命運動的偉大場面已經告一結束，倘若再有任何革命的復興，那就祇能發生於法國，無論如何，法國的局勢還沒有決定。馬克思堅持着這種復興的希望，但是這並不曾使他停止嚴厲批評法國前次革命的過程，嘲笑那一切幻想。恰相反，那希望驅迫着他這樣作了；而在這些批評裏面，革命鬥爭中的胡塗混亂——這對於理想主義底政治家顯然是必不可免的——是從經濟底矛盾的觀點來加以考察的。

這些批評發表於政治經濟評論前三期，馬克思在這批評中往往以少數警句解決了當日最複雜的問題。資產階級最主要底代言人們甚至正統派底社會主義者都曾經用過何等浩繁底文字論列『工作權』，而馬克思祇用幾句話就把這口號的歷史意義和失去意義綜括得何等圓滿呀！『六月以前所起草底憲法初稿中列有工作權的專條，那是作為無產階級革命意志的最大胆底要求的。牠後來變形為公養權，而近代國家不是並未在任何形式之下贍養牠底貧民麼？以資產階級的觀點而論工作權是沒有意義的，一種可憐底祈求，但是要有工作權必須先有支配資本的權力，要有支配資本的權力必須先佔有生產工具使其隸屬於工人階級的組織，就是說廢除工資勞動和資本及其相互關係。』馬克思根據法國歷史首先認識階級鬥爭為歷史發展的原動力——在這歷史裏階級鬥爭是自中古時代以來就自行顯現在一種特別分明底古典形式之中了的——而且這可以說明他特別偏愛法國歷史的緣故。這一篇和後來論拿破崙底政變(Bonapartist coup d'e'tat)一篇，以及更後來論巴黎公社(Paris Commune)的一篇，都是他底短篇歷史著作的皇冠上的最燦爛底寶玉。

評論的前三期也包含着和這成爲對比的文章，滑稽可笑然而結局總不免是悲劇底的。那便是恩格斯在敍述德國憲法運動中所描寫的小資產階級革命的概略。時事評論由馬克思和恩格斯合作，多半是討論經濟事件。在二月號裏他們說美國加利弗尼亞金礦的發現『甚至於比二月革命的意義更爲重大』。那影響的廣大也遠過於美洲的發現：『離赤道三十緯度的海濱地帶，世界最豐饒地區之一，而至今還是沒有人煙，現在正在我們底眼前轉變爲富足底文明之邦，密積着各色人種，從洋其❶以至中國人，從非洲黑人以至印度人和馬來人，從克里阿里（Creole）人和米蘇棱（Mestizo）人以至歐洲人。加利弗尼亞的黃金流入美洲以及亞洲太平洋沿岸，把那些頑固底野蠻民族襲捲入世界貿易軌道之中，進入文化領域之中。世界貿易第二次編成新的系列……謝謝加利弗尼亞金礦和洋其的不倦努力，太平洋東西兩岸快就要繁盛高度工業化和通達得好像現在從波斯頓到新奧連一樣了。太平洋將要担負現在大西洋所担負的任務，以及地中海在上古和中古所担負的任務——世界交通的水路大道的任務——而凡大西洋將降爲內海好像今日的地中海似的。歐洲文明國家要避免降落到義大利，西班牙和葡萄牙那樣似的工商業及政治的附庸地位，就祇有趁時機未晚之時實行社會革命。這種革命將要依照着由於近代生產力的性質而增進的生產需要以改革生產和通商的方式，因而使新底生產力能夠發展而維持歐洲工業的優勢，抵消那地理位置的不利。』必須附加在這輝煌地遠見上的祇有一點，就是當時任何革命的種種機會都顛覆在加利弗尼亞金礦的發現上了，這是評論底作者們不久就發覺了的。

馬克思和恩格斯也聯合批評了三月革命以前知識領袖們盡力闡明革命問題的一些書籍，包括德國哲

❶（Yankee）美國人的別稱。

學家杜美（Daumer）法國歷史家基佐（Gui Zot）和英國天才加萊爾（Carlyle）的著作。杜美是出黑格爾派發展起來的，而基佐則很影響馬克思，加萊爾則很影響恩格斯，但是這三個都得到了這批評：拿到革命天秤上去稱就發見重量不足。他們把杜美宣傳『新世紀宗教』的不可信底空論總結爲『動人底讚帖』：德國哲學正在緊握着手悲泣於牠底經濟祖先的臨終底床——德國底庸俗主義——前。他們批評基佐，指出甚至「舊政權」❶時代最能幹底首腦甚至很有歷史才能底人們都被二月的重大變故拋入完全昏亂之中，以至失去一切歷史底理解，甚至對於他們自己前此的行動都不明白了。他們終於宣言基佐的書表明了資產階級領導者們的精神衰落，而加萊爾的那些小冊子表明了文藝天才的衰落於牠想要加以誤解指導預言的酷烈底歷史鬥爭之前。

雖然在這些批評中馬克思和恩格斯表明了革命鬥爭所加於三月革命以前資產階級文藝明星的破滅影響，他們並不相信那革命有什麼神祕的力量——這是他們往往被栽誣的。那革命並不曾創作了震撼杜美，基佐和加萊爾的景象；牠不過是撕去掩蓋着牠的幕布而已。在這幾次革命中歷史的發展並未改變牠的路向，不過加速牠的進步，因此馬克思曾經把這幾次革命叫作『歷史的機關車』。『和平而合法底改革』勝過一切暴力革命這種庸愚底信念當然是爲馬克思和恩格斯這樣的人們所不取的，他們把這暴力看作經濟底方法，看作一切新社會的產婆。

二 金格爾事件

❶（ancien regime）一七八九年法國大革命前的政府。

一八五〇年四月出版了第四期之後，新萊因評論就不按期出版了，那次要底原因無疑地是發表在這一期上的一篇短評。牠底作者們預言牠將要引起『感傷底騙子和民主派政客的大不滿意。』牠簡短然而澈底地評判了被俘底義勇軍軍官金格爾（Gottfried Kinkel）在拉斯台提（Rastatt）軍事法庭上的辯護詞。金格爾於一八四九年八月七號受審，到一八五〇年四月初他纔把那辯護詞發表在柏林報紙上。

客觀地研究，這短評是絕對正直的，因爲金格爾不但放棄了革命而且背叛了他底戰友。在那曾經判決鎗斃他底二十六個慷慨就義底同志的軍事法庭之前，金格爾頌揚了『葡萄彈皇太子』和『霍亨索倫皇國』；但是當馬克思和恩格斯攻擊他的時候，他正在獄中而且一般人以爲他已經被皇家選擇爲報復的特殊對象，因爲軍事法庭判決他拘禁在砲台裏的徒刑，已經被詔令改爲在普通監牢裏作卑賤底苦工。在這樣情況之中指責金格爾是會引起許多人的衷心不快的，而這些人並不一定是『感傷底騙子』或『民主派政客。』

到檔案公開之後，纔知道金格爾案是誤會錯綜的悲喜劇。金格爾原是一個神學家而且是正教派底神學家，但是他被逐出教會並且娶了一個離婚底天主教徒，使他對於正教懷着不能妥協底仇恨，也使他得到還過於他眞應得的『自由英雄』的名聲。金格爾偶然跑到馬克思和恩格斯同一派中來，除了由於『誤會』而外並無別底原因。在政治上他並不曾超過德國民主主義的通常口號之上，然而他底『可怕底雄辯』如弗利里格來士所說，偶然使他失足滑到左邊，正如在拉斯台提事軍法庭之前滑到右邊去一樣遠，同時平庸底詩才使他比和他一流的民主主義者更爲出名了。

在德國憲法運動中金格爾加入威里乞所發動的義勇軍團，和恩格斯和莫爾共同服役。他勇敢地戰鬥過了；在這軍團在慕爾格（Murg）的最後一戰中莫爾殞命，而他傷了頭部並且被俘。審他的軍事法庭判決他終身監禁在一座砲台裏，但是「葡萄彈皇太子」或者如金格爾在辯護中的更有禮貌的稱呼「當今太子殿下」並不滿意這判決，於是柏林總檢察官請求國王取消判決，再以死罪審判金格爾。

然而總檢察官遇着內閣的聯合抵抗，後者認爲處置叛逆不可不嚴，但那判決必須由國皇批准「以示寬大」而順輿情。同時內閣宣稱牠以爲金格爾應該拘禁在「民事機關」之內較爲「妥當」，因爲倘若拘禁在砲台裏是會引起「大騷動」的。國王接受了內閣的提議，但是恰好引起了內閣所急於避免的「大騷動」，因爲「輿論」以爲國王把軍事法庭僅僅判決拘禁在砲台裏的人送去普通監獄裏作苦工「以示寬大」是刻毒底愚弄。

然而因爲不能賞鑑普魯士刑法的奧妙，輿論是在誤會之下的。金格爾並不是被判處拘禁在砲台裏，而是在砲台裏服徭役，這是完全不同而且確比在普通監獄裏作苦工更苦痛得多的。在砲台裏服徭役的囚徒們一二十個人擁塞在一個牢房裏，祇有一條硬板櫈可以睡眠，食物的性質惡劣而分量不足。他們必須完成一切下賤勞役，如洗刷廁所和掃清街道之類，倘若稍不順從就要挨皮鞭的。因爲顧忌「輿論」，內閣纔急於要免除金格爾受這不人道的苦刑，而當「輿論」誤解這情形的時候，內閣又因爲顧忌「葡萄彈皇太子」而不敢承認牠自己的「人道底動機」。於是使國王受了一種在一切善意底人們眼前毀損聲名的嫌疑。

在這不幸失敗的影響之下，內閣急於要避免再有「騷動」，而牠底胆量祇夠下令不許以體罰加於金格爾。這也好像是說可以免除他底苦工，並且暗示最初拘禁金格爾的諾加（Naugard）監獄長要他自動實行。但是，這老官僚不理會那暗示；下條子叫金格爾去搖紡車。這又引起一次大騷動，紡車歌高唱於全國，同時這詩人搖紡車的圖畫也銷行各地。金格爾寫信給他底妻說：「黨派底鬥爭和命運底播弄使人快要發狂了，當曾經給與德國民族守護神（Otto der Schlitz）的手現在搖着紡車的時候。」然而，群衆的『義憤』往往完結在荒謬之中的這老例不久又證實了。斯蒂亭（Stettin）的地方當局被衆怒所驚擾而又比內閣更有勇氣，下令從此以後金格爾祗須作文字工作，而金格爾却提出抗議，說他寧願搖紡車因爲輕易底體力工作可以寬解他底心思而終日伏案抄寫却是有害胸部，損害健康的。

所以金格爾在監獄裏受特殊虐待是出於國王的訓令，這流行底意見是不對的，雖然他當然很可能這樣作。監獄長斯乞尼支爾（Schnuchel）是一個嚴酷底官僚，但是並非不人道者。他常用"Du"㊀稱呼金格爾，而且盡其可能地容許金格爾多住在空氣流通的地方，對於金格爾夫人的不斷努力營救丈夫也表示同情底理解。當一八五〇年五月金格爾被轉移到斯班都（Spandau）監獄的時候，他是被稱爲"Sie"㊁的，但是他被迫剃去頭髮鬍子，而且那監獄長，一個名叫吉西里乞的頑固底反動派，想要他改悔而盡力磨折他，立刻開始了最惱人底小爭論。然而，甚至這僞善者也並不很爲難，當內閣要他作一篇關於金格爾夫人請求釋放她底丈夫的報告的時候；她提出的條件是他移居美洲，誓言不再從事任何政治活動，並且不回歐洲。甚至吉西里乞也說他相信金格爾的靈魂在美洲可以得到最好底治療。然而，他還是必須禁在獄裏一年以維持法律的尊嚴正直，但是一年之後，也還要看他底健康是否因長期監禁而損壞，倘若並無病象他纔可以被准許移居。

這報告是交國王，因而證明國王是比他底內閣和監獄官吏爲居心報復的，這『至尊無上』決定一年之後不得釋放金格爾，因爲他還沒有受夠凌辱和懲罰。

㊀朋友間的稱呼，或上官對下級的稱呼，表示熟

㊁比Du不熟悉的稱呼。

祇要一考察當時關於金格爾事件所發展着的個人崇拜，就容易明白這是必然要引起馬克思和恩格斯這樣人們的惱怒的，因爲庸衆的這一類舍本逐末的看熱鬧往往是他倆所憎惡的。恩格斯在論德國憲法運動的那些文章中也曾痛斥關於五月暴動中的『有學問底』犧牲者的嘮叨叫囂，而漠不關心於幾百甚至幾千樸質底工人曾經在戰爭中喪失生命，曾經在拉斯台提的地牢中憔悴而死或被迫而在貧困中吃最苦的麵包屑。就不說這些吧，在『有學問底犧牲者』之中也曾經有許多人受了比金格爾更苦底虐待而比金格爾更多丈夫氣的，但是並沒有誰爲他們底命運高呼不平。譬如洛克爾(Augusr Röckel)吧，他底學識絕不在金格爾之下。他在懷爾代(Waldheim)獄中受了慘酷底虐待甚至體罰。這樣殉道十二年之後他底酷刑者並不能强迫他低眉乞憐，在這堅强不屈之前毫無辦法，終於祇好把他逐出——可以這樣說——監獄。洛克爾絕不是顯示了這樣剛强堅貞的唯一人物。其實，在一切囚犯中金格爾纔是公開悔過的唯一人物，在並非不能忍受底拘禁幾個月之後他就發表了他在拉斯台提的那辯護詞。所以，馬克思和恩格斯對於那辯護詞加以嚴峻底批評始終是對的，而且他們的攻擊並無損於他底境遇反而是有益於牠的。

這事件的再度發展表明了他們都是對的。對於金格爾的英雄崇拜使資產階級放鬆了牠底錢袋，因爲很可能是賄賂了斯班都獄吏，金格爾纔於一八五〇年十一月被叔爾次刼獄奪去。這是國王陛下居心復仇的報應。倘若他允許金格爾移居美洲並且接受他不再從事政治的誓言，那麼金格爾不久就會被人忘掉了，這是連那監獄長吉西里乞也明白的，但是，謝謝他底越獄成功，金格爾現在是最有聲譽底煽動家了，而國王不但要隱忍損失並且要咽下酷虐底嘲弄。

然而，國王決定以一種莊嚴堂皇底方式來報仇雪恥。金格爾逃亡的報告使國王覺得縱然他慷慨不究也是『卑劣』的，而且他終於命令曼特斐爾任用『那有價底人』斯蒂伯（Stieber）去調察這種陰謀並懲治主謀者。斯蒂伯是早已爲衆人所輕蔑的，甚至柏林警察廳長興克爾代（Hinckeldey）——他自己底良心眞是具有足夠底彈性的，當遇着迫害政治犯的問題的時候——也抗議這人又來担任警察職務，但是全沒有用，斯蒂伯是被授權便宜行事以發揮他底能力了的。結果是發生以盜竊和僞證爲背境的戈龍尼共產黨案。

官方的這次罪行比金格爾事件更惡劣更卑污十二倍，但是在史書中察不出有價值底德國小資產階級曾經爲此發表過任何義憤。或許這快活底族類急於要證明馬克思和恩格斯自始就怎樣徹底地看透了牠的僞善吧。

三　共產主義者同盟的分裂

以全體而論，金格爾事件的意義是象徵底重於事實底的。當時馬克思及恩格斯與倫敦德國亡命者之間所發生的爭論之本質可以說是最分明地顯現在這事件的關係之中，雖然這事件並不是爭論的最要因素也確乎不是牠的原因。

在一八五〇年中馬克思和恩格斯的兩種主要活動——除了發行新萊因評論而外——表示給我們這兩朋友爲什麼接近別底流亡者和爲什麼跟他們分離。一方面他們和波爾，庇方特（Pfandey）和威里乞成立流亡者援助委員會援助被瑞士當局所注意就隨意出奔倫敦的政治亡命者，另一方面他們重建了共產主義者同盟，這是越更必需的，因爲勝利底反革命派殘酷地剝奪了工人階級的出版自由和集會自由，其實是一切公開宣傳底方法。我們可以把當時情形綜合起來說，馬克思和恩格斯宣言他們自己和流亡者在私交上團結一致但是不在政治上；他們分担流亡者的苦患，但是不理會他們底幻想；他們犧牲最後一文錢以援助流亡者，但是不犧牲政治信仰上的絲毫差別。

德國人，尤其是這些流亡者，代表着成份最爲分岐的一個混合體。但是他們全都希望革命再起使他們可以回家，而且他們一致爲這目的工作似乎可以作爲聯合行動的基礎了；然而，一到實踐各種具體方案的時候就總歸是不行的。最大成功不過是採取一些紙上的議決案而已，而議決案越堂皇在實際上就越少意義。祇要一開始行動立刻就發生最討厭底爭吵。爭吵並不起因於從事爭吵的人們，却多半不過是由於參加者自身所遭過的逆境而尖銳起來。爭吵的眞正根源是在於那曾經決定革命趨勢的階級鬥爭，這鬥爭仍然繼續於流亡者之中，無論怎樣善意地努力調和牠。馬克思和恩格斯自始就認清這種努力的無效，從不參加其間，而這種情形倒使各黨各派的一致聯合有了一點基礎，就是說馬克思和恩格斯纔是不可救藥的眞正搗亂者。

馬克思和恩格斯繼續着在三月革命以前早已開始的無產階級鬥爭的政策。一八四九年夏秋以後共產主義者同盟的老前衛們差不多全體又聚集在倫敦，除了失喪在慕爾格戰役中的莫爾，一八五〇年夏季纔到倫敦的斯卡伯和一年之後纔從瑞士來到倫敦的威廉·烏爾伏而外。再加上一些新進份子。其中之一是威里乞（August Willich）前任普魯士軍官，曾經在巴登和巴勒丁那戰役中證明他自己是義勇軍團的一個能幹領袖。他是由他底參謀恩格斯把他爭取過來的；他是很有用底人，但是在理論上是含糊的。還有幾個更年輕底：人商人斯克拉木（Konrad Schrramm），教員庇伯（Wilhelm Pieper），而最重要的是李卜克內希（Wilhelm Liebknecht），他曾經肄業於德國各大學而畢業於巴登的叛亂，以至流亡瑞士。後來這些人全都和馬克思有密切關係，情誼最篤的或許是李卜克內希。馬克思不常稱述別底那兩個人，他們曾經使他受了一些麻煩，但是我們必不可以重視在惱怒中所說的每一個字的表面價值。斯克拉木害癆病早死，馬克思說過他是黨底『烈性人拍息』(Percy Hotspur)❶，對於庇伯則說道『總算是一個好青年』(bon garçon)。謝謝庇伯那戈亭根的律師米格爾(Gohanneo Miquel)曾經和馬克思通信並且加入共產主義者同盟，而馬克思顯然是把這律師看作有些才能底人的。米格爾繼續忠於這旗幟好些年，但是終於和他底朋友庇伯一樣，他掉轉尾巴回到自由主義的陣營裏去了。

一八五〇年三月共產主義者同盟中央委員會發出由馬克思和恩格斯擬稿的一個通知書，並且派亨利奇·波爾(Heinrich Bauer)爲負責改組德國支部的代表把牠攜帶到德國去。通知書根據於這信念：『或許由於法國無產階級獨立起來的結果，或者由於神聖同盟武力侵入革命底巴比爾(Babel)的結果，』一次新底革命正在來臨。正如三月革命曾經把資產階級推到勝利一樣，將來底革命也要把小資產階級推到勝利而且後者又要出賣無產階級。

革命工人底黨對於小資產階級民主派的態度曾經被綜結如下：『革命底工人的黨將要與小資產階級民主派合作以反對雙方願意推翻的黨派，但是牠將要站在牠自身利益的一切據點上反對小資產階級。』小資產階級將要利用革命成功以改造資本家的社會，使生活更便利，使牠自身更舒服，使工人也得到某種程度的好處。然而無產階級不能以此爲滿足。在民主派小資產階級自己底有限底要求得到成功之後，牠就要設法趕快結束革命，而在另一方面工人底任務卻是要使革命持久到『大小資產階級被迫而退卻，由無產階級奪取國家政權，而且工人的聯合——不但在一國之中而且在全世界的主要國家之中——將要進步到工人之

❶拍息(1364—1403)英國軍人，以烈性著稱。

間沒有競爭並且把最主要底生產工具都拿在他們底手裏。』

於是通知書警告工人不可被小資產階級民主派的妥協的宣傳所欺騙或使自己降落到資產階級民主主義的隨從兵的地位。相反的，工人必須把自己組織得這樣堅固這樣徹底在由於工人的力量和勇敢而獲得的革命勝利之後，工人對於小資產階級就能夠支配環境使資產階級民主底統治中發生使牠自身衰亡的種子，因而大大減輕將來以無產階級的統治代替這統治的困難。

『在鬥爭中及以後工人必須盡其可能地反對資產階級的一切綏靖企圖並且強迫民主派實行他們底恐怖言詞。……並不反對所謂過火，倘若人民報復他們所仇恨的個人或者羣衆攻擊引起痛恨紀念的建築物，我們不但容許而且甚至領導他們。』在國民會議的選舉會中工人必須在各處提出他們自己底候選人，即使是在沒有被選底機會的時候，而且不顧一切民主派的嘮叨。在運動初期工人們當然不能直接提出共產主義底綱領，但是他們能夠迫使民主派以各種可能方法干涉舊社會秩序的機構到最大可能範圍，妨礙那秩序的作用而至使該派自願順從把生產工具，如交通機關工廠鐵道等等盡量收歸國家掌管。

此外，當革命廢除了封建制的時候，工人們必不容許割裂大地主的莊園分配給農民作爲私產，好像法國大革命以後所作過的那樣，因爲這將要使農村無產者永續不絕，而且產生農村地主，如法國農民所經歷的旋還於貧窮和負債的圈週中。相反的，工人必須要求把沒收的莊園作爲國家財產而成爲工人的領域，由農村無產者的組織依照着大規模的農業方式來經營管理。因此公有底原則將成爲在資產階級財產關係崩潰之中的固定基礎。

帶着這通知書到德國去的波爾在他底使命上得到了大成功。他恢復了已斷底聯繫而且建立了一些新聯繫，而他底最大成功是贏得重大影響於那些不顧反革命底恐怖仍然繼續留存着的工人們，農人們，雇工們的團體底份子。斯蒂方・波恩所創立的工人兄弟會的最有力份子現在都已加入共產主義者同盟，而代表瑞士流亡者協會奔走於德國的叔爾次也有報告到蘇里支說那同盟正在羅致『一切最有用底份子』。在一八五〇年六月所發表的一個文件中中央委員會已經能夠報道同盟在德國許多城市中已經獲得穩固底根據地，在各地成立了指導委員會：斯乞里斯委——荷爾斯坦的在漢堡，米克林堡的在斯乞維林，西里西亞的在佈里斯洛薩克遜和柏林的在來比錫，巴維里亞的在紐倫堡，萊因地帶和維斯特伐侖的在戈龍尼。

同一文件中也說明倫敦是同盟最強底地區，差不多供應着同盟的全部經費，指導着德國工人教育協會（Deutscher Arbeiterbildungsverein）的工作和最主要底流亡團體的工作；同盟和英法的革命黨派維持着密切關係。然而，從另一角度看來，倫敦區也是同盟底最弱之點，因為同盟在這裏越更越更糾纏在流亡者們的毫無結果底劇烈鬥爭之中。

在一八五〇年夏季革命快要再起的希望顯然消失了。在法國，普遍選舉制被摧毀而在工人方面並未發生任何騷動，成敗之數決定於僭偽底拿破侖第三和帝制派底反動底民國會議之間。在德國，民主派的小資產階級已經退出政治競技場而自由主義底資產階級則加入了普魯士所立刻開始的以革命為犧牲的掘墓竊屍活動。然而，普魯士被德國各邦所騙，各邦全都追隨着奧大利的步武，同時沙皇揮着俄國鞭子正在威脅全個德國。革命的退潮越更顯明，流亡者就越更緊張地努力要創造一種人為底革命。流亡者們故意忽視一切足資警誡的徵象，而把希望寄托在奇蹟之中，想單靠決心和意志力來完成奇蹟。同時在同一程度之內他們不信賴陣營內的任何自我批評，結果是認清局勢的馬克思和恩格斯進入了與別的流亡者之間的深而又深底衝突之中。邏輯和理性的呼聲怎樣能夠希望控制住那些日益窮促底人們心中的日益高揚着的狂熱暴風呢？那是無希望的，而且這種熱狂確已深透入同盟陣營之內，使牠底中央委員會解體了。

在一八五〇年九月十五號的中央委員會會議中發生了公開底破裂，六個委員對抗四個委員。馬克思，恩格斯，波爾，伊克卡留斯和庇方特這幾個老前衛站在後輩斯克拉木這一方面來反對威里乞，斯卡伯，弗郎克爾（Frankel）和李曼（Lehmann）——其中祇有斯卡伯是老前衛。斯卡伯，如恩格斯所說是『一個頑強底革命者』，已經被這一年來親歷底反革命派的野蠻殘酷所震怒而立腳不穩，而且他又剛纔來到英國。

在這會議中的爭論曾經由馬克思綜述如下：『少數派以武斷代替批評底觀察，以觀念論者的態度代替唯物者的態度。牠把牠自己底願望看作革命底原動力而不顧時局的現實事態。我們告訴工人們說不但改變現狀甚至要取得政權他們也必須經過十五，二十甚或五十年的戰爭和內戰，而你們却相反告訴工人們說他們必須立刻奪取政權否則放棄一切希望。我們指出德國無產階級還是怎樣不發展，而你們以最粗糙底方式阿諛逢迎德國手工者的民族主義和行幫偏見，而這自然是更爲通俗的嘍。正如民主派從「平民」這個字中製造出一種神聖底純然概念一樣，你們對於「無產階級」這字也幹了同樣的事。』劇烈底爭論發生了，斯克拉木甚至要和威里乞決鬥，雖然馬克思不贊成他底行動。決鬥終於舉行於安提委卜（Antwerp）附近，斯克拉木受了輕傷。結果證明這兩派的調和是不可能的。

多數派想把中央領導權轉移到戈龍尼以挽救同盟的分裂。打算由戈龍尼區選舉新中央委員會，把倫敦區分爲兩個各自獨立的區分部而統屬於戈龍尼中委會。戈龍尼區贊同這提議，並且選舉了新中央委員會，但是少數派拒絕承認牠。少數派在倫敦區佔有優勢，尤其是在德國工人教育協會裏面，所以馬克思和他底最親近底同人都退出了那協會。威里乞和斯卡伯進而成立了自已底組織，但是牠不久就惡化爲一種投機冒險底假革命集團。

馬克思和恩格斯把他們底觀點解釋在新萊因評論的第五號和第六號裏面，這兩號是在一八五〇年中合併出版的，結束了這刋物的全部生命。他們底立場在這兩號裏甚至比在那發生分裂的會議中解釋得還要詳盡得多。這兩號中也載着恩格斯以歷史底唯物論的觀點評論一五二五年農民戰爭的一篇長文，和伊克卡留斯的關於倫敦裁縫業的論文。這論文大爲馬克思所激賞，說道：「在無產階級決戰於壕塹之前，牠以連續底智慧勝利預告牠底統治的來臨。」

伊克卡留斯正在一個倫敦裁縫工廠裏作工，曾經證實大工業淘汰手工業是一個歷史底前進步驟。同時他看見大工業的效果和成績創造着並更新着無產階級革命的條件。他採取純粹唯物論底立場以反對資產階級及其勢力，並沒有通常底感傷之氣，因此他底論文被馬克思稱讚爲一大進步，越過了維特林和別底工人階級作家們所擅長的對於現狀的感情底道德底和心理底批評。牠已表現了馬克思自已底不倦底啟明工作的結果之一，而且這是很受歡迎底佳果。

然而，這最後一期的最重要貢獻是關於自五月至十月這時期中的政治經濟評論。馬克思和恩格斯澈底分析政治革命和反革命的經濟原因，指出前者發生於經濟危機而後者有牠底根基在生產的新增進之中。結論是：「鑒於現行底普遍繁榮容許資產階級社會的生產力在資產階級社會的機構之內盡量迅速發展，這就不能有發生眞正革命的問題。這種革命祗有在那兩種因素互相衝突的時候纔有可能，就是說當近代底生產力衝撞着資產階級底生產方式的時候。歐洲大陸各派代表人的放肆而又自卑底各式吵嚷並不能引發任何新底革命。相反的，這些吵嚷的發生正是因爲現行關係的經濟基礎是這樣穩固，這樣資產階級化，到了可以不顧這些反動的程度。想要阻止資產階級發展的一切反動企圖都要像民主派的道德憤怒和激烈宣言一樣無望地消滅掉。新底革命祗能作爲新底危機的結果纔可以造成但是牠將要到來正如危機自身將要到來同樣確實。」

這對於現狀的明白分析正對比着當時由馬志尼（Mazzini），李杜——洛林（Ledru-Rallin），達拉茲（Darasz）和路格簽名而由一個歐洲中央委員會發表出來的一篇宣言。那宣言可以說是許多政治亡命客的一切幻想的結集，把革命底失敗解釋爲領袖們對心嫉妒和各派思想衝突的結果，而結論是聲明信仰自由，平等和博愛，家庭，社會，祖國，總之，信仰上帝及其常道在頂上而人們在底下的一種社會制度。

這政治經濟評論脫稿於一八五〇年十一月一日，自此之後牠底作者們的直接合作停止了二十多年，因爲恩格斯又到曼哲斯特去服務於厄爾曼和恩格斯公司（Erman & Engels），而馬克思一直留在倫敦專心致力於科學的研究。

四　放流中的生活

一八五〇年十一月的日子差不多恰恰降臨在馬克思一生的中央，也可以說是他底終身事業中的一個重要轉點。馬克思自己深切知道這個，而恩格斯甚至知道得更清楚。

一八五一年二月恩格斯寫信給馬克思說：『人能夠越更越更覺得流放是一種學校，使其中的每個人必然變爲傻子，驢子和村夫，除非他完全脫離牠而自足於成爲一個獨立底著作家，毫不攪亂頭腦於所謂革命黨的事。』馬克思回信說：『我很喜歡我倆現在所處的這種離羣獨居。這完全適合於我們底態度和原則。爲了表面的緣故而容忍折衷讓步底方式以及在公衆眼前要和一切蠢材共同負責的必要，現在都告一結束了。』恩格斯又說：『在很長的時間之中我們又有一個機會表示我們並不需要聲望，並不需要任何國的任何黨派的支持，而我們底地位是完全獨立於這些瑣事之外的。從現在起我們祗對我們負責……因此我們就不會埋怨那些猥瑣底大人物（Petits grands hommes）避開我們了。幾年以來我們似乎把烏合之衆當作我們的黨，雖然我們並沒有黨而且我們認爲甚至屬於我們一黨的人們也不理解我們底基本原則。』

倘若把『傻子』，『驢子』和『村夫』這些話看得太認眞那就錯了，這些憤激之詞是應該打折扣的，那麽，這不過是說馬克思和恩格斯認爲決意離開流亡者們的無結果的爭吵是他們的自救之道。如恩格斯所說，他們退入『某種孤立狀態』，是因爲他們要繼續科學的研究一直到人們更能理解他們的原則的時候。

然而這離開並不如後來讀者所想像的那樣透澈，那樣迅速和那樣深刻。在後幾年間他倆的通信裏，我們發見流亡者之間的內部鬥爭佔有很大底部份，而這都是因爲共產主義者同盟分裂爲兩派之後所發生的不斷磨擦。再者，雖然馬克思和恩格斯已經決定不再參加流亡者的吵鬧，這並不能說是全部放棄當日的政治鬥爭。他們繼續投稿於大憲章運動的報紙，而且他們並不把新萊因評論的停刊作爲結局。

巴塞爾（Basel）的一個名叫斯卡比里茲的出版家提議繼續印行這評論，但是毫無結果。然後馬克思和貝克（Hermann Becker）開始談判，後者曾經在戈龍尼把他底西德意志新聞（Westdeutsche Zeitung）編輯的地位維持了一個時期，新聞被禁之後經營着一個小出版機關。馬克思想要發表他底著作集並且在里吉（Liege）出版一種季刊。然而這計劃因爲一八五一年五月貝克被捕而破壞了，雖然曾經出版過著作集的一冊。著作集分爲兩卷出版，每卷四百頁，凡在五月十五號以前預定的人祗付每卷平裝本價銀八個格洛斯正，過了這時期以後每卷的售價是一台勒十五格洛斯正。第一卷立刻賣完，但是維德米耶所謂賣了一萬五千冊或許是錯的，因爲在那時祗要能賣掉這數目的十分之一就算是頂大底成功了。

當草擬這些計劃的時候馬克思正在『急於謀生』他和他底家屬生活於貧困之中。一八四九年十一月產生了第四個孩子，名叫基度（Guido）的男子，那母親寫過：『這可憐底小天使哺乳於憂患之中，以至常常害病而且日夜痛哭。自牠入世以來就沒有好好地睡過一夜，而每次睡覺總不過兩三個鐘頭。』這孩子大約活了一年就死了。

這家庭初次定居於查西（Chels^e^a），曾經遭遇了蠻橫的驅逐，因爲雖然租金已經繳付二房東，而後者並未交給大房東。經過許多困難他們纔找到一個暫時棲身之所在里西斯特街（Leicester Street）的里西斯特廣場附近一家德國旅館裏，而不久之後又遷移到鄧街（Dean Street）蘇合（Scho）廣場二十八號裏。以後六年間鄧街的這兩個房間就是這家庭的長久住所。然而，這並未解決他們的財政困難，那是日益加劇了的。將近一八五〇年十月尾的時候馬克思寫信給在弗郎克府的維特米耶請他贖出當舖裏的家用銀具，盡可能地求善價賣掉牠，不過要保留屬於小燕妮的小調羹之類。『此刻我底地位是必須想盡方法弄錢以使我底工作能夠繼續進行。』同時恩格斯起身到曼哲斯特去盡力於『討厭底業務』，確是因爲不能不在財政上援助他底朋友。

除了恩格斯而外，可靠底朋友確是很少；在一八五〇年中馬克思夫人寫信給維特米耶說：『最使我痛心的是我底丈夫被這麼些瑣事所煩擾。他所需要的幫助是這樣少，但是常常那樣慷慨助人的他却落得孤立無援。維特米耶先生，請不要以爲我們要向任何人要求任何事物，但是至少我底丈夫可以要求那些在學問上和事實上得過他底援助的人們對於他底評論表示更多一點事業精神和興趣。他們應該報答他這一點，我毫不羞愧地這樣說——總之關於這些事是瞞不過人的。這使我傷心，但是我底丈夫却不以爲然。他對於將來從未失去自信，即使是在最惡劣的時候，而且他常常保持着他底好興致，倘若他看見我在煩惱中和我們底親愛底孩子們纏擾着我的時候。』當朋友們默然冷落的時候她照顧他，正如當敵人的攻擊太囂張的時候他照顧她一樣。

一八五一年八月馬克思又寫信給維特米耶說：『你可以想像我底景况的暗澹了。倘若再繼續下去，我底妻就不能支持了。連接而來的困難和日常瑣事的煩擾正在磨壞她。而在這頂上的是我底反對者們的醜行，他們甚至不從正面攻擊我，而且他們無能爲到只會對於我妄加揣測，散佈最無聊底誹謗……至於我，對於這一套祇應該好笑，我不容許牠絲毫妨礙我底工作，但是你可以想像到這對於我底妻是不能釋然的，她害病，神經衰弱，而又不能不從早到晚和悲慘底貧窮鬥爭，同時那些兩面討好底蠢材們從民主派底陰溝裏帶了最近底臭氣來給她。在這一點上某些人底愚笨眞是可怕的。』

幾個月以前（在三月中）馬克思夫人生了一個女孩，弗郞西士加（Franziska），而在分娩期中她已經很病了，『心理底原因甚過生理底原因。』家裏沒有一文錢，『而同時我們剝削工人們爲一種專政而工作，』如馬克思在慘苦中寫信給恩格斯所說。

馬克思底科學研究是安慰他不竭底源泉。他從早晨九點鐘到晚間七點鐘都坐在不列顚博物院（British Museum）裏；關於金格爾和威里乞的虛誇，他曾經說過：『自然民主派底蠢材們的靈感是「從天而降」

的，不必作這種研究。不學底無知者爲什麼要絞腦筋於經濟學和歷史呢？那可敬底威里乞常對我說，各樣事都是很簡單的。各樣事都是很簡單的！或許在他們的胡塗底頭腦裏是如此的，這些蠢材！』那時馬克思想在幾個星期之內完成他底政治經濟批評（Critique of Political Ecomomy）已經開始尋找出版家，但是一次又一次地使他失望了。

一八五一年五月馬克思的一個絕對可靠的朋友，弗利里格來士來到倫敦——在後幾年間他倆繼續着密切關係——但是壞消息也接踵而來。五月十號縫工諾士永（Northjung）在來比錫被捕，當他代表共產主義者同盟游行宣傳的時候。他所攜帶的文件洩露了同盟的存在，因此戈龍尼的幾個中央委員立刻被捕。弗利里格來士差一點就不能倖免，那時他甚至還不知道他自己在危險之中。當他到倫敦的時候德國流亡各派立刻猛烈地互相爭取這名詩人加入的榮譽，但是他停息了這爭端，通知牠們說他是站在馬克思方面的，並且拒絕出席那企圖調和流亡者各派之爭的七月十四號會議。這企圖像以前一切企圖一樣照例失敗了，祇產生了新底糾紛。七月二十號成立了路格領導的『宣傳俱樂部』（Agitation club），七月二十七號又成立金格爾領導的『僑民俱樂部』（Emigration Club）而且這兩個團體立刻互相猛烈爭鬥，尤其是在美國的德文報紙上。

自然，馬克思對於這種『蛙鼠之戰』除了輕蔑而外無所事事，不過那些領導者的思想立場使他覺得多少有些憎惡。路格『要編纂事變之理』的企圖曾經在一八四八年的新萊因新聞上受過輕裝襲擊，而且後來也曾有重砲出來反對這『波麥郎尼底❶思想家』路格——他底著作都是『路旁陰溝』，『泛流着德國民

❶（Pomeranian）波羅底海邊普魯士之一州，路格的家鄉；但這個字的另一解釋爲犬之一種，此處係雙關諧語。

主主義的一切廢話和矛盾』然而，以政治底胡塗而論，路格底尺度和金格爾底是不同的，後者自從斯班都監獄逃出以後就不斷地努力要表演倫敦的社交之獅那種有趣角色，正如弗利里格來士所嘲笑的『一會在酒店裏，一會在俱樂部裏』而且，馬克思此刻更注意金格爾因爲威里乞已經加入金格爾派所組織的大騙局，一種根據薄弱底革命。一八五一年九月十四號金格爾到了紐約，他底使命是爭取負有時譽底德國僑民來作一種德國公債的保證人——公債『總額二百萬美元，用以推進共和革命』——並募集初期基金二萬台勒。科蘇士（Kossuth）首先懷抱着這妙計，帶了收款箱子過海去了，但是在一種小規模上金格爾把這事情進行得不少熱心和魯莽而且先生和學生分頭活動在北美各州宣傳反對黑奴制度而在南美各州則宣傳贊助這制度。

當這趣劇正在進行的時候，馬克思和新大陸建立了確實底關係。在他底燃眉底財政窘迫之中——『像這樣差不多是活不下去的，』他於七月卅一號寫信給恩格斯說——他打算對美國新聞紙發行一種油印通信，而且不久之後他接到北美最大報紙紐約民聲（New Yokr Tribune）的通知，邀請他作經常撰稿員。提出這邀請的是該報發行人端納，他旅居戈龍尼的時候和馬克思相識。那時馬克思還不十分擅長英文，所以恩格斯代他寫了幾篇關於德國革命和反革命的論文，而且不久之後馬克思能夠使他底一本德文書在美國出版。

五　「霧月十八」❶

在革命的那幾年間，馬克思底老朋友維特米耶一直作着弗郎克府孟河的民主報的編輯，奮鬥到底。當反

❶（"The Eighteenth Brumaire"）霧月：法國共和曆第二月，即陽曆十月廿三日至十一月廿一日。

革命派越更猖狂的時候這報紙也被禁了，而且破獲共產主義者同盟之後，作爲同盟的活動份子的維特米耶也就被警廳偵探所跟蹤。

當初他避難『在薩乞生華生的一個安靜底小客棧中』專心寫作關於政治經濟的一本通俗的書；同時等待那暴風過去。然而氣候變得越更難堪，維特米耶總算掙脫了那『埋伏在四週圍的無窮的絞刑』他有一個妻和兩個小孩，所以當他看見在瑞士或倫敦無法生活的時候，他決定移居到美洲去。

馬克思和恩格斯都很不願意失去這樣一個忠忱底朋友，所以馬克思絞腦筋替他尋求一個工程師或鐵道測量員這一類職業但是並無結果。『你到了那邊，又有什麼保障使你不至於飄泊在遠西呢？我們所有的好人是這樣稀少，所以我們必須愛惜我們底力量。』然而，當維特米耶的離去成爲必不可免的時候他們覺得有個共產主義底有才能底代表駐在新大陸並不是一件壞事。恩格斯說過『我們需要一個像維特米耶這一樣可靠底人在紐約。』『總之，紐約並不在世界之外，而且我們知道倘若我們需要牠維特米耶是靠得住的。』於是，他倆對他祝福。他終於九月廿九號從哈佛里(Havre)上船，經歷了幾乎四十天的風險之後纔安抵紐約。

十月三十一號馬克思就寫信給他，勸他在紐約自立爲書商和出版家，然後選擇新萊因新聞和新萊因評論的精粹分別出版。所以他是喜歡的，當接到維特米耶來信說他希望他能夠在一月初出版一種革命（Die Revolution）週刊，請他們趕快寄稿子去的時候；在來信中維特米耶還痛斥書商的心理，說道在新大陸沒有比這更無恥更可惡的了。馬克思立刻推動一切共產主義者底筆，尤其是恩格斯底筆。他也得到了維特米耶所要求的弗利里格來士底詩，以及伊克卡留斯，維爾斯和兩個烏爾伏的論文。在回答維特米爾的信裏他責備他在爲週刊徵稿的信中不曾提到威廉·烏爾伏：『我們之中誰也沒有他底通俗作風，而他又很謙虛，所以我們更應該避免把他底合作認爲多餘底任何現象。」至於他自已的部份，馬克思說除了批評普魯東的新著的一個長篇而外，他還要寫『路易·拿破崙的霧月十八號』即十二月二號拿破崙氏暴力政變（Coup d'etat）這是當日歐洲政治中的最大事件，曾經在書報上發生過許多討論。

關於這主題別人曾經寫過兩部書，都很有名，而且著者們得到了豐富底報酬。後來馬克思說明他自已底著作和那兩部書的差別如下：『雨果（Victor Hugo）底拿破崙這小子（Napoleon le petit）祇限於辛辣地和堂正地痛罵這政變的負責人。在他看來，政變自身好像是晴天霹靂，而且不過是個人逞強的結果，但是他不能看出他因此使這個人成爲偉大底而不是渺小底了，由於相信這個人有世界史上無先例底發動能力。另一方面，普魯東底暴力政變（Coup d'etat）却想要說明這政變是已往歷史發展的一貫底結果，但是在他寫來這政變的歷史構造却發展爲替政變主角辯解的歷史底怨詞。因此他墮入我們所謂客觀底歷史家們的錯誤之中。而在我處理這主題的時候，我表明法國的階級鬥爭怎樣創造了使一個平庸拙劣底個人能夠表演英雄角色的種種條件和環境。』馬克思底書在牠底兩個更幸運底姊妹篇面前，好像是辛德利拉❶似的，但是當後者們久已化爲灰塵的時候，他底著作在今日却還放射着不朽底光輝。

在這煥發着智機和幽默的著作中，馬克思成功了，謝謝唯物歷史觀，把當代底歷史事件分析到那核心。這著作底形式和牠底內容同樣輝煌。第一章開始於那堂皇底比較：『資產階級革命，如十八世紀的那幾次，急劇前進，從成功到成功，牠們底戲劇效果一次勝過一次，人物都穿插在烈焰的光輝中，興奮鼓舞成爲日常底流行心理；但是牠們是短命底，一下就達到頂點，然後一個長期底銷沉降落在社會上，在社會還不能消化牠底狂熱

❶（Cinderella）神話中的美少女，被驕傲底姊妹所遺棄，被家庭所虐待。

緊張時代的結果之前。另一方面，無產階級革命，如十九世紀的那幾次，却不斷地自我批判，在進行中時常自行中斷，牠們因爲要重新開始而又回到顯然曾經成功的事，而且以無情底澈底非笑牠們前幾次底含糊，缺點和淺陋。牠們把牠們的敵人推倒在地上似乎祇是要使他從地上重振精神再站起來更加有力似的，牠們再再吃驚於牠們自身目的不定和可怖性質而退却，一直到造成不能再退的局勢，環境自身呼出：『玫瑰花在這裏，跳舞吧！』❶『由此開始一直達到這預言的結論的自信之詞：『倘若皇袍披在路易·拿破崙底肩上，那麼拿破崙一氏底銅像就要從案多麥（Vendome）的圓柱上傾倒下來。』

這輝煌底著作是在什麼情況之下寫成的呀！下面底事實並不算嚴重：維特米耶的週刊纔出了一期就因爲資金缺乏被迫停刊：『自秋初以來這裏盛行着的空前失業狀況使人很難於開創任何新事業。而且近來工人們已經受了各式剝削，最初是金格爾，後來是科蘇士。不幸，他們的大多數都寧肯捐一元錢給敵對他們的宣傳而不肯捐一分錢來捍衛他們自己底利益。美國的狀況有一種異常腐化的影響，同時養成那傲昂的觀念：美國人比他們底舊大陸的同志更好。』然而，維特米耶並未拋棄使週刊復活的希望，打算改爲月刊，而他所缺少的不過是兩百元這麼一個可憐底數目而已。

較爲更加嚴重的是自一月初以來馬克思就害病，要十分勉力纔能工作：『幾年以來沒有什麼事比這討厭底痔瘡把我拖累得更厲害的了，甚至最不幸底法國失敗也不能相比。』而尤其嚴重的是他不斷地被『臭錢』所擾亂，就是說缺少牠使他沒有片刻安寧。二月二十七號他寫道：『我底狀況現在已經到了這種有趣底地步：我不能再出門，因爲衣服都在當舖裏，我不能再吃肉，因爲沒有人肯賒了。』然而，三月廿五號，他終於能夠

❶拉丁文："Hic rhodus, hic sata!"

把最後一包原稿寄給維特米耶，連帶慶賀維特米耶又生了一個小革命家：『要選擇入世的時期沒有比現在更好的了。在七天之內就可以從倫敦到加爾各塔的那時代，我們就已必須改換我們底頭腦，否則牠們就會因衰老而動搖。（現在可以到）澳洲呀，加利弗尼亞呀，太平洋呀！將來新世界底居民將要不能明白我們底舊世界是怎樣狹小的。』甚至處於那種最難堪底切身憂患之中馬克思也不曾失去他對於人類發展的偉大過程的樂觀主義。而在他眼前的卻都是悲苦底日子。

在三月三十號的一封信裏，維特米耶必定已經使他失了他底著作出版的一切希望。這封信並未保存下來，但是牠所產生的反響卻還存在，那就是威廉・烏爾伏在馬克思的一個孩子下葬那一天——四月十六號——所寫的憤懣底信。烏爾伏寫道：『差不多我們底朋友全都被這大不幸所苦惱，而又都在可怕底窘迫之下。』這封信裏充滿了責備維特米耶的言詞，其實後者自己底生活也並不是玫瑰花壇，而且他總是常常盡力援助的。

馬克思和他底家屬過了一個可怕底復活節。死去底孩子是他們底最小的女兒，一年前生的；馬克思夫人底日記裏有過這樣動人底描寫：『一八五二年復活節，我們底可憐底小弗郎西斯加害了沉重氣管支炎。三天以來這可憐底小孩和死掙扎，受了許多苦痛。她底失去生命底小身體停在我們的後面底小房間裏，我們全都走進前面底房間，夜來的時候我們把床鋪在地板上。還活着底三個孩子同我們睡在一處，我們都為那現在已經冰冷地停在隣室裏的可憐底小天使號啕大哭了。這可憐的小孩死亡於最窮苦的時間。我去訪不久以前曾經訪問過我們的那隣居底法國亡命客。他以友誼和同情接待了我，給我兩鎊錢，我底小孩能夠安息在裏面的棺材就是用這錢買來的。牠一生下來就沒有搖籃，而連這最後底小棺也還不夠長。當那小棺抬出去到牠的永這安息地的時候那對於我是悽慘可怕的。』在這種黑暗底日子，維特米耶底附帶着壞消息的信來到了，而馬克思痛心的是他底妻親見他兩年以來所致力的事每一件都失敗了。

然而，在那些不幸底時光之中，已經有一封新底信正在渡海而來。那是四月九號寫的，說道：『意外底援助終於解除了阻礙那本書出版的種種困難。我發了前一封信之後，我遇見從弗郎克府來的我們底一個工人，一個縫工，也是去年夏季纔到這裏的，而且他立刻把他所積蓄的四十個美元全部交給我。』沒有這工人霧月十八號或許是不能出版的——而維特米耶連那工人底名字也不寫出來但是他底名字是什麼有什麼要緊呢？感動了他的是那無產者底階級意識，無產者爲了階級解放是永遠不憚於獻出高貴犧牲的。

霧月十八號構成了維特米耶現在開始發行的革命月刊的第一號。第二號也就是最後一號裏有弗利里格來士底兩首詩，那形式是作爲寫信給維特米耶的，以輝煌底機智和幽默斥責金格爾在美國的乞求旅行。而這便是這月刊底結局。恩格斯寄去的幾篇稿子都在中途遺失了。

維特米耶印了一千部霧月十八號，三分之一都寄到歐洲，但是並未經過書商底手，牠們是由英國和萊因地帶的朋友們和同情者分送的，因爲甚至『急進底』書商也堅持不肯經售這『不合時宜底』勞作，而且由庇伯執筆和經過恩格斯修改的一個英文譯本也尋找不到一個出版家。在尋找出版家之中增加了馬克思底困難的是這局勢：法國路易·拿破崙政變之後接着就是德國戈龍尼的共產黨案。

六　戈龍尼共產黨案

自一八五一年五月戈龍尼大舉搜捕以來，馬克斯就已密切注意那些初審程序，但是程序屢次停頓，因爲缺乏任何『提起公訴的客觀根據』這是連官方的檢察長也不能不承認的。所能夠證明的事不過是被告等確係一種祕密宣傳組織的份子而已，而按照刑律這是不受懲罰的。

然而國王一定要使斯蒂伯借此機會顯示他底能幹，使普魯士公衆看到破獲叛逆和懲治叛黨的結果圓滿而大快人心，而斯蒂伯自己也正是一位力求國王滿意的好角色。他底功業開始於巧妙地教唆搶劫他底工具之一掠奪了一個曾任威里乞派的祕書名叫狄慈底寫字台。作爲一個狡黠的特務機關長，斯蒂伯因此認識這一派的魯莽滅裂所開給他底成功之途是『馬克思派』所不能的。

由於這些盜來底文件，再加上路易・拿破崙政變前夕法國當局所給與他底助力，斯蒂伯製造了所謂巴黎的『德國陰謀』，以至一八五二年二月一些不幸底德國工人在巴黎被法庭所審問判處他們各種徒刑。然而斯蒂伯並未造成他的巴黎陰謀與戈龍尼被告們之間的任何聯繫。無論怎樣奸狡這『法德陰謀』並不會供給他能夠使用於戈龍尼作證據的影子。

那時『馬克思派』和『威里乞——斯卡伯派』之間的差異變得越更尖銳了。威里乞還在和金格爾通力合作，而且後者從美國回來又重新煽起流亡者之中的一切爭吵，以至一八五二年春季和夏季這兩派之間的敵視更加劇烈起來。金格爾並未募得打算作爲國民革命公債的骨幹的二萬台勒，但是已經得到一半，而用這錢幹什麼的問題現在不但使民主派的流亡者們煞費心機，而且開始互相打破頭顱。結果是把一千鎊英金存入威斯敏尼斯特銀行（Westminister Bank）作爲首先成立的臨時政府的基金，餘款則都已作爲旅費和手續費用去了，這存款從未使用於牠底原定目的，但是十五年之後那懸行得到一個很滿意底結果，當這存款援助着德國社會民主黨底報紙克服開創底困難的時候。

關於環繞着這尼比龍族寶藏❶所激起的叫囂擾嚷，馬克思和恩格斯曾經描寫過這場戰爭的英雄們，不幸那些原稿都不曾保存。勸勉他們作這種描寫的是一個名叫班牙（Banya）的匈牙利上校，這人親自把科蘇士委任他爲匈牙利僑民警視總監的親筆文件獻給他們，而其實這人是一個尋常偵探，常常服役於出價最高的人。他終於被馬克思和恩格斯所揭破了，因爲班牙不把原稿交給指定的柏林出版家而把牠交給普魯士警察。馬克思立刻發表一個啟事在紐約刑事新聞（Kriminal Zeitung）上揭破那混蛋底惡辣手段，但是他已無法取回原稿，此後就不曾發現過。倘若普魯士政府曾經想利用牠作戈龍尼黨案的材料，那就必然是已經失望了的。

困惱於反對被告們的證據的缺乏，那政府就一次再次延期公開審判，因而增加了急切底公衆底猜疑，到最高度，一直到一八五二年十月纔開幕表演。警探們所決定製造的一切僞證並不足以建立被告們與『德法陰謀』之間的任何關係，就是說，被告們在獄中的時候，警探所虛構的『陰謀』不唯證明他們不是其中的份子，而且甚至是反對派。於是，斯蒂伯努力製造出『馬克思派會議記錄』原本，據說這原本裏按期記載着馬克思和他底同志們討論世界革命的萬惡計劃的細目云云。這原本是由特務員弗路里（Charles Fleury）和赫爾乞（Wilhelm Hirsch）在名叫格里弗的警官指示之下所編製的僞造品。這名貴底文獻一看就顯出僞造底痕跡，而那內容簡直是白癡底的，但是斯蒂伯估恃着他底吹毛求疵底資產階級法官底愚蠢，而且嚴密檢察郵件以阻止倫敦方面傳來的說明和解釋。

❶（Nibelungen）或譯爲『霧童族』，據德國神話，爲侏儒及魔鬼之一種族，乃齊格斐（Siegfried）所獲寶藏及戒指之原主。

然而，斯蒂伯底卑劣計劃由於馬克思反攻的週詳有力而失敗了，雖然後者對於這長期惡鬥底準備是很難充分的。九月十八號他寫信給恩格斯說：『我底妻正在病中。小燕尼正在病中。蓮成（Lenchen）害着神經性底熱病，而我不能請醫生，因爲我沒有錢給他。八九天以來我們全都祇靠麵包和馬鈴薯生活，而現在可慮的是我們此後是否還能夠得到這些東西……我並未寫稿寄給端納，因爲我沒有錢買報紙。現在所能夠遇見的頂好底事是那房東太太把我們趕出去，因爲這樣一來，我就可以放下壓在我心裏的二十二鎊的重負，但是我懷疑她能否這樣顧惜別人。而且我拖欠着麵包店，牛奶店，雜貨店，蔬菜店和肉店。我到底有什麼方法解除這討厭底麻煩呢？過去一星期以來我曾經向工人們借過幾先零甚至幾辨士。眞是可怕，但是那是絕對必要的，否則我們就要挨餓。』在這種窘迫底情形中馬克思還不能不和强大底敵人們爭鬥，但是在爭鬥中馬克思和他底妻忘記了他們底家計艱難。

當勝負待決的時候，馬克思夫人寫信給一個美國的朋友說：『一切辨明僞造底文件都必須從這裏提出，所以我底丈夫必須整日工作以至深夜。而我們也必須把每件東西抄寫六七份，用各種方法經過弗郎克府，巴黎等處寄到德國去，因爲我底丈夫寄出去的或別人寄來給他的一切信件都常常被拆開和沒收。全部事件已化爲我底丈夫和警察之間的鬥爭，而我底丈夫擔負着每件事情的責任，甚至實行訪察。你必須原諒我底錯亂，但是我也曾經參加在這糾紛之中，我曾經抄寫抄寫一直到我底手指酸痛的時候。祇要維爾士和恩格斯的裝作商業函件的文書一寄到，我底家宅就變爲正規底公事房了，兩三個人擬稿，別底幾個任傳達，其餘的人去募集一點錢來維持我們的生活，和收羅官方所揑造的最可恥底誣害的證據。我底三個活潑底孩子隨時歌唱和吹哨，間或受到他們底父親底嚴厲呵責。這是什麼生活呀！』

馬克思得到了勝利，斯蒂伯底僞證還未到審判之前就被揭破了，以至檢察官不能不拋棄那『無聊底會議紀錄。』然而輿論的勝利却註定了被告們的惡運。五個星期的審問顯露了這樣一堆普魯士最高當局所犯的醜行，以至釋放被告將要是在世人眼前表明國家的犯罪。爲避免國家的恥辱，法官們祇好毀損他們自已底光榮和良心，造成了十一個被告中的七個的圖謀叛逆罪。紙煙工人洛塞（Roser）著作家步耳格（Burgers）和縫工諾斯永都被判各處徒刑六年，工人里弗藥劑師阿脫和前任律師貝克各處徒刑五年，縫工里斯納（Lessner）被處徒刑三年。店員尼爾哈特和三個醫師達尼爾（Daniels）雅各布（Jacoby）和克里因（Klein）全都無罪開釋。然而幾年之後達尼爾死於在獄中候審十八個月所得的肺癆病。在一封動人底信裏他底妻轉達他底最後敬意給馬克思，後者深深地悼惜了。

這可恥的黨案的犧牲者除了達尼爾而外都還着活，而且其中的幾個甚至退回去服役於資產階級，例如，步耳格作爲進步黨人而被選入德國國會，貝克後來變爲戈龍尼市長，普魯士上議院議員，他底愛國態度得到了政府和朝庭的榮寵。在這些犯人之中仍然盡忠於無產階級旗幟的是諾斯永和洛塞，他倆在復興工人階級運動中都擔負了積極的任務，還有里斯納，一直活到馬克思和恩格斯死後，成爲流亡中最忠實底同志之一。

戈龍尼共產黨案之後，共產主義者同盟瓦解了，而威里乞的組織也立刻跟着解體。威里乞移居美國，在美國內戰中他作了北軍的將軍，很有聲名，而斯卡伯則悔悟而回到老同志方面。然而，馬克思不容許普魯士政府享受戈龍尼判決的卑鄙底勝利，他決定把牠暴露在世人底眼前。爲了這目的，他準備在瑞士發表這黨案的眞象，而且把一本小冊子寄到美國去。十二月七號他寫信給一個美國朋友說：『我想你會更加欣賞這小冊子底幽默的，當我告訴你牠底作者其實也被拘押了的時候，因爲他底脚上和背上缺乏適當底覆蓋物，而且他底家族還在受着眞正可怕底貧困的威脅。這也大半是那審判的結果，因爲五個星期以來我被迫而竭全力來替同人辯護以反對政府底詭計並不能謀生活。不但如此，而且那黨案弄得德國書商全都轉背對着我，我是曾經希望和他們接恰出版我底政治經濟學的書。』

然而，十二月十一號承印這小冊子的斯開比里茲（Schabelitz）從瑞士寫信給馬克思說他已經看過這書底初次校樣，『我相信這書將要產生巨大轟動，因爲牠是一部傑作。』斯開比里茲提議印二千部，每部定價十個克洛斯正因爲他估量一部份可能被沒收。不幸，這一版全部被沒收了，當牠將要從巴登國境的一個小村輸送進去的時候。

三月十號恩格斯接到這壞消息，嘆息道：『這不幸威脅着人失去再寫作的勇氣。總是替普魯士國王工作呀！』要察出這洩露怎樣發生顯然是不可能的，而馬克思當初對於書商的懷疑是無根據的。斯開比里茲甚至提議分配他曾經保留在瑞士的五百部，雖然這似乎很少補益。這事對於馬克思發生一個辛辣的結果：三個月之後要求他賠償印費四百二十四個弗郎的不是斯開比里茲而是他底股東安伯格（Amberger）。

然而，瑞士底失敗幸而得到美國底成功的部份補償，雖然暴露戈龍尼黨案的效力在美國並不如在歐洲那樣煩擾普魯士政府。波斯頓的新英格蘭新聞（New-England Zeitung）印行了這些暴露的文章，而且恩格斯還自費印了四百四十部。得到了拉塞爾的援助他打算把牠們散播在萊因地帶。關於這一點馬克思夫人曾經和拉塞爾通信，而且後者表示十分熱心，但是那通信中並未顯示這計劃是否實行成功。

這些暴露文章得到了德文底美國報紙的熱烈反響，而威里乞尤其出來反對這種著作。這使馬克思寫了一篇短文回答他，題名爲『高尙良心底騎士』但是在今日是不值得揭開那久已降落的劇終之幕了的。在這種爭論中，往往雙方都有錯誤，而且勝利者馬克思欣然抑制着戰勝的凱歌。關於流亡時代的初期，馬克思於一八六零年說道：這時期的最輝煌底特色是牠底歷史和同時並行着底資產階級政府及資產階級社會底歷史之間的對比。除了很少數例外，流亡者們底錯誤最壞不過是懷抱着多少可以由當時環境加以諒解底一些幻想，和犯了亡命客突然處於非常境遇之中所必然發生的愚行。

一八七五年馬克思準備再版那些暴露文章的時候，當初他遲疑於是否應該刪去批評威里乞・斯卡伯派的那幾段，但是他終於保留着牠們，覺得閹割原本就好像竄改一種歷史文獻似的，不過他加添說：『一次革命的種種劇烈事故留下某種擾亂底遺蹟在參加革命的人們底心裏，尤其是在離家出亡的人們底心裏。這種心理底擾亂甚至損害了有才能底人們一個或長或短的時期，使他們成爲可以說是暴亂底的。他們不能理解那些事故的意義，也不肯看清運動的形式已經改變了。結果，他們放蕩於叛亂和浪漫底革命主義，淆惑了他們自己和他們所信仰底主義。這是威里乞和斯卡伯的錯誤的說明。在美國內戰中威里乞顯示了他不僅僅是一個幻想的紡織者，同時斯卡伯，終身作着工人階級運動的先驅，在戈龍尼黨案不久之後就承認了他的暫時底錯誤。許多年之後，斯卡伯在臨死之前，對於流亡時代初期的愚行說過辛辣底反諷。另一方面發表這些暴露文章的當時環境說明了那時用以攻擊無意間援助着公敵的人們的那種苛刻。在危難關頭張惶失措是一種反黨底罪惡，必須公開贖罪的。』這是至理名言，當着仍然以爲維持『好聲名』比在原則上弄明白更爲重要的時候。

戰已打過而且得了勝利，馬克思是最不念舊惡的人。在回答一八五零年弗利里格來士評論躋進同盟裏來的『可疑底和墮落底份子』的某些唐突言詞之中，馬克思承認了他必需承認以上的事，他說：『暴風常常揚起許多塵垢，而且革命時期並沒有玫瑰花露精的香氣。縱然的，人總免不了要沾染着各種汚穢。在這種時期要成爲太特殊的是不可能的；』但是他正確地加添說：『然而倘若人研究研究官方反對我們的可驚底努力，刑法追究我們的深文周納，和「愚蠢底民主主義」——牠永遠不能原恕我們因爲我們表現了比牠自己所表現的更大智慧和更大能力——的毀謗的毒舌，以及其他一切黨派底歷史，人就必定會得到這結論：在這十九世紀中我們底黨是以牠底純潔高出於一切之上的。』

當共產主義者同盟失其存在的時候，馬克思與德國公衆之間的最後聯繫被折斷了，從此以後，放流，『好人底家，』也就變爲他底家了。

第八章　馬克思與恩格斯

一　天才與社會

馬克思在英格蘭找到了第二個家，但是這個字底意義是不可以引申得太遠的。眞的，他在英國從來不會因爲他底革命運動而受干涉，雖然那運動自然到底也是反對英國的。『貪利而嫉妒底老闆們』的政府曾經顯示了更大底自尊和莊嚴，比之大陸各國的政府——牠們底良心底不安使牠們用盡各種警探方法來獵捕牠們底敵人，甚至當着後者底罪過不過是討論和宣傳的時候。

在另一更深底意義上，自從他底銳利底眼光看透了資產階級社會的僞裝之後，馬克思就不曾找到一個家。要討論天才在資產階級社會中的命運，是可以充滿巨大底一章的。關於這問題曾經有過各種意見，從預言最後勝利屬於各個天才的庸衆底素樸底信念，以至浮士德底憂鬱之詞：

『那些少數人，
看清了和明白了，然後
傻氣地放開心胸，
把他們底情感顯示給庸衆，
都曾經死在火刑柱或十字架上。』

馬克思所發揚底歷史方法也使我們能夠更深刻地認識這問題中的事物關係。庸人，就因爲他是庸人，纔預言最後勝利屬於各個天才，而且倘若天才終於逃出了當時的十字架或火刑柱，那是因爲他讓他自已變爲庸人。沒有塗粉底豬尾巴懸在背後，㈠哥德或黑格爾就都不會被資產階級社會承認爲天才。

資產階級社會在這一點上不過是一切階級社會中階級形式最分明的社會，對於天才或許會有其他許多便利的吧，但是牠從來不是賢惠底寓主。其實那是不可能的，因爲天才底基本要素必然總是在於不顧一切傳統底障礙以求解放人性的創造衝動，和在於破除階級社會賴以生存那些壁壘。在塞爾提島(Sylt Island)上收埋漂流海中的無名死者的寂寞墳園的門上刻着這碑銘：「此處是戈爾戈達㈡的十字架，無家者底家。」這碑銘無意地然而到底適合地綜結了天才在階級社會中的命運。在階級社會中沒有家，天才祇有在戈爾戈達的十字架之下纔找到安息之地。

然而倘若天才願意容忍階級社會，那又不同了。當天才委身服役於資產階級以推翻封建社會的時候，他顯然曾經取得巨大權力，但是他一旦自行其是，那權力就立刻消失，而天才就祇好終老於聖希連那荒島㈢上了。或則，天才同意穿起庸俗底穩重底燕尾服，那就會高升爲威馬(Weimar)大公國的宰相㈣或柏林大學的欽賜教授㈤。但是災禍降於不屈底天才，因爲他昂然獨立於資產階級社會之中，根據這社會自身內部的描勵

㈠這似乎是說當時高官闊人的一種頭髮的裝束。

㈡(Golgotha)基督被釘死在這地方的十字架上。

㈢(St. Helena)一八二一年拿破崙死在這裏。

㈣哥德。

所提供的材料而預言這社會的趨於滅亡，並且鍛鍊着給這社會致命打擊的種種武器！對於這種天才，資產階級社會祇有比上古酷刑或中古火刑更爲殘暴底憂患和災禍，雖然表面上或許較少兇惡些。

十九世紀的許多天才之中沒有一個在這種命運之下受苦更多於其中最大天才卡爾·馬克思的了。在纔開始社會活動的最初十年間他就不能不與貧窮搏鬥；到了亡命倫敦的時候他担負着亡命者所有的一切重累。然而，使他底命運成爲普洛米修斯㊃的種種災患却正降臨在他底盛年；當他勤奮致力於推進人道的時候，同時他不能不每天每天和生活的猥瑣麻煩相爭鬥，竭力在資產階級社會機構之內爲他自已和他底家族爭取溫飽的資料。

而且，他所過的生活並不類似他常忽視底庸衆所認爲天才生活的生活。他底可驚底勤勞夠得上和他底可驚底才力同行並進，而日日夜夜的過度工作不久就開始毀損了那原來像鐵似底體魄。到了十分嚴重的時候他曾經說過失去工作能力對於不純然是一隻動物的任何人類乃是一種死刑宣告。有一次，他害了幾個星期的病，他寫信給恩格斯說：『雖然我現在完全不能工作，我已經讀過卡本特底生理學(Carpenter's Physiology)，科里克底組織學(Kolliker's Gewobelehre)，斯丕乞木底腦及神經系統的解剖學(Spurzheim's Anatomie des Hirns und Nervensystems)，和斯乞完(Schwann)及斯乞列登(Schleiden)底論細胞體(Ueber die Zellenschmiere)』。在他底無饜足底一切科學研究之中他從來不曾忘記他青年時代所說過的話：一個作家因爲要生活和寫作而必須賺錢，但是他切不可爲了賺錢而生活和寫作；他也常承認『謀生活的

㊂ 黑格爾。

㊃ (Prometheus) 見前。

絕對必要。』

但是，他自已在這一方面的努力總是不斷地失敗於敵對底世俗的猜疑或仇恨以至畏懼之前。甚至常常自誇其獨立精神的那些德國出版家也害怕這著名政治亡命者底名字。德國的一切黨派都同樣毀謗他；當他底巨人底輪廓能夠透過人造底雲霧顯現出來的時候，一致緘默底狡計就發生了牠底醜陋作用。沒有那一個民族曾經把牠底最大思想家從國民生活中放逐出去像德國放逐馬克思這樣完全這樣長久的了。

祇有一次他總算是爲他自已獲得了一個中途底安全根據，那便是他受聘於紐約民聲（New York Tribune），這工作自一八五一年起繼續了十多年。那時紐約民聲有二十萬讀者，是美國最有力最普遍底報紙，而且出於鼓吹一種美國式底弗利耶主義（Fourierism），牠至少是高出於純粹資本家企業底嗜利無恥的。馬克思爲這報紙工作的條件在形式上並不算不好。他每週必須寫兩篇論文，每篇受酬英金兩鎊。這可以說每年有二百多鎊能夠維持他底頭在水面上的了吧。弗利里格來士底商業活動所得的收入也不過是這數目，而弗利里格來已經誇口說他從未『缺少過放流中的甘旨牛排。』

當然這並不是要研究那美國報紙所付給馬克思的酬金是否相當於他底稿子底文藝與科學底價值，因爲一個資本家報紙所注重計算的是市場價格，而在資產階級社會中這樣作法是完全合理的。馬克思並不要求比這更好底待遇，但是即使在資產階級社會中他也有權要求合同必須信守，他底著作底本身價值必須尊重。然而，紐約民聲的發行人是既不信守也不尊重的。在理論上，端納是一個弗利耶主義者，而在實踐上他却是一個老練底美國商人。有一次恩格斯在惱怒中說道端納底社會主義已經變質爲最卑鄙底小資產階級底欺騙，真的，雖然端納深知馬克思底文稿底價值，而且那價值並非不能號召讀者，他却對於馬克思表示了剝削底資本家自覺有權對於靠他生活的被剝削底勞動者所表示的各種橫暴。而最惡劣不過的是他屢屢剽竊馬克思寄去的文稿，改頭換面發表爲他底社論，雖然明知道這是那眞實作者所厭惡的。

況且，端納不但祇付給馬克斯當初議定底廉價的一半，而且祇付給確已作爲馬克思著作而印出來的那些論文的稿酬，而且他毫不羞恥地拋棄了大體上不適合於他底目的的整篇論文。有時三個星期，甚至六個星期，馬克斯寄去的一切稿件全都落在廢紙簍裏，同時他能夠投稿的那些報紙，例如維也納的新聞報（Die Presse），也並不比較端正。所以，馬克思痛苦地訴說過他爲那報紙工作並不比一辨尼❶一行的投稿家更好一點。

在一八五三年中，我們發見他渴望得到幾個月底平靜以繼續他底科學研究：「現在我顯然得不到牠，這種不斷地替報紙湊材料的工作使我厭煩了。獨立是可以獨立的，但是到底被報紙和牠的讀者所限制，尤其是像我這樣需要現款的時候。純粹科學工作就完全不同了。」在端納底挾制之下工作了幾年之後，他底聲調變爲更痛楚了：「對於那樣一個無賴所肯給的一點幫助必須表示滿意是十分難堪的，替這種報紙所作的政治工作不過是像廠屋裏的窮人研碎骨頭熬湯而已，雖然我不能不盡力去作。」馬克思與近代無產者同其命運不但在生計的短絀上，而且也在那十分不安定底情形上。

他寫給恩格斯的那些信以可怖而動人底詳情證實了世人祇知道一個大略的他底境遇有一次，他被迫而蟄居戶內，因爲他沒有上衣也沒有鞋子；又一次，他沒有錢買稿紙或報紙；再一次，他到處奔走去借郵票來寄他的原稿。而且時常和雜貨店之類的老闆爭吵，因爲他不能按期償付最低限度生活必需品的貨款，更不用說

❶（Penny）英銅幣。

那時常帶着執行吏來威脅他的房東的不斷糾纏了。經常出入當舖，那重利盤剝吞沒了勉强把飢餓暗影留在門外的一點小錢。

那暗影常常不但籠罩門庭而且降落在食桌之上。他底精神高亢底妻，自孩提以來就過慣了舒適生活，有時也踟躕不安於這眞實難堪底命運的箭石之下，以至她寧願她自已和她底兒女去躺在墳墓裏面。在馬克思底書信中有一些家庭糾紛底景象而有一次我們發見他表示了這種意見：致力於人道的遠大目的的人們所犯的愚行莫過於結婚了，因爲他們由此使他們自已陷溺在私生活的猥瑣煩擾之中。然而，雖然他底妻底怨語有時使他不耐煩，他常常原諒她而且替她辯護，說道：她無比地更受苦於無法避免的不可言狀底羞辱，困惱和憂慮，尤其因爲她不能退避和養息於常常解救着他的科學底殿堂之內。而看着兒女們底眞眞的快樂那樣短少是同樣沉重地壓在雙親底心上的。

他底天才底命運是眞正悲苦的，而使牠達到悲劇頂點的是這事實：他情願忍受幾十年的艱難困苦，堅定地拒絕了避難於一種營利企業的平安港口的各種引誘，雖然這樣作並不至於有損他底榮譽。他解釋他自已底態度並不誇張，簡單地說道：『我必須不辭艱苦始終追隨我底目的，所以我不容許資產階級社會把我變成一個賺錢底機器。』因此使他底路徑以指南針底確定性趨向人類最大福利的並不是縛住普洛米修斯的赫斐斯徒斯底鎖鍊㊀，而是他自已底不屈不撓底意志。他底德性好像柔韌底鋼鐵似的。在同一封信裏，我們纔覺得他顯然被日常慘事所壓倒了，而他忽然變爲絕不爲當天生計皺眉的一位學者正在以清明底智慧討論着最複雜底問題。

㊀普洛米修士盜天火以給人類，大神宙斯命其子赫斐斯徒斯以鎖鍊縛之于高加索山下。

然而，馬克思確是感覺了資產階級社會所給他的種種打擊的，而且感覺很深。一個明知後世自有公論的天才爲什麼要留心這些事呢？這是愚昧底苦行主義的問題。虛榮自賞底文士，想在每天底報上都看見他的名字，那是蠢透了的，但是一切創造力都必須有發展的活動地盤，而且必須從創造品所引起的反應中獲得新底力量。馬克思並不是好像在壞劇本或壞小說中可以找到的那種話匣子似的眞正饒舌家，而是一個人，像勤辛一樣，喜歡享受生活和世界的；而他也不是不知道勤辛寫給一個最老朋友的信中所說的那種心情：『我相信你不會把我看作熱中聲名的人，但是世俗慣於對待和他們不相同的某些人們的那種冷淡，卻是倘若不是使人惱殺，至少也要令人寒心的。』馬克思以同樣心情在他底五十生辰的前夕寫過：『辜負了半世紀，依然是一個貧民！』有一次他說他寧願沉沒在海底百丈深處也不肯過庸庸碌碌底生活，又有一次他忍不住說道他甚至不願他底最兇惡底敵人經歷他曾經經過的八個星期，這是因爲他底思想和工作底能力被日常瑣事所摧毀而使他底心中充滿悲憤。

但是，無論如何，馬克思絕未變爲『一匹討厭底憂鬱底狗』——馬克思有一次嘲笑他自已的話，而且恩格斯正確地說過他底朋友從未灰心喪志。馬克思原來具有一種堅强底性格，而在不幸底鐵砧上他所受的如雨的打擊使他變爲堅强而又堅强。曾經照耀在他底少年時代上的靑天逐漸佈滿毘風黑雲，這其間他底觀念像雷電似的破空閃現。他對於敵人的評判，對於朋友的評判，顯出一種無情底鋒利，甚至刺傷了那些並非感覺過敏底人們。那些因此而咒罵他爲冰冷底亡命客的人們的錯誤不多不少恰和把這偉大鬥士和偉大人物看作不過是練兵場上的紮製傀儡㊀的那些下等奴才同樣荒謬。

㊀練習射擊所用的靶子。

二　無比底聯盟

馬克思在他底生活中的優勝不但必須感謝他自已底驚人能力。照一般人底評判，他必然已經敗亡於各種鬥爭之中，倘若沒有恩格斯這朋友——後者底自我犧牲底忠誠一直到這朋友倆底通信已經發表的現在我們纔開始明瞭。

他們底友誼在歷史上是無比的，雖然歷史能夠誇耀許多有名底交道朋友們的終身事業是那樣密切聯結着以至不能再分爲你底我底，而且德國史上也能夠誇耀這樣一些事例的。然而那其間總不免有勉強或固執底痕跡，甚或不過是隱忍着完全拋棄個性——詩人所謂『世間兒女底最高珍物』。歸根結蒂路德(Luther)把米郞乞頓(Melanchthon)看作情意薄弱底學者，而米郞乞頓把路德看作粗魯底農夫，而且祇有自安愚陋底人纔看不出哥德與席勒的通信中所有的大臣與小吏之間的貌合神離。結合着馬克思與恩格斯的友誼却毫無這種勉强底痕跡。他們底思想和他們底發展越更合一，他們各人底本質也就越更分明。

在外貌上他們是很不相同的。恩格斯是碧眼金髮白皮膚底頎長底德國人，而且如某觀察家所說，有着英國人底風度，因爲在兵營和公事房中受過訓練的結果隨時都是衣冠整潔和胸部挺直的。他說他祇用六個書記就能夠組織一個更簡單更有效底內閣，比較用六十個樞密官——他們甚至不能寫出容易懂底文章，而且會把冊籍胡扯到後來鬼也分不出頭尾的程度。他是曼哲斯特股票交易所（Manchester Stock Exchange）的很受尊重底職員，擅長於英國資產階級的業務和娛樂，譬如獵狐和聖誕節游藝之類，而且這思想領導者和鬥士有一個寶貝在這城市的遠郊的一座小家宅裏，一個愛爾蘭底女子，在她底懷抱中他恢復了他底精神，當他十分厭倦他不能不生活於其中的資產階級人羣的時候。

另一方面馬克思底體格却是短粗而强健的，有着閃電似底黑眼睛和獅鬃似底黑頭髮，顯不着他底猶太族的本源。他底態度是隨便底；作爲一家的愛勞底父親，却超然獨立於那大都市的商業生活之上；他把他自己消耗在精神勞動上，幾乎廢寢忘餐，損壞了他底身體；他是一個不倦底思想者，思想對於他是最高娛樂；他常常欣然複述他所承繼的康德，費希特，尤其是黑格爾的言詞：『即使是騙子底犯罪思想也比天國底奇事更高超更堂皇』——不過馬克思底思想是不斷地注重於實現在行動上的；在小事情上他是不實際底，但是在大事情上他就不但是實際底而已；對於處理家務眞是太過馬虎，而對於發動一枝大軍和指揮牠去改變世間他却是無比底天才。

若以作風顯示人品而論，他們底作風也是不同的。各人以各自的方法精通言語文字，而且各人都是擅長多種語文甚至土話的漂亮底語文學者。在這一方面恩格斯的成就甚至比馬克思的更多，而且當他使用他底母國語文的時候，且不說他底著作吧，就以書信而論，他也拉緊韁繩，操縱自如，不至偏左偏右陷入外國文的洞穴中，同時留心避開條頓種清教徒和語文改革者的坑坎。他寫得舒徐輕快，他底散文是這樣透明清澈，無論何時人都能夠看出他底文章的流暢到底。

另一方面，馬克思却寫得更費力而且較爲隨便。在他前期的書信中，像在海涅的書信中一樣，人覺得他在勉力求工；而在他後期的書信中，尤其是到英國以後，他應用着德語英語和法語的一種可怕底混合物。甚至他底正式著作中也包含着一些並非絕對必要底外國字，富有英語和法語底風味，然而，縱然如此吧，他是德文的這樣一個巨匠，他底著作是無法翻譯的，除非有可惜底損失。恩格斯讀了馬克思著作之一的法文譯本的一章之後，他說，雖然馬克思自已曾經很仔細地修飾過這譯本，原文底精力，血氣和生命却已見鬼去了。哥德曾經寫信給斯蒂因(Stein)男爵夫人說：『在隱喻法上我正在和山差·班薩●底寓言競賽，』而在馬克思底文字的靈活底象喻法上他是可以和德文的最大巨匠勒辛，哥德和黑格爾賽競的。他曾經精通了勒辛的原則內容和形式必須諧合得像在幸福結婚中的夫婦一樣，因此他被大學裏的大人老爺們所圍攻了，從老教授羅士柴(Wilhelm Roscher)以至最年輕底講師，他們痛駡他說他底成功不過是用『隱喻法底補綴』使他自已含糊不明吧了。馬克思處理問題常常應用一種方法，把思想底果實留待讀者去咀嚼，而他底文詞就好像深海面上底微波似的。

恩格斯常常承認馬克思底天才的優越，而且除了作爲後者所領導的第二奏琴者而外他從未企望有所表演。然而恩格斯絕不僅僅是馬克思的解釋者或助手，而時常是一個獨立底合作者，才能不同而互相配合的夥伴。在他們相交之初，在他們活動的一個很重要的範圍之內，恩格斯所給與的比所接受的更多，所以二十年之後馬克思寫信給他說：『你知道，最初，我慢慢地達到事理，其次我時常追隨你底脚步。』恩格斯穿戴着更輕底甲冑，所以行動更敏捷些。他底眼光底銳利足以立刻看見任何問題或任何局勢的決定點，但是並不深透到足以一次看清事物的一切關係和底蘊。對於一個行動底人這種才能是一大優點，所以馬克思不先諮詢恩格斯就不作任何政治決意，而後者常常是言必有中的。

所以按照這兩個人的關係，在理論的問題上馬克思徵求和接受恩格斯底意見並不如在政治事項上他所接受的那麼得益，因爲在理論問題上馬克思總是居於他底朋友的前列的，而且對於某種意見馬克思尤其

●(Sancho Panza)吉呵德先生的侍從及信徒。

不肯聽取，那就是恩格斯』勉他趕快了結他底科學著作的意見：『對於你底著作不必那樣十分小心無論如何，對於一般讀者那已經是太好了。要緊的是結束了牠，使牠出版。你可以看出來的弱點無論如何是不會被傻子們發見的。』這種勸告是恩格斯底特色正如不肯聽從牠是馬克思底特色一樣。

從這一切看來，我們可以知道恩格斯是比馬克思更適合於作日報記者底工作的，後者曾經稱他底朋友爲『一部現成的百科全書，日間或夜間隨時都可以工作，詳細底或審愼底寫作得又快活動得像鬼一樣。』一八五三年秋季新萊因評論停刊以後，這兩朋友似乎曾經想在倫敦實行一種新底合作計劃。至少，一八五三年十二月馬克思曾經寫信給恩格斯：『倘若我們曾經趁着好時機在倫敦開辦英文通信社事業，你現在就不會在曼哲斯特，被商業事務所困擾，而我也不至於受債務的苦惱了。』當時恩格斯寧願服役於他底父親底公司裏而不信賴那『通信社事業，』或許是因爲馬克思自己正在貧困中，和因爲公司有改善的希望吧，而絕不是因爲有意永遠服務於那『混帳行業。』一八五四年春季恩格斯又——但是最後一次——打算拋棄商業，到倫敦來從事寫作，然而大概那時他必定又已決定長期忍受那可恨底束縛以援助他底朋友，也就是保護黨底最大思想家，祇有在這種情況之下恩格斯纔能實行這樣犧牲而爲馬克思所接受。這獻與和接受是出於同等高尚的無我精神的。

在相當時期內恩格斯升爲公司董事，但是一直到那時爲止他自己底財政狀況和公司的一般職員一樣並不很好。況且，從他居住在曼哲斯特的第一天起他就已竭盡所能幫助馬克思，從未厭倦。五鎊，十鎊，後來甚至百鎊的鈔票繼續不斷地從曼哲斯特寄到倫敦。他從來沒有不耐煩過，甚至他底忍耐有時超過馬克思夫婦所絕對必需的之上，後者們底處理家務的意見似乎是不很適當的。甚至有一次馬克思完全忘記了他底債務的一張單據，到償付的時期他就極不愉快地十分張皇，而恩格斯對於他底朋友的不通庶務並未表示任何失望。又有一次他又已把這家庭底財政安放在一種新基礎上，而馬克思夫人由於誤解他底意思隱藏了一切帳單，期望從節省家用中由她自己來償還但結果是舊有底種種困難又重新開始。他一聲不響，讓他底朋友去享受那近於裝腔的滿足，埋怨着『婦人的胡鬧』呀，說『她顯然是隨時都必需指導着的』呀，而恩格斯也就樂得規勸道『留心不要再有這樣底事了。』

當時恩格斯不但爲他底朋友在公事房中和股票交易所裏作苦工，而且也爲他犧牲了晚間閒暇的大部份，時間往往工作到深夜。當初他這樣作是因爲起草或翻譯寄給紐約民聲的稿件，因爲那時馬克思還不十分擅長英文但是當這理由已經不存在的時候他也還是繼續着他底默默底合作。

但是這一切都顯得不重要了，比較那最大底犧牲：他有意地拋棄了他底可驚底工作能力和豐富底才智所能獲得的科學成績的一切希望。關於這一點，我們也可以從兩人的通信中得到證實，就單以恩格斯研究軍事和語言而論那一半固然是『由於癖好』，而一半確也是因爲無產階級解放鬥爭的實際急需。雖然他厭惡『自造教條——這總是無聊底』，他輕蔑地寫過——雖然他底科學工作底方法是透澈的，比起馬克思來他更不僅是坐而論道的學者而且各種新知識都是有雙重價值的，倘若牠能夠直接應用在鬥爭之中以破除無產階級的束縛。

爲了這理由他開始學習斯拉夫語文，說道當政治行動的時機再到來的時候『至少我們之中的一個』必須明瞭直接在衝突中的各民族的語言，歷史，文藝和社會制度。而近東的糾紛也同樣引起他學習東方語文。阿拉伯文的四千語根駭退了他，但是他覺得波斯文『不過是孩子底玩意』，他希望在三個星期之內學會了牠。然後他轉而注意到日爾曼族的各種語文：『現在我正在看烏爾斐拉斯●的書。我眞是早就應該學完這討厭底戈特文了的，但是我沒有恆心。可怪的是我發覺我知道的比我預想的更多得遠。有一本好字典我應該可以在半月之內把牠學完了，然後我就要繼續學古諾爾底文和古薩克遜文，對於這兩種文字我總算有過點頭之交，要到不用字典的時候，我纔算完工；這老東西眞是奇妙的。』在六十年代，當斯乞里斯委——荷爾斯坦問題變爲嚴重的時候，他曾經從事於『一點弗利斯——英吉利——朱提——斯堪底納維亞●的語言學和考古學』，而且當愛爾蘭問題再爆發之時，他又注意『一點加里克文（Gaelic）』之類。他的擅長多種語文後來使他在國際大會中立於優良地位，有人說過『恩格斯吃吃着二十種語言』，因爲當激動的時候他有些微口吃。

因爲他更熱心於軍事科學的詳細研究，他得到了『將軍』的譯名。這一種『老癖好』也是由革命政治學的實際必要所鼓勵起來的。他估計『在將來的運動中軍事部份必定十分重要。』在革命的那幾年間轉變到人民方面的那些軍官顯然不曾使人完全滿意。『這些烏合的軍人具有一種令人難以相信底討厭底行幫心理，』有一次他曾經說過。『他們互相仇恨得好像毒藥似的，而又像小學生似的不分皂白地互相嫉妒，但是他們全都一致反對　普通人。』他底目的是要充分把握軍事科學，使他在理論上能夠批評軍事而不至錯誤。

將近居留於曼哲斯特的時候他就已開始『苦攻軍事學』了，最初是研究『那些最單調無味底平常事體，例如考試士官生和下級官所要求的事項，一般認爲當然的事項。』他詳盡地研究過軍事組織的各種技術：

●(Ulfilas 311-81)戈特族的主教，曾譯聖經爲戈特文。

● Frisian-English-Jutish-Scandinavian

基本戰術,從伏邦●底防禦工程以至最近代底獨立要塞工程,架橋和掘壕,軍械使用法,各式砲車和砲座,給養組織,醫療組織等等,最後他注意軍事通史,熱心研究英國的納疪爾(Napier),法國的永明尼(Jomini)和德國的克勞塞維支(Clausewitz)。

恩格斯絕不浪費他底讀者底時間來論述戰爭的不道德和無理性,而祇是坦白地說明戰爭的歷史底理由,而這種努力使民主派底政客們把怒火噴到他底頭上了。拜倫曾經痛罵在滑鐵盧作戰的兩個軍事領袖為封建歐洲的標準底支持者,對於法蘭西革命的後裔加以致命底打擊;一個偶然幸遇也使恩格斯在寫給馬克思的一封信裏寫出了威靈頓(Willington)和布魯輒(Brücher)的歷史底輪廓,雖然為篇幅所限,這輪廓是那樣清楚明確,縱然以今日最進步底軍事科學來評衡牠也沒有更改一行的必要。

恩格斯也很熱忱地工作於第三種部門,自然科學的部門,但是不幸不能完成他底研究,在數十年的長期中他底主要任務是替一個更偉大底人物的精神勞作掃清道路。

這是一種悲劇底命運,但是恩格斯從不曾發過牢騷,因為感傷對於他正如對於他底朋友同樣無緣。他以為他底生平大幸是能夠和馬克思並肩工作四十年,甚至不惜為那更大底人物的影子所掩蔽。當他底朋友死了十多年之後,在國際工人階級運動中他居於領袖地位,他底權威是不容爭辯的,這對於他似乎並不以為是遲暮底滿足,恰相反,他常常說他被給與了比他所應得的更大信任。

兩個人都獻身於同一主義,都為那主義作了不相同而相等底偉大犧牲,並無絲毫怨望或誇耀底痕跡,因此種種理由他們底結合是歷史不能顯示第二例的無比底聯盟。

● Vauban de (1633-1707) 法國的元帥。

第九章　克里米亞戰爭和恐慌

一　歐洲政治

一八五三年末尾，正是馬克思結束了反對『民主派流亡者的幻想和游藝性底革命』而與威里乞論戰的時候，歐洲政局的一個新時代由於克里米亞戰爭而開始了，這戰爭成爲隨後幾年間他底注意的主題。他自己對於這問題的意見大半都發表在投給紐約民聲的稿件裏面。雖然那些編輯們盡力把他壓抑到普通新聞通信員的程度，他却能夠確說『祇有在幾件例外的事項上』他們得到成功。他始終忠於他底原則，即使是爲謀生活被迫寫作的文章也經由他底手筆而尊貴起來，並且因爲出於深思積學的結果而具有永久價值。

他所寫的這些珍品的最多數還是埋沒着，這是值得以一番勞作使牠們再出土而的。因爲紐約民聲把他底稿件多少當作一種原料，隨意把牠們拋在廢紙簍裏，發表牠們在牠底旗幟之下，而且常常，如馬克思所苦訴，在他底名字之下發表『廢料』，所以要使他爲這報紙所寫的文章全部還原是不可能的，而且必須十分留心考證纔能夠決定某種程度的眞實性。

關於這一點到最近馬克思恩格斯通信集出版以後纔有了必不可少的助力。例如，通信中明示我們：論德國革命和反革命的那些論文歷來都認爲是馬克思底作品，其實大部份是恩格斯所寫作的，恩格斯不但寫作關於軍事問題的論文，這是久已週知的事，而且在馬克思替這報紙工作的其他多方面他也是廣泛地合作着的。除了論德國革命和反革命的那些論文而外，紐約民聲上所發表的關於東方問題的論文也是兩人合作的，雖然在這兩種合作的內容的眞僞上後一種比前一種更難確定，終於祇好算是贋品㊀。

但是甚至這種批評的考證馬克思爲紐約民聲所寫的著作也祇能算是種種必需勞作中的一小部份，因爲縱然是馬克思吧，雖然他確實很提高了報紙文字的水準，也不能完全超出於當時必須寫作的環境和條件。世界的最大思想家並不能每週有兩次新發明或產生新觀念去趕上星期二和星期五開行的定期郵船。如恩格斯所指出，在那種情形之下總不能完全『避免臨時雜湊和唯錢是圖』。況且日報工作依存於每日新聞和每日情調，並不能解脫那些限制而免於乾燥和惹厭的危險。例如，四大卷馬克思恩格斯通信集中有多少是得免於他們底思想和鬥爭的總綱所由發展起來的無數矛盾的呢？

即使沒有現在還待收輯的民聲上的大批材料，馬克思和恩格斯對於克里米亞戰爭所採取的歐洲政策的主要路線就在今日也是十分明瞭的。在某一程度上，這政策的採取可以說是在他底行動上劃分了一個轉點。共產黨宣言的作者們和新萊因新聞的編者們都集中注意於德國。新萊因新聞熱忱地支持過波蘭人，義大利人和匈牙利人的民族獨立鬥爭，結論是要求戰爭以反對歐洲反革命最強底支柱的俄羅斯。但是後來這要求逐漸越更變爲要求一次世界大戰以反對英格蘭，因爲祇有在英國世界霸權崩潰之後社會革命纔能從烏托邦的世界出現於現實的世界。

這種『英俄的奴役政策』是馬克思在克里米亞戰爭期間發展他底歐洲政策的根據。他歡迎這戰爭，因

㊀東方問題（The Easetrn Quesit.on）參看書末的著作編目。

爲牠勢必打破因歐洲反革命勝利的結果沙皇所獲得的歐洲霸權，但是他雖不同意西歐列強進行戰爭的那種方式。恩格斯採取同樣態度說道：整個克里米亞戰爭是一個錯中錯的大喜劇，隨時都幾乎使人不能說誰是騙子和誰是被騙。無論這戰爭損耗了億萬生命和億萬金錢，馬克思和恩格斯都以爲以法國尤其英國而論牠祇算一種假戰。

法國的假拿破崙或英國外交大臣帕米斯頓(Palmerston)爵士都不想對於俄國能加以致命的打擊，以這一點而論，馬克思和恩格斯的意見確是對的。英法纔一相信奧地利可以把俄軍主力牽制在西部前線上的時候，牠們就把戰場轉移到克里米亞。在這裏牠們底頭猛撞在西巴斯托坡(Sebastopol)的要塞上，在一場持久戰鬥之後纔攻取了牠底一半。結果英法不能不自行滿足於一頂破爛底勝利底月桂冠，而請求『失敗底俄國』允許牠們撤退軍隊並不加以干涉。

假拿破崙爲什麼不願對沙皇挑起一次生死鬥爭是容易說明的，而帕米斯頓底動機却較爲隱晦。大陸各國政府害怕他是一個革命底『放火人』，而大陸上的自由主義者却稱讚他是憲政自由底模範大臣。馬克思爲解決這謎曾經苦心考察過上半世紀的藍皮官書和罕撒底報告書❶以及大英博物院中所保存着的外交文件。他想要證明自大彼得時代以至克里米亞戰爭期間倫敦和聖彼得堡之間一直有着的祕密合作，而且帕米斯頓尤其是沙皇政策的容易收買的工具。馬克思底議論並不是沒有矛盾的，一直到今天都還在爭辯之中，尤其是關於帕米斯頓的任務的問題。無疑的，他評判帕米斯頓的無恥底嗜利政策——短見和自相矛盾——比較評判歐陸各國政府或歐陸自由主義各派更爲清楚得多，但是不必因此而斷言帕米斯頓曾經被俄國所

❶Hansard's Debates of the British Parliament

收實。然而，比較馬克思是否過甚其詞的問題更重要得多的是這事實：從那時起他認爲探檢國際外交政策的祕密是勞工階級的最必需底課業之一，因爲要對付各國政府的外交陰謀或——倘若無法對付牠們——暴露和指斥牠們。

總之，他熱心於實行一種不妥協底鬥爭來反對那以聖彼得堡爲根據而伸手於歐洲各個內閣裏面的野蠻勢力。他以爲沙皇主義不但是歐洲反動底最强支柱，牠底消極底存在就已是危險和威脅的永續，而且也是主要底敵人，牠底不斷干涉西歐事務阻撓着正常底發展，那目的是要獲得地理底立足點以統制歐洲，因而使歐洲無產階級的解放成爲不可能。他所强調的這種觀點大有影響於自克里米亞戰爭以來的他底政策，比較在革命的那幾年間更甚。

關於這一點他不過是發展了初次發表於新萊因新聞上的一種意見，但是從此以後馬克思和恩格斯在那報紙上曾經熱忱擁護的那些民族的獨立鬥爭開始退入幕後去了。並不是他們停止主張波蘭，義大利和匈牙利的獨立是這些民族的權利和德國及歐洲的利益，而是，如早在一八五一年恩格斯給與他底老同志的前進命令中所說：『必須明白告訴義大利人，波蘭人和匈牙利人，當討論現代問題的時候他們必須閉嘴』而且幾個月之後，他曾經通知那些波蘭人說作爲一個民族他們已經精疲力竭了，他們底效用祇在於作爲達到一種目的的一種手段，一直到俄國自身被牽入革命旋渦爲止。波蘭人在歷史上從不曾有所成就，不過是胡吵蠻幹而已。即以反俄而論，他們也沒有作出什麼有歷史價值底事體，而俄國對於東方至少是一種進步勢力。無論牠怎樣卑陋和斯拉夫族怎樣骯髒，俄國的霸權對於黑海和裏海地帶對於中亞細亞巴斯基(Bashkir)和韃靼，總算是一種文化動力；而俄國也比波蘭吸收了更多底文明因素，尤其是工業方面，波蘭人的性質卻到底是游俠底和懶惰底。這些批評確是被流亡者之間的鬥爭意氣所煊染過度了的，所以後幾年間恩格斯對於波蘭的批評就溫和得多了，而且在他底晚年他曾經說過波蘭至少有兩件事拯救了歐洲文化；一七九二至九三年的叛亂和一八三〇至三一年的革命。

關於那大受讚賞的義大利革命英雄，馬克思說過：『馬志尼（Mazzini）祇知道那些城市和牠們底自由貴族及開明市民。義大利農民大衆——像愛爾蘭人一樣被剝削被閹割和被閉塞在愚昧之中——的實際需要自然是太低下了，對於他底博愛底新加特黎教底（Neo-catholic）觀念論底文章天國。然而要告訴資產階級和貴族說義大利獨立的第一步是完全解放農民和把半佃租制度變爲自由資產，這是需要有大勇氣的。』而且在寫給他底朋友莊斯（Ernest Jones）——大憲章派領袖——的一封公開信裏，馬克思評論當時倫敦之獅科蘇士說：『歐洲的革命是勞動反資本的十字軍，並不能降低到像麥陽人那樣半野蠻底和蒙昧底民族的社會底和文化底水準，這種民族還滯留在十六世紀的半開化之中而夢想控制德法文明和騙取善騙底英國的歡心。』

然而，馬克思發展新萊因新聞的傳統到了極度，以至不再單是集中注意於德國，而且實際幾乎把牠完全擱置在他底政治興趣範圍之外去了。真的，那時德國在歐洲政治上居於一個很可憐底地位，看來比俄國的一省還小，但是雖然這多少可以辯解馬克思底態度，他和恩格斯後來到底償付了高貴代價給這事實：多年以來他們完全失去和德國發展的接觸。不幸作爲被兼併的萊因地帶領袖和市民的他倆對於普魯士邦的輕蔑在曼特斐爾——維斯特費朗時期增强到這樣程度，以至損害了他們平常對於政治局勢所有的敏銳觀察力。

那時馬克思纔偶一注意到普魯士的狀況，就充分覺悟到這一點。那是在一八五五年尾，當普魯士和瑞士爲了尼弗開特(Neufchatel)事件衝突起來的時候。這事件引動馬克思——如一八五六年十二月二號他寫信給恩格斯所說——去補充他底『很不夠底普魯士歷史底知識』，而且他綜結研究的結果說道世界史上不曾產生過比這更卑劣底事。隨後的通信和幾天之後發表在大憲章派機關紙民報(The People's paper)上的一篇論文更加詳細討論這事件，都顯示他很遠離了他平常對於歷史事項的高度水準。眞的，他險些兒幾幾乎降落到謾駡的小資產階級民主主義的低度水準，雖然把歷史著作提高到遠出於這水準之上是他自己的特殊貢獻之一。

普魯士邦確乎可以算是任何人都難以下咽的食品，但是，無論如何，要調味並不能單用辛辣的嘲笑，『霍亨索倫氏的神權』呀；重複表演的三隻『傀儡面具』呀；虔敬主義者，黑面狒狒似的醫官和小丑呀比之奧地利歷史的『魔鬼詩史』，普魯士歷史是『無味底家譜』呀，如是等等說法，充其量祇能指出這樣這樣，而把何以這樣完全留在暗處。

二 烏格哈提·海爾尼和莊斯

馬克思一方面投稿給紐約民聲，一方面也在同樣情況之中替烏格哈提派和大憲章派的報紙工作。

烏格哈提(David Urquhart)是一個英國外交家。由於他的對於俄國稱霸世界計劃的熟悉和他的不斷反對這些計劃的鬥爭，曾經作過許多有價值底貢獻。然而那價值被毀損於發狂地仇恨俄國和同樣發狂地熱愛土耳其的一切。馬克思常被稱爲烏格哈提派，但是這是完全沒有根據的，而其實倒不如說像恩格斯一樣，他是太過厭憎這人的愚騃誇張而至不能充分賞鑑他底眞實貢獻的。在馬克思和恩格斯的通信中第一次說到烏格哈提是在一八五三年三月恩格斯所寫的一封信裏：『此刻我正在讀烏格哈提底書。他認爲帕米斯頓是被俄國收買了的。那解釋很簡單；這傢伙是西爾特族的蘇格蘭人，受過薩克遜族蘇格蘭的訓練，具有浪漫主義的傾向。也是自由貿易派。作爲希臘愛好者他曾經到過希臘，而且，和土耳其人周旋了三年之後，立刻熱愛土耳其了。他是一往情深的伊斯蘭主義者，說道倘若他不是加爾文教派●就祇能是一個回教徒』總之，恩格斯覺得烏格哈提底書不過是高級底消遣品而已。

馬克思與烏格哈提的接觸點是他們共同反對帕米斯頓的鬥爭。馬克思替紐約民聲寫的一篇反對帕米斯頓的論文轉載在格拉斯科的報紙上，因此引起烏格哈提的注意。一八五四年二月這兩個人會晤的時候，烏格哈提稱頌馬克思說那篇論文正是土耳其人所要寫的。然而，烏格哈提很失望了，當馬克思通知他說他是一個革命者的時候，因爲烏格哈提的迷信之一是：歐洲的一切革命黨全是沙皇的有意底或無意底工具，用以困擾歐洲各國政府的。『這人完全是一個偏執狂，』馬克思在會晤之後寫信給恩格斯說，又說除了反對帕米斯頓而外他和他並無共同之點，即以反對帕米思頓而論這人對於他也無所稗益」

自然，對恩格斯所說的這些心腹話是不可以看得太認眞的。除了這些私自的批評而外，馬克思屢次公開承認烏格哈提的貢獻，而且並不隱祕這事實：雖然他並未被烏格哈提所啟示，他到底是被他所刺激了的。因此他毫不遲疑地投稿於烏格哈提的報紙，尤其是倫敦自由報（The Free Press），他也應允烏格哈提翻印紐約民聲的他底一些論文爲小冊子。這種反對帕米斯頓的小冊子是大規模地散佈着的，一次印行一萬五千至三萬本，曾經大爲轟動一時，但是馬克思從這蘇格蘭人烏格哈提所得的物質利益並不較勝於從美國端納所得

●（Calvinism）法國神學家加爾文（John Calvin 1509-69）教派。

的。

這兩個人的眞正密切聯合是完全不可能的，因爲馬克思支持大憲章運動，這是作爲自由貿易派和仇俄派的烏格哈提所加倍痛恨的事——他以爲他能夠看出俄國盧布旋轉於各種革命運動之中。大憲章派自從受了一八四八年四月十號的重大失敗之後就不曾恢復過來，但是在牠的殘餘份子的復興鬥爭中是得到馬克思和恩格斯的忠勇底支持的，常常無報酬地投稿於海爾尼 (George Julian Harney) 和莊斯 (Ernest Jones) 所發行的報紙。海爾尼連續發行過紅色共和，(The Red Republican) 人民之友 (The Friend of the People) 和民主評論 (The Democratic Review) 同時莊斯發行過民聲 (The Notes of the People) 和民報 (The Peopl's Paper) 民報的壽命最長，一直按期出版到一八五八年爲止。

海爾尼和莊斯屬於大憲章運動中的革命派，而且在這一派中他們算是最少島民的褊狹之見的了。他們也是被認爲博愛民主主義者國際協會的領導人物的。海爾尼是一個水手的兒子，長成於無產階級的環境之中。他底革命知識是他自己從法國革命文學中獲得的，而馬拉提 (Marat) 是他底模範。他比馬克思長一歲，當後者主編萊因新聞的時候他正在大憲章派主要機關報北斗的編輯部裏。一八四三年恩格斯去訪問他，海尼爾說他是『一個瘦長底青年，年輕得幾乎像一個孩子，然而已經會說異常正確底英語了。』一八四七年海爾尼會晤馬克思而且熱忱地加入了他底團體。

他在紅色共和上發表過一篇英譯共產黨宣言，附加脚註說這是歷來最爲革命底文獻，而且在他底民主評論上發表過翻爲英文的新萊因新聞評述法國革命的論文稱頌牠們爲法國事件的『眞實批評。』在流亡者的鬥爭中他回到他底故交方面猛烈地和莊斯衝突，也和馬克思恩格斯衝突。不久之後他去住在澤稷島上，停留了一個短時期，他又去到美國，一八八八年恩格斯曾經到那裏去訪問他。在這訪問不久之後他回到英國，年高壽終，或許可以作爲一個偉大歷史時期的最長久底活見證的吧。

莊斯是諾曼人（Norman）的後裔，但是誕生和受敎育於德國，因爲他底父親那時是漢諾伐（Hanover）國王奧古斯都(Ernst August)的開伯朗大公（Duke of Cumberland）底軍事顧問。這極反動底荒唐大公——英國報紙上都紀載着他底各種罪惡——是莊斯底敎父，但是這榮寵和他底雙親與宮庭的關係卻並未影響這少年的心理。甚至在孩童年代他就已表示了自由鬥士的强毅氣慨，在成年期間他堅定地拒絕了佈置在他底前程上的一切誘惑和想用黃金鎖鏈束縛他底自由精神的一切企圖。當他底家庭回到英國的時候，他大約二十歲，開始研究法律，後來取得了律師資格。他犧牲了他底高尙才能和貴族家世所開拓給他的一切榮華富貴，獻身於大憲章運動，熱忱奮發，以至一八四八年被判處兩年徒刑。因爲憤恨他底反叛本階級，他在牢裏是被看待爲一個普通刑事犯的。但是一八五〇年他出了監獄，仍然是一個不知改悔底革命者，而且自從那年夏季以後他和馬克思恩格斯維持着密切聯繫約有二十年之久。

這友誼並不是完全清朗無雲的，而且發生過許多麻煩，正如對於莊斯稱賞的詩人弗里利格來士以及對於馬克思同情而加以嚴厲批評的拉塞爾所發生過的一樣。在一八五五年的一封信裏馬克思說他：『具有足以使人信服的一切能力，毅力和動力，而這一切優點都摧毀於他底小酒店政客似底魯莽性，他底亂抓宣傳口實的無謀，他底經常底煩燥和急於衝破時代。』後來他們之間甚至有着更嚴重底差異，尤其是當着大憲章運動更加衰頹而莊斯開始勾結資產階級急進派的時候。

然而，在根本上他們底友誼仍然是堅定底和誠實底。後來他居住在曼哲斯特，一八六九年突然而死，當着還是盛年底時代。恩格斯急忙把這惡耗傳到倫敦：『又有一個老前衛回家去了！』馬克思回信說：『這消息自然使我們全都受到深底震撼，因爲他是我們所僅有的少數老朋友之一。』幾天之後恩格斯報道一個盛大行列把殯儀送到那還長眠着另一老前衛威廉烏爾夫的墓地裏。這是眞實底損失呀，恩格斯說。總之，莊斯的資產階級言論不過是一種僞裝而已，他到底是眞正站在他們這一面的政治家之中的唯一有教養底英國人。

三 家族和朋友

在這幾年中馬克思脫離了一切政治團體，實際上已經沒有社會生活。他完全退隱在研究室中，而離開了牠也祇和他底家族相處，這家族是由於女兒伊麗娜(Eleanor)的誕生(一八五五)而擴大了的。

馬克思，像恩格斯一樣，是兒童們的大情人，當他離開研究室一兩點鐘的時候就和兒女們一道游戲，孩子們都敬愛他，雖然或許正是因爲他從來無意保持爲父的威權吧。他們把他當作玩友，稱他爲『摩爾人』(the Moor)，這是因爲黑頭髮和黑面孔而得的諢名。『孩子們必定會教育他們底父母，』他常常說，而他底孩子們確是管理着他的，因爲他們嚴禁他在星期日作任何工作，在這一天他完全是屬於他們的，而這星期日的遠足——全家到鄉間去，停在路邊的小店裏喝薑汁啤酒和吃麵包與吉士——乃是照澈常籠罩着這一家的暗雲的難得底太陽光線。

他們常喜歡去到罕卜斯蒂特沙地(Hampstead Heath)，這是李卜克內希(Liebknecht)曾經有過很動人底描寫的。罕卜斯蒂特沙地現在和從前完全不同了，但是從馬克思曾經常坐在東面的甲克斯圖拉古堡(Jack Straw's Castle)上仍然可以看見沙地上的壯觀和山谷起伏的活動畫景，而且在星期日，常有成羣底幸福底人們。南面是那龐大都市和無數房屋以及著名底景物，聖保羅教堂的鐘樓和威斯特敏尼斯得(Westminster)的塔院再過去就是遠方朦霧中的休里(Surrey)的可喜底高地。北面的郊野現在已經蓋滿了房屋，西面是馬克思最後安息地高門(Highgate)山的姊妹峯。

後來像閃電似的悲劇忽然插入這最起碼的家庭幸福之中。在一八五五年的聖星期五日●，馬克思的唯一兒子，九歲的愛加(Edgar)——他常愛叫他墨希(Musch)——死了。這孩子已經顯示大有才能是這一家的寵愛。『這樣一個可悲可怖底損失，以至我不能描寫牠使我感傷到怎樣深的程度，』弗里利格來士寫在寄到德國去的一封信裏。

馬克思寫給恩格斯敍述他底兒子病和死的幾封信是悲慘底的三月三十號他寫道：『我底妻因爲絕對焦愁已經害病一個星期，比以前任何時都更爲憔悴。我也是可怕的煩惱着。我底心是陰沉沉的，我底頭是昏眩的，但是我當然要勇敢地支持着的。這孩子甚至在病中也還是那樣好性格那樣獨立不羈』四月六號他又寫道：『這可憐底小東西是完了。今天五六點鐘之間他在我底懷抱中睡去（嚴格地說）了。我將要永遠不忘你底友情怎樣減輕我們這些悲慘日子的重負。你是能夠理解我對於我底兒子底死亡的愁苦的』四月十二號他寫道：『自從那孩子死後這家宅似乎空虛而且荒涼。他是牠底生命和靈魂。要描寫我們隨時因爲失去他而感覺到何等悽慘是不可能的。我已經受過一切不幸，而現在我纔知道什麼纔是眞正底不幸……在我所經歷的一切悲愁和患難之中，使我支持下去的是由於想着你和你底友誼，由於希望我們還要在世間共同作一些有價值底事體。』

●(Good Friday)耶穌受難日，復活節前之星期五，約在三月二十一日至四月中。

經過一個長時期這創傷纔開始封口。在七月二十八號答覆拉塞爾底慰問信中馬克思寫道：『貝根❶說眞正偉大的人們對於自然和人間有着那麽多興味，有着那麽多事物佔住他們底注意，所以任何損失對於他們都不會很重。我恐怕我並不是這樣偉大人們之一。我底孩子底死亡曾經深深地震撼了我，我分明覺得那損失好像還不過是昨天底事。我底可憐底妻已經完全潰敗於這打擊之下。』十月六號弗里利格來士寫信給馬克思說：『我眞是難受，因爲你底大損失還使你那樣緊張地憂愁着。不幸並沒有朋友能作或能說底事。我理解而且尊重你底憂愁，但是你必須努力控制住牠以免牠控制住你。這並不悖於紀念你底親愛底孩子。』

馬克思底兒子愛加底死是那幾年以來這家人所患的許多疾病的頂點。在去年春季馬克思自已也害了病，其實自此以後他就不曾恢復康健。他患的是肺病，他相信那是由他底父親遺傳給他的，但是無疑的，這病底加重是由於那貧困底家庭狀況和這家庭所處的不衛生底環境。一八五四年夏季虎烈剌疫特別猖獗於這一區之內。據說這是因爲新開的水溝通過一六六五年大瘟疫的犧牲者的墓地的結果。醫生勸告馬克思離開蘇荷廣場的隣居，這裏的氛圍氣是他不斷地呼吸了多年的。這家庭的一個新機運使他們底遷移成爲可能了。一八五六年夏季馬克思夫人帶着她底三個女兒到居里去省視她底病重底母親。她到的時候恰恰趕上她底母親閉住疲倦底眼睛，在不過病了十一天之後。

這位老太太並未遺留下很多，但是有幾百個台勒是分給馬克思夫人的，而且似乎同時她也得到了她底蘇蘭格親戚的一小筆遺產。無論如何，這些錢是足夠允許這家庭於一八五六年秋遷入哈弗斯托克山麥提蘭公園附近的格來弗頓弄 (Graftod Terrace, Maitland park, Hhverston Hill) 第九號的小房子裏的。這裏

❶ (Baco) 原文如此，但漢譯者疑係 Bacon 之誤。貝根 (Bacon 1561-1626) 英國哲學家。

是挨近馬克思所愛的罕卜斯蒂特沙地的。這房子的租金是每年三十六鎊。『比起我們以前所住過的那些窰洞來，這眞是一座皇宮了，』馬克思夫人寫信給一個朋友說『雖然我們所有的各樣的東西不過值四十鎊（多半是舊貨攤上的廢物），我覺得在我們底新住宅的開創之初已經夠堂皇的了。昔日榮華的一切衣服用具都從「叔叔」手裏贖出來了，我又能隨意使用我從前所有的品質精良而有花紋的蘇格蘭餐巾和台布了。然而，好景不長，牠們一幅跟一幅地又回到「噹噹店」（因爲孩子們看見那種舖子門前有三個神祕底黃銅球就這樣稱呼牠）去。不過，我們在我們底資產階級似的舒服之中暫時總算是很幸福的。』不幸這眞不過是一個很短的瞬間。

死神也在這家庭的朋友之中刈取了牠底收穫。達尼爾死於一八五五年秋季，維爾斯在一八五六年一月死於海蒂(Haiti)，斯克拉木在一八五八年初死於澤稷島上；馬克思和恩格斯竭力想發表一個簡短訃告在報紙上，但是並未成功。他們常常慨嘆老前衛陣營的急劇凋謝而並無生力軍的加入。雖然當初他們樂於『離開公衆』，雖然他們的最後勝利的信念是不可動搖的，支持着他們的政治鬥爭——他們自信地實行着這一鬥爭好像他們是代表一個歐洲強國似的——他們的政治熱情徹底不容許他們在長時間內不感覺一個政黨的缺乏。如馬克思自己所承認，他們底支持者並不能算是一個黨，而在那些人之中並沒有一個人底思想達到他們自己底水準的，除了他們對於他完全不能克服他們底不信任的那人❶而外。

李卜克內希是馬克思倫敦寓所的每日訪客，至少是和在鄧街一樣，但是在他自己底小房間裏他必須用力處理生活中的物質困難，而且共產主義者同盟時代的老同人們全都在同樣狀況之下：里斯納(Lessoner)，

❶拉薩爾。

細木匠洛克尼（Lockner），伊克卡留斯和『悔罪者』斯卡伯。另一些人則分散在各處：杜龍克在利物浦作生意，後來移居格拉斯科伊曼特（Imandt）在但狄（Dun ee）作教授，斯乞里（Schily）在巴黎作律師而里因哈特（Reinhardt）在巴黎作詩人海涅晚年的祕書是較爲密切的一個。

然而即使在這些忠實同人之中吧，政治活動也開始低落了。威廉·烏爾伏住在曼哲斯特，教學維持生活，總算十分成功而且『還是那樣』。如馬克思夫人所說，『還是那樣軒昂能幹，平民本色』，但是後幾年間他開始發展一種老曠夫底怪癖氣。他底『主要鬥爭』是爲糖呀茶呀煤呀這些對付房東太太的事，而且在思想上他對於他底流亡底老朋友們已經沒有多大意義。弗利里格來士也始終是忠實底朋友，一八五六年夏季作了一個瑞士銀行的倫敦分行經理之後，他更比以前大有幫助于馬克思了，尤其是能夠阻止紐約民聲的匯款的延期支付，因爲這報紙的另一缺點是延遲付現。弗利里格來士也依然忠實于他底革命信仰，但是他逐漸遠離了黨派鬥爭。雖然他誠懇地說過在這世界上一個革命者的埋骨之所沒有什麼地方比放流地更爲光榮底了，詩人自己在放流地却是不快活的。他底摯愛底妻的思鄉病以及他底孩子們每年每年在外國地點燃聖誕樹蠟燭的光景，使他底詩的源泉枯竭了。他因此很以爲苦了；當他底國家逐漸開始又記起牠底名詩人的時候，那對于他是一大安慰。

此外就是一長串『活死人』的名單。馬克思曾經偶然遇見過許多他早年研究哲學時代的同伴：麥陽還是那樣一隻有毒底癩蝦蟆，孚煦（Faucher）已經作了戈伯登●底祕書而且自以爲在自由貿易中『造成了歷史』，還有愛特加·波爾（Edgar Bauer）表演着共產主義宣傳家的角色，而馬克思總是稱他爲『小丑』。

●（Cobden 1804-1865）英國經濟學家。

馬克思也會見過他的老朋友布魯諾·波爾好幾次，當後者來倫敦看他底兄弟的時候。因爲布魯諾·波爾十分佩服俄羅斯的『原始力量』而且把無產階級看作不過是『一種暴民』——必須一面用武力壓制，一面用狡計對付，一面在必要的時候也讓給牠幾辨士——當然他們之間並無任何共同的基點。馬克思覺得他顯得格外老，他底眉毛格外粗大，而且已經養成一種炫學底教授風度，但是馬克思曾經把他和這位『喜氣洋洋底老紳士』的談話詳細地報告給恩格斯。

然而，就以較近底過去而論，『活死人』的名單也是長的，而且一年更比一年長。例如，在萊因地帶的那些老朋友們吧：佐治永，步爾格，貝克等等。他們之中的一些人，如貝克和後來的名人米格爾之流，努力辯解他們的態度是『科學底的，』說道在無產階級能夠夢想勝利之前必須使資產階級完全克服封建軍事貴族。貝克說：『平民底實際利益將穿透軍事貴族底腐朽機構而使牠化爲灰塵，然後在世界精神初現的時候歷史就要掃除這全部機構，無所顧忌地進行到預定程序中的第二項目。』這是很漂亮底理論，就在今日也還大有助于那些狡猾底規避者的，但是當貝克變爲戈龍尼市長和米格爾變爲普魯士財政大臣的時候，他們就覺得他們自己太過注重『平民底實際利益，』以至他們張牙舞爪地反對世界精神方面的任何突進，反對『無所顧忌地進行到預定程序中的第二項目』的一切企圖。

因此，貝克和米格爾之流的一個可疑底代理人出現了：一八五六年春季一個名叫路易（Guslav Lewy）的商人從杜色爾道夫來到倫敦，獻給馬克思一個可以說是十分完備的伊塞侖(Jserlohn)和梭林庚（Solingen）等處工廠工人的叛亂計劃。馬克思痛斥這冒險的愚蠢和危險，並且要路易通知他所代表或冒充代表的工人們以後必須和他接觸而且不先徵得他底同意不可有所行動。不幸，馬克思不曾採取同樣態度應付路易的第二次使命，道第二次據他說是代表杜色爾道夫的工人來勸告馬克思反對拉塞爾的。路易說拉塞爾是一個靠不住底傢伙，自從哈茲菲爾特伯爵夫人案成功之後，他就生活在她底可恥底約束之下好像她藏着的男人似的，而且打算和她到柏林去建立一個知識份子底沙龍。㊀他把工人們像破手套似的摔掉，投奔資產階級去了——以及許多這一類的話。人有理由懷疑萊因地帶的工人們會傳達這些話給馬克思，因爲不幾年之後這些工人鄭重稱頌拉塞爾，熱忱地說道在五十年代的白色恐怖統治之下他底住宅是『黨底無畏底強固堡壘，』這很像是路易故意發明這類故事來發洩他對于拉塞爾的怨恨，因爲後者拒絕借給他二千台勒。

倘若馬克思知道這一點，他就一定會以最大審愼對待路易的，但是這報告底本身可以說是已經引起了反對拉塞爾的最大猜疑。馬克思曾經和拉塞爾繼續通信，雖然不很常有，而且他曾經常常覺得他是一個政治上和私交上的可靠朋友，一個忠實同志。在共產主義者同盟時代馬克思甚至反對萊因地帶工人們因爲拉塞爾參加哈茲菲爾特事件而不信任他，而且在不到一年以前，當拉塞爾從巴黎寫信來的時候，他也曾經寫過一封很友好的回信：『我自然是吃驚的，知道你現在這樣挨近倫敦而又連過來住幾天也不肯。我希望你再考慮這事，想想從巴黎到倫敦旅行眞是何等近而且方便呀。不幸法國是拒絕我的，否則我眞要過來巴黎 使 你 吃 驚。』

所以，我們難于理解爲什麼馬克思聽受路易底浮詞，而且立刻（一八五六年三月五號）寫信告訴恩格斯，還說道：『這不過是告訴你這事件的大概情形。這一切對于弗里利格來士和我自己有一種確定的影響，正如我從前重視拉塞爾而不喜歡工人們的饒舌那樣。』他曾經告訴路易不能單憑一面之詞得到任何一定結

㊀（Salon）法語，客廳，文人學士雅集之所。

論，但是無論如何，懷疑總是有用的。必須監視拉塞爾，但是此刻應該避免公開底爭吵。恩格斯同意這種辦法，而且加上一些注意事項，這是不足怪的，因爲他認識拉塞爾並不如馬克思那樣深切。恩格斯說，眞可惜，因爲那傢伙確是有大才能的。他像魔鬼似的時常必須監視，但是這回他底步伐跨得太快了一點。作爲一個從斯拉夫國境出來的眞實猶太人，他常常在尋找可以假公濟私剝削任何人的機會云云。

于是馬克思斷絕了和那人的通信，那人在幾年之後曾經誠懇地寫信給他說：『我是你在德國所有的唯一朋友。』

四　一八五七年的恐慌

一八五零年秋季馬克思和恩格斯退出流亡者的爭吵的時候，他們說過：『一次新底革命祇有作爲新底恐慌的結果纔能造成，但是牠要來正如恐慌自身要來一樣確實。』從那時起他們就留心考察着新恐慌的一切徵候，一年一年過去他們越發越發不耐煩了。李卜克內希底回憶錄告訴我們說馬克思曾有一兩次錯誤預言恐慌的到來，結果被他底朋友們所嘲笑，而且當一八五七年的恐慌終于到來的時候馬克思確曾經由恩格斯告訴威廉烏·爾伏說：他將要證明以常理而論這恐慌應該是在早兩年前就來了的。

恐慌開始于美國，牠給與馬克思私人一個消息，那就是紐約民聲立刻通知他稿酬減半。這打擊是嚴重的，因爲從前底困難，其實比從前更甚，從此又出現在那新家宅裏。在格來弗頓弄裏馬克思不能再『像在鄧街一樣度過從手到口的生活』了。他沒有可靠底收入而且他底家用急劇增多。一八五七年一月二十號他寫信給恩格斯說：『我眞不知道明天怎樣過下去，我底境況確是比前五年更爲窘廹了。』恩格斯接到這一封信，好像青天霹靂，』立刻設法幫助他底朋友，但是埋怨道爲什麽不早告訴他呢。他似乎曾經賣掉他底父親所給他的聖誕贈款買來的一匹馬：『我覺得眞是太壞，我養着一匹馬而你和你底家族在倫敦那樣困窮。』幾個月之後恩格斯大爲高興了，當端納邀請他和馬克思合編一種百科辭典的時候。尤其是端納需要軍事論文，恩格斯『喜歡極了，』因爲這『正好』僻除馬克思的永遠金錢困難。馬克思將要担任他們預備給他的那些部份，然後組織一個辦事處。

組織辦事處的擬議並無結果，主要原因是找不出適當底合作者，而且前途也還不如恩格斯所想望的那樣光明，因爲稿費定額還不到一辨尼一行，而且雖然這工作的大部份眞不過是補綴恩格斯底敏感底良心卻絕不許他粗製濫造。由他們關于這工作的通信看來，後來恩格斯加于馬克思和他所作的那些論文的虐評無論如何是不公平的：『不過是爲餬口而寫的東西吧了。永不再讀也不要緊。』這工作也逐漸到了末日，所以這兩朋友合編百科辭典的準備工作似乎並未超過C字。

這工作纔一開始就大不吉利：一八五七年夏季恩格斯患腺狀病，不能不長期住在海邊。馬克思自己底境況也是夠倒楣的。他底肺病又發作得這樣厲害，以至他祗能夠作這必要工作的很小底一部份，甚至作這麼一點也十分困難。七月間他底妻小產了一個死嬰，那情況底悲慘使馬克思很難于回憶，驚惶底恩格斯在回信中說道，『當你那樣寫着的時候你必定很痛苦了，』但是馬克思說一切問題都等到他們見面再談，因爲他不能寫這樣底事。

然而，一切私人底困難全都被忘卻了，當恐慌在秋季中來到英國而且迅速傳播到歐洲大陸的時候。十一月十三號馬克思寫信給恩格斯說：『雖然我自己正在嚴重底財政困難之中，而自一八四九年以來從不曾感覺過今天在這爆發之前似的愉快。』在第二天的回信中恩格斯唯恐事情發展得太快：『我以爲更好是恐慌「好轉」一直到具有一種慢性，在任何決定的打擊跟隨而來之前。慢性底壓力是必要的，因爲要使人民緊張起來。然後無產階級就會戰鬥得更好，更看清時勢，也更團結一致，正如騎兵的襲擊在達到敵人射程內之前五百步必須先調整步伐纔能有更大衝力(élan)一樣。我不喜歡一切事情發生得太快、在整個歐洲並未完全捲入之前，因爲那會使往後的鬥爭更加嚴重，更加延長，更加起伏不定。就在明年五六月間也還太早。在長期景氣之後羣衆必然已經害着昏睡病了的，…… 因此，我感覺的正如你感覺的一樣。那騙局一旦崩潰于紐約，我在澤稷就已不安靜了，而且在這大恐慌之中我覺得精神煥發。過去幾年間資產階級的污泥究竟已經粘染了我，到某種程度，但是現在我將要洗清牠，我覺得我是一個新人了。恐慌有益于我底康健正如在海邊休息一樣好，我已經能夠感覺出來了。一八四八年我們以爲我們底時機正在到來，在某一意義上是如此的，但是這一回牠眞地來了，各樣事情都正在成敗關頭。』

當然，恩格斯錯了，因爲各樣事情並未到成敗關頭。恐慌自身固然有革命的效果，但是這些效果都不是這兩朋友所期待的效果。他們確實未浪費時間來紡織烏托邦底和樂觀底希望，而是每天在悉心研究恐慌的過程。十二月十八號馬克思寫道：『我正在作着一種巨大工作，常常作到早晨四點鐘。我底工作是雙重底：一、草擬政治經濟學的基本原理（這對于公衆去探究事情的根底是絕對必要的，而且我必須卸除積壓在胸中的東西；）二、研究目前底恐慌。除了替民聲寫論文而外我不過是隨時紀錄，但是這已經佔去我底很多時間。我想明年春季我和你或者必須合作一本關于這事件的小冊子，算是提醒德國公衆我們都還活着而且還是和從前一樣。』這提議並沒有結果，因爲那恐慌其實不會激動羣衆，然而這至少使馬克思有充分閑暇來實行他底計劃的理論部份了。

十天之前馬克思夫人曾經寫信給在澤稷的將死底斯克拉木說：『我們覺得美國底恐慌影響了我們自已底錢包因爲卡爾由此每週祇寫一篇論文而不寫兩篇給民聲了——這報紙已經不收歐洲的一切通信，除了台拉（Bryard Taylor）和卡爾的而外——但是你能夠想像到這摩爾人是何等喜歡呀。他底工作能力已經完全恢復了，那清新愉快底神氣是他這幾年來所未曾有過的。自從我們失去了我們底小孩之後，那時的大悲愁是常常使我們傷心的。卡爾在白天爲我們底每日麵包工作夜裏則爲完成他底政治經濟學著作而工作。現在這樣一本書的確是必要的，我們總可以爲牠找到一個難得底出版家的吧。』謝謝拉塞爾底努力確實找到一個出版家了。

一八五七年三月拉塞爾又以老朋友底口氣寫一封信來，但是表示驚異爲什麼這樣長久不曾得到馬克思底信，雖然他自然不知道那理由。馬克思並不回答這一封信，雖然恩格斯勸他回答。同年十二月拉塞爾又寫信來，這一次是關於一件具體事務的。他底表弟弗里特朗得（Max Friedlander）請他轉請馬克思投稿於維也納日報（Die Presse）；因爲弗里特朗得是這報紙的一個編輯。這一次馬克思回答了，拒絕了弗里特朗得底提議，聲明他雖然『反法』也同樣『反英』，的確不願爲帕米斯頓寫文章。拉塞爾埋怨道雖然感傷並不是他底缺點之一，而馬克思不回答他底四月底信却使他傷心了。于是馬克思『簡單而冷淡地』回答道他不回信是爲了難于寫出的種種理由，雖然這封信是短底他曾經通知拉塞爾他要出版一部政治經濟學著作。

一八五八年一月間拉塞爾底赫拉克里丟斯（Heraclitus）●寄到倫敦附帶着這本書在柏林知識界中所得到的熱烈歡迎的一些評論，在十二月的那一封信裏拉塞爾就已說過要寄這一本書來單郵費就是兩先令,『就證明這書底不受歡迎,』而且馬克思對于那內容也沒有好評。那『學識淵博底表現』並未感動他,而且他說繁徵博引是容易底事,倘若有充足底時間和金錢,又能夠從邦恩大學圖書館借到一切必要底書籍。拉塞爾自鳴得意于這一切哲學底燦爛底織物,好像初次穿着漂亮衣服的人似的。馬克思輕視拉塞爾底淵博是不公道的,但是他底態度可以由這事實得到說明:他不喜歡這本書的理由正是那般以炫學為職業底教授們喜歡牠的理由,就是一個有大革命家聲名的青年顯示了那麼多的古舊智識。無論如何,這書的大部份是寫成于出版之前十多年的。

拉塞爾還不明白馬克思底『簡單而冷淡』底回信中所有的嚴重意味,他誤解了——顯然正直底地,雖然馬克思懷疑那是故意裝作的——兩人之間必須面談的表示,以為馬克思有一兩件並不緊急底事要到有機會時候纔告訴他。一八五八年二月他又寫信來,並未顯露絲毫煩惱,而且盡力描寫柏林資產階級對於普魯士太子與英國公主結婚的狂歡熱鬧。同時他自願替馬克思接洽一個出版家發行後者底政治經濟學著作。馬克思接受了他底援助,三月尾拉塞爾和他自己底出版家鄧克(Franz Duncker)已經定了合同,而且得到比馬克思所要求的更好底條件。馬克思要求這著作分部出版,而且很願意放棄第一部的任何報酬問題,但是拉塞爾獲得了每張印刷紙㊀三個弗里特利乞斯杜㊁的稿費,雖然當時通常底酬金不過是每張印刷紙兩個弗

●希臘哲學發源於小亞細亞的哀阿尼亞(Ionia)創始者是米里丟斯(Melitus)的泰里斯(Thales),大約生於紀念前六四〇年,號稱為自然哲學派,這一派的重要份子有安納西孟德(Anaximander)安納西門斯(Anaximenes)和赫拉克里丟斯。

㊀十六頁。

㊁(Fri drichsdor)普魯士的金幣,約值十六至十七馬克。

里特利乞斯杜然而那出版家保留着中止發行的權利，倘若第一部的銷路不好。

九個月之後馬克思纔完成了他底第一部原稿因爲肺病復發和家計困難阻礙着他底工作。一八五八年聖誕節，馬克思底家庭狀況顯得『比以前更黑暗更無望』了。一八五九年一月二十一號，『那多難底原稿』是完成了但是家裏並『沒有一文錢』來買郵票和掛號『我想沒有誰人曾經著作「錢」的問題而他自己這樣缺乏牠的了。寫過這種主題的最大多數作家們都是和他們所研究的對象維持着最好關係的，』這是馬克思寫信給恩格斯要求後者寄郵費來所說的話。

五　「政治經濟學批判」

關於政治經濟學寫一部透澈的著作，以探究資本主義生產方式的基本原理，馬克思底這計劃在實行之前曾經想了大約十五年之久了。甚至在三月革命以前他就已考究過那觀念而對於普魯東的答覆正是這考究的結果之一。當革命鬥爭的那幾年過去之後，他立刻又致力於那觀念一八五一年四月二號他寫信給恩格斯說：『我現在達到了結束我在經濟學上的一切勞作的一點。我就要在家裏著作我底書而且到博物院去苦攻別底科學這一開始是麻煩的。自斯密·亞丹和李嘉圖以來政治經濟學並沒有根本底進步，雖然在個人研究的方法上曾經有過很多成績，有些眞是頂好底。』恩格斯高興地回信道：『我喜歡你終於結束你底政治經濟學的研究。這事眞是拖延得太久了，』但是作爲一個有經驗底人他加添說：『在還有你認爲重要而不曾讀過的一本書放在你前面的時候，你總是不肯動筆的。』恩格斯時常相信除了其他一切困難而外『那遲底主要原因』總是發見在他底朋友底『自己狐疑』之中。

這種『狐疑』絕不是膚淺的，而恩格斯也不以爲那是膚淺的。在一八五一年中馬克思並未完成他底著作，而是完全從新開始寫作在政治經濟學批判第一部的導言中他說明過那理由：『大不列顛博物院裏儲藏着適合於政治經濟史的材料多得驚人倫敦特別提供了考察資產階級社會的種種便利，並且由於澳洲和加利弗尼亞金鑛的發現而使資產階級社會的發展達到了一個新底階段。』他也指出他替紐約民聲工作的八年使他底研究屢次中斷，而且他也可以加添說這著作在某一程度上被阻於政治鬥爭——這對於他時常是頭等重要的。最後使他伏在書桌上把多年以來積聚在心上的那些事情黑白分明地寫下來的動因是他要預測工人階級革命運動復興的前途。

對於這一點，他和恩格斯的通信提供了明顯底證據，因爲他們從未停止過經濟問題的討論，而且偶然發展爲正規底論文——人也可以把這些論文稱爲『頂好底』。其中偶然有幾節表示給我們這兩朋友之間怎樣交換意見。有一次恩格斯寫過他自己是『著名底懶於從事理論(en fait de theorie)』的，這種惰性是他自己所反對的，然而那反對不夠使他澈底改正；又有一次馬克思嘆息說：『倘若人們知道關於這一切事情我所知道的是何等少呀！』❶這話是因爲一個製造家說馬克思自己從前必定是一個製造家所引出來的。

倘若把這些幽默底誇張打一個折扣，那麼剩餘的就表明恩格斯比馬克思更熟識資本主義社會的內部構造，而後者底敏銳底推理能力更能夠求出那社會發展的定律。當馬克思把他底著作的第一部的計劃概略寫給恩格斯的時候，後者回信說：『你底概略眞是很抽象，我以爲這是因爲力求簡單的緣故勢所不免的。關於辯證底轉變過程我覺得很有些困難，因爲一切抽象思想對於我現在都變爲生疏的了。』另一方面馬克思時

❶這句話有兩種意思：一方是說人們並不知道他知道的很少，一方是說幸而他知道的並不很少。——譯者。

常覺得難於理解恩格斯解答給他的問題：關於工商家估計成本的方法，或關於機械損耗的問題，或關於獲利的活動資本的計算法。馬克思也埋怨說在政治經濟學中，實際利害的事體和理論底必然性的事體是遠離着的。

一直到一八五七至五八年間馬克思並未眞正開始給與他底著作最後形式，這是可以由那計劃的屢經變革而在書裏並無顯著痕跡這事實看出來的。一八五八年四月他還想要在第一部中討論『一般資本』，但是第一部雖然比較他原來底計劃延長了兩三倍，仍然沒有論到資本、不過有兩章討論商品和錢幣而已。馬克思以爲這樣作法的優點是使批評者不能夠祇是憑空責駡，但是他忽略了他因此授與批評者一致緘默的有力武器這事實。

在導言中他敍述他底科學研究的發展過程，其中綜述史底唯物論的著名底一節是值得引出來的：『我的考察（關於黑格爾底法律哲學）使我達到這結論：法律關係或國家形式都不能在牠們本身之中得到理解，也不能從所謂人類思想的一般發展上得到理解。牠們底根源在於生活的物質條件——黑格爾依照十八世紀英法學者的先例把這些條件的全體性綜合爲「有產者社會」這名詞——所以有產者社會的解剖學必須求之於政治經濟學之中……我所達到的一般結果，構成我繼續研究的指導路線，可以綜述如下：在社會生產之中人們進入完全獨立於他們底意志之外的特定底和必然底相互關係，即依從物質生產力發展階段而定的生產關係。這些生產關係的全體性形成了社會的經濟結構，即法律底和政治底上層構造的物質基礎、而且種種特定底社會意識形態都相應於這基礎。

『物質生活的生產方式決定一般生活的社會底、政治底和思想底過程。決定人們底存在的不是他們底意識而正相反，決定他們底意識的是他們底社會存在。人類發展到某一階段的時候社會的物質生產力衝撞着歷來運行於其中的現存底生產關係或現存底財產關係——這是同一事物的唯一底法律表現。然後這些關係就從發展生產力的形式變爲生產力的桎梏，於是一種社會革命的時代就由此開始。因由社會的經濟基礎上的這種變化，整個龐大底上層構造也就或急或緩地變化了。當觀察這些變化的時候人必須時常分別出生產的經濟條件中的變化——這是必須以科學底精確記錄下來的——與法律、政治、宗教、藝術、哲學等的形態，總之，人類認識這衝突和破除這衝突的種種觀念形態。正如評判個人的時候不能以他自以爲他是什麼爲準一樣，評判這樣一個變化的時代也不能以牠自身底意識爲準，倒是必須從物質生活的矛盾，從現存底社會生產力和生產條件之間的衝突來解釋這種意識。某種社會形式並不會衰敗於牠還未曾盡量發展了按照牠自身底發展階段所應有的一切生產力之前，所以新底和更高級底生產關係當牠們存在的物質條件在舊社會自身的硬殼中未曾發展之前絕不能代替舊有的生產關係。所以人類絕不致力於他自身所不能遂行的事業，因爲倘若更加嚴密地考察這事就必然會發見一種事業絕不會自行出現遂行之道，除非這樣遂行的物質條件已經發展或至少正在發展過程之中。概括地說來，亞洲式底古代底，封建底和現代有產者社會底生產方式都可以稱爲經濟底社會形式的進步階段。有產者社會底生產關係代表社會生產過程的最後矛盾形式，那矛盾不是各個人底衝突，而是從多數個人的社會生活中發展起來的一種衝突。然而，在有產者社會機構之內正在發展着的生產力同時也創造着清算這種衝突的物質條件。所以，人類社會的初級歷史將隨這種社會形式而告完結。』

在馬克思題名爲政治經濟學批判的這著作中，他走了決定底一步，越過由斯密・亞丹和李嘉圖所發展起來的資產階級政治經濟學的界限。這種政治經濟學的最高成就是指出一種商品的價值以生產該商品的勞動時數而定，但是牠把資產階級生產方式看作社會生產的永久底和自然底形式，因而假定價值的創造乃是人類勞動力的天然特性——如個人的具體底和個別底勞動力所表明——於是在這種假定上牠把牠自身纏在無法解决的一貫矛盾之中。馬克思却不把資產階級生產方式看作社會生產的永久底和自然底形式，而祇是看作繼承着前代各種形式而來的一種社會生產的特定底歷史形式。站在這觀點上他澈底考察勞動力的這種產生價值底特性。他考察了產生價值的是哪種勞動力，爲什麼產生和怎樣產生，以及爲什麼價值不過是這種勞動力的具體化。

由此他達到了理解政治經濟學所依據的『要點』：在資產階級社會中勞動力的雙重性質。個別底具體底勞動力創造使用價值。而無差別底社會勞動力則創造交換價值。以勞動力創造價值，而論那是在一切社會形式中都是如此的。作爲在某一形式中利用天然資料的一種有益活動勞動力的使用是人類生存的一種自然狀況，存在於人類與自然之間的代謝作用❶的一種狀況，完全和一切社會形式無關。勞動力必需有牠能夠工作的資料作爲工作的先决條件，所以牠並不是牠所產生的財物的唯一本源。在各種使用價值的生產之中，不論勞動力及其原料的關係如何使用價值總含有一種自然底實體。

交換價值就不同了。牠並不含有一種自然底實體，而勞動力是牠底唯一本源，也就是含有交換價值的一切財物的唯一本源。以作爲一種交換價值而論，一種東西的使用價值與其他任何東西的使用價值確是相同的，倘若牠是出現在正確底比例之中。『一座皇宮的交換價值是可以用某種數量的鞋油罐來表明的。另一方

❶ (metaloliism) 營養物在有機體內的變化。

面，倫敦鞋油製造家曾經用多少座皇宮來表明過多少倍數鞋油罐的交換價值。」因爲商品與商品互相交換並不計及牠們存在的自然條件，並不計及牠們可以滿足什麽需要，牠們是代表同一單位的，不論牠們底外形怎樣不同。牠們都是那一致底無差別底勞動力的成果，「而這勞動力無論是出現在金，鐵，麥或絲的形式中都是無所區別的事，正如氧不論是出現在鐵鏽中，空氣中，葡萄汁中或人類血液中都是無所區別的一樣。」

種種使用價值都由於產生牠們的勞動力不同而不同，但是產生交換價值的勞動力却不因爲產生使用價值的特殊材料而有所區別，也不因爲勞動力自身的特殊形式而有所區別。牠是一致底，無差別底抽象底一般勞動，所以牠的差別不在品類上，而祇在數量上，祇在牠集結於各種內容的使用價值中的各種總量上。抽象底一般勞動的各種數量祇能用時間來計算，而時間自身通常被分爲時，日，星期等等。勞動時間是勞動的顯活憑據(living existence)，不論牠底形式，牠底內容或牠底特性是怎樣的。作爲交換價值，一切商品都不過是集結底勞動時間的特定數量。所以，集結於使用價值中的勞動時間是使使用價值成爲交換價值和商品的本質，而同時也是計算商品中所含價值的特殊總量的標準。

這種雙重性是商品生產所特有的一種勞動的社會形式。在原始共產主義之下——這種社會形式是可以發見於一切近代民族的歷史的開端的——個別勞動是直接融合在社會組織裏面的。在中世紀所盛行的勞役償債和以物酬勞之中，形成社會聯繫的是勞動的特殊性而不是牠底共同性。在女紡男織專供家用的家長制農業家庭之中，棉線和麻紗是社會的生產品，而紡織則代表家族限度以內的社會勞動。家族與牠底自然分工的聯繫給與了勞動力的生產品牠底特性。棉線和麻紗並不作爲那共同性底勞動時間的統一表現而實行交換。祇有在商品生產之下個別勞動纔變爲社會勞動，因爲牠具有牠底直接對立物的形式，抽象底共同性的形式。

現在一個商品是使用價值與交換價值的直接統一體，而同時牠祇在和別底商品有關係的時候纔是商品。商品與商品相互間的眞正關係是在交換過程中。各不相關的各個人進入這種過程中的時候，商品同時代表使用價值和交換價值，滿足特殊需要的特殊勞動和可以與其他一切等量的一般勞動互相交換的一般勞動。商品交換的過程必然顯露和淸算這矛盾集結在特殊商品中的個別勞動必須具有直接底一般性質。

作爲交換價值，各個分離底商品變爲計算其他一切商品的價值的標準。另一方面，各個個別商品——在其中別底一切商品計算牠們底價值——都變爲交換價值的適當憑據，於是交換價值變爲一種特殊專用底商品，這商品由於把其他一切商品轉化爲貨幣而直接具體化了一般勞動時間。因此這樣底商品所有的矛盾就解決在一種商品之中：雖然有特殊底使用價值，還是可以作爲一般底等值因而對於一切商品都有使用價值——通用底價值。這一種商品就是——貨幣。

商品的交換價值使牠自身結晶在作爲一種特殊商品的貨幣上。這種貨幣的結晶作用是交換過程的必然產物——在那過程中勞動力的各種產物都被實現爲互相一致，因而實行變爲商品了的。交換過程是由本能發生而沿着歷史底路線發展下來的。簡單底交換交換過程的原始形式代表使用價值開始發展爲商品，而不是代表商品發展爲貨幣。交換價值越更發展則使用價值就越更發展爲商品，這就是說，交換價值越更發展爲一種獨立形式，不再受制於特殊使用價值，則貨幣的發展的必然性就越更增大。當初担任貨幣的職務的是一種特殊的商品或是具有一般使用價值的某些商品，譬如牲畜，穀類和奴隸等等。隨着時代的演進，多少有些不適合底商品都曾經表演過貨幣的各種作用。末了，這些作用終於全都歸結到貴重金屬上，因爲牠們具有可以使一切商品的貨幣性結晶於其中的特殊商品所必需的種種物性——這些物性都直接發生於交換價值自身的本性，就是牠底使用價值的經久性，牠底無限分割性，牠底成份的一致性，以及這樣一種商品的一切標準底一致性。

在貴重金屬之中黃金逐漸更加變爲唯一底貨幣商品。牠成爲價值的標準，價格的標準以及別底一切商品的流通手段。謝謝這商品翻筋斗變爲黃金，集結在黃金中的特殊勞動力纔被保留爲抽象底一般底勞動力，社會底勞動力。倘若這種商品不能完成這種變質作用，那麼牠就失掉牠底存在的目的，不但不能作爲一種商品，也不能作爲一種生產品，因爲牠是一種商品不過是因爲牠對牠底所有者並沒有使用價值。

於是馬克思表明：由於商品底內在底價值性的緣故，商品與商品交換爲什麼和怎樣必然產生商品與貨幣的對比。在貨幣——牠自身是具有特殊性質的一種自然物——之中，他承認有一種社會生產關係，而且他說明了近代資產階級經濟學家們所給與錢的種種混亂解釋，由於指出他們以爲他們已經確定爲一種物的東西忽然顯現爲一種社會關係，而他們幾乎確定爲一種社會關係的東西忽然開玩笑似地顯現爲一種物。

當初，這種批評底考察所煥發的光輝甚至作者底朋友們也覺得眩目甚於啟示。李卜克內希說他對於一種著作從來沒有這麼大失所望過，而米格爾覺得其中『很少真是新底』。拉塞爾稱讚這著作底形式，毫無妒意地認爲在他自己底赫拉克里丟斯之上，但是當馬克思覺得拉塞爾的『稱讚』使他猜疑後者對於經濟事項很少理解的時候，這一次他是猜對了的，因爲不久之後拉塞爾就表明他並不理解這本書的『要點』：產生使用價值的勞動力與產生交換價值的勞動力之間的區別。

倘若馬克思底著作在可以期望理解的人們的手中得到這樣待遇，那末對於別底人們還能有什麼期望呢？一八八五年中，恩格斯說馬克思已經提出了頭等高明底貨幣理論，而且這理論已經默默地被採取，但是七年之後德文政治經濟學大辭典（Handworterbuch der Staatswissenschaften），這資產階級政治經濟學的標準著作發表了論貨幣的五十個縱列的一篇長文，複述了早已陳腐底一切理論，而連馬克思底名字都不提，結論是說貨幣是不可解之謎。

眞的，已經把錢崇奉爲上帝的世界怎樣會誠心去理解牠呢？

第十章　王朝的興替

一　義大利戰爭

一八五七年的恐慌並未發展爲馬克恩和恩格斯所期望的無產階級革命，但是牠並非沒有革命底效果，縱然這些效果祇顯現爲王朝興替的形式。義大利聯合王國興起了，不久之後德意志聯合帝國也興起了，而舊法蘭西帝國卻消滅了。

事變的這種結果是由於資產階級的倒行逆施：牠從未執行牠自己底革命戰鬬，而且自一八四八年革命以來，牠已經逐漸不容許無產階級替牠作戰。而且在這革命中，尤其是在巴黎的六月鬬爭之中，無產階級已經革除了任隨資產階級僅僅把牠自己利用作炮灰的舊習，已經要求分享那用牠自己底血肉和勇氣所獲得的勝利的成果。

結果，甚至在革命的那幾年間，資產階級除了唆使逐漸不可靠底無產階級替牠從火中取栗而外早已企圖勾結別種勢力了。而在德國和義大利尤其如此，就是說，在這些國家之中當時歷史發展的主要任務是創立統一底國家，這是使資本主義生產力得以充分發展的必要條件。這問題的明顯底解決方法是把君臨全國的權位奉獻給諸侯之一，而以給予資產階級充分發展資本主義剝削的地盤爲交換條件。然而，這計劃迫使資產階級放棄牠自己底政治理想而祇能以利潤爲滿足：因爲要獲得諸侯的援助而自願臣服於諸侯底統治。

所以，甚至在革命的那幾年間，資產階級就已開始獻媚於各邦諸侯，於最反動底王。在義大利得到這種奉承的是薩爾丁尼亞(Sardinia)王國，在這「武裝底耶穌會員」的小邦之中，如德國詩人的所申訴，「數士和奸商吸盡了人民底膏血」而在德國得到這種奉承的是普魯士王國，那時正在愚民主義者東厄爾巴軍事貴族的鐵幹之下。當初資產階級在義大利和德國都沒有成功。薩爾丁尼亞國王阿爾培(Albert)不贊同使他自己成爲「義大利之劍」這是眞的，然而他終於被奧國軍隊戰敗而逃亡，死在外國。而普魯士國王威廉第四(Frederick William IV)則拒絕德國資產階級獻給他的德意志帝國的皇冠，因爲他以爲牠是純然虛榮底，用膠泥製成底帽子。他卻喜歡以革命爲犧牲而翻尸盜骨，雖然他慘敗了——這與其說是由於奧國底劍不如說是由於阿爾牟茲❶的奧國底鞭。

然而工業底繁榮——曾經削弱了一八四八年的革命力量——在義大利和德國變成了推進資產階級利益的有力底槓杆，而且使這兩個國家的國內統一成爲比以前更急迫和更必要的事情。一九五七年恐慌爆發，資產階級覺悟到資本主義底光榮有全盤破壞的危險，然而事情終於開始變動——首先是在義大利。這不能認爲是義大利資本主義的發展超過德國的表徵。正相反，義大利那時完全沒有大規模的工業，因此資產階級和無產階級之間的矛盾也還未發展到引起互不信任的程度。更不能忽視的是這事實：義大利的不統一是外國統治的結果，而推翻這統治是全社會各階層的共同目的。奧國直接統治着倫邦特(Lombardy)和威尼斯(Venice)省，間接統治着中央義大利各邦，那些小朝庭是聽命於維也納的哈布斯堡(Habsburg)皇室的。反對外國束縛的鬭爭曾經在義大利不斷地進行了二十年，而且這曾經引起一方面的野蠻壓迫和另一

❶一八五零年普魯士擴張派的氣勢被奧國在阿爾牟茲(Olmütz)的外交政策所挫辱。

方面的殘酷報復。義大利底雙口長劍是奧國底皮鞭的必然回答。

然而，一切恐怖行爲，暴動和反抗對於哈布斯堡氏的優越勢力顯然是無用的，甚至在革命的那幾年間義大利的一切叛亂也全都失敗了。義大利必能憑牠自己底力量爭取牠自己底獨立(Italia fara dase)這預言顯然是一種錯覺。義大利必需外援以推翻奧國的束縛，所以牠轉而求助於牠姊妹邦，法蘭西。維持義大利和德意志的國內分離本來是法國外交政策的傳統原則，但是坐在法國帝位上的那冒險家是準備談判這宗交易的。當法國被限制於第一帝國崩潰之後由歐洲列强所劃定的疆界之內的時候，第二帝國乃是一種趣劇。法國必需領土底征取，但是假拿破崙並不能像眞拿破崙那樣能幹。假拿破崙祇好假藉他的所謂叔父的「民族主義」把自己裝扮成被壓迫民族的救世主，自然他底友誼援助總是以土地人民的報酬爲條件的。

同時整個局面不允許他實行多方冒險。他並不能發動一次歐洲大戰，更不必說革命戰爭，他所能作的充其量不過是在別底列强縱容之下痛擊歐洲的替罪羊而已。在五十年代之初這替罪羊是俄羅斯，而在五十年代之末卻是奧地利。奧國侵略者在義大利內所維持着的可恥底統治已經發展爲歐洲底恥辱，同時哈布斯堡皇室已經和神聖同盟的老同事們發生爭鬬，爲阿爾牟茲而和普魯士爭鬬，爲克里米亞戰爭而和俄羅斯爭鬬。其實，以企圖攻擊奧地利而論，假拿破崙確是俄羅斯的助手。

法蘭西國內的局勢正在急需對外的政治行動以扶持假拿破崙派的權威。一八五七年的商業恐慌已經麻痺了法國工業，而又因爲政府竭力阻止恐慌爆發的策略，那災害已經變爲慢性，使法國貿易陷於停頓好幾年。結果，資產階級和無產階級都正在變爲反叛的，甚至農民，這暴力政變的政權的主要支柱，也開始怨憤不平。一八五七至五九年間的穀價暴跌使農民大聲說道：因爲他們的農產品的低賤和課稅的苛重，耕植快就要成爲不可能的了。

在這種情勢之中，假拿破崙很勤心於薩爾丁尼亞王國總理大臣加富爾(Cavour)的慇勤游說。加富爾執行着阿爾培王的傳統政策，但是異常巧妙。然而，單是外交手腕的運用，他並未能使事情有所進展，因爲拿破崙第三的遲疑不決底性質難於使他採取任何果斷。然而，義大利行動黨插手在賭局裏面，迫使這『自由保護者』趕快決定。一八五八年一月十四號奧西尼和他底同黨擲了幾個炸彈在法國皇帝御用馬車旁邊，那馬車被七十六個碎片所打中。車裏的人們並未受傷，但是假拿破崙照例用恐怖回答了這等人物。然而，他歷來的狂暴正是表明他的已經延長了七年的政權其實是建立在很不穩固底基礎上的，同時奧西尼在獄中寫給他的信使他感覺一種新的戰慄。奧西尼說：『記着吧，當義大利不曾完成牠自己底獨立的時候，歐洲的和平和你底心裏的和平，始終不過是一種幻想。』據說，奧西尼在第二封信裏說得更爲爽直。在冒險生活的多疑不安之中，拿破崙第三又被義大利亂黨夾纒住，他分明覺得他們底報復不是一件可以忽視底事。

所以，一八五八年夏季，他邀請加富爾到卜洛木比勒(Plombieres)來會他，在那裏他倆安排了一局對奧小戰爭。薩爾丁尼亞將要收復倫巴特和威尼斯省，組織上義大利王國，而以塞孚尼(Savoy)和尼斯(Nice)讓給法國爲報酬。這一次外交買賣根本談不到義大利的獨立和自由，也不曾談到中義大利和南義大利，雖然雙方各有各的打算。拿破崙第三不願放棄法國傳統政策而推進義大利的統一，正相反，他想要維持敎皇的權力和創造一種可以施行挑撥間離義大利諸侯王的聯盟，以保持法國的霸權；而且他着意要爲他底堂弟哲洛米(Jerome)創立一個中義大利王國。另一方面，加富爾卻以爲一旦上義大利成爲一個强國，跟着民族統一運動的盛大發展，他就可以制止一切侯王的分離傾向。

一八五九年元旦日拿破崙第三召見奧國大使，通知他法國的意向，幾天之後薩爾丁尼亞國王也昭告世界他不能不聽取義大利人民的悲痛底呼籲。這些恐嚇是維也納所充分明瞭的，戰爭的爆發日益迫近，同時奧國政府愚蠢到被誘爲攻擊者了。已經半破產，而又爲法國所攻擊，爲俄國所威脅，奧國政府是難於應付的，而英國保守黨的微溫底友情並沒有多大幫助，於是牠設法爭取日耳曼聯盟的支持。在盟約上聯盟並沒有防禦盟員所有的任何非日耳曼領地的任務，但是奧國政府企圖使牠來盡這種任務，提出了一個戰略底口號：保衛萊因必須佈防於玻（Po）㈠河沿岸，換一句說，牠要使那聯盟相信維護奧國在義大利的佔領地對於德國是生存攸關的大事體。

自一八五七年恐慌爆發以來德國也發展着一種國民運動，但是這和義大利的國民統一運動不同，而那不同並不足爲德國之榮。德國的國民運動並不是由於憤恨外國統治而激動起來的，而且，自一八四八年以來，德國資產階級就已懷着懼怕無產階級的心理，雖然後來事實證明到底不是那麼可怕。然而，巴黎六月的日子卻是一個凶險底警告。一直到一八四八年爲止，法蘭西的帝制算是德國資產階級的理想，但是此後牠就轉向英國，以爲英國的資產階級和無產階級似乎是能够互相調和的。普魯士太子和英國公主的結婚曾經在一切善良底資產者羣中引起狂喜歡躍，而且當精神病底普魯士國王於一八五八年秋季把政權交給他底兄弟的時候，後者就任命一批馴善底自由主義者組織內閣——但絕不是爲了自由主義的理由——於是就爆發了拉塞爾所謂『牛族登位慶典』的歡呼。因爲不敢惹惱攝政王，這高貴底資產階級就否認了一八四八年本階級的英雄們，而且當新內閣實際上和舊內閣一樣的時候，牠並不抗議，卻提出了這有名底口號，『溫和地工作

㈠在義大利西北部，法義邊境。

呀!」因爲怕引起那新統治者的不高興，他一不高興就會掃掉那「新紀元」的，這「新紀元」照他底怪想法不過像是牆上的影子似的東西而已。

當戰雲密佈的時候，德國民族統一的浪潮開始高漲。加富爾爲義大利統一工作的方法很感動着德國資產階級，牠是早已選定普魯士來擔任薩爾丁尼亞的任務了的，但是德國世仇的法國攻擊德意志聯盟的奧國卻使德國資產階級滿懷疑懼甦醒了不愉快底紀念。或許假拿破崙想要恢復眞拿破崙的種種傳統的吧?或許奧斯特里茲(Austerlitz)㊀和耶拿㊁(Jena)的時代又要重來，而且外國統治的鎖鏈又要啷噹于德國的吧?受奧國政府津貼的日報(Jaurnaille)就竭盡全力，胡湊一切理由使德國資產階級相信牠底疑懼的現實性，而同時描繪出一幅「中歐霸權」的童話圖形：在奧國領導之下，包括日耳曼聯邦，匈牙利，斯拉夫，羅馬尼亞，多腦河地帶，阿薩斯洛崙，荷蘭，天曉得還有些什麼地方。另一方面，假拿破崙當然也放出他底文筆小販們，指天畫地，誓言他們底雇主絕無奪取萊因沿岸的惡意，而他攻擊奧國完全是出於道義底考慮，老實說，爲歐洲文化的利益云云。

當然，善良底德國庸衆在這矛盾宣傳的紛紜之中很難確定他們自己底意見，但是他們逐漸開始傾聽哈布斯堡魔術師的號召，有些相信所謂拿破崙復興的災害了。哈布斯堡派的議論是投合於他們底醉後興奮底愛國心的，而要人相信假拿破崙的文化使命卻是太過奢望。然而無論如何，局勢是這樣複雜，以至那些慣於處理政治糾紛——革命鬪爭——的人們，在一切根本問題上意見絕對相同的人們，關於德國對於義大利戰爭

㊀屬捷克斯拉夫，一八零五年十二月二日拿破崙第一在此大破德奧聯軍。

㊁屬德國薩克西威馬邦，一八零六年拿破崙在此大破德軍。

應該採取何種實際政策都不能達到一致的意見。

二 和拉塞爾的爭論

在馬克思同意之下，恩格斯首先以他底小冊子玻與萊因加入爭論，而牠底出版是經由拉塞爾向鄧克接洽的。恩格斯底目的是駁斥哈布斯堡派底議論：保衞萊因必須佈防玻河。他指出德國並不必需一手掌大的義國土地以保衞牠自己，而且倘若軍事理由是決定因素，那麼法國對於萊因兩岸比德國對於玻河更有爭取的理由。以純粹軍事觀點而論，奧國統治上義大利對於德國並非不必要，但是，以政治而論，那卻是很有害的，因爲奧國壓迫者所施於義國愛國者的兇暴蹂躪將要使全義大利釀成對德也極其仇恨。

然而，他說，佔領倫巴特的問題是德國與義國之間的事，而不是路易拿破崙與奧國的事。把路易拿破崙作爲第三者而論——他完全祇圖私利和存心反德——德國底態度祇能是佔領該省而在逼迫之下纔讓出，維持着這軍事據點一直到不能守的時候纔撤退。說到拿破崙派的威脅，哈布斯堡派的口號是理由充足的。倘若路易拿破崙以玻河爲藉口，那麼他底真目的確是在萊因，因爲祇要佔領萊因邊境就有了在法國國內鞏固那暴力統治的一切基礎。這是適用一句古諺的典型事例：拿破崙痛打革囊而意在驢子。義大利可以被誘而充當革囊，但是德國卻沒有任何理由定要作驢子。倘若這到底不過是誰必須奪取萊因左岸的問題，那麼德國就不能夢想不戰而放棄玻河和牠底最強固的陣地之一。在戰爭之前和在戰爭之中一樣，要佔據每個可能進攻退守的要點，用不着道德底考慮，用不着研究這種行動是否適合於恆久底正義和民族的原理。在吃緊的關頭人就要用能够拿到的任何武器防衛自己。

馬克思完全贊同這種觀點，讀了原稿之後他寫信給作者說：『非常有力：甚至以這件事的最爲困難的政治方面而論這小冊子將要是一個大成功。』另一方面，拉塞爾卻說他完全不能瞭解恩格斯的態度，而且差不多立刻就發表了他自己論這件事的一本小冊子，題名爲義大利戰爭與普魯士任務，也是由鄧克出版的。拉塞爾從完全不同的前提出發，達到完全不同的結論——據馬克思說是『離奇底錯誤。』

拉塞爾說在戰爭威脅之下興起於德國的國民運動『不過是對法仇恨而已，純然底反法主義（以反拿破崙爲口實，而其實是仇視法國革命底發展。）』在他看來，歐陸兩大民族僅僅祇爲民族主義底幻覺而戰爭，並非由於民族生存攸關而祇是釀成於病態底民族仇恨，浮泛底愛國主義和孩子氣底反法主義的德法戰爭，是極其有害於歐洲文化和眞正民族底及革命底利益的，而這將要成爲自一八四八年三月以來反動派的最可怕底大勝利。他以爲民主派的主要任務是用一切可能方法反對這樣一種戰爭。

他更詳細地指出意大利戰爭對於德國並不是一種嚴重底威脅，而且德國的民族統一是深有賴於義大利獨立鬬爭的成功的。一種上好底原理不會祇因爲一個壞人實行牠就變爲壞底。拿破崙第三或許希望經由義大利戰爭而獲得少許民心，但是使他不能利用這些事以擴張他底私利的卻是民主派的任務。祇因爲一個拿破崙第三人怎樣能夠就反對人歷來贊成的事呢？在一方面有一個好原理和一個壞人，另一方面卻有一個壞原理和一個『什麼人？』拉塞爾提醒讀者們布魯目暗殺事件，阿爾卑茲，荷爾斯坦和布倫塞爾，以及不是出於拿破崙第三而是出於哈布斯堡保皇黨的一切罪惡。他說，德國人民是毫不關心於奧國勢力的維持的，恰相反，奧國的澈底崩潰乃是德國統一的基本條件。義大利和匈牙利取得獨立的時候一千二百萬奧籍日耳曼人纔會返回德國。祇有在那時他們纔會感覺他們自己是德國人，祇有在那時德國的統一纔可能。

拉塞爾分析拿破崙第三的地位，指出這被人估計過高的虛弱者是不能認眞打算對外侵略的，即使對於義大利，更不用說對於德國了。即使這狂人眞正懷抱着征服的幻夢，德國方面爲什麽要表示那樣可恥底疑懼呢？拉塞爾嘲罵那些愛國懦夫，把耶拿之役看作德國國力的經常標準而又被他們自己底恐懼所驅策。他譏笑那些勇敢人物，因爲恐怕很不可能的法國進攻而高呼德國進攻。他指出這是十分明顯的事：倘若德國被迫而抵抗法國那就比牠去攻擊法國更能够發動更大的力量，倘若牠去攻擊法國就會使法國人民集結在拿破崙第三週圍而增强他底地位。

反法戰爭是要實行的，祇要拿破崙第三企圖維持他從奧國得來的贓物，甚或他不過是想爲他底堂弟哲洛米創立中義大利王國。倘若並沒有這些事故發生而普魯士政府還要煽動反法戰爭，那麽民主派必須竭力阻遏這種煽動。然而中立是不够的，在德國國家的利益上普魯士的歷史任務是進軍丹麥發表聲明：「倘若拿破崙第三藉民族主義之名變更南歐地圖，那麽我們就要在北歐作同樣的事。倘若拿破崙第三解放義大利我們就要解放斯乞里斯委——荷爾斯坦。」倘若普魯士繼續無所作爲，那就證明德國帝制派對於國家大事已經無能了。

作爲這議論的結果，拉塞爾被頌揚爲國家前途的預言者，先見到後來的俾斯麥底政策，但是一八六四年俾斯麥所實行的兼併斯乞里斯委——荷爾斯坦的帝王征略其實並無關於一八五九年拉塞爾所主張的解放斯乞里斯委——荷爾斯坦的民族革命戰爭。拉塞爾很知道那攝政王並不會接受他所規劃給他的這任務，不過借此他就有權提出一種符合於德國國家利益的建議，即使這建議立刻會變爲攻擊政府。他有充分理由指示激動底羣衆正確道路而使他們脫離錯誤道路。

然而，除了他在那小冊子裏所提出的這些議論而外，他還有「不便明言底動機，」如他寫給馬克思和恩格斯的信中所解說。他知道那攝政王將要加入奧國方面參與義大利戰爭，對於這一點他並不覺得很困難，因爲他以爲這戰爭或許會失敗而且可能從那必不可免的變動局勢中造成革命資本，但是有一個條件：應該使國民運動自始就把攝政王底戰爭看作朝庭的事，並沒有任何國民底理由在拉塞爾看來，反法的非國民底戰爭將要是革命的「一大機會，」而在這戰爭中人民在朝庭領導之下卻要得反革命的結果——這是他在那小冊子裏雄辯地說明了的。

所以，從他底觀點看來，恩格斯在他底小冊子裏所提出的戰略多少是不可理解的。以軍事觀點而論恩格斯已經輝煌地證明了德國並不需要玻河防衛牠自己，而他進而主張在戰爭中必須佔領玻河——就是說，德國應該援奧反法——卻使拉塞爾大不以爲然了，因爲佔在奧國方面打退拿破崙的攻擊顯然祇能有反革命底後果。倘若奧國由於日耳曼聯盟的援助而成功，那麼就沒有什麼可以阻止奧國支配上義大利的了，這正是恩格斯所痛惡的事，而奧國在德國的權威將要因此增强，而那無聊底日耳曼聯盟的政治生命將要僵尸復活了。卽使勝利底奧國推翻了那法國的篡位者，這也不過是要使布爾彭❶舊政權來代替他罷了，這對於法國或德國的國民利益都無所稗益，更不用說革命的利益了。

要理解馬克思和恩格斯所提出的觀點，人必須認識他們也像拉塞爾一樣有他們底「不便明言底動機，」而且雙方都爲了同樣理由，如恩格斯寫信給馬克思所說：「我們底黨的利益，政治底或論爭底，在德國是絕對不能公開提出的。」然而，在倫敦的這兩朋友底「不便明言底動機」是不如拉塞爾底那些的清楚的，雖

❶（Bourbon）法國皇室。

然他給他們的信現在還存在，他們給他的信卻散失了，然而他們底那些動機還大致可以從當時他們底一般宣傳活動上認識出來。大約一年之後恩格斯發表了第二個小冊子，題名爲『寨孚尼，尼斯和萊因』反對拿破崙第三兼併寨孚尼和尼斯；在這一冊裏他明白寫出了他底第一冊的觀點。

第一，馬克思和恩格斯都相信德國的國民運動是一個眞正底國民運動。他們相信牠已經『自然地，本能地和直接地』發展起來了，而且有掃除那違反民意底政府的希望。奧國統治上義大利和義大利的獨立運動暫時之間對於這國民運動都是無關重要的事。人民直覺地反對這作爲法蘭西第一帝國的傳統底代表人的戰爭，而這直覺是正確的。

第二，他們以爲德國確是受着俄法同盟的嚴重威脅的。在紐約民聲上馬克思指出法蘭西第二帝國的財政狀況和國內政局都已到了危險關頭，祇有對外戰爭纔能延長法國暴力政權的生命，同時延長歐洲反革命的生命。他恐怕拿破崙派不過是借解放義大利爲口實以束縛法國國內的人民，以控制義大利於暴力政權之下，以推進法國『天然疆界』於德國境內，以轉變奧國爲俄國的工具，以代表合法底和不合法底反革命派欺騙人民加入歐洲戰爭。如恩格斯在第二本小冊子裏所指出，他把日耳曼聯盟援奧的行動看作俄國助法奪取萊因左岸以換取在土耳其橫行的決定契機。

最後，馬克思和恩格斯以爲德國政府，尤其是柏林的那些自作聰明底人們——曾經歡迎過把萊因左岸讓給法國的巴斯勒和約，而且曾經暗中慶幸奧國潰敗於烏爾木和奧斯特里茲——將要拋棄奧國於危難之中。在他們看來德國各邦政府必然被這國民運動所激動，到那時他們所期待的是恩格斯寫給拉塞爾的信中所說：『我們將要同時被法國和俄國所攻擊，戰爭萬歲！因爲在那樣困難環境之中處於急迫的威脅之下，一切黨派，從現在執政的以至柴斯(Zitz)和布魯木(Blum)，都將要倉皇失措，而國家爲拯救牠自己終必轉向於最能幹底黨派。」❶拉塞爾回信說他完全贊同這一點，而且他曾經竭力設法證明倘若普魯士宣戰牠就要落在革命的手裏，但是唯一的條件是自始就應該使人民把這戰爭看作神聖同盟的反革命計劃。倘若事情果如恩格斯所預料，那麼日耳曼同盟的體系，奧國對於上義大利的統治和法國的暴力政權，都全要毀滅的；祇有從這觀點上他纔能够完全理解恩格斯的策略。

這一切都表明爭論的雙方並沒有根本底差異，不過如馬克思在一年後所說『對於情況的估計不同』吧了。他們之間並沒有意見的差異，無論是關於國家的或關於革命的。他們的最後目的都是無產階級的解放，而要達到這目的的絕對必要條件是統一底大國的形成。作爲德國人，他們全是很熱心於獲得德國國民的統一的，而統一的絕對必要條件是廢除德國之內的多個小朝庭。正因爲他們全都注重國民統一，他們沒有一個是支持那些德國政府的，他們全都希望牠們的失敗。在各國政府之間的戰爭之中，工人階級就必須放棄牠自己底獨立政策而把牠底命運交託給統治階級之手，這種漂亮觀念是他們誰也不曾想到的，因爲他們底國民精神太眞切而且根深蒂固，被朝庭的口號所欺騙是不可能的。

然而，時局複雜起來了，革命底那幾年的經驗和遺產開始被淸算於朝代變換的時期，而且在革命底與反革命底目的混淆不清之中要採取正確態度多半不是原則的問題而是事實的問問。應該在實踐上加以考驗的不是那觀點而是阻礙這觀點的實踐的當前事勢，因此，以大體而論，拉塞爾的『對於情況的估計』顯然是比較馬克思和恩格斯更爲正確的。這兩朋友不能不償付對於德國實情這樣長久失去接觸的代價。他們也過

❶原信失散，但此節還完全保存在拉塞爾的回信中。

高估計了沙皇的侵略野心以及滿足這野心的實際可能性。拉塞爾聲言德國的國民運動不過是由於傳統的對法仇恨，這或許是誇張的話，但是，無論如何，這運動確不是革命的，如後來牠底流產的可憐底結果所表明——並無所謂德國國民的團結(Nationalverein)。

或許拉塞爾也過低估計俄國的威脅。在他底小冊子裏他祇把牠當作次要的節目，但是，無論如何，這威脅並不是急迫的，而且確如拉塞爾所預言，祇有當普魯士攝政王動員普魯士軍隊和號召日耳曼聯盟動員各小邦軍隊的時候，這軍事示威顯然纔使假拿破崙和沙皇加緊勾結起來。由於派遣到法軍司令部的一個俄國將軍的盡力慫恿，假拿破崙纔對戰敗底奧皇提出和平條件，並且放棄正式要求的一半，以佔領倫巴特爲滿足，而威尼斯省則仍然在奧國統治之下。他爲自己打算並不能進行歐洲戰爭，而俄國則受制於波蘭的擾亂，農奴解放的困難，以及在克里米亞戰爭中所受的創傷，那是一時無法治癒的。

維拉弗朗加(Villa Franca)和約結束了關於義大利戰爭中的革命策略的爭論，但是拉塞爾還一次再次寫信給馬克思和恩格斯重提這件事，而且固執着他底意見，說是事實已經證明他底觀察的正確。因爲我們現在不能找到他們底回信，也因爲他們並不曾如他們所企圖的發表宣言說明他們自己底意見，要評判誰是誰非是不可能的。拉塞爾證實了事件的過程：義大利獨立運動的發展中，義大利各朝庭被受虐待的「子民」所廢除，西西里和那普里被加里波底的義勇軍所征取，而且這大人物說過這一切都曾經阻住假拿破崙底車輪，不能進行他底全部計劃，而坐收漁人之利的卻是塞爭尼王室。

不幸那爭論被這情況所惡化：馬克思不能克制他對於拉塞爾的不信任，雖然他眞誠地念想把他完全爭取過來，宣說他是不會和資產階級政黨妥協的『有力人物。』雖然他底赫拉克里丢斯有些淺薄，到底勝過那些民主黨人所誇耀的任何著作。然而，即使拉塞爾披瀝誠心，伸手向他的時候，馬克思也覺得對待這人是需要外交手腕的。他說，「聰明底對付」是必要的，因爲要使拉塞爾不背囑望；所以最微小底事故也足以引起他的一切舊嫌疑。

例如，弗里特朗得又重新請求馬克思投稿於維也納日報。這請求也是經由拉塞爾轉達的，這一回並不附帶任何條件，但是弗里特朗得終於把這件事擱下了，而馬克思立刻懷疑拉塞爾有意破壞他底成就。還有，當馬克思的政治經濟學批判的印刷由二月初延遲到三月尾的時候，他就確信那是拉塞爾底「詭計」之一而且聲言他不會忘記掉牠。其實這延遲純然是由於那因循底出版家，而且甚至這出版家也有良好底藉口的，說道這延遲是因爲趕印恩格斯和拉塞爾的小册子，牠們是討論時事而更爲急需的呀。

三　流亡者之間的新鬥爭

義大利戰爭的含混性質在流亡者羣中甦醒了舊底衝突和引起了新底混亂。當法國和義國的流亡者們反對義大利獨立運動和法蘭西暴力政權勾結的時候，許多德國流亡者們卻急於重複曾經使他們遭受十年放流的愚行。然而他們離拉塞爾底觀點很遠，甚至滔滔辯護所謂「新紀元」——他們相信這已經由那攝政王的仁德開拓於德國而他們有希望分享的。正如彬里利格萊士輕蔑地說過，他們想要得到寬恕而喧鬧着，急於要作出什麼愛國行動，祇要「攝政王殿下」願意實行金格爾在拉斯台提軍事法庭之前的預言，和抽出劍來建立德國統一。

金格爾又跳出來使他自己成爲這傾向的代言人，於一八五九年一月一號他開始發行赫爾曼●週刊，這古典底名稱立刻顯露了牠底總旨。再引弗里利格來士的話來說吧，牠一下就變爲一切「思鄉病底英雄們」所寵愛的機關報，他們都抖顫着和焦急地等候着允許投入當時德國流行的「集中營內空地上的自由主義，」正因爲這理由牠很是流行，以至壓殺了新時代（Die Neue Zeit）——這是愛加波爾代表工人教育協會所發行的工人階級的小刊物。新時代的生存主要地靠托在印刷者肯賒賬上，而當金格爾獻給印刷者更多利潤和許多可靠定單來承辦赫爾曼的時候，賒賬就不成功了。然而，金格爾底卑鄙詭計甚至資產階級流亡者也不以爲然，甚至自由貿易主義者孚赫也組織了一個財政委員會來拯救新時代。這些努力是成功的，新時代在羣衆（Das Volk）這新名稱之下繼續生存下去了，而且由比斯康（Elard Biskamp）擔任編輯。比斯康是從希西領地逃來的流亡者，曾經從那些省區投稿給新時代而現在是放棄教師職業來盡全力於這刊物的。

不久之後，他伴隨李卜克內希來訪馬克思，打算勸勉他投稿給這刊物。自一八五零年爭論之後馬克思就已和工人教育協會沒有關係，甚至當李卜克內希和協會恢復關係的時候他也還表示不贊成的，雖然李卜克內希堅持沒有工人的工人底黨是一種矛盾名詞曾經得到十分首肯。然而，這是不難理解的事：馬克思未曾立刻克服他底不愉快底記憶，而且使這協會的代表「吃驚」了，由於通知他說馬克思和恩格斯接受無產階級政黨所代表的使命是由他們自己而不是由任何人，因此更加強了舊世界一切黨派對於他們的廣泛而深刻底仇恨。

當初馬克思很不同意於投稿給羣衆的請求，但是當他覺得不能讓金格爾橫行無忌的時候他就贊成李

●(Hermann, or Arminus) 德國英雄曾于紀元九年擊潰伐留斯（Varus）所統率之羅馬大軍。

卜克內希幫助比斯康的編輯工作了，雖然他自己仍然拒絕投稿給這小刊物，以及不由他自己和恩格斯編輯的任何專用底黨底刊物。但是他答應幫助這刊物的發展，選擇紐約民聲的論文轉載在牠上，並且用書面或口頭供給編輯意見。他寫信給恩格斯說：他把羣衆看作「街頭報紙」好像巴黎的前進和德文布魯舍爾新聞一樣，可是，在倫敦有一個報紙在他們支配之下將來或許是很有用的，而且比斯康是值得援助的，因爲他究竟是無所爲而工作的。

當這「街頭報紙」開始惹惱了金格爾的時候，作爲鬪士的馬克思是不會不傾全力來支持牠的。他犧牲了許多精力和時間使這報紙能够勉強自存，出版大型底四面，雖然他並不多投稿，他動員了許多能够出一點錢的同志和同情者，尤其是恩格斯，後者曾經爲牠寫過關於義大利戰爭的軍事論文和關於他底朋友的新近出版底科學著作的批評，還有不能發表的第三篇和第四篇，因爲八月尾這報紙就不能再出了。馬克思維持這報紙的各種努力的最難堪底實際結果是印刷人荷林格要他負責結清印刷費，這是很不合理的，但是「鑒於金格爾之流正在等待時機造成一種公開侮辱，也因爲和這報紙有關係的許多人都不能出席法庭，」馬克思付出五鎊了結債務。

羣衆留給他的另一遺產使他遭受了更大的犧牲和困難。一八五九年四月一號，住在日內瓦的佛格特(Karl Vogt)郵寄一種德國民主派對於義大利戰爭的政治綱領給倫敦的各派流亡者，連弗里利格來士在內，同時籲請他們合作在瑞士出版一種發揚這綱領的新週刊。佛格特是從前大學生政治結社運動中的重要份子孚命(Follen)兄弟的侄子，也曾經是弗郎克府議會中和伯倫一派的左翼領袖之一；而且，那垂死的議會的最後一幕曾經委任他爲五個國家執政官之一。當他寄出這綱領的時候他是地質學教授，而且和日內瓦急進派領袖凡玆（Fazy）聯合，他代表日內瓦出席瑞士議會。佛格特仍然和在德國時候一樣熱心宣傳一種以自然科學爲根據的唯物論，一種很偏狹底唯物論——一涉及歷史範圍立刻就錯誤百出的。他的宣傳的作風正如路格所說是一種「頑童氣派，」而且他編造一些俏皮話來迎合庸俗的色情幻想。他的最流行的俏皮話之一是「觀念對於大腦的關係正如膽汁對於肝或尿對於腎一樣。」這說得太過火了，連一向最擁護他的布希那也覺得的。

當弗利里格來士詢問馬克思對於佛格特底政治綱領的意見的時候，前者得到了這簡括的回答：「下等酒店的政策。」但是馬克思在寫給恩格斯的信裏把這綱領說得較爲詳細：「德意志放棄非德國的領土。不援助奧國。法國底專制是暫時底，奧國底專制是永久底。兩種專制都應該流血而死（這顯然是袒護拿破崙第三的某種傾向。）德國武裝中立。在我們生存期間就不要想德國有一次革命運動，這是據最可靠方面傳說弗格特說過的話。一旦奧國被拿破崙第三所毀滅，一種溫和底自由主義底國家主義就會在祖國之內在攝政王的領導之下開始發展起來，那時佛格特甚或會變爲朝庭的弄臣的吧。」在這封信裏馬克思懷疑佛格特同情於拿破崙第三，後來是證實了的：雖然他並未出版他所提議底週刊，他卻寫了一些研究歐洲時局的論文，毫無可疑地表明了他和拿破崙第三的口號的精神底聯繫。

佛格特也把他底政治綱領寄給從巴登逃來的流亡者布林德，後者在革命的那幾年間和馬克思有些交誼，曾經投稿於新萊因新聞，但是並不屬於馬克思底朋友和同志的內面團體。其實，布林德是把他們的「巴登郡」看作宇宙中心的固執底地方主義底共和黨人們之一。這種人們常受恩格斯的譏刺，他覺得這些「政治家」往往把他們底一切偉大意見熔化爲祇顧自己的私圖。現在布林德來訪馬克思了，告訴他說佛格特是受着拿破崙第三的津貼的，而且他，布林德，能够提供那種種醜行的證據。佛格特曾經企圖以三萬格爾特收買一位南德的作家，而且也曾經想在倫敦實行賄買。一八五八年夏季凡茲和他底朋友們和拿破崙第三的堂弟哲洛米親王曾經在日內瓦開會討論義大利戰爭，而且決定擁戴俄國大公孔士坦丁爲匈牙利國王云云。

馬克思把這些消息通知比斯康，當後者爲羣衆的事來訪問他的時候，而且加添說煊染過甚是南德人底一種缺點。並沒有得到馬克思底許可，比斯康就把布林德底消息作成一篇諷刺論文發表在羣衆上，稱這位「執政官」爲「賣國賊」，而且把載着這論文的那一號寄一份給佛格特。後者在商業實報(Bieler Handelskurier)上回答了這攻擊，「警告」工人們反對「流亡奸黨」，說是這一黨人從前流亡瑞士的時候就以「流氓」等等不堪聽聞底聲名著稱了，現在是由頭領馬克思統帶着聚集在倫敦，企圖在工人羣中煽動叛亂，而那些叛亂是早已被大陸各國的警察調察明白了的，不過是把工人們誘入陷阱而已。馬克思不容許「這卑鄙底攻擊」毀謗他，於是他親自把牠揭露在羣衆上加以公開底輕蔑。

六月初間馬克思到曼哲斯特去，在朋友們和同情者之中爲羣衆募集基金。在他離開倫敦期間李卜克內希發見一本攻擊佛格特的小冊子的校樣，內容有布林德所說的那些消息。排字工人孚格爾 (Vogele) 告訴他說原稿是布林德親自交給他的，而且校樣上的改正字句是布林德底手筆。幾天之後李卜克內希從印刷人荷林格接到一本那印好底小冊子，而且他把牠寄給奥格斯堡的一般新聞，因爲他多年以來都是這新聞的通信員。他寫給編輯者一封信說這小冊子是一個有名底德國流亡者的著作，而牠所揭發的全是可以證實的。

一般新聞發表了這材料，後來佛格特向法庭控訴牠公然毀謗，因此那報紙轉向李卜克內希要求預約底證據。李卜克內希轉而詢問布林德，但是後者聲言一般新聞所引起的麻煩和他毫無關係，甚至否認他是那小册子的作者，雖然他被迫而承認他曾經把牠底內容通知馬克思，而且他自己也曾經把其中的一部份發表在爲格哈提底自由報上。當然馬克思在這件事上完全沒有責任，而李卜克內希也認爲馬克思一定要責備他了，但是後者卻以爲用各種方法暴露佛格特是他底義務，尤其因爲佛格特無緣無故地把他扯拉進這事件裏面。但是甚至他想要使布林德承認那小册子的著作權的種種努力也由于後者底固執而失敗了，於是他不能不寫出排字工人孚格爾底話，大意是說原稿是布林德底手筆，那是他所十分熟悉的，而那小册子是在荷林格底印刷所裏排印的。當然，這並不能證明反對佛格特的任何事實。

當這訟案在奧格斯堡開審之前，籌備在一八五九年十一月十號舉行的大詩人席勒誕生百年紀念慶典引起了倫敦流亡者羣中一種新糾紛。引用拉塞爾底話來說吧，這紀念日是要由國內國外的德國人一致舉行以表現德意志人民的『文化統一』和『民族復興的喜慶佳兆』的。在倫敦也籌備了各種典禮，要在水晶宮舉行大會，提議建立席勒紀念學院和圖書館，並且從此以後在每年詩人誕辰舉行講演會。然而，不幸，金格爾派取得了籌備大權，而且以最可惡最小氣的方式借此開發他們自己底利益。這一派邀請了倫敦普國大使館的一位官員來光臨這紀念會，雖然這人在戈龍尼共產黨案時期曾經得到很不足道底聲名，同時用盡方法使流亡者之中的無產階級份子不能參加集會。有一個慣用筆名畢塔（Beta）的比茲赫（Bettziech），是金格爾底主要底搬弄文墨的助手，以最討厭底方式在園亭（Die Gartenlaube）上歌頌他底功德，同時譏誚工人教育協會會員想要參加慶典。

在這種情形之下，馬克思和恩格斯都很詫異弗利里格士竟會同意出席這種慶典而且在金格爾發表當晚重要演說之後朗誦了一首詩。馬克思曾經警告他底朋友不要和這『金格爾示威』發生任何關係，而且弗利里格萊士承認他也有他自己底疑慮，或許這慶典是金格爾藉以抬高他底虛榮的吧，但是無論如何他以為作為一個德國詩人他不能不參加這慶典，縱然金格爾之流盡力利用這事達到他們底私人目的，而紀念會的總旨究竟是正大的。然而在籌備期間就發生了一些「特別事故」使弗利里格萊士覺得（他底天性怎樣祇願看見人和物的最好方面，而且從最好底角度去看）到底馬克思或許是對的，雖然他決定去參與這事，因為他以為他出席比較缺席更能設法反對「某種企圖」。

馬克思不贊成這意見，恩格斯甚至怒罵弗利里格萊士的「詩人底誇張自負和好管閒事，再加上逢迎世俗，」雖然這當然是過甚之詞。當席勒紀念會終於舉行的時候，牠顯然並不僅僅是德國庸衆向來紀念已經連睡帽都已高飛如鶴了的大思想家和大詩人的照例底表面祝典，而且甚至在極左翼方面也發生一種共鳴。

當馬克思對着拉塞爾抱怨弗利里格萊士的時候，拉塞爾回答道：「倘若他遠離那集會或許是更好底事，但是無論如何，他所作的戲劇體底歌是好的。那是遠勝於這慶典中所有的最好底事物的。」在蘇里支赫爾維特為這慶典作了一首讚歌，在巴黎則由許里（Schily）演說。倫敦工人教育協會也參加了水晶宮的祝典，因為在前一天的布魯木的紀念會中李卜克內希的演說已經安慰了牠底憤懣。曼哲斯特的紀念會是由青年詩人希伯(Siebel)所組織的；希伯來自烏柏達，是恩格斯底遠親，後者對於前者底活動並無非議。恩格斯寫信給馬克思說他對於這紀念沒有作什麼事，希伯打算發表演說，「當然是朗誦之類，但是都十分端正的。這年輕人也正在組織華倫斯太❶的上演。我參觀過兩次預演，倘若他們能够提起十分勇氣，那結果應該是好的。」後來恩格斯變為席勒紀念學院的院長，這學院是由這一次慶典而建立在曼哲斯特的，威廉烏爾夫在遺囑中曾經

❶（Wallenstein's Camp）席勒所作名劇之一。

捐贈給牠一大批款項。

當這一切正在進行的時候，馬克思和弗利里格萊斯之間的緊張遂漸顯明，奧格斯堡法庭也在開審佛格特控告一般新聞的訟案。法庭決定不受理，訟費由原告擔負，但是原告在法庭上的失敗發展爲一種精神上的勝利。被告們，一般新聞的編輯和發行者，並不能提出任何證據來反訴佛格特，於是他們祇好以馬克思所謂「政治底乏味底門面話」來自慰。其實他們底這種態度是應該受最嚴厲底譴責的，不但在政治上，而且也在道德上，因爲這勝訴正是那政治底反對者個人榮譽的成功。人們都說：巴威略底法官對於一個曾經猛烈攻擊巴威略政府和因爲政治活動而流亡國外的人怎麼會有同情底判決呢？倘若法庭反對被告，那麼德國社會民主派——十餘年來曾經在拉都(Latour)將軍，加根(Gagern)將軍，歐士華(Auerswald)將軍和李克諾斯基(Lichnowsky)王子的謀殺之下設法實現他們底自由的夢——就會大抱不平的。倘若佛格特勝訴，那麼克拉普加(Klapka)，科蘇士(Kossuth)，普爾斯基(Pulski)，蒂里基(Teleki)和馬志尼就毫無理由不出席法庭替一般新聞辯護而且要求懲罰他們底政敵的。

不論這起訴怎樣卑劣狡猾，或者也許正因爲這樣，法官是被感動了的。然而，他們底勇氣不夠庇護一個巴威略政府和巴威略人民所怨恨的人，但是他們底法律底良知的彈力也很不能容許他們底判決有利於完全不能提出證據的被告們。正在爲難之中檢察官提出了一種辦法，法官們就趁機解脫了。借口手續不合他們把這案子移交陪審官審理，這樣一來佛格特是一定要失敗的，因爲這樣審理並不必須提出證據，而且陪審官的決議不必提出任何理由。

佛格特並不接受這絕無勝算的挑戰，而且他不因此而負什麼罪責。總之，他底情況是不會不利的，因爲他現在能够取暖於二重殉道的陽光之中：不但被非議而非議者並不能提供證據，並且法庭也不肯替他主持公道。還有一兩件偶然底事情甚至更增高了他底勝利。例如，當法庭宣讀比斯康給一般新聞的一封信的時候，牠就使公衆得到最困惑底印像。比斯康原是佛格特的眞正底主要非議者，但是在這封信裏他承認他並沒有眞實證據，不過提出一些含混底假定，而結尾是問一般新聞在李卜克內希之次能否聘他爲該報駐倫敦的第二通信員，因爲羣衆已經停刊了，云云。更糟的是在審判之後一般新聞又對佛格特施行一些曖昧底攻擊，說道他曾經被他底一夥人，被馬克思和弗利里格萊士所譴責，而人人都知道馬克思是比佛格特更精深更淵博的思想家，至於弗利里格萊士的政治道德更是遠高出於佛格特之上，云云。

在一般新聞編輯戈伯（Kolb）所寫的訴狀裏面，弗利里格萊士是被稱爲羣衆的撰稿人和佛格特非議者之一的。戈伯的誤會是出自李卜克內希的一封說得不很明白底信的。當一般新聞的訴狀寄到倫敦的時候，弗利里格萊士立刻發表了一個簡短底聲明，他從來不是羣衆的撰稿人，而且他並未知道和允許他底名字就被引用來反對佛格特了。因爲佛格特和凡玆是親密底朋友，而弗利里格萊士被瑞士銀行聘用是得力於凡玆的，因此引起種種不愉快底議論，甚至好像祇有弗利里格萊士出來公開反對佛格特纔能打銷那些議論似的。其實，弗利里格萊士和這件事並無任何關係，有充分理由抗議戈伯在爲難時候隱身在他底名義之後的企圖。然而弗利里格萊士底聲明的措詞簡短可以使人把牠解釋爲連馬克思也申斥在內，而後者也驚異那聲明毫無防止這種印像的任何表示。弗利里格萊士的那種措詞很可能是因爲有些懷恨這事實：馬克思曾經以黨的名義要求他不要發表那一首讚美席勒的無傷底詩，同時在還不必要底爭吵之後馬克思方面以爲弗利里格萊士立刻就會和他分裂的。

事情更加糟了：布林德在一般新聞上發表聲明，盡情譴責佛格特底政策，但是同時宣稱有人說反對佛格特的小册子是他作的乃是故意說謊。他又加上兩個證人的聲明：印刷人荷林格聲明排字工学格所謂那小冊子由布林德寫稿交荷林格印刷乃是『惡意底造謠，』同時名叫委希的另一排字工人證明荷林格底話是眞的。

馬克思與弗利里格萊士之間的隔閡也由於一種不幸底偶然事件而更加惡化。金格爾底僱傭文士畢塔在園亭上發表了一篇論文，讚頌詩人弗利里格萊士其高如天，而結論是粗鄙地謾罵馬克思，說他是怨毒的傳播者，已經剝蝕了弗利里格萊士的詩才，自由和德性。自從他和馬克思底涼薄之氣接觸以來，詩人就很少歌唱了，云云。

然而，馬克思與弗利里格萊士之間交換了幾封動人底信之後，一切都似乎明白了，誤會似乎都隨着一八五九年而消逝了，當他們在新年中由佛格特拉攏來的時候——後者似乎急於要證明這古諺的眞實：騸子太得意的時候就硬要到薄冰上去冒險。

四　幾支插曲

在一八六零年的新年節日佛格特發表了一本書，題名爲我控告一般新聞。關於這案子所有的法庭審問速記和一切訴狀及其他文件全都編印在這書裏面。凡是文件都是全部抄錄而且十分正確的。

然而，除此而外，這書裏更爲詳細的是佛格特又重新編排曾經在商務實報上發表過的關於『流氓』的全盤胡說。馬克思被稱爲這一幫敲詐爲生的匪黨首領，『恐嚇祖國以內的人們，』使人們被迫而出錢收買他們底沉默。『不止一封信，而是幾百封信曾經寄給德國國內的人們，恐嚇說除非把多少錢在什麼時期繳交某處，那就要宣佈他們參加過這個那個革命行動。』佛格特宣佈。這是佛格特誹謗馬克思的最惡劣底話，但是並不是唯一底。雖然佛格特底故事是徹底的說謊，而其中混雜着半眞半假的流亡者生活中的各種情節，所以要立刻看出牠底虛僞必須確切認識那些情節，當然，德國庸衆是世界上最不容易達到那種認識的人們。

於是這本書在德國造成一種大轟動，被自由主義底報紙熱烈歡迎了。國民新聞(Die National Zeitung)根據佛格特的敍述發表了兩個長篇社論，而且當一月尾這報紙的一份寄到倫敦的時候，牠震撼着馬克思底家庭了，而馬克思夫人尤其受到深深地刺激。因爲在倫敦得不到那一本書，馬克思就匆匆跑去問非利里格萊士是否接到他底『朋友』佛格特寄來的一本。非利里格萊士大爲惱怒，答道佛格特並不是他底朋友，他也不曾接到那一本書。

雖然馬克思常常不耐煩回答攻擊他自己的種種卑劣言詞，無論牠們怎樣惡毒，這回他覺得回答是絕對必要的，甚至在倫敦還未找到佛格特底書之前，他就決定控告國民新聞的毀謗。這報紙在公衆之前列舉許多他底不名譽底罪行，而庸衆由於政治成見是很容易相信反對他的任何事情的，不論那事情怎樣荒唐。雖然因爲他離開德國已經十一年並無任何事實可能據以評判他底品性。他覺得除開政治理由而外他必須不顧一切地追究國民新聞毀謗私人之罪，同時他準備作文回答佛格特。

馬克思首先設法要布林德出來作證，以爲這傢伙確有反對佛格特的眞憑實據，不過因爲庸俗底民主黨人之間的私人關係不願宣佈吧了。馬克思顯然錯了，而恩格斯或許是近於眞實的：他說布林德捏造佛格特施行賄賂是爲要顯示他自己的重要，等到出了毛病他就要矢口否認一切的，因此越鬧越糟，越使他纏在糾紛裏面。二月四號馬克思在自由報上發表了一個英文啓事，說明布林德，荷林格和委希所發表的聲明並非事實。啓事也指斥布林德爲不名譽底說謊者，而且加添說倘布林德覺得受害儘可向英國法庭起訴。布林德並不是傻子，並不接受這挑戰，祇是努力辯護他自己，在一般新聞上發表長篇聲明，猛烈斥責佛格特，又說他施用賄賂，但是否認他，布林德，曾經寫過那問題中的小冊子。

馬克思並不以此爲滿足，他設法把委希拉到一個判事面前，結果是得到委希一篇供狀，大意是說：他，委希，曾經替霍衆重排這小冊子，他已認識校樣上改正底字句是布林德底手筆，至於他底第一次聲明乃是受了荷林格和布林德的利誘，前者給錢而後者預約酬報。因此布林德確是觸犯英國刑章的；莊斯向馬克思建議請求法庭根據委希底供狀拘押布林德，但是他聲明告發手續一經成立事情就無法挽回，倘若將來企圖和解，作爲一個律師的他，莊斯，是要受懲罰的。

爲顧恤布林德底家庭起見，馬克思不願意把事情進行到那麼遠，他把委希底供狀抄了一份寄給布林德底朋友路易布朗克，附帶一封信說明他——馬克思——爲顧恤布林德底家庭不願起訴，雖然這人是罪有應得的。這封信發生效力了，一八六零年二月十五號每日電聞上——當時曾經轉載了國民新聞的毀謗的——發表了一個啓事，大意是說那匿名底小冊子的眞實作者是布林德底親戚斯卡布而不是布林德。這顯然是一種策略，但是馬克思不管牠，因爲他已經達到目的，洗濟了他自己對於那小冊子的一切責任。

在開始反攻佛格特之前他先設法調和弗利里格來士，把他自己反對布林德底聲明和委希底供狀抄寄給詩人，但是沒有回信。不顧這拒絕他又設法向佛利里格來士說明爲了保持黨底歷史和他在德國的地位他不能不反對佛格特。他盡力排解弗利里格來士可能對他的任何怨憤，而且聲明：「倘若我曾經有所開罪於你我願意隨時加以改正。人情底事沒有一件對於我是生疏的。」他說，他能夠完全理解全部事件對於在現時狀況中的弗利里格萊士必定是怎樣極不愉快的，但是他，弗利里格萊士，至少要明瞭要使他底名字完全離脫這件事是不可能的。「我們倆都明瞭這些年以來我們各自在各自底路上，以最無我底動機犧牲一切私利，高舉着為勞工階級和為貧苦人們（Classe la plus laborieuse et la plus miserable）的旗幟在庸衆之上，所以倘若我們現在因為無論如何是出於誤會的一些小事而分離，那是對於歷史的一種小罪過。」這一封信在結尾上表示着對於弗利里格萊士的最熱底友情。

弗利里格萊士接受了向他伸來的友愛底手，但是並不很像「無情底」馬克思的那般溫熱。他說在將來正如在過去一樣他仍然盡忠於「為勞工階級和貧苦人們」他喜歡維持對於馬克思的作為朋友和同志的舊關係，但是，他加添說，「我和黨沒有關係到現在已經七年了（自從共產主義者同盟解散之後。）我從未出席牠底會議，而且牠底議決和行動是沒有我參與於其間的。所以，我和黨的關係是久已破裂了的。對於這一點我們都無所懷疑；我們之間曾經有過一種默契。因此我能夠說我還覺得我是對的。我底性質，和一切詩人底性質一樣，需要自由。黨是一隻籠子，在牠外面歌唱比在牠內面歌唱更容易些，甚至以為黨而論。在我變為共產主義者同盟會員和新萊因新聞編輯之前我是無產階級的和革命的一個詩人。在將來我也要保持獨立，單祇屬於我自己，採取我認為適宜底行動。」弗利里格萊士從前對於刻板底政治宣傳的厭煩又表現在這封信裏，甚至使他看見其實並不存在的事。他從未出席的會議和他從未參與的黨底決議及行動其實是歷來不曾舉行過的。

馬克思在回信中指出了這一點。在他又想盡方法排除一切可能底誤會之後，他援引了弗利里格萊士書歡說的一句話：「「我們在庸衆之上」比較「我們在庸衆之中」對於我們常常是更好底口號。我已經坦白地解釋了我底態度，我希望你是慨然和我一致的。我也曾經竭力消釋誤會：我所說的黨是指已經死去八年的一種組織，或已經解散了十二年的那編輯部。我說到黨的時候我是想着一種歷史底意義。」馬克思底話是溫和而又犀利的，因爲在歷史底意義上這兩人是聯屬着的，不論怎樣差異。馬克思底態度對於他是情盡義至的，因爲，以佛格特對於他的窮兇極惡而論，他是很有理由要求弗利里格萊士必須公開消除他和那誹謗者相聯的任何現象的。然而，弗利里格萊士祇以恢復他們底關係爲滿足，對於其他一切則保持緘默態度，馬克思也就由此盡力避免在這事件中提到弗利里格萊士底名字。

和拉塞爾討論佛格特事件卻得到了不同底結果。去年十一月馬克思曾經寫信給拉塞爾爭論義大利問題，據他自己說那聲調是「很直率底」。拉塞爾並不回答這封信，馬克思以爲牠已經傷了他底感情了，但是當國民新聞攻擊他的時候，馬克思自然覺得需要和柏林方面有所聯絡，所以他請求恩格斯去疏通拉塞爾，後者比起別底人們到底是「頭等角色」呀。這事間接有關於一個名叫費斯乞爾（Fischel）的普魯士底及格律師，這人曾經以烏格哈提派自薦於馬克思，願意在德國出版方面有所效勞。馬克思囑咐費斯乞爾致意拉塞爾，但是拉塞爾拒絕和「這不够資格底渾人」有任何關係，這人在倫敦不論如何自負，總不過是德國科堡大公的文筆侍衞，已經有着恰當底惡名了。不久之後費斯乞爾遭遇了致命底意外事故。

在恩格斯還未能够履行馬克思底請求之前，拉塞爾自己已經來信解釋長久沉默是因爲沒有時間，而且極力主張對於「那可厭底佛格特事件」必須有所作爲，他說這事已經在德國引起大轟動了。當然，認識馬克思的人們並不會被佛格特底故事所欺騙，而不認識的人們卻是很受影響的，因爲那故事裏巧妙穿插着的半眞實是很容易使辨別力差一點的人們信爲全眞實的。拉塞爾並不想解脫馬克思在這事件中的一切責任，因爲馬克思祇憑那可憐底說謊者布林德的話就承認佛格特的那樣嚴重底罪狀。除非眞有反對佛格特的證據，馬克思開始就該撤消譴責佛格特行賄的言詞。當然，拉塞爾很知道要持平處理這樣荒唐無稽底毀謗者是必須很大的克己工夫的，但是馬克思仍然必須提出這種善意底明證，除非他自始就不想使他底辯護發生效力。然後拉塞爾嚴厲反對李卜克內希代表一般新聞這種反動報紙的種種活動，使公衆驚疑而且責難了黨。

當馬克思接到這封信的時候他還不曾看見佛格特底書，因此不能充分明瞭那局勢，但是不難於理解的是拉塞爾要他向佛格特光榮底謝罪(amende honorable)的建議是使他難堪的，尤其因爲他對於佛格特勾結拿破崙第三的陰謀有着比較布林德底曖昧之詞更爲可靠底憑據。他也不能同意拉塞爾斥責李卜克內希和一般新聞的關係。馬克思的確不是這報紙的朋友，而且在萊因新聞時代他曾經用力打擊過牠，但是在別底方面牠縱然是反革命的，牠至少已經把牠底篇幅公開給關於國際政治的各種意見，而且在這一點上牠在德國報紙中是有特殊價值的。

於是馬克思頗不高興地回信說一般新聞正如大衆新聞 (Volkszeitung) 一樣好。他要控告國民新聞的誹謗而且要作文回答佛格特，但是在回答中他將要說明對於德國輿論他並不曾有所譴責。拉塞爾把馬克思的憤懣之詞看得太嚴重，斥駁後者把大衆新聞這樣民主派的刊物和『德國最不名譽最無恥底濫報紙』相提並論。在大體上他警告馬克思不要控告國民新聞，或至少不要在他自己已經回答佛格特之前；結尾是希望馬克思不至由這封信而傷感情，而且希望他把牠當作他底『忠實和友愛』的明證。

拉塞爾底希望是無根據的。馬克思在給恩格斯的信裏用最嚴厲底話批評了拉塞爾底信，甚至又提起從前路易送到倫敦來的『正式罪狀，』雖然這一提起是因爲要表示他對於拉塞爾的不信任並不是輕率的，而且不論那些『正式罪狀』如何，他也未曾因此而改變他對於他的意見。然而，拉塞爾知道這些『罪狀』之後，並不能看出馬克思忽視他們的任何善意，而且憤憤地以莊嚴底方式寫出一封漂亮書信，描寫在最惡劣的反動時代他對於萊因地帶工人們怎麼自我犧牲和怎樣服役。

馬克思看待拉塞爾並不像看待弗利里格萊士一樣，而拉塞爾的回答也是不同的。他給了馬克思他所能給他的最好意見，而且並不因爲他底意見被漠視而不肯幫助。

五　『佛格特先生』

拉塞爾反對馬克思向普魯士法庭起訴的警告不久就證明是很合理的。經由費斯乞爾的介紹，馬克思委託維伯律師控告國民新聞毀謗，但是他的成功還不如佛格特的，後者至少是得到了法庭開審了的。以『證據不足』爲理由法庭拒絕開審，據說所謂毀謗根本並不是由國民新聞所造成，他『不過是轉述別人底話而已。』這胡說被上訴法院所批駁而代之以更大底胡說：被稱爲敲詐黨和僞幣製造者的『指導首領』對於馬克思並不算是一種侮辱。最高法院也不能發見這古怪判決之中的『法律底錯誤，』馬克思底訴狀就這樣一貫地被拋出了。

還剩下要作的祇是寫作他自己對於佛格特的答辯，這幾乎佔去了他的一年時間。因爲要斥駁佛格特所散播的謠言蜚語，就必須和世界各處的人們作一種冗長而廣泛的通信。這答辯完成於一八六零年十一月十七號，題名爲『佛格特先生。』這是馬克思底獨立著作中的唯一永不再版的書，現在或許還留傳着很少數的幾本吧。因爲第一，牠是很長底，密密地印成一百九十二頁（馬克思說倘若照平常版式頁數要增加兩倍，）第二，需要詳細註解其中徵引的文句纔能使今日的讀者明瞭全部意義。對於最大多數人牠是不值得讀的，因爲馬克思所論述的大部份都是他底反對者所誣枉他的，那些故事是早已被人忘卻而且應該忘卻的。讀這書的時候人不禁經驗到一種不舒服底感覺：聽着馬克思辯護他自己，反駁那些橫來的栽誣和誹謗。另一方面，這書卻獻給文藝底美食家一席非常底款待。在第一頁上馬克思就以沙士庇亞底幽默提出了這論文的綱要：「佛格特底祖先是那不朽底約翰孚斯塔夫爵士●而且在動物性底復活上他毫未喪失這特性。」這樣綿長底文章，牠在馬克思手裏是絕不會變爲單調枯燥的，而且他對於古典底和近代底文藝的淵博底知識提供給他一箭又一箭射中那放肆底毀謗者。

在佛格特先生裏面我們又遇見了「流氓」，但是這回他們是一小羣快活底學生，於一八四九年冬間在巴勒丁那叛亂潰敗之後逃到瑞士，在憂患中陶醉于日內瓦的美景而同時驚惶於當地底庸衆。當寫佛格特先生的時候這一羣人早已分散了十年了，但是其中之一，曾經在倫敦成爲可尊敬底商人波爾哈（Sigismund Borkheim），把那些流亡學生的頑皮情形給了馬克思一種生動底敘述，這是發表在佛格特先生的第一章裏了的。馬克思贏得了波爾哈的忠誠底友誼，而且使他大爲安慰的是許多流亡者，不但是在英國的，還有在法國和瑞士的，都起來援助他，雖然多數都不大認識他，而且有些是完全不認識他的。他尤其感謝的是白克的慷

●例外的是莫斯科馬——恩——列學院所出版的全集。

●(Sir John Falstaff) 見沙士比亞劇本"King Henry VI"及"Merry wives of windsor"其人肥大怯懦，而耽于情慾富于機智而輕率無禮。

慨相助——後者是瑞士工人階級運動的老練可靠底領袖。

不幸，要詳細敘述馬克思怎樣毫無遺憾地暴露了佛格特的詭計陰謀是不可能的，而其實更重要的是這書指出佛格特底宣傳總不過是響應假拿破崙的號召而已。第二帝國崩潰之後國防軍政府曾經發表了皇宮裏的這些號召的文件，其中有佛格特於一八五九年八月簽字的接到三十個銀幣的一張收條——為了這種號召假拿破崙曾經支出了四萬佛朗。佛格特接受這錢或許是經由匈牙利革命黨的介紹，而無論如何這總算最寬大底解釋了：因為他和克拉普加很友好，而又不明瞭德國民主派對於假拿破崙的關係和匈牙利民主派對於他的關係是不同的，後者可以採取的步驟在前者或許是可恥底罪行。

姑不論佛格特的實情如何，甚至假定他並未收受這錢，這事實也依然不變：馬克思確已不容爭辯地證明了佛格特底宣傳在邏輯上是根據拿破崙底號召的。這幾章透澈地說明了當時歐洲的狀況，可以算是這書裏最有價值的部份，甚至在今日也是很有教訓意義的。布轍（Lothar Bucher），那時對於馬克思是敵對的而非友好的，說這書是現代史的綱要，而拉塞爾也稱讚牠『在各方面都是一種傑作』，以他底平常底坦白方式說道他現在纔瞭解為什麼馬克思那樣明瞭佛格特的墮落，因為他已經『用莫大底證據支持了他底內心底體驗』。恩格斯甚至以為佛格特先生比霧月十八更好，作風更簡潔，實在是馬克思所寫過的最好底論戰作品。然而佛格特先生並未成為馬克思的最重要底論戰著作。正相反，牠已經越更越更退入陰暗了，而霧月十八和對普魯東的論戰則隨時間前進而越更顯得重要。一半是由於題材本身，因為佛格特事件究竟是相對不重要底偶然事故，而一半是由於馬克思自己，由於他底大才能和由於他底小弱點。

他並不能降低論爭的水準到要庸衆理解所必需的低度，雖然在這事件中所要排除的正是庸衆的種種偏見。理解了這書的祗是馬克思夫人有些天眞然而恰當地所謂『重要的人們』換句說話，就是那些人們：用不着對他們解說馬克思並不是佛格特盡力栽誣的那種騙子，而且他們對於這書的文藝性質是有着足够優良底賞鑑力的。『甚至我們底老敵人路格也以爲這書是詼諧底好作品的，』馬克思夫人寫過。然而，這書是遠高出於德國的那些愛國要人的頭腦之上的，牠完全不曾透入他們底圈子之內甚至在反社會主義法令之下的時期善於挑剔底文人如邦伯格(Bamberger)和特里斯乞克(Trieschke)之流也不曾羅掘佛格特底『流氓』以建立反對德國社會民主的勞績。

此外，馬克思並未避免掉在一切事務中他時常遇到的種種災禍，雖然這一次他並不是完全沒有錯誤的。恩格斯勸他把這書送到德國去印刷和發行，以當時德國的情況而論這是可能的。拉塞爾也勸他這樣作，但是祗說明費用較廉的事實，而恩格斯卻提出過更重要的理由：『關於僑民著作我們已經有過百數次的同樣經驗。常常同樣無效，常常把錢和工作失落在陰溝裏，而且麻煩到極頂……倘若沒有人看見作書回答佛格特有什麼用呢？』然而，馬克思固執着把原稿交給倫敦的德國青年出版家，以共同承受利益和損失爲條件，而且他預支了二十五鎊作爲印刷費，其中十二鎊是從波爾哈借來的，八鎊是從拉塞爾借來的，但是這新印刷所是這樣飄搖，並沒有適當方法送到德國去推銷，而且不久就完全停業了。馬克思並未收回一文預支的，而且由於訴訟的結果他還必須付給那出版人全部印刷費，因爲馬克思不曾和他簽定一種書面的合同。

當佛格特的糾紛開始的時候，馬克思底朋友伊曼特寫信來說：『我不願你寫作這宗事，倘若你使你自己插手在這樣底糞堆裏面，我是要驚異的，』而且俄羅斯和匈牙利的朋友們也寄來了同樣忠告。在今日人幾乎覺得寧願他曾經採納這些勸告。這可嘆底事使他得到一些新朋友，尤其是使他對於工人教育協會恢復了友誼關係，那協會立刻熱忱地支持着他。另一方面還事情近於妨礙而不是推進他底生平的偉大事業，無論犧牲了可貴底精力和時間而並無相當底效果，而且同時牠使他受了嚴重底家庭困苦。

六 家務和私事

馬克思夫人，全心全靈傾向她底丈夫，甚至比馬克思自己更苦於「爲佛格特的醜詆而煩惱。」牠使她幾夜不能安眠，而且，雖然她勇敢地勉力謄清付印底巨大原稿，在還未完成這工作的時候她就已病倒了。醫生診斷那是天花，囑令小孩們立刻離開家宅。

以後是可怕底日子。小孩們由李卜克內希照管，而馬克思和這一家的忠僕狄莫斯(Lenchen Demuth)則看護着馬克思夫人。她受着燒熱和失眠的痛苦，而且爲她底丈夫焦愁，雖然始終清醒，卻已幾乎完全失去體力。一星期之後情勢好轉了，謝謝她曾經種過兩次牛痘，醫生終於說道這險症其實倒是一樁幸運。幾個月的精疲力竭使她底身體易於中毒，大概是在店舖裏或街車上受了傳染吧，但是沒有這病她底身體狀況就必然要陷入危險底神經發炎之類的嚴重病症。

在馬克思夫人還未開始復元的時候，焦急，憂愁和疲勞已經使馬克思也害病了。他底慢性肺病初次顯出急性的情勢，據醫生說那原因是不斷底憂勞和激動。佛格特先生並未帶來一文錢，而紐約民聲又再減半稿酬，以至債主們包圍了家宅。痊癒之後，他決定如他底妻寫信給維特米耶夫人所說「到他底長輩所在地荷蘭去打劫煙草和吉士，」看看是否能够勸說他底叔父拿出一點錢來。

這封信寫於一八六一年三月十一號，牠底陽氣底幽默證明燕尼所有的「天然活力」並不少於她底丈夫。在許多年的沉默之後維特米耶夫婦——在美國流亡中也受着這世間的苦惱——又寫信來了，馬克思夫人立刻對着「這患難中的勇毅忠實同伴這鬬士和勞苦者」披瀝肝膽，說道給與她足够底勇氣以通過一切艱苦貧賤的一件事，「在我們底生存中的一線光明，我們底生活中的輝煌之點，」是他們底孩子們的快樂。「七歲的燕尼 (Ienny) 很像父親，「有着豐富光華底黑髮，明亮柔和底黑眼睛以及煥發着典型英吉利少女底容光的克里阿勒㊀式底面孔。」十五歲的洛拉(Laura)更像母親，「有着栗色鬈髮和閃耀如火的珠似底綠眼睛。兩個女兒都有眞實底美貌，同時都眞有這樣一點虛榮心，以至她們底母親暗中吃驚，尤其因爲她還在穿縐襞短裙的年齡是並不如此的。」

然而，雖然這兩個大女兒是父母的寵愛，「全家的寶貝」卻是最幼底女孩伊利娜(Eleanor)，她底愛稱叫作兎茜(Tussy)。「這女孩誕生於我們底可憐底小愛加死了的時候，於是我們對於他的全般恩愛都轉移到他底小妹妹上了，而且兩個大女兒幾乎是母親似地撫育着她。但是眞也難於找到更比她可愛底孩子，那樣畫一樣的美麗，糖一樣的甜蜜。尤其是她那樣歡喜地咕嚕着。這是她從日夜伴隨着的格里米兄弟學來的。我們全都得高聲朗誦神仙故事給她一直到我們幾乎疲乏的時候，但是倘若我們遺漏了藍鬍子或小白雪或朗卜斯蒂爾斯成 (Rumpelstilzchen) 的一個字我們就闖禍了。謝謝這些神仙故事這女孩已經學會德語，她說得異常清楚而且切合文法，至於她學會英語那是自然底事。這女孩是卡爾底寵物，她底笑聲和她底快樂底嘮叨排遣了他底許多憂愁。」然後她稱讚這家的忠實底朋友和僕人蓮成：「問你底丈夫就知道她他會告訴你我們是怎樣尊重她的。到現在她和我們已經相處十六年，共同經過一切風波和艱難。」這可愛底信的末段是

㊀（Creole）產生于法領或西領美洲殖民地的歐羅巴人。

敍述卡爾底朋友們；她以女性底方式譴責那些顯然對他缺乏忠誠的人們，甚至比他說得更嚴厲。『我不喜歡姑息手段，』她寫過解釋她爲什麼和弗利里格萊士家族的女性方面完全斷絕關係。

那時，在荷蘭『打劫』已經十分成功，會見了舅父菲里卜（Philips）之後，馬克思去到柏林看看是否可能建立一個黨的機關報，這是拉塞爾曾經屢次提議的。機關報的缺乏是早經深切感到了的，尤其是在經濟恐慌時期。謝謝登極的威廉國王於一八六一年宣佈大赦，現在已經有補足這缺乏的可能了。那大赦是够苛刻的，充滿了陷阱和限制，但是至少牠已容許新萊因新聞的那些編輯返回德國。

在柏林馬克思受了拉塞爾的『最大友情』的款待，但是他對於『這地方』仍然是『主觀底不同情。』沒有任何重要底政治運動，祇有不過和警察爭吵，以及武人與文官之間的衝突：『柏林的氛圍是驕横而輕浮的。議會都受着輕蔑底看待。』甚至比之一八四八年的議政官——其中確無泰坦●之類——他覺得有着辛桑（Simson）和文克（Vinck）之流的普魯士議會也是『官僚和學究的奇異底混合場。』這些中庸底角色——至少在表面上——在這侏儒的競技場上一方是瓦爾狄克(Waldeck)另一方是淮格納（Wagener）和吉訶德式底布朗登堡（Blandenburg）子爵。然而，他以爲他能看出大體底趨勢是向着開明的，而且大衆都滿意於資產階級的報紙；各階級人民都覺得一次災變是必不可免的；在秋季舉行的選舉之中從前被國王認爲赤色共和份子的議政官都已當選了；爲了新底軍事預算事情會鬧翻的吧。於是馬克思以爲拉塞爾的建立一種報紙的計劃有考慮的價值，至少在原則上。

然而，在具體辦法上他不贊同拉塞爾的意見。後者提議報紙的編輯權由馬克思，恩格斯和他自己共同掌

●反抗奧林庇亞神族的神族，見希臘神話。

管，而以馬克思和恩格斯祗有一票表決權爲條件，否則他自己就要時常被否決的。這非常底提議可以說是一開始就有糾紛。或許拉塞爾不過是偶然隨便閒談，但是無論如何這都不關緊要，因爲馬克思並不想和他討論關於這報紙的重要事項。他寫信給恩格斯說：眩惑於由他底赫拉內圭丟斯而得的一部份智識界的聲譽和由他底佳餚美酒而得的一部份寄生階層的頌揚，拉塞爾自然不知道他已爲大衆所不信任：『所以他武斷地認定他總是對的，執着於「玄學底觀念」（這傢伙甚至夢想倡導一種新底黑格爾哲學系統，他自己正要寫作呢，）他傳染着法蘭西的自由主義，再加上他底誇張底筆，他底自專自擅和無謀，等等。在嚴格督率之下他是可以成爲一個好編輯的，否則不過是損害我們而已。』這是馬克思寫給恩格斯的關於他和拉塞爾談判的報告，他還加添說因爲不願傷他底東道主底感情他已經把最後決定推延到和恩格斯及威廉烏爾伏討論之後。恩格斯懷着馬克思所有的同樣顧慮，而且也反對拉塞爾底提議。

總而言之，這全盤計劃到底證明了拉塞爾的預言，一座空中樓閣。普魯士的大赦是一種狡猾底計謀，縱然在對折底寬容條件之下牠許可流亡者們回到家鄉，牠並不恢復他們的市民權和國籍，按照普魯士法律，這些是因由居留國外十年以上而要失了的。在這種條件之下回來的人們經過國界的時候往往被壞脾氣底警察官阿三阿四所留難。馬克思自己底處境更壞，因爲在革命前幾年他就已自願放棄他底普魯士國籍了。他所以這樣作確是由於一時憤恨警察底奸狡，但是這並不能變更他自願放棄國籍的事實。拉塞爾驚天動地替他去設法恢復普魯士市民權。他熱忱地訪問過柏林警察總監支特里茲（Zedlitz）和內務大臣斯乞維林（Schwerin）——『新紀元』的最著名底擁護者——但是毫無結果。支特里茲聲稱馬克思再入籍的唯一困難是他底『共和主義或至少是他底非忠君底信念。』當拉塞爾勸勉那內務大臣不要像他曾經痛責的他底前任曼特斐爾和維斯特費朗那樣任意『苛虐思想和壓迫政治信念』的時候，斯乞維林簡潔地說道：『此刻似乎沒有特殊理由容許該人再入籍。』像普魯士這樣國家當然不能容納馬克思這樣人，在這一點上愚昧底大臣們斯乞維林及其前輩曼特斐爾和古爾委特(Kühlwetter)是不錯的。

離開柏林之後馬克思繞道戈龍尼去訪晤他底老朋友們，尤其是省視他底行將就木的老母。五月初回到倫敦，他現在希望能夠逃出向來窘迫底生活，設法得到時間和安寧來完成他底著作。在柏林他曾經和維也納新聞報接洽成功，這報紙承認每篇論文支給稿費一鎊，每篇報告稿費十先零。同時他和紐約民聲的關係又有改善的氣象，民聲發表了他底幾篇論文，而且附加讚揚。『這些美國人有一種誇奬他們自己底通信員的特別習慣，』他說。維也納新聞報『對於他底稿件也說了許多好話，』但是他底舊債仍然永遠還不清，而且在他底病中毫無收入，又要支出旅行德國的費用，湊合起來『又把一切舊垃圾翻到表面上，』正如他所說。在寫給恩格斯祝賀新年的信中他說倘若新年並不比舊年好那麼他就倒楣了。

一八六二年不但不較好，甚至更壞了。雖然新聞報讚揚他底文章，牠待他的方式卻比那美國報紙更為惡劣。三月間他寫信給恩格斯說：『他們不登我底最好底論文（雖然我常常以牠們將要如此的方式來寫作，）我並不很在意，但是四五篇祇發表一篇而且祇付一篇的稿費，這對於我底財政是不可能的。這使我降落到遠在一行一辨尼的標準之下。』這一年來和紐約民聲的一切關係都破裂了。那理由並不十分明白，但主要的原因似乎是由於美國的內戰。

雖然這戰爭使他個人受了許多困苦，馬克思是以最大熱忱歡迎牠的。『並沒有錯誤，』幾年之後他在他底科學底傑作的序言上寫道，『正如美國獨立戰爭為十八世紀歐洲中產階級打響了警鐘一樣，美國內戰為十九世紀歐洲工人階級打擊了警鐘。」他寫給恩格斯的那些信都表示他密切注意那戰爭的進行。他覺得他對於軍事是外行，所以他喜歡傾聽見恩格斯底意見，而後者底評論雖在今日也還是最有價值的，不但在軍事上，而且也在政治上，例如，他用這句話道破了民軍問題的核心：「只有基礎在於共產主義而且受着這種教育的社會纔能够密切適合民軍制度，而且甚至到那時候這制度也不會完全成功。」哥德所謂「巨匠的技巧在困難情形之下顯現得最爲分明」❶是可以引用到這裏的，雖然詩人的原意是另有所指的。

恩格斯在軍事學上所成就的卓越之點限制了他底一般觀察，而且北方軍隊的指揮失當使他懷疑牠底最後勝利。一八六二年三月他寫道：「使我懷疑北軍的勝利的大半不在於軍事情況自身，因爲那祇是北方人的典型底弛緩冷靜的結果。而在於人民之中哪裏有革命精神呢？他們讓他們自己被打而且誠心誇耀他們所得的拳脚。在整個北方，人能够在任何方面找出他們認眞實幹的一點表徵麼？我從未看見過這種情形，甚至在德國的最惡劣底日子也沒有過。那些美國人似乎以看着他們底信任者受騙爲樂。」七月間他恐怕北方已經失掉戰勝的一切希望，九月間他說南方人——至少知道他們所要求的是什麼——比起弛緩底北方人來似乎是英勇些的。

然而，馬克思堅信北方諸州的最後勝利，在九月中他回信說：「說到那些北方人，我還是十分相信他們到底要勝利的……他們進行戰爭的方法是長久由騙子統治着的資產階級共和政治之下的當然的事。由一個寡頭政治統治着的南方諸州是比較更適宜於戰爭的，尤其是南方諸州的一切生產勞動都由黑奴擔任着，而四百萬白種人卻以山賊海盜爲常業，但是無論如何，我敢以我底頭顱打賭這種人們是終於要失敗的……」

❶"in der Beschrankung Zeigt Sich erst der Meister"。

他賭中了，而且他以爲戰爭到底也是決定於交戰各方的經濟條件，這判斷是正確的。

這異常明瞭，尤其因爲同一封信裏顯示了那時馬克思自己處境的窘迫。那境地已經逼他決定要作以前沒有過以後也不再有的某種事體。他通知恩格斯說他正在盡力獲得一種職業，已經有種種把握可以得到一個英國鐵路公司的雇員位置。結果他失敗了——當時他不能斷定這是幸或不幸——因爲他寫的字並不够好。這家庭的貧窮越來越厲害，尤其糟的是他常常害病。除了肺病舊疾而外他生了一種疼痛底疔瘡，這新毛病忽發忽愈，一直纏綿了好幾年。這慘淡景況也幾乎使他底妻病倒了。甚至孩子們沒有適當底衣服鞋襪到學校去；在這一年的大博覽會中他們底學友們都去隨意遊玩，而他們卻因爲貧窮害怕出門。最大底女兒這時已經明白家境的真象，很覺得苦了，並不通知父母她就暗中學習去作舞台演員。

事情越來越壞，以至馬克思爲了他底女兒們底教育問題決定採取他曾經屢次考慮而又常常放棄的一個步驟。他決定把家具都留給女房東，通知別底一切債主說他已經破產了，囑託英國朋友替他底兩個大女兒尋找家庭教師的職務，要連成去作別底工作，同時他和妻及幼女要搬到更窮底人們所住的巷道裏。

然而，謝謝恩格斯，這不得已的計劃終於不曾實行。恩格斯底父親死於一八六零年，恩格斯曾經在巴門恩格斯公司中得到了更好底地位，有升爲公司協理的希望，雖然這種上升也就是說他底生活方式要比以前開闊了。況且，美國的經濟恐慌嚴重地打擊着那企業，大大地削減了他底收入。在一八六三年之初他也遭受了一個重大不幸。那和他同居了十年而未經社會認可的愛爾蘭女子，瑪利朋斯（Mary Burns）死了，這死對於他是一種可怕底打擊。他寫信給馬克思說：「我簡直不能說明我底感情。這可憐底女子是以她底全心愛過我的，」但是馬克思底回信中的同情並不如恩格斯所期待那麼多，單這事實就比其他一切更能顯示馬克思自已的困苦是何等深刻了。他對於恩格斯底大損失祇說了幾句頗爲冷淡底話，然後就敘述他自己的困苦底絕境，說道除非他能够立刻得到一大鎚錢他就不能把他底頭維持在水面上一兩星期。真的，他覺得在這種時候以自己底困難去磨折朋友是『可厭底自私底，』『但是，我到底能有什麼辦法呢？在全個倫敦就沒有一個我可以開誠談話的人，在家裏我必須裝作沉默底堅忍家以預防別方面底爆發。』

然而恩格斯已經傷心於他底不幸受了馬克思底『冷遇，』他延遲了幾天纔回信，並不隱藏他底感情，但是同時他想了許多辦法來解除馬克思底困難，雖然他說當時他不能籌集大筆款子。馬克思也延遲了幾天纔回信，但是那不過是要給恩格斯一個澄靜的時機而不是固執着他所犯的缺乏同情的錯誤。他否認『無動於心，』但是坦白承認他不會表示適當底同情。在這一封信裏和後一封信裏他說明他底處境已經使他底頭腦昏眩。他底聲調是小心而且溫和底，因爲恩格斯最傷心的或許是這事實：馬克思夫人對於他底親愛底女友的死亡不會寄來一句同情底話。馬克思寫道：『婦女是怪有趣底生物，卽使是最聰明底。早晨我底妻痛哭瑪利和你底損失，以至完全忘掉我們自身底不幸，那是就在那一天到達極頂了的，但是到晚間她又覺得世上沒有一個人知道什麼是痛苦，除非執行吏守在他底家裏而且孩子們等着要吃。』

這頭等底道歉詞令立刻寬解了恩格斯，他回信說：『人不能和一個女人生活了多年而不覺得她底死亡的可怕的。我覺得我底青春已經跟她進了墳墓。當我接到你底信的時候她還沒有下葬。老實說，你底信在我底心裏停留了一星期之久，我無法忘記掉牠。不要緊的，你底最近來信已經消解了牠了，而且我真喜歡我並不曾連帶瑪利一同失去我底最好最久底朋友。』這是這兩人之間曾經有過的最初和最後的緊張底表示。

謝謝『一種極膽大底手段，』恩格斯籌到了一百鎊，因此馬克思揚起頭來，用不着搬到更賤底住所去了。

他設法挨過了一八三六年，而到年終的時候他底母親死了。他所承襲她的似乎並不很多，可見他後來確是作爲威廉烏爾伏的遺產的主要繼承人而收到八九百鎊了的，這使他有了暢快呼吸底餘地。

威廉烏爾伏死於一八六四年，馬克思和恩格斯都深爲痛惜。他死的時候纔五十五歲，但是並未死於他從不吝惜他自己的那種冒險生活的風暴和艱苦之中——恩格斯甚至埋怨說他的盡忠於敎師職務促短了他底生命。謝謝他在曼哲斯特德國人之中的好聲名，他勤懇工作而達到了十分舒服底景況，雖然他底流亡生活的初期是够困苦的。在他死前不久他底父親似乎曾經留給他少數遺產。後來馬克思曾經把他底不朽著作的第一卷題名獻給這『不能忘卻底朋友，無產階級的勇敢底，忠實底和高貴底先驅者，』因爲威廉烏爾伏臨終的友愛姿態給了馬克思寫作那書所必需的長期安寧。

他底生活的煩擾和困難並未從此永遠解除，但是牠們永不在像前些年那樣傷心底方式之中重復出現了，因爲恩格斯在一八六四年九月中和厄門簽定合同，擔任公司協理，從此以後他就能以更慷慨底手繼續他底不斷幫助了。

七　拉塞爾底煽動

一八六二年七月，馬克思底家境正在最困苦的時候，拉塞爾到倫敦來答訪他。『因爲要顧面子我底妻不能不把還未處置的各樣東西都送進當舖，』馬克思寫信給恩格斯說。拉塞爾毫不知道那家境窮到什麼程度，他承受了馬克思夫婦的顧面子的款待，以至細心底女管家蓮成永遠不忘這位訪客底好胃口。『一種難堪底情形』展開了，這也眞不能怪馬克思，尤其因爲拉塞爾底態度隨時都是不至於過譏的，因此馬克思完全不能克服使席勒評論哥德的那種感情：「一切事情這人都何等容易地成功了而我對於各樣事情卻必須何等艱苦地戰鬭呀！」

留住了幾個星期，臨行之前拉塞爾似乎纔明白那境況，然後他自願幫助，說道年終的時候他能夠供給十五鎊，而且馬克思也能夠向他借支任何數目，祇要恩格斯或別人能夠擔保。得了波爾哈的幫助馬克思用這方法借得了四百台勒，但是拉塞爾寫信來說還要恩格斯用書面保證在到期八天以前歸還，「以防意外。」拉塞爾對於馬克思個人表示不信任自然是可痛心的，但恩格斯力勸馬克思不要為「這種愚蠢」動怒，而且立刻給了所要底保證。

這種借款辦法後來怎樣發展是不十分明瞭的。十月二十九號馬克思寫信給恩格斯說拉塞爾「很惱怒」他，已經要求應還底款項必須全數寄交他底私人住址，因為他沒有銀行。十一月四號馬克思底信裏說弗利里格萊士準備寄四百台勒給拉塞爾，而且第二天恩格斯回信說「明天」他要寄六十鎊給拉塞爾，但是同時他倆都說或許「要延遲」些時。關於這件事總是有什麼差錯了吧，因為一八六四年四月二十四號拉塞爾對一個第三者說他已經兩年不曾和馬克思通信了，因為「財政底理由」他們底關係緊張云云。其實一八六二年尾他曾經寫信給馬克思並且寄來一本他底小冊子現在怎樣?這封信現在已經不存在了，但是據馬克思在一八六三年一月二號給恩格斯的信上說那祇是要求歸還一本書。在六月十二號給恩格斯的信中，馬克思嚴厲批評拉塞爾在德國的運動，說道：「自從今年初我就不能勉强我自己寫信給那傢伙了。」那麼，照這封信看來，馬克思不和拉塞爾通信是因為政治理由的。

然而，兩方底意見不必定有什麼真正底衝突，或許因為別底事湊合在一起吧。上次兩人會面在極不舒服底環境之中或許助成了他們底異見的惡化——那種異見在馬克思訪問柏林之後確乎並未減少。

一八六一年秋季拉塞爾曾經游歷瑞士和義大利。在蘇里支他曾經認識魯士脫（Rustow），在加普里島認識加里波底（Garibaldi）而且在倫敦他訪問過馬志尼。他似乎熱心於義大利行動黨的有些幻想底計劃：按照這計劃加里波底將要率領他底義勇軍到達爾馬蒂，由此前進到匈牙利舉起反叛的旗幟。這計劃並未實行，拉塞爾也從未在任何文書上提到過牠。充其量那或許不過是一種偶然底觀念而已，因為他底心裏正有着完全不同底一些事體，甚至在訪問倫敦之前他就已開始實行他自己底計劃了。

爭取馬克思為同盟者在他看來是比較一切空想底義大利人更為重要的，但是馬克思顯然比前年更少接近的可能了。拉塞爾還想要建立一個報紙，但是馬克思說雖然他準備作牠的報酬優厚的駐英通信員，他卻不願擔負任何責任，無論是政治底或別底，因為除了那些遼遠而攸久底目的而外，他並不贊同拉塞爾的各種作為。他也表示他自己並非不反對拉塞爾向他提出的煽動工人的計劃。他說拉塞爾太過順應目前環境的直接影響。拉塞爾想要以反對叔爾士——得里支（Schulze-Delitzsch）這班侏儒為他底運動的中心主張國家資助，反對自助。因此他不過是恢復了天主教社會主義者布舍在四十年代反對法國真正工人階級運動所應用的那種口號。當拉塞爾採取大憲章黨的普選政策的時候，他忽略了英國和德國的情況不同，也忽略了法蘭西第二帝國對於選舉問題所給與世界的重要教訓。由於否定和前期德國工人運動的一切自然聯繫，他已經墮入宗派主義底錯誤，普魯東底錯誤；並不在階級運動的真實要素中找出實際基礎，卻想依照一種武斷底方案來劃定這運動的發展路線。

然而，拉塞爾並不因為這些批評而灰心，自一八六三年以來他依然把他底煽動當作純粹工人階級運動繼續下去。他還希望能夠使馬克思相信他底工作的價值，甚至在他們已經停止通信之後他也還把他底煽動刊物按期寄給馬克思，雖然馬克思看待他們的態度是很難如他所期望的。在給恩格斯的信裏馬克思譴責拉塞爾的活動有時到了苛刻不公的程度。在這裏不必引申那些不愉快底情節，讀者可以參看馬克思和恩格斯的通信。就這樣說吧：那些曾經給與德國千百工人新希望和新生命的著作是被馬克思看作學童的抄襲而輕蔑地拋置在一邊了的，當他讀完牠們的時候；而當他不讀牠們的時候，牠們就被看作連消遣也不値得的少年們底練習簿。

祇有淺薄底僞善者纔企圖掩飾這些事實，胡說道作爲拉塞爾底先生的馬克思是有權這樣看待他的。馬克思並不是超人，他也從來不裝作在人之上的神氣，他說過關於人情的事沒有一件對於他是生疏的。無思慮地承襲別人底觀念是他所厭惡的一件事。要公平地品評他，那麽辯明他對於別人的錯誤恰如辯明別人對於他的錯誤同樣必要。其實他底姿態將要由無成見底批評他和拉塞爾的關係而更加顯著，比較祇是跟着他底太過正經底門徒們沿着他所踏過的道路，不顧左不顧右地傳遞着他底氈毛拖鞋——引用勒辛底話來說。

在一種意義上馬克思確是拉塞爾底先生，而在另一意義上卻不是的。從某種觀點上看來馬克思對於拉塞爾很可以說黑格爾臨終時對於他底門徒們所說過的話：他們之中祇有一個人理解我，而他誤解了我。拉塞爾是馬克思和恩格斯在生存時期所得到的最輝煌底追隨者，但是他不曾充分把握住他們底世界觀的首尾，歷史底唯物論。馬克思說得很對：拉塞爾不能使他自己離脫黑格爾哲學的「玄想底觀念」雖然他透澈地瞭解無產階級鬥爭的歷史底重要性，不過他底理解祇在資產階級時代所特有的唯心論底思維形式之中，祇在哲學底和法律底形式之中。

結果，作爲一個經濟學者，在高度上拉塞爾並未趕及馬克思，也不能充分把握後者底經濟學底微意，甚或完全誤解了牠。在這一方面馬克思評判他有時太過寬恕，雖然太過嚴酷的次數更多。關於拉塞爾申述馬克思底價值論，馬克思溫和地說過拉塞爾有「許多誤解，」其實簡直說他完全不能理解是更近於眞實的。拉塞爾祇擇取了馬克思底價值論中的適合於他自己底法學底和哲學底世界觀的部份：因爲要使工人充分獲得他底勞動的生產品，乃證明一般底社會底勞動時間——決定價值——使社會共同生產成爲必要。然而，對於馬克思，這價值論的提出卻是解決資本主義生產方式中的一切神秘的；牠是把價值與剩餘價值的構成作爲必然改變資本主義社會秩序爲社會主義社會秩序的一種歷史過程的。拉塞爾忽略了產生使用價值的勞動力與產生交換價值的勞動力之間的差異，結集於商品之中的勞動的二重性，這在馬克思看來乃是理解政治經濟學的「要點」的。這兩個人的眞正異點就顯現在這決定點上。這是法律哲學底觀點與經濟唯物論之間的差異。

在別底一些經濟問題上馬克思批判拉塞爾底弱點太過苛刻，尤其是關於拉塞爾底煽動的兩個重要底經濟支柱：所謂「工資鐵則」和由國家貸款的工人合作社。馬克思說拉塞爾從英國經濟學家馬爾塞斯和李嘉圖借來一個，而另一個是從法國天主教社會主義者布舍借來，雖然其實兩個都是拉塞爾從共產黨宣言上借來的。

根據馬爾塞斯的人口論——照這理論人口常常比食物的生產增加得更快——李嘉圖提出了他底法則：平均底工資必定祇能達到必要底數目，一般地說來，祇能維持生存和綿延嗣續。拉塞爾並未承認這工資法則是自然法則，而且他反對馬爾塞斯的人口論正如馬克思和恩格斯一樣激烈。他主張這工資法則的「鐵」

的性質祇存在於資本主義社會，『在現時狀況之下，在供給與需要的規律之下，』而在這一點上他不過是追隨共產黨宣言而已。

拉塞爾已經死了三年之後，馬克思纔證明這工資法則的彈性存在於資本主義社會的高度發展之中：由於利用資本的必要而使工資達到最高水準在工人祇求不至餓死的貧窮深處工資纔會降到最低水準。在這些限制之中工資水準的決定並不是由於人口的自然變動，而是由於工人們對於資本盡量從他們底勞動力中榨取無酬勞動的頑固傾向的抵抗力的强弱。從此以後工人階級的工會組織纔顯出遠過於拉塞爾曾經準備承認以上的重大意義。

所以，在這一方面，拉塞爾在經濟的考察上祇不過是追隨馬克思，而關於他底生產合作社，他卻陷入嚴重錯誤。他並不是抄襲布舍，也並不把合作社看作醫治一切社會疾病的萬應靈藥，而不過是走向生產社會化的一個步驟。共產黨宣言也曾經說過集中貨款在國家手中和建立國有工廠以及許多別底方策，同時聲明這些方策『顯然是經濟底地不澈底不切實的，但是在運動的過程中牠們將要越過牠們自身，因而是使生產方式全盤革命化的一種必不可免底手段。』在另一方面，拉塞爾把他底生產合作社看作『有機底種子，從內部萌生而必然向前發展。』到這裏他確是露出『法國社會主義的惡習』了，他認爲商品生產的法則是可以在商品生產的基礎上被廢除的。

他底經濟學說底弱點——這裏祇能提出重要之點——確是足以激怒馬克思的，後者看着他把他——馬克思——已經用力解決了的問題又拋入混亂之中。倘若馬克思簡直提出有力底甚或憤怒底抗議，他底態度是可以理解的，但是在他底正當底惱怒中他不能看出拉塞爾底政策在根本上是他自己底政策，姑不論拉塞爾在理論上有着怎樣的誤解。馬克思自己曾經常常主張把握住現存運動的極端來作推牠前進的槓杆，而且在一八四八年中他曾經這樣作過。所以，拉塞爾並不比馬克思自己在革命底那幾年中更受『目前環境』的影響。拉塞爾被指責爲宗派主義，被指責爲否定了和前期德國工人運動的一切自然聯繫，但是這祇能說是他在他底運動中不曾提出共產主義同盟或牠底宣言，然而在數百號新萊因新聞中確也同樣很少提到那同盟或宣言。

這兩個人都死了之後恩格斯間接然而顯明地辯護拉塞爾底策略。在一八八六至八七年間一種無產階級底羣衆運動開始發展於美國，提出了一種很含混底綱領，因此恩格斯寫信給他底朋友索爾吉(Sorge)說：『在新加入這運動的任何國家之中都必須採取的第一重要底步驟是組織工人們成爲一個獨立底政黨，無論怎樣，祇要牠確是工人們底黨。』而且他進而指出倘若這樣底黨所提出的綱領是含混底甚或很不完備底，這是一種必不可免而祇是暫時底毛病。他也以相同底聲調寫信美國別底同志說馬克思底學說並不要求要作包辦一切的唯一教條，而不過是一種發展過程的說明。人必不可以強勉工人們吞吃他們一時不能消化可是將來願意接受的諸觀念而使初次動員工人階級力量所必不可免底混亂更加混亂。

爲支持他底主張，恩格斯說明在德國革命的那幾年間馬克思和他自己的態度：『一八四八年春季我們回到德國的時候，我們加入民主黨，作爲獲得工人階級聽從的唯一途徑。我們是這黨的最進步底一翼，但是我們還不過是牠的一部份。』正如新萊因新聞曾經盡力避免提到共產黨宣言一樣，所以恩格斯警告那些美國人不要以那宣言爲目前底信條，因爲牠差不多和馬克思底一切較小底著作一樣對於目前美國工人們是太難瞭解的。他們初次加入運動，他們還是頗爲粗笨底，對於理論還是十分落後底：『我們必須用日常底實際運動作爲一種槓杆，因此我們必需一種全新底文學。一旦美國工人們或多或少走上正道那宣言是不會不發生效力的，但是目前牠祇能影響很少數工人。』索爾吉反駁道當他初讀那宣言的時候牠對於他就已有了很大底影響，雖然那時他不過是一個孩子，恩格斯答道：『在四十年前你們是對於理論有着德國才能的德國人，所以那宣言影響了你們，但是雖然牠已經譯爲英文，法文，丹麥文等等，牠對於別底民族並不曾有過什麽效果的。』

到一八六三年，鉛似底重壓了多年之後，在德國工人中那理論底才能留存很少了，在他們又開始理解那宣言之前是必須經過多年的教育的。以恩格斯所常說的『第一重要步驟』而論，拉塞爾底煽動是無可非難的。作爲一個經濟學家拉塞爾當然遠不及馬克思，但是作爲一個革命家他是和馬克思同等的，除非有人故意責備他說他對於革命行動的焦躁底渴望壓倒了科學研究的不倦底忍耐。他底一切著作，除了赫拉克里丟斯而外，都是以獲得當前底實際效果爲目的的。

他底煽動根據於階級鬬爭的廣大而堅固的基礎，並且以工人階級奪取政權爲一定不移底目的。馬克思責備他說他想依照某種武斷底方案劃出階級鬬爭的發展路線是不公道的，因爲拉塞爾正是出發於那些在德國工人中已經自然產生一種運動的『眞實要素』：要求普通選舉和生產合作社。他把普通選舉估計爲推進無產階級鬬爭的一種槓杆是比馬克思和恩格斯的估計更爲正確的，至少以當時情形而論是如此的；無論用何種理由來反對國家貸款的生產合作社，還合作社到底是根據於一種正確底基本觀念的——引用幾年之後馬克思自己底話來說——『因爲要拯救工人，合作運動必須發展到國家底廣度而且邏輯底地由國家機關加以支持。』不過由於拉塞爾底徒衆的或許稱讚過分的結果拉塞爾在表面上顯成『宗派底』的了，但是至少他是不負這種責任的，而且他曾經盡力避免「在那些蠢材眼中顯出這運動具有一種個人底性質」他盡力爭取的不但是馬克思和恩格斯，而且也是布舍和洛伯圖斯（Rodbertus）。他不曾成功，他找不到和他並肩合作的人。於是，自然而然，工人們的感激之忱有時就具有一種不很合式底拉塞爾崇拜的方式。另一方面，這也是真的：他並不是善藏鋒芒的那種人，也沒有馬克思常常把自己隱在主張後面的那種忘我精神。

還有另一很重要之點也是必須討論的，就是自由主義底資產階級反對普魯士政府的顯然猛烈底鬪爭。拉塞爾底煽動是從這鬪爭中發展出來的。自一八五九年以來，馬克思和恩格斯又已密切注意德國底事情了，但是，據他們在一八六六年以前的各種通信看來，他們並不常常達到正確把握時局。姑不論他們在革命底那幾年間經驗如何，他們仍然相信資產階級底甚或軍事底革命的可能性，而且如同他們過高估計德國資產階級一樣他們過低估計了大普魯士政策。他們並未克服他們底青年時代的印像，那時他們底家鄉萊因地帶，矜誇着牠底文化，是很輕視古舊底普魯士各省的，而且他們越是集中注意於沙皇底稱霸世界計劃，他們就越把普魯士邦看作不過是俄羅斯的一省。甚至對於俾斯麥他們也有意把他看作不過是俄羅斯工具的工具，「法國皇宮裏的神秘底人」的傀儡，甚至在一八五九年他們還說他不過是依照俄國外交管絃的音調跳舞而已。大普魯士政策無論怎樣，都要弄到使巴黎和聖彼得堡同樣不愉快底結果，這觀念是不曾發生在他們底心裏的。他們以為德國還有資產階級革命的可能，因此他們當然覺得拉塞爾底煽動是完全不合時宜的了。

然而，拉塞爾從近處觀察，所以他底判斷是更為正確的。他底政策根據於這種假定：那進步底資產階級的庸俗底運動是不會有任何成就的，「即使我們再等幾世紀，再等地質學上底幾個時代，」這是不錯的。一旦撇棄資產階級革命的可能性，他正確地認識了德國的統一祇能是朝代變革的結果，而且在他看來新底工人底黨必須作爲這變革的推動底契機。於是他和卑斯麥開始談判，企圖利用後者底大普魯士政策把他引誘到薄冰上，但是他自己太過投機冒險，雖然不會破壞他底原則，他確已破壞了政治策略的機警性，因此引起馬克思和恩格斯的强烈反對。

總而言之，使馬克思和恩格斯與拉塞爾分離的到底是「由於情況的估計不同，」因此在那幾年間似乎滲透在馬克思對於拉塞爾的苛評之中的私人嫌怨的表面現象是不必重視的。然而馬克思並不能完全克服他對於這人的成見——德國社會民主黨史是將要常常以同樣口氣述說恩格斯和這人的——甚至死的緩和力量也沒有長久底效果。

他從弗利里格萊士得到拉塞爾底死●耗，而且於一八六四年九月三號用電報告訴恩格斯。第二天恩格斯回信道：「你能够想像到這消息是怎樣驚駭着我的。姑不論拉塞爾爲人如何，在科學上和文藝上有何成就，在政治上他確是德國最優秀底人材之一。對於我們他有時是很靠不住底朋友而且將來卻很靠得住是一個敵人，但是看着德國怎樣毀滅了急進派的大大小小底能幹底人們總是痛心底事。那些廠主們和進步黨底猪羅們很高興了吧——在德國拉塞爾到底是他們所怕的唯一人物。」

過了幾天之後，馬克思纔在九月七號回信道：「拉塞爾底不幸使我憂愁了好幾天。他到底是一個老前衛，一個我們底敵人們的敵人……但是無論如何我惋惜的是我和他的關係在過去幾年間是那樣陰雲瀰漫，雖然那是他底錯誤。另一方面我很喜歡我拒斥了各方的挑撥終於不會在他底「得意之年」攻擊過他。眞是可

●八月二十八日拉塞爾爲海崙頓尼吉(Helene Donniges)戀愛事件與羅馬尼亞人拉可維柴(Rakowitza)在日內瓦決鬥而死。

嘆，我們底團體變得小而又小，並沒有增援底人們。」在安慰哈茲菲爾特伯爵夫人的信裏他說道：「他青年而死——在戰鬥中——好像阿乞里斯。●」而且，不久之後，當那饒舌家布林德盡力以拉塞爾爲犧牲來造成他底重要性的時候，馬克思就用輕蔑之詞痛斥他說：「我不願把像拉塞爾這樣一個人的性格和他底煽動的眞實重要性解釋給一個除了自己底影子而外一無所有的古怪小丑。無論如何，我很相信布林德先生踢打那死獅子不過是出於他自己底天性使然而已。」而且，幾年之後，馬克思在寫給斯乞委塞(Schure:itzer)的信中讚揚「拉塞爾底不朽底功績」，說道縱然他底煽動有「大錯誤」，他曾經喚起了沉睡十五年之後的德國工人階級運動。

然而，不幸，日子終於到來，他評判死了底拉塞爾比之在他底生存期間更加嚴酷更加不公了。一種不快底感情仍然殘留着，祇能消解在這高亢底思想之中：要把握住整個近代工人階級運動是太過艱巨了，對於任何一個人，即使是最有才能底人。

●(Achilles)古希臘英雄，其母預言其命運短促而光榮否則冗長而無聊。彼抉擇前者，終戰死于托洛伊(Troy)之役。

第十一章　國際的早年

一　國際的建立

一八六四年九月二十八號，拉塞爾死了幾個星期之後，國際工人協會❶在倫敦聖馬丁堂(St. Martins Hall)開成立大會。

協會不是某一個人底工作，也不是所謂『頭大身小。』總之，牠既不是微末底影象也不是可怕底威脅，好像資本主義底雇傭文士們在設法抹煞事實中所反覆描寫的那樣。第一國際是無產階級解放鬭爭的一種過渡組織，而牠是必要底正如牠是過渡底一樣。

資本主義生產方式，一種矛盾底體系，產生着而且毀滅着近代國家。牠加緊一切民族底衝突到最高度，同時依照着牠自己底形體製造一切國度。當資本主義生產方式存在的時候這些衝突是不能解決的，因此一切資產階級革命所高唱的人類同胞之誼就屢屢失敗了。大規模底工業一面宣傳國際間的和平及自由，同時也就使這世界變為歷史上未曾有過的一種武裝陣營。

然而，隨着資本主義生產方式的消失牠底矛盾也要消滅的。眞的，無產階級解放鬭爭必須發展在一種民族基礎之上，因為資本主義生產過程是發展於民族界限以內的，所以各國無產階級一開始就面對着牠自己

❶ (the International Workingmen's Association)以後簡稱『國際。』

底資產階級。然而，縱然如此，無產階級必須不屈服於時常摧毀一切資產階級國際和平自由夢想的那種無情底競爭。工人們一旦認識倘若要養成抵抗資本的優越勢力的有效力量就必須避免自己陣營之內的競爭——而這認識是和他們底階級意識的初次覺醒同時發生的——那麼祇要再進一步就能够達到這更深底認識：各國工人階級之間的競爭也必須停止，以至再進而認識倘若要推翻資產階級的國際統治工人階級就必須有國際底合作。

所以在近代工人階級運動史上，一開始就自然顯出國際主義的傾向。眼光限於利潤的資產階級所謂不愛國，無知和缺乏理解，其實是無產階級解放鬬爭的一種必要條件。雖然這鬬爭能够解除國家主義與國際主義之間的矛盾——而且資產階級被判定終生輾轉於這矛盾之下——工人們卻沒有魔術棒，並不能把艱難底棧道化爲坦途。近代工人階級運動必須在由歷史發展所造成的狀况之下繼續作戰。牠並不能以一種旋風底突擊越過這些狀况，但是牠祇要如黑格爾所謂理解便是克服那樣地去理解牠們就能戰勝牠們。

使這理解更加困難的是這種情形：工人階級運動的開始，和其中國際主義的開始，同時交互錯綜於許多大國的民族運動的開始，這些大國是由於資本主義生產方式的結果而建立起來的。共產黨宣言聲明一切文明國家的無產階級聯合行動是牠底解放的必要條件，宣言發表幾個星期後就遇着一八四八年的革命。在英國和法國這革命劃分了有產階級與無產階級的對立，而在德國和義大利牠卻引起了民族獨立鬬爭。然而，以無產階級的登場完全是另自一種勢力而論，牠十分正確地認識了民族獨立鬬爭雖然不能完成牠底最後目的，卻到底是達到牠底完成的一個階段。無產階級對於德國和義大利的民族運動提供了最爲英勇底戰士，而這些運動的最好顧問是共產黨宣言的作者們所發行的新萊因新聞。然而，民族鬬爭自然會把國際主義的思想壓下去的，尤其是當着德義資產階級開始躲在反動底刺刀後面的時候。在義大利許多工人協會自行組織在馬志尼的旗幟之下，他雖然不是社會主義者，至少是一個共和黨人，而在德國——比義大利發展更高，工人們甚至在維特林時代就已認識了他們底主義的國際意義——卻圍繞着這民族問題打了十年內戰

當近代無產階級運動開始的時候，英法的形勢卻是完全不同的，因爲這兩個國家的統一早已完成，甚至在三月革命以前國際主義的思想就已很活躍了。巴黎被認爲歐洲革命的首都而倫敦是世界市場的中心，但是卽使在英法吧，無產階級失敗之後國際主義的思想也遭受挫折了。

六月的大流血耗盡了法國工人階級的力量，而且拿破崙第三的專制鐵腕壓迫着工會和政治組織。結果，法國工人階級運動陷於革命以前的宗派主義，從這混亂之中有兩大傾向開始分別發展着——可以說是——革命底和社會主義底諸因素。一個傾向集結於布朗克(Blangui)，並無眞正底社會主義綱領而目的在於以堅決底少數人的大膽突擊奪取政權。較爲强大底另一傾向是在普魯東的思想影響之下的，想要以設立交換銀行供給自由貸款計劃之類底空想辦法引導工人離開政治鬥爭。在霧月十八裏馬克思曾經指出：這運動放棄了以舊世界所提供的多種方法來變革舊世界的一切努力，而求救於走後門底辦法，特殊底手段，而且在舊世界所約束的生存條件之內。

大憲章運動瓦解之後，大致相同底一種發展過程也曾開始於英國了。偉大底空想家歐文（Robert Owen）還在活着，雖然很老，而且他底學派已經衰退爲一種宗教底自由思想團體。和歐文派並存的是金斯立(Kinsley)和摩里斯（Maurice）的基督教社會主義，這主義雖然不一定被同一畫筆塗抹成歐陸上底那樣漫畫，牠確在追求着敎育底和合作社底諸目的，拒絕和政治鬥爭有任何關係，甚至那些工會——在英國

此在法國更顯著——也不關心政治而且限制牠們底活動於滿足目前利益之內，這一政策由於五十年代英國工業的急劇發展和由於英國取得世界市場支配地位而順利地推行下去了。

縱然如此，在英國境內的國際工人運動是很慢地纔沉入一種麻痺狀態的，這狀態一直綿延到五十年代之末。「博愛民主黨」人們勉力支持到克里米亞戰爭的時候，甚至當他們終於消失之後也還有一個國際委員會 (International Committee) 的組織之後，又有國際協會 (International Association) 的組織，這些成就大半是由於莊斯的努力。那些組織並沒有多大重要性，但是至少可以表明國際主義的思想並未完全熄滅，而且那火苗還能夠由烈風煽成熊熊底巨焰。

烈風曾經發生於一八五七年的商業恐慌，一八五九年的戰爭，尤其是一八六零年的美國內戰。一八五七年的商業恐慌使法國拿破崙第三的統治受了第一次嚴重打擊，而且他想要用對外政治冒險來抵消恐慌影響的企圖也到底不曾完全成功。假拿破崙底把戲一開始就手忙脚亂了。義大利的統一運動發展到他不能控制的程度，同時法國資產階級表示不願意受騙於麥根打和索非里諾㊀的假光榮。在這種形勢之下，給與工人階級一點鼓勵以制裁資產階級的逐漸放肆顯然是一條妙計，而且第二帝國的存在實在是依靠着拿破崙第三設法挑撥資產階級與無產階級而又同時拑制雙方的成功。

當然，拿破崙第三對於工人階級不過是經濟底讓步而不是政治底讓步。普魯東大有影影於工人階級運動，是反對第二帝國的，雖然他底似是而非底言詞很容易喚起相反底印象，但是他也是罷工的反對者。然而就爲這一點法國工人們不受約束了，因此不顧普魯東底警告，不顧取締組合的嚴峻法令，自一八五[illegible]至六六年

㊀ (Magenda and Solferino) 在義大利西北部，一八五九年法軍戰敗奧軍于此兩地。

間有三千九百多工人被判決違背這些法令，牽涉着七百四十九個組合。這凱撒的模仿者赦免了這些罪人，並且他也贊助派送法國工人代表到倫敦去參觀世界博覽會（一八六二）而他這樣作的方式是可以認爲比之德國底國民總會（Nationalverein）更爲有效和透澈的。代表是由同業的工人們自行選舉的，在巴黎成立了一百五十種行業的五十個投票處，選舉了二百個代表到倫敦去，旅費的籌集一半是由自願捐助，一半是由國庫和市庫津貼兩庫各捐了二萬法郎。在回來的時候代表們被許可發表詳細報告，一般地說來那些報告都是遠出於行業範圍之外的。以當時法國的形勢而論，這件事可以算是頭等政績，以至巴黎警察總監預言家似地嘆道：倘若皇帝要照這樣作下去，倒不如完全廢除那些取締組合法令。

其實，法國工人們報答他們底專圖私利底庇護主的方法是並不如他所期望的，而是他所應得的。在一八六三年的選舉中巴黎政府派的候選人祇得到八萬二千票，反對派却得到十五萬三千票，而在一八五七年的選舉中政府派曾經得過十一萬一千票，反對派不過是九千六百票而已。一般人假定這很少是由於資產階級的改變態度，而主要的是由於工人階級的改變態度，後者恰在假拿破崙開始討好的時候就已表明牠底獨立了，雖然牠還是進行於資產階級底急進主義的旗幟之下。這假定的證實是由於一八六四年的補充選舉，那時有六十個工人提出金屬工人拉托恩（Tolain）爲他們底候選人，而且發表宣言聲明社會主義的復興。牠宣佈，這些社會主義者已經學習了過去底經驗了。在一八四八年的時候工人們並沒有明白底綱領，而且採取那種這種社會理論多由於直覺而不由於研究，但是現在他們撇棄了一切夢想家底誇張，而尋求解放於社會改造之中，主張言論自由，集會自由，廢除取締組合法令，強迫免費教育，和廢除宗教預算。

然而，在選舉中托拉恩祇得到幾百票。普魯東贊成宣言內容但譴責參加選舉，以爲投空白票是反對第二帝國統治的一種更有效力底抗議。拿破崙派覺得這宣言太溫和，而資產階級人士除了一兩個例外，卻裝出自由主義底和急進底神氣來嘲笑辱罵托拉恩，雖然那宣言中並沒有足以使他們焦躁的任何原因。同時同樣底現象也發生於德國。受了這種情形的鼓勵，拿破崙第三就大膽再進一步，於一八六四年五月頒佈一種法令：雖然並未撤消工會的禁令（這是在四年之後纔作到的），至少牠廢除了工人為改善工作狀況而加入組合就應受處罰的那些刑律。

在英國，取締組合的法令早在一八二五年就廢除了，但是工會的存在並不絕對安全，無論在法理上或事實上，同時工會會員大衆並沒有選舉權足以使他們廢除阻撓他們為改善工作狀況而鬥爭的法律障礙。大陸上資本主義的發展摧毀了無數人底生活方法，因而使英國工人們受了一種危險底競爭，而且每當工人們要求增加工資或縮減工時的時候，英國資本家就揚言要從法，比，德各國輸入低賤勞動力來恐嚇。美國的內戰尤其擾動了工人們。這內戰所產生的棉花恐慌使英國纖維工人受了許多災患。

因此英國許多工會纔從舒服底麻痺中驚起，而且發展了『新底工會主義，』以舊工會的有經驗底領袖們為代表：工程師的阿朗（Allan），木匠的阿普里加斯（Applegarth），細木工的留克拉非提（Lucraft），建築工的克里麥（Cremer），靴匠的奧格（Odger）等等。這些工會代表都承認政治鬥爭的必要，所以他們注意到改革選舉法的問題。他們是以急進派領袖們來脫（John Bright）為主席在聖詹姆士堂所舉行的大集會的主導人物；他們曾經發表過猛烈底抗議，反對帕米斯頓贊助南方各州干涉美國內戰的企圖。一八六四年春季加里波底到倫敦的時候，這些領袖們也為他開了一個盛大底歡迎會。

英法工人階級的再度政治覺悟也復興了國際主義的思想。在一八六二年倫敦世界博覽會中英國工人和法國代表曾經開過一次『懇親會，』而且這種聯繫由於一八六三年的波蘭叛亂而更爲增强。同情波蘭革命是早已極其流行於西歐各國革命份子之中了的。波蘭的被壓迫和瓜分已經使東歐三强變爲一道反動底壁壘，而波蘭獨立的恢復將要是俄國歐洲霸權的致命打擊。博愛民主派人士曾經常常舉行一八三零年波蘭革命週年紀念，這些紀念會都是擁護波蘭獨立和統一的熱烈示威，而且常常表現這基本觀念：自由底和民主底波蘭的恢復是無產階級解放鬥爭的一個必要條件。在一八六三年情形也是這樣的，那種同情底共鳴曾經響澈於法國工人代表出席的倫敦紀念會之中。社會問題也是與格所主導的一個英國工人委員會寄給法國工人感謝派代表到倫敦參加紀念會的公函的主題，公函特別指出英國資本家能够輸入外國苦力以挾制英國工人，祇是因爲各國工人階級之間還沒有建立密切底親睦關係。

公函由對於工人有過許多勞績的倫敦大學歷史教授比斯里（Beesly）譯成法文，得到了巴黎工廠裏面的有力底響應，法國工人們決定特派代表到倫敦去致答詞。一八六四年九月二十八日在倫敦聖馬丁堂舉行歡迎法國代表大會，由比斯里教授主席。會堂裏擠滿了英國工人，傾聽托拉恩宣讀法國工人的答詞，答詞說到波蘭革命：『波蘭又已淹沒在牠底最優秀底子弟的熱血之中，而我們是無力底旁觀者，』於是進而要求關於政治底和社會底重要問題人民必須有發言權利。資本的專橫權力必須打破。因爲分工的緣故，工人已經變爲一種機械，而且，倘若沒有國際底無產階級團結，自由貿易必然促成一種工業奴隸制度，比之法國大革命所已摧毁的那種農奴制度更爲殘酷可怕。因爲要堅決抵抗這樣可怕底制度全世界工人必須聯合一致。

伊克卡留斯代表德國工人說了動人底辯論之後大會通過工會運動者維勒（Wheeler）的提議，推選一個委員會起草國際工人協會暫行會章，以待明年布魯舍爾國際代表大會的最後決定。委員會成立了，被選底委員都是工會運動者和外國工人代表，其中有馬克思，在新聞紙的紀載上他底名字是列在最後的。

二　「成立宣言」

在這大會以前馬克思久已不曾參加活動了，但是他被法國人會比玆（Le Lubez）邀請到會去代表德國工人推出一個發言人。馬克思推舉了伊克卡留斯，而他自己却留在演說台上作一個沉默底觀察者。

他估計他底科學著作的重要性是超過浮泛底或無望底黨團活動的，但是他也願意把牠放在一旁的，當着眞可以替無產階級作一些有益底實際工作的時候，而且這一回他認爲「要緊底事」臨到成敗關頭了。他以同樣口氣寫信給維德米耶和別底朋友們說：「最近成立底國際工人委員會不是不重要的。牠底英國份子都是工會首腦，倫敦的眞正勞工要人，他們組織了歡迎加里波底大會，而且在聖詹姆士堂（在伯來脫主導之下）開大會阻止帕米斯頓對美國北方宣戰的企圖。以法國份子而論，他們並不算很重要，但是他們是巴黎工人的直接底代表。對於最近在那普勒開代表大會的義大利各團體也已經建立了聯絡。雖然這幾年以來我一致拒絕參加「組織」，這回我可接受了，因爲這裏有一種作出眞正好事的可能性。」他寫信給恩格斯說：「現在工人階級的復興顯然開始了，」而且他認爲他底主要任務是引導牠走上正路。

幸而環境自動地給了他思想底領導權。委員會補選新委員一直到五十多人，半數是英國工人，其次是德國人，包括馬克思，伊克卡留斯，里斯納，洛克尼和庇方特等，全都是從前共產主義者同盟的份子。法國有九個代表，義大利有六個，波蘭和瑞士各有兩個。委員會成立之後就指定一個附屬委員會起草綱領和會章。

馬克思也被選入這附屬委員會，但是因爲害病而且請柬送到太遲，以至他不能出席許多會議。那時馬志尼的私人祕書萊爾夫（Mayor Wolf），英國人委斯吞和法國人魯比茲都枉然用了許多力量來完成附屬委員會的任務而無所成就。雖然馬志尼那時很知名於英國工人之中，他對於近代工人階級運動懂得太少，他所擬的草案並不能使那些老練底工會運動者贊同。他簡直不理解無產階級鬥爭，因此他仇恨牠了。他所擬的綱領中祇有少數社會主義底條文，而且這些條文都是在六十年代中無產階級早已撇棄了的那一類，至於他所擬的會章的精神也可以說是過時的，規定權力高度集中的種種條款，好像應付政治叛亂的緊急性似的。結果，馬志尼底意見不但完全遠離一般工會運動的實際情況，而且尤其不合於國際工人協會的目的，那目的並不是要創造任何新運動，而不過是要聯合各國已有的工人階級運動。魯比茲和委斯頓所提出的草案也不過是比一般成語的結集更好一小點而已。

所以，那情形是無望底，一直到馬克思動手來作的時候。他決定盡其可能地完全拋棄前幾個人底那些努力，而且因爲要使他自己解脫牠們，他起草了一個宣言——在聖馬丁堂大會中並不提出過的——檢討一八四八年以來工人階級的歷史，作爲這新組織的章程的引端。附屬委員會立刻接受馬克思底提議，不過要求加添一些『權利，義務，真理，道德和正義』之類的詞句，但是如馬克思在給恩格斯的信中所說，他成功地把牠們加進去了。於是委員會一致熱忱地採取了這成立序言及暫行規約。

後來比斯里說這文獻或許是表現工人階級反對中產階級的最堂皇最出色底手冊。牠一開始就敘述顯著事實：一八四八至六四年間工人階級的貧困並未減輕，雖然這一時期工商業的發展是空前無比的；然後牠用官方發表的藍皮書中關於英國工人窮狀的可怕統計來對比財政大臣格拉斯頓（Gladstone）在預算演說中所表示的『財富和權力的可喜底增進』——在同一時期完全爲資產階級所獨享。序言根據英國情形表明了這顯著底矛盾，因爲英國是歐洲工商業最發達底國家，但是牠指出同樣底矛盾也存在於大規模底工業正在開始發達的大陸各國，不過範圍較小和有些地方情形底差異而已。

在全世界上這種『財富和權力的可喜底增進』是完全歸於資產階級的，雖然英國的一小部份工人得到較高工資可以算是例外，而一般物價的上漲也就抵消了這改善。『各處工人階級大衆都已陷入比以前更深底貧困之中，至少達到與上層階級的興盛同樣廣大程度。在全歐洲有一種不容爭辯底事實，爲無成見底觀察者所不能否認，祇有存心欺騙的人們纔反對的：不論機器怎樣完備，科學怎樣應用於農業工業，交通怎樣擴張，資源怎樣輸入新殖民地怎樣獲得，新市場怎樣爭取，貿易怎樣自由，或這些條件全加合起來，都不能剷除工人階級的貧困。正相反，這種勞動的創造力的每一新發展，在現狀的錯誤根基之上，都可以說是加强社會矛盾和惡化社會衝突。在這種經濟進步的繁榮期間，在英帝國的首都，饑餓幾乎形成一種社會制度。這一時期的歷史的特徵是號稱爲工商業恐慌的社會災禍的加速循環，一次比一次嚴重和擴大。』

然後序言回溯五十年代中工人階級運動的失敗，達到了這結論：縱然是這一時期吧，其間也有牠底補償底特徵。有兩件事實特別值得注重，首先是由法律規定每日十小時工作制及其對於英國無產階級的良好影響。爭取法律限定工作時間的鬥爭已經直接干涉着這重大衝突，即貫通於資產階級政治經濟學中的供給與需要法則的盲目勢力和工人階級所主張爲社會福利而生產之間的衝突。『所以十小時法令不但是實際上的大成就，而且也是一種原則的勝利；資產階級政治經濟學第一次被工人階級政治經濟學打敗了。』

第二，無產階級政治經濟學還經由合作運動而得到一種更大底勝利，根據合作原則建立了幾個工廠，而且只是由少數人的不倦努力並無外界底援助。這些偉大底社會實驗的價值是不至於會被估計過高。『牠們不由理論而由實際證明了沒有僱用工人階級的僱主階級的存在依照近代科學法則的大規模生產也是可能的；證明了要發揮效能生產工具不一定必需被獨佔爲剝削工人的手段；證明了工資勞動，和奴隸勞動一樣，不過是一種低級底和過渡底形式，必然要消滅於以自願底手，歡樂底心和活潑底身來完成艱難任務的合作勞動之前的。」然而，局部底偶然底合作運動並不能打破資本的獨佔。『或許正因爲這理由那些理想高尚底貴族們，資產階級的慈善底修辭學家們甚至頑固底經濟學家們都忽然開始對於合作勞動制度加以惡心底獎勵了：他們徒然努力要把牠壓縮在牠底幼稚時期之中，嘲笑牠是夢想者的烏托邦或譴責牠爲社會主義者的瘋狂。」祇有合作勞動發展到全國底闊度纔能夠拯救勞苦羣衆，但是地主和資本家必然推動他們底政治特權來保持他們底經濟獨佔以至永久，所以工人階級的重大任務是奪取政權。

工人們似乎已經把握住這種必要，這是由於英、法、德、義的工人階級運動的同時復興和由於同時努力工人的政治組織而證明了的。『他們佔有一個成功的要素——數量。但是數量的重要祇顯現於他們團結在一個組織之中向一個自覺底目的進行的時候。」過去底經驗已經表明無視各國工人應該聯合一致爲解放而鬥爭往往得到使不相聯屬底各種努力全歸失敗的結果。這種理由曾經推動聖馬丁堂大會建立國際工人協會。

推動大會的另一信念是：工人的解放需要各國工人互相聯合，但是在各國政府實行挑撥民族感情和準備消耗人民血汗於劫掠戰爭裏的外交政策之前怎樣能夠達到這高尚目的呢？並非由於統治階級的賢明而是由於無產階級的英勇抵抗那愚妄罪行纔使西歐各國不至從事於保持大西洋彼岸奴隸制度的可恥底遠征十字軍。統治階級對於沙俄征取高加索山地要塞和屠殺英勇底波蘭人民的僞善底同情或愚昧底漠視，或無恥底讚頌，都顯示給工人階級必須看穿國際政治的祕密，必須嚴密注意政府的外交詭計，必須用一切方法來反對牠，倘若不能阻止牠們，就組織大示威運動要求約束個人之間的關係的信義和公道的簡單規律也必須成爲約束各國之間的關係的最高規律。爲這樣一種外交政策而鬥爭是一般爲工人階級解放而鬥爭的基本要件。於是序言以共產黨宣言的結語爲結語：「全世界的工人聯合起來！」

暫行規約的開端可以綜述如下：工人階級的解放必須是工人自身的任務。爲工人階級的解放而鬥爭並不是爲建立新底階級特權而鬥爭，而是爲完全廢除階級而鬥爭。工人的經濟底隸屬於那些佔有勞動工具——生活的資源——的人們因而造成各樣各式底奴隸：社會底貧困，智慧底萎縮和政治底不安。所以工人階級的經濟解放是作爲必需底手段的一切政治運動的大目的。一直到現在爲止實現這大目的的一切企圖的歸於失敗都是因爲每一國內的各種工人階級團體之間和各國工人階級之間缺乏聯合的緣故。工人的解放並不是一地區或一民族的事業，而是社會底事業。牠是包括着凡有近代社會存在的一切國家的一種事業，祇有由於各國一致通力合作纔能成功的。然後，馬克思勉强安置在他底手稿裏面的正義和眞理，權利和義務的道德成語這就恰當地配合着那些明白深刻底詞句了。

這新協會的首腦是由出席的各國工人代表所組成的一個理事會，但是在第一次大會之前由聖馬丁堂會議選出的委員會執行理事會職權。理事會的責任是：建立各國工人階級團體之間的國際關係，按期通報各國工人關於別國工友的活動情形，集收各國工人階級狀況的統計表冊，討論與一切工人階級組織利益有關的一般問題，取得所屬團體的一致同時行動以應付國際爭端，經常公佈協會工作報告，等等。

理事會由每年一次的大會選舉成立，並由大會決定理事會所在地和下次大會的地址和時間。理事會有權補選新理事。倘遇必要，得變更下次大會地點，但不得延展會期。凡屬於這「國際」的各國工人團體均得保持其組織底完全獨立，凡獨立底地方團體都可以和理事會直接發生關係，雖然爲功效起見最好是每一國的各種組織都團結在國家基礎上和中央團體之下。

雖然把這國際看作「一個偉大頭腦」的工作是完全錯誤的，牠到底得到一個偉大頭腦自始就指示正路使牠不至長久彷徨歧途卻是眞的。馬克思所作的不過如此，而他也並不企圖作這以上的事。

成立序言所顯示的無比底卓越是根據於這事實的：牠從當前局勢開始，而且，如李卜克內希所明白指出，牠所有的共產主義的決定底意義並不比共產黨宣言爲少。

然而，成立序言及暫行規約和共產黨宣言的不同不但在於這形式：「時間是必要的，在復興運動可以發抒從前底大胆底言詞之前。此刻所必需的是主張堅決而態度溫和，」如馬克思寫信給恩格斯所說。而且牠也有一種很不相同底任務。這國際的目的是聯合歐、美的一切戰鬥底無產階級爲一大陣線，而且給與牠一種綱領，如恩格斯所說，開門給英國工會，法、比、菲、西的普魯東派和德國的拉塞爾派。馬克思完全信賴由聯合行動而發展起來的精神必能保證共產黨宣言所提出的科學底社會主義的最後勝利。

不久之後他底希望就受了一次嚴重底試驗，因爲這國際的宣傳工作還未開始牠就和比較能够理解國際原則的歐洲工人階級的一派發生了嚴重衝突。

三　和斯乞委塞的分離

有人說德國拉塞爾派拒絕加入國際而且自始就對牠採取敵視態度，這是神話，而且是既無道而又討理脈底神話。

第一，要找出可以使他們採取這種態度的任何理由是完全不可能的。他們對於他們自己底團結確是看得很重要的，但是國際的暫行規約並無加以干涉的威脅，總之，他們可以自始至終贊同成立序言，尤其可以滿意於下述條文：祇有合作運動發展到全國的闊度而且由國家機關加以推行纔能拯救勞苦大衆。

德國拉塞爾派確是自始就對國際採取友好態度的，雖然在牠成立的時候他們正在深陷於他們自己底困難之中。拉塞爾死後，遵照他底遺囑底推薦，貝克（Bernhard Becker）被選爲全德工人聯合會（Allgemeiner Deutscher Arbeiterverein）會長，但是立刻就證明他自己是這樣無能，使會務陷於無望底混亂之中，維持着這組織的不過是牠底機關報社會民主（Der Sozialdemokrat）而已。這刊物自一八六四年出版以來都在斯乞委塞（J. B. Von Schweitzer）的領導之下；他是一個精悍底人物，曾經竭力爭取馬克思和恩格斯的合作。並未對他施行任何壓力，他就聘請李卜克內希爲編輯，而且在這刊物的第二和第三號上發表了成立序言。

這刊物的巴黎通信員赫斯懷疑托拉恩，說他是扮演着赤色政客的哲洛米親王的皇宮中的朋友，但是斯乞委塞等到李卜克內希表示同意之後纔發表這通信，當馬克思不以爲然的時候他曾經竭力把這件事和平解決了；而且他命令李卜克內希首先編輯關於國際的各種文件。一八六五年二月十五號斯乞委塞寫信給馬克思說他打算提議他底組織完全贊同國際的原則，並且決定派代表出席牠底大會。然而他底組織在形式上不能加入國際，唯一底理由是德意志聯邦法令禁止工人階級之間建立任何聯繫。斯乞委塞不曾得到回信，而馬克思和恩格斯却公開宣言和社會民主脫離一切關係。

這些事實明白顯示着不幸底破裂並非關於不顧和國際聯絡，而且那眞實原因已經由馬克思和恩格斯在他們底宣言中十分坦白地說明了。他們宣言他們並非不會顧慮到社會民主的處境困難，他們也從未提出不適於柏林地方情況的任何要求，但是他們曾經屢次要求該報對於政府和封建底專制黨派至少應該和對於進步派同樣勇敢。社會民主所推行的策略使他們不能再投稿給牠。他們還逐字逐句地信守着他們從前寫過的關於普魯士官辦社會主義和工人階級政黨對於這種可惡底欺騙的態度的論文。這論文曾經發表在德文布魯舍爾新聞上，答覆萊因觀察者——後者建議「無產階級與政府聯盟反對自由主義底資產階級。」

其實，社會民主所推行的策略是絲毫無關於這種聯盟或什麼官辦社會主義的。當拉塞爾想使德國工人階級奮力一躍而興起的初次企圖顯然無效的時候，全德工人聯合會就夾在勢力都足以毀滅牠的兩個反對派之間。年輕底工人底黨能夠從資產階級獲得的東西除了愚昧底仇恨而外毫無希望，同時牠却有理由期望狡猾底卑斯麥因為要推行大普魯士政策而不能不對人民大衆有所讓步。斯乞委塞對於這種讓步的價値和目的並未懷抱任何幻想，但是當德國工人在實際上已經被剝奪了組織權的時候，當牠並不享有眞實底選舉權的時候，當言論，出版，結社和集會的自由全都在官廳任意摧殘之下的時候，社會民主黨並不能以同等力量同時攻擊牠底兩個反對派，而祇能挑撥雙方以圖自存。當然，這政策的絕對必要條件是新底工人底黨對於雙方必須完全獨立而且在工人羣衆中加强這種獨立性的自覺。

斯乞委塞努力推行這種政策而且得到成功，同時要在社會民主上找出什麼和政府「聯盟」反對無產階級的東西是不可能的。仔細考察他在當日政治情況中的活動是可以發現某些錯誤的——他自己曾經承認過——但是以大體而論，他底精敏而合理底政策是嚴格地受導於工人階級利益的，確乎並未受制於卑斯麥或任何其他反動派。

雖然在許多別底方面斯乞委塞比不上馬克思和恩格斯，他至少有一點是勝過他們的，那就是熟悉普魯士的情况。他們對於那情况並沒有直接底認識，而他們賴以補充這缺陷的李卜克內希却不能十分勝任愉快。李卜克內希曾於一八六二年回到德國聯合赤色共和黨人布拉斯創辦北德普通新聞（Nord-deutsche Allgemeine Zeitung）；但是他底編輯工作還未開始他就發見布拉斯已經把這報紙賣給俾斯麥了。他立刻脫離了牠，但是在德國境內的這初次經驗的不幸不但使他又陷於貧困而記起流亡時代——這並未使他憂愁，因爲他總是把正義放在他底私人利害之上的——並且妨礙着他在德國的新環境中獲得一種無成見底觀點。

當他回去的時代他根本還是一八四八年底人，懷抱着新萊因新聞的精神，那報紙着重社會主義理論和階級鬥爭遠不如牠着重反對反動底統治階級的民族革命鬥爭。雖然熟悉於社會主義理論的基本觀念，李卜克內希却絕不是一個精深底理論家，而在放流時代他從馬克思學到的主要事項是後者在範圍廣大底國際政治中尋求革命發展的各種表徵的那傾向。作爲萊因地帶的人馬克思和恩格斯是慣於太過輕蔑東厄爾巴的各種事物的，所以他們過低估計普魯士邦的重要性，而李卜克內希還更壞，因爲他生於南德，而且在這運動的前期他不在巴登便在瑞士，這兩個宗派主義的強固根據地。他把普魯士看作三月革命以前的俄國附庸，看作一個以腐敗的卑劣手段打擊歷史進步的反動國家，必然要潰敗於德國可能有任何近代階級鬥爭之前的。他不能認識五十年代的經濟發展已經大大地改變了普魯士邦，和造成了使工人階級與資產階級民主主義分離的一種歷史底必然性。

因此李卜克內希與斯乞委塞之間的澈底瞭解是不可能的，而且在李卜克內希看來這是不得已底事：斯乞委塞連續發表了五篇文章論列俾斯麥內閣的大普魯士政策與無產階級對於德國統一問題的革命政策是並行不悖的；但是犯了把俾斯麥底政策說得雄辯到近於頌揚的『錯誤』。另一方面，馬克思於二月十三號寫給斯乞委塞的信裏也犯了這『錯誤』：他說雖然普魯士政府或許會採取生產合作的觀念而試行各種浮泛底實驗，牠並不會廢除取締組合法令和制裁官僚及警察的橫行。然而，馬克思忽略了他自己曾經那樣雄辯地反駁過普魯東的理論，就是，各種政府並不能控制經濟環境而牠們自身倒是被這環境所控制的。幾年之後俾斯麥內閣就被迫而廢除取締組合法令了。在斯乞委塞底二月十五號的回信裏——他約定爲國際在全德工人聯合會中工作，而且又通知馬克思說已經委托李卜克內希負責編輯關於國際的一切事情——他說他樂於聽取馬克思可以給他的任何理論上的教益，但是關於處理實際問題和決定當前策略，人就必須居於運動的中心和有着現狀的透澈知識。於是馬克思與恩格斯和他分離了。

要充分理解這些誤會和錯綜就必須說到哈茲菲爾特伯爵夫人的不幸底活動，她爲紀念曾經把她從污辱損害中救出來的那人而犯了嚴重底錯誤了。她想把拉塞爾底理論變爲一種正統派而以這宗師底言詞爲牠底最高教條，但是即使作到這樣，那宗師底言詞也並不如哈茲菲爾特夫人解釋教條的話那麼多。她底胡鬧可以從恩格斯於三月十號寫給維特米耶的信裏看出來，在這信裏略論社會民主的原則之後就說道：『這刊物上發展着難堪底拉塞爾崇拜，（老伯爵夫人哈茲菲爾特通知李卜克內希要他同樣崇拜，）同時我的確知道拉塞爾和俾斯麥勾結之深是超乎我們想像之上的。他們之間有過一種正式底聯合，事情已經到了這地步：拉塞爾親自到斯乞里斯委——荷因斯坦去運動兼併丹麥，而交換條件是俾斯麥含糊地答應提倡一種普遍選舉，和較爲確定地答應批准組織權，由國家支持工人組織，等等。拉塞爾這傻子並沒有得到畢斯麥履行約言的保證也沒有迫使他非履行不可的把握。社會民主的編者們都很明瞭這一點，然而他們仍然更加努力提倡拉塞爾崇拜。而且，他們屈服於准格納（十字新聞（Kruez-zeitung）的編輯）的恐嚇，讚頌畢斯麥，逢迎他底意旨，等等。我們已經發表宣言和牠脫離關係，李卜克內希也同樣作了。」難於理解的是深知拉塞爾和常讀社會民主的馬克思和恩格斯怎樣會那樣重視哈茲菲爾特伯爵夫人的荒唐故事呢，但是唯有說他們曾經重視這纔能夠合理地解釋他們爲什麼和拉塞爾所建立的運動完全脫離關係。

然而，他們底行動對於那運動並沒有實際底效果，甚至共產主義者同盟的老會員如洛塞（Röser）們——曾經在戈龍尼巡迴法庭之前那樣正直地擁護共產黨宣言的原理的——也宣言贊成斯乞委塞底策略。

四　倫敦第一次大會

德國拉塞爾派是這樣自始就被排出國際範圍之外了的，而且國際在英國工會運動者之中和在法國普魯東派之中的宣傳也進步得很緩慢。

總之，已經認識政治鬥爭的必要的祇是很少數工會領袖，而且即使是他們也把國際看作不過是達到工會目的的另一種方法而已。但是至少他們對於組織問題是有很多實際經驗的，而法國普魯東派卻沒有，並且對於工人階級運動的歷史性質也毫無認識。所以這新組織自身實在負着一種艱鉅底任務，要完成牠是必需鉅大精神和鉅大努力的。

雖然馬克思再再被病痛所纏擾，雖然他渴想完成他底科學著作，他爲了國際的緣故並不吝惜精力。有一次他嘆息道：「作這種運動的時候最壞底事是牠擾擾着人底工作，」另一次他說國際和與牠有關底各樣事情壓在他上「好像一個夢魔」似的，他願意擺脫了牠。但是他認爲執犂在手就不能後顧，㊀其實倘若不能使負起這重擔比放下牠更爲愉快更多希望，那也就不成其爲馬克思了。

不久就明白了，馬克思是這運動的實際「首腦。」他絕不曾把他自己推上前去，因爲他極其輕蔑廉價底聲名，並不像那些民主黨人似的在公衆之前顯示自己的重要而實際上什麼也不幹。他在幕後作了許多工作而同時使公衆看不見他自己。然而，在組織上並沒有另一個人具有這樣偉大任務所必需的非常才能：明確地認識歷史發展的規律，堅持到底的精力，以可能限度爲滿足的忍耐，寬容正直底錯誤而頑强到不顧一切的勇毅。馬克思現在處於以教導人來管理人的地位，他底無比底天才發展得比在戈龍尼時代更爲廣大。

凡是這種運動的初期所必不可免的種種私人爭吵和糾紛化費了他「一大部份時間，」而且那些義大利人，尤其是法國人，使他受了一大堆不必要底困難。自革命底那幾年以來巴黎的「用手底和用腦底工人們」之間有着一種深刻底反感。無產者們很難忘懷知識份子的太多次數的變節，而知識份子則誹謗着拒絕他們參加的一切工人階級運動；同時在拿破崙派的軍事專政的高壓之下使一切經由報紙或組織的接洽方法都是不可能的；對於拿破崙派底詭謀的猜疑甚至瀰漫在工人階級自己陣營之中。這種「法國煩惱」的囂囂嚷嚷消費了理事會的許多寶貴晚間，通過了一些冗長底議決案。

對於國際中的英國方面，馬克思底活動是更爲順利而且有效的。英國工人們曾經頑强地反對他們底政府贊助南方叛軍干涉美國內戰的企圖，而且當林肯(Abraham Lincoln)被選連任總統的時候他們曾經

㊀見聖經路加福音第九章六二節「執犂在手而後顧者不能入天國。」

寄給他一篇致敬和祝賀的公函。馬克思起草了這公函寄給那負着領導國家爲解放被奴役底人種而鬥爭的崇高責任的「工人之子。」當着美國白種工人不認識以人爲奴是共和國的恥辱的時候，當着他們對於不問情由就被賣掉的黑人誇耀他們自己有自願出賣和選擇主人的特權的時候，他們就不能獲得眞正底自由或援助他們底歐洲兄弟的爲自由而鬥爭。然而，在內戰期間所流成的血海已經掃蕩了這種障礙了。

雖然像勒辛似的，馬克思是常常以貶損之詞述說他自己底著作的，他顯然把他底全部感情放在這公函裏面了的。在寫給恩格斯的信裏，他說給與這公函一種適當底形式比較想出那內容更爲困難，因爲那風格和詞句至少應該有別於這類文件的通常的庸俗底民主派底套語。林肯並未看不出這區別，而且使倫敦報紙大爲驚異了，因爲「這老人」回答資產階級方面的賀詞總是那麽幾句官話，而答覆這公函的聲調却是溫和而且友好的。

以內容而論，更爲重要得多的是馬克思於一八六五年六月二十五號對國際理事會宣讀的關於價值，價格和利潤的一篇演講。那目的是要斥駁理事會中某些會員的這種主張：工資的普遍提高對於工人們並沒有眞實底好處，所以工聯會是有害的。這是根據於這錯誤底假定：工資決定商品底價值，倘若資本家們今天支付工資是五先零而不是四先零，那麽他們明天出賣他們底商品就要五先零而不要四先零，因爲成本增加了。他說雖然這是很膚淺的理論，祇計算到最表面底現象，而要把其中所有的經濟問題解釋給毫無研究的人們到底是不容易底事。要把一部政治經濟學緊縮在一小時內講完也是不可能的。然而，其實他把這解說明白了，工會都感謝他的可貴底貢獻。

國際的第一步顯著成功是推動改造選擧法運動的勃發，一八六五年五月一號馬克思寫信給恩格斯說：

『「改造同盟（The Reform League）」是我們底工作。在同盟的十二個中央委員（中產階級和工人階級各六個代表）中工人方面的代表全是我們底理事會會員，連伊克卡留斯在內。我們已經打退了中產階級欺騙工人的一切企圖……倘若復興英國工人階級政治運動的計劃得到成功，那麼我們底協會對於歐洲工人階級就可以作出比以前其他任何方法所能作出的更多事情，而且一聲不響地作出來了。而且這成功是有着各種把握的。』五月三號恩格斯回信說：『在一個很短底時期中並沒有多大麻煩國際協會就已經爭取得廣大根基。這是一件好事現在牠可以在英國這樣積極從事，不受法國宗派主義的永遠纏擾不清了。至少你所損失的時間是得到補償了的。』然而，不久就證明甚至這成功也有牠底不滿意底方面。

馬克思認為在大體上政治局勢還未成熟到可以舉行一八六五年所佈置的布魯舍爾公開大會，而且他恐怕牠會惡化為口舌戰場，這並不是沒有充足理由的。經過了大困難，尤其對付法國方面的有力底反對派，他終於獲得多數同意不在布魯舍爾開公開大會而在倫敦開秘密會議，祇由主要委員會派代表出席，不過算是將來大會的籌備會。馬克思說明這主張的理由如下：關於英國的改造運動和法國的罷工風潮必須在事前討論得到一致底意見，而且比國的取締外人入境法令將要使在那裏開會成為不可能。

倫敦會議舉行於一八六五年九月二十五日至二十九日。理事會的代表是牠底會長與格，牠底秘書克里麥（Cremer），幾個英國會員，和馬克思及其兩個國際事務的主要助手——伊克卡留斯，和倫敦鐘錶匠瑞士人永格。德國和法國的代表人數相等。法國代表是托拉恩，弗里浦（Fribourg）和里蒙辛（Limousin），這些人後來全都放棄了國際。還有出席的是馬克思底一八四八年底老朋友希里和伐爾林，後者後來是巴黎公社的英雄和殉道者。瑞士派了兩個代表：釘書匠杜普里斯(Dupleix)代表住在法義的瑞士工人，白克——從前的製刷匠而現在是不倦底革命煽動家——代表住在德國的瑞士工人。比國的代表是巴伊庇(Gaesar de Paepe),這人當初是排字工而後來變成功一個醫生。

會議首先討論協會的經費;第一年度的收入總額大約是三十三鎊。關於會員的經常捐助沒有達到一致底議決,但是一致決議募集宣傳費和大會籌備費一百五十磅,在英國籌八十磅,法國四十磅,比國和瑞士各十磅。國際並沒有出色底預算也沒有足够作戰的經費。幾年之後馬克思苦笑道國際的財政常是表示積極增加的負數,而且後來還寫信給恩格斯說:所謂「國際有幾百萬」歷來是差額,無論怎樣,這麼少的錢是不能作出那麼多的事的。

報告英國情形的是祕書克里麥,他說大陸人士一般相信英國工會都很富裕,能够支持牠們認爲義不容辭的事,其實牠們已經被牠們底狹小底支出所困厄了。除了很少數例外,英國工會運動者對於政治學毫無知識,而要啓發他們是很困難的。然而,已經有了某種繼續底進步了。在幾年以前國際的代表們甚至不能得到聽衆,而今日他們已經得到友好底款待,他們底原理受着讚許了。一種與政治有關係的組織能够和工會建立這種關係,這是初次成功。

弗里浦和托拉恩都來信報告國際在法國很受歡迎。除巴黎而外,魯安,南提,厄爾比弗,凱恩等處都已有了會員;許多分會的會員的年費是一·二五弗郎。不幸,所有收入全都耗費在設立巴黎辦事處和派遣代表出席會議上去了。然而,理事會得以安慰的是法國方面還可以出售剩餘的四百張會員證。法國代表抱怨大會延期妨礙着這運動的發展。法國工人們被拿破崙第三底警察所懾伏,人常常遇見這樣底反對:先表示給我們看看你們能够幹些什麼,然後我們總加入你們。

白克和杜普里斯報告的瑞士情形是很好的，雖然那裏的宣傳祇進行了六個月。日內瓦有四百個會員，浴桑稜和維維伊各有五十個。規定會員每月繳納會費五十辨士，但是他們都自願加倍繳費，因爲他們認爲有支持理事會財政的必要。然而，瑞士代表並不帶一個錢來說道倘若不支付代表們到英國的旅費倒是有大筆款項呈交理事會的。

在比國的宣傳纔進行了一個月，但是巴伊庇報告已經有六十個會員，而且一致通過會員每年繳納會費至少三弗郎，以三分之一呈交理事會。

馬克思用理事會的名義提議於一八六六年九月或十月在日內瓦舉行大會。大會地點是得到一致贊成的，但是法國代表亟力主張日期必須提早到五月尾。法國代表也要求凡持有國際會員證者都可以出席大會並有投票權，說道這是原則上應該如此而且是普選的眞實意義。經過了一場熱烈爭論之後纔通過了克里麥和伊克卡留斯所主張的得出席大會者祇限於代表。

理事會曾經爲將來底大會擬定了一個廣大底議事日程：關於合作勞動，縮短工時，女工和童工，工會的過去和將來，常備軍對於工人階級利益的影響，等等，但是有兩個項目發生爭論，而其中之一並不是理事會提出的，而是由法國代表提出的。他們要求在議事日程中必須特別提出『宗教觀念及其對於社會、政治和文化運動的影響』要表明他們爲什麼提出這問題和馬克思對於牠的態度，最好是引用幾個月之後馬克思所作的哀悼普魯東的論文的幾句話，這論文發表於瑞士的社會民主(Sogialdemokrat)，是他在這種情形之下對於那刊物的唯一投稿。『普魯東攻擊宗教和教會等等是大有俾益於當時當地情形的，那時法國社會主義者們認爲必須證明他們的優越於十八世紀資產階級佛爾泰主義(Voltairism)和十九世紀德國無神論。彼德大帝以對蠻主義擊敗俄國底野蠻主義，而普魯東盡其所長以文詞擊敗法國底拘泥文詞者。」英國代表也警告會議不要理會這「失和的蘋果，」⊖但是法國代表固執着，終於他們底主張以十八票對十三票通過。

關於議事日程所引起爭論的另一項目是理事會提出的討論歐洲政治問題，馬克思認爲特別重要的，就是，「必須依照民族自決權在民主底和社會主義底基礎上重建波蘭獨立以抵抗俄國底漸逐擴大底對歐權力。」法國代表特別反對這一點：爲什麼把政治問題和社會問題攪混在一起呢？爲什麼當必須和國內的重大壓迫奮鬥的時候要這樣分心驚外呢？爲什麼當普、奥、英、法的政府的權力並非不更惡劣的時候要那麼留心俄國政府的權力呢？比國代表巴伊庇的反對特別有勁，說道波蘭獨立的恢復衹有利於三個階層高級貴族，低級貴族和牧師。

在這裏分明顯現了普魯東底影響。他屢次反對波蘭獨立的恢復，最後一次是在一八六三年波蘭叛亂的時候，正如馬克思在那哀悼辭中所坦白指出的，他對於沙皇的得勢抱着一種白癡底犬儒主義。當時這叛亂曾經引起了馬克思和恩格斯在革命底那幾年間對於波蘭的一切同情；他們打算發表一篇贊助這叛亂的宣言，但是這意願終於不曾實行。

他們對於波蘭的同情確乎不是無批評底。一八六三年四月二十一號恩格斯寫信給馬克思說：「我必須說明爲一七七二年的波蘭人號召任何同情是無聊的。現今歐洲的大部份貴族是心平氣和並且有些才智了的，雖然他們底大原則還是講究吃、穿、睡、賭，那麼一種唯物主義，並不像波蘭貴族那樣十分愚蠢地出賣自己給俄國人。」然而在俄國本身沒有革命的可能的期間，恢復波蘭獨立卻是抑制俄國勢力伸入歐洲的唯一方法，

⊖(apple of discord)希臘神話諸女神爲一金蘋果而致失和鬬爭不息。

所以馬克思把波蘭叛亂所受的兇殘壓迫和沙皇的同時進兵高加索看作一八一五年以來歐洲的最重要事件。在序言裏敘述無產階級對國際政治的政策的部份中他曾經最爲注重波蘭問題，因此托拉恩，非里浦等對於這一點的阻撓使他在許久以後說起來也還覺得痛苦。然而，由於英國代表的援助他到底打破了那反對，這一項目纔得列入議事日程。

會議在上午開祕密會，由永格主席，下晚開半公開底集會，由奧格主席。在祕密會中經過爭論和通過的那些問題到下晚又提到聽衆更多——主要是工人們——的集會中來討論。法國代表回到巴黎之後發表了關於會議擬定大會議事日程的報告，得到了巴黎報紙的熱烈底迴聲。馬克思顯然得意地說：『我們底巴黎人士們已經略爲驚異地發見最引起注意的正是他們想要删除的關於俄國和波蘭的那幾節了吧。』許多年之後他還揚揚得意地回想到『那些熱烈底評論』——法國著名歷史家馬丁(Henri Martin)特爲那幾節和大會議事日程而作的。

五　奧大利和普魯士的戰爭

馬克思致力於國際是有着不愉快底結果的：他底謀生的努力受了阻礙，他底財政又困難起來了。

七月卅一號他不能不寫信給恩格斯說過去兩個月他底家庭是靠當舖生活的：『我要你相信我寧肯割斷我底手指也不願寫這封信半生過着依賴的生活眞是一敗塗地。唯一是以自慰的是你和我聯爲一氣而我底任務是把時間用在理論上和黨務上。現在我恐怕這寓所頗爲高過我底本份，而這一年來我底生活也比往常稍稍更好一點但是這是唯一底方法，使孩子們有機會建立將來可以獲得某種安定的種種關係，且不說這算是稍稍補償他們所遭受的一切吧。我想你會贊同我的：即令完全以事業觀點而論，一種純然無產者底家庭生活狀況在此地是不適合的，雖然以我底妻和我而論這是正當的，或者倘若女兒們是男孩子。」恩格斯立刻援助他底朋友，但是僅僅爲謀生存而有的種種猥瑣底煩惱和困難又開始蹂躪馬克思和他底家屬，而且一直這麽繼續了許多年。

幾個月之後，一八六五年十月五號布輒來信，獻給馬克思一個賺錢的意外機會，而且那方式也最爲特別。布輒曾經流亡在倫敦，但是這兩人並沒有什麽關係，確乎不是朋友。甚至當布輒在流亡者的糾紛之中採取獨自立場而且加入爲格哈提派的時候，馬克思也仍然對他保持着一種批評底態度，但是布輒曾經對波爾哈稱讚馬克思所給弗格特的回答，說是要給一般新聞寫一篇批評牠的文章，但是並沒有這樣底文章出現，這是因爲布輒不會寫呢或一般新聞不肯發表呢，現在是無法考察的。普魯士大赦之後布輒回到德國，而且在柏林和拉塞爾作了朋友。一八六二年他和拉塞爾到倫敦參觀大博覽會，由於後者的介紹纔和馬克思熟識；馬克思稱他爲「一聰明而又胡塗的傢伙，」而且覺得他好像不贊成拉塞爾底「外交政策」。拉塞爾死後布輒供職於普魯士政府，所以馬克思在給恩格斯的信裏痛斥他和洛特伯秃斯(Rodbertus)：「一羣卑鄙底東西，全是從柏林，布朗登堡和波麥拉尼亞來的賤種！」

現在布輒來信說：「首先談談事務吧：國務公報(Staatsanzeiger)想要徵求一種每月報告，敍述金融市場的變動（自然連帶着商品市場的，因爲兩者不能分離，）問我能不能推薦任何人。我回答說據我所知沒有比你更適合於這種工作的了。所以他們要我和你接洽這件事。每篇的長度並無限制，越是透澈和完備越好。關於內容你當然祇能遵照你底科學論證的指示。然而爲了讀者（膚淺底財政學者）而不是爲了編輯部，頂好是把事情的核心祇顯示給專家，以避免一切爭論。』又說了幾句事務上的話之後，就提到他和拉塞爾底旅行，後者底結局對於這寫信人始終是『心理學底謎』云云，然後又說他，馬克思，必定知道這寫信人已經回復到他底初戀，文書夾子。『我從來不贊成拉塞爾底意見，常常覺得他把事情的發展看得太快，超過真實底情形。進步派在牠滅亡之前還要蛻變好幾次，所以凡是想在活着的歲月中在國內工作的人都必須集合在政府週圍。』然後是問候馬克思夫人致意各位小姐，尤其是最幼底一位，這纔用傳統底諛詞結束了他底信：『服從你和尊敬你的僕人。』

馬克思拒絕了這請求，但是現在無法知道他究竟怎樣回答和他對於布輒底信究竟作何感想。接到那信之後他立刻去到曼哲斯特，無疑地，他和恩格斯討論過這件事了，但是在他們來往的書信中完全一字不提，祇在馬克思給別底朋友的信中順便提到一下。十四年之後，當霍德和諾比林的恐怖行為❶引起了殘酷底反社會主義運動的時候，馬克思纔發表布輒底信，那效果好像把一顆炸彈投入社會主義虐殺者的陣營中似的。那時布輒是柏林議會的祕書，而且據他底半官式底傳記者敘述，在霍德和諾比林事件爆發之後最初提出的反社會主義法案就是他起草的，但是被帝國議會否決了。

從此以後，關於布輒底信是否出於卑斯麥想要收買馬克思就有許多議論，而至少這是確實的：在一八六五年秋季，在加斯淳條約的簽定並不曾彌補了對奧裂痕之後，卑斯麥很想用他自己底狩獵底比喻來說，『把願意吠吠的狗全都放出去。』卑斯麥自己是太過頑固底東厄爾巴貴族，不能像狄斯拉里甚或拿破崙第三似

❶一八七八年五月十一號霍德（Max Hödel）謀刺德帝威廉第一未成，是年六月二日諾比林（Karl Nobiling）第二次謀刺亦未成。

的勾結工人階級，他對於見過幾次的拉塞爾的種種可笑底觀念就足够使人明瞭他不能作這種事了。然而，在他左右有兩個人是頗爲擅長處理這種微妙底問題的；這就是說布輒和淮格納。眞的，那時淮格納正在盡其所長引誘德國工人階級運動，而且由哈茲非爾特伯爵夫人的話看來他是成功了的。作爲貴族派的思想領導者和卑斯麥底老朋友，淮格納底地位是遠過於布輒的，後者却祇全靠卑斯麥底好意維持，因爲官僚派把他看作一個可疑底闖入者，而國王則因由一八四八年的事故不願和他發生任何關係。總之，布輒是一個脆弱者，「一條沒有骨頭的魚，」如他底朋友洛特伯丟斯所說。

倘若布輒底信眞是出於收買馬克思的企圖，那確不是不經過卑斯麥底同意的，但是可疑的是是否確有這種企圖。在一八七八年反社會主義運動中馬克思使用這封信的方法是無可非難的，而且是聰明底行動，但是這甚至並未證明馬克思自己把這封信看作出於收買他的企圖，更未證明這封信確有這樣企圖。布輒很知道自從馬克思脫離斯乞委塞以來德國拉塞爾派並不很重視他，況且，每月一次的金融市場變動報告登載在全德國最可厭底報紙上並不能作爲一種有效手段來鎭撫一般人對於卑斯麥政策的不滿，更不用說要爭取工人來支持那種政策了。所以，在那種情形之下，從好意方面來解釋，大概可以說布輒推薦他底流亡時代底老朋友給國務公報的主任是沒有任何政治陰謀的，雖然或許應該附帶說明那主任曾經拒絕過一個曼哲斯特學派的代表。遭了馬克思底擯斥之後，布輒繼接恰杜林(Duhring)，後者同意擔任這種工作，但是不久就放棄了，當那公報的主任顯然並無布輒所謂尊重「科學論證」的意思的時候。

馬克思爲國際積極工作和致力於他自己底科學著作使他受了日益加劇底貧困而更糟的是他底健康越更損壞了。一八六六年二月十號恩格斯寫信給他說：「你必須切實設法避免這些煩惱的事務……暫時停止夜間工作，過一種更有規律底生活。』二月十三號馬克思回信說：『昨天我底背上又有一個惡瘡，生在左邊鼠蹊腺上。倘若我有錢足夠養家和我已完成了我底著作，我就絕不措意今天或明天我要到殺廢馬的屠場上，然而情形如此，我必須留意。』一星期之後恩格斯接到這可怕底通知：『這回眞是危險。我底家屬並不知道情形怎樣嚴重。倘若再照這樣發作三四次我就是一個死人了。我曾經突然昏倒，還覺得可怕底虛弱，頭部不像腰部和腿部那麼厲害。醫生們自然是對的，他們說過度底夜間工作是這昏倒的原因，但是我不能告訴他們什麼事情逼迫我這樣過度，而縱然我能也無益的。』然而，恩格斯一定要他給他自己休息幾個星期，於是他到馬爾格提去了。

在馬爾格提他立刻恢復了他底精神，高興地寫信給他底女兒洛拉說：『我眞喜歡我住在私家裏而不住在旅館裏——在旅館裏就免不了當地底政治本國底誹謗，鄰人底閒話，種種麻煩——但是我還是不能唱密勒㊀的（Dee）調：我不管任何人而任何人也不管我，因爲這裏祇有我底房東太太聾得好像一隻木柱似的，還有她底女兒正在害着慢性瘖啞症。但是，他們都是好人，殷勤而不冒昧。我已經變成一根逍遙底行杖。日間的大部份我都出去到空曠之地，到十點鐘就上床睡了。我什麼也不讀，也不寫，逐漸把我自己修練到佛家所謂功果圓滿的涅槃境界。』在這信上有一條開玩笑底脚註，顯然預示了將來底事情：『拉伐格㊁那小鬼還在用他底普魯東主義來磨折我，我想非到我拍點什麼意思進他底克里阿里㊂底腦殼裏他是不會滿足的。』

㊀（Miller 1802—1856）蘇格蘭作家。

㊁ Lafargue（1842—1911）法國社會主義者，馬克思女兒洛拉底丈夫。

㊂（breole）產生于美洲法屬地的歐洲人。

當馬克思還在馬爾格提的時候第一次閃電射穿了德國上面的戰雲。四月八號卑斯麥和義大利締結了攻守同盟，第二天他就向聯邦會議提出建議：必須以普選爲基礎召集德國國會來討論聯邦的改造。馬克思和恩格斯對於這些事故所採取的態度顯示了他們對於德國情勢的十分隔膜。他們底判斷是游移不定的。關於卑斯麥的召集德國國會的建議，恩格斯於四月十號寫道：『這傢伙必定是一隻驢子，相信這無論如何總會有助於他的！倘若事情真達到這歷史上的創舉，將來的發展就要以柏林的態度而定了。倘若柏林人們及時加以打擊，那麼事勢的發展是有利的——但是誰能夠信賴他們呢？』

三天之後他又寫道，但是這回具有異常清楚底先見：『德國資產階級似乎在稍稍抗拒之後就要贊同那建議（普選）的，因爲拿破崙主義到底是資產階級的正眞宗教。我正在開始更加明白認識資產階級是不適宜於直接統治的，而且凡是沒有貴族政治（如英國所有者）準備以資產階級利益來統治而以自由主義爲報酬的國度，拿破崙式底半獨裁乃是資產階級統治的正常形式。這種形式，即使反對資產階級，也推進了資產階級的巨大底物質利益，不過拒絕後者于預政治而已。另一方面，這樣底獨裁制自身被迫而違反牠底意志不能不推進資產階級物質利益，所以現在我們看見卑斯麥先生採取了國會（Nationalverein）的綱領。自然，執行牠又完全是另一回事，但是他似乎是不會因爲德國資產階級的緣故而至陷於失敗的。』恩格斯以爲卑斯麥是將要因爲奧國軍事而失敗的。白尼狄克（Benedek）無論如何是比卡爾（Frederick Karl）親王更好底統帥。奧國的力量足以强迫普魯士求和，但是普魯士的力量並不足以迫使奧國如此，所以普魯士所能得到的成功無非是邀請拿破崙第三出來干涉。

馬克思在給他底新朋友在漢諾代的枯格曼博士（Dr. Kugelmann）的信裏對於時局也說了大略相

同的話。在一八四八年，枯格曼還少年的時候，他就已是馬克思和恩格斯的熱忱底擁護者，曾經留心收集他們底著作，但是一直到一八六二年，謝謝弗里利格萊士底介紹，他纔認識馬克思而且不久就成爲他底親信之一。馬克思在軍事問題上絕對聽信恩格斯底判斷，這樣不加批評在他確是異常底事。

比較過高估計奧國軍事力量更爲可異的是恩格斯對於普魯士軍事狀況的意見。因爲他剛纔評論過普魯士底軍事改革——普國底基本矛盾——而且在這論文裏他曾經顯示了比資產階級民主派小酒店政客更爲高明得遠的洞見。三月二十五號他寫道：「倘若奧國的聰明足以不採取攻勢，那麽普魯士軍中的變亂確是要爆發的。在這次動員中兵士們所表示的那樣反叛心理是前所未有的。可惜我們祇聽到事故眞象的一小部份，但是甚至這一點也就足够表明這樣底軍隊是不能進行攻勢底戰爭的。」而且六月十號他寫道：「在這次戰爭中普魯士後備軍的危險正如波蘭人在一八零六年一樣。他們佔了全軍的三分之一以上而且破壞了各種紀律，唯一不同之點祇是這次後備軍並不潰散於戰敗之後，而要叛亂的。」這是在戈尼格拉茲●決戰之前三星期所寫的。

戈尼格拉茲立刻消釋了這一切誤解，這一戰之後恩格斯寫道：「你以爲那些普魯士人怎樣呢?他們使用龐大武力乘勝追擊了。在八小時之內打了這樣底決戰眞是無比底成功；在另一種情形之下這是要打到兩天的，但是彈簧鎗是一種死武器，所以那些傢伙是以平時少有的悲壯之氣來戰勝的。」馬克思和恩格斯也會錯誤甚且常有錯誤的，但是他們從不拒絕承認錯誤，當事實迫使他們的時候。普魯士的勝利對於他們是一種難以下咽的丸藥，但是他們並沒有諱疾忌醫的打算，七月廿五號恩格斯還握着這問題的指導權，把當時的局勢

●（Königgrätz）一八六六年七月三號奧軍被普軍擊敗于此。

綜述如下：「德國的情形現在我覺得十分明朗了。自俾斯麥以普魯士軍執行他底計劃而得到這樣偉大成功以來，德國的發展在他底領導之下是具有這樣決定底趨勢的：像別底各個人一樣，我們現在必須承認這些既成事實，無論我們喜歡或不喜歡。……這種情形至少有一個好處，就是牠使時局更加分明，由於掃除了小有產者的爭吵而使革命更容易些，這無論如何將要加速局勢的發展。總之，德國國會是和普魯士議會完全不同的。一切小國底分立主義將要被消除，最惡劣底地方勢力將要被摧毀，而且各政黨將要變爲眞正底國家底以代替祇是地方底。」兩天之後馬克思沉靜而且乾脆地回答道：「我完全贊同你底意見，我們必須把錯誤當作錯誤。不過，在青年的初戀時期有所距離倒是可喜底事。」

同時恩格斯寫道，「李卜克內希兄弟奮勇自投於熱狂底親奧主義裏面，」這並不是稱讚之詞。李卜克內希顯然已經引起來比錫方面的「憤怒」——爆發在弗郎克府新聞上。這「吃王公」底報紙甚至胡扯得這麼遠，說他責備普魯士薄待「黑森的可敬底選帝侯❶」而且牠懷念那可憐底瞎子格爾弗❷云云。同時柏林的斯乞委察採取了與馬克思和恩格斯相同底態度，幾乎連字句都相同的，而且爲了這「機會主義底政策」這不幸底人的記憶還苦於一種道德底不平，憤恨那些矢忠於馬克思和恩格斯而並不理解他們的呆笨底「政治家們」。

❶（Elector）神聖羅馬帝國有選舉皇帝之權之諸侯。

❷（Guelph）教王黨（第十二三世紀義大利之黨派，爲羅馬教王之黨羽，反對德意志皇帝者。）

六 日內瓦大會

無論原來底計劃怎樣，國際第一次代表大會並未舉行，當着戈尼格拉茲之戰決定了德國命運的時候。大會必須延期到九月，雖然這組織存在的第二年比第一年已經有了許多更快底進步。

日內瓦已經開始發展爲這運動的大陸上的最重要底中心，而且德籍瑞士系和法義籍瑞士系都已建立了機關刊物。德籍瑞士人發行的是先驅(Der Vorbote)月刊，由老革命家貝克編輯，卽使在今日那內容也可以算是關於第一國際的最重要底資料。牠底第一號出版於一八六六年一月，自稱爲德語系的中央機關，因爲國際的德國份子也把日內瓦看作他們底中心地，這是由於德國法律禁止成立特種底德國派別，而且爲了這同一理由法義籍瑞士系的影響也伸入了法國。

比利時的國際運動也發行了牠自己底機關報，叫作民聲(Le Tribune du Peuple)，而且馬克思承認牠和日內瓦的那兩個報紙同樣是國際的正式機關，但是不承認巴黎所發行的一兩家代表工人的報紙爲國際的正式言論機關。國際的原理在法國也很有進步，但是牠更像是殘燼的餘火而不是初燃底烈燄。因爲完全沒有言論和集會的自由權，要建立這運動的眞正中心是困難的，而且拿破崙派的含糊通融政策祇是逐漸削弱工人的毅力而不是鼓勵牠。再，普魯東主義的支配勢力是不利於工人階級組織力量的任何發展的。

「青年法蘭西」布魯塞爾和倫敦的法國流亡者這樣自稱，製造了許多吵鬧和麻煩。一八六六年二月設立於倫敦的國際的法國支部激烈反對理事會把波蘭問題列入大會議事日程之中。在普魯東主義影響之下法國代表們質問：當俄國解散農奴而波蘭貴族和教士頑固地拒絕這樣作的時候，爲什麼要恢復波蘭的獨立以反抗俄國勢力呢？而且在普奧戰爭中國際的法國份子以馬克思所謂「普魯東化底斯丁納爾主義」使理事會受了一大麻煩。他們說作爲一種觀念「民族」是陳腐底的。許多民族必須分解爲小「團體」，然後成爲一種『聯合』以代替國家。『而且這種人道的「個體化」和與此相應底「互助主義」向前進展的時候一切國家的歷史就會劃然停頓，於是全世界都要等待着那些個體成熟來製造一次社會革命。於是牠們要實行這種實驗，於是世界其他部份都要被牠們底模範力量所推動，就會起來照樣作了。』這一番冷話是針對馬克思底『很好朋友』拉伐格 (Lafargue) 和郎格 (Longuet) 的，這兩人後來都變爲他底女婿，但是那時他們却是可厭底『普魯東底使徒。』

馬克思很覺得滿意的是國際的主力還是在於英國工會，在一八六六年一月十五號寫給枯格曼的信裏他表示欣喜於這事實已經能够把這些唯一底眞正工人階級的巨大組織引入這運動裏來了。他尤其欣喜於數星期之前在國際領導之下在聖馬丁堂舉行的擁護選舉法修改大會。一八六六年三月格拉斯頓自由黨內閣提出選舉法修改案，但是這法案對於格拉斯頓自己底黨的某一派顯然太過急進，以至這一派跑到保守黨方面而使內閣傾覆，由狄斯拉里 (Disraeli) 起而組織保守黨內閣。當狄斯拉里企圖無限延緩選舉法修改問題的時候，修改運動却越更越更猛烈起來。七月七號馬克思寫信給恩格斯說：『倫敦的工人示威，比之自一八四九年以來我們在英國所看見的任何事物都更爲奇觀，完全是國際的工作。例如，圖拉伐加廣場的示威領袖盧克拉弗蒂 (Lucraft) 便是我們底理事會會員。』在圖拉伐加廣場的兩萬人的大會中盧克拉弗蒂提議到白堂公園去示威，『在那裏我們曾經斬掉一個國王底頭顱，』而且不久之後海德公園的六萬人大示威幾乎釀成一種叛亂。

工會都自行承認國際發展了這風際全國的運動的勞績，而且在希非爾德舉行的各大工會代表會議中通過了一個議決案：『本會充分承認國際工人協會增進各國工人之間的親愛團結的勞績，並且亟願推薦出席本會的各社團加入該協會，相信這種加入對於整個工人階級的福利和進步是具有重要性的。』結果，許多工會都加入國際，但是這種政治底和精神底大成功並未產生相當底物質利益。繳多少會費或竟不繳是完全聽任工會自行決定的，而且當牠們決定繳費的時候那數額是極其有限底，例如五千個靴鞋匠每年繳會費五鎊，九千個木匠每年兩鎊，而三四千個瓦匠每年祇繳一鎊。

然而馬克思不久就不能不承認『一切英國底運動中的可詛咒底傳統性質』也顯現在這次修改運動裏面。在國際成立以前，工會為了修改選舉法運動曾經聯合資產階級急進派，而這運動越更發生顯著效果那聯合就越更密切。例如，『記帳支付』在從前是慣然拒絕的，現在在這鬥爭中却好像是可以承受底獎品似的。馬克思緬懷大憲章派的熱烈精神，而且深深嘆息英國人沒有同時作兩件事的才能，指出修改運動越進展工會領袖對於『我們自己底運動』就越冷淡，而且『在英國我們所發動的修改運動幾乎殺掉我們了。』阻止這種傾向發展的保障已經被移去，因為馬克思害病和休養於馬爾格提，不能親身干預。

工人主張（The Workman's Advocate）週刊——經一八六五年會議提升為國際的正式機關報，於一八六六年二月改名為共和政治（The Commonwealth）㊀——使馬克思受了許多麻煩和苦惱。他是這報紙的經理之一，而牠迫於財政困難不能不依賴資產階級選舉法修改派的幫助。他曾經竭力阻擋這資產階級底影響，同時必須調解由於編輯工作所引起的激烈底爭論。有一個時期伊克卡留斯是這報紙的編輯，曾經在牠上發表過他反對穆勒的有名底論辯㊁在他寫這著作的時候馬克思給過他許多幫助。然而馬克思到

㊀自一六四九年英王查理斯第一被斬首後至一六五九年間由克倫威爾執政，號稱共和政府。

㊁一個工人駁斥穆勒（A Workingman's Refutation of J. S. Mill）。

底不能阻止共和政治墮落爲『當時修改運動的純然底機關報……一半因爲經濟底緣故，一半因爲政治底理由』如他寫信給枯格曼所說。

這一般情形完全表明了爲什麼他對於將來底國際大會懷抱種種憂慮，恐怕牠會『使歐洲人笑話我們』。法國會員堅持遵守理事會五月大會的議決案，因此馬克思想到巴黎去說服他們這時期的不可能，但是恩格斯說這事情全不値得去冒着落在拿破崙第三的警察底手裏的危險，在巴黎馬克思是毫無保障的。而且大會能否通過有價値底議決案並不如避免公開侮辱那麼重要，而這種侮辱無論如何是可能的。當然，在某種意義上——至少對於他們自己——凡是發生這種情形都要算是一種失敗，但是這失敗不一定就是使歐洲人笑話他們的失敗。

這問題終於由日內瓦支部解決了，因爲這支部還不曾完成大會的各種準備，所以決定延期到九月間，而且除了巴黎而外這決定得到了各處的贊同。馬克思不打算出席大會，因爲他底科學著作不容許再長久間斷了，而且他以爲他正在作着的事比之他出席大會所能作的任何事都更爲重要，而且他已經用盡很多時間來保證大會的順利進行。他替倫敦代表擬定一個備忘錄，悉心規劃了如下各點：『使工人之間密切合作和互相理解，以致力於階級鬥爭的當前需要和工人階級的組織。』這備忘錄是值得比斯果教授稱頌成立序言那樣底評語的：在幾頁之內牠扼要地綜述了國際無產階級的當前要求，比以前任何文件更透澈更明顯。

理事會會長奧格和祕書克里麥代表理事會到日內瓦去，同去的是伊克卡留斯和永，後兩人是馬克思所信賴的。

大會舉行於九月三號至八號，在永主席之下，出席的代表共有六十人。馬克思認爲大會的經過『比我所期望的更好，』但是他斥責『從巴黎去的紳士們。』他們底頭腦裏『充滿了最空虛底普魯東主義底成語。他們嘮叨着科學而完全無知。他們嘲罵一切革命行動，就是說，由階級鬥爭而發生的行動，和一切集中底社會運動，即要用政治手段來達成底運動（例如由立法限制工作日）在自由和反統治或反權威底個人主義的藉口之下這些紳士——已經馴順地容忍了最盲目的專制主義十六年之久而且還在容忍着——確在宣傳着一種由普魯東主義稍稍加以理想化的資產階級底庸俗經濟學說。』而且還有比這更酷烈底責詞。

馬克思底批判是嚴厲底，但是幾年之後白克(J. P. Becker)——出席大會的最前進底代表之一——說到會議的紊亂現象更爲苛謔，除了他因爲法國人而不忘記德國人，或因爲普魯東主義而支持叔爾士——得單支而外：『對於這些好人物我們不能不濫費何等繁多底禮貌以免他們底熱情奔出大會。』那時發表在先驅上的會議紀錄是用另一種情調寫成的，我們必須以警覺底批評眼光閱讀牠們。

法國代表在大會中是相當有力的，他們控制着大約三分之一的表決權。結果他們並沒有多大成就，然而他們毫不吝惜辯論。他們提議祇有體力勞動者纔能被認爲國際的會員，別底人們全都應該排出會外，這是被否決了的；他們又提議在大會上討論宗教問題，這也被拒斥了。另一方面，他們提議的召集國際貸款研究會却通過了，這是完全無害的。研究會底目的是準備將來遵循普魯東路線建立國際中央銀行。更爲不愉快的是大會通過托拉恩和非里浦的提議：婦女勞動算是一種『敗德之道，』婦女是應該在家庭之內的。然而這議案甚至被別底法國代表伐爾林等所反對，而且牠的通過是合併在實際是以打銷牠的理事會所提的女工童工案裏面的。法國代表們的另一成功是私販了一小點普魯東主義在這個那個議決案裏，而但是雖然這些缺點損壞着馬克思底勞作而使他懊惱，他並非不承認這大會以全部而論是十分滿意的。

祇有一點挫折在他或許是痛苦底事，那就是關於波蘭底問題。鑒於倫敦會議的經驗，他曾經小心地把這問題說明在他替倫敦代表起草的備忘錄裏面。他說歐洲工人階級必須注意這問題，因爲統治階級姑不論怎樣熱心於各式民族主義都壓制着這問題，也因爲貴族和資產階級都把那亞洲式底可怕强權看作對抗新興工人階級的最後壁壘。祇有在民主底基礎上恢復波蘭的獨立纔能制裁這種强權。德國是否還要作神聖同盟的前衛或將變爲共和底法國的聯盟都要以這問題的解決而定。當這歐洲大問題未解決的時候，工人階級運動是要繼續受牽制，束縛而至中斷牠底發展的。

英國代表竭力支持這提案，但是法國代表和一部份法義籍的瑞士代表却同樣竭力反對牠。結果，白克——曾經支持這提案，但是急於避免因此而破裂——提出一種妥協底辦法：該會反對任何形式底暴力統治，因此努力於剷除俄羅斯帝國主義在歐洲的勢力，並將努力於以社會民主爲基礎恢復波蘭獨立。這含渾底提議被通過了。除此而外，英國代表底備忘錄是完全優勝的。暫行規約經過一二修改也被採取了，而且關於成立序言毫無爭論——從此之後這序言在國際的決議和宣言中時常被徵引爲一種基本底正式文獻。

大會重新指定理事會的地址在倫敦，負責收集全世界工人階級狀況的詳細統計，盡可能地時常發表有關國際利益的各種報告。因爲籌集必需基金大會決議徵收每一會員三十生丁作爲明年的經費，並規定全體會員必須繳納半辨尼或一辨尼的經常年費，除了照繳入會費而外。

大會最重要底決議案是關於勞工保護法和工會組織法的立法各項。牠通過了爭取勞工保護法的原理，並且指出：「工人階級迫使政府採取這些法律並不是要鞏固統治階級底權力，而是，正相反，牠將要把現在用以反對牠的那種權力變爲牠自己底工具。」有了這種一般立法牠就能够獲得孤立底各個努力所不能獲得的權利。大會主張縮短工作時間爲必要條件，沒有這種條件無產階級解放鬥爭的別底一切努力都必然歸於失敗。縮短工作時間是必要的，因爲要恢復工人們的體力和康健，並且給與他們增進知識和從事交際及社會政治活動的可能。大會主張以每日八小時爲法定最高工作時間，在工作時間內必須規定實際工作時間及合理的吃飯前後的休息。這種每日八小時的最高工作時間必須適用於十八歲以上的成年男女工人。在原則上夜工被指責爲危害工人健康，倘有必不可免底例外則須由法律加以規定。女工必須嚴格免除夜工和一切有損女性體質及有違女性道德的工作。

大會認爲近代工業把男女兒童引入社會生產過程之中是有益而正當底進步，雖然牠衍惡資本主義社會中所實施的那種引入方式。在一切合理底社會制度之中，各個兒童自九歲起都將要變爲生產底工人，同時沒有一個成人可以自外於要吃飯必先作工的自然法則，再者，一切人都必須不但用腦勞動，而且也必須用手勞動。在現行社會制度之中最好是把兒童分爲三級，分別待遇：九歲至十三歲一級，十三至十五一級，十五至十七一級。第一級工作時間每日不得超過二小時，無論在家內或廠內，第二級不得超過四小時，第三級不得超過六小時——並且從中劃出一小時來吃飯和游戲。兒童方面的生產勞動必須祇限於與教育訓練相合的工作：體育智育和技術訓練，使他們獲得一切生產過程中的一般科學原理的教益，同時使他們學會簡單工具的實際應用。

大會議決工會活動不但是正當的而且是必要的。工會是無產階級用以反對資本主義的集中底社會權力之唯一社會權力，以牠底數量衆多而論，而且當資本主義生產方式存在的時候沒有工會就不能有所作爲。翻過來說，工會必須建立國際關係而使其活動普遍化。由於自覺地反對資本主義的無限肆虐工會將要不自覺地變爲工人階級的組織中心，正如中古底行會變爲新興底資產階級的組織中心一樣。在執行勞資之間的每日鬥爭的不息底游擊戰之中，工會更重要的作用是牠將要成爲澈底廢除工銀勞動的一種槓杆。在過去工會的活動太過局限於反資本家的直接鬥爭，但是在將來工會應該不漠視工人階級的一般底政治和社會運動。工會底勢力將要增强到這程度：工人大衆都認識工會底目的不是狹隘自私底，而是要爭取被踐踏底千萬人的普遍解放。

日內瓦大會結束不久之後，馬克思，依照上述決議案的精神，採取了他希望由此成就大事情的一步驟。一八六六年十月十三號他寫信給枯格曼說：「倫敦總工會（牠底祕書是我們底會長奧格）正在研究着一種提案，要使牠自稱爲國際的英國支部。倘若牠採取了這提案，那就是說我們將要取得統率工人階級的權力而且能够把這運動更有力地推向前去。」然而，總工會並未採取這提案，牠決定維持牠底組織的獨立而對國際盡力友好；而且倘若那些工會的歷史家們的話不錯，牠甚至拒絕國際派代表出席牠底會議儘速報告大陸上的各種罷工和勞工糾紛。

甚至在初成立的那幾年間國際的領導者們就已看到將來會有大成功的，但是也看到這些成功有一定底限度。然而，那時這運動已經值得慶賀牠自己底成功了，而且馬克思在他底偉大著作——那時將近完成了——之中快活地敘述着與日內瓦大會同時舉行的美國工人的巴爾提莫爾大會也已宣佈每日工作八小時爲工人們的第一要求，說道這是在勞動者完全從資本主義枷鎖解放出來的途程中必須達成的事。

他說，當黑種勞動者還烙印着惡名的時候白種勞動者是絕不能完成牠自身底解放的，但是廢除奴隸制的美國內戰的第一結果卻煽起了八小時工作制的運動，這運動以近代交通的廿一哩的長腳——從大西洋跑到太平洋，從新英格蘭跑到加利弗尼亞了。

㊀（the seven-league boots）語源不詳，大約出自神話。

第十二章 資本論

一 產痛

因為完成他底偉大著作——一直到此刻他以為他已作成的不過是些較小底事情——對於工人運動似乎比之他出席日內瓦大會所能作的任何事體都更為重要，所以他並未去出席，而從事於修改資本論第一卷，使牠成為最後定稿。這修改工作開始於一八六六年一月一號，當初進行得很快，因為「在多次產痛之後我自然是樂於舐淨這小仔的。」

這產痛經歷了自然產生一個人所必需的月份的兩倍年份，而且馬克思說得不錯：或許從來沒有哪種著作寫成於比這更困難底情境之下。他曾經一次再次限定完成牠的時間。在一八五一年是「五個星期，」在一八五九年是「六個星期，」然而種種限期都被打銷了，因為他底無情底自我批評和極其敏感底責任心繼續驅策他去作新底研究，卽使他底最好底朋友加以最不耐煩底催促也不能搖動他。

一八六五年尾這著作寫完了，但是一大堆草稿除了他自己而外誰也不能準備付印，甚至恩格斯也不能。自一八六六年一月至一八六七年三月間，馬克思纔把資本論第一卷的浩瀚草稿修改成今日我們所有的這種古典形式「完整底藝術品。」這是證明他底卓絕底工作能力的偉蹟，因為在修改牠的一年另三個月之中他是被慢性底疾病甚或真正底險症磨折着的，如一八六六年二月的那一次，而且債務累積到壓倒他的地步，而且籌備國際的日內瓦大會也給了他不小底麻煩。

一八六六年十一月，原稿的第一批寄到漢堡的民主派出版家米士尼(otto Meissner)，這人曾經發行過恩格斯論普魯士軍事問題的著作。一八六七年四月馬克思親自把其餘的原稿帶到漢堡去，而且發見米士尼是一個「端正底人。」簡短底談判就解決了一切手續。馬克思很想留在德國等待看過從來比錫送來的初校校樣，因此他到漢諾伐去訪問他底朋友枯格曼，在那裏受了最溫厚底款待。他和枯格曼及其家屬度過了很愉快底幾個星期，後來他說這時期是「在人生的荒漠中最幸福最愜意底沃壤之一。」

他底好興致確是由這事實而增高了的：他受了漢諾伐知識界的尊重和同情，這是他不常從這方面獲得的待遇；四月廿四號他寫信給恩格斯說：「你知道，在這些「有教養底資產階級份子」裏面我倆有着比我們想像中更好得多的聲譽。」四月廿七號恩格斯回信說：「我常常覺得你化了那麼長久時間的那部該死底書是你底一切不幸的眞原因，當你不會擺脫牠的時候你是不能克服那些不幸的。牠底未完成拖壞了你底身體，精神和財政，所以我很瞭解現在你覺得你完全是另一個人了，因爲你終於解脫了牠；尤其是當你回到這世界裏來覺得牠已經完全不像從前那麼沉悶的時候。」說到恩格斯自己，他希望不久就能把他自己從「混帳行業」中解放出來，因爲當他深陷在牠裏面的時候他是不能作任何有價值底事體的，而且現在他已變爲公司的協理，因爲責任增重情形更加不堪了。

五月七號馬克思寫道：「我懇切期望今年年底我能夠成爲一個有福可享底人，至少是在這意義上：我希望我能夠澈底改善我底財政狀況而終於自立。沒有你我是絕不能完成我底著作的，我時常覺得這在我底良心上是一種重負；爲了我的緣故你不能不把你底卓越才能浪費在商業事務上以至荒廢，而且你不能不分擔我底一切不幸底煩惱到那頂點。」其實，在那一年年底或任何時候馬克思並未變成「一個有福可享底人，」而且恩格斯不能不再作幾年苦工，但是那地平線究竟開朗了一點了。

在漢諾伐的時候，馬克思終於用一封信償淸了一筆久欠底老債，債主是他底一個支持者，名叫西格夫里麥耶的礦業工程師，這人一直住在柏林，但是就要遷移到美國去了。他的這種作法又供給我們一個他底「無情」的明證：『你必定很想念我了，而且還要更加想念的，當我告訴你你底那幾封信不但使我很愉快而且在我接到牠們的那種困苦時期之中是一種眞正安慰的時候。知道一位高原則的能幹人確已被我們所爭取得這一認識對於我是大有補益的。而且，你底那幾封信都含有對於我個人那樣溫厚底友情，你必定知道長久繼續和世界（官方底世界）苦鬭的人並不看輕這種事情。那麼，你將要問，我爲什麼不回答你呢？因爲我總是徬徨在墳墓的邊緣上，不能不利用我能够工作的每一分鐘來完成我底書，爲了牠我曾經犧牲了我底康健，我底幸福和我底家族。我希望這種解釋不必需再加擴充。我不能不笑那些所謂「實際底」人們和他們底聰明。倘若人有像公牛似底一層皮革自然可以轉背對着人類的苦患而祇顧自己，但是倘若我不曾完成我底書，至少是寫完原稿，我就死掉，我是必然要把我自己看作很不實際底。」

在漢諾伐的悠遊時間之中馬克思是把這件事看得十分嚴重底：一個他完全不認識的名叫瓦尼波爾特的律師來告訴他說畢斯麥想要爲德國人民爭取他和他底大才能。馬克思當然毫不受這說客的誘惑，而且他確實贊同恩格斯底話：「這是那傢伙的文化水平的標準想法，他是以他自己來評判每個人的。」但是在冷靜底平時馬克思並不重視瓦尼波爾特底表面之詞，因爲北德聯盟還未完成而且爲盧森堡事件對法戰爭是難於避免的。畢斯麥並不會冒昧引用共產黨宣言的作者而結怨於資產階級，因爲資產階級剛纔傾向他這一方面，甚至還側目注視着他底僚屬布軏和泊格納之流咧。

在回到倫敦的旅途中馬克思一件有過逸事，不是關於卑斯麥的，而是關於卑斯麥底一個親屬的，而且他用某種感動之情把這事寫信給枯格曼。在船上有一個德國女子——因爲她底雄糾糾底軍人姿態曾經引起他底注意——詢問他關於通達倫敦的火車的情形。結果，她必須等待幾小時纔能上車，馬克思就慨然幫忙她度過這一時間，把她帶到海德公園去散步：「她底名字是普提卡馬，她是卑斯麥底姪女，曾經在柏林和他住過幾個星期。她底指尖上都有着全部軍人氣慨，因爲她底家族充分供給我們底軍隊那種帶勳章的蜂腰紳士。她是一個快活底和很有教養底女子，但是貴族氣和黑白色㊀浸透了骨髓。當她知道她已經落在赤色人物底手裏的時候她是吃驚不小的。」然而，這位小姐並未因此而失去她底高興，而且在一封漂亮底信札中她對於她底騎士表示了「女兒氣底尊敬」和「衷心銘感，」因爲他肯擔負陪伴「這樣毫無經驗底女孩」的一切麻煩。而且她底父母也通知他說他們何等喜欣地知道人還能在旅途中遇見好人呀。

到了倫敦，馬克思校正了他底書的清樣，但是甚至這時也還免不了排字工人誤植的一些錯亂，一八六七年八月十六號早晨兩點鐘他寫信給恩格斯說最後校樣剛纔校好：「於是這一卷現在完工了。我必須感謝你，就祇因爲有你牠纔成爲可能。沒有你爲我而犧牲我絕不能作成這樣巨大底三卷著作。我以衷心底感謝擁抱你。問好，我底親愛底朋友。」

二 第一卷

㊀普魯士國徽。

馬克思底著的第一章又綜述了一八五九年他寫作政治經濟批判裏的關於商品和貨幣的性質。這樣作並不單是為求完備的緣故，卻也因為甚至聰明底讀者也往往不能充分把握住他底那些觀念，以至他認為關於表現牠們的方法，尤其是關於商品性質的分析，他必然有所錯誤。

德國著名大學教授們確乎是不能算在他底聰明底讀者之列的，而且他們特別咒罵第一章的『含混底神祕主義』『初看商品似乎是一件容易明白底平常事物。但是一分析就知道牠眞是很古怪底東西，充滿了玄學底煩瑣性和神學底荒唐性。以牠是一種使用價值而論，那是並無神祕之處的：……當我們把木頭造成桌子的時候，木頭的形式改變了；不過，桌子仍然還是木頭，一件可以感覺底平常東西。然而牠一旦成為商品，牠就變為雖然可以感覺卻也是超越感覺底東西了。牠不但用四隻脚站穩在地上，而且對於其他商品牠翻筋斗了，而且牠底木頭木腦裏發展着更比牠要隨意跳舞起來還要離奇的念頭。』這種議論是被那些任意發明玄學底煩瑣和神學底詭辯而絕不會產生平常得像桌子似底任何實物的蠢材們認為失當的。

單就文學觀點而論，資本論第一章是馬克思的最精美底作品之一。討論了商品之後他進而說明貨幣怎樣變為資本。倘若在商品流通中間等價值交換同等價值，那麼有錢人怎樣能夠照商品底價值買進又照商品底價值賣出而仍然收入比買價更高的賣價呢？他能夠如此是因為在現行社會關係之下他發見市場上有一種特殊性質的商品：牠底消費是一種新價值的源泉。這種商品便是勞動力。

牠存在於活底工人的形體之中——工人必需一定數量底資糧來維持他底生活和他底家屬底生活；維持後者是保證活底勞動力繼續到他死了以後。生產這數量底資糧所必需的勞動時間代表勞動力的價值。然而，這價值——以工銀的形式付給——是很少於勞動力購買者能從牠榨取得的價值的。超過換取工銀所代表的價值所必需的勞動時間的工人底剩餘勞動便是剩餘價值的源泉，資本不斷增殖的源泉。工人的這種無償勞動分配於社會的一切非勞動底成員之中而我們現在生活於其中的整個社會制度便是建築在這上面的。

無償勞動自身確乎不是近代資產社會所獨有底特徵。自有有產階級與無產階級以來，後者歷來必須完成無償勞動。當社會的一階層獨佔着生產手段的時候，工人，不論是自由底或不自由底，都必須爲生產手段所有者工作到爲他自己獲得生活資糧所必需的時間以上。工銀勞動不過是無償勞動制度——自從社會劃分階級以來早已存在了的——的一種特殊底歷史形式，而且倘若要正確地理解牠就必須加以這樣底考察。

因爲要使他底錢變爲資本，有錢人必須在市場上尋求自由底工人們，這所謂自由有雙重意義：第一他們可以自由把他們自己底勞動力當作一件商品來處理，第二他們並不必處理其他商品，因爲他們沒有獨立運用他們底勞動力所必需的手段。這種關係在自然法則上是沒有根據的，因爲自然並不在一方面產生商品和錢的所有者，而在另一方面產生那些除了勞動力而外一無所有的人。這種關係更不是通行於歷史的一切時代的一種社會關係，而祇是長期底歷史發展的結果，許多經濟變革的產物，和從前底各種社會生產形式的覆滅的產物。

商品生產是資本的起點。商品生產，商品流通和商品流通的發展，貿易，構成了資本發展的歷史底條件。近代資本的歷史起始於十六世紀的近代世界貿易和近代世界市場的創立。庸俗底經濟學者們以爲從前勤勞底優秀份子們積蓄致富，而多數毫沒出息底懶人們則終於除了出賣皮肉而外一無所有：這是胡說白道。又有一班資產階級底歷史家把封建生產方式的衰亡解釋爲工人的解放，但是並不同時把這解釋爲封建生產方式發展爲資本主義生產方式；這雖然比較開明一點，也還是不比那胡說更好。工人固然由此不像奴隸和農奴似的從屬於生產手段的範疇，但是也由此不像爲自己而工作的農民和手工人一樣保有生產手段了。

人民大衆被剝奪了土地食物以及生產手段，全是由於野蠻橫暴底方法——馬克思根據英國歷史詳細敍述在論原始蓄積一章裏。資本主義生產方式所必需的自由工人是在這種情形之下創造出來的。資本是從汗血中生出來的，牠一旦能夠立足牠就不但使工人離開運用他底勞動力所必需的手段，而且牠也繼續反覆擴大這分離的範圍。

工銀勞動和前代各種無償勞動的形式不同，因爲牠是發生於這事實的：資本的運動是無限底，牠對於剩餘勞動的貪慾是永遠不會飽足的。在商品底使用價值比牠底交換價值更爲重要的社會裏，剩餘勞動被限制於或大或小的需要範圍之內，而且這種生產形式的性質並不至於發生無限需要剩餘勞動的結果。在商品底交換價值比牠底使用價值更爲重要的社會裏，情形就不同了。作爲應用外在底勞動力的生產者，作爲剩餘勞動的榨取者和勞動力的剝削者，資本，在猛烈無情而又有效之點上，是勝過前代一切根據於直接強迫勞動的生產方式的。對於資本重要的事並不是勞動過程，並不是使用價值的生產，而是利用過程，即是交換價值的生產——資本可以從其中榨取更大價值。對於剩餘價值的需索是不會滿足的。交換價值的生產並沒有像由滿足直接需要所劃給使用價值的生產的那種限度。

正如商品是使用價值與交換價值的混合體一樣，商品生產過程也是勞動過程與價值創造過程的混合體。價值創造過程終止於工銀所購得底勞動力價值爲同量價值所抵償之點，超過這一點牠就發展爲生產剩餘價值過程，即利用過程。作爲勞動過程與利用過程的混合體牠就變爲資本主義生產過程，即商品生產的資本主義形式。在勞動過程中勞動力與生產手段是一致合作的。在利用過程中同一資本底構成要素顯現爲不變資本和可變資本。不變資本在生產過程中變爲生產手段，原料，副料和生產工具，而並未變動牠底價值。可變資本在生產過程中變爲勞動力，而且牠底價值變動了；牠再生產牠自身底價值，然後生產超過這價值以上的剩餘物，即可以因時因地而變更其容量大小的剩餘價值。馬克思就此指示了考察剩餘價值的方法；牠顯現爲兩種形式相對底和絕對底剩餘價值。這兩種剩餘價值在資本主義生產方式的歷史上表演着各不相同然而決定底的任務。

絕對剩餘價值產生於資本家使工人工作到超過他底勞動力的再生產所必需的時間以上的時候。倘若資本家有辦法的話，他是願意把每一工作日延長到廿四小時的，因爲工作日越長牠生產的剩餘價值就越多。在另一方面，工人有充分理由感覺到：他被迫而工作到再生產他底工銀所必需以上的每一勞動時間都是不公道地榨取着他的。而且他必須把他自己底健康耗損於過度底勞動時間。資本家與工人之間爲工作日的長度而鬬爭是從歷史上初次出現自由工人在市場上那一天就開始了的，而且一直綿延到今日。資本家們爲利潤而鬬爭，而且，姑不論他本人是君子或流氓，他和同行資本家的競爭迫使他用盡各種方法把工作日延長到人類忍耐的限度。在另一方面，工人爲了維持康健和獲得除了工作，吃飯和睡覺以外的時間以從事於別底人類活動，不能不鬬爭。馬克思強有力地敍述了英國工人階級與資本家階級之間的五十年來的鬬爭：自大規模工業成立以來，驅使資本家打破了剝削無產階級所受的自然、風俗、性別、年齡和日夜的各種限制，以至『十小時法案』的通過——、工人階級在反資本的鬬爭中所獲得的一種強固底社會保障，阻止着工人與資本家自由簽定合同出賣自身及其同類於死亡和奴隸之境。

相對剩餘價值產生於勞動力再生產所必需的勞動時間爲着增加剩餘勞動而縮短了的時候。在那些生產品決定勞動力的價值工業之中勞動力價值由於勞動力的生產力的增加而減低了，而且爲達到這目的就必須生產方式和勞動過程的技術底及社會底條件不斷革命化。馬克思在討論分工、合作、機器和大工業各章中所提出的歷史底、經濟底技術底和社會心理底意見是連資產階級的代表也承認爲充分根據於科學底事實的。

馬克思不但指出機器和大規模工業造成了比前代任何生產方式都更廣大底災禍，而且也指出在牠們使資本主義社會不斷革命化之中牠們正在開拓道路給更高級底社會形態。工廠立法是社會對於牠自己底生產過程的不自然底形式的初次自覺底和嚴正底反應。當社會管理工廠和作坊的勞動的時候，牠是作爲干涉資本的剝削權力而出現的。

而且，這種情形也迫使社會管理家庭勞動和干涉親權，公認大工業清算舊家族關係和舊家族制度的經濟基礎以及與這基礎相應的家庭勞動。「由於容許婦女、青年、兒童在家庭範圍之外取得社會生產過程中的主要任務，舊家族制度瓦解在資本主義制度之中，那情形無論如何殘酷可怕，大工業確是創造了一種新底經濟基礎給高級底家庭形態和兩性關係。自然，把基督教德國的家庭形式看作絕對的，那愚蠢正各如從前把古羅馬式或古希臘式或東方式看作絕對的一樣——這些形式都不過是歷史發展的過渡形式。同樣清楚：由於兩性和各種年齡的個人所組織成的聯合勞動在適當底情況之下必然變爲人類進步的一種源泉，雖然是在橫暴無度底資本主義形式之中（在其中工人爲生產過程而存在，並不是生產過程爲工人而存在）這是墮落和奴役的穢惡之源。」使工人降低爲一種附屬物的機器同時也開創了種種可能性使社會的生產力得以增加到這樣程度：社會的一切成員毫無例外地能够享受發展人類高貴性質的同樣可能性——這是前代任何社會所不能達到的一種成就。

考察了絕對剩餘價值與相對剩餘價值的生產之後，馬克思進而揭示政治經濟學史上最初底合理底工銀學說。一件商品的價格是用錢幣表現牠底價值，而且工銀代表勞動力的價格。出現在商品市場上的並不是勞動自身，而是出賣勞動力的活底工人，而且勞動是發生於勞動力這商品的消費的。勞動是各種價值的實體和內在尺度，但是勞動自身並無價值。然而，勞動似乎是由工銀償付了的，因爲工人在完成了他底勞動之後纔接到他底工銀。這種付給工銀的形式有效底地隱藏了工作日劃分爲有償底和無償底勞動時間的一切痕跡。對於奴隸情形確是正相反的。奴隸似乎隨時都在爲他底主人作工，即使他是爲再生產他自己底生活資糧而工作的時候，而且他底一切勞動似乎全是無償底。然而，對於工銀勞動者，一切勞動，連無償勞動在內，似乎全是有償底。在前項情形之中財產關係隱藏了奴隸爲他自己而工作的部份時間這事實，而在後項情形之中錢幣關係隱藏了工銀勞動者毫無所得的部份工作這事實。因此我們知道——馬克思指出——勞動力的價值與價格轉變爲工銀（即爲勞動自身的價值與價格）的決定底重要性。資本家和工人的一切合法底觀念，資本主義生產方式的一切秘密，庸俗政治經濟學的一切自由的幻想和一切自恕底胡說全是根據於這現象的，這現象隱藏了事情的眞象而且確切顯出相反底外貌。

工銀的兩種主要形式是計時工銀和論件工銀。根據計時工銀的法則馬克思說明了別有私圖底人們所謂縮短工作日必至減低工銀這主張的虛僞，指出眞理恰在反面：暫時縮短工作日則降低工銀，而永久縮短則提高工銀。工作日越長則工銀越低。

論件工銀不過是計時工銀的變形，而且是最適宜於資本主義生產方式的工銀形式。這種工銀形式在現行製造業中流行很廣，而且在英國大工業的狂飈突進時期牠是盡了延長工作日和降低工銀的槓杆任務的。論件工銀很有利於資本家，因爲牠使監工幾乎成爲不必要，同時提供扣工銀和施行欺騙的許多機會。在另一方面，這種工銀形式對於工人是大不利的：工人因過度努力增高工銀而致生理底虧損身體，（而其實這種努力卻是降低工銀的，）工人之間因競爭加強而致削弱團結，工人與資本家之間出現一種寄生底中間人來侵蝕工人底實際工銀，等等不良現象。

剩餘價值與工銀的關係使資本主義生產方式不但繼續再生產資本家的資本，而且繼續再生產了工人的貧困。一方面是佔有一切資糧，一切原料和一切生產手段的資本家階級，而另一方面是工人階級人民大衆，被迫而出賣勞動力給資本家以換取充其量不過是足以維持他們底工作狀況和生養下代勞苦無產者的資料。但是資本不但再生產牠自身而已，牠也繼續增加牠底體積，所以馬克思在第一卷的最後部份中致力於『蓄積過程』的考察。

不但剩餘價值產生自資本，而且資本也產生自剩餘價值。每年產生的剩餘價值被分配於有產階級之中，一部份是作爲收入而消費了的，而另一部份則被蓄積爲資本。曾經從工人們榨取而得的無償勞動現在是成爲再榨取他們的無償勞動的一種手段了。在生產過程中原先支出的資本比之直接蓄積底資本，算是消失底數量，就是說，比之還原爲資本的那種剩餘價值或剩餘生產品，無論牠還顯出作用在原來積蓄者的手上或別人的手上。私有財產的法則——根據於商品生產和商品流通——由於牠自己底辯證法使牠自己變爲牠底直接反對者。商品生產的法則似乎肯定個體勞動中的一種財產權。商品所有者們是以平等權利互相對待的。

獲得別種商品的唯一手段是出賣自己底商品，而自己底商品祇有由於勞動纔能生產出來。在資本家方面，財產現在顯現爲侵佔別人底無償勞動或其生產品的權利，而在工人方面則顯現爲保有他自己底生產品的不可能性。

當近代無產階級瞭解這意義的時候，當里昂城市無產者敲響那警鐘和英國鄉村無產者燒毀壓迫者底邸宅的時候，庸俗底政治經濟學者們曾經發明了「節慾說」，按照這學說資本是由資本家們自願節慾蓄積起來的。馬克思曾經像拉薩爾那樣無情地鞭撻過這學說。眞有貢獻於資本積蓄的「節慾」的一個實例却是强制工人們的節慾，橫暴地把工銀降低到勞動力價値之下而使工人們消費必需的資金轉變爲資本家們的蓄積資金，至少是一部份。這便是工人們的生活「奢華」呀，某些工人買了大鋼琴了呀的一切嘮叨，基督教社會改良家們的一切廉價而齷齪底調製品，以及資本主義的智識底磚瓦匠所慣用的一切詐術和狡計的眞來源。

資本主義底蓄積的一般法則是這樣的：資本的增殖構成於牠底可變部份的增殖，卽變爲勞動力的部份的增殖。倘若資本的組織依然不變，倘若一定數量的生產手段常常要求同一定數量的勞動力來推動牠，那麼對於勞動力的需求就顯然會比照着資本的增加而增加，工人們的生活資金也要隨之而增加；資本增加越快這種資金也必定增加得越快。因爲單純底再生產繼續再生產資本關係自身，所以蓄積再生產資本關係在一種更大規模之上：一方面是更多資本家們或更大資本家們，另一方面是更多工人們。所以資本的積蓄也就是無產者的增加，而且在這種情形之下的增加可以說是在對於工人最有利底條件之下的。工人們自己所增加的剩餘生產品——繼續變爲資本——的大部份在支付手段的形式中回歸於他們，以至他們能够增加他們底消費，更大量購備衣服和傢具，等等。然而，他們依存於資本家的關係毫未變更，正如縱使奴隸穿得好吃得好他也不失其爲奴隸一樣。他們必須提供一定數量的無償勞動，而且，雖然這數量或許可以減低一些，那減低是以不危及資本主義生產過程的性質爲限度的。倘使工銀增加到這限度以上，那麼營利底動機就受了挫折，資本的積蓄就要減弱，以至非工銀再降落到適應於利用資本所必需的水準不止。

然而，祇有當資本的蓄積實行於牠底不變底與可變底組織成份之間的關係毫無變更的時候，工銀勞動者自己所鑄造的黃金鎖鍊纔會減輕壓力和苦惱。其實，蓄積過程是伴隨着馬克思所謂資本的有機組織中的一種大革命的。不變資本以可變資本爲犧牲而增加起來。勞動生產力的增加使生產手段底體量增加得比凝結於這體量之中的勞動力底體量的增加更爲迅速。對於勞動力的需求並不比照着資本蓄積而上升，却是相對地下沉。同樣底結果由於資本集中而產生於另一形式之中；這種資本集中，完全與資本蓄積完全無關，是由於資本主義底競爭法則使較大資本家併吞較小資本家而造成的。在蓄積過程中構成的附加資本所需要的工人在數量上比較少而又少，同時再生產於新組織中的老資本處理着已僱底工人日嫌其多而又多。在這種情形之下發展着工人數量的相對過剩，（這相對是對於利用資本所必需的而言的。）發展一種工業後備軍——在商業不振或平常時期牠底工銀是在牠底勞動力價值之下的，牠底被僱用是非經常底，有時牠全靠公家賑濟，然而無論何時牠都可以削弱僱工們的抵抗力和降低他們底工銀水準。

這種工業後備軍是蓄積過程的必然產物，即以資本主義爲基礎的財富發展的必然產物，而同時牠發展爲資本主義生產方式的一種槓杆。由於蓄積和隨之而來底勞動生產力的發展，資本的突然膨脹力也增進了，而且需求大羣工人——能夠在新市場上一召即來受僱或能夠被僱用於新底生產部門而不致妨礙別方面的生產工作。近代工業的這種特徵，即平衡活動、急劇生產、恐慌和停滯的各時期的週期循旋（不過偶然由較小底波動而間斷）的形式，是根據於這工業後備軍的繼續形成、吸收多少、和改組的。這種工業後備軍——即相對底人口過剩——的增加是比照着社會財富，活動資本的總額，資本增殖的範圍和力量，以及工作人口底絕對定量和這定量底勞動生產力的。工業後備軍的比較定量是隨着財富的增加而增加的。工業後備軍比工業現役軍越大，工人之中困窮和勞苦成反比例的人們就越多。最後，工人階級中的餓病者層越大和工業後備軍越大，那麼公認爲貧民的人就越多。這是資本蓄積的絕對通則。

由這通則就可以推知牠底歷史傾向。沿着資本的蓄積和集中發展了逐漸擴大的勞動過程的合作形式，和科學技術的自覺底應用於生產方面，組織聯合耕作，生產手段變爲集體纔能使用，以及由於組合底社會勞動集體使用生產手段而使生產手段經濟化。一方面獨佔和篡竊這演變過程的一切利益的資本巨頭的數目逐漸減少，另一方面却相應地增大了貧困，壓迫，奴役，墮落和剝削，但是同時也增加了工人階級的憤懣；工人階級在數量上增多了，由於資本主義生產過程自身的機械化而被訓練、被聯合和被組織了。資本的獨佔變爲曾經用牠和在牠之下發展起來的生產方式的桎梏。生產手段的集中化和勞動的社會化達到了和牠們底資本主義底硬殼不能相容的地步。資本主義私有財產的喪鐘響了，剝奪者被剝奪了。

依據個人勞動而有的個人財產是被歸還了，但是是在資本主義時代的各種成就的基礎之上，是作爲自由工人們的合作的，是作爲他們公有共享土地和由勞動所生產的生產手段的。自然，資本家底財產——實際已經根據在一種社會生產方式上——的轉變爲社會財產是絕不像分散底財產（根據個人勞動的）轉變爲資本家底財產那樣麻煩和困難的。後一種情形是由少數篡竊者剝奪人民大衆，而前一種情形是由人民大衆剝奪少數簒竊者。

三　第二卷和第三卷

資本論第二卷第三卷的命運是和第一卷的命運相似的。馬克思希望在第一卷出版不久之後就能刊佈牠們，但是過了許多年，他到底不曾準備到可以付印的程度。

新底和更深底研究，綿長底疾病和終至於死使他不能完成他底全部著作，所以從未完成底遺稿中整理出第二卷和第三卷的是恩格斯。他所得到的寶藏全是草稿，速記和著作者寫給自己看的提要，連帶着東一長篇西一短文。總之，牠是自一八六一至一八七八年以來時斷時續的可驚底智慧底勞作的結果。

在這些情形之下我們必不可以期望第二卷和第三卷提供給我們一切經濟問題的最後底完滿解決。有時這些問題祇是粗具輪廓，連帶着在這裏那裏有些關於達到解決牠們的方向的指示。以馬克思底整個態度而論，他底資本論並不是包羅着不可移易底最後眞理的聖經，而祇是促進研究，促進科學底考察，促進爲眞理而奮鬥的無盡泉源。

上述這些情形也說明了爲什麽第二卷和第三卷在形式上並不像第一卷那樣完整，爲什麽牠們並不完全閃出同樣底智慧底光輝。然而，正因爲牠們提出單純底知識底問題而不很拘執於形式，牠們對於某些讀者甚至給與更大欣喜。這兩卷的內容可以說是第一卷的主要補充和發展，對於理解馬克思底整個體系是必不可少的。不幸，一直到現在牠們並不曾被表現在通俗底形式之中，所以甚至較爲開明底工人大衆也還不知道牠們。

在第一卷中馬克思處理了政治經濟學的基本問題：什麼是財產的起源？什麼是利潤的源泉？在他研究之前這問題有過兩種不同底答案。

承認現世界爲頂好底世界的「科學底」辯護者，如叔爾士・得里支之流，甚至在工人羣衆中也有聲譽的，是用一套或多或少底巧辯或狡飾來解釋資本家底財富的：說是因爲要報酬僱主肯「慷慨」投資而計劃漲價的結果，說是報酬每個僱主的「冒險」經營，說是獎勵「賢明底管理」。如是等等，這些解釋全都有一個共同目的：表示一人致富而別人貧乏是「公道」底事，所以也就是不能改變底事。

另一方面，資產階級社會的批評家們，就是說，馬克思以前的一切社會主義學派，都說資本家底財富簡直是利用金錢或生產過程的組織中的缺點來欺騙和盜竊工人們的結果。由這種觀點出發，社會主義者們曾經提出過廢棄貨幣以剷除剝削的種種烏托邦計劃，以及「勞動組合」之類的計劃。

資本家底財富的眞實來源第一次顯示在資本論第一卷裏面，牠並不濫費時間去辯護資本家的公道或譴責他們的不公道。馬克思第一次表明利潤是怎樣發生的和牠怎樣流入資本家底錢包。他底表明是根據於這兩種必然底經濟事實：第一，工人羣衆都是被迫而把勞力當作商品出賣以圖生存的無產者；第二，勞力這種商品在我們底時代具有這樣高度底生產力，能够在一定時間之內生產出比之在那時間內爲贍養牠自己所必需生產更多更多的生產品。這兩種純粹底經濟事實——客觀底歷史發展的表現——使無產者的勞動力的果實自動地落入資本家底懷抱，而且，由於工銀制度的永續，累積爲不斷擴大底資本。

因此並不把資本家底財富解釋爲報酬資本家的什麼犧牲或什麼公益，或爲在一般承認的字義上的欺騙和盜竊的結果，而是解釋爲資本家與工人之間的一種交易，解釋爲確切依照規定其他一切商品買賣的法則而進行的無可指責底合法底平等的一種業務。因爲要澈底說明這把勞動的黃金果實給與資本家的無疵底業務，馬克思曾經把十八世紀之初和十九世紀之末英國古典經濟學家斯密亞丹和李嘉圖所發現的價值法則，即以勞動力解釋商品交換的內在法則，應用於商品，而且使牠發展到邏輯底結論。第一卷主要地討論價值法則，然後進而討論工銀和剩餘價值；說明工銀勞動的生產品怎樣自然地和毫無暴行或欺騙地自行劃分爲傭工所得的薄施物和資本家不勞而獲的財富。資本論第一卷的偉大底歷史底要義就在這裏。牠表明祇有廢除勞動力的買賣，即廢除工銀制度，纔能廢除剝削。

在第一卷裏面我們隨時都接觸着工廠，礦場或近代農業等的生產。我們看見了作爲整個資本主義生產方式的典型的個別底例證。當我們讀完這一卷的時候我們就透澈地認識了每日底利潤創造和整個剝削機構的一切具體詳情了。好像到了工廠裏面一樣，在我們底眼前堆集着還沾滿着工人底汗水的各種商品，在這一切商品之中我們能够辨別出產生於工人們底無償勞動而又作爲整個商品公平地統屬於資本家的商品價值的那一部份。資本主義底剝削的根源都顯現在我們底眼前了。

但是在這一階段上資本家底收獲絕不能說是已經安然存放在倉庫裏面。剝削的果實出現了，但是還在一種不合估用底形式之中。當剝削的果實具有商品堆集的形式的時候，資本家祇能從這過程取得的些少喜悅。他並不是古代希臘羅馬的奴隸所有者，或中古的封建領主，剝削作工人們單是爲滿足他底「奢華」和豢養魁偉底僕從。因爲要維持他自己和他底家屬的「適合於他底社會地位的體面」資本家必須有些現金，而且要繼續增殖資本也是必需現金的。所以他必須賣掉傭工所生產的商品及其中所有的剩餘價值。商品是必須要離開工廠和倉庫而拋入市場的。資本家跟隨他底商品從他底倉庫和公事房到交易所和商店去了，因此

在資本論第二卷中我們跟着資本家到那裏去，

資本家生活的第二階段是在商品交易的領域內度過的，而且在這裏他遭遇着許多困難。在他自己底工廠之內資本家是不容爭辯底主人，而且其中有着嚴格底組織和訓練，但是商品市場是在自由競爭的名義之下完全無政府的。在商品市場上誰也不顧誰底鄰人，誰也不顧大家，一直到了這裏資本家纔確切感覺他是依賴別人和全社會的。

資本家必須維持着與他底競爭者並駕齊驅。倘若他化費了絕對必需以上的時間纔賣掉他底商品，倘若他不能籌足現款及時購買原料及其他一切必需物品以免他底工廠因供應缺乏而陷於停頓，倘若他不能把出賣商品所得的現款敏捷地投資到有利方面，他就必然要在這樣那樣情形之下落後了。落後是要倒楣的，而且不能在工廠與市場之間的經常交易中經營業務好像在工廠中同樣有效的資本家就不能得到正常底利潤率，無論他怎樣熱誠剝削他底工人們。他可以「穩得底」利潤的一部份就會迷途在什麼地方而找不着走進他底錢袋去的路。

然而，單這樣是不够的。資本家要蓄積財富就祇好生產商品，那有用底物品。再，他必須生產切合社會必需的那種商品，而且他必須按照必需的數量來生產，否則他底商品就賣不掉，並且喪失其中所有的剩餘價值。個別底資本家怎麼能控制這一切因素呢？並沒有人告訴他社會需要什麼商品和需要多少，因為簡直就沒有人能知道。我們是生存在一種無計劃底，無政府底社會裏面，而各個資本家也是處於同樣情形之中的。然而從這種雜亂混淆之中仍然必然發生一種統一：可以使各個資本家企業發財，同時滿足社會需要而且使社會成為一種社會底有機體而繼續存在。

更確切地說，從商品市場的這種無政府底混亂中必然發展出各個資本繼續流通運動的可能性，出產和買賣原料等等而從事再生產的可能性，因而使資本反覆從貨幣底形式變爲商品底形式。這些階段必須確切互相啣接：必須隨時有存款利用每個市場底好機會購買原料等物，必須隨時支付生產的臨時費用；出賣商品所得的貨幣必須趕上目前再利用牠的機會。顯然完全各自獨立的個別資本家們現在在事實上結合一致，相約爲兄弟了，而且，謝謝信用制度和銀行，他們繼續互相預支他們必需的款項而且互相發給期票，因此對於各個資本家和對於社會全體生產和商品售賣的不斷進行得到了保障。

資產階級經濟學者們對於信用制度除了稱牠爲『便利商品交易』的巧妙制度而外從來沒有任何解釋，但是在資本論第二卷中馬克思十分容易地說明了：信用制度是資本家生活中的必要部份，在生產中和商品市場上兩方資本之間的聯繫，個別資本的似乎隨意運動之間的聯繫。

然後，全社會中的生產與消費的經常流通是必須持續運動於那些個別資本的混亂之中，而且這運動必須在資本主義生產的這些必要條件得到保障的這樣方式之下：生產生產手段，維持工人階級和增進資本階級的財富，即增進社會一切資本的蓄積與活動。資本論第二卷研究從個別資本的無數分離運動中怎樣發展出一種統一；這統一的運動怎樣搖擺於旺年的盈餘和歉年的虧折之間，但是再再被扭轉入正軌而又立刻脫出；和怎樣從這一切之中發展更強有力底方面以維持現社會和推進經濟爲手段而達到增進資本蓄積的目的。馬克思並未提出最後底解答，但是自斯密亞丹以後近百年來馬克思第一次發現那統一的定律的確實基礎。

但是即使如此資本家也還不會完全越過他目前的荊棘之路，因爲雖然利潤已經而且正在反覆增殖爲貨幣，現在發生怎樣分配這些贓物的大問題了。許多各不相同底資本羣提出他們底要求。除了僱主（廠主）而外，還有商人，金融資本家和地主。這些人各個都會經營其本份使剝削工銀工人和出賣其所生產之商品成爲可能，現在各個都要求他所欲得的一份利潤。利潤分配的問題是異常複雜底，因爲即使在僱主（廠主）們之中，按照企業的類別從工廠所得的利潤也是大不相同的。

有些生產部門，商品的生產和售出是敏速的，資本及其增殖數在短時間內就回來了。在這種情形之下業務與利潤都迅速發展了。另一些生產部門，資本被牽制在生產中許多年，要在長時間之後纔產出利潤。另一些生產部門，僱主必須把大部份資本投資在無生命底生產手段上，建築上，昂貴底機器上，等等營利所必需而並不直接產出利潤的東西上。另一些生產部門，僱主祇須投下很少資本在這些東西上，能够使用大部份資本去僱用工人們，各個工人都可以算是替這資本家產生金蛋的鵝。

所以，在營利過程中個別資本家之間發展着巨大底差異，而在資產階級社會看來這些差異是比資本家與工人之間特有底「區別」更爲嚴重底「不公道」的。問題是怎樣纔能够保證分贓的「公道」，使資本家各得其「所得」，還有，這問題是必須解決而又不能有任何整個計劃的，因爲現社會中的分配是和生產同樣是無政府底。其實完全沒有在社會意義的尺度之下的「分配」，所有的不過是交易，商品流通，買賣而已。那麼，這種無規律底商品交易怎樣使各個剝削者和各個剝削範疇獲得在資本主義社會看來他「應得」的無產階級的勞動力所生產的財富的那一份呢？

馬克思在資本論第三卷裏回答了這問題。在第一卷裏他說明了資本的產生和揭露了營利的秘密。在第二卷裏他敘述資本在工廠與市場之間及社會底生產與消費之間的運動。在第三卷裏他說明利潤怎樣分配於資產階級全體之中。而且他隨時都從資本主義社會的三個基本原理出發：第一，資本主義社會中所發生的各種事情並不是人們獨斷專行的結果，而是一定底運動底法則的結果，雖然資本家們自己並不知道這些法則；第二，資本主義社會中的經濟關係並不根據於暴力，刼掠和欺騙；第三，並沒有社會理性控制整個社會的運動。他一步跟一步地分析和表明資本主義經濟體系的一切現象和一切關係，嚴格地根據於資本主義社會交易機構的基礎：即價值法則和由此而生的剩餘價值。

以這偉大著作的全部而論，我們可以說第一卷闡明價值、工銀和剩餘價值的法則，揭露現社會的基礎，而第二卷和第三卷則指示我們建立在這些基礎上的房子。或者另用一個比喻來說，第一卷指示給我們這社會有機體的心臟，牠發生活力，而第二卷和第三卷則指示我們血液和營養物從中心點週流到皮膚的細胞。

第二和第三卷的內容把我們引到另一個平面上。在第一卷裏我們是在工廠之內，在社會勞動的深坑裏面，從這裏我們可以尋出資本家財富的源泉。在第二和第三卷裏我們是在地面上，在社會公認底舞台上。百貨商店，銀行，交易所以及『貧乏底』農業家的動亂佔住了前台。在這舞台上工人並不擔任什麼角色，其實他對於他被剝削以後的那些事情是沒有興趣的。我們看見工人們作爲職業者而赫然出現，祇有當着在晨光稀微中結隊奔赴工廠或在黃昏中被工廠吐出來成羣地匆促回家的時候。

所以，初看似乎不很明白爲什工人們要關心資本家們的私人煩惱和爲分贓而起的糾紛。然而，要充分理解現今經濟機構，第二第三卷和第一卷是同樣必要的。眞的，對於近代工人階級運動牠們並不像第一卷那樣負有決定底和基本底歷史底任務，但是牠們確也提貢給無產階級在實際底解放鬥爭中明察資本主義的搖動的無上寶貴底智慧。這是舉兩個例就足够說明的。

在第二卷中，當說明由於個別資本家們的混亂行動而發生的社會規律的維持過程的時候，馬克思自然接觸到恐慌的問題。關於這現象人必不可期望得到任何系統底學說。這裏只不過是偶然論及而已，但是這些偶然底議論應用起來是很有價值的。例如，有些社會主義者，尤其是工會領袖，動輒嚷嚷：發生經濟恐慌的主要原因是由於資本家們的短見，他們簡直不理解工人羣衆是他們底最好顧客，他們祇消提高工資以保障工人的購買力於不墮，那就能避免一切恐慌的危險云云。

這種議論是很普遍的，但是完全錯誤，馬克思批駁如下：『說恐慌發生於缺乏現款底消費或支付底顧客，這完全是多餘底話。資本主義制度祇承認有錢底顧客，那些領受濟貧賑款或「流民」是除外了的。當商品不能消售的時候，這就是說沒有買主或顧客。倘若要給這多餘底話一種用意較深的外貌而說工人階級不能充分取得他們自己底生產品，倘若這階級獲得更多酬金，即增加工銀，恐慌之害就可以直接排除了，那也不過是說恐慌之前必定有過一般工資增高和工人階級接受較多消費品的各時期。以這些「平庸底常識」的勇士所見而論，這樣底時期阻止過恐慌的來臨。因此，這就表明資本主義生産之中有這樣底諸條件：獨立於善意或惡意之外，容許工人階級得到這樣相對繁榮底時期，但不過是暫時的，而且常常成為下次恐慌的先導。』

在資本論第二卷和第三卷中馬克思的種種考察對於恐慌的性質有一種透澈底觀照。恐慌顯然是資本的運動的必不可免底結果，牠焦燥貪婪地急於蓄積和增殖，很容易超出消費的限度，不論這些限度由於某一社會層的購買力增加或新市場的開拓而怎樣擴大。所以，隱伏於工會運動之後的所謂勞資之間利害一致——這一致不過為資本家的短見所阻——是無根據的，而且對於一切彌補資本主義經濟無政府狀態的敷衍策略必不能有所希冀。在近代工人階級的思想武庫中有着千百種輝煌底理論可以供改良無產階級生活物質條件的爭鬥之用，確乎用不着上述的那種理由欠妥而實際曖昧的議論。

第二個例：在資本論第三卷中馬克思第一次科學底地解釋了自始就使資產階級經濟學目眩的一種現象，就是：雖然投資在各不相同底條件之下，在一切生產部門中的資本照常規祇能產生所謂『通常利率』。初看這現象似乎抵觸着馬克思自己底學說：資本家底財富完全是由工銀工人的無償勞動增殖起來的。被迫而把大部份資本投資在無生命底生產手段上的資本家怎樣能獲得祇須把較少資本投資在生產手段上因而能僱用較多活底勞動力的資本家所能獲得的同等利潤呢？

馬克思異常簡明地解決了這謎，他指出某種商品出賣在牠們底價值以上而另一種商品出賣在牠們底價值以下那其間的利潤的差額是被厩平了的，因爲在一切生產部門之中發展着一種『平均利率』。資本家們完全不自覺地和並無任何同意地交換他們底商品在這樣方式之下：各個資本家都把他榨取工人所得的剩餘價值匯合爲一筆總帳，然後他們聯合剝削所得的總額纔公平分配於資本家們之間，按照各人資本的大小取得一份。所以，個別資本家並未享有他直接剝削工人所得的利潤，他所享有的不過是他和他底同類資本家們共同剝削工人所得利潤總額中的他底一份。『以利潤而論，各種資本家都不過是按照百分比平均分利的一個合股公司中的一位股董，所以，各種資本家所得的不同祇是以各人投資在這合營企業中的資本額而定，以在這整個企業中各人參加的比額而定。』

由於這明顯底『平均利率』的乾枯底法則我們就可以深切認識資本家階級團結的真實基礎了！資本家們在日常活動上雖然是敵對底兄弟，而對於工人階級他們却是一種同盟，一致關切由全體盟員實行一切剝削所得的總額的。雖然資本家們當然毫未想到這些客觀底經濟法則，他們的作爲統治階級成員的萬無一失底本能却自然體會他們自己底階級利益和這些利益與無產階級的對立的。他們底階級意識經過許多歷史的風波已經持續下來，而且更加堅定。比之工人們的階級意識——牠的科學底根據現已顯示在馬克思和恩格斯的著作中。

這兩個隨意舉出的例子已經足以使讀者知道資本論第二第三卷中還有怎樣底寶藏未曾開發，有待於研究和宣傳，而且牠們是獻給開明底工人們何等寶貴底精神刺激和深遠知識。這兩卷固然不完備，牠們却提供了比任何教條所能提供的東西激發思想，批評和自我批評，而且這是馬克思所給工人階級的種種教訓的主旨。

四　資本論的遭際

恩格斯說過完成第一卷和擺脫這「夢魔」之後馬克思將要「覺得完全是另一個人了，」這希望祇實現了一部份。

馬克思底健康的改善並不幸不長久，而他底財政狀況却仍然飄搖不定。那時他甚至想要移居日內瓦，以爲在那裏的生活費比較更低廉得多，但是事情把他繫留在倫敦和大英博物院裏。他想找到一個出版家出版他底著作的一種英譯本，而且他不能也不願放棄國際的思想領導地位，在他已經使牠循着正軌開始前進以前。

他底第二女兒洛拉和他底「學醫底克里阿勒人」——拉伐格(Paul Lafague)——的結婚是一件愉快底家事。這一對青年在一八六六年八月就已訂婚，但是雙方同意拉伐格必須醫學畢業之後纔能結婚。因爲出席列日的學生代表大會他被他已經住過兩年的巴黎大學開除了，後來因爲國際的關係他來到倫敦。當初他是普魯東底信徒，和馬克思並無關係，不過爲禮貌的緣故拿着托拉恩底名片來訪問他而已，但是命運插手在這尋常事故裏面，不久之後馬克思寫信給恩格斯說：「當初這年輕人是依戀着我的，但是不久之後他就覺得那女兒比這父親更爲動人了。他是一家殖民者的獨生子；他底經濟情況相當寬裕。」據馬克思底描寫，拉伐格是好看底，聰明底，活潑底，體格健全底，而且善良底，不過有一小點壞習氣而又有些太過坦率。

拉伐格生於古巴島的桑台戈，但是當他九歲的時候他底父母就把他帶到法國來了。他底父系底祖母是馬拉托（Mulatto）人，因此他底血管裏有着黑人底血液，這事實是他願意提起而且解釋他底面孔的微黑色和他底大眼白的，雖然否則他底形貌是很端正底白種人底了。黑人底血緣或許可以解釋他底某種固執，這有時使馬克思半惱半戲地責罵他底「黑腦殼」。然而他倆互相嘲笑的快樂聲調是足夠證明他倆是何等友好的。對於馬克思，拉伐格不但變爲佳壻而且也是保衛他底精神遺產的一位機警而能幹底助手。

這時馬克思底主要煩惱是對於他底書的焦慮，一八六七年十月二號他寫信給恩格思說：「我底書的命運使我神經過敏了。我聽不到也看不到什麼。德國人是好像伙！作爲英國人和法國人甚至義大利人的跟丁，他們在這一方面的成功當然使他們有權忽略我底著作。在那裏的我底朋友們並不知道怎樣宣傳。所以此刻人祇好遵行俄國式底政策，等待。忍耐是俄國外交成功的秘訣，但是我犧生命祇有一次的可憐東西是會挨餓的。「這裏所透露的焦躁是可以諒解的，但是理由並不十分充足。」

這書出版還不到兩個月，在這樣短時期中要人寫出任何真實透澈底批評是不可能的，但是恩格斯和枯格曼都已盡其可能地「使這書騷動一下」了，而且甚至馬克思也以爲這是最爲必要的，希望在英國也發生一些效果。並不能說恩格斯和枯格曼的努力太過拘於形式，他們確是得到部份成功的。他們得到許多刊物，連資產階級底刊物在內，提前發表這書的書評，甚至翻印這書的導言。而且他們甚至已經準備了一個廣告，就是要發表一篇傳記式底論文在園亭上，馬克思立刻請求他們停止這種「胡鬧」：「我以爲這種事情是益少害多的，總之，這是有損科學家的尊嚴的。例如，許久以前邁耶底百科全書要我寫傳記，我不但不給他們所要的東西而且連信都不回。人各有所好。」

恩格斯爲園亭所寫的那論文，如作者所謂『在匆促中寫成的可以對得起畢塔●底一篇書評，』終於發表在那各有底機關報將來（Die Zukuft）上，這報紙自一八六七年以來由威斯（Guido Weiss）在柏林發行，然後李卜克內希又把牠重印在民主工人週報（Demokratisches Wochenblatt）上，但是刪節了許多，以致恩格斯寫信給馬克思說：『李卜克內希現在竟到了不敢說拉塞爾抄襲你的程度，而且弄得不好。他完全閹割了那論文，爲什麼這樣之後還値得發表那祇有他自己明白了。』其實李卜克內希是完全同意於他所刪去底那幾節的，但是他終於把牠們刪去是因爲避免開罪於剛脫離斯乞委塞而助成伊西那克系的拉塞爾派份子。

後來馬克思底著作得到一些優良底批評，例如，在民主工人週報上的恩格斯底一篇，社會民主上的斯乞委塞底一篇，前一週報的狄次根底一篇。恩格斯底評論自然是表明了那要點了的，除此而外馬克思不能不承認斯乞委塞確是研究過這部書而且明白牠底重要性的，雖然有幾處錯誤。由此馬克思纔初次聽見狄次根之名，因而稱讚他有哲學底才能，但是並不估計過高。

●油滑底比批茲乞所用的筆名當他爲文阿諛他底偶像金格爾的時候

在一八六七年中第一流底『專家』也來發言了。這便是杜林(Eugen Duhring)，他在邁耶底百科全書補編中批評這書。雖然馬克思覺得他未曾把握住這著作中的基本底新底要素，在大體上並不滿足於這批評，却稱道牠『十分端正，』雖然他疑心杜林底這態度或許是決定於憎惡洛斯乞及其他大學名教授更比決定於真切關注或理解那些要點爲多。恩格斯對於杜林底批評更爲不高興，而又更爲深切，因爲不久杜林就完全反轉來盡力撕毀這書了。

馬克思在別底『專家』們底手裏也並不較爲幸運，而且八年之後這些名人之一，故意隱匿姓名，曉諭世界馬克思是一個忽視科學進步的成果而『自作教條』的人。對於『專家』們方面的如是等等業蹟馬克思所表示的嚴酷態度是理由充足的，雖然他或許把應該歸咎於他們底無知的都多分歸咎於他們底惡意了，因爲他們是簡直不懂得他底辯證法的。有些人並不缺乏好意或經濟知識，但是仍然覺得這書難於理解，另一方面，有些人對於經濟並不熟悉而且多少有點仇視共產主義，但研究過黑格爾學派而且很熱心談論牠。

例如，馬克思曾經情不自禁地斥責朗吉(F. A. Lange)勞動問題(Die Arbeiterfrage)——其中曾詳論資本論第一卷——的第二版，說道：『朗吉先生高聲讚嘆，但是祇不過是爲要顯出他自己底重要而已。』這是不確的，因爲朗吉對於勞動問題的純正宗旨是無可懷疑的；雖然馬克思說朗吉不懂黑格爾底方法以及他馬克思所用的批評方法是一點不錯的。而且，朗吉確也顛倒真理，他說，以玄想而論，拉塞爾對於黑格爾比之馬克思對黑格爾更爲自由獨立，馬克思底玄想拘執於哲學底形式而且有些地方頗爲勉強，例如關於價值學說；朗吉以爲這學說是沒有永久價值的。

馬克思曾經把資本論第一卷贈送給弗里利格來士，後者對於牠的批評更爲奇特。這兩人的友誼是自一八五九年以來就已存在的，雖然偶然因由第三者的錯誤而彼此一時有些隔閡。現在弗利里格來士要回德國去了，他底一部詩集可以使他在那裏優游養老，因爲他所服務的銀行的倫敦支行的關閉已經危及這將近六十歲底老人的生活。在寫給他底老友的最後一封信——以後就再不通信了——裏他誠懇地祝賀馬克思底女兒與青年拉代格的結婚，也誠懇地感謝馬克思贈給他的資本論第一卷。他說，研究這書使他有許多省悟，得到很多快樂。這書或許不能一舉成功和轟動一時，但是牠底影響將要是深遠而且永久的。如是等等好處，但是他說：『我知道萊因一帶的許多青年商人和工業家都熱心於這書，所以在這方而牠將要實現牠底眞目的，此外牠將要證明牠是學者必需的一種參考書。』眞的，弗利里格來士對經濟除了『用直覺』而外並不配說什麼，而且他生平厭惡他所謂『嚇克爾黑格爾』，但是他到底在那英國都市的勤徽生活中過了將近二十年，所以，他還能夠把資本論第一卷看作工商業家的指導書籍而且『此外，』這在他總要算是非常底成績了。

另一方面，路格底批評是完全不同的。雖然憎惡共產主義好像毒藥似的而且沒有經濟知識，他是曾經作爲少年黑格爾派戰鬥過來的。『這是一部劃時代底著作，發出令人目眩底光輝，照明了社會各時期的發展，衰落，產痛和可怕底疾病。論無償勞動產生剩餘價值，論從前爲自身工作的工人們的剝奪，和論剝奪者將要被剝奪，這幾章是經典底的。馬克思底學識淵博而精嚴，而且他是具有輝煌底辯證底才能的。這書遠超於許多人和許多新聞記者的知識底地平線之上，但是牠一定會傳播開去，無論牠底規模怎樣過於廣大，或者正因爲這理由牠將要發生强大底影響。』費爾巴哈也有同樣底批判，不過因爲他自己底傾向不同而有所差異。他不很留意著者的辯證法，而着重於這書的『充滿着最有趣同時又最可怕的無可否認底事實；』他以爲這些事實已經證明了他底道德哲學：沒有生活的必需性的地方也就沒有道德底强制力。

第一卷的譯本首先出版於俄羅斯。一八六八年十月十二號馬克思寫信給枯格曼說：聖彼得堡的一個出版家使他吃了一驚，通知他說譯本已經在印刷中，要求他寄一張像片去印在前頁上。他不能不把這一點小惠給與他底俄國『好朋友，』而且覺得這眞是命運的嘲弄：二十五年來他在德國，法國和英國所攻擊的俄國人却始終是他底『愛護者。』他對於普魯東底答覆〔哲學的貧困〕和他底政治經濟學批判，沒有什麼地方像在俄國那樣銷行的。不過，他仍然不肯因此而過於相信他們，說道那純粹底伊壁鳩魯主義，即對於西歐可能有的極端派作品的一種愛好。

然而，這是不眞確的。那譯本到一八七二年纔出版，而且確是一種嚴肅底科學工作，得到很大底成功。馬克思自己說牠是『傑作。』譯者是但宜生（Danielson），而以筆名尼古拉昂（Nikola-on）著稱；在翻譯最重要底那幾章的時候他是得到洛巴丁（Lopatin）的幫助的，後者是一個英勇底青年革命者，『有着很豁達而謹嚴底頭腦，樂天底性格而又刻苦得好像俄國農民似的實事求是。』這是一八七零年夏季馬克思和他認識之後所說的話。

俄國官憲允許這譯本出版是附帶着如下底說明的：『雖然著者的政治信仰完全是社會主義的，雖然全書都具有很分明底社會主義性質，牠底表現方法確乎不是可以使人人懂得的，況且牠是在一種嚴格底科學方式之中寫成的，所以本委會宣告該書免予追究。』這譯本於三月二十七號發行，五月二十五號就銷售了一千部，即全數的三分之一。

同時法文譯本開始出版，德文原本也再版了，兩種都是分為兩册的。法文譯者是路易（J. Roy），由馬克思自己給他很多幫助。馬克思對於法譯本作了『鬼自己底工作，』屢次埋怨說：比他自己重新全譯還要費工夫。然而，他認爲安慰的是他相信這法譯具有一種原本所無的特殊底科學價值。資本論第一卷在英國並不如在德國、俄國和法國那樣成功。顯然祇有一個短評發表在星期六評論（The Saturday Review）上，但是這短評讚稱馬克思具有使甚至最乾燥底經濟問題也楚楚動人的才能。恩格斯投給半月評論（The Fort-night Review）的一篇較長底批評被退回了，理由是『太乾燥，』雖然和這雜誌有密切關係的比斯里教授盡力使牠接收。馬克思很希望有一個英文譯本，但是在他活着的時候並不曾出現。

第十三章　國際的極盛時代

一　英國，法國和比國

資本論第一卷出版不久之後，國際的第二次大會舉行於洛桑稜，自一八六七年九月二號至八號。牠底氣象並不及日內瓦第一次大會那樣高亢。

理事會於七月中發出通告，邀請派遣强有力底代表出席大會；通告中檢討三年來的活動成績顯然是很少滿意的。不過瑞士和比國是可以說有確實底進步的，馬爾乞尼罷工工人們的被屠殺曾經激動了無產階級的情緒，至於其他各國，這通告歷訴各種環境所加於宣傳運動的種種障礙。一八四八年之前德國人對於社會問題曾經表示過深切興趣，而現在却完全注意在國家統一問題上了。除了盡力支持法國的各種罷工而外，因爲法國沒有民權底自由，國際在法國並不會造成預期底進步。通告也說到一八六七年春季巴黎銅匠的大罷工，這罷工曾經發展爲爭取組織權的戰鬥而且結束在工人勝利之中。

通告對於英國也有溫和底責備，指出牠過於着重選舉改革運動，以至忽略了經濟問題。然而，在羣衆的壓力之下首相狄斯拉里被迫而許給甚至比格拉斯頓原來計劃更爲廣泛的選舉權；現在倫敦的每家房客都有投票權，無論房租多少。然後理事會表示希望英國工人已經到了認清國際的用處的時候了。在結論裏通告說到美國工人已經在好幾州裏爭得八小時工作制了。

國際的各分部，不論規模大小，都有權遣派一個代表出席大會。較大底分部每五百人可以派一個代表，多則類推。大會的當前任務曾經提示如下：一，必須以何種實際步驟由國際創立一個工人階級解放鬥爭的聯合中心？怎樣把工人階級所給與資產階級和政府的信賴利用到無產階級解放鬥爭的利益之內？

這綱領很概括，而使事情更糟的是並不隨帶一種備忘錄提供給牠具體底根據。樂器工人杜旁和伊克卡留斯作爲理事會的代表到洛桑稜去。杜旁，一個能幹底人，是對法國通信的祕書。因爲永未出席，杜旁作了七十一個到會代表的主席。德國代表之中有枯格曼，郎吉，佈希那和拉登道夫——一個優秀底資產階級民主主義者，但是激烈底反對共產主義者。法義人數超過條頓人數，而法義人中除了少數義大利人和比利時人而外多半都是法國人和瑞士底法人。

這一次普魯東派比理事會準備得更透澈更迅速，而且在理事會發出召集大會的通告之前三個月他們就已擬定一個大會議事程序，包括下列各項：互助性爲社會關係的基礎，社會服務平等報酬，信用銀行和平民銀行，互相保險協會，男女社會地位，集團利益和個人利益，國家乃正義的守衛者和傳道者，懲罰權等等。結果是一場混亂，但是在此並無詳述的必要，因爲馬克思和牠毫無關係，而且大會因此而通過的那互相矛盾底議決案到底不過是紙上文章而已。

大會的實際工作比之牠底理論指示是更有效果的。牠確定理事會總部設在倫敦，規定會員年費爲十生丁，決定如期交納年費爲遣派代表出席年會的基本條件。牠也決定工人的社會解放不能與政治行動分離，而爭取政治自由是基本的和絕對必要的。牠十分注重這一項，所以決定在以後每次大會中鄭重重申這意義。牠對於資產階級急進份子最近所發起的和平與自由同盟也採取了一種正確底態度。不久之後這同盟曾經在日內瓦開牠底第一次大會。同盟想要獲得工人援助的一切企圖曾經得到這樣簡潔底回答：祇要我們自己底利益能夠因此而推進我們必定樂於支持你們。

奇怪，這一次不甚重要底國際大會却引起資產階級比較對於上次大會更多注意，雖然上次大會舉行於普奧戰爭的餘波還在擾動歐洲的時候。尤其是英國報紙，據伊克卡留斯說，特別是太晤士報，對於洛桑稜大會表示密切底注意，雖然牠曾經完全忽視上次大會。自然，這出開並不缺少嘲弄，然而資產階級到底開始認眞看待國際了。馬克思夫人在前趨（Der Vorbote）上寫道：『當我們底大會和牠底繼母弟和平大會比較的時候，這比較總是有利於那兄長的，因爲後者被當作嚴重底威脅，而前者却被看作諧文趣劇。』馬克思也這樣安慰自己，因爲他當然是不滿足於洛桑稜底議案的：『事情正在進行中。而缺乏資金！還有普魯東派搗亂於巴黎，馬志尼搗亂於義大利。更加上倫敦的奧格，克里麥，坡特和德國的叔爾士——德里支和拉塞爾派。我們是有理由滿意的。』而且恩格斯說理事會仍然留在倫敦，那麼洛桑稜大會的議決案是無足輕重的。這很正確，因爲在國際成立的第三年後和平發展的時代就此結束而殘酷鬥爭的時代開始了。

洛桑稜大會閉會幾天之後發生了一件影響廣泛的偶然事故。一八六七年九月十八日，武裝底費尼安黨❶攔刦載運着兩個費尼安犯人的囚車。他們在大白天實行襲擊，鎗殺了一個警察之後，打開囚車，釋放了他們底同志。這些强襲的人們並未捕獲，但是在後來拘捕的羣衆中被選出了幾個，帶到法庭去審訊。這審訊自始就是偏執成見的，並不曾得到任何眞實憑證，但是他們終於被判處死刑，被絞死了。這事擾動了英國，而且十二月

❶（Fenian）愛爾蘭人于一八五七年在紐約成立之 Fenian Brotherhood 之會員，其目的在使愛爾蘭離英國而獨立。語源出于 Fiann，古愛爾蘭之勇士族也。

間發生了一次『費尼安底恐怖，』倫敦克勒肯委爾區——幾乎全是工人和中下階層的居住地——的監獄被費尼安黨攻破，以至死十二人和傷一百餘人。

國際對於費尼安黨底叛亂當然毫無關係，而且馬克思和恩格斯都斥責克勒肯委爾暴動爲愚妄舉動，最有害於費尼安黨，因爲這將要冷却或完全摧毀英國工人對於愛爾蘭獨立的同情，但是英國政府把費尼安黨當作普通刑事犯，雖然他們是反抗無恥底百年壓迫底政治反叛者，這情形激起了一切革命者的憤怒。甚至一八六七年六月馬克思寫信給恩格斯說：『這些可惡底豬誇張英國底人道，因爲他們看待政治犯並不比看待謀殺者，强盜，僞幣製造者和强姦者更壞。』而恩格斯則更受了朋斯（Elizabeth Burns）女士的影響，後者是頑强底愛爾蘭愛國者，而他已經把他對於她底已故底姊姊瑪利的愛轉移到她了的。

然而，馬克思對於愛爾蘭問題的親切注意還有比同情被壓迫民族更深的原因。他對於這問題的研究使他得到這結論：愛爾蘭人的自由是英國工人階級解放的必要條件，而英國工人階級解放是歐洲無產階級解放的必要條件。他覺得當英國地主貴族有着鞏固地位的時候牠的被推翻是不可能的。愛爾蘭人一旦自決，選舉議員，組織政府，變爲自治，愛爾蘭地主貴族——大多數是英國人——的摧毀是比在英國更爲容易的，因爲在愛爾蘭這不但是經濟底問題，而且也是民族底問題。在英國地主們是世襲底尊顯者，而在愛爾蘭他們却是最可恨底民族壓制的代表。英國軍警一旦退出愛爾蘭就會發生農民革命。

以英國資產階級而論，他們與英國貴族是一致的，都想把愛爾蘭變爲純然底牧場，以最低價格供給英國市場肉類和羊毛。但是除此而外英國資產階級也還有更重要底理由願意愛爾蘭現存統治的繼續，因爲佃租地的逐漸集中，愛爾蘭把過剩的人口繼續供給英國勞動市場，因而可以降低英國工人階級的工銀以及物質和文化的地位。在英國各工商業中心工人階級已經分裂爲兩個敵對底陣營：一方是英國工人而另一方是他們底愛爾蘭工友。普通英國工人把愛爾蘭工人當作競爭者加以仇視，而且覺得自已是高超底宗主國人民，因此變爲貴族和資本家反對愛爾蘭的工具，同時加强了這些階級對於他自身的統治力。英國工人懷抱着反對愛爾蘭工人的宗教底，社會底和民族底偏見，所以前者看待後者正如從前美國的『貧窮底白人』看待黑種奴隸一樣。另一方面，愛爾蘭人還本帶利地加以報復。他立刻把英國工人看作英國統治愛爾蘭的同謀者和愚蠢底工具。工人階級在英國的無力，除了牠底組織問題而外，是根源於這種衝突的，而這衝突是由報紙，講壇以及一切統治階級的工具所養成和煽動着的。

再，這禍害也蔓延到大西洋彼岸，使英人和愛人之間的衝突阻礙着英美的工人階級之間的眞誠而有效底合作。國際的最重要底責任是加速資本主國英格蘭的社會革命的發展，而達到這目的的唯一方法是爭取愛爾蘭的獨立。在一切可能底事變中國際必須公開站在愛爾蘭方面，而理事會必須擔負起一種特殊任務，使英國工人相信愛爾蘭的民族獨立不但是一個抽象底正義和人道的問題，而且也是他們自已底社會解放的基本條件。

在後來幾年中馬克思竭盡全力於這任務。正如他從前把波蘭問題（自從日內瓦大會之後就不再見於國際的會議程序）看作推倒帝國統治的槓杆一樣，他是把愛爾蘭問題看作推倒英國世界霸權的槓杆的。他底態度並未受制這事實：急於想作下屆議員的那些工人運動中的『陰謀家』（他以爲甚至理事會會長奥格也是其中之一）得以藉口而勾結資產階級底自由主義者；因爲，格拉斯頓希望再來組閣，正在利用愛爾蘭問題作爲選舉競爭的口號，而且牠已變爲當時火熱底問題之一。理事會曾經主持一種請願團，向英政府抗議曼哲斯特的三個費尼安黨的判處死刑，（當然不成功，）而且斥責這執行爲合法底謀殺，而且牠在倫敦也組織了一些公衆集會支持愛爾蘭獨立。

這些活動激怒了英國政府，而且牠被法國政府對於國際的打擊所煽動。三年以來拿破崙第三曾經注意國際的發展而並不加以干涉，希望借此恐嚇倔強底資產階級。當國際的法國會員在巴黎成立分會的時候，他們呈報警察總監和內務大臣，但是這兩位貴人甚至不承認接到呈文。然而，在這以前，當局方面早已有過鬼祟底詭詐手段。日內瓦國際大會曾經派一個生在瑞士而歸化英國的人帶到倫敦去交給理事會，以免這些文件落到拿破崙第三底黑暗內閣的手裏，但是在法國國境上牠們被警察盜竊去了，而且法國政府不理會一切抗議。然而，倫敦外交部受理了這事件，以至竊賊被迫退還贓物。

法國皇帝底親信魯爾(Rouher)是受過國際的冷遇的。因爲他說法國出席日內瓦大會的代表們可以發表他們底宣言，祇要「插入幾句感謝皇帝的話，他是替工人作過許多事的。」這被拒絕了，雖然國際的法國支部的一般政策是盡可能地避免開罪於陰險底野獸，支部很知道牠不過是在等待時機而已，這種態度使資產階級急進份子懷疑國際的法國會員是僞裝底拿破崙派。

有些法國著作家斷言急進份子利用這種懷疑激動會員們，以至後者被迫而支持前者所發表的一兩個反對帝國的無力宣言，因而惹惱了皇帝，但是這是無關緊要的，因爲另有許多比這更重要底理由使拿破崙第三公開和工人階級破裂。一八六六年大恐慌而後的罷工運動曾經發展到嚴重擾亂他的程度；而且，一八六七年春季，當着盧森堡問題緊急到有和北德聯盟開戰的危險的時候，法國工人們曾經和柏林工人們交換和平宣言；最後，法國資產階級正在這樣刺耳地喧嚷着聯奧「報復薩多瓦」●，以至皇宮中人靈機一動，想要討好

「自由主義」以停止那嚷嚷而壓迫工人。

在這些情況之下，拿破崙第三以爲藉口國際的巴黎支部是費尼安黨謀叛底機關而加以打擊是可以一箭射雙鵰的。支部會員的家宅突然在深夜裏被搜察了，但是，當然毫無謀叛底痕跡，而因爲要避免這失敗所召致的非笑拿破崙第三不能不逮捕二十多個會員，控訴他們非法結社。三月六號和二十號國際的十五個會員受審問而且被判有罪。他們各被處罰金一百佛郎，支部宣告解散。上訴顯然是無效的。

然而，在上訴未開審之前，新底控訴已經開始了。檢察官和法庭對於被告們曾經加以非常考慮，同時托拉恩很溫和地辯護了他自己和他們，所以開審之後兩天新底支部又成立了，這種公開藐視剝去了拿破崙第三底最後幻想。五月二十二號支部的九個會員被法庭傳訊，在伐爾林底堂皇而尖銳底辯護之後各被判處徒刑三個月。因此，帝國與國際之間的眞實關係是顯明了的，而且法國支部從此公開地斷然和那十二月底屠夫分裂以爭取了新底力量。

國際也曾肉搏比利時政府。加勒洛盆地的九個礦場主用不斷欺騙手段激起了他們底工資微薄底礦工們的叛亂，而且召請國防軍來攻打他們。在這恐怖的政策之中國際曾經捍衛被虐殺底工人們。國際在報紙上，和集會上宣佈這事件；援助死傷工人的家屬，而且給與被捕工人法律底援助，終於使他們得到無罪釋放。

比國司法大臣巴拉(de Bara)在內閣裏痛罵國際，提出壓迫方案連帶禁止原定在布魯舍爾舉行的下屆國際大會。然而，這些威脅並未嚇退比利時底國際會員們，他們用一封公開信答覆這位大臣，堅決表示下屆國際大會將要在布魯舍爾舉行，不論司法大臣喜歡或不喜歡。

●(Sadowa)波希米底鄉村；一八六六年七月三號奧軍曾經被普魯士軍大敗于此。

二 瑞士和德國

在這幾年內推進國際所號召的偉大運動的最有力底槓杆是作爲一八六六年經濟恐慌的結果澎湃于資本主義發展程度高低不同的一切國家之中的一般罷工風潮。

理事會對於這些罷工的爆發當然是不能負責的，但是牠指導和援助罷工者們，而且促進無產階級的國際團結。因此國際解除了資本家的一種很有力底武器，雇主們不再能夠由輸入外國底低賤勞動以抑制他們底工人的鬥爭了。還有，國際從公敵的無意識底援隊中徵集了自我犧牲底同盟者。凡是牠底影響所到的地方牠就設法說服工人們爲了他們自身底利益他們必須支持他們底外國同志的工銀鬥爭。

國際的這種活動顯然是有永久價值的，而且使牠在歐洲獲得了遠過於牠底眞實力量的聲勢。資產階級都不願或不能理解罷工的原因必須求之於工人們的悽慘狀況，而祇把罷工解釋爲國際陰謀策動的結果。結果，國際就顯現爲資產階級在每次罷工鬥爭中都要奮起撲滅的一種巨怪。各次大罷工都立刻變爲環繞着國際的一種鬥爭，而且有一次罷工國際就增加一次聲勢。

可以作爲這類罷工的例子的是一八六八年春季日內瓦建築工人的罷工，以及同年秋季爆發於巴斯勒而繼續到第二年春季的絲綢染織工人的罷工。日內瓦建築工人的罷工開始於要求提高工資和縮短工時，但是僱主們要求工人們必須和國際斷絕一切關係作爲談判的先決條件，立刻改變了這罷工底性質。罷工工人們拒絕了這橫暴底要求，而且謝謝理事會爲他們在英法各國所獲得的援助他們能夠堅持他們底原來要求。巴斯勒的放肆底資本家所表演的把戲還要更爲蠻橫。市內一個絲廠的織工們得到通告本年取消秋季賽會最後一日例應放假的休息時間，凡任意離廠者立即解僱。一部份工人固執着這應有底權利，而第二天他們就被警察驅出廠門之外，不顧他們的解僱必須在十四天以前通知這規約。資本家底這種橫暴舉動激怒了巴斯勒的工人們，鬥爭開始了，繼續了好幾個月，以至康東那政府想用武力壓迫工人，宣佈戒嚴法令。

這猛攻的目的不久就證明是在於摧毀國際。資本家們用盡一切方法來打倒工人們，從殘酷的驅逐工人眷屬離開家宅和阻止商店記帳以至可笑的派人到倫敦去調察國際的經費來源。「倘若這些純正底基督徒生在基督教初興的時代他們一定要組織機關調察使徒保羅在羅馬的銀行帳目的，」馬克思嘲笑地說，當太晤士報把國際各支部比擬爲初期基督教各團體的時候。不論資本家們如何努力，巴斯勒工人們仍然忠實於國際，而且，當他們終於勝利的時候，他們舉行大游行和羣衆大會來慶祝牠。他們收到別國工人們的慷慨捐助，而且他們底鬥爭的影響甚至顯現於美國之內，在這裏國際正在開始建立堅固底根據地；索爾吉（F. A. Sorge），一八四八年從德國流亡到紐約去作音樂教師，現在紐約獲得了白克在日內瓦那樣的地位。

更可注意的是罷工替國際在德國開拓了發展的道路——牠在那裏原來祇有些孤立底團體，經過艱苦底鬥爭和許多紛亂之後全德工人聯合會已經發展爲一個堅固底組織，而且繼續造成很滿意底進步，尤其是在斯乞委塞被選爲牠底領袖之後。斯乞委塞是北德議會中代表厄爾巴非和巴爾曼區的議員，同時他底老對頭李卜克內希是代表斯托爾堡和斯乞尼堡區的議員。因爲他們對於國內問題的態度相反，他倆很快地就在議會裏鬥爭起來了。像馬克思和恩格斯一樣，斯乞委塞承認，薩多瓦戰役所必然造成的現狀，而李卜克內希却固執地反對北德聯盟爲非法底和無恥底產物，爲必須摧毀底東西，倘若必要，縱然暫時放棄工人階級的社會目的亦所不惜。一八六六年秋季，李卜克內希贊助薩克遜人民黨的成立，這黨底綱領是急進底民主底但不是社會主義底，而且他於一八六六年在來比錫發行民主週報作爲這黨底機關報。這黨徵集黨員的主要地是從工人階級之中，在這一點上牠和德國人民黨顯然不同，後者除了幾個正直底知識份子如雅各布之流而外，大半是弗朗克府交易所的民主主義者，斯瓦賓派的共和黨員以及憤恨卑斯麥違法取消幾個小王公的人士們。較爲和牠接近的是德國工人組織聯合會，這是拉塞爾開始運動不久之後由進步底資產階級份子組織起來對抗他的。然而，牠要對抗他這事實却迫使牠左傾了，而且這左傾由於伯伯爾(Bugust Bebel)當選聯合會會長而加強起來。李卜克內希發見伯伯爾是他底忠實底同盟者。

在民主工人週報的第一號上李卜克內希就說斯乞委塞是社會民主主義的先驅者所棄絕的人，但是在大體上這攻擊是陳腐底和無效底，因爲斯乞委塞並不曾動容於三年前他所受的馬克思和恩格斯的譴責，仍然堅持地本着拉塞爾的精神領導德國工人階級運動，同時不使牠墮落爲嚴守先師陳文的一種正統派。斯乞委塞曾經盡力對德國工人宣傳馬克思底資本論第一卷，而且比李卜克內希作得更早和更透澈。一八六八年四月，爲了普魯士政府計劃減低鐵類輸入稅的問題，他甚至寫信請教馬克思。

單以馬克思是理事會的對德通信祕書這事實而論，就足以強迫他答覆一個大工業區的工人們的議會代表所提出的任何問題，況且那時他對於斯乞委塞底活動已經達到完全不同底結論。雖然馬克思祇在遠處觀察事情，他並不會不看出斯乞委塞領導工人階級運動所有的「智慧和魄力，」而在幾次理事會席上他一說到他，總是稱他爲同志，絕不提起他們底差異的。

甚至到現在他們之間還是有着足够底差異的。馬克思或恩格斯都不曾完全放棄他們私人對於斯乞委塞的不信任，而且雖然不再懷疑他勾結卑斯麥，他們確是懷疑他底請教馬克思是意在排斥李卜克內希的。此外，他們都不完全消除全德工人聯合會是一種「宗派」這觀念，以為斯乞委塞所作的是「他自己底工人階級運動，」但是無論如何，他們總承認斯乞委塞底政策比李卜克內希底政策高明得遠。

馬克思說過斯乞委塞確是德國一切工人領袖中的最賢明最有力者，又說祇因為有了斯乞委塞李卜克內希纔記起獨立於小資產階級民主黨之外的工人階級運動的存在。恩格斯也有和這很相同底意見，說過道「傢伙」比其他任何人更能理解和說明一般政治環境以及工人對於別底黨派的態度。「他說比起我們來別底黨派全是反動集團，牠們底差別對於我們是無足輕重的！他承認一八六六年及其後果毀滅了那些王公，顛覆了合法的原理，使反動勢力根本動搖，使人民行動起來了，這是真的，但是——現在——他正在攻擊別底後果，加稅，等等，而且他對於卑斯麥的態度比之李卜克內希對於那些去職王公的態度更為「正當，」如柏林人所說。」關於李卜克內希在另一事件上的策略，恩格斯說他是被圍困在這呶呶不休底議論之中了：「在聯邦會議，盲目底教皇黨和什麼赫森的選帝侯恢復之前，在無神底卑斯麥受到正當而無情底報復之前，我們必不可以製造任何革命。」恩格斯底話是有些急燥底誇張的，但是其中有大部份真理。

後來馬克思說有人以為基督教神話在羅馬帝國之下的傳播祇因為當時沒有印刷底報紙纔可能，而今日的情形卻正相反。日報和電訊頃刻就把捏造底事故傳遍世界，一天之內捏造的神話（資產階級底驢子們所相信和傳播的神話）比從前一世紀所能捏造的更多。這話的一個特殊明顯底例證是許多人（不但是資產階級底驢子們）相信這神話：斯乞委塞曾經努力出賣德國工人階級給卑斯麥，而牠的得以保存祇是由於李卜克內希和伯伯爾的阻撓云云。

事實正相反。斯乞委塞堅持着一種社會主義底觀點，而民主週報卻勾結那些去職王公的分立派底擁護者們，勾結維也納的自由主義底腐敗政權，那種情形是絕不合於社會主義底立場的。伯倫爾在他底傳記裏說奧國對普國勝利將要是可喜底事，因爲在奧國那樣內部衰弱底國家裏比之在普國那樣內部強固的國家裏革命更容易進展，云云，但是這是事後聰明底話，姑不論這觀念的價值如何，在當時的文獻中確是找不出這樣觀點的任何一點痕跡的。

姑不論對李卜克內希和人如何友好，對斯乞委塞私人如何不信任，馬克思並不會不認識事情的眞象的。他對於斯乞委塞所提出的鐵類輸入稅的問題的覆信在形式上是謹嚴底，而在內容上是透澈底和客觀底。於是斯乞委塞作了他三年前預約的一件事。在一八六八年八月尾漢堡所舉的全德工人聯合會的大會上他提議加入國際。因爲受着禁止組合的法令的限制，這加入是採取宣言同情國際總旨的形式，而沒有組織上的正式聯繫。大會邀請馬克思出席接受德國工人們對於他爲工人而作的科學底勞績的感謝，而且斯乞委塞事先的探問是得到馬克思底友好底回答的，雖然他到底不會參加大會，無論斯乞委塞怎樣催請。

在感謝加於他的『光榮』的那封信裏他說明因爲籌備將在布魯舍爾舉行的國際大會他自己不能離開倫敦，同時他『欣然』稱道聯合會大會的議程中包含着作爲任何切實底工人階級運動的起點的主要項目：要求充分底政治權利，由法律規定工作日，以及系統地組織國際工人合作。在後來寫給恩格斯的信裏馬克思說在那封信裏他曾經誠懇祝賀拉塞爾派已經放棄拉塞爾底綱領，但是老實說，要找出拉塞爾會反對上述三項的理由是困難的。

眞實破除拉塞爾的傳統是由斯乞委塞自己在那大會上造成的；在猛烈反對之下，他以辭職爲要挾纔得到信任，他底國會同事弗里玆乞纔以聯合一切工人階級組織共同指導罷工爲目的於九月尾在柏林召集工人階級代表大會。斯乞委寨考察過歐洲的罷工運動。他並未過高估計牠底重要性，但是他認爲要負起本身責任的工人階級底黨不能任隨各處自然爆發的罷工墮落爲無組織底混亂。所以他毫不遲疑地建立各種工會，雖然他不認識牠們存在的特殊條件，想要把牠們組織得像全德工人聯合會自身似的嚴格，而且多少可以作爲後者的輔助機關。

馬克思枉然警告他不要犯這種嚴重錯誤。斯乞委寨寫給馬克思的信現在還全保存着，而馬克思寫給斯乞委寨的却祇留存了一封，雖然一八六八年十月十三號的這一封信或許是最重要底。這信表示了對於斯乞委寨底觀點的友誼底商榷，而牠底形式是無可非議底。牠扼要地反駁了斯乞委寨底工會組織計劃，但是牠底弱點是指摘拉塞爾底組織爲「宗派」必須斷然使其溶解在一般工人階級運動之中。在斯乞委寨底覆信裏，他正直地答道他歷來是盡力和歐洲一般工人階級運動維持着共同步調的。

漢堡的全德工人聯合會大會閉會幾天之後，德國工人組織聯合會在紐倫堡舉行代表大會。這代表大會也證明牠能理解時代需要，大多數人採取了國際規約的重要節目爲政治綱領，以民主週報（Demokratisches Wochenblatt）爲牠底機關報，而少數人却因此退出，永遠不見了。之後多數派否決了以國家控制下的保險業爲基礎的養老金的議案，而贊成建立工聯會來辦理的議案，因爲經驗證明這種工聯會最適宜於支配養老金，撫恤費和補助金。建立工聯會的這種論據是並不如漢堡大會訴之於自行顯現在罷工風潮中的勞資之間的階級鬥爭那麼有力的。漢堡大會通過加入國際的理由是一切工人階級的黨派都有共同底利害關係，而紐倫堡大會對於這事的態度是不很明白堅定的。幾個星期之後，民主週報以顯著地位宣佈德國人民黨在斯托蒂加蒂的代表大會議決採取紐倫堡底綱領。

然而，全德工人聯合會和德國工人聯合會已經更加互相接近，而且馬克思盡力調和李卜克內希和斯乞委塞以謀德國工人階級運動的統一，雖然他並未成功。紐倫堡聯合會以空洞底借口拒絕派代表出席斯乞張塞和弗里兹乞在柏林所召集的代表大會但是大會是順利的組織了許多「工人俱樂部」與斯乞委塞所領導的「工人聯合會」平行並進。

紐倫堡聯合會於是開始成立所謂「國際工人合作社，」以伯伯爾起草的社章爲基礎，這社章是比較斯乞委塞底各種建議更爲適合於工會的需要的。後來這合作社提議與別底那些聯合會談判一種統一的辦法，但是這提議被鹵莽地拒絕了。紐倫堡派得到這通知他們是要負分離的責任的，他們可以不必徒勞於建立他們會經阻撓的統一。倘若他們眞誠地有意於統一，他們儘可以加入工人聯合會，在其中作出他們可以認爲滿意的改革，云云。

馬克思不能阻止德國工人階級運動的分裂，但是他仍然能得到兩方對於國際的擁護。國際現在開始在各處劃定牠底勢力範圍，雖然這裏那裏的光景還是晦暗的。馬克思想把理事會從倫敦移到日內瓦。他底這種企圖是和倫敦的法國派所引起的麻煩有關的。這一派的人數並不很多，但是吵嚷得很厲害，高聲喝采那主張暗殺拿破崙第三的可憐底小丑匹阿，使國際感覺特別困惱。國際當然盡力制止這種胡鬧，而牠底「獨裁權」是被這一派戲劇底地否認了的。這一派也開始準備在將來的布魯舍爾國際代表大會中攻擊理事會。

幸而恩格斯竭力勸阻馬克思採取這危險步驟，說道絕不能祇因爲一羣蠢材的混鬧就把這運動的領導權移交給並不適合於執行領導權的人們，無論他們有怎樣善良底意志和品性。這運動越擴大，尤其是牠現在在德國正在進展之中，就越更必需馬克思把那韁繩握在手裏。而且不久之後就證明日內瓦的那班有着善良底意志和品性的人們確是能力不足的。

三　巴枯林底煽動

國際第三次代表大會於一八六八年九月六號至十三號舉行於布魯舍爾。

大會的情形比以前或以後都更好，但是具有濃厚底地方性質，比利時人佔了過半數。法國人約佔五分之一。英國有一十個代表，其中的六個是理事會會員，包括伊克卡留斯，永格，里斯納和工會主義者留克拉弗提。瑞士有八個代表出席，而德國祇有三個，其中之一是戈龍尼派的赫斯。斯乞委塞接到正式底邀請，但是因為他底國會議員職務他不能來參加。但是他寫信來聲明全德工人聯合會贊成國際的宗旨，並且解釋牠不能正式加入不過是隔於德國的取締組合法。義大利和西班牙各派來一個代表。

在成立的第四年中國際的更加壯大是很分明地顯現在這次大會的經過裏面的。普魯東派在日內瓦和洛桑稜會中對於工會組織和罷工的抗拒幾乎變到相反底趨勢；但是仍然固執着他們底「自由貸款」和「交換銀行」的舊觀念，而且爭得了一個學究式底空議決案，雖然伊克卡留斯根據英國經驗表明普魯東底改良主義的實踐上的不可能，同時赫斯根據馬克思二十年前對於普魯東的答覆表明那主義的理論上的不足取。

在「財產問題」中法國代表完全被壓倒了。根據巴伊庇底提議，大會通過了一個冗長底議決案：良好底社會制度必須接收和管理礦場和鐵道以利於全社會，即基礎在於正義的新國家，所以到那時候牠們必須由能夠提供給全社會必要保證的工人團體來經營。土地和森林也必須由國家接收，委託給能夠提供同樣保證的工人團體。最後，一切水道，公路，電信，總之，一切交通工具必須變爲全社會的公產。法國代表猛烈反對這種「原始共產主義」但是他們所能得到的不過是大會許可於決定在巴斯勒舉行的下次代表大會中重新討論這問題而已。

據馬克思說他未曾參加起草布魯舍爾大會議決案，但是他並非不滿意於那經過程序。第一，大會按照漢堡和紐倫堡各大會的先例以國際無產階級的名義感謝他爲牠而作的科學工作，這是可以使他自己感覺政治底滿意的事實；第二，倫敦的法國對於理事會所施行的攻訐是被駁斥了的。然而，日內瓦派所提出一個議案被大會通過了，大意是說各種戰爭威脅必須由總罷工，由總罷業加以阻止。馬克思說這是『胡說，』但是他贊成與『和平與自由同盟』斷絕關係的決議。這同盟差不多同時在伯尼開牠底第二次大會，牠向國際提議聯盟，但是牠接到布魯舍爾大會的簡潔底回答牠並沒有繼續存在的明顯理由，最好是結束牠自己，勸告牠底會員加入國際的各分部。

據說主張這種聯盟最力的是米凱爾巴枯林，他曾經出席和平與自由同盟的第一次代表大會，而且在布魯舍爾大會之前的幾個月加入國際。當國際拋棄他所提出的這兩個組織的聯盟的時候，他盡力勸勉和平與自由同盟採取這種主張毀滅一切國家而在這廢墟上建立一切國家的自由生產合作的聯邦。然而，在這同盟的大會中他也是少數，於是他聯合白克等少數人建立國際社會民主聯盟。這團體是無條件地加入國際了的，因爲要在其中根據通行於全世界人類的一般道德性質的偉大原則進行研究一切政治底和哲學底問題，云云。

這聯盟由白克在九月份的先驅上宣告成立，說是作爲法國，義國和西班牙以及國際勢力所及的各地方的國際支部，但是三個月之後，一八六八年十二月十號，白克正式請求理事會容許聯盟加入國際，同時這請求曾經送到法比聯合會而遭了拒絕。一個星期之後，即十二月二十二號，巴枯林從日內瓦寫信給馬克思：「我底親愛底朋友，我現在比從前更理解你所遵循的經濟革命大道是何等正確，你邀約我們同行而且責備我們之中的某些人枉費精力在一半是民族的而有時完全是政治冒險的岐途上。我現在正在作着二十年前你曾經作過的事。自從我在白尼會議鄭重宣佈脫離資產階級以來，除了工人的世界而外我並不知道別的社會和環境。現在國際便是我的祖國，而你是屬於牠的重要的創立者之列的。所以，我底親愛底朋友，你看，我是你底學生，而且我是以此為榮耀的。我的態度和我個人的意見無非如此。」這些話的眞忱是無可疑的。

倘若要從速理解這兩人之間的關係，可以從巴枯林在幾年之後——當他已經猛烈地反對馬克思的時候——所作的馬克思與普魯東的比較中得到一種梗概：「馬克思是一個嚴肅而精深底經濟學者，作為眞正底唯物論者是遠勝於普魯東的。普魯東，無論如何努力使他自己擺脫古典底唯心論的傳統，終其身仍然是一個不能改正底唯心論者，有時為聖經所動搖，有時為羅馬法所左右，而到底總是一個玄學家。他底大不幸是他從未研究過自然科學，從未採用牠底方法。他稟賦着種種純良底本能，這些本能敏速地顯示給他正確底道路，但是，被他底唯心論底思維習慣所誤，他再再陷於他底舊底錯亂之中。因此，普魯東是永遠不能免於矛盾的天才底革命思想家，不斷地和唯心論的種種幻想戰鬥而又永遠不能擊敗牠們。」這是巴枯林對於普魯東的批評。

然後他進而論列他所見到的馬克思的特質：「作為一個思想家馬克思是在正確底道路上的。他曾經建立了這原理：在歷史中的一切宗教底法律底和政治底發展並不是經濟發展的原因而是結果。這是一個體大用宏底觀念，但是這不能完全歸功於他。在他以前已經有許多人暗示過牠，甚至部份地表明了牠，不過到他纔以科學底方法發揚光大了這觀念，而且以牠爲他底全部經濟學理論的基礎。而在另一方面，普魯東比馬克思更能理解和欣賞自由這觀念。當他不從事於學說和幻想的發明的時候，普魯東對於革命具有正確底本能；他尊重撒旦而且公開否認權威甚或馬克思對於自由比普魯東所已作的更能發揮一種更爲合理底理論體系也是十分可能的，但是他沒有普魯東底本能。作爲一個德國人和猶太人，他從頭頂到脚跟是一個權威主義者。」巴枯林對於馬克思有這麽些評論。

他從這比較中得出來的結論是他使這兩種體系綜合於更高底統一之中。他以爲他曾經發展了普魯東底無政府主義，使牠脫去一切教條，唯心論底和玄學底渣滓，而且給與牠一種科學底唯物論和歷史底社會經濟學的根據，但是他可悲地欺騙了他自己了。他底發展遠過於普魯東，具有更爲廣博底歐洲知識，對於馬克思有更深底理解，但是並不像馬克思，既不精通德國哲學，也不曾仔細研究過西歐人民的階級鬥爭。況且，他對於經濟學的無知甚至比普魯東對於自然科學的無知更爲有害。巴枯林在學養上的這種缺點是因爲他底華年大半消耗在薩克森，奥大利，俄羅斯底監獄裏和西比利亞的冰凍底荒野裏，但是這解釋儘管是光榮底的，却並未減輕那缺點的嚴重性。

那『內在底撒旦』是他底力量同時是他底弱點，而且他所愛用底這名詞的意義曾經由俄國著名批評家比林斯奇適當地用高貴底話解釋過：『米凱爾（一）時常是有罪底和可責備底，但是在他內面有着可以蓋過一切缺點的某物——那就是活躍於他底精神深處的那永存底有爲底原理。』巴枯林徹頭徹尾是一個革命

（一）巴枯林底私名。

家，像馬克思和拉塞爾一樣，具有使人傾聽他底聲音的才能。一個不名一錢的亡命客，祇憑不屈不撓底意志，在歐洲的許多國家之中，在西班牙，義大利，俄羅斯建立了國際勞工階級運動的基礎，這成就是不能小視的。然而說出這些國家來不過是因爲要表明他和馬克思的不同。這兩個人都看到革命的來臨，但是馬克思認爲他在德國，法國，英國所研究過的工業底無產階級纔是革命的骨幹，而巴枯林却想要以失掉階級立場底青年，農民，甚至流氓無產者的羣衆來爭取勝利。雖然他承認馬克思的科學思想的優越，而在行動上却再再陷於『前代革命家』所常犯的錯誤之中。他安於他底命運而且以此自慰：雖然科學可以作爲生活的指南針，但是並非生活本身，祇有生活本身纔能創造眞實底事物。

單憑兩人絕交時候的爭吵來評判他們底關係，這對於馬克思和巴枯林都是愚昧而且不公平的。追溯他們在三十個年頭之中怎樣彼此再再接近而終於絕裂的事績，這纔是在政治上尤其在心理學上更爲有價值得多的。兩人都以青年黑格爾派開始他們底革命事業，而且巴枯林也是德法年刊的發起人之一。當馬克思和路格分裂的時候，巴枯林支持馬克思而反對他底多年底庇護者，但是在布魯舍爾他纔一明白馬克思底共產主義宣傳的意義就惶恐起來了，而且幾個月之後他熱心地支持着赫爾維徵集義勇軍打進德國去的冒險行爲，一直到實現了那愚蠢纔公開認錯。

此後不久，在一八四八年夏季，新萊因新聞指責他是俄國政府的工具，但是後來證明這錯誤而聲明更正了——那慷慨是足够使巴枯林完全滿足的。馬克思和巴枯林又在柏林會晤，恢復了他們底交誼，而且當巴枯林被逐出普魯士的時候，新萊因新聞曾經盡力爲他抗辯。後來他底大斯拉夫受了新聞的嚴厲底批評，但是在序言中聲明『巴枯林是我們底朋友』，指出他底動機是民主主義的，原諒他對於斯拉夫問題的自欺。至於評論的作者恩格斯責難巴枯林的宣傳也是錯誤的，因爲那時在奧國壓制之下的斯拉夫民族確是具有恩格斯所否定的歷史底前途的。巴枯林參加得列斯登叛亂曾經得到馬克思和恩格斯的讚賞，在任何人之先而且比任何人都更熱烈。

巴枯林被俘於得列斯登敗退之中，兩次被宣判死刑，由薩克森的和奧國的軍事法庭。兩次判決都減刑爲終身苦役，而他終於被送還俄國，在聖彼得堡鮑爾要塞裏過了多年的可怕歲月。在他坐牢的期間，一個白癡底烏格哈提派又提起過去底讕言，說巴枯林是俄國政府的密探，而且在晨報(The Morning Advertiser)上作文宣傳他並未在監獄裏。後來晨報被迫而登載赫森，馬志尼，路格和馬克思諸人抗議的信。不幸的是這巴枯林底毀謗者也恰好叫作馬克思，雖然堅拒廢棄這筆名，卻已有少數人注意這名字。這偶然底相同後來被假革命家赫森利用來作了一種可恥底陰謀。一八五七年巴枯林從聖彼得堡鮑爾放流到西比利亞，一八六一年他逃往日本轉道美國到了倫敦。赫森慫恿他說在他被拘期間馬克思在英國報紙上宣佈他是俄國暗探。兩人之間所發生的許多糾紛是由這卑劣底挑撥開端的。

巴枯林和歐洲生活已經完全隔絕了十多年之久，所以他一到倫敦就跟俄國亡命客赫森之流接近是可以諒解的，雖然根本上他和他們並無共同之點。甚至在他底大斯拉夫主義中——以他底目的而論可以給他這樣一個名詞——巴枯林始終是一個革命者，而赫森卻是在溫和底自由主義的面具之下玩着沙皇主義的把戲，攻擊『墮落底西歐，』對於俄羅斯底農村公社加以神祕底崇拜。巴枯林對於赫森維持着私人底友誼，一直到後者死時，這是無可反對的，因爲赫森曾經是他底困厄底青年時代的援助者。兩人之間的政治底分離是由巴枯林給赫森的一封信(一八六六年，)責備他主張避免政治變革的社會改革，祇要俄國能保留農村公社就可以原諒一切，而這些主張確是赫森希望不但改革俄國和斯拉夫諸國甚且改革全世界的根據。巴枯林對於這種幻想加以毀滅底批評。

然而他從西比利亞逃出來，住在赫森底家裏，因此和馬克思並無接觸。但是不顧這事實，他把共產黨宣言譯爲俄文，在赫森底科洛科爾書店裏出版。這是他底行爲的一個例子。

巴枯林第二次留寓倫敦的時候，『國際』已經成立，馬克思破除冰凍去訪問他。馬克思使他相信他和那毀謗者毫不相干而且公開反對過。經這一番解釋之後兩人和好而別。巴枯林是熱忱贊助這國際工人階級組織的計劃的，所以馬克思於十一月四號寫信給恩格斯說：『巴枯林問候你。他已經到義大利去了，現在住在弗洛倫斯。我必須告訴你他給我的印像是好的，比以前更好……總之，他是我在過去十六年中所遇見的已經進步而未曾倒退的少數人之一。』

巴枯林對於『國際』的熱忱並不長久，他到義大利之後就發作了『前代革命家』的精神。他去住在義大利是因爲那裏的天氣良好和生活便宜，但是也因爲政治底理由，因爲法國和德國都拒絕了他。他把義大利人看作斯拉夫族反抗奧國壓迫的鬥爭中的天然盟友，而且當他還在西比利亞的時候加里波底的業蹟就已激動他底想像。他對於這些業蹟的第一個結論是革命運動又已復興了。在義大利他建立了幾個祕密底政治團體，結合着一些隨時想投身於各種叛亂冒險之中的失去階級立場底知識份子，一些時常挨餓的農民，以及永遠浮動着的流氓無產者。這種無產者特別活躍於那普拉斯的拉薩洛尼。巴枯林在弗洛倫斯不久之後曾經去住在那裏。在他看來，這些階層是革命的眞實動力，而且他把義大利當作或許是最近於社會革命的國家，雖然他不久就不得不承認錯誤。那時馬志尼底宣傳還在盛行於義大利，而馬志尼是反對社會主義的。他底曖昧底宗教底吶喊和嚴格底集權運動的唯一目的是想要建立一個資產階級底聯邦共和國。

但在義大利的那幾年之間，巴枯林底革命煽動具有一種更爲確實底形式。因爲缺乏理論底知識，過於敏感和急於行動，他隨時都在目前環境的强烈影響之下。馬志尼底政治底宗教底獨斷主義迫使巴枯林增强他自己底無神論和無政府主義，反對一切國家權力。在另一方面，他認爲一般社會改造的先驅的那些階層的革命傳統大爲鼓勵了他自己所偏愛的祕密反叛和局部暴動的傾向。所以，巴枯林所建立的社會革命底祕密團體，當初是以義大利人爲主要成份而目的在於打擊『馬志尼和加里波底的令人作嘔底有產者底文詞』的，但是後來他把這意義延展到國際組織方面。

在一八六七年秋季他移居日內瓦，設法使和平與自由聯盟贊同他底祕密團體，失敗之後他又盡力使『國際』承認牠爲支部，而他對於『國際』是四年以來未曾費過精神了的。

四　社會民主聯盟

馬克思對於老革命家巴枯林仍然繼續懷抱着友好底感情，而且反對他底友朋之中所施於巴枯林的各種攻擊。

這些攻擊的發動者是辛吉斯麥波克木，一個正直底民主主義者——關於孚格特事件和別底事務馬克思很感謝他。波克木有兩個弱點：第一，他自以爲是一個輝煌底作家，其實並不是的，第二，他患着仇俄的偏僻，那厲害並不下於赫森的仇德癖。

赫森是波克木所偏憎底對象，曾經刻意作了一串論文加以痛擊，於一八六八年開始發表在出版不久的民主週報（Demokratisches Wochenblatt）上。雖然那時巴枯林在政見上已經和赫森破裂，他還是被波克木攻擊爲赫森底『哥薩克騎兵，』被辱罵爲『不能毀滅底空頭●。』波克木在赫森底一篇論文裏看出前幾些年巴枯林有過這『特殊意見』：『積極底否定是一種創造底力量，』因此波克木在義憤塡膺之中巧辯地問道俄羅之外的任何歐洲人曾否有過這樣觀念呢，並且加添說道這是會使許多德國學童哄堂大笑的。可敬底波克木並不知道巴枯林所常引用的『破壞底慾望是一種創造底慾望』是來自德意志年刊的一篇論文的，這年刊發行於巴枯林活動於青年黑格爾派之中而且和馬克思及路格結合建立德法年刊的時候。

馬克思暗中嫌惡這一類努力，而且嚴厲反對波克木想要引用恩格斯從前在新萊因新聞上攻擊巴枯林的那些論文作爲他自己底胡說的根據——因爲牠們是『十分適合於他自己底書』的，這是容易理解的事。馬克思認爲倘若那些論文全被利用那是辱沒牠們，因爲恩格斯是巴枯林底朋友；當恩格斯支持馬克思底這意見的時候，波克木纔放棄他底計劃。約翰菲歷卜白克也寫信給波克木，請他不要攻擊巴枯林，但接到了惱怒底回信；波克木『以他素有優雅』——如馬克思寫信給恩格斯所說——答道他願意繼續對於白克的友誼和錢財援助（大概不很多，）但是以後通信必須避免談論政治。馬克思，對於波克木滿懷友情覺得後者底『恐俄病』已經具有危險底傾向。

馬克思對於巴枯林的友情並未因爲後者參加和平與自由同盟而損壞。當這同盟在日內瓦舉行第一次會議的時候，馬克思曾經寄給巴枯林一部資本論第一卷，題着作者贈與的文字。並未接到答謝的信，他爲別底事寫信給日內瓦的另一個俄國亡命客的時候曾經詢問到他底『老朋友』巴枯林，雖然他已經有些懷疑巴

●英文 negation 有兩意，一爲虛空之物，一爲否定，此處雙關諧詞。——譯者。

枯林是否還是他底朋友。這間接底詢問得到了巴枯林十二月二十二號的來信，表示願意追隨馬克思曾經進行了二十年的道路。

在巴枯林寫這信的那一天，「國際」理事會已經決定拒絕經由白克所提議的承認社會民主聯盟爲支部。馬克思是這拒絕的發動者。他早已在先驅（Der Vorbote）報上知道這聯盟的存在，但是他一直把牠看作死尸所產的死胎，毫無意義。他知道白克在別方面是可靠底同志，但是喜歡在組織上嘗試拉攏的手段。白克提出這聯盟的綱領和規程，並且在附帶給理事會的一封信裏申說這聯盟急於要補足「國際」所缺乏的「理想主義。」

這種不幸底申說引起了理事會會員的「大憤怒，」「尤其是在法國會員方面，」如馬克思寫給恩格斯所說，所以立刻造成了拒絕聯盟請求的決議。理事會命令馬克思起草一封信通知這決議。馬克思在十二月十八號「半夜後」寫給恩格斯去徵求意見的信中表示他自己對於這件事有些動怒。而且他加添說，「這回波克木是對的了。」他底動怒與其說是由於那綱領，不如說是由於那規程。那綱領首先說明聯盟是無神論的。牠主張廢除宗教而代之以科學信仰，廢除神底公道而代之以人底公道。然後牠主張一切階級及男女兩性的政治底，經濟底和社會底平等，而以廢除遺產爲開端。牠更進而主張男女兒童全都應該享有發展的同等機會，這就是說在科學工業及藝術的各部門中的教育和供養。最後牠譴責一切不直接以勞工戰勝資本爲目的的各種政治活動。

馬克思對於這綱領的批評並不好。不久之後他就說牠是「陳盲濫調的雜湊品，閑扯淡底空談，虛浮到使人肉麻的意念的集粹，目的不過是要使人暫時興奮的平庸底即興之作。」在理論上「國際」是準備容納這麼許多的，因爲牠底歷史底任務是要從牠底實際活動中爲國際無產階級發展一種聯合底綱領。因此牠底組織纔是頂重要底事，因爲這是一切實際活動成功的基本條件，而那聯盟的規程確實侵犯了這一方面。

那聯盟自認爲「國際」的支部而且接受牠底全部規程，但是要求保持牠底組織的分立。牠底建立者們在日內瓦自行成立一個臨時中央委員會，並且在各國國內設置機關，在各處成立團體，打算將來作爲「國際」的支屬。在每年的「國際」代表大會中，作爲支部的聯盟底代表將要在另一個會場裏舉行他們自己底會議。

恩格斯立刻決定承認是不可能的。那樣辦法就會有兩個理事會和兩個代表大會。在倫敦的實際底理事會一遇機會就會和在日內瓦的「理想」底理事會撕打起來的。但是他囑咐馬克思必須冷靜處理。嚴厲底拒絕或許會激怒工人（尤其是瑞士的）之中的那許多鄙陋份子，以至有害於「國際」。「國際」要拒絕聯盟的請求，必須溫和而堅定，就說牠既經選擇一種特殊範圍作爲牠底活動領域，「國際」期待着牠底成功。同時某一社團的那些份子並非沒有理由加入另一社團，祇要他們要求。恩格斯對於聯盟綱領的批評和馬克思底批評很相像。他以爲他所讀過的文件再沒有比這更其可憐的了。巴枯林已經變爲「十足底驢子」了吧，這說法並非特別仇視巴枯林，最多不過是和馬克思稱他底忠實底老朋友白克爲「老胡塗」一樣。在私人通信中這兩朋友是隨便使用着這樣快意底謾罵的。

於是馬克思沉靜下來，草擬理事會拒絕承認聯盟爲「國際」支部的議決案，那措詞是無懈可擊的。白克在這說明中受了間接底打擊：這聯盟的某些發起人曾經以「國際」會員的地位在布魯舍爾大會中議決不和和平與自由同盟相混合。這一次理事會否決的主要理由是承認存在於「國際」之內和之外的另一國際團體爲支部將要是摧毀『國際』的最好方策。

當白克接到理事會的議決案的時候，他似乎並未十分動怒。巴枯林也聲明他自始反對組織這聯盟，但是被他底祕密團體的會員投票所制勝。他原來主張保持這祕密團體——牠底會員可以在『國際』之內爲這團體的目的工作；他也曾經主張直接隸屬於『國際』組織以免去一切糾紛。總之，這聯盟的日內瓦中央委員會對於理事會的否決案的答覆是：倘若理事會在理論上承認聯盟的綱領，就可以改組聯盟的各分部爲『國際』的分部。

這時馬克思接到了巴枯林的十二月二十二號的友好底信，但是他起了疑心，以至忽視了這『感情底開胃品。』那聯盟的新提議也引起他底不信任；他終於不能不以純粹客觀底形式來回答牠。由於他底提議，理事會於一八六九年三月九號議決審査隸屬於『國際』的各種工人組織的理論底綱領是不在牠底職權之內的。各國工人階級正在發展的各種階段之中，所以由牠們底實際活動所得到的理論表現也是各式各樣的。由於聯合行動——這是『國際』的目的——和各支部的交換意見，以及在年會中的直接討論纔能爲全個工人階級運動發展一種一致底理論綱領，但是此刻理事會的任務祇是決定那各種綱領的宗旨是否合於『國際』的宗旨，就是說，爲工人階級的完全解放而鬥爭。

關於這一點，議決案指出聯盟的綱領中有可以引起危險底誤解的文詞：所謂一切階級的政治底，經濟底和社會底平等，嚴格地說來，不過是資產階級社會主義者所宣傳的那一類勞資協調而已。無產階級運動的眞實契機和『國際』的大目的却是要毀滅一切階級。然而看上下文，『一切階級平等』這一句或許是出於偶然底筆誤，所以理事會並不懷疑聯盟會刪掉牠，那麼要把聯盟的分部改組爲『國際』的分部就沒有什麼障斷了。當這一點作好了的時候，理事會希望聯盟按照「國際」規程通知理事會各個新分部的地址和會員人數。

聯盟刪改了理事會所反對的文句，並且於六月二十二號宣佈自行解散，號召牠底各分部自行改組爲「國際」分部。聯盟的日內瓦分部，由巴枯林所主持，由理事會一致投票表決加入「國際」。據說巴枯林底祕密團體也已經解散了，但是牠仍然在多少有些散漫底形式中繼續存在，而且巴枯林自己也還在爲那綱領而工作。自一八六七年秋季至一八六九年秋季，他住在日內瓦湖邊，有時在日內瓦，有時維維伊或克拉林，而且在瑞士的法籍義籍工人之中取得相當勢力。

在他底活動中他是由工人們所處的那種特殊環境支持着的。要瞭解環境，我們必須記住「國際」並不是有確定底理論綱領的一種組織，而是兼容並包着各種傾向的，正如理事會在給聯盟的那一封信中所指出。一看先驅的內容就知道甚至像白克那樣有功績底和熱忱底先驅者也並不很耐煩討論理論底問題。而且在實際上，「國際」的日內瓦各分部中已經有兩種很不同底傾向。一方面是「法布里克」(Fabrique)……日內瓦土語，對於珠玉業及鐘錶業中薪資優厚的高級技術工人的稱呼。這種工人幾乎全是本地人。另一方面是「格婁斯米太」(Gros métiers)，大多數是建築工人，幾乎全是外國來的，德國人最多，被迫着一次再次罷工以爭持可能容忍底工作條件。前者有選舉權，而後者沒有，但是「法布里克」自己並無當選底希望，所以他們很想和資產階級底激進派妥協以取得選舉底成功。「格婁斯米太」却沒有這種誘惑，很傾向於巴枯林所宣傳的那一類直接革命行動。

巴枯林甚且在儒拉的錶匠羣中得到更有利底活動場所。這些工匠並不是高級技術工人，而多半是在家庭中工作的，他們底已經悽苦底生活狀況正在受着美國大量生產的威脅。他們散居於山間的小村落裏，並不適宜於有政治目的的羣衆運動。而且因爲有過幾次失意底經驗，他們對於政治已經畏縮了。爲『國際』的目的第一個去煽動他們的人是名叫科勒里的醫生，一個善良底好人，但是對於政治却是胡塗的。他把這些工人引到選舉競爭裏，不但和資產階級底激進派聯合，甚且和紐卡台的君主派底自由主義者勾結，而在這些場合中工人總是上了大當。科勒里被他們十分看不起之後，儒拉的工人們找到的新領袖是哲木士加洛米——拉克爾工業區的一個青年教師，曾經透澈理解他們底觀念，發行過名叫進步（Le Progrés）的一種小刊物，宣傳着一種理想底無政府主義社會，在其中一切人都是平等而自由的，云云。巴枯林初次到儒拉就覺得這是爲他底種子充分準備好了的田地，但是那些窮鬼對於他的影響或許比他對於他們的影響更大，因爲從此以後他更加譴責一切政治活動。

然而，這時『國際』的瑞士義籍法籍工人各派是和平相處的，而且，在一八六九年一月，由於巴枯林底斡旋，他們成立了一個聯合會，發行一種很有影響底平等（L'Egalité）週刊，巴枯林，白克，伊克卡留斯，凡爾林和『國際』的另一些主要會員都投稿在牠上。勸告這聯合會在下次的巴斯勒『國際』代表大會中提出討論遺產繼承權的也是巴枯林。他這樣作是十分正當的，因爲討論這種問題正是代表大會的主要任務，所以理事會立刻同意了。

五　巴斯勒代表大會

然而馬克思把這動議看作從巴枯林而來的挑戰，而且就這樣接受了牠。

「國際」的第四次代表大會在九月五號和六號舉行於巴斯勒，在大會中「國際」檢討了牠底成立的第五年。

這一年確是最有生氣的，動盪於「勞資之間的遊擊戰」——罷工——之中。歐洲的統治階層越更越不把這些罷工解釋爲無產階級艱苦或資本專橫的結果，而以爲是「國際」的陰謀詭計的結果。

於是以武力摧毀「國際」的獸慾日益加劇了。甚至在英格蘭罷工底礦工和軍隊之間也發生了流血底衝突。在法國魯爾礦區的立加麥利附近酒醉底兵士演出了浴血底慘劇，鎗殺了二十多人，其中有兩個婦女和一個小孩。比利時——「這歐陸憲政的模範國，這地主，資本家和教士的安全底樂園，」如馬克思所說——往往顯得最爲兇狠。理事會爲了被利潤狩獵者所鎗殺於色林和波里那日的犧牲者向歐美工人發表了馬克思所起草的有力底控訴。「世間每年完成牠底革命並不如比利時政府每年屠殺工人那麼一定，」馬克思宣言。

血底種子成熟爲「國際」的收穫。一八六八年秋季英國舉行依照修改底選擧法的第一次選擧，而那結果却證實了馬克思警告工人反對改造同盟的片面政策的話。並無一個工人代表當選。那些「大錢袋」勝利了，格蘭斯頓又來執掌政權，但是他並不想澈底解決愛爾蘭問題或處理工會的正當請求，於是新工會聯合主義的帆上得到了新底風力。

一八六九年在伯明罕所舉行的工聯會年會發表了一個通告，催請英國一切工人階級組織加入「國際」，不但因爲各處工人階級利害相同，而且因爲「國際」的原則被認爲可以獲致各民族間的永久和平。一八六九年夏季英美之間曾經有過戰爭的威脅，馬克思在寫給美國國民勞工聯合會的信裏說道：「現在你們應該阻止那其結果必致使大西洋兩岸的工人階級運動的進展遭受頓挫的一種戰爭。」這信得到了美國方面的活潑底響應。

法國的工人階級也很有進步，警察的壓迫往往使『國際』得到更多支持者。理事會對於多次罷工的援助使許多工會成爲不能壓倒底組織，無論『國際』精神怎樣明顯地活躍於其中。工人們並未提出自己底候選人來參加一八六九年的選舉，但是他們支持資產階級極左派的候選人，因爲這一派曾經向選民提出很進步底選舉綱領。這一次工人們至少間接使拿破崙第三受了嚴重底挫敗，尤其是在大城市裏，雖然他們努力的成果都落入資產階級民主派底懷抱之中。第二帝國開始發生破裂的響聲，而且從外面來了嚴重底打擊：一八六八年秋季西班牙發生革命，驅逐了伊薩伯拉女皇。

德國的發展過程有些不同，因爲拿破崙主義還在盛行不衰。民族問題分裂了德國工人階級，而且這分裂對於工會運動是一大障礙，因爲在工會運動中所行的政策的錯誤，斯乞委塞陷於無法控制的境地。那些繼續而來的攻擊他底品行的無根之談甚至使他底親信們也懷疑他了，而且他冒着損害聲名的危險實行了一種小小底『暴力政變』(coup d'etat)。

於是全德工人聯合會中的少數派轉背去和紐倫堡的聯合會混合爲新底社會民主黨，後來號稱爲愛森那赫派，因爲他們底成立大會是在愛森那赫舉行的。當初兩派相爭頗爲劇烈，而對於國際卻都抱着多少相同底態度。他們在原則上是一致的，所不同的是在形式上，當德國的組合法存在的時候。馬克思和恩格斯都很煩惱，因爲李卜克內希挑撥國際理事會反對斯乞委塞。雖然他倆歡迎『拉塞爾宗派的解體』他們並不能偏向別底團體，一直到這團體確定脫離德國人民黨的時候，就是說，至少，對於後者維持着一種鬆弛底同盟關係。況且，他們以爲作爲一個爭論者斯乞委塞是比他底一切反對者都更爲優越的。

自一八六六年失敗之後纔開始興起的奧匈工人階級運動的進展是較爲步驟一致的。拉塞爾派並未取得據點，工人大衆都集結於國際標幟之下，如理事會對巴斯勒大會的報告中所指出。

所以巴斯勒大會是舉行於這些順利底情況之下的。祇有七十八個代表出席，但是比較前幾次大會更多『國際性』。到了九個國家的代表。理事會照常派伊克卡留斯和永去出席之外，還加派了兩個最重要底英國工會領袖，阿普列格斯和盧克拉弗提。法國派來二十六個，比國五個，德國十二個，奧國兩個，瑞士二十三個，義大利三個，西班牙四個，美國一個。李卜克內希代表愛森納赫派，赫斯代表柏林。巴枯林是由一個法國團體和一個義國團體委托出席的。吉洛米是由洛克魯派來的代表。大會主席又由永擔任。

大會開始於討論組織問題。在理事會的提議之下，大會一致議決勸令所屬一切社團廢除會長制度，這在理事會本身是在幾年前就已實行了的，因爲在工人階級的組織中依然保持着君主政體底權威主義是有損工人階級底尊嚴的，即使會長不過是一個名譽職也是違反民主主義底原則的。在另一方面，理事會提議擴大牠自身底執行權，有權停止違反國際精神的任何分部的會員資格，有權展期舉行下次大會。這提議得到修正通過：凡有聯席會之處，理事會在執行這種職權之前必須諮詢該聯席會。巴枯林和李卜克內希都盡力支持原提案。李卜克內希的支持是自然的，而巴枯林的支持卻不是的，因爲這違反了他自己底無政府主義底原則，不論他底機會主義底動機是什麼。或許他想要用異教底魔王驅逐鬼怪，打算取得理事會的援助來反對他認爲純然是機會主義的一切參加議會的政治活動。使這種打算得到支持的或許是衆所週知的李卜克內希對於斯乞委塞和伯伯爾參加北德議會工作的攻擊。然而，馬克思不贊同李卜克內希底演說，而巴枯林也就立刻知道破壞原則時常受到自相矛盾的報應。

在大會議程中最重要底理論問題是土地公有問題和遺產繼承權問題。前一問題確是在布魯舍爾大會中早已解決了的，這一回是加以綜合的處理。大會以五十四票決定社會有權建立土地公有制，而且以五十三票決定以社會全體的利益而論這種制度的建立是必要的。少數派的最多數都放棄投票權。有八票反對第二議案，有四票反對第一議案。議論龐雜的是關於如何實施這些議案的問題，結果是留待下次巴黎大會詳盡討論。

關於遺產繼承權的問題，理事會起草了一篇報告，以馬克思所擅長的那種方式用幾句話概括地指出了那主要之點。和資產階級的其他一切立法一樣，繼承法不是原因而是結果，這種立法是根據於生產工具私有制的經濟組織而產生的。繼承奴隸所有權並不是奴隸制度的原因，而奴隸制度纔是繼承奴隸所有權的原因。倘若生產工具變爲公有，那麼遺產權就會消失，因爲那時人所能遺留給他底後嗣的不過是他活着的時候所能佔有的東西。所以，工人階級的大目的是廢除那些使少數人有權享受多數人的勞動成果的制度。以宣佈廢除繼承法爲社會革命的開端就和在現行的商品交換制度中宣佈廢除買賣契約法一樣荒謬。這在理論上是錯誤的而在實踐上是反動的。繼承的改革祇是過渡時期的事，當現社會經濟基礎還未變革而工人階級的力量已經足够實行準備澈底改革社會的種種方策的時候。關於這種過渡方策，理事會主張擴大死者底義務和限制指定繼承權，這種指定繼承權是和家族繼承權不同的，前者以一種迷信底和武斷底方式誇大了私有財產的原則。

然而，負責討論這問題的委員會卻建議必須把廢除遺產繼承權認爲工人階級的基本要求之一，雖然這建議除了一些「特權」「政治經濟的正義」和「社會秩序」等等抽象名詞而外並無充足理由。經過比較簡短底討論之後，伊克卡留斯，比國代表狄巴甫和法國代表凡爾林聲明贊成理事會的報告，而巴枯林則替委員會的建議辯護，因爲他就是牠底精神的父親。他所提出的理由號稱爲是實踐底的，其實全是幻想。據說不先廢除遺產繼承權要建設財產公有制是不可能的。倘若沒收農民底土地，他們是要反抗的，而廢除遺產繼承權他們卻並不直接感覺本身受損害，由此而私有財產就會逐漸消滅云云。當投票表決的時候，委員會的建議得到三十二票贊成，二十三票反對，十三票棄權，七位代表缺席。理事會的報告得到十九票贊成，三十七票反對，六票棄權，十三位代表缺席。因此，理事會的報告書或委員會的建議都不曾得到分明底多數，以至這討論仍然沒有確實底結果。

巴斯勒大會比較前幾次大會得到資產階級方面和無產階級方面更大底回應。資產階級的最博學底代言人們，一半恐慌，一半帶着惡意底滿足，說道這國際的共產主義性質到底顯露出來了，而無產階級方面卻欣然歡迎關於土地公有制的決議。日內瓦的德語系工人曾經發表一篇對農民的宣言，並且譯爲法文，義大利文，西班牙文，波蘭文和俄文，廣泛地傳播着了。在巴塞龍納，在納布勒斯，農業工人都發動了初步底組織，土地與勞動同盟在倫敦舉行成立大會，以「土地公有」(The land for the people!)爲標語。國際理事會的十個委員也是這同盟的委員會的委員。

德國人民黨的高尚紳士們憤恨巴斯勒大會的決議，而李卜克內希受了他們底憤恨的威脅，甚至發表宣言說愛森納赫派並不受那些決議的約束云云。幸而紳士們並不以此爲滿足，進而要求他公開否認那些決議，於是李卜克內希終於和他們脫離關係，這是馬克思和恩格斯早已催促他採取的行動。然而他底遲疑不決已經送糧食進斯乞委塞底磨坊，因爲斯乞委塞在這幾年中已經在全德工人聯合會中「宣傳」過土地公有制，因而作了不端底文章來嘲笑他底反對者——馬克思以爲是『傲慢底文件。』恩格斯抑制着對於這『惡言者』的憤怒，承認斯乞委塞時常『很聰明』地保持着一種正確底理論態度，明知他底反對者一遇理論問題就會張慌失措。

所以，這時拉塞爾派不但依然是最堅固底組織，而且在理論上也是德國工人階級黨派中最爲進步的。

六 日內瓦的混亂

在巴斯勒大會中討論遺產權的時候，巴枯林與馬克思之間的精神底決鬥並無確定底結果，而情形是較爲不利於後者。然而有人說馬克思受了重大打擊而準備着猛烈底反攻卻不合於事實。

馬克思很滿意於巴斯勒大會的結果。那時他和他底女兒燕尼正在爲了他底健康旅行於德國，九月二十五號他從漢諾伐寫信給他底女兒洛拉說：『我喜歡巴斯勒大會現在已經開過了，那結果是相當良好的。這滿身創痛底團體的這種公開表演時常使我擔憂。沒有一個演員夠得上他底原則的水準，但是上流階層的癡呆修補了工人階級的錯誤。甚至我們所經過的德國的最小城市的最蒙昧底報紙上也滿載着這『可怕底』大會的事情。』

巴枯林對於大會的結果並不比馬克思更爲失意。據說巴枯林想要用關於遺產權的建議打敗馬克思，而把理事會從倫敦移到日內瓦作爲他底理論勝利的結果，當他達不到這目的的時候他就在平等上盡力攻擊理事會。這種說法由來已久，以至化爲傳奇一類底流行故事，然而其中沒有一個字是眞實的。在巴斯勒大會之後巴枯林並未爲平等寫過一行字；巴斯勒大會之前他是這報的主編者，但是看過他發表在牠上的那些長篇論文的人並找不出其中有敵對理事會或馬克思的任何痕跡。尤其關於國際原理的四篇論文是完全適合於國際建立的精神的。真的，在這些論文中他擔憂着馬克思所謂「議會癡呆病」對於工人的議會代表會有不幸底惡影響，但是，第一，這種憂懼已經再再證實過了，第二，他底言詞是完全無害的，比較那時李卜克內希對於工人階級參加資產階級議會政治所施的那些猛烈攻擊。

再，巴枯林關於遺產問題的意見可以說是偏執的吧，但是無論如何他有權把牠們提到大會裏來討論；其實歷次國際大會中曾經討論過比這更其偏執底意見，祇要提出者並非別有隱衷。對於計劃把理事會從倫敦移到日內瓦這責言，巴枯林立刻公開地答道：「倘若有人提出這樣建議，我必定首先盡力反對，因爲我覺得這對於國際的前途是致命底傷害。真的，日內瓦各分部在一個很短底時間內曾經有巨大底進步，但是要把日內瓦作爲理事會的適當地點，牠的一般氛圍還太過偏促。況且，在歐洲底政治現狀依然存在的時候，倫敦顯然是理事會的唯一適宜底所在地。提議把牠遷移到別處去的人不是愚人便是國際的敵人。」

有人以爲巴枯林自始是一個說謊者，他對於這譴責的答覆祇是事後底辯解，但是這種推論立刻就崩碎在這事實之前了：在巴斯勒大會之前，巴枯林就已準備在大會之後從日內瓦移居洛加諾了。他底決定是出於迫不得已的，他正在窮困中，而他底妻將要生孩子。他想要定居於洛加諾，把馬克思底資本論第一卷譯爲俄文。一個名叫留巴文的同情他的青年勸告一個俄國出版家以一千六百盧布購買這部翻譯，並且預先支給巴枯林三百盧布。

雖然這些事實證明了傳說中的巴枯林在巴斯勒大會之前之後的一切陰謀是莫須有的事，這大會到底留下一種苦味在他底嘴裏，因爲，在波克木底煽動之下，李卜克內希在第三者之前聲言他可以證明巴枯林是俄國政府的祕探。巴枯林要求他在一種榮譽法庭之前提出證據，但是他不能提出結果受了嚴厲底斥責。經過戈龍尼共產黨案和流亡之後，李卜克內希頗有到處猜疑有祕探的習慣，但是他接受了這法庭的裁判，而且伸手給巴枯林表示和解，而後者也握了牠。

幾個星期之後巴枯林更爲苦惱了；十月二號，莫斯赫斯在巴黎的晨鐘（Reveil）上重新彈起這毀謗的老調。赫斯曾經作爲德國代表出席巴斯勒大會，敍述大會的「祕史」連帶說到巴枯林想要摧毀國際基礎把理事會從倫敦移到日內瓦的「陰謀」他說明巴枯林底計劃在大會中並無結果，而結論是這無根底諷示他，赫斯並不懷疑巴枯林底革命品格，但是這俄國人是和那被德國代表們在巴斯勒大會中指斥爲德國政府暗探的斯乞委寨有密切關係的。這顯然是惡意底攻訐，因爲斯乞委寨底運動與巴枯林底運動之間毫無建立聯絡的可能的，而且這兩個人從來不會有過任何私人關係。

替巴枯林着想，最好是完全不理會這文章，但是他憤怒於這些重複底攻擊，尤其是卑劣底毀謗，這也是容易理解的事。他寫了一篇回答，但是在盛怒之下他寫得那樣長，以至他自己覺得晨鐘是不會發表牠的。他猛烈地攻擊「德國猶太人」，不過聲明拉塞爾和馬克思這些「大人物」是例外的，特出於波克木和赫斯這些小人的族類之上。於是他決定把這長篇回答作爲他論他底革命信仰的一部書的序論，寄給在巴黎的赫森，請後者設法找到出版家。同時還連帶寄去一篇較短底對晨鐘的回答。然而赫森恐怕甚至這短的晨鐘也不會發表，他就自己寫了一篇爲防衛巴枯林而反對赫斯的文章；這文章曾經發表在晨鐘上，還附加上編者底聲明；這聲明使巴枯林心平氣和了。

赫森很不十分滿意於那長篇底回答。他不贊成攻擊「德國猶太人，」而且奇怪爲什麼巴枯林不攻擊那可鄙底馬克思而攻擊不知名底波克木和赫斯。巴枯林於十月八號回信給他說：雖然他以爲那些對他所施的攻擊馬克思是要負責的，他却不顧攻擊馬克思甚且稱他爲『大人物。』這有兩個理由：第一是要公平。『不論他怎樣用過可鄙底手段玩弄我們，我們，至少是我，不能輕視他對於社會主義的重大勞績，他曾經爲此不計利害地竭力工作了幾乎二十五年，那成績無疑地是超越於我們之上的。他是國際的建立者之一，其實是主要底建立者；這在我看來是一大功績，無論他怎樣反對過我們，我都要承認的。』

然後他從政治方面和策略方面來考量馬克思：『這人並不會和我相好，也不愛任何人，除了他自己和那些和他最接近的人們而外。馬克思在國際中的影響當然是很有益的。他在他底那一派中一直有着指導底權力，而且他是社會主義的最強底支柱，最爲堅決地抵抗着資產階級底觀念和意向的侵入。倘若我僅爲報復私怨而企圖破壞甚或削弱他底有益底勢力，我是決不原恕我自己的。然而，總有一天，我必須和他鬥爭，雖然還絕不爲攻擊他個人，而是爲了原則的問題，爲了他和他所領導的英人及德人所熱心主持的國家共產主義。這是一場生死鬥爭，但是這衝突的時機還不會到來。』

巴枯林終於說出在策略上他不能攻擊馬克思的理由。倘若他公開攻擊馬克思，那麼國際的四分之三的人數就會反對他，而在另一方面，若他攻擊圍繞着馬克思的那些嘍囉，那麼國際中的大多數人就會歸入他一那面，馬克思自己將要得到惡意底喜悅——巴枯林在他寫給赫森的法文信中用了 Schadenfreude（幸災樂禍）這德文字。

寫了這信之後巴枯林就移居到洛加諾去了。他底私事是這樣忙迫，以至巴斯勒大會之後他在日內瓦的最後幾星期之中並未參加工人階級運動，也不會爲平等寫過一行文字。繼承他底編輯任務的是一年前到日內瓦來的比國教員洛賓和在巴枯林之前編輯過這刊物的油漆技師庇侖兩人都是擁戴巴枯林的，但是並不遵從他底意旨行事。巴枯林底目的是要啓發那些『格婁斯米太』工人們，認爲他們比『法布里克』工人們更富於革命底無產者精神，而且想要鼓勵他們實行獨立底行動。在這點上他和他們自己底委員們相反——他所說的我們現在所謂『區分政策』的客觀底危險是甚至在今日也還値得一讀的。『法布里克』工人們曾經支持『格婁斯米太』工人們的幾次罷工，而從這無可反對底義務中得了這錯誤底結論：『格婁斯米太』必須忠實地跟隨着他們底同志『法布里克』的每一步驟。巴枯林曾經打擊這種傾向，尤其反對『法布里克』想和資產階級急進主義妥協的不可救藥底習性。然而，洛賓和庇侖却以爲他們能夠洗淸和彌補『格婁斯米太』和『法布里克』之間的差異——這差異並非巴枯林所揑造，而是在社會矛盾中有其根據的。結果他們陷於搖動狀態，既不能滿足『格婁斯米太』也不能滿足『法布里克』，祇能開門給一切陰謀詭計。

陰謀家之一是名叫尼古拉育丁的俄國亡命客，那時住在日內瓦。在六十年代中他曾經參加學生運動，而當他感覺情況危險的時候他逃到國外，舒適地享用着一萬二千至一萬五千弗郎的收入，這是從他底父親的酒類營業中得來的。這事實使這虛誇底嘮叨角色得到了他底才能所不能獲得的一種地位。他底成功完全是在閑扯淡的場所，如恩格斯所說，『有點正經事要作的人斷乎競爭不過終日空談的人』的地方。當初育丁想要親近巴枯林，但是受了他的叱責，所以當巴枯林離開日內瓦的時候，他就趁機報復，散播卑污底毀謗。他底努力並不是沒有結果的。後來他屈膝於沙皇脚下，乞求憐憫。沙皇證明了他並非堅石；在一八七七年俄土戰爭中育丁變爲俄軍供應品承包者，憑了這資格他底拜金主義當然比經由他底父親的酒類營業得到更多成效。

洛賓和庇侖這般人是容易被育丁玩弄的，因爲他們的爲人正直是無可疵議，而他們底愚蠢却幾乎到了不能令人相信底程度，而使事情更糟的是他們為了與法義籍工人確無緊要關係的一些問題和理事會爭吵起來。平等痛斥理事會太過注重愛爾蘭問題，以至不能在英國方面建立聯合會議，以至不去仲裁李卜克內希和斯乞委塞之間的衝突，等等。巴枯林和這毫無關係，但是因為洛賓和庇命是他底繼承者而且加洛米底進步也採取着同樣態度，造成了這錯誤印像：巴枯林贊成攻擊理事會，甚或煽動這種攻擊。

理事會為回答洛賓底攻擊於一八七另年一月一號發了一個特別通告，除了日內瓦而外，祇發給法語系底聯合會。雖然這通告底語調尖銳，牠仍然祇限於客觀底辯論。理事會說明在英國不成立聯合會的理由是在今日也還有趣的。牠說雖然革命底發端或許要來自法蘭西，然而祇有英國纔能作為一切嚴重底經濟革命的槓杆。祇有英國纔沒有農民，土地所有權都集中在少數地主手裏。祇有英國纔在幾乎全部生產中建立了資本主義底生產方式，人口的大多數都是工銀工人。祇有英國的階級鬥爭和工人組織纔已達到普遍而成熟的某種程度。最後，因為英國在世界市場上的支配地位，凡是經濟界的一切革命都會影響全世界的。

雖然，英國有着社會革命的一切必要底物質條件，英國工人卻沒有博覽會通底才能或革命熱情，理事會的任務是給與英國工人這種精神和這種熱情。倫敦大資產階級的報紙斥責理事會毒害英國工人精神和驅使他們傾向革命底社會主義，這事實就可以證明理事會正在成功地完成着牠底任務。倘若在英國成立聯合會，牠將要介居於國際理事會與工聯理事會之間。牠並無權力，而國際理事會卻將因此而喪失牠在無產階級革命中的推動力量。所以牠指斥把這權柄交給英國人，以大言壯語代替切實而不顯赫底工作的愚行。

在通告還未到達之前，日內瓦內部已經發生糾紛。平等編輯部有七個人是巴枯林的擁護者，只有兩個是反對派。為了一種並無政治底重要性的偶然事件，多數派提出了信任的問題，而洛賓和庇命顯然是搖擺於這兩派之間的少數派得到聯合會的支持，以至多數派的七個人不能不辭職，其中有白克——當巴枯林在日內瓦的時候他和他很友好，但是在許多事情上反對洛賓和庇侖的政策。於是平等的支配權轉入青丁底手裏了。

七 『機密通信』

那時波克木仍然進行着他底反巴枯林運動。二月十八號他寫信給馬克思訴苦說約翰甲可布的機關報前程（Die Zukunft）已經拒絕發表馬克思在給恩格斯信中所謂『一種關於俄國事件的魔鬼通信，一種翻弄瑣事的難以形容底雜湊品。』同時波克木懷疑巴枯林和卡提可夫有某種財政關係；卡提可夫原是巴枯林的追隨者，但是後來變爲反動派。馬克思對於這種攻訐並不注意。恩格斯哲學底地說道：『借錢生活在俄國人看來是太過平常底事，不足責的。』

把波克木仍然進行反巴枯林運動通知恩格斯之後，馬克思說理事會已經被邀請決定有一個名叫李加德的人在里昂被開除國際是否正當（後來證明他確是壞人）並且附加說明在他看來這人並無可責，不過是巴枯林派的斯拉夫主義者和自欺者而已。『我們底上次通告似乎已經造成一種激動，而且在法國和瑞士已經開始檢舉巴枯林主義者，但是，這一切必須適可而止，而且我要留心着不至作出不公道底事。』

幾個星期之後馬克思於三月廿八號所草擬的一種機密通信，經由枯格曼傳達給叟森那赫派的布浪斯委克委員會，却顯然和他給恩格斯的信的結語的寬容之詞大不相同了。根據上次理事會的通告，這機密通信是祇應該發給日內瓦和法語系底聯合會的。這早已達到牠底目的，而且在事實上已經發動了馬克思表示不贊成的檢舉巴枯林主義者了。現在很難明白爲什麼馬克思要把已經在各處發生不愉快底結果的這機密通告的內容通知德國方面，尤其因爲在這方面並無巴枯林的擁護者。

更難明白的是爲什麼他要在這通信上加上序言和結論，更加聳動那「檢舉，」尤其反對巴枯林。序言開始就痛罵巴枯林，說他底陰謀開始於潛入和平與自由聯盟，祇爲這「可疑底俄國人」要在牠底執行委員會中作嚴密底考察。不能使聯盟採納他底荒謬綱領之後，他又轉而注意國際，想要把牠變爲他底私人工具。爲了這目的，他建立了社會民主聯盟。理事會拒絕承認聯盟爲分部之後，聯盟在名義上是解散了，而其實依然存在於巴枯林領導之下，想要用別底方法達到他底目的。在巴斯勒大會中他提出遺產繼承權問題，想借此在理論方面打倒理事會，把牠從倫敦遷到日內瓦。爲要爭取巴斯勒大會中的大多數他曾經組織了「一種公然底反叛。」然而他並未成功，理事會也還留在倫敦。「巴枯林惱恨他底計劃——或許是達到他底一切投機私慾的計劃——的失敗」已經自行顯現於在平等上攻擊理事會之中，這些攻擊是由一月一號通告回答了的。

於是馬克思在通信中插入通告的全文，接着說道：甚至在通告未達到之前，日內瓦已經發生糾紛。法語籍瑞士工人聯合會已經不贊成平等對於理事會所施的攻擊，決定嚴密控制這刊物了。這時巴枯林退休於提西諾區。「不久赫森死了。巴枯林，在他自告奮勇要領導歐洲工人階級的時候曾經和他底這位老朋友兼保護人分裂了的，這時忽然吹起歌頌赫森的喇叭。爲什麼呢？赫森，除了他底私產而外，每年由俄國的假社會主義底大斯拉夫主義黨得到二萬五千佛郎的宣傳費。謝謝他底阿諛底歌頌，巴枯林自己得到了這一筆錢，而且和仇恨遺產一樣熱烈地欣然接受了「赫森遺產。」」這時一羣俄國底青年亡命客已經在日內瓦建立了自己底團體。這些學生們是眞忱地努力着，而且以反對大斯拉夫主義爲他們底主要綱領的。他們曾經要求國際承認他們底團體爲支部，而以馬克思爲他們底臨時代表出席理事會；這兩種請求都得到允許了。他們也宣言他們將要公開撕破巴枯林底假面具。因此，機密通信結尾說，這很危險底陰謀家的把戲將要被打退，至少在國際方面。

現在我必列舉這通信中所有的錯誤。總而言之，牠譴責巴枯林越愿籌就越顯得無根據。尤其是關於追求遺產這一點。俄國並不曾有過什麼假社會主義底大斯拉夫主義黨每年付給赫森二萬五千佛郎宣傳费這謠傳是由另一事實附會出來的：有一個名叫巴提米切夫的俄國青年，在革命時期中曾經捐了二萬佛郎作為發動革命底經费，而赫森曾經支配過這一筆款子。現在並無任何理由可以相信巴枯林曾經表示想要把這款子據為已有的任何企圖。他替洛乞爭底馬賽曲（Marseillaise）所作的哀悼赫森的文章是以政治底反對派立場惋惜他底青年時代的朋友的，並不能徵引來支持那種說法。這追悼文的可以責斥至多不過是作者底感傷性而已；這種性質，正如巴枯林的其他一切錯誤和弱點——無論怎樣多——一樣，一般說來是不像是『很危險底陰謀家』的性質的。

機密通信的末後幾節顯示了為什麼馬克思對於巴枯林會犯這些錯誤。馬克思底情報是得自日內瓦的俄國亡命客的，換言之，得自育丁，或者自白克經由他而傳達到馬克思。至少，從馬克思給恩格斯的信看來，那譴責最甚的『追求遺產』一層是得自白克的。然而這和白克當時寫給永格的信（現在還留存着）並不符合。白克在信裏埋怨日內瓦的情形混亂，埋怨『法布里克』和『格婁斯米太』之間的衝突，埋怨『洛賓一類的神經衰弱底幻想家和巴枯林一類的畸人，』但是結尾却讚揚巴枯林，說他比以前更好更有用。白克和日內瓦俄國亡命客們所寫給馬克思的信都無可察考了，而在馬克思寫給這日內瓦新成立底國際支部的公信和私信中，他顯然以為最好是完全不提到巴枯林的。他勸告這俄國支部主要的是為波蘭而工作，就是說，使牠自己不受歐洲問題的牽制，而且他並非不知道自己充當俄國青年代表的滑稽，說道人眞料不到他會混在怎樣陷生底同件之中呀。

雖然他用一種幽默態度對付這件事他顯然是很高興國際開始在俄國革命者之中獲得立足地的否則便無法理解爲什麼他會相信和他全不相識的育丁譴責巴枯林的話，當他拒斥老朋友波克木所說的這一類的話的時候。由於奇妙底因緣偶合，巴枯林那時對於一個俄國亡命客也犯了同樣錯誤，誤認他爲將來的俄國革命之夏的第一燕，甚且自願投入比在他底冒險底全生涯中的其他一切偶然事故更其有害他底聲名的某種冒險之中。

機密通信寫了幾天之後，法義籍瑞士工人聯合會於四月四號在喬克司德逢玆（La chaux-de-Fonds）舉行第二次年會，發生了公開底分裂。社會民主聯盟的日內瓦分部——曾經由理事會容納入國際了的——要求加入聯合會，並且派兩個代表出席年會。育丁拒斥這些要求，猛烈攻擊巴枯林，說這分部是他底陰謀的工具，但是加洛米竭力反對他。加洛米是一個心境偏窄底狂人，幾年之後他看待馬克思正如育丁看待巴枯林一樣惡劣，但是他底教養和才能使他和可鄙底育丁立於完全不同底等級。加洛米得到了以二十一票對十八票的多數勝利。然而少數派拒絕多數派的決議，使年會陷於分裂了。兩個年會同時舉行。多數派底大會決定把聯合會議的會址從日內瓦遷移到喬克司德逢玆，並且以加洛米在紐加太發行的互助爲聯合會議的機關報。

少數派辯稱那多數粹純是偶然底的，因爲祇有十五處分會出席於喬克司德逢玆，而日內瓦一處却有三十個分會幾乎一致拒絕那聯盟參加這聯合會。另一方面，多數派却堅持聯合會不能拒絕國際理事會所承認的團體。白克在先驅上宣說全部事件都近於無理取鬧，而鬧到這地步祇是因爲雙方缺乏同志底感情。那聯盟的分部的主要目的在於理論原則的宣傳，並不重視被接納入一種國民底組織與否，於是日內瓦方面越更把這聯盟分部看作在那裏久已不受歡迎的巴枯林的陰謀工具了。另一方面倘若聯盟眞忱要求加入那麼以拒絕牠或容納牠爲分裂的理由是小心眼和孩子氣的。

然而情形並不像白克所說的這樣簡單。這兩個年會所通過的議決案在許多方面是相同的，但是在根本問題上却不相同——這就是日內瓦全部紛擾所由發展起來的那種衝突。多數派完全採取「格斐斯米太」的觀點。牠譴責一切想要由國家改造達到社會變革的政治活動，認爲各種國家組織都不過是資本家按照有產者底法律實行剝削的工具，所以無產階級參加在有產者底政治裏面，無論如何，祇是鞏固了現存制度和麻痺了無產者底革命行動。另一方面，少數派底大會却採取着「法布里克」的觀點，牠譴責政治底戒禁有害於工人階級，而主張參加選舉，並不因爲由此可以達到工人的解放但是因爲工人的議會代表可以得到宣傳和煽動的機會，這在戰略上是不可忽視的。

在喬克司德逢茲新成立底聯合會會議要求國際理事會承認牠爲聯合會的領袖。但是理事會拒絕承認，而且於一月二十八號聲明：日內瓦聯合會會議曾經獲得日內瓦各分會的支持，應繼續施行其舊有職權，而新聯合會會議必須採取地方底名稱。雖然這聲明是由新聯合會所引起，而且是够公允的，新聯合會却拒絕服從，厲聲抗議理事會的「獨裁傾向」「權威主義」因此給了國際內部的反對派第二個綱領——第一個是政治禁戒。於是理事會斷絕了喬克司德逢茲的一切關係。

八 愛爾蘭大赦和法國民衆投票

一八六九——七另年冬季又是馬克思患病的時期，但是至少他已經免除了錢底困難了。一八六九年六月三十號恩格斯終於擺脫了他底「該死底業務，」而且在六個月之前他就已詢問馬克思三百六十鎊是否足够他底一年的費用。恩格斯想要和他底公司劃分他底款項，使馬克思在五六年間每年支用這個數目。兩朋友的信札並未顯示這到底是怎樣安排的，但是無論如何，恩格斯解除馬克思底財政困難不僅祇是在那五六年間，而是一直到後者死的時候的。

在這一時期中他倆都很注意愛爾蘭問題。恩格斯仔細研究過這運動的歷史發展——可惜他從未發表過他底研究的結果——而馬克思則催促理事會援助愛爾蘭運動。這運動要求大赦被捕而在獄中受虐待的愛爾蘭獨立運動者。理事會公開讚揚愛爾蘭人爲正義而鬥爭的那種博大堅忍的勇敢精神，譴責格蘭斯頓的政策：他不顧在選舉時候他底一切約言，不肯大赦，而提出侮辱英政府底錯誤的犧牲者和愛爾蘭人的條件。這位首相不顧他底負責地位在公然讚頌美國奴隸所有者的叛亂之後宜說服從英國的教條，因此受了嚴厲底斥責。理事會宣言他對於愛爾蘭大赦問題的全般態度正是他激烈攻許以至驅迫保守黨下台的那種「征服政策」的眞產物。在馬克思給枯格曼的一封信裏他說他現在攻擊格蘭斯頓，好像從前攻擊巴麥斯東一樣，並且加添說：「這裏的民主主義底亡命客愛從遼遠的平安之處攻擊大陸上的暴君們。我却喜歡打擊我眼面前的敵人。」

馬克思特別高興的是他底大女兒在愛爾蘭運動中得到一種顯著底成功。英國報紙對於愛爾蘭獨立黨人在獄中所受的虐待保守着頑固底緘默，因此燕尼馬克思用威廉這假名——這是在五十年代中她底父親常用的筆名——投寄了幾篇論文給洛乞孚底馬賽曲。在這些論文中他熱忱地描寫了民主底英國怎樣對待那些政治犯，而這些揭發刊載在這大陸上最流行的報紙上對於格蘭斯頓確是一個大麻煩。幾個星期之後被囚底愛爾蘭黨人的大多數被釋放，起程到美國去了。

馬賽曲因為勇於攻擊假拿破崙底統治——這時正在支離破裂之中——而贏得了歐洲底聲名，在一八七另年之初假拿破崙想以對資產階級讓步為挽救他底血腥統治的最後手段，所以任命饒舌底自由主義者歐利伐作內閣總理。歐利伐盡力於所謂改造方案，但是，好像豹不能隨意改變牠底班紋一樣，假拿破崙一定要這些「改造」受一次拿破崙式底民衆投票的洗禮。歐利伐是够怯懦的，甚至督促知府們盡力使這投票達到成功，而假拿破崙的警察卻比這饒舌家更懂得達到這種成功的方法：在投票的前夕他們發明了國際的會員想要謀害拿破崙的炸彈案。歐利伐卑鄙到聽從警察，尤其是關於對付工人的事，於是法國各類的國際「領袖」祇要是警察知道的，全都忽然被搜察和逮捕了。

理事會立刻加以抵擋，於五月三號發表宣言：「我們底章程規定一切分部的行動必須採取公開方式，而且，即使我們底章程上並未明白規定這一點，但凡工人階級的團體是要排除一切祕密方式的。倘若工人階級——任何國家中的大多數，產生一切財富，甚至篡竊底勢力也假借牠底名義來統治——要反叛，那麼牠將要公開反叛，好像太陽反對黑暗一樣，充分認識在牠自己底軌道之外並無合法底權力存在……摧毀我們底法國分部的那種暴虐方法完全是想要達到那投票的目的而策劃出來的。」這是明白底事實，但是可鄙底手段又達到可鄙底目的了：這「自由帝國」以七百萬票對一百五十萬票得勝。

然而，法國當局仍然要追究那炸彈案。警察宣佈他們曾經在國際會員的家裏發見一種密碼字典，但是察來察去他們祇察出一兩個像是「拿破崙」一類的名字，以及一兩個化學名詞，如硝酸甘油之類。要聳動拿破崙治下的法院這些已經是太多的了。於是起訴書又歸結到和國際法國會員前兩次受審所指控的同樣罪狀，而且判定他們是祕密底或非法底社團份子。

在銅匠恰堂——後來變爲巴黎公社的社員——的光輝底辯駁之後，一批罪人於七月九號得以進行上訴，大多數却被判處徒刑一年並剝奪公權一年，但是同時地上勃發了掃蕩第二帝國的暴風。

第十四章 國際的衰落

一 色丹

關于馬克思和恩格斯對于普法戰爭的態度曾經有過很多評論，雖然很少談到那根本的。不像莫爾提克一樣，他們並不把戰爭看作上帝的常道，但是把牠看作魔鬼的常道，那階級社會——尤其資本主義社會——的必不可免底附隨物。

作爲歷史家，他們當然不會採取那種完全非歷史底態度：戰爭是戰爭，用同樣底畫筆塗黑了各種戰爭。在他們看來，各種戰爭都各自有着特定底原因和結果，而工人階級對于戰爭的態度是必須以那些原因和結果而定的。拉塞爾底態度也是這樣的，在一八五九年他曾經和他們爭論過那戰爭的決定條件，而這三個人對于戰爭的態度根本上是一致的，就是，都想要爲無產階級的解放鬥爭的目的而盡其可能地利用那戰爭。

馬克思和恩格斯對于一八六六年的普奧戰爭的態度也是取決于同樣考慮的。一八四八年德國革命失敗，不能建立統一國家之後，普魯士政府利用這德國的統一運動（由于經濟底發展而一再削弱了的）來擴張普魯士以代替統一底德國，如威廉老皇帝所說。那時馬克思，恩格斯，拉塞爾，斯乞委塞，李卜克內希和伯白爾都一致承認德國無產階級所必需的解放鬥爭的初步的德國統一，祇有經由國民革命纔能成功。所以他們一致嚴厲地反對一切大普魯士的偏向政策。然而，普魯士在戈尼格拉玆戰勝奧國之後，他們都以他們對於「實際情況」的主觀估量而或早或遲咽下這苦藥——他們認清了國民革命已經不可能，因爲資產階級的卑怯和無產階級的幼弱，而且也認清了由「鐵與血」所建立起來的大普魯士，比較恢復德意志聯邦議會及其躲躲閃閃底可鄙政策更能給予無產階級鬥爭有利條件，況且那恢復無論如何是不可能的。馬克思，恩格斯和拉塞爾的後繼者斯乞委塞都立刻達到了這結論。他們承認北德聯盟——不顧牠底殘缺不完——比之那聯邦議會的鬼祟胡爲更能給予德國工人階級鬥爭一種較爲穩固底基礎，雖然這承認是勉强的，很不樂意的。另一方面，李卜克內希和伯白爾卻還保持着國民革命的主張，甚至在一八六六年以後也仍然作着摧毀北德聯盟的工作。

馬克思和恩格斯在一八六六年得到那結論之後，他們對於一八七〇年的普法戰爭的態度多少是有定的了。關於直接促成這戰爭的事項，不論是俾斯麥擁戴霍亨索倫王子爲西班牙王，以反對拿破崙，或拿破崙對抗俾斯麥的法奧義聯盟政策，他們都不會發表任何意見。在那時對於雙方的政策無論如何是很難表示合理底判斷的。然而，以拿破崙的反對德國國家統一的戰略而論，他倆都承認德國是處於防衛地位的。

國際理事會於七月二十三日所發表的馬克思起草底宣言詳細地說明了這種觀點。他說一八七〇年的戰爭詭謀是一八五一年「暴力政變」的校正再版，但是牠響着第二帝國的喪鐘，這帝國的開始和結尾一樣是一篇歪詩諧文。然而人必不可忘記使拿破崙第三能够表演恢復帝制這粗野趣劇十八年之久的，是歐洲各國的統治階級和政府。以德國而論這戰爭是防衛底的，但是誰强迫德國處於這種地位，誰使路易拿破崙能够攻打德國呢？普魯士。在戈尼格拉茲之前俾斯麥已經勾結了拿破崙，在戈尼格拉茲之後，俾斯麥並未建立和奴役底法蘭西相反的自由德國，不過是在一切道地底陰謀老譜上再加上第二帝國的種種卑劣手段而已。所以拿破崙式底統治是盛行於萊因兩岸之間的。除了戰爭而外能够有別底結果嗎?「倘若德國工人階級容許現行戰爭失去嚴正底防衛性而惡化爲反對法國人民的戰爭，那麽或勝或敗都是一樣有害的。德國曾經受過的那些所謂解放戰爭的苦果就會以加深底緊張再度出現的。」宣言指出法國和德國工人的反戰示威已經使這種憂懼成爲不必要，而且提示工人們俄國的惡漢正在這自相殘殺的背景之後待機而動。倘若他們容許普魯士政府邀請或接受科薩克兵的援助，德國就要失掉在反拿破崙的防衛戰中應得的一切同情。

七月二十一日，這宣言發表之前兩天，北德議會投票通過一千二百萬台勒的戰時公債。拉塞爾派的議員依照一八六六年以來的政策投了贊成票。李卜克內希和伯白爾，愛森那赫派的議員們卻放棄投票權，因爲投贊成票就有信任自一八六六年就種下現行戰爭因子的普魯士政府的嫌疑，而投反對票也可以被解釋爲公開同情拿破崙底凶暴政策。李卜克內希和伯白爾都是從道德底觀點上來看這戰爭的，如後來李卜克內希在伊門斯通信上和伯白爾在回憶錄中所表明。

他們底態度在他們自己一派中遭遇着猛烈底反對，尤其是他們底領導機關布蘭斯委克委員會的反對。李卜克內希和伯白爾的棄權確乎不是實際底政策，而是一種道德底抗議，無論如何正當總不適合於當時底政治需要。在私生活中宣言反對相爭底兩造或許是可能而且有效的：你們兩方都是錯誤的，我不願和你們底爭吵有任何關係。而在國家生活中當兩國全體人民都必須受苦於帝王們的爭吵的時候，這卻是不可能的。這種不可能底中立性的實際結果，在開戰最初幾週之間就顯露在愛森那赫派機關報來卜玆民主國(Leipziger Volksstaat)的態度昏亂無理之中。因此，這報紙的編輯部，就是說李卜克內希，和布蘭斯委克委員會之間的衝突加緊起來了；後者曾經籲請馬克思指示和援助。

七月二十日，戰爭剛爆發之後和李卜克內希及伯白爾棄權之前，馬克思曾經寫信給恩格斯，嚴厲批評法國的『共和底沙文主義』：『法國需要一次痛打。倘若普魯士勝利，那麼國家權力的集中是會有利於工人階級的集中的。德國的優勢將要把西歐工人階級運動中心從法國轉移到德國。祇消比較一八六六年這運動在兩國中的情形，就知道德國的工人階級在組織上和理論上是勝過法國的。在世界舞台上德國勝過法國，那意義同時就是我們底理論勝過普魯東底理論。』當馬克思接到布蘭斯委克委員會的籲請的時候，他去請敎恩格斯，凡遇重要問題他常常要諮詢後者的；而且，正如在一八六六年一樣，決定政策的具體節目的是恩格斯。

八月十五日恩格斯回信說：『我以爲時局是這樣的：德國已經被拿破崙逼迫而實行防衛民族生存的戰爭。倘若德國失敗了，那麼拿破崙主義就要穩固幾年，德國就要破裂幾年或幾十年。在這種情勢之下就不能談論獨立底德國工人階級運動。一切力量都將要盡量使用在建立國家統一的鬥爭之中了，德國工人頂好也不過被法國工人拖着走而已。倘若德國勝利，那麼法國的拿破崙主義無論如何都要毀滅，歷來爭吵着的德國統一問題從此完結，德國工人就能夠在比以前更廣大底基礎上組織他們自己，而法國工人也會得到比在拿破崙治下更多的行動自由，無論繼之而來的是何種政府。德國人民大衆一切階層，現在都已認識德國民族正在存亡關頭，而且立刻挺身而出了。在這種情形之下，我覺得威廉（李卜克內希）所宣說的一概不對，把次要底問題放在主要問題之前，是不可能的。』

恩格斯和馬克思一樣嚴厲地譴責法國底黷武主義，以爲牠底影響甚至深入共和份子之中：『倘若法國沒有大羣沙文主義者——資產階級，小有產階層，農民，以及由拿破崙在大城市中所造成和由農村中徵募來的帝國主義者奧斯曼①底建築業無產者，拿破崙就不能發動這次戰爭。在這種沙文主義不會澈底摧毀之前德法之間的和平是不可能的。或許一次無產者底革命可以完成這摧毀的，但是戰爭現已開始，德國人除了立刻親自實行摧毀而外並無別法。」

那些「次要底問題」——即這戰爭是由俾斯麥派主持的，德國底勝利將要成爲該派的光榮——是應該歸咎於德國資產階級的卑怯性質的。這是很不愉快的，但是沒有辦法：「倘若因此而以反俾斯麥主義爲指導原理，那是荒謬的。總之，正如在一八六六年一樣，俾斯麥正在分擔着我們底工作的一部份。他以他自己底方法作着我們底工作，並非出於自願，然而他畢竟正在作着牠。他給與我們比以前更爲分明的一種局面。我們已經不是生活於一八一五年那種情形之中的了。德國南方人現在必須參加德國議會，以對抗普魯士的勢力……李卜克內希祇因爲不喜歡普魯士而想倒轉一八六六年以後的全部歷史，這是無理的，不過我們由此就知道南德人的意嚮了。」

在這一封信裏，恩格斯一再提到李卜克內希底政策：「有趣的是威廉底主張因爲俾斯麥曾經是拿破崙的同謀者，所以中立是正確底態度。倘若這意見通行於德國，那麼不久就會又有一個萊因區聯盟出現，高明底威廉那時就不能不看見他在其中所能擔任的角色了，姑且不說工人階級運動。祇慣於毆打的人們正是製造社會革命的好材料，尤其是在威廉所愛底那些封建小邦之中！威廉顯然是希望拿破崙勝利以推倒俾斯麥的。你或許記得他常用法蘭西恐嚇俾斯麥的吧。當然，你是站在威廉方面的。」最後這句話是存心諷刺的，因爲李卜克內希說過馬克思贊成他和伯白爾底棄權。

馬克思承認他曾經表示贊成李卜克內希底「宣言。」這「宣言」是合「時」的，正當着爲原則而爭執

❶ G. E. Haussmann（1809—1891）法國政治家，巴黎市的改造者。

是勇敢底行動(acte de courage)的時候，但是我們必不可因此斷言這『時』是延續的，更不可以爲德國無產階級對於這已經變爲民族底的戰爭的態度能够被概括於李卜克內希底反對普魯士的態度之中。馬克思有充分理由贊成那『宣言』而不贊成棄權。當拉塞爾派完全不提他們底社會主義底觀點而應和着大多數的資產階級投票通過戰爭公債的時候，李卜克內希和伯白爾卻發表宣言說明了他們棄權的理由。他們不但說出理由，而且以『社會民主主義者及主張聯合一切被壓迫者來反對任何國籍的壓迫者的國際會員』的資格從原則上抗議一切帝王底戰爭，希望歐洲人民從現在苦難中獲得教訓，盡其可能地爭取自身底自決權，剷除成爲一切國家社會底災患的原因的現存底強暴底階級統治。當然，馬克思是滿意於這宣言在有世界歷史的重要性的問題上在歐洲的一個議院中悍然公開舉起國際的旗幟的。

他贊成這宣言是可以由他底信上的措詞看出來的。至於棄權卻完全是『爲原則的爭執』而是一種退讓，因爲李卜克內希實在是想投票反對公債的，但是由於伯白爾的勸告而改變爲棄權。況且，如民主國歷來所表示，棄權並不是應『時』決定政策的行動。總之，以自行其是而論，棄權並不是『勇敢底行動』。倘若馬克思的 acte de courage 是這種意義的話，那麼他應該更讚美泰爾斯，因爲泰爾斯在法國國會中激烈地反對這次戰爭，不顧第二帝國的衛士的憤怒和痛駡；或應該更讚美法弗里和格里夫派的資產階級民主主義者，他們並不棄權，而是悍然拒絕通過戰債，雖然巴黎的愛國風潮至少是和柏林同樣激烈的。

恩格斯估計時局而擬定的工人階級的政策可以綜結如下：在民族運動以防衛德國爲限的時候，加入民族運動（在簽定和約之前在某種情況之下並不排斥進攻的行爲）強調德國民族利益與普魯士王朝利益之間的差別；反對兼併阿爾薩斯和洛連尼；立刻與代替巴黎黷武政府的共和政府談判光榮底和平；隨時注重德法兩國的工人利益的一致性：兩國工人都不贊成戰爭，都不互相爭鬥。

馬克思宣佈他自己完全贊同這擬定底政策，而且把這意思寫信通知布蘭斯委克委員會。

二　色丹之後

在布蘭斯委克委員會還未能實際應用從倫敦寄來的指示之前，時局已經完全改變了。色丹戰役已經打過，拿破崙第三作了俘虜，第二帝國崩潰了，巴黎宣佈了資產階級底共和政治。法國首都的前任議員們自命爲共和首領，成立了「國防政府」。

以德國而論，這戰爭已經不是國家底防衛戰。北德聯盟領袖的普魯士國王曾經迭次莊嚴聲明，他所執行的戰爭並不是反對法國人民，而是反對法國皇帝的政府，另一方面，現在巴黎的新統治者們也宣言自願準備賠償德國的一切損失。但是，俾斯麥要求法國割讓土地，並且爲奪取阿爾薩斯和洛速尼而繼續作戰，不顧因此而使德國所進行的是防禦戰這德國底主張成爲笑柄。

他底行動正是追蹤着拿破崙第三底脚步，同時佈置了一種公民投票，以解救普魯士國王底莊嚴底約言。甚至在色丹戰役的前夜，各式各樣底「名人」就已向國王呈遞「羣衆請願」書，要求「國境保障」。這所謂「德國人民一致底意見」發生了這樣底影響，以至這位老紳士于九月六號寫信回國說：「倘若王室反對這種民情，那是冒着皇祚的危險的，」而且九月十四號半官式底地方通信社（Provinzial-Korrespondenz）宣佈主張北德聯盟主必須遵守他個人隨意發表的約言是一種「愚昧底無理要求。」

爲要加强這「德國人民一致底意見」，當局們進而橫暴地掃除一切反對派。九月五號，布蘭斯委克委員會曾經發表宣言，呼籲工人階級舉行示威，促成對于法蘭西共和國的光榮底和平，反對兼併阿爾薩斯和洛連尼。宣言裏包含了馬克思寫給該委員會的信的幾部份。九月九號簽名在宣言上的人們都被軍事當局捕去，拘押在洛特生監獄裏。約翰甲可布也作爲國事犯被押解到同一地點，因爲他在科尼斯堡的一次集會上反對兼併法國土地，而且說出這異端底意見：「幾天之前我們還在進行防衛底戰爭，爲防衛我們所愛底祖國而戰爭，但是今天牠已是征服底戰爭，爲建立德國的歐洲霸權而戰爭。」一片浩蕩的封禁搜捕的浪潮完成了恐怖底軍事統治，那目的是不准懷疑「德國人民一致底意見。」

在布蘭斯委克委員會的人員被捕的那一天，國際理事會對于新局勢又發表了一篇宣言，這是由馬克思起草而由恩格斯參加意見的。牠指出前次預言這戰爭將要敲響第二帝國的喪鐘已經迅速地實現了，前次懷疑德國執行防衛戰的時間能有多久也已經迅速地確定了。普魯士的軍事樞密官已經決定實行侵略戰。普魯士國王怎樣解除他自己莊嚴聲明的關于德國防衛戰的約言呢？「那些暗中操縱的傀儡牽線人已經開給他轉變到德國的巨大要求去的路，而且立刻把線索交給德國中產階層的自由主義底教授們，資本家們，市參事們，新聞記者們。這中產階層，在一八四六至一八七零年爲民權自由的鬭爭時期中丟盡了卑怯無用的醜態，現在當然很喜歡有機會在歐洲舞台上擔任表演德國愛國雄獅的角色。牠裝出民權自由的模樣，好像正在壓迫普魯士政府——作什麼呢？那不多不少恰合普魯士政府的隱祕計劃。牠大聲要求瓜分法蘭西共和國以懺悔牠歷來信仰路易拿破崙的罪過。」

然後宣言進而分析「那些愛國勇士們」主張兼併阿爾薩斯和洛連尼的「巧辯。」他們並不敢說這些地區的居民渴望併入德國，不過他們指出許久許久以前這些地區原是久已亡故底日爾曼帝國的一部份。

「倘若現在歐洲地圖須要按照古代歷史底權利來重新改劃，那麼我們必不可以忘記布蘭登堡的選侯曾經是波蘭共和國的陪臣，而普魯士地區正是選侯的屬國。」

「許多昏人」被蠱惑于「狡詐底愛國者」要求以阿爾薩斯和洛連尼爲防備將來法國進攻的「實際保證。」如恩格斯所撰的一篇軍事學論文中所說，宣言指出這次戰爭的經驗證明德國並不需要這樣增强國境以防法國「倘若此次戰爭證明了什麼的話，那就是證明了從德國進攻法國是何等容易的事。」況且，以軍事底理由爲決定國界的原則不是荒謬不合時宜的麼？「倘若這原則是確定的，那麼奧國就有權要求威尼斯省和敏西阿一帶，法國就有權要求萊因地帶爲巴黎的屏障，巴黎的西北面確是比柏林的西南面更容易受攻擊的。倘若以軍事理由來決定國界，那麼各種要求是永無底止的，因爲每個軍事據點都必然有些弱點，都需要更兼併一些土地來增强牠的。最後，這樣規定的國界是永遠不定的，因爲戰勝者可以隨時壓迫戰敗者後退，因而種下新戰爭的種子。」

宣言追述到拿破崙第一在台爾錫特和平條約㊀中所搶得的「實際保障」然而不幾年之後，他底巨大勢力全盤崩潰于德國人民的攻擊之前，好像腐朽底蘆葦似的。「普魯士所能强求于法國的是怎樣底「實際保證」呢，比之拿破崙曾經强求普魯士的那些？那結果是不會比那一次更少禍害的。」

德國愛國主義的代言人們說道德國底事和法國底事不可以混爲一談。德國所要求的不是軍事霸權而是安全。德國人是愛和平底人民。「當然，在一七九二年想用刺刀毀滅十八世紀的革命而侵入法蘭西的並不是德國。但是，幫同征服義大利，壓制匈牙利，瓜分波蘭的不是德國麼？德國現在的軍事制度把全國成年男子分

㊀一八〇七年，普國被法國戰敗後在台爾錫特締結之和約。

爲現役兵和後備兵，都在上帝保佑之下聽候着作戰命令——當然是世界和平的「實際保證」嘍，不用說是要達到文明的最高目的嘍！在德國和在別國一樣，趨炎附勢之流用自炫自讚底謊話毒害了公衆意見。這些愛國者誇張着獸茲和斯徒拉斯堡一帶的法國防務，但是看不見華沙，莫德林和伊凡格勒一帶的巨大底俄國防禦系統的危險。他們戰慄于拿破崙派的進攻企圖，而閉眼不看沙皇的侵略詭計。」

宣言由此推論到兼併阿爾薩斯和洛連尼將要驅迫法蘭西共和國投入沙皇的懷抱。條頓主義者們眞相信這可以使德國的和平自由得到保證麼？「倘若僥倖戰勝的驕氣和王室底詭計使德國奪取了法國土地，那麼將來祇有兩條路。不是被俄國侵入，姑不論結果如何，就是在短期喘息之後，又要準備一次「防禦」戰；那並非新流行底「局部底戰爭，」而是對抗斯拉夫人和拉丁人的種族戰爭。」

德國工人階級，並不能阻止戰爭，曾經爲了德國底獨立和解除第二帝國對于歐洲的威脅而努力支持戰爭。「德國底產業工人和農業工人英勇地把血肉獻給軍隊，而留在他們後面的卻是半餓底家族。」在苦戰中，他們又受着家庭的貧窮和不幸之累。他們現在要求保證他們底巨大犧牲不至成爲白費，他們要爭取他們底自由，使他們打潰拿破崙的勝利不至像一八一五年那樣變爲人民的失敗。他們所要求的保證第一是「對法光榮底和平」和「承認法蘭西共和國。」宣言揭示布蘭斯委克委員會所發表的申訴，雖然不幸這不能有什麼直接底成就，歷史卻要表明德國工人階級並不是像德國中產階級那樣馴服底材料，牠要盡牠底義務。

然後，宣言轉移注意到法國方面的局勢。這共和並不曾推翻君權，而祇是取得一個虛位。牠並不被認爲社會底成就，而祇是作爲國防的方略。主持這共和的臨時政府是由阿爾連派(Orlianists)的名人們和資產階級底共和份子組織而成的，這班人之中有些是被一八四八年六月的叛亂烙印了不能消除底記號的。新政府的職務的分配就已預示不祥之兆。阿爾連派取得了最强底地位——軍權和警權——而所謂共和派所得的是談話底地位。這新政府纔一開始行動就證明牠不但繼承着第二帝國的一堆殘蹟，而且也繼承着後者對於工人階級的畏懼。

「所以，法國工人階級處于極困難底境地。在大敵當前之際要推翻這新政府是愚昧底企圖。法國工人必須盡國民底義務，但是也必須不爲一七九二年的國家紀念所支配，像法國農民被第一帝國的國家紀念所欺騙那樣。他們不必重複過去，而是要建設將來。他們應該冷靜而堅決地利用民主權利來澈底組織他們自己底階級。這是大有助于法國的復興和我們底共同事業——無產階級的解放——的。這共和的命運是以法國工人的力量和智慧而定的。」

這宣言在法國工人之中得到活潑底響應。他們放棄了反對臨時政府的爭鬥，盡着國民底義務，尤其是巴黎的無產階級編爲國防軍，擔任着保衛法國首都的主要任務，但是並未被一七九二年的國家紀念所迷惑，而致力于組織自己底階級。德國工人執行他們自己底任務也顯示了不少底能力。不顧恐嚇和迫害，拉塞爾派和愛森那赫派都要求對法蘭西共和國的光榮底和平，而且當北德議會于十二月中再集會投票表決新底戰時公債的時候，兩派的議員都斷然投了反對底票。李卜克內希和伯白爾尤其以熱忱和勇敢進行着這鬥爭，因此他們底聲名大著，却不是如流言所謂因爲七月的棄權本屆議會閉會的時候他倆被控爲叛國。

在這冬季中馬克思又被工作累壞了。在八月中醫生就已送他到海邊去，但是他在那裏受寒「病倒」了，八月尾他還未痊愈而回到倫敦。然而，他必須處理理事會的一切國際通信，因多數通信員都已到巴黎去了。在十月十四日寫給庫格曼的信裏，他訴苦說在早晨三點鐘之前他是不能去睡的，不過他希望將來可以得到一點休息，因爲恩格斯現已住定在倫敦。

無疑的，馬克思希望法蘭西共和國能够打退普魯士的征服戰。德國的情況使他很苦惱，那實在是糟到連加爾非㊀的領袖溫沙也有了這樣底提議：倘若俾斯麥一定要兼併什麼，那麼他覺得卡盆尼一帶更適合于他底政治家風度云云。十二月十三號馬克思寫信給庫格曼：「德國人似乎不但吞吃了拿破崙第三及其兵將，而且也吸入了那帝國主義的全套，這主義及其弊害現在正在安家于菩提與樅樹之邦。」在這信裏，他表示滿意于英國底輿論那當初是極其贊許普魯士的，現在却變爲反對牠的了。除了民衆堅決同情那共和國而外，「德國執行戰爭的方法——徵發物資，燒夷鄉村，濫發紙幣，拘捕人質，以及重演三十年戰中的種種苛虐——引起了公衆的憤怒。當然，英國在印度和牙買加等處也作過同樣的事情，但是法國人並不是印度人或中國人或黑人，而普魯士人也不是天蹤底英吉利人。亨索倫皇室歷來以爲在常備軍潰敗之後還要繼續自衛是犯罪的。」當普魯士抵抗拿破崙第一的時候，非勒德立克威廉第三曾經爲這種觀念所苦。

馬克思把俾斯麥底「砲轟巴黎」的話稱爲「不過是虛聲恐嚇。」「依照情理這種行爲對于巴黎是不會有嚴重底效果的。即使外圍工事有幾處被轟毀，造成幾個裂口——在被圍的人數比圍攻的人數更多的情形之下，這能有多大用處呢？制服巴黎的唯一有效方法是使牠飢餓。」這「沒有祖國的人」對于軍事科學的問題並無獨斷的自信，而他說俾斯麥所謂「砲轟巴黎」「不過是虛聲空嚇」確是與德國著名底將軍們同一見解的。他們——除了羅昂而外——在德國大本營熱烈爭論幾星期之中一致讚賞這「砲轟巴黎」爲「孩子氣底胡鬧；」同時愛國底教授們和記者們却受了俾斯麥的鼓動全都對于普魯士皇后和公主暴發了

㊀（Guelph）反對德國政權干涉教會的教皇全權黨。

道德底憤怒，因爲據說這兩位貴婦阻止她們底怕老婆底英雄轟炸巴黎，不是爲感傷底理由便是有叛逆底陰謀，云云。

俾斯麥大聲疾呼法國政府阻止報紙和議院自由發表意見，馬克思在一八七一年一月十六號的每日新聞上回答了這「柏林底幽默」仔細地描寫德國拑制輿論的警察壓迫方法。他底結論是：『法蘭西——幸而並未失去牠底立場——現在作戰不但爲本國的獨立，而且也爲德國和歐洲的自由。』這一句話總括了馬克思和恩格斯在色丹之後對于普法戰爭的態度。

三　法蘭西內戰

巴黎于一月二十八日投降。俾斯麥和法維爾所簽定的投降條約中明白規定巴黎國防軍得保有其武裝。國民會議選舉的結果反動底帝制派佔了多數，于是選出陰謀家泰爾斯爲共和國總統。在國民會議接受和平談判的初步條件（割讓阿爾薩斯和洛連尼賠款五十萬萬法郎）之後，他首先注意的是解除巴黎人民的武裝，因爲資產階級惡習甚深底泰爾斯和反動底地主們把巴黎人民的武裝看作正是革命。

三月十八日泰爾斯企圖剝奪國防軍的鎗砲，無恥地扯謊道：雖然在圍城時期牠們已被交給國防軍使用，而且在一月二十八日的和約中也被認爲國防軍所有，牠們確是國家的財物。這企圖受了反抗，派去繳械的軍隊也加入了人民方面。內戰已經開始。三月二十六號巴黎人民選舉公社——在牠底歷史中，工人方面的英勇與犧牲正如凡爾塞法律秩序派方面的兇狠卑劣一樣豐富。

馬克思以熱烈情緒注視着這些事件的發展是不必重說的。四月十二日他寫信給庫格曼說：『那些巴黎人正在顯示何等勇毅，何等歷史底動力，何等自我犧牲呀！在由內奸更比由外敵所造成的六個月的飢餓和殘毀之後，他們起而反叛，好像德法之間並未開戰，好像普魯士底刺刀並不存在，好像敵人並未在門前似的。歷史上有過這樣堂皇底事例麽！」倘若巴黎人失敗了，那是因爲他們底「好心腸。」軍隊和國防軍中的反動派離開戰場之後，他們是應該立刻進軍凡爾塞的，但是良心底忌憚使他們不願作戰到底。好像泰爾斯並不曾企圖解除巴黎人民武裝而開始內戰似的！但是即使巴黎人民必然失敗，他們底叛亂也仍然是我黨自六月暴動以來最光輝底成績。「試把這些反叛底崇高底提坦●一來比較普魯士德國底神聖羅馬帝國的順從底奴隸及其遺腹子底傀儡，後者正在發出一種軍營，教會，村愚的腐朽氣，總之，市儈氣。」

當馬克思稱述巴黎公社爲「我黨」底成績的時候，他有兩方面的理由，從一般意義上說來，巴黎公社是以巴黎工人階級爲骨幹的，從特殊意義上說來，國際的巴黎會員們是公社中最能幹而堅强底份子，雖然他們在公社議會中祇佔少數。國際早已著名爲資產階級社會的動亂的原因，牠應該被一切國家的統治階級看作一切不愉快底事故的替罪羊的。所以，很自然地，資產階級也應該把巴黎公社看作由國際負責的。然而，奇怪，巴黎警察的機關報之一曾經設法解脫國際對于這事件的主使責任，三月十九號這報紙發表了一封據說是馬克思寄給巴黎分部的信，信裏責備分部太過注重政治而太過小視社會問題云云。馬克思立刻寫信給太唔士(The Times)報聲明那文件是「無恥底僞造。」

誰也不比馬克思更明白國際並未製造公社，但是自始他就把牠看作國際底血中之血和肉中之肉。當然，他這樣看法祇是在國際的綱領和規約之內，按照這兩者一切目的在于解放無產階級的工人階級運動都是

●一希臘神話中的神族，曾反抗奧令配克諸神。

和國際有關的巴黎公社議會的多數派佈朗克●主義者或雖然屬于國際而受普魯東的思想影響甚深的少數派都不能算是馬克思底直接支持者。在公社時代他盡力和這少數派維持接觸，但是，不幸，證明這一點的遺文很少。

公社公用部代表弗郎克爾在回答馬克思的信（原信已不存）中說道：「倘若你願意盡其可能地以致言幫助我，我是很高興的，因爲此刻我負責其實是完全負責，一切我所願作的關于公用部的各種改革。你上次來信中的一兩行是足以表明你願意盡力使一切人們和一切工人，尤其是德國工人明瞭巴黎公社是和德國舊式公社毫不相同的。無論如何，在這一方面你是可以爲我們作出好工作的。」馬克思是否有回信或有所指示給弗郎克爾，我們現在沒有佐證。

弗郎克爾和凡爾林寄給馬克思的一封信已經散失了，但是他于五月十三號回答他們的信裏說：「我和送信人談過了。把那些對凡爾塞混蛋們妥協的報紙放在安全地位上不見得是好意見吧。預防底措置是無害的。我接到從波爾多寄來的信通知道在上次市政選舉中國際的四個會員當選了。各省也在開始活動，可惜他們底行動是地方性底和和平底的。我已經爲你們底主義寫過幾封信給和我有連繫的世界各地。總之，工人階級是自始擁護公社的。甚至英國資產階級底報紙現在也拋棄了牠們最初底敵視態度。我偶然成功把一篇袒護公社的論文混進牠們底篇幅裏。我覺得公社似乎把太多時間化費在無關宏旨底事務上和人事糾紛上。在公社中除了無產階級底勢力而外顯然還有別種勢力存在。但是這一切都無關緊要的，倘若你們能夠及時改正。」最後他指出迅速行動的必要，因爲三天之前德法正式和約已經在弗郎克府簽定了，而且俾斯麥現在正

●（Blanqui）法國社會主義者，他錯誤地以軍事密謀爲實現社會革命的手段。

和泰爾斯一樣熱心于撲滅公社，尤其因爲和約簽定後戰爭賠款就要開始償付。

以在這信裏馬克思所有的指示而論，人能够感覺到某種保留無疑地，他所寫給公社社員的各樣事情都是有着這樣隱忍底聲調的。他並非不願意對公社的行動和差誤負完全責任，因爲在公社失敗之後他立刻就公開地這樣作了的，但是那時他却不願有專斷獨裁的表示，從遠處決定當局者看得更淸楚的何者當爲何者不當爲。

五月廿八日公社最後的防禦者也倒下來了，兩天之後馬克思向理事會提出法蘭西內戰宣言。這是出自他底手筆的文件中的最輝煌底一件，一切的一切，甚至在今日也是所有關于公社的已發表的繁多底文獻的冠冕。他又顯示了他底非常才能，在那外表十分混淆而議論紛歧的情況之中指出歷史底要意。以這宣言所處理的事實而論，——而第一第二節以及第四節和最後幾節都是敍述事實的經過——牠在每一事例中指示眞理，任何一點都是顚撲不破的。

這宣言確未批評公社的歷史，但是這並不是牠底目的。牠是爲保持公社的光榮和反抗牠底敵人的詆毁而寫的，而且牠輝煌地作到了。牠是作爲爭論底文章而寫的，並不是歷史底評判，而且那時社會主義者們指摘公社的弱點和錯誤已經够嚴厲的，有時是太過嚴厲的了。在這種情形之下馬克思自己祇以提示下述一點爲已足：『在每次革命中常有性質和現實革命底代表很不相同的人物挺身前來和現實革命底代表並肩進行。這種人物之中的一些人是由前幾次革命遺留下來的，他們完全爲已往底革命所限制，並不理解當前底革命，但是，因爲他們底著名勇敢和高尙性質，或者祇因爲老資格，他們在羣衆中仍然享有相當勢力。另一些則是純粹底口角家，多年以來重複嚷着反對政府的同樣言論，由于這種似是而非底外貌取得了第一流革命家的聲名。三月十八以後這種人也登場了，甚至在許多事件上担任着重要角色。在他們底權力之內，他們阻撓着工人階級的現實行動正如從前他們阻撓早期革命的充分發展一樣。」宣言指出這種份子的不可原恕底罪惡。倘若假以時日，他們是可以被剷除的，但是公社沒有必需底時間。

宣言第三節，評論公社的歷史性質，是特別有趣的。馬克思很仔細地表明公社和已往歷史上與牠貌似底那些組織——從中古底公社以至普魯士底市政制度——之間的差別：「祗有俾斯麥（倘然他不是忙于鐵與血底陰謀，他就會欣然回到投稿克拉打拉得趣㈠的老行業去，那是十分合于他底心性的）祗有這種心性，纔會想把巴黎公社漫畫化為一七九一年的法國市政體制，或都市行政降為不過是普魯士國家機構的次要齒輪的普魯士市政組織。」在公社組織的多樣性和牠所代表的利益的多樣性中，宣言認為公社是一種易于擴張的政治組織，而歷來的政府形式却是以壓制為主要性質的：「那要點就在于牠根本是工人階級的政府，由于生產階級與剝削階級鬥爭而產生的，勞動者經濟解放所能實行的最後發見底政治形式。」

宣言並不能從公社的政綱上提出詳細節目以證明這種說法，因為公社並未發展，而不能發展是由于牠從成立的第一天起以至最後一天都迫于和牠底敵人的生死鬬爭。然而，宣言却已根據公社所實施的政策證明了牠底要旨在于毀滅國家，國家底最腐敗底形式（如第二帝國）不過是社會身體上的「一種寄生底贅瘤」而已，消耗牠底精力和阻礙牠底自由發展。

公社頒佈的第一道法令是廢除常備兵而以人民武裝代替牠。公社剝奪了警察機關——向來完全是政府的工具——的一切政治權能，把牠改為對公社負責的機械。廢除作為舊政府的實際武器的常備軍和警察

㈠（Kladderadatsch）柏林滑稽週報。

之後，公社進而破除壓迫的精神武器，教士的權力。公社宣佈解散和取締作爲財產所有者的教會。公社開啟一切教育機關，免除學費，並且使這些機關不受國家和教會的干涉。最後，公社從根拔去官僚制度，一切職官——連法官在內——都由人民隨時選舉和罷免，而且規定公務員的最高年俸爲六千法郎。

宣言處理這些情節的方法是明快底的，但是這些情節和馬克思恩格斯寫在共產主義宣言裏而且持續了二十五年的意見之間有着某種矛盾。他們曾經主張將來無產階級革命的最後結果之一是稱爲國家這政治制度的消解，但這消解必須是逐漸底的。這種制度的主要目的歷來是以武力保障少數有產者對作工底人民大衆的經濟壓迫。由于這少數有產者的消失，稱爲國家這種武力壓迫底制度也將要隨之消失。然而，同時，他們指出要達到這目的和將來社會革命的其他更重底目的，工人階級首先必須取得現成底國家政權，利用牠粉碎資本家的抵抗和改造社會。共產主義宣言中的這些意見是和理事會宣言的讚揚巴黎公社一下子就取消寄生底國家的激烈方式不能調和的。

當然，馬克思恩格斯都很知道這種矛盾，所以，在巴黎公社的影響之下，在一八七二年六月再版的共產主義宣言的序言中，他們修改了他們底意見，顯明地取決于理事會宣言聲明工人階級不能直率地把持現成底國家機構而利用牠來達成自己底目的。一直到後來，到馬克思死後，當恩格斯被迫而反對工人運動中的那些無政府主義傾向的時候，他纔廢棄了那種修改，又以共產主義宣言的基礎爲立場。巴枯林派以他們自己底方式解釋了理事會宣言，巴枯林自己也嘲笑說雖然公社已經推翻了馬克思底全部觀念，馬克思卻完全違反邏輯地向牠脫帽致敬，被迫而把牠底綱領和目的認爲他自己底。而且在事實上，倘若一次反叛——在工人方面並未準備而是被突然而來的野蠻攻擊所逼迫——用幾道簡單底法令就能夠廢除全部國家壓迫機構，那不是證明巴枯林歷來堅持的觀點了麼?想要相信這個的人們並不難在宣言中發見合意的理論;宣言有意把其實不過是由公社性質上可以發展的一種可能性當作已成事實看待。總之,巴枯林底煽動在一八七一年中比以前更為旺盛這事實確是由于巴黎公社所給與歐洲工人階級的有力影響。

宣言底結語說:『工人的巴黎和牠底公社將要永遠被紀念為新社會的光榮底先驅。牠底殉道者是在工人階級的偉大底心胸中被視為神聖而愛護着的。毀滅牠的人們已經被歷史枷以示衆,他們底教士和牧師的一切祈禱都不能超渡他們。』這宣言立刻造成一大轟動,所以馬克思在給庫格曼的信裏說:『牠已經弄得神吵鬼鬧了,此刻我有了算是倫敦最受毀謗和恐嚇的榮幸。這對于我是好的,在沼地上的一隻蛙似的過了孤寂的冗長底二十年之後。政府機關報觀察者甚至以起訴恐嚇我。讓他們試試看吧!我輕視這些賤人。』吵鬧起來之後,馬克思立刻宣佈他自己就是宣言的作者。

在後幾年中他甚至被社會民主主義者方面責罵把巴黎公社的責任加在國際身上而使國際遭受危險,雖然國際對公社是不曾負任何責任的。為公社抵禦不正底攻擊是很好的,但是對于牠底缺點和錯誤他應該推脫他自己呀,云云。總之,這種意見並不通行,所說底策略對于自由主義底『政治家』或許是好的,對于馬克思却不好,就因為他是馬克思。他是絕不會妄想減輕當前底危難而至危害他底主義的前途的。

四 國際與巴黎公社

未經清理殘餘就接受了公社的遺產,國際遭逢着許多敵人。

充滿了各國資產階級報紙中的那些毀謗是毫不重要的。恰相反,由于這些毀謗國際在某種意義上和某種程度上爭取了一種宣傳底武器，因為理事會因此能夠公開回答這些攻擊至少在英國報紙上得到答辯的機會。

對于國際更為重要得多的問題是必須幫助許多流亡底公社社員，他們逃到比利時，瑞士，而主要的是到倫敦。國際的財政狀況越來越壞，幫助流亡者所需要底款項的募集十分困難，必須更大底努力。這幾個月以來理事會不能不把大部份時間和精力用在這問題上，以至妨礙着牠底正常事務，雖然這些事務更加緊迫，因為幾乎各國政府現在都發動牠們底力量反對國際。

然而，甚至那些政府反國際的爭鬭也不是國際底主要困難。反國際運動在大陸各國是進行得多少有力的，但是想要聯合那些政府一致壓迫階級覺悟底無產階級的企圖此刻卻失敗了。法國政府首先發動這企圖，于一八七一年六月六號由法維爾發出一個通諜。但是這文件是這樣愚昧而且虛謊，對于別國政府並無影響，連俾斯麥也不理會。俾斯麥總是願意傾聽反動計劃的，尤其是正對工人階級的計劃；他也曾經由于誇大狂的毛病吃驚于德國社會民主方面——拉塞爾派和愛森那赫派——的擁護巴黎公社。

不久之後，西班牙又想聯合歐洲各國政府一致反對國際，這一次也是由牠底外交大臣發出一個通諜。通諜宣稱各國政府各自採取最嚴厲底方策以彈壓國際和在各國國內的牠底分部，這是不夠。各國政府必須聯合一致來消滅這種惡害。這挑戰本來可以得到更大底成功的，但是英國政府立刻婉詞拒絕了。格蘭維爾爵士回答道『在我國中』國際的主要活動祇限于指導罷工，而牠底活動的經費是很有限的，至于構成牠底綱領的革命計劃，卻是外國份子的意見而不是英國工人的意見，英國工人所注重的是工資問題。然而，居留英國的外國人們和英國臣民一樣享有國家法律的保障。倘若他們以好亂底行動反對和英國維持着友好關係的國家，他們是要受懲罰的，但是目前並沒理由採取任何特殊方策反對旅居英國的外國人們。這對于無理要求的合理拒絕使俾斯麥底半官式喉舌謾罵起來了；當英國好像一個收容所似的以法律保障使一切可以擾亂歐洲的亂黨逍遙自在的時候，任何反對國際的方策都歸于無效。

雖然國際底敵人並未組織成反國際的聯合十字軍，國際自身也並未構成一道鞏固底陣勢，以抵抗牠底分部在大陸各國所受的迫害。這是牠底焦急的主要原因，使事情更加嚴重的是牠覺得在英德法的牠底基礎動搖了：這三國的工人階級牠認爲是牠底最强固底堡壘的，而且這三國的大規模工業發展是最爲進步的，這些國家裏的工人們多少享有一點民主權利。這些國家對于國際的重要性表現在這事實上：在理事會中有二十個英國人，十五個法國人，七個德國人，而瑞士和匈牙利不過各有兩個，波蘭，比利時，愛爾蘭，丹麥，和義大利不過各有一個而已。

拉塞爾在德國工人中組織他底運動自始就當作一國底事來作，這曾經引起馬克思底嚴厲斥責，但是不久就顯見得這種作法使德國工人運動越過了震撼着大陸其他國社會主義運動的一種危機。對法戰爭的結果使德國工人階級運動暫時陷于停頓。工運的兩派忙于自己底事務，不大關心國際。雖然兩派都宣言反對兼併阿爾塞斯和洛連尼，袒護巴黎公社，而理事會認爲國際分部的愛森納赫派却比拉塞爾派更多受官廳的迫害，以至被控爲叛國。據俾斯麥自己底說明，首先引起他疑惑的是伯白爾在國會裏的演說，在那演說中他聲言德國社會民主派與巴黎公社團結一致；于是俾斯麥就對于德國工人階級運動不斷地加以猛烈打擊了。然而，更加決定愛森那赫派對于國際的態度是這事實：牠一旦依據國家的基礎成爲獨立政黨，牠就變爲越更越更遠離國際了。

在法國，台爾斯和法維爾使反動底君主派底國民會議通過了一條專門壓制國際的嚴酷法令，完全麻痺了法國工人階級，這階級是早已被可怕底凡爾塞大屠殺削弱到精疲力竭了的。因爲想要殘酷底報復，這些法律與秩序的主持人們要求瑞士，甚至英國，把公社社員當作普通刑事犯引渡回國，而且，以瑞士而論，他們是幾乎成功了的。在這種情形之下，理事會和法國的聯繫完全中斷。因爲要在理事會中有法國工人代表，國際補選了幾個流亡底公社社員（有幾個原是國際會員，有幾個是因爲在公社中的革命精神而著名的）那目的是在于尊榮公社。這意見是好底，但是牠並不能增强理事會，反而削弱了牠，因爲這些流亡底公社社員都不能逃避一切流亡者底命運，把全部精力都消耗在內部底鬭爭上。現在馬克思對于法國流亡者不能不經歷二十年前對于德國流亡者的同樣煩惱和困難。他是最不願意表揚自己的人，但是一八七一年十一月中，法國流亡者的不斷爭吵使他悲歎道：「這就是我爲他們化費了五個月的時間和在宣言裏讚揚他們所得的報酬！」

最後，國際失掉牠以前所享有的英國工人的支持。這破裂的初次表面化是兩個著名底工會運動領袖——路克拉夫特和歐德格，都是理事會自成立以來的會員，而後者是該會歷來的主席——因爲法蘭西內戰宣言而辭去該會的職務。因此發生一種傳說：工聯脫離國際是因爲憎惡國際擁護公社。其實，這傳說是不合事實的。那破裂是由于更重要更深沉底理由的。

國際和工聯的結合自始是一種便宜婚姻（marriage de convenance）。兩方互相需要，但是誰也沒有同甘共苦，百年偕老的意願。馬克思曾經以精警底文詞依照國際成立宣言和規約起草了一個聯合綱領，但是，工會雖然能接受這綱領，在實踐上却祗以適合自己底目的的爲限。格蘭維爾爵士在回答西班牙政府的諜文中正確地說明了英國工會和國際的關係。工聯的目的是想在資本主義社會的礎基之上改良工作條件，因爲要達成這目的他們並不輕視政治鬬爭，但是在擇取同盟和武器的時候，他們並不從原則上加以考慮，以爲這種考慮不直接適合于實際目的。

馬克思不能不立刻認出工聯的這種自私自利的特性，在英國無產階級的歷史上是根深蔕固的，很不容易破除。工聯需要國際推行改造法案，但是這目的纔一達到，他們就和自由黨勾結起來，因爲沒有後者底援助他們就沒有當選議員的希望。甚至在一八六八年中馬克思就已埋怨那些『陰謀家們』，而且指出歐德格——曾經屢次被提出爲候選人——是其中的一個。又有一次，馬克思在理事會當着幾個愛爾蘭派布龍特歐布林的支持者們而前鄭重說道：『不論怎樣愚昧，歐布林派在理事會中（時常必然）是對抗工聯的一種勢力。這一派人是更革命，對于土地問題的態度更確定，更少國家主義，也沒有流于腐化的趨向，但是因此他們是早就可以出來的了。』馬克思也屢次反對在英國成立特種聯合會議，那主要理由曾經在理事會于一八七〇年一月一號所發表的通告中說明過英國人缺乏革命熱情和博大氣魄，所以這種會議將要變爲議會中激進派手裏的工具。

英國工人階級領袖們退出之後，馬克思責駡他們公然出賣自己給自由黨內閣。他們之中的某些人眞是如此，但是並非全都如此，即使以包括現款之外的其他『腐化』形式而論。作爲工會領袖，阿普里格特底聲名並不在歐德格和路克拉特之下，而且是貴衆兩院公認爲工會的正式代表的。國際在巴斯勒舉行大會之後，議員們詢問他對於土地公有等等的態度，但是他拒絕了他們底恫嚇底試探。一八七〇年他被任爲傳染病法案的皇家委員的委員，這是工人得到皇帝稱爲『我們所信愛的人』榮譽的第一次。然而他仍然簽名在理事會的法蘭西內戰宣言上，而且一直担任理事會會員到底。

阿普里格特底品性是無可掀議的，而且他拒絕担任商務局的職務。他底態度現在明白地表示了工會領袖們退出國際的眞理由。工聯的直接目的是獲得牠們自身和牠們底基金的法律保障。在一八七一年春季這目的在表面上似乎已經達到：政府頒佈了一條法令，准許各工會登記爲合法底團體，而且工會基金也得到了合法底保障，祇要牠底規程不抵觸着現行法律。然而，政府用這一隻手給與的，立刻又用另一隻手收去了，因爲那法令裏有一種冗長底條文，在實施上是摧毁組合權利的，使用了「威脅」「要挾」「騷擾」「妨礙」「暴行」等等伸縮自如底老名詞來禁絕罷工。其實牠不過是專門反對工會的法令而已。凡是目的在于發展工會的一切行動都是被認爲可能受罰的，而別種團體的同樣行動却依然是合法底。英國工會運動歷史家客氣地審愼說道：「倘若刑法這樣延伸到這些團體用以達到目的的尋常底和平方法，那就似乎不必承認這些團體的存在。」❶首先承認工會爲合法而且給與保障，同時又分明確立一切反對工會活動的條規，甚至加以强化。

自然，各工會和牠們底領袖們都拒絕了這居心叵測底禮物，但是他們底抗議的成功不過使政府把這法會分爲兩部份而已：一條准許工會合法存在，一條是刑事補充法，包括一切反對工會活動的條文。當然這並不是眞底成功，不過是邀請工會領袖們跳進去的陷阱而已，而且因爲他們急求基金比忠于工會原理更爲熱忱，他們都跳下去了。他們全體，阿普里格特甚至作着先導，在這新法令之下登記了他們底組織，而且在一八七一年九月正式解散各業工會聯合會，這是「新工會運動」的代表團體，曾經作爲國際與各工會之間的連繫物，

❶ The History of Trade Unionism by Sidney and Beatrice Webb. London, Longmans, Green & co, 1894, pp. 263—64.

的，說是『已經盡完了牠應盡底任務了。』

因爲工會領袖們遂漸得到中產階層尊重，他們已經把罷工看作工會活動的較爲原始底方法了，他們是不難以此自慰其良心的。早在一八六七年他們之中的一個就已在皇家委員會之前聲言罷工對於工人和雇主都是純然濫費金錢和人力的事。所以，在一八七一年，當工作九小時運動風糜全國的時候，工會領袖曾經盡力阻攔工人們——工人們不顧他們底領袖們底『政治家風度』痛恨那新底反對工會活動的刑事補充法。這運動于四月一號以桑特郎機器工人罷工開始，迅速擴大到各工業中心，而以紐開索的罷工爲頂點，經歷了五個月之久，結果是工人完全勝利。機器工人聯合會是反對工人方面的這種羣衆運動的，一直到罷工進行了十四個星期之後屬于這聯合會的罷工工人纔得到罷工津貼，每星期五先令。工人們就用這點錢和平常底失業津貼進行他們底鬥爭。這迅速擴大的運動完全是由『九小時同盟』領導的，爲這目的而成立的同盟有一個很能幹底領袖約翰班尼特。

在另一方面，同盟得到國際理事會的有力支持，後者派孔和伊克卡留斯到比利時和丹麥去阻撓雇主們的代理人在那裏徵募罷工破壞者，他倆對於這任務都得到了高度底成功。當馬克思和班尼特談判的時候，前者忍不住埋怨道：有組織底工人團體一直到困苦的時候還置身于國際之外，倘若他們來得更合時宜，那就比較更容易採取預防措置。然而，此刻時事的發展好像使羣衆慷慨地補償國際因爲他們底領袖們所受的損失。新底分部成立了，原有底分部正在增强，但是同時要在英國成立特種底聯合會議的要求也更加急迫起來。

這一次馬克思終於讓步，不再拒絕他多年以來拒絕着的事。由於巴黎公社的潰敗新底革命的可能性已經退入陰暗，因此，他顯然不再堅持理事會必須直接掌握革命的最强底槓杆的意見。然而不久事實就證明他底向來底變懼是正確的：由于這種聯合會議的成立，國際的影響開始在英國消失，比較在別國更爲迅速。

五　巴枯林底反對派

巴黎公社失敗之後國際在德法英已經是够困難的了，而這些困難比起在牠底基礎薄弱的各國之中所有的紛爭來却不算什麽。在普法戰爭之前在瑞士就已構成的紛爭中心現在傳播西義比各國了，顯見得巴枯林底意見似乎將要戰勝理事會的意見。

這種發展並不如理事會所說是由於巴枯林底陰謀詭計。在一八七一年之初他確是因爲要全力從事新底政治活動而中止翻譯資本論第一卷的，但是這些活動和國際並無關係，而且終於嚴重地損壞了他自己底政治聲譽。那就是出名底尼察也夫事件，而這事件是不能像熱心讚賞巴枯林的人們把他底錯誤歸咎於「太過善良而至太過相信人」那樣輕描淡寫過去的。

那時尼察也夫是一個三十多歲的青年。他生來是一個農奴，可是幸而得到自由主義者的援助，能够在一個神學院裏受師範教育。他偶然加入當時俄國學生運動，而且在其中取得某種地位，這並不是由於他底教養，那是淺薄底，也不是由於他底頭腦，那是平庸底，而是由於他底猛鷙底能力和痛惡沙皇底壓制。他底主要性格是完全沒有一切道德底考慮，當着他以爲他是在推行他底主義的時候。他私人並沒有什麽欲求，而且當着必要的時候他什麽也可以不要，但是當着他以爲他是在作着革命行動的時候，那就什麽也阻止不住他，無論要受什麽懲罰。

一八六九年春季他初次出現於日內瓦，說是從聖彼得保羅監獄逃出的國事犯，由號稱爲祕密準備全俄革命的一個全權委員會派來的代表。這些全是揑造的；尼察也夫並未被押在那獄裏，俄國也沒有這樣一個委員會。據他說，和他直接有關係的同志們被捕之後，他離開了俄國，爲的是來聯絡前輩亡命客們用他們底名義和著作鼓動俄國青年的熱情，云云。以巴枯林而論，他得到了一種幾乎不能令人相信底成功。巴枯林深深感動於『這野性青年，』『這小老虎』他常常這樣稱呼尼察也夫，把他當作革命精神足以推翻帝俄的新進後輩的代表人物。巴枯林十分相信那『委員會』，以至無條件地接受牠經由尼察也夫傳達給他的命令，而且立刻宣佈他自己準備聯合尼察也夫出版一些極其革命底著作，輸入俄國境內。

無疑的，巴枯林對於這一類著作是有責任的；對於其中最惡劣底那些是否應由他或尼察也夫直接負責並不是主要問題。況且，巴枯林自己從來不曾以文字否認過他和下列文件的關係：籲請帝俄軍官像巴枯林一樣無條件地投身於『委員會』指揮之下的文告，或理想化了俄國盜匪的傳單，或充滿了巴枯林所偏愛的慘烈觀念和兇猛言詞的所謂革命問答。然而，巴枯林曾否參加尼察也夫底種種荒唐行動卻是不曾證實的。其實他本身就是那些行動的犧牲者，到他認識了這一點，向『小老虎』關門的時候，已經太晚了。

巴枯林和尼察也夫都受了國際的責備：派遣老實人們帶着必然引起俄國警察注意的文件，電信之類到俄國去送命，雖然巴枯林底聲譽可以合理地替他辯解。到被揭發之後尼察也夫承認了事情的眞象。他幾乎是坦然無恥地承認他慣於設計誣陷不十分贊同的人們，要使他們毀滅或者把他們完全拖進那運動裏面。依照着這種可詛咒底原則，在激動的時候，他就會勸人們簽名在曖昧底宣言上，或偷竊別人底私信以便日後要挾。

一八六九年秋季尼察也夫回俄國去的時候，巴枯林還不知道他底這些辦法，親筆『委任』他爲『代表，』當然不是國際的代表，甚至不是社會民主聯盟的代表，而是巴枯林底天才所發明的歐洲革命聯盟俄國支部的代表。這組織也許祇存在紙上，但是，無論如何，巴枯林的名字是足以爲尼察也夫的煽動在學生羣中獲得某種支持的。尼察也夫獲得權力的主要方法還是那「委員會」的神話，所以，當着他新得來的黨徒之一，學生伊凡諾夫，懷疑這種神權的存在的時候，他就用暗殺處置了這不合意底懷疑者。由於伊凡諾夫的尸體的發現，許多人被捕了，而尼加察夫却已逃出國界。

一八七〇年一月之初，他又出現在日內瓦，重新開始他底老行業。巴枯林挺身出來作他底勇猛底捍衛者，說伊凡諾夫的被殺是政治事件，並非普通刑事，所以瑞士政府不應該允許沙皇的引渡要求。這時尼察也夫躲避得很祕密，瑞士警察找不到他，但是他用惡劣手段播弄他底保護人。他勸他放棄資本論第一卷的翻譯，專一致力於革命宣傳，而且預約可以得到已先付出稿費的那出版家的同意。巴枯林，那時生活在極窘迫底境况中，祇以爲這預約就是說尼察也夫或那神祕底「委員會」將要償還三百盧布給那出版家。然而，尼察也夫「正式」寫了一封信，信上還畫着一柄斧子，一把短刀和一枝手鎗，並不寄給那出版家，而寄給作爲巴枯林與那出版家之間的中介的劉巴文，禁止他要求巴枯林償還預支款項，否則他就活不成云云。巴枯林得到了劉巴文的辱駡底信，他立刻回信承認債務，並且屢次聲明祇要他底經濟情况許可就儘速償還，而且他終於和尼察也夫斷絕關係，這時他發覺了後者更壞底事，如計劃搶劫辛澌龍郵局之類。

作爲一個政治領袖的巴枯林在這事件上所犯的不可恕底昏聵之罪，他生平最荒唐底插曲，使他得到很不愉快底結果。馬克思於一八七〇年聽見這事件，這回是經由五月間停留在日內瓦的洛伯丁告訴他的，正確無誤，曾經枉然設法使巴枯林相信俄國並沒有那麼一個「委員會」，尼察也夫也不曾在彼得保羅坐過牢，而勒死伊凡諾夫確是毫無人情的謀殺。要說誰能知道事情的眞象，那就是洛伯丁，而他底消息確定了馬克思現在討厭巴枯林的意見是自然底事。俄國政府因爲伊凡諾夫被害而拘捕了許多人之後，發現了尼察也夫活動的眞象，認爲是項好底機會，因爲要在世人眼前暴露俄國革命黨人的短處，就佈置了第一次公開審判政治犯，於一八七一年七月開審於聖彼得堡。八十多個被告最多數是學生，大半被判處長期徒刑或西比利亞礦坑苦役。

尼察也夫自己還是自由的，往來於瑞士，敦倫，巴黎，在巴黎經過圍城和公社時期。在一八七二年秋季他纔落在警察手裏——被暗探所緝獲。巴枯林和他底朋友們爲他發表了一本小冊子，由蘇里支的斯卡伯玆書店出版，反對瑞士政府把他當作普通刑事犯引渡給帝俄政府。這次行動並未辱沒巴枯林。他曾經寫信給也被尼察也夫欺騙過奧加立夫——在赫爾岑死後曾經主持巴特米提夫基金的全部或一部：「我心中覺得現在尼加也夫——已經迷惑而確自知其迷惑——將要從他底性格深處提起往昔底精神和堅定，那性格也許是混濁底的，但是並不低下。他將要英雄底地忍受一切，這回他不會出賣一個人和一件事的。」尼察也夫在帝俄監牢裏受苦十年一直到死，證實了這些期許。他曾經盡其所能補償他從前的錯過，保持着鐵硬底精神，甚至獄卒也退讓他。

正當巴枯林和他分手的時候，普法戰爭爆發了。這戰爭使巴枯林轉到另一方面。這老革命家估計德軍的侵入法國將要發出法國社會革命的信號。法國工人們必不至於在君主專制，貴族橫行和武力侵略之前停滯不動的，除非他們叛離了他們底立場以至社會主義。德國的勝利將要成爲歐洲反動的勝利。他說國內的革命不一定會麻痺了法國人民對於外敵的抵抗，他引述法國歷史來證明這一點：這是不錯的。但是他主張勸誘拿破崙派和反動底農民階層來參加城市工人們的革命運動，卻完全是幻想。這些農民並不會接近任何方案或共產主義組織或形式，因爲這些東西將要使他們反叛城市，如巴枯林所說。不過，人應該引發他們底靈魂深處的革命精神，云云，這一類昏話。

第二帝國崩潰之後，吉育米在團結上號召從速組織義勇軍援助法蘭西共和國。這正是十足底蠢事。尤其因爲牠出自一個反對參加國際政治行動的人，所以除了笑話之外毫無結果。然而巴枯林於九月二十八號打算在里昂成立革命公社，却不能和這相提並論的。巴枯林曾經被里昂的革命份子召請到那裏去。當着克魯色將軍的詭計和另一些人的卑怯使國防軍得到輕易勝利的時候，里昂市政廳被佔領，宣佈廢除「國家行政機構」而以「公社的革命聯合會」來代替牠。巴枯林曾經枉然主張採取强硬方策，拘捕政府代表。他本人被捕了，但是幾乎立刻就被一隊義勇軍所釋放。他在馬賽停留了幾個星期，希望這運動的再起，一直到證明這希望的毫無根據，纔於十月尾轉回洛加諾。

讓反動派去譏笑這不成功底企圖吧。有一位並不因爲反對巴枯林底無政府主義而失其客觀底評判力的人寫道：「不幸，甚至社會民主派底報紙上也已發生了嘲笑底聲音，雖然巴枯林底企圖確是不應該受這樣待遇的。當然，不同情於巴枯林之流的無政府主義的人們對於他底無根據底希望必須採取批評態度，但是，除此而外，他在里昂的行動是勇敢底，企圖喚醒法國無產階級同時反抗外來底敵人和資本主義制度。後來巴黎公社也有這種企圖，曾爲馬克思所讚許。」這確是比來卜茲民主國的態度更爲客觀而且合理的；民主國，按照慣用底手段，說道巴枯林在里昂所發表的宣言更適合於俾斯麥派，好像是在後者底機關報編輯室裏策劃出來的。

里昂運動的失敗使巴枯林深爲頹唐。他曾經相信革命幾乎就在眼前現在却看着牠消失在遼遠底將來，尤其是在巴黎公社倒閉之後；那公社曾經使他滿懷着新底希望。他更加憎恨馬克思所發動的革命宣傳，因爲他以爲牠應該負使無產階級態度不定的主要責任。而且，他個人底境况很窘迫。他得不到他底兄弟們的的幫助，有時袋裏連買一杯清茶的錢都沒有。他底妻恐怕他會失掉精力，日趨萎頓。然而他決定纂輯他平日所寫的關於哲學，宗敎，國家，人類發展和無政府主義的論文，成爲一部書，算是他底政治遺致。

這書始終不曾完成。他底倔强性格不許他有那麽多平靜時間。育丁繼續在日內瓦搗亂，一八七〇年八月他作成了把巴枯林及其朋友排出日內瓦國際中央分部的事，那理由是他們是社會民主聯盟的會員。那時育丁散播謠言，說那聯盟其實並未被理事會承認加入國際，聯盟所有的由永和伊克卡留斯簽字的文件是僞造的，云云。然而，這時洛賓流亡到倫敦，已經成爲理事會會員，雖然從前他在平等上曾經猛烈地攻擊過牠。因此理事會承認聯盟已經有了客觀底證明，因爲洛賓從未改變忠於聯盟的態度。一八七一年三月十四號他提議國際召集機密會議解決日內瓦紛爭。在巴黎公社的前夜理事會想要拋棄這提議，但是在七月二號牠決定於九月中召集會議討論日內瓦事件。在七月會議中，由洛賓動議，牠確認由永和伊克卡留斯簽名的通知聯盟加入國際的文件是眞實的。

確認的信還未達到日內瓦，聯盟日內瓦分部於八月六號自動解散，並且立刻通知理事會。那意思是造成一種好印像：在理事會曾經爲聯盟辯護，反駁育丁底謊話之後聯盟爲排難解紛起見寧願犧牲自己。然而，如吉育米後來所承認，其實決定解散是另有動機的。聯盟早已陷於毫不重要底地位，尤其是對於在日內瓦的公社流亡者，牠似乎不過是私人爭吵的殘尸餘骸。此刻吉育米把這些流亡者看作在更廣大底基礎上進行反對國際日內瓦聯合會議鬥爭的適當人物。所以，聯盟解散幾星期之後，那些殘餘份子就和那些公社社員重新結合爲『社會主義革命宣傳及行動會，』自稱贊同國際的一般原則，但是保留着國際規約及歷次大會所給予的自由充分應用權利云。

當初巴枯林和這些事毫無關係。這就是說號稱聯盟領袖的他，甚至牠底日內瓦分部的自行解散，在事前都無人諮詢，雖然他就在附近的洛加諾。他尖銳地抗議道：『我們不要這樣卑怯，以保持國際間團結一致爲藉口，』這倒不是因爲傷感，而是因爲他覺得在這種情形之下解散是卑怯底狡謀。同時他開始著作，詳細敘述日內瓦的混亂，表明他覺得正在爭持中的那些原理，作爲他底支持者在倫敦會議中的指導方針。

這著作的大部份現在還保留着，幸而和一年前他與尼察也夫合作的那些俄文小冊子不同。除了一兩處盛氣之詞而外，這著作是寫得心平氣和而且客觀底的，無論人對於巴枯林底特殊主張採取什麼態度，這著作確是可以令人相信日內瓦的混亂有着更深底根源，並不祇是私人糾紛的流沙淤積，至於那些流沙淤積是應該由育丁之流負大部份責任的。

巴枯林從來不曾否認過他和馬克思之間的根本差異，爲了後者底『國家共產主義』問題，而且他對於他底反對者不曾用過羔羊皮手套。然而，巴枯林看馬克思並不是祇有可責底私自目的的人。他敘述國際從人民大衆中發展起來，由於爲民衆的能幹人們的助力：『我們藉此機會表示敬意於德國共產黨的著名領袖們，尤其是馬克思和恩格斯，以及貝克（我們從前的朋友，現在的不能妥協底敵人）他們是國際的眞正底創造者，倘若個人能有所創造的話。我們承認他們底一切勞績，同時也不能不和他們戰鬥。我們對於他們的敬重是深切而且誠懇的，但是並不把他們當作偶像，而且我們絕不願作他們底奴隸。雖然我們充分承認他們爲國際曾經作過和正在作着的大功勞，我們還是要和他們一刀一槍地戰鬥到底，反對他們底權力論，專政論，以及詭詐虛誇，引用奸人，造謠毀謗，總之，他們把幾乎成爲德國政治鬥爭的特色的種種手段都用到國際裏面了。」這確是够坦白的，但是巴枯林並未否認作爲國際的創立者和領導者的馬克思對於工人階級運動的不朽的功績。

然而巴枯林也不會完成這著作。當他正在寫作的時候，馬志尼在盧加諾發行一種週報，猛烈攻擊公社和國際。巴枯林立刻和他肉搏，作了一個國際主義者對於馬志尼的答覆，當馬志尼及其黨徒出而應戰的時候，他又寫了別底一些小册子。在種種失敗之後這一次巴枯林得到完全成功：國際在義大利不過有一點很狹小底基礎，現在迅速發展起來了。巴枯林的成功並不是由於他底「陰謀」而是由於他底雄辯發洩了巴黎公社在義大利青年中所引起的緊張情緒。

在義大利大規模底工業還未發達。新興底無產者的階級覺悟是很緩慢的，而且沒有進攻和防守的合法底武器。在另一方面，半世紀以來曾經展開過國家統一的鬥爭，資產階層之中保持着一種革命底傳統。爭取國家統一的無數叛亂和反抗所得到的結果，終於是必然使一切革命份子大爲失望的。最初是在法國保護之下，後來是在德國武力保障之下，義大利的最反動底一邦成爲統治底君主專制。巴黎公社的英勇鬥爭使義大利革命青年從失望中振作起來。行將就木的馬志尼轉背對着激起他底舊恨的社會主義的新曙光，但是更爲偉大底民族英雄加里波底卻正直地歡迎國際中的「將來的旭日」。

巴枯林分明知道他底支持者是來自民間哪些階層的，一八七二年四月他寫道：「一直到此刻義大利所缺乏的並不是正確底直覺能力，而是組織和理論。這兩者現在發展得這樣迅速，目前義大利，和西班牙，或許可以算是最革命底國家。義大利現有着別國所缺乏的某物：一種熱忱底有力底青年，並不急功近利，雖然出身於有產階層，並不像別國有產階層子弟那樣精神萎頓和思想腐敗。現在他們正在投身於他們底革命底社會主義，聯盟的綱領之中。」這幾句是巴枯林寫給他底西班牙黨徒，鼓勵他們進一步行動的。然而，這並不是合意底幻想，而是無可否認底事實，當巴枯林估計他底成功在西班牙縱不比在義大利更高也不會更低的時候——他對於西班牙的影響祇經由他底朋友，他自已並未去過那裏。

西班牙的工業發展也還是很落後的；凡是工業落後國家之內的（近代意義底）無產階級，沒有一切合法底權利，他們所能使用的拚命的武器祇有武裝暴動。西班牙的工業大城巴塞龍納在歷史上比世界其他城市更多巷戰。况且，長期內戰已經使這國家陷於動亂；一八六八年秋季驅除了布爾彭王室之後，一切革命份子都大爲失望地發見自己處於一個外國君主的（很動搖底）統治之下。巴黎的革命烈焰的火花也飛落在西班牙堆積着引火物上。比利時的情形和義大利及西班牙的有些不同，因爲比利時已經有無產階級底羣衆運動，雖然這幾乎祇限於瓦倫各縣區。波林那日的最革命底礦工們成爲這運動的骨幹，而以合法手段改良他們底階級狀况的一切意念都已在幼稚期中粉碎於每年罷工中的流血慘禍。他們底領袖都是普魯東主義者，所以傾向於巴枯林方面。

祇要一看巴黎公社失敗之後巴枯林底反對派在國際中的發展情形，就知道很有些人想用他底主張解決社會矛盾和由此而發生的緊張。

六　第二次倫敦會議

理事會決定於九月中在倫敦舉行的會議是作爲代替行將到期的每年大會的。

一八六九年巴斯勒大會原來決定下期大會在巴黎，但是歐里維爾所主持的反對國際法國分部舉行選舉的運動迫使理事會運用權力改變會址，一八七〇年七月理事會決定大會要在馬燕斯開會。同時牠向各國聯合會提議把牠底地址遷移到別底地方，但是這提議被一致拒絕了。普法戰爭的爆發使馬燕斯大會成為不可能，於是各國聯合會授權理事會斟酌情形擇定大會地點。

時局發展很不利於一八七一年秋季大會的召集。各國對於國際會員的壓迫使他們不能如意地遣派代表，而能夠出席的那些少數人一定就要被他們底政府所偵知，在回去的時候引起更多麻煩。國際很不願意再增加犧牲的數量，因為援助受難會員早已用盡牠底最大底人力物力，不勝其煩的了。

於是理事會決定在倫敦召集一次祕密會議，像一八六五年所召集的那樣，並不舉行公開的大會。出席人數之少完全證實了理事會的憂慮。這大會從九月十七號開到二十三號，只有二十三個代表出席，其中有六個比利時的，兩個瑞士，一個西班牙的。理事會的十三個會員也列席，但是其中的六個祇有一個發言權。在這大會的許多廣泛底決議案之中很有些是關於工人階級的統計，工會的國際關係，和農業，等等，在當時的情形之下全不過有一種學院意義而已。大會的主要課題是防衛外敵的猛攻和團結內部，鎮壓搗亂份子，總之，這些課題是同時發生了的。

大會最重要底決議案是關於國際政治活動的。大會首先依據成立宣言，規約，洛桑稜大會決議案以及國際的其他文獻，聲明工人階級的政治解放和牠底社會解放是不可分離地聯繫着的。然後大會指出國際正面對着一種橫暴底反動，無恥地壓迫着工人階級要求解放的各種努力，用野蠻底方法保持階級底差別和佔有階層的統治。大會說明工人階級祇有團結為一階級一致行動纔能抵抗統治階層的橫暴，而且把牠自已組織成一種獨立底政黨，以抵抗統治階層的舊黨派；要達到社會革命的勝利和牠底最後目的，廢除一切階級，工人階級的獨立政黨的組織是必不可少的；末了，工人階級也必須利用由經濟底關係而取得聯合的各種分立底勢力作爲反抗剝削者底政權的鬥爭武器。爲了這些理由大會提示國際全體會員戰鬥底工人階級的經濟運動和政治運動是不可分離的。

關於組織事項大會要求理事會限制補選會員的人數，同時不可偏重某一國人。理事會的名義必須嚴格使用，聯合會議的名稱須依照其所代表的國度，地方分部則依照那地名。大會禁止使用一切派別的名目，如積極主義，互助主義者，集團主義者，共產主義者等。國際的每個會員應該遵照從前的規定每年繳納會費一辨士●以支持理事會。

對於法國，大會主張盡力於工廠之內的宣傳，散佈小册子；對於英國，理事會准許成立特種聯合會議，祇要該會議得到各區內和各工會內的國際分部的承認。大會宣稱德國工人在普法戰爭中已經盡了無產階級底義務。大會否認對於所謂尼察也夫事件的一切責任。同時大會訓令育丁根據俄文材料起草尼察也夫案件的節略，把牠發表在平等上，但是在發表之前須呈請理事會認可。

大會宣稱聯盟的問題已經解決，日內瓦分部已經自動解散，派別名稱的使用——表示除了國際總旨之外還另有目的——已經禁止。關於熱拉各分部，大會確認理事會一八七零年六月二十九號的決議案，承認日內瓦聯合會議爲拉丁系瑞士會員的唯一代表機關，但是同時聲言鼓勵工人的團結一致現在比以前更爲必要，因爲國際正在受着各方面的迫害。所以大會勸告熱拉各分部的工人們再隸屬於日內瓦聯合會議，倘若他們覺得這是不可能的，他們就必須自稱爲熱拉聯合會議。大會也授權理事會否認自命爲代表國際的機關，如

●英幣一先零之十二分之一。

熱拉的進步和團結之類，公然在資產階級之前討論國際的內部問題。

末了，大會授權理事會決定下次大會的時間和地點，或再舉行一次會議來代替牠。

以大體而論，無可否認的，這次大會議決案的指導精神是客觀底公允的。牠對於熱拉各分部所提出的解決，即讓牠們自稱為熱拉聯合會，是曾經牠們自己考慮過的。不過關於尼察也夫事件的決議案含有私仇的痕跡，不能稱為客觀底公允。當然資產階級報紙利用尼察也夫事件來反對國際，但是這不過是牠們時時投擲在國際上的慣常毀謗，並無特別駁斥的必要。對於這種事情國際向來只是輕蔑地把垃圾踢進陰溝去就算完事，但是倘若牠要把尼察也夫事件作為例外，那就不該選擇育丁這種可恨底陰謀家作為牠底代言人，這人在巴枯林看來正如資產階級報紙一樣靠不住。

育丁一動手去作他受託的事就發生了駭人底故事。在蘇里支，據他自己說，他底唯一底敵人是巴枯林指導之下的聯盟的幾個斯拉夫人。據說，在一個晴明底日子，八個斯拉夫人在運河附近空地上襲擊他，他們把他打倒在地上，幾乎完結了他，而且把他拋進運河裏，但是有四個德國學生偶爾走到那裏拯救了他底寶貴底生命，使他後來能夠服役於沙皇。

除此而外，大會議決案確是提供了協調的基礎了的；當一切工人階級運動全被敵人圍攻的時候，內部底協調更加絕對必要了。十月二十號聯盟的殘餘份子和一些公社流亡者在日內瓦新組織的社會革命宣傳及行動會向理事會請求加入。理事會諮詢日內瓦聯合會議之後，這請求被拒絕了，於是社會革命已經代替團結，開始猛攻「俾斯麥所策動的德國人底委員會」，這在社會革命編者看來是國際理事會的正當名稱。然而，這名稱一下子就得到響應，以至馬克思寫信給他底美國朋友說：「這是指摘這不可原恕底事實：我生長在德國而又在理事會的精神上有決定底作用。注意：理事會的德國人數不到英國人數和法國人數的三分之二。所以，那罪狀是英法人在理論上被德人所支配，而這支配是由於他們覺得德國科學有用，甚至必不可少。」

熱拉各分部於十一月十二號在宋維拉舉行了一次大會，開始總攻，雖然二十二個分部只有九個分部派十六個代表列席，而這十六個人大多數是害着奔馬性底肺癆病的。因爲要補足這種缺點，他們就比不常格外叫囂。他們深覺羞辱了，因爲倫敦會議强加一個名稱（熱拉聯合會議）在他們身上，而這名稱是他們曾經考慮過，甚且後來終於採用了的；同時却要加以報復，說道那拉丁系底聯合會議必須解散；這決議當然毫無實際效用。然而，這大會的主要成績是對國際的各聯合會議發了一篇通告，攻擊倫敦會議的合法性，主張儘速召開一次大會。

這通告是由吉育米起草的，一開始就說認定國際正在墮落淪亡的道路上。牠原是作爲「反抗任何權威」而組織的，在規約中各分部和支部是完全獨立的，作爲執行機關的理事會的權力是有一定底限制的。然而，會員們逐漸盲目信任理事會，以至在巴斯勒大會中大會自己放棄權利，使理事會有權承認，否認或取消分部。這通告的作者却不提起這種辦法是經過巴枯林竭力辯護，以及吉育米自己贊成，纔決定的。

通告又說，理事會——其中的人物和地位同樣不變地繼續了五年之久——現在自以爲是國際的「合法底首腦。」「理事會把牠自身當作政府一類的東西，當然把牠自己底特殊見解看作國際的正統理論，唯一合法底理論。別個團體的意見就被理事會看作純然底異端邪說了。因此國際之中由於倫敦理事會的代表人物而發展着一個正統派。對於這些人們底種種企圖是勿需訴說不平的，因爲他們是依照着他們自己底特殊黨見而行事的，但是人必須努力和他們作戰，因爲他們底全能主義必然有一種腐化底結果。對於同伴把握着這樣權力的人是絕不能保持一種德性的。

倫敦會議繼續着巴斯勒大會的工作，決意要把國際從一種各自獨立分部的自由聯合變爲層層節制底組織，集權在理事會手裏。會議甚至決議理事會有權決定下次大會的時間和地址，或以一種會議來代替牠。因此理事會就能够擅自以祕密會議代替公開底國際代表大會。所以現在必須把理事會的權力限制於原來底職能，就是說不過是通信和收集統計的機關，以獨立團體自由聯合的方式達到理事想要用獨裁底和集中底手段所欲建立的統一。在這方面上，國際必須成爲將來底新社會的先驅，云云。

不論這通告塗抹怎樣灰暗底顏色在國際的一般情勢上，或許正因爲這些顏色，熱拉並未達到牠底眞目的。甚至在比利時，義大利和西班牙各國熱拉所要求的儘速召開一次大會也不曾得到支持。在西班牙，這種對於理事會的攻擊引起了這樣底懷疑；馬克思和巴枯林之間的嫉妒是這一切糾紛之源。在義大利，會員們對於熱拉並不比對於倫敦更願受命。不過在比利時却有一種決議，修改國際規約，要國際自行宣佈爲各獨立團體的自由結合，理事會則是牠底「通信和情報中樞。」

然而在冷淡之中，這宋維拉通告却得到了資產階級報紙的熱烈歡迎，把牠當作珍饈一樣急抓起來。尤其是自巴黎公社失敗以來，牠們所散播的關於理事會的惡勢力的一切謊話如今從國際陣營內部得到證實了。熱拉公報，這時代替了短命底社會革命，至少是喜歡翻印那些資產階級報紙上熱心讚賞的論文的。

宋維拉通告所引的嘵嘵底應聲使理事會發表了一篇答辯，也用通告的形式，題爲所謂國際內部的分裂(Les prétendues scissions dans l'Internationale)。

理事會的通告辯明宋維拉及別處所譴責的曲解甚或破壞規約，專橫，等類，眞是理直氣壯，可以認爲遺憾的祗是費了較多的筆墨在不十分重要底事體上。

七　國際的解體

今日我們想要理解那些不甚重要底事體是需要克服許多麻煩的。例如，當國際成立的時候，巴黎會員因爲避免拿破崙第三的警察干涉曾經删去了規約上的一個詞兒。規約上說工人階級的一切政治運動必須作爲一種手段，隸屬於爭取工人階級經濟解放的目的。『作爲一種手段』這一詞在法文規約中是被删了的。情形是十分顯明的，但是流言四起，說『作爲一種手段』這一詞是理事會後來加添的。而且當倫敦會議承認德國工人在普法戰爭中盡了他們底無產階級底任務的時候，這就被利用爲譴責理事會被『大德國主義』所支配的藉口。

通告粉碎了那些可笑底誹謗。牠們原是爲摧毀國際的集權而製造出來的，當着只有維護這種集權纔能保持牠底搖動底組織於反動派攻擊之下的時候。所以，通告的結語中痛責那聯盟被國際警察所播弄，這是容易被人理解的。『牠在無產階級陣營中宣揚無政府主義爲破除剝削者手裏所集中着的社會底和政治底權力的不可移易底方策。在這前提之下，正當舊世界設法毀滅國際的時候，牠要求國際以無政府狀況代替牠底組織。』國際越受外敵的襲擊，那些從內部而來的攻擊就越發顯見得輕舉妄動，況且這些攻擊全是毫無根據的。

然而，理事會對於問題的這一方面的明澈是襯托着牠對於問題的另一方面的不明澈的。一看通告的題目，就知道牠承認國際內部的分裂不過是「所謂」而已。像從前馬克思在機密通告所說的一樣，牠把一切糾紛都歸咎於「某些陰謀家的策動，」尤其是巴枯林。牠又斥責他的「各階級平等，」以及巴斯勒會議，等等，而且說他和尼加也夫負着斷送一些老實人給俄國警察的責任。牠也特別敍述他底兩個黨徒曾經被證實爲拿破崙第三底警探，這對於巴枯林確是極不愉快底事，但是幾個月之後理事會遭遇着同樣不幸，牠底兩個支持者也被證明爲奸細。通告也譴責「年輕底吉育米」詆毀日內瓦的「工廠工人」爲可恨底「有產者，」而完全忽略了日內瓦的「法布里克」之中的薪給優厚底工人是有一派墮落份子從屬於資產階級政黨的。

然而，通告中最弱之點是辯正理事會中並無所謂「正統派」這一節。牠舉出了倫敦會議議決禁止各分部採用派別名稱的事實。牠正確地說明了國際原是工會，合作社，以及教育底和宣傳底團體的高度複雜底混合組織，但是牠對於那議決的解釋卻是很可爭論的。

通告上說：「無產者反對有產者的鬥爭的第一階段是以派別紛歧爲特徵的。在無產者還不能發展爲一個階級一致行動的時候，這些派別是各有其存在底理由的。這時各個思想家開始批判社會矛盾，各自以憑着主觀底想像尋求解決的方案，期待工人羣衆的接受，傳播，實行。環繞着這樣底先驅者們形成的派別在本質上是排他的，容懸於一切實際行動之上的，離開政治罷工，工會等等，總之，遠離羣衆運動的各種方式。工人羣衆仍然漠視，甚或敵視他們底宣傳。巴黎和里昂的工人羣衆並不願和聖西蒙派，佛利耶派，伊卡留派發生關係，正如英國大憲章派和工會派對於歐文派一樣。於是原來是作爲工人運動的槓杆的各派別變爲反動，直接妨礙着推行在牠們前面的工人運動。例如英法的各派和後來德國的拉塞爾派，多年以來妨礙着無產者底組織，而終於變爲警察手裏底工具。」在另一段裏，通告稱拉塞爾派爲「俾斯麥派社會主義者，」在他們的警察機關誌

Der Neue Sozialdemokrat（新社會民主黨）的外面穿着普魯士德意志帝國的白罩衫。

這通告是否由馬克思起草並無明顯底佐證。從內容和作風上看來，牠似乎大半出於恩格斯底手筆，但是論派別的各節確是出於馬克思的，而且同樣底意見出現在當時他和黨友的通信之中，這種意見最初曾經發揮在他和普魯東的爭論之中。以大體而論，這對於社會主義各派別的歷史底批評是適當的，但是馬克思有一個錯誤，他用同樣底顏色把巴枯林派也跟佛利耶派及歐文派一起給塗抹了，拉爾塞派更不必說了。

人儘可以隨便輕視無政府主義，說它的出現簡直是工人階級運動中的一種疾病，但是不能——今天，有着半世紀的經驗的我們看來確是不能——想像這種疾病是從外面傳染來的。恰相反，牠顯然是工人階級本身所自發的一種疾病，在有利底尤其是在不利底環境中發展着的。這種錯誤甚至在一八七二年也還是難於理解的。巴枯林並未提出一套完整底理論，希望工人們接受實行。馬克思不厭地重複說過巴枯林在理論上是無足輕重的，他底綱領是左拼右揍的膚淺底雜湊品，他所擅長的祇是陰謀詭計。

這一切派別的主要特徵是敵視無產者的各種羣衆運動，這敵視有兩種意義：就是，這種羣衆運動對於那些派別沒有用，同時那些派別對於這種羣衆運動也沒有用。即使巴枯林眞是祇爲自私底目的而企圖支配國際，他也已證明作爲一個革命者他是重視羣衆的。雖然他的反馬思克的鬥爭極其猛烈，他確是始終承認馬克思在國際中創立了一種無產階級羣衆運動的規模爲不朽底功績。兩人對於這種羣衆運動祇是所採取的策略的差異。巴枯林底見解無論如何錯誤，總是和那些派別不同的。

至於拉塞爾派呢！在一八七二年中他們確乎够不上社會主義底原則的水準，但是在理論底認識上和組織底實力上他們都比歐洲當時底工人階級黨團較爲優越。就以愛森那赫派而論，他們底主要底知識來源還是拉塞爾的那些通俗著作。拉塞爾底運動建立在無產者階級鬥爭的廣大基礎上，排除了宗派的任何可能性。他底後繼者斯乞委塞徹底相信無產階級的政治鬥爭和社會鬥爭是不可分離的，以至被李卜克內希嘲罵為「議院主義。」不幸，在工會問題上斯乞委塞蔑視馬克思底警告，但是，當理事會寫作這通告的時候他已經退出這運動之外有幾年了，況且拉塞爾派已經開始改正這方面的錯誤，例如，在柏林建築工人罷工中所表示。他們已經接續了因戰爭而中斷的他們底運動，而且工人們正在川流不息地加入他們底陣營。

我們現在並不為馬克思對於拉塞爾及拉塞爾底一切懷着不可抑制底厭憎而特別重視這通告所加於拉塞爾派的攻擊，但是這些攻擊的前後因緣是特別重要的。由此可以明白國際解體的眞原因，以及自巴黎公社失敗後這偉大團體中所發展着的無法消除底矛盾。自從巴黎公社失敗之後整個反動世界發動牠底勢力來打擊國際，後者唯一自衛的方法是更加集中牠底力量。然而巴黎公社的失敗已經證明政治鬥爭的必要，而要執行這種鬥爭是非放鬆國際底約束不可的，因為這種鬥爭祇能進行於國家疆界之內。

退出政爭的主張，無論這可以誇張到什麼程度，到底是發生於疑慮資產階級議院主義的陷阱的，這疑慮以最尖銳底形式表現於李卜克內希在一八六九年的有名底演說之中。同時，在巴黎公社失敗之後幾乎各國之中都發展着的反對理事會獨裁的傾向，除了一切誇張之詞不論，到底是發生這多少明白底觀念的：一國的工人階級底黨首先必然要受制於牠成為其中的一部份的這一國之內的現存條件，牠不能跳過這些條件正如一個人不能跳過他自己底影子一樣；換言之，不能從國外領導這種運動。雖然馬克思曾經在國際規約中指出工人階級的政治鬥爭和社會鬥爭是不可分離地連繫着的，其實這多半是以具備資本主義生產方式的各國所同有的那些工人的社會要求而言，所接觸的政治問題祇是由於主張規定縮短工時之類的社會要求而發生的問題。至於現實底政治問題，如國家憲法之類，那是各國各不相同的，他想要留待無產階級被國際敎導得更明白的時候。他嚴峻地斥責拉塞爾就是因爲後者採取適合於一個特殊國家的運動。

對於這問題馬克思似乎想保持緘默一個長時間的，但是巴黎公社的失敗和巴枯林底運動迫使他討論政治問題。隱忍一下也許是可以的吧，但是以馬克思底性質而論，他是一經挑戰就挺身來鬥的。然而他不曾看淸當前的問題不能在國際規約之內得到解決的，國際越更要集中力量對抗外敵，內部就越加分裂。理事會的首腦把依照他底觀點發展得最高底，他自己底國家的工人階級底黨看作唯利是圖底警察工具，這就證明國際的歷史底喪鐘已經響了。

然而，這還不是唯一底明證。凡是國家底工人底黨成立的地方，國際就開始破裂。斯乞委塞因爲所謂對於國際的冷淡曾經受過李卜克內希何等猛烈底斥責！但是當李卜克內希身爲愛森那赫派首領的時候，他不能不聽任恩格斯底同樣斥責，而且他底回答也正如斯乞委塞底一樣，歸咎於德國底組合法令：「此刻對於這問題我不能夢想冒着我們底團體的生命危險。」倘若不幸底斯乞委塞敢於——他決不曾——用這樣放肆底言詞，還「裁縫大王」——他被這樣稱呼——曾經固執着「他自己底黨」是要受更多責駡的。愛森那赫派的成立已經使日內瓦的「德語分部」受到第一次打擊，而這在大陸上的最老最强底國際組織所受的致命打擊則是由於一八七一年瑞士工人底黨的成立。這一年末尾白克被迫而停止發行先驅。

在一八七二年中，馬克思和恩格斯還不認識局勢的眞原因，以爲國際的崩潰乃是某個政治亡命客陰謀的結果，雖然其實國際在已經盡完牠底偉大底歷史任務之後很可以光榮地退休了的。我們必須同意我們今日底無政府主義者所說：沒有比一個異常惡毒底個人，「很危險底陰謀家，」就能够摧毀國際似的無產階級組織這觀念更其非馬克思主義的了。有些教徒似底信仰者一聽見馬克思和恩格斯也會犯錯誤和有缺點，就戰慄恐懼起來，我們却不能陪同發抖。倘若馬克思和恩格斯活到現在，他們必然厭惡這種態度作爲他們底最尖銳底武器的無情底批評是不該反過來使用於他們自身的。

他們底眞正底偉大性並不在於他們決不會錯誤，而在於一旦認出錯誤就決不想維持這錯誤。在一八七四年中恩格斯承認國際已經活過了牠底時限。「在新底國際，各國的各無產階級政黨的聯盟，沿着舊底國際路線未成立之前，一八四九年至一八六四年間工人階級運動所受的大挫折可以說是必然底。現在無產階級底世界是太廣大和太複雜的。」他自慰的是十年以來國際曾經奠定了歐洲歷史的將來，牠能夠榮耀地回顧牠底工作。

一八七八年中，馬克思在一種英文雜誌上斥駁國際是一種失敗而現在已經死去的說法：「其實，德國，瑞士，丹麥，葡萄牙，義大利，比利時，荷蘭和北美各國國內的社會民主底工人底政黨正是一些國際底團體。牠們已經不是孤立底分部，稀薄地分散於各國之內，由理事會拉攏到牠底周圍，而是由工人階級自身以交換意見，互相幫助和共同目的在經常底和直接底連絡之中積極團結着的。……因此，不但沒有死去，國際已經從一個階段發展到另一更高階段，在這更高階段之中牠底許多原來宗旨已經得以完成。在這種繼續發展的過程中，在牠底歷史的最後一頁還不能寫定之前，牠將要經歷許多變化。」

在這幾句話裏馬克思又表明了他底先見。當各國工人階級政黨纔逐漸發展的時候，在新底國際成立之前的十多年間他已經預見到牠底歷史底性質，而且他連這第二形態也不承認爲終局底定型，祇有一件事是確定的，那就是新生命將要從舊底屍骸中繼續發展，一直到時代精神自行實現而後已。

八 海牙會議

理事會於三月五號發表的通告中曾經宣佈於九月初召開那一年的代表大會，這時馬思克和恩格斯就已決定提議把理事會遷移到紐約去。

關於這提議的必要性和可能性，以及造成這提議的理由，曾經有過許多爭論。有人以為這是作為頭等殯儀給國際送葬的。馬克思想要掩飾國際已經不可救藥的實情云云。然而，這種意見是違反事實的因為甚至在理事會遷到紐約之後馬克思和恩格斯也還竭盡能力來維持牠底生命。也有人說馬克思已經厭倦了代表國際的種種活動，想要專心致力於他底科學底著作。這種說法的根據是一九七二年五月二十七號恩格斯寫給李卜克內希的一封信。他因為一個比利時人提議完全廢止理事會寫道：「以我們而論，我們並不反對。馬克思和我自己都決不願再作理事了。照現在的情形我們簡直沒有著作的時間，這是必須停止的。」然而這不過是在煩惱的時候隨意寫出來的。即使馬克思和恩格斯拒絕再被選為理事，那也還不是把牠遷到紐約去的理由，因為同時馬克思迭次表示決不為他底科學著作而忽略國際，一直要到牠確已走上正軌之後。所以，馬克思為這理由而放棄國際於牠底全部生存的最嚴重底危急時期是絕不會的。

更近於眞實的是他於七月二十九號寫給枯格曼的信：「這次國際大會（九月二號所開的海牙大會）可以說是國際的生死關頭。在我退出之前我至少要保衛牠，抵禦那些分化勢力。」馬克思底保衛計劃的要着是把理事會從內訌日益加劇的倫敦遷到紐約去。在理事會中幾乎完全沒有巴枯林派底諸傾向，即使有，充其量也是很弱的，不足為害，但是在德國，英國，法國的會員之中却有了這樣底混亂，以至理事會不能不組織一個委員會來專門處理這些不斷底紛爭。

甚至馬克思和他底兩個多年以來最忠誠底能幹助手——伊克卡留斯和永——也分離了。一八七二年五月馬克思與伊克卡留斯之間發生裂痕。伊克卡留斯生活很窘迫，請求加倍他底每週十五先令的最微薄的薪水，否則不能不辭去理事會祕書的職位。然而，英國人約翰海爾斯被選舉來代替他，因此伊克卡留斯遷怒於馬克思，其實馬克思時常是支持他而反對那英國人的。另一方面，馬克思屢次譴責伊克卡留斯向資產階級報紙叫賣國際內部的新聞，尤其是關於國際倫敦祕密會議的新聞。永埋怨恩格斯對於他和馬克思之間的隔閡的高超態度，這或許是眞實的，因爲自從馬克思有機會每日和恩格斯接觸以來，馬克思看待伊克卡留斯和永就不像從前那樣了，雖然毫無惡意。在另一方面，『將軍』恩格斯底譚名，近來忽而儼然有一種雄糾糾底腔調，連他底最好底朋友們也覺得了，所以，每當轉到他作理事會會議主席的時候，會員們就時常準備提防風暴。

當海爾斯被選爲祕書的時候，他和伊克卡留斯之間起了一種死硬底敵意，在這敵對中後者得到了一部份英國會員的支持。馬克思是難得這新祕書的擁護的。正相反，當按照倫敦會議議決案而成立的英國聯合會議於七月二十一日和二十二日在諾丁罕開第一次大會的時候，海爾斯對出席的二十一個代表提議聯合會應該直接和別底聯合會聯絡，不必經過理事會，而且提議在將來的國際大會中這新底聯合會議應該贊成修改國際規約，以削減理事會的權力。這一切正合於巴枯林派所謂『危害各聯合會議自主權』的口號。海爾斯撤消了第二項提議，但是第一項却被通過了。這大會並未表示傾向巴枯林的綱領，但是顯然傾向英國底急進派。例如，牠贊成土地公有，而不贊成一切生產工具公有——這是海爾斯所贊成的。海爾斯公然策動反對理事會，所以在八月中不能不被革職了。

布朗格主義是理事會中法國會員的主要傾向。對於正在爭論中的政治活動問題及實行集權問題這兩個主要問題，布朗格派是十分可靠的，但是因爲他們根本主張革命底突擊，在某種情形之下他們是會變爲更大危害的，當着歐洲的反動勢力正在等待着一有借口就要竭力壓倒國際的時候。在事實上，馬克思恐怕布朗格派控制理事會或許是他提議把牠從倫敦遷到紐約去的最有力底動機；在紐約牠底國際底機構和案卷可以得到安全，而這在歐洲大陸上任何地方都是不可能的。

因爲海牙大會（九月二號至七號）的六十一個代表之中德法代表頗有力量，馬克思得了多數。他底反對派責備他施展手段造成這種多數，但是以委任書的審察而論，這譴責是毫無根據的。大會費了一半時間審察代表們的委任書，祇有一個不合格而已。然而，馬克思確也在七月中寫信到美國去替德法會員請求委任書。有些代表是代表別國底分部的，並非本國底代表。另一些因爲逃避警察而用了假名，或爲了同樣理由而隱藏着所代表的分部。這就是各種記載中此次大會各國代表姓名很有許多不同的緣因。

嚴格地說起來，祇有八個代表是代表德國的組織：白哈貝克（布郎斯委克區），古諸（斯圖提加提區），狄斯根（得列斯丹區），枯格曼（西里區），米勒乞（柏林區），里丁華生（慕尼赫區），斯許（威丁堡區）和斯休馬切（梭林根區）。馬克思，理事會的代表，同時也有紐約，來比錫和麥陽斯各地的委任書；恩格斯有紐約和布里斯洛的委任書。來比錫的赫卜內也有紐約的委任書，而柏林的弗里特郎得也有蘇里支的委任書。兩位用德國名字的代表，瓦爾特和斯宛，其實是法國人赫德興和鄧徒拉格。他倆是很可疑底份子，而在海牙大會中赫德興已經是拿破崙派底暗探了。作了代表的公社流亡者是以本名出席大會的。弗朗克爾和郎格支持馬克思，雖然浪維爾，伐郎和別底幾個是布朗格派，但是他們底委任書的來源是多少有些曖昧的。理事會的代表是兩個英國人（羅乞和西克斯頓）一個波蘭人（弗洛布里夫斯基）三個法國人（塞拉勒，可爾內和杜彭）和馬克思自己。倫敦共產主義工人協會的代表是里斯勒英國聯合會議派了四個代表其中有伊克卡留斯和海爾斯，他們在海牙開始和巴枯林派互相勾結。

義大利的巴枯林派並未派代表出席。八月中他們在里米尼開會決議和理事會斷絕關係。五個西班牙的代表，除了拉伐格而外，都是巴枯林派，同時八個比利時的和四個荷蘭的代表也都是的。熱拉聯合會議派了加洛米和斯乞委格比，而日內瓦則仍然忠於白克。從美國來了四個代表：梭基像白克一樣，是最忠實底馬克思擁護者之一；狄勒爾，公社會員，是布朗格派；第三個是巴枯林派，而第四個則就是那委任書有問題不得出席的人。丹麥，奧國，匈牙利和澳洲各有一個代表。

在開始審察委任書——一直審察了三天——的那一晚就發生了爭吵底場面。拉伐格底西班牙委任書被熱烈地反對，而終於由於少數棄權而得到承認。當討論一個代表支加哥而住在倫敦的會員的委任書的時候，一個英國聯合會議的代表反對他不是工人所承認底領袖，馬克思回答道不是那種領袖倒是一種光榮，因為那種領袖多半已經把自己出賣給自由黨。這委任書是通過了，但是馬克思底話造成了仇怨，在大會之後被海爾斯和他底朋友們熱烈地使用為反對馬克思的話柄。馬克思堅持着他自己底意見，既不後悔也不撤回。仔細地審察過委任書之後，關於巴枯林的幾件通告被交給由五個人組成的委員會去挑剔。委員人選是一些不曾和那聯盟爭論有關係的人們。德國底古諾作主席，其他四個是法國人盧開因，維卡和瓦爾特赫得與，和比利時人斯普林加。

到第四天大會的正經事務纔開始，宣讀理事會的報告。報告是馬克思起草的，由他用德語，由西克斯頓用英語，郎格用法語，由阿比里用弗郎德語宣讀給大會。報告痛責歷來壓迫國際的種種暴行：自拿破崙第三底公民投票以來，巴黎公社的流血，鎮壓狄爾斯和法維爾的毒辣手段，法國內閣的醜行，德國的叛逆審判；以至英國政府對愛爾蘭分部的恐怖主義和用外交手腕留難國際分部的行爲。這些政府的暴行時常和上流社會所竭力製造的謊話及誹謗相輔而行；國際被誹謗，以及離奇底新聞電訊和栽誣底官方文告所轟擊，其中最兇惡底無恥傑作是說支加哥大火是國際的工作。報告上說，可怪的是不把摧毀西印度的颶風計算進去。報告指出在抗拒橫逆之中國際確有進步：牠浸入荷蘭，丹麥，葡萄牙，愛爾蘭，蘇格蘭，發展於美國，澳洲，新西蘭，和貝諾斯愛勒。大會歡呼地通過了這報告，而且在比利時代表動議之下大會記錄了對於爲無產階級解放而鬥爭的犧牲者的讚頌和同情。

然後開始討論理事會。拉伐格和梭基擁護牠爲階級鬥爭的根據地，工人階級反資本主義的日常爭鬥沒有一個中心團體是不能有效實行的。倘若沒有理事會，也必須設法創立一個的。反對派的主要發言人是加洛米，他以爲理事會沒有必要，除了作爲毫無權力的通信和統計中心機關而外。國際並不是具有不可移易底政治底和社會底學說的某一個聰明人所發明的，而是——在這位熱拉的代表看來——出現存底工人階級狀況而產生的，而這些狀況已經足够保證工人階級的一致努力。

討論終結於大會的第五日，正如審察委任書時候一樣祕密，也是不公開的。在長篇底演說中馬克思不但要求理事會的各種權力必須仍舊保持，甚且必須增加，在某種情況之下，理事會的權力不但可以停閉某些分部，甚至整個聯合會議，以及延遲召開下次大會。牠並無軍警，但是牠不能容許道德權力的失墜，寧肯取消理事會也不願使牠墜落爲一隻信箱。馬克思底主張以三十六票對六票通過，有十五票棄權。

然後恩格斯提議把理事會從倫敦移到紐約去。他指出從前屢次討論過把牠移到布魯舍爾去，但是布魯舍爾都拒絕了，而目前底情况使以紐約代替倫敦成爲急迫底必要。至少一年以來早就應該有遷移的決議了。這提議使一般代表驚異而且若干代表不愉快。法國代表反對得特別猛烈，結果爭得了分別投票表決：先表決理事會會址是否必須遷移，次表決是否必須遷到紐約。必須遷移的動議以二十六票對二十三票，九票棄權，勉强通過；而遷移到紐約的動議則以三十票表決通過。然後，新理事會的十二個會員被選出來了，得到投權補選別底七個會員。

在同一會議中開始討論政治行動。伐郎提依照倫敦會議的精神提議工人階級必須組織自己底獨立政黨以對抗資產階級底政黨。伐郎提和郎格相繼申說巴黎公社由於沒有政治綱領而失敗的教訓。一個德國代表支持這種建議，但是不明不白地牢騷道：從前斯乞委塞因爲退避政爭而被稱爲暗探，而三年前在巴斯勒大會中這同一斯乞委塞却又因爲他底「議會主義」而被斥爲暗探。另一方面，吉肯米指出端士的一些事故在選舉中工人們有時和張三，有時和李四結合，有時聯絡急進派，有時聯絡反動派。熱拉分部不願和這些權詐手段發生糾葛，云云。他們也是政治家，但是消極底政治家，他們想要毀滅政權，而不想爭取政權。

討論一直拖延到第二天，即第六天，大會的最後一天。拉伏爾，伐郎提和別底幾個布郎格派已經因爲理事會移到紐約的決議而退出大會，不久之後他們發了一張傳單，說道：「在需要盡其職責的時候，國際崩潰了。牠逃避革命，到大西洋那一面去了。」梭基代替了拉伏爾底地位。然後伐郎提底建議以三十五票對六票通過，八票棄權。一部份代表已經起程回家，但是他們大多數都留下書面聲明他們贊成這建議。

大會最後一天的最後時間都消耗在關於巴枯林及其聯盟的五人委員會的報告上。報告，以四票對一票

（比利時人）通過肯定一個直接違反國際規約的祕密聯盟曾經存立於國際之內，但是這聯盟是否還存在則尚未充分證明。第二，由於那聯盟所擬定底規約和巴枯林底信件證明他曾經企圖組織或已經組織一個其規約違反國際規約——關於政治底和社會底——的祕密團體於國際之內。第三，巴枯林曾經使用詐術攫取別人底財產，而且，因為要解除他自身應盡底義務，他或他底同謀者曾經使用恐嚇手段。因此，這委員會多數主張國際開除巴枯林，加洛米以及他們底支持者。古諾，代表委員會發表報告，並未提出切實證據，却聲明多數委員已達到一種心理底確信，覺得他們底結論的正確，請求大會投票信任。

主席召請加洛米自行辯護；他曾經拒絕出席於這委員會之前，聲明他不願辯護，因為他無意參加這種趣劇。他說這種攻訐並不是打擊某某個人，而全是攻擊聯合會議者底傾向。這些傾向的代表們，以現在出席者而論，已經有所準備，已經擬定了一種團結規約。於是由一個荷蘭代表向大會宣讀那規約。他是由五個比利時底，四個西班牙底，兩個熱拉底，一個美國底和一個荷蘭底代表簽定的。因為避免國際分裂這些簽名者聲明自願仍舊和理事會維持一切行政關係，但是拒絕干涉各聯合會議的內部事項，即使這種並不違反國際規約。同時這些簽名者號召各聯合會議和各分部自行準備第二次大會，以使自由結合(autonomie fédérative)的原則達到勝利。大會並不預備討論這一點，但是立刻開除巴枯林（二十七票對七票八票棄權。）而後開除加洛米（二十五票對九票九票棄權。）那委員會所提出的更多開除是被拒絕了的，但是准許他發表關於那聯盟的文件。

海牙大會的這終場確是不值得的。自然，大會不能預知這委員會的一個委員是警察暗探而把多數委員的決議作為無效。倘若以政治底理由開除巴枯林，認定他是一個無可救藥底搗亂者，縱然不能提出明白底證據，這也是可以諒解的；但是大會想用『你底和我底』(meum et tuum) 這種問題毀壞他底好名聲却是不能原諒的，而且，不幸，馬克思對於這是有責任的。

馬克思曾經得到那以死恐嚇劉巴文的所謂『革命委員會』的議決案：不許他要求巴枯林償還由他介紹翻譯資本論第一卷而預支的俄國出版家的三百盧布。那原文眞蹟並未發表過，但是劉巴文現在是巴枯林底仇敵，把牠寄給馬克思，同時寫信來說；『那時我覺得巴枯林同意寄出這封信是無可疑的，但是今天更冷靜地把這事情全盤加以考慮之後，我以爲這信並不能證明巴枯林有罪，因爲牠或許是尼加也夫不讓他知道就寫出來的。』這是眞情實理，但是海牙大會只憑據這一封信——連收信人都認爲不足證明巴枯林有罪的——就斥責巴枯林爲騙子。

雖然巴枯林屢次承認設法還預支款項，他底長久窮困並不容許他履行他底約言。在這慘淡底事件之中，那被害人即出版家，却始終一聲不響，他似乎以一種哲學底容忍態度承受他底命運，覺得這在他底行業中不過是太平常底事。有幾個作家，連許多最有名底在內，從來不曾用完了預支稿費而交不出約定底稿件呢？這確是不値得恭維的事，但是因此而科受託者以重罪却是過分的。

九　臨別底悲痛

無論馬克思和恩格科怎樣竭力維持牠底生存，第一國際的歷史却以海牙大會告終了。他們用盡方法推動在紐約新成立底理事會，但是牠總不能在美國獲得穩定底立足地。在美國也有各種派別的許多糾紛，而且這運動缺乏經驗，連繫，以及智力和物資。新理事會的生命和靈魂是梭基；他很熟識美國情形，曾經反對過把理事會遷移到紐約去。一度辭謝之後，他接受了被選爲理事會祕書的職位，因爲他底好心腸和忠實使他不能於危難之際推脫國際所加於他的任務。

在無產階級底事務中使用外交手段總不是好事。馬克思和恩格斯很恐怕把理事會從倫敦移到紐約去的提議將要引起德法英工人們的激烈抗拒，所以他們一直盡力隱藏着他們底這種企圖，以免增多糾紛。然而，他們在海牙大會上出其不意地提出這主張，雖然得到通過，結果到底是壞的。他們所恐怕的抗拒並不因此而減少，反而更加緊張酷烈起來了。

比較地說，德國方面的抵抗最不激烈。李卜克內希是反對這遷移的，他時常說這是一種錯誤，但是那時他和伯白爾正在胡白圖斯堡的監獄裏。他對於國際的興趣已經大爲減低，而愛森那赫派的大多數更其如此。這一派的代表們從海牙大會帶回來的印象更增加了一般底冷淡。恩格斯於一八七三年五月八號寫信給梭基說：「雖然這些德國人正在和拉塞爾派鬧着他們自己底糾紛，他們是很失望於海牙大會的，因爲他們期望在大會中發現對比着他們自己底爭吵的完全合諧和親愛，於是他們變爲很冷淡底了。」這或許是國際的德國會員們對於理事會的遷移並不激烈抵抗的理由。

嚴重得多的是布郎格派的退出，這一派是馬克思和恩格斯在那些德國人之次最靠望他們來決定問題的，尤其是關於反對完全傾向巴枯林主義的法國普魯東派的問題。布郎格派的怨恨的增强是由於他們發覺理事會的遷到紐約是因爲要避免牠受他們底暴動政策的控制。然而他們的報復反而害了他們自己，因爲法國已經阻斷了他們底運動，退出國際之後，他們就墮落爲流亡者通常底命運的犧牲品了。恩格斯於一八七四年九月十二號寫信給梭基說：「這些法國流亡者完全是亂七八糟的。他們自己爭吵，和別底每個人爭吵，全是爲了私人問題，最多是關於錢的問題，所以我們快要避開他們……在戰爭，公社和流亡中的不規則底生活已經可怕地敗壞了他們底德性，祇有艱苦纔能拯救敗壞底法國人。」但是這是很勉强底自慰。

理事會遷到紐約去對於英國運動的影響最壞。九月十八號海爾斯在英國聯合會議席上提議譴責馬克思，因爲他說英國工人階級領袖容易被收買。這提議被採取了，而修正案中所謂馬克思自己並不相信這種話，不過爲達到私人目的纔說的云云，却被拒絕了。海爾斯也聲言他打算提議把馬克思排出國際之外，同時另一些會員主張拒斥海牙大會議決案。這時海爾斯已經公開地繼續了他在海牙祕密和熱拉聯合會勾結的關係。十一月六號他以英國聯合會議的名義起草宣言，說舊理事會的僞善現在已經暴露了。舊理事會藉口剷除牠所揑造的祕密團體而企圖在國際之中組織一種祕密團體。然而，同時他指出英國方面並不同意熱拉聯合會的政治意見。英國人相信政治行動是有益的，但是當然準備承認其他聯合會因各國情況不同而要求的完全自主權。

海爾斯得到了伊克卡留斯和永的熱心贊助，尤其是永，他約略躊躇之後終於變爲馬克思和恩格斯的最激烈底反對者。伊克卡留斯和永都是很有罪的，第一因爲他們底政治判斷由於私人底計較，由於嫉妒恩格斯得到馬克思的更多重視，第二由於撇棄他們以理事會老會員的資格而得到的有力底光榮地位。不幸他們所造成的損害因爲他們已往底地位而加甚了。在歷次大會中他們已經變爲世人週知的馬克思底意見的最可靠底代言人，所以，現在當他們以熱拉聯合會的寬容反對海牙大會的固執的時候，馬克思和恩格斯的存心獨裁似乎是無疑的了。

這兩人的破壞行爲最受損害的還是他們自己。他們遭受英國方面的反對，尤其是愛爾蘭各派，甚至聯合會議本身，於是他們在這國際的英國分部中實行「暴力政變，」發表宣言，說英國聯合會議已經分裂到再不能合作共進了。他們也主張聯合會召集大會來討論海牙大會議決案。據那宣言的解釋，這些議決案的用意並不是要國際各分部採取政治活動——宣言說這無論如何是多數派意見——而是說理事會有權決定各聯合會在各別底國家之中所應執行的政策。少數派立刻針對這宣言發表了一篇答辯底宣言，這似乎是恩格斯所起草的。答辯書斥駁伊克卡留斯們所要召集的大會爲非法，但是大會終於決定在一八七三年一月二十六號舉行。多數派贊成，而且祇有他們出席。

海爾斯致開會詞，猛烈攻擊舊理事會和海牙大會，得到了永和伊克卡留斯的積極支持。大會一致譴責海牙議決案，拒絕承認紐約的新理事會。牠也宣言牠贊成召集一次新底國際大會，只要各聯合會多數贊成。於是英國聯合會完全分裂，雙方都沒有力量在一八七四年推翻格蘭斯頓內閣的總選舉中作任何有效活動。他們底無力出於工會派的活躍而更加顯現；工會派提出一些候選人，而且首次獲得當選兩席的成功。

紐約理事會於九月八日在日內瓦召開的國際第六次大會，可以說是寫定了國際的死亡證書。巴枯林派於九月一日在日內瓦舉行了反對派底大會，出席的代表有英國兩人（海爾斯和伊克卡留斯）從比法西來的各五人，義國四人，荷蘭一人，熱拉六人，而馬克思派底大會出席者最多數都是瑞士，而其中最多數又都是居住在日內瓦的。甚至理事會也不能派一個代表來，並且英法西比義各國也沒有代表，祇有一個德國人和奧國人。白克曾經誇口說在不足三十個代表之中他曾經用魔術產生了十三個，想要以人數多來增高國際威信並且爭取多數派，云云。馬克思當然不肯這樣自欺，坦白承認這大會是「一次慘敗，」而且勸告理事會此刻不必注重國際組織的形式方面，祇要盡力維持住這紐約中心據點，使牠不至落入白痴和冒險家之手，降低原則。時局自身和事情的必然發展及複雜性會使國際在較好底情勢之下復興起來。

這是在當時境況中所能採行的最聰明最磊落底決定，但是牠底效果由於馬克思和恩格斯認爲必須對於巴枯林加以最後打擊而暗淡失色了。海牙大會曾經指令提議開除巴枯林的五人委員會發表調查結果，但是牠不發表。那眞原因是由於「委員們散居各國」呢，或是由於其中一個委員聲言巴枯林無罪，另一個又證明爲暗探，以至牠底權力失墜呢，此刻無法確定。於是海牙大會起草委員會包括杜彭，恩格斯，弗郎克爾，莫蘇，馬克思和塞拉勒來接辦這件事，在日內瓦大會之前幾個星期發表了一篇備忘錄，題名爲社會民主聯盟與國際工人協會。備忘錄是恩格斯和拉伐格所起草的，馬克思不過是校訂最後一兩頁而已，雖然他對於全文的責任自然不減於兩位實際起草者。

備忘錄後來簡稱爲聯盟小冊。要加以詳細批評，是至少需要和原文同樣多的篇幅的。然而，不能爲篇幅的理由而簡略從事。在這樣底爭吵中雙方都用力猛攻，這也就怨不得巴枯林派攻擊馬克思派的毒辣，當前者受到兇惡底攻擊的時候。

把這小冊貶置於馬克思和恩格斯發表過的其他任何文字之下，那完全是另一問題。使他們底其他爭論文字具有特殊光芒和永久價值的是從消極底批評中顯示了新知識的積極方面，而聯盟小冊並不如此。牠完全不提使國際衰落的內在原因，而祇是繼續發揮機密通告和理事會關於所謂國際分裂的通告底意旨：巴枯林和他底祕密底聯盟曾經用陰謀詭計毀壞了國際。聯盟小冊並不是歷史底文獻，而是每頁都旨趣顯然的一種單面自訴狀。然而德文翻譯者卻自作聰明，採取檢察官的作風，把牠改名爲反對國際工人協會的陰謀。

國際的衰落完全不是爲其中有一個祕密底聯盟，但是卽令如此，聯盟小冊也並未提出證據，甚至海牙大會所組織的調查委員會也祇以或然和可能爲滿足。人無論怎樣痛惡巴枯林這樣自我陶醉於狂放幻像和壯言豪語，在未得到可信底證據之前，必須認爲這一切全是出於他底活潑底想像力。然而，聯盟小册爲補足證據的缺乏，却在牠底第二節中鋪敍育丁所提示的關於尼察也夫事件和巴枯林在西北利亞流放期間的故事，據說在那期間巴枯林原祇想作一個普通騙子和路劫强盜。並未提出證明這些話的證據，所有的說明不過是把未經詳細考察的尼察也夫底各種言行都算在巴枯林底帳上而已。

關於西北利亞的一章尤其是純然廉價底感傷主義。據說那時西北利亞總督是巴枯林底親戚，爲了這種關係和其他對於沙皇的效忠，巴枯林曾經變爲「幕後執政」，濫用權力爲了「相當賄賂」偏袒資本家底業務，而又因爲「仇恨科學」偶然抑制貪錢欲望，例如，他曾經阻撓西北利亞商人在那裏建立大學云云。

育丁以特殊藝術手腕修飾了巴枯林向卡提可夫借錢的故事。這故事是波克木在幾年前曾經試行說動馬克思而不成功的。據波克木說巴枯林曾經從西北利亞寫信給卡提可夫借幾千盧布作逃亡的用費。而育丁却說巴枯林在安全到達倫敦之後纔盡力借這筆錢，想要償還在西北利亞放流時代所收受的造酒商的賄賂，以解除良心底痛苦。這到底是一種懺悔之情吧，但是育丁使巴枯林底人情祇表現在可怕底形式之下：去向一個他所知道的「受俄國政府雇用的隱身於文學的暗探」借錢。育丁底幻想發展到令人目眩底高度，但是事情並不就此完結。

一八七三年十月尾他到倫敦去報告關於巴枯林的「更可驚底事」，以至恩格斯於十一月二十五號寫信給梭基說：「這傢伙（巴枯林）已經證明了他底可貴底學說的實際應用。這幾年以來他和他底聯盟完全是以敲詐爲生活，一看他們除了毀謗有價值底人們而外就沒有文章發表。你就想不到他們是何等卑鄙底一羣流氓。」幸而有丁到倫敦的時候聯盟小冊已經發表了幾個星期了，所以那些「更可驚底事」被封存在他底實愛真理的心胸裏面，然後他去悔過於他底父親膝下，結果是從私酒生意的暴利中增多了他底收入。

聯盟小冊在俄國方面發生最不良底政治影響。甚至那些和巴枯林關係緊張的俄國革命者都被這小冊所駁退。巴枯林對於七十年代中俄國革命運動的影響依然無恙，而馬克思却失去了許多他在俄國所贏得的同情。結果這小冊的攻擊全都落在空處，因爲雖然牠使巴枯林退出鬥爭，而毫無損於戴着他底名字的那運動。

巴枯林對於聯盟小冊的答辯書首先發表於日內瓦報（Le Journae de Geneve）。答辯顯示這小冊所引起的巴枯林底恨怨之深刻。他指出海牙大會中起草這小冊的委員會中有兩個是警察底暗探，以證明那些攻擊的無根。其實祇有一個是警察暗探。然後他聲言他已經六十歲，而且心臟病使他難於參加公衆事業：「讓更年青底人們去作吧。至於我呢，已經沒有力量，或許已經沒有必需底自信，來轉運西塞非斯●的巨石以反抗到處勝利底反動勢力。我現在退出鬥爭，對於當代賢豪我祇有一個要求：遺忘。從今以後，我不攪擾任何人；讓任何人也不要攪擾我。」他一方面譴責馬克思把國際變爲私人報復的工具，一方面還是稱頌他曾經是「偉大底協會」的創立人之一。

在寫給熱拉工人的告別書中，巴枯林更加激烈地反對馬克思。他說馬克思底社會主義和俾斯麥底外交政策同樣是工人必須拼力抗戰的反動勢力。在這書中他也說到他底年齡和疾病使他底各種努力對於工人們害多益少，並且用下面底事實辯護他底退出鬥爭的有益：日內瓦的兩個會議已經證明他底原則的勝利和他底敵人底原則的失敗。

●（Sisyphus）科林斯王，被罰謫居下界，作轉運巨石上山之勞役。（神話）

當然，巴枯林以康健的理由說明他底退隱是可以被嘲笑爲藉口的，但是貧困艱苦的那幾年確已表明他底精力的破敗。在寫給他底親密底朋友的幾封私信裏顯示着他『或許』已經失掉革命快要勝利的自信。他于一八七六年七月一號死在貝恩。他是值得比他已在許多工人團體中所得的榮哀更多榮哀的，雖然並不盡然，因爲他曾經爲了工人階級勇敢地戰鬥過，受過許多痛苦。

無論他犯過怎樣錯誤和有着怎樣弱點，歷史將要給他一種列入國際無產階級先驅者之中的光榮地位，雖然這地位是要引起爭論的，當着世上有這麼些僞善底庸衆的時候——無論他們底長耳朵是掩蓋在小有產者所尊敬的夜帽之下，或者披掛着馬克思的獅子皮來隱藏他們底抖顫底脚爪。

第十五章　最後十年

一　馬克思在家裏

在一八五三年尾，在共產主義同盟臨終的痛苦之後，馬克思曾經退入書房，而一八七八年尾，在國際的最後掙扎之後，他又退入書房但這一次卻是永遠的了。

他底生活的最後十年曾經被稱爲「慢死，」但是這是太誇張底話。眞的，巴黎公社失敗後的鬥爭使他底健康受了嚴重底打擊：一八七三年秋季他害了頭痛病，很有成爲中風症的危險，同時這慢性底腦病使他不能工作，剝奪了他底一切寫作欲望。然而，在曼哲斯特經過恩格斯底朋友而且爲馬克思所深信的甘木貝提醫生的幾個星期的治療之後，他痊愈了。

遵從甘木貝提底囑咐，他於一八七四年及以後兩年都到卡爾斯貝特去。一八七七年他轉地療養到貝特紐爾那爾，但是一八七八年的兩次謀殺德皇事件和隨之而來嚴厲底反社會主義法令對他封閉了大陸的門。然而那三次旅行卡爾斯貝特是「非常」有益於他的，他底多年底肺疾幾乎全好了。現在他還苦着慢性胃病和神經衰弱症——使他頭痛和失眠。然而，在一次到海濱或到溫泉場消夏之後，這些病患多少消失了，祇在第二年新年中又發了一次。

要完全恢復健康或許是可能的，倘若馬克思容許他自已和平寧靜；在壯年拚命工作和受盡辛苦之後，六十歲生日就在眼前的他是應該休養的。但是他並不夢想休養，反而投身於要完成他底科學著作所必需的各種研究之中。那些研究的範圍正在逐日增大。恩格斯說，「對於考察各種事物都要找出牠底歷史根源和牠底發展條件的人，每一簡單問題自然會引起許多新問題的。因爲要使第三卷（資本論）的地租論比較以前更完善，古代史，農學，俄國底和美國底土地所有權，地質學，等等，都已特別加以研究了。他容易地讀着日爾曼系底和拉丁系底語文，而且學會了古斯拉夫語，俄語和塞爾維亞語。」而且這一切不過是他底每日工作的一半，因爲雖然他退出公衆生活他到底是依然活動於歐美工人階級運動之中的。他幾乎和各國工人階級領袖全都通信，而且他們隨時都會來請教他。他越發變爲戰鬥底無產階級的應接不暇底志願顧問。

拉伐格所描寫的七十年代的馬克思是，和李卜克內希所描寫的五十年代的馬克思一樣可愛的。他說他底岳父底體魄，必然是堅强的，不然就不能支持那樣異乎尋常底生活方式和那樣殫精竭慮底活動。「他確是很强有力的。他底高度在水準以上，闊肩頭，胸部發展圓滿，手足勻稱，雖然背脊比腿子稍稍更長一點，這是猶太人常有的現象。」而且不止猶太人。哥德也是這種身材，屬於德國人所謂「坐着底巨人」之類，因爲他們底背脊較長使他們在坐着的時候顯得比實際更高大。

據拉伐格臆測，馬克思一定會成爲異常强健底大漢的，倘若在青年時代注重體育，但是他底經常底體操不過是走路而已。他能走幾小時，同時不停地談話，或毫無倦容地爬上山去，但是甚至這種體操也多半是實行於書房之內，衹爲要整理他底思想。在他底書房裏從門口到窗前的地氈顯出像草地上的脚跡似的一條踏壞底長痕。

雖然不到深夜不睡，他時常在早晨八九點鐘之間就起來，喝了黑咖啡，看過報紙，然後就消失在書房裏，一直到半夜之後，除了出來吃飯而外，或者在晴明底晚間，出去散步。午後他有時在沙發上躺一兩小時。工作在他已經變爲一種熱愛，以至時常忘記飲食，所以他底胃爲了他底巨大底精神活動而受苦了。他底食欲短少，祇好吃一些開胃品火腿，燻魚，醃鰤和醃漬物。他也不大喝酒，雖然並不完全屏除，而且作爲道地底來因人他欣賞佳釀。另一方面，他却很愛吸烟，是一個火柴鬼。他常笑說他底資本論的稿費不够買他寫牠的時候所吸的雪茄。在長年窮困之中他所吸的當然都是些下等牌子的，結果，他底烟癖確實有害他底健康，他底醫生曾經好幾次禁止他吸烟。

他在文學上尋求精神底消遣和娛樂，而在他一生之中牠對於他是一大安慰。在這一部門裏他具有廣博底知識，可是從來不聲張。他底著作中少有顯示博學的跡象，當然除了爲他底題旨所直接必需的那些引證而外，但是在佛格特先生這書中他爲藝術底目的徵引了歐洲的一切文藝作品。恰如他自己底科學著作反映一個整個時代一樣，他自己所愛好底那些文藝也是反映牠們底時代的創作；從阿色乞留斯和荷馬以至但丁，沙士比亞，西萬提斯和哥德。據拉伐格說，馬克思每年至少讀阿色乞留斯底希臘文原本一次。他時常是古希臘的忠實底愛好者，迎頭痛罵那些不許工人欣賞世界古典文化的淺薄之徒。

他精通德意志文學，遠至中古時代。在較近代底德國作家之中他喜歡哥德和海涅。德國庸衆對於多少被誤解的席勒底「理想主義」所湧出的熱情似乎使馬克思從青年時代以來對於這位詩人就失了興致，而這「理想主義」在他看來似乎不過是想用浮誇之詞掩飾平常底慘狀。脫離德國之後，他不大願意費工夫在近代德國文學上，他甚至連希伯爾和叔本華這樣底作家們也不留心，其實他們是值得他底注意的，同時里加得槐格納底編纂德國神話却受了嚴酷底批評。

在法國文人之中他重視狄得洛，承認他底拉莫底侄兒(Le Neveu de Rameau)從頭到尾是一部傑作。法國十八世紀啓明時代底文學也受贊賞恩格斯曾經說過這文學在形式和內容上都可以算是法國文化的最高成績，那內容是當時科學知識的高度綜合，而那形式是空前無比的。法國底浪漫派是馬克思所澈底拒斥的，尤其對於康脫布里安，這人底貌似深奧，東羅馬帝國式底誇張，廉價底感傷——總之，他底不誠實的雜湊品——使馬克思時常覺得可厭。另一方面，巴爾札克底人間喜劇却使他熱烈地認爲反映一個時代的藝術之鏡。眞的，他曾經打算在完成他自己底大著作之後寫一本巴爾札克研究，但是這也和別底許多計劃一樣沒有結果。

馬克思永久住定在倫敦之後，英國文學居於首位，而沙士庇亞的巨大底形影宰制了這一領域，其實，他底全家都在實行着沙士庇亞崇拜。不幸，馬克思從來不曾談論過沙士庇亞對於當代諸大問題的態度。但是，關於拜倫和雪萊，他說過凡愛惜和瞭解這兩位詩人的人們都必定以拜倫三十六歲而死爲幸事，因爲倘若他長壽，他無疑地將要變爲反動底有產者。在另一方面，他悼惜雪萊二十九歲而死，因爲雪萊是一個澈底革命者，將要始終是社會主義的先驅。馬克思重視英國十八世紀的長篇小說，尤其是菲爾丁底托木莊斯（Fielding's Tom Jones），牠也是以牠自己底方法反映了牠底時代的。他也承認斯葛德的一些長篇小說是準標作品。

在他底文學批評中他完全自由於政治底和社會底成見，如他底欣賞沙士庇亞和斯葛德所表示，但是他絕不贊同「爲藝術而藝術」的「唯美主義，」這主義是時常和政治底漠視甚或卑劣相聯結的。在這一方面他是陽剛底和獨立底，絕不用什麽刻板底公式估量作品。同時他對於讀物的選擇並沒有過分底潔癖，並不不屑讀那些使學究底審美家駭得在身上畫十字的作品。像達爾文和俾斯麥一樣，他流覽了大量的長篇小說，尤其愛好冒險底和滑稽底故事。爲了尋求牠們，他從西萬提斯，巴爾札克和菲爾丁下降到鮑爾得科克（Paul de Kock）和大仲馬這作過蒙台克里斯圖的伯爵（Count of Monte bristo）的人。

馬克思也在性質完全不同底另一面尋求精神底娛樂：數學。尤其是在心情苦惱和別底痛苦的時候，他就在數學上尋找安慰，這對於他有一種平靜底效力。恩格斯和拉伐格都說他在這一方面有過特別底發明，但是這是此地所不能論列的；據說，在他死後，看過他底原稿的數學家們並不贊同他底意見。

以他底全部志趣而論，馬克思並不是關閉在博物院裏從遠處看世界的准格納，也不是胸中住着兩個靈魂的浮士德。「爲世界而工作」是他所愛說的話之一，他覺得凡是幸而能够獻身於科學研究的人都應該使自己服務於人類。這種志趣使他底血液在血管中熱烈地搏動，使他底精髓在骨骼中活躍。在家庭中和朋友中他時常是一個快活而詼諧底同伴，容易發出衷心底歡笑。那些尋訪過這「赤色恐怖博士」——巴黎公社失敗之後他被這樣稱呼——的人們並未發見他是憂鬱底畸人和在安樂椅上作夢的哲學家，而是一個熟悉世間一切論題的正常底人。

讀過他底書信的人們都驚異於他底熾烈底精神會於幾乎不知不覺之間從勃然大怒的高峯悠悠地遞變爲深遠而平靜底哲理思維之海，而且在聽他談話的時候似乎也使人有這樣驚異，因爲海特曼敍述他和馬克思的談話，說道：

「當憤怒地說着自由黨的政策，尤其是關於愛爾蘭問題的時候，這老戰士底深沉底小眼睛放出火光，皺着濃眉，寬大而堅強底鼻子和面孔顯然被感情所激動，傾瀉着滔滔不竭底斥責之詞，這種言詞顯示他底性情的熱烈和措詞的巧妙。他被憤怒所激動時候的詞色和他評論當代經濟事故時候的態度是很顯明底相反的。

他從一個預言家和猛勇底斥責者的姿勢變爲寧靜底哲學家的姿勢，並不必用明顯底努力，而我覺得從前一場面度到後一場面之間好像已經過了幾年，我纔作爲一個學生在教師面前聽講似的。」

雖然這時馬克思比二十年前已經更爲著名得多，他仍然繼續超然於社會交際，而海特曼和他認識却是經由一個保守黨議員的介紹的。然而，在七十年代中，馬克思底家曾經是許多人往來的場所；牠是流亡底公社社員們的另一「正義的避難所，」他們常到那裏去聽取指教和尋找援助。這些喧嘩底人羣確曾不斷地帶來許多討厭和麻煩，當第一批走了之後，馬克思夫人，那樣寬仁待客底人，也忍不住嘆息道：「他們給我們十分够受的了。」

但是有些例外。一八七二年查里斯郎格，作過公社委員會的委員和牠底機關報的編輯，娶了馬克思底女兒燕尼。他和這一家人的關係，在私交上和政治上，都不曾變爲十分親密，像拉伐格那樣，但是他是一個能幹人。馬克思夫人說，「他像從前一樣盡力烹調，叫囂和爭論，但是我必須稱讚他經常給他底王家學院演講，而且得到他底上司的滿意。」這幸福的婚配由於初次生育底孩子的早死而一度陰暗，但是那「肥大結實而漂亮底小子」的出世曾經以其壯健增進了全家以及牠底外公的歡欣。

拉伐格夫婦也在公社流亡者之中，住在他們隣近。在結婚後最初幾年間他們曾經喪失了兩個孩子，而且在這不幸的印像之下拉伐格放棄了他底醫業，說道要執這行業是非用某一程度的欺騙和誇張不可的，而他不打算這樣作。「何等可憐呀，他雖棄了阿士克拉庇斯醫神！」馬克思夫人嘆息。拉伐格後來開了一間印刷所，但是，雖然幸而他底性格是樂觀底，覺得天色時常是青底，雖然他像「一名黑奴似的工作着」而且由他底妻

❶海特曼著「一種冒險生活的紀錄」(H. M. Hydman, The Record of an adventurous life)。

不倦地支持着他底職業還是進展很慢，他覺得要和資本更大的同業競爭是困難的。

第三個女兒也是在那時被一個法國青年追求着。這是後來寫公社歷史的李沙格拉，他是曾經在其中戰鬥過的。伊里亞娜似乎曾經傾向過他，但是她底父親懷疑他底可靠性，經過一番遲疑之後，並無結果。

一八七五年春季這家又搬到倫敦的同一區內的哈伐斯托克坡米提蘭公園路，四十一號馬克思在這房子裏度過他底最後幾年，而且死在那裏。

二　德國社會民主黨

幸而德國工人階級運動是一開始就沿着民族底路線發展起來的，牠避免了國際一切其他分部開始發展爲民族底工人階級政黨的時候所遭受的危機。在日內瓦大會慘敗之前幾個月，一八七四年一月十號，德國工人階級在德國國會選舉中得到牠底第一次選舉大勝利，獲得三十五萬票，當選九席，六席屬於愛森那赫派，三席屬於拉塞爾派。

第一國際衰落的原因顯現在這事實裏：馬克思和恩格斯，理事會的首腦，經過一些困難纔能够和他們所最熟悉而且更爲接近他們底理論的這正在興盛底工人政黨達到一種暫時妥協 (modus vivendi)。國際主義的優點使他們底見解能够貫通全局，同時却阻礙他們洞悉各國的特殊底具體實情。甚至英國和法國最熱心擁戴他倆的人們都承認馬克思和恩格斯把握法英生活的實際情形並不如英法兩國的本國人，而且脫離德國之後他倆對於德國實情並不曾重新建立從前那樣深透底接觸。這甚至可以說明他們對於德國黨的問題，關於這些問題他們底判斷是被他們對於拉塞爾和拉塞爾派底一切有增無減底不信任所蒙蔽了的。

這是顯然可見的，當新選舉底德國國會第一次會議的時候。愛森那赫派的六個議員之中的兩個，李卜克內希和伯伯爾，還在獄裏不能去就職的時候，其餘四個——基伊白，莫斯特，蒙提勒和伐爾狄赫——的態度曾經引起他們自己底支持者陣營中的大失望。伯伯爾在他底回憶錄中說道許多方面向他斥責愛森那赫派的四個議會代表任隨拉塞爾派底三個代表（海生克里弗，海塞爾曼和呂默）凌駕他們自己之前。而恩格斯底意見却完全不同，他寫信給索爾吉說：「拉塞爾派已經由於他們底議會代表而喪失信譽，以至政府被迫而採取反對他們的策略，因而造成他們底運動是嚴重底的印像。況且，自選舉以來，拉塞爾派已經覺得不能不尾隨着我們底人。海生克里弗和海塞爾曼被選入國會是很徼倖的！他們顯然失掉自信。他們必須跟從我們底人或自行其愚，而兩者都要毀壞他們。」眞難於想像比這樣誤解實情更甚的了。

兩派的議會代表是很能合作的，並未浪費許多時間來爭辯在議院裏誰比誰更好。在選舉運動中兩派都採取這樣一種方式，務使責難愛森那赫派爲半社會主義或責難拉塞爾派爲勾結政府都不可能；兩派所得票數也差不多；兩派在議院面對着相同底敵人，提出相同底要求；而且因爲他們底選舉運動的成功，兩派都受了政府方面的同樣兇猛底迫害。他們底眞實底差異不過在組織底事情上，但是這些差異不久就得到協調，因爲檢察官狄生道夫的事務家底熱心，他從歷次調解庭中達到判決，摧毀了愛森那赫派所採取的較爲散漫底組織形式和拉塞爾派所採取的更爲集中底組織形式。

所以，當托爾克乞於一八七四年十月中對纔從獄裏釋放出來的李卜克內希提出拉塞爾派底和解建議的時候，這兩派的聯合就自然而然地達成了。李卜克內希立刻欣然承諾這些建議，或許近於專擅吧，但是他底熱誠是並不因爲倫敦方面的很不高興而不值得稱讚的。馬克思和恩格斯還以爲拉塞爾派是一種將死底派別，遲早總要無條件投降的，所以和他們平等談判似乎是違反德國工人階級利益的輕舉妄動。當一八七五年二月兩派聯合起草的綱領宣佈的時候，馬克思和恩格斯勃然大怒了。

恩格斯已經寫了一封詳細底信向伯伯爾抗議之後，馬克思又於五月五號寄給這愛森那赫派的領袖他底所謂論綱領的信。在這信裏他更加用力鞭撻拉塞爾。他認爲拉塞爾已經心領神會共產黨宣言，但是魯莽地加以曲解，因爲要掩飾他自己和敵對資產階級的專制主義者及封建主義者的聯合，把這些階層一概統稱爲反對工人階級的反動集團。然而，「反動集團」這口號實在完全不是拉塞爾底的，而是在拉塞爾死後由斯乞委塞創造的，曾經得過恩格斯底公開贊賞。拉塞爾從共產黨宣言中所擇取的確是他所謂工資鐵則，因此他曾經被馬克思斥責爲馬爾薩斯底人口論的擁護者，雖然拉塞爾和馬克思與恩格斯同樣有力地抨擊過牠。

除了這極不愉快底一節而外，這信對於科學底社會主義的基本原理的議論是很有教益底的，而且對於那聯合綱領可以指責的地方都盡力指責了。然而，這有力底信結果不過使收信人們修改了他們草案裏的少數比較不重要底地方而已。二十多年之後，李卜克內希說道：他們的最多數，倘若不是全體，都贊成馬克思底意見，而且或許在聯合大會上可以得到多數通過，但是少數總是不滿意的，而避免這種不滿意是必要的，因爲大會的目的並不是規定科學底社會主義原理，而是聯合兩個黨派。

這論綱領的信爲什麼被默然忽略過去呢，一種不大好聽而更爲切實底解釋可以發見在這事實裏：牠超過愛森那赫派份子的知識水準甚至更甚於超過拉塞爾派份子的知識水準。幾個月之前，馬克思曾經埋怨愛森那赫的機關刊物上隨時登載着帶些學究氣底庸俗底空論。這些材料來自教員，醫生和學生，而李卜克內希對於這事是必須負責的。同時他恐怕那些（曾經勤苦地注入黨內而且已經開始確定的）現實主義底思想現在會被拉塞爾派（從民主派和法國社會主義各派借來的）觀念論底立法主義底廢料所賦值。

在這一點上馬克思完全錯了。在理論底問題上兩派多少是在同一水準上的，若有差異，那倒是拉爾塞派較爲可取。聯合綱領的草案在愛森那赫派方面毫無異議，而在德國西部幾乎完全由拉塞爾派所主持的一次工人大會卻加以批評，那批評在許多方面都和幾個星期之後馬克思所作的批評相同。然而，不必特別重視這一點，因爲眞理是兩派都還遠離着馬克思和恩格斯所建立的科學底社會主義一段長路程的。他們對於史底唯物論的方法都不會有過模糊底觀念，而資本主義生產方式之謎對於他們也還是一個謎。A. C. 斯克拉木（那時愛森那赫派最出衆底理論家）內摔馬克思底價值論的那種蠢笨樣子便是最明顯底佐證。

在實際上兩派聯合是有利於我們的，所以馬克思或恩格斯都不會說過反對牠的話，雖然他們還是以爲愛森那赫派受了拉塞爾派的欺騙。在論綱領的信裏，馬克思自已也說過：運動中的每一實際步驟的價值十倍於綱領的。其實，在這新聯合的政黨中，理論底混亂祇是有增無減，而馬克思和恩格斯把這歸咎於合併的不自然，他們底不滿意比以前更加顯露了。

他們底煩惱的根源主要地是在從前底愛森那赫派的份子之中而不在從前底拉塞爾派的份子之中，這使他們有所躊躇，而且恩格斯偶然說過：拉塞爾派的份子快要成爲這運動中最清楚底思想家了，因爲這一派的報紙——合併後仍然存在了一年——上最少胡說。他說，僱用底和半通底煽動者們的禍害重壓在這黨上。他尤其惱怒莫斯特，『他一點不懂資本論而緊縮牠底全部』而且竭力支持杜林牌底社會主義。恩格斯於一八七六年五月二十四號寫信給馬克思說：『那些人顯然以爲杜林在妄肆攻擊你之後已經使他自已成爲不可侵犯的了，因爲倘若我們譏笑他底胡說，那不過是報復我們底私怨而已。』李卜克內希也不免於被鞭撻：

「威廉急於要補救我們底理論不能解答每一庸夫底非議的缺點。他急於要在他底心裏準備好一幅將來社會的圖畫，因爲庸夫們會問他這種事的同時想要在理論上盡力獨立，這努力他已經達到出乎他底意外的成功，因爲他完全沒有任何理論。」然而，這一切都和拉塞爾或拉塞爾派毫無關係。

這新成立底黨的種種實際成功的急速進展使牠漠視理論，甚至以爲理論太多。他們所輕蔑的理論並不是這些，而是在他們底猛烈進行中他們認爲吹毛求疵的那些莫名其妙底發明家們，誤會事理底改革家們，反對種痘底學者們，施行信仰自療法底醫生們，以及同樣底偏想家和畸人都羣集到這新黨的旗下來了，因爲他們希望在工人階級的活動底行列中得到他們在資產階級世界中所被否定的認可。凡是對於政治底病體表示好意或獻出某種藥方的人都一定受歡迎的，尤其是出身學院的人們，他們底光臨可以簽定無產階級與科學的聯盟。在多式多樣的解釋之下同情或似乎同情於社會主義的一位大學教授是不必害怕他所出售的知識貨品會受任何很嚴底批評的。

杜林尤其安全，可以免除這種批評，因爲他有多種資格，這些資格都是必然引動柏林工人階級運動中最活動底知識分子的。當然他有大才能，而且他底生平曾經得到工人中的許多同情。他毫無資產，早年失明，但是他努力奮鬥，作到大學講師，而且對統治階級絕不讓步，在他底講壇上斷然堅持着他底急進主義，毫不遲疑地讚頌馬拉提，巴比弗和巴黎公社的英雄們。他底性格的令人不快底方面是驕傲，他自稱精通六七種科學研究的部門，其實由於他底生理的缺陷他是一門也不精通的。再加上誇大狂，他攻擊他底前輩們，哲學方面的費希特和赫格爾，經濟學方面的馬克思和拉塞爾——這一切都祇在暗中活動，或者可以諒解，因爲他底精神底孤立，而又迫於種種艱難底苦鬥。

馬克思對於杜林底「安肆攻擊」並不注意，而攻擊底內容也實在不值得他接受那挑戰。柏林社會主義者們的日益熱心擁護杜林許久以來都不曾影響馬克思，雖然杜林宣傳他底不可移易底「眞理體系」顯示了天生底宗派主義的一切特性，甚至當李卜克內希——這時他已經十分注意到——寄來工人們的書信，指出黨底宣傳變爲淺薄了的時候，馬克思和恩格斯還拒絕答覆杜林，因爲這是「太特殊底課題」。但是，當莫斯特於一八七六年五月寫了一封橫暴底信給恩格斯的時候，這似乎是不能忍受的了。

恩格斯這時纔開始考察杜林底「眞理體系」，而且作了幾篇批評的論文，發表在一八七七年初期的前進（Vorwarts）上，這是聯合以後的黨的中央機關報。這些論文發展爲科學底社會主義的最重要底和最成熟底文獻之一，可以與馬克思底資本論並列的，但是黨的接受這著作却顯見得是危險的。一八七七年五月在哥達舉行的黨的常年大會上，幾幾乎要開一個異論審判會來制裁恩格斯，好像那些正宗底大學教授們反對杜林那樣。莫斯特提議黨的機關報上不許再發表恩格斯反對杜林的論文，理由是這些論文「對於前進讀者大多數是完全乏味甚或討厭的。」伐爾狄赫，在其他一切方面是莫斯特底勁敵，對於這問題却和他一致，說恩格斯底格調有趣味，會使前進所提供的精神食品成爲難以入口的。幸而事情還不算頂壞，大會採取了一種折衷底提案：爲了實際底和宣傳底理由這論爭必須繼續發表在一種科學副刊上，而不在正張上。

同時大會決定發行一種科學底半月刊。這是由科赫堡提議，他承認出錢支持這種冒險嘗試。科赫堡是資產階級中親近社會主義的人，當時德國很多這樣底人。他是弗郎克府一個彩票商底兒子，還年輕而且很富裕，同時是極不自私，自我犧牲底的。凡是認識他的人對於他底品性都給以最高評價。然而，從他所發表的那些論文看來，他底文學底和政治底才能是難於讚許的。當時科赫堡被看作一個沒有色彩底和疲乏底人，並不懂得社會主義的歷史和理論，更不懂得馬克思和恩格斯所唱導的科學底意見。他並不以爲無產者底階級鬥爭是解放工人的槓杆而祗是要爭取統治階層的分子，尤其是其中的知識分子，來沿着和平底與合法底進步路線爲工人而鬥爭。

然而當馬克思和恩格斯拒絕在前途(Die Zukunft，那新刊物的名字）上合作的時候，他們不很明白他這人。邀請他們投稿祗是經由一種普通底通啓，和別底許多人連在一處的。恩格斯說大會的這些決議對於實際底每日宣傳或許是很有用的，而對於發揚科學底成就却被抵消了，確不足以保證這刊物可以成爲眞正科學底的，科學思想是不能由仲裁法令而得以成就的。沒有一定政策和一定傾向，科學底社會主義底刊物是不可能的，而且鑒於現在流行於德國的種種傾向的複雜和曖昧，採取特定底政策不一定合於時宜。

前途的第一期就證明他們對牠採取一種保留態度是很正當的。科赫堡所作的發刊詞果然是一種雜湊品，把他們在四十年代中曾經認爲懦弱無能而加以打擊的各種社會主義傾向重新拉攏起來。他們所採取的態度使他們得免於一切煩惱底爭論。德國黨的某一黨員問他們是否因爲哥達大會上的爭議而有所懷恨，馬克思答道：『引用海涅底話來說，我不懷私怨，恩格斯也不。對於名聲我們都不介意。我始終反對任何形式的個人崇拜便是明證。在國際的時代我不容許種種標榜手段，對於各國所發表的頌揚，我覺得煩惱，絕不回答，縱有回答也許祗是斥責。』而且他加上：『但是像上次黨大會上所發生的那樣底事情——這完全是國外黨的敵人所挑撥而成的——無論如何算是教訓我們必須留意於我們和德國國內黨員們的關係。』但是，事情還不至於這樣壞，恩格斯依然繼續發表他底反杜林的論文在前途的科學副刊上。

然而，馬克思大爲那種『腐化習氣』所困惱，（那習氣開始顯現於群衆之中並不如顯現於領袖們之中那樣厲害，）十月十九號他寫信給索爾吉說：「對拉塞爾派的妥協已經引起種種妥協：對別底那些假社會主義者們，對柏林的杜林及其「崇拜者們，」更進而對大羣幼稚底學生們和自誇底學究們，他們想要給與社會主義「一種更高尙底理想主義底傾向，」換言之要用以自由平等博愛爲聖靈的近代神話來替代社會主義的唯物論底基礎（倘若要在這基礎上有所成就，必需一種嚴肅底和客觀底學習。）發行前途的科赫堡先生是這種傾向的一個代表。他已經「捐款」入黨。我打算承認他底動機是「最高貴底，」但是我並不重視「動機。」世界上並不曾有過比前途上的他底綱領更可憐的了，還要加上那「中庸底假定。」」

眞的，倘若馬克思和恩格斯要使他們自己和這『傾向』和解，那就得否認他們底過去底一切。

三　無政府主義與近東戰爭

一八七七年的哥達大會也決定派代表出席同年九月在根提(Ghent)所舉行的一個世界社會主義者大會。李卜克內希被選舉爲黨的代表。

這大會是由比利時人們發起的，他們一方面在無政府主義底湯裏發見頭髮，一方面想要使在海牙大會中破裂的兩派重新和好，巴枯林派開過幾次大會（一八七三年在日內瓦，一八七四年在布魯舍爾，一八七六年在白恩，）但是參加人數一次比一次銳減。牠崩碎於無產階級解放鬥爭的實際必需之前正如牠發生於這種必需之中一樣。

實際矛盾早已顯現於日內瓦的工廠熟練工人與粗手工人之間的爭論。一方面薪給較高而有政治權利的一層工人們展開了議會底鬥爭，但是也被誘惑而與資產階級政黨發生各種曖昧關係，另一方面是薪給較低而沒有政治權利的一層工人們專憑自己底力量。一切爭吵的根源，是在這種實際衝突之中，而不是如傳說所謂由於理性與非理性之間的理論底鬥爭。

無政府主義屢次被殺滅之後又屢次復活起來，這就證明事情並不簡單，而在今日還是不簡單的。理解無政府主義必不就是擁護牠。同樣，認識議會底政治活動及其可能接受底改良方案會把工人運動引到失去革命力量的地步，並不一定就要否定這種活動。巴枯林底支持者之中有些人很有功於無產階級的解放鬥爭，這絕不是偶然的。李卜克內希確乎不是他底朋友，但是在巴斯勒大會時期中他同樣熱心地主張政治底棄權。另一方面，法國的朱力士格斯得，義國的開洛卡非洛，比國的西色狄巴伊甫和俄國的鮑爾阿舍洛得這些人在海牙大會時候以及其後都是巴枯林底熱心底支持者。後來他們都變爲同樣熱忱底馬克思主義者，這並不是因爲他們拋棄他們向來底全般信念，而是，如他們之中的幾個所公開告白，因爲他們繼續發展在巴枯林曾經和馬克思共同的那基礎上。

他倆都主張羣衆運動，而他倆所爭論的是關於羣衆運動所必須採取的路線。然而，巴枯林派底幾次國際大會已經表明無政府主義底路是行不通的。

在這裏說明在那幾次大會中無政府主義急劇衰落的根本原因，那或許說得太遠一點了吧。牠底毀滅過程是輕快而且澈底的。理事會和每年徵集會員會都已廢止了，幾次大會都不許採取關於原則上的任何決定，至於拒絕頭腦勞動者加入國際陣營的一種企圖經過十分困難之後總算被阻止了。然而，在積極方面事態却是可憐的，連一種新綱領和新策略的擬定也弄得一籌莫展。日內瓦大會特別爭論以總罷工爲社會革命的唯一無誤底方法的問題，但是沒有結果，而在布魯舍爾的第二次大會中關於公衆服役這主要議題也不能達到結論，而狄巳伯甫對於這問題的態度是受了完全脫離無政府主義的正當斥責了的。以實際而論，巴伊甫底轉向顯然是勢所必然的。激烈爭辯之後，這議題延展到下次大會解決，但是下次大會也不能解決。那些義大利人說道『開大會的時代』已經過去了，完了，他們主張『行動的宣傳』利用義大利國內的災荒，他們在兩年之內實行了六十次可敬底小暴動，但是對於他們底主義却毫無成就可言。

無政府主義墮落爲一種激底偏僻底宗派是由於牠底理論的混亂，而更由於牠對於與近代無產階級有切身利害關係的種種實際問題一概採取純粹否定態度。當瑞士工人中發展着以法律限定每日工作十小時這羣衆運動的時候，無政府主義者們拒絕和這運動發生任何關係，而且他們採取同樣否定態度對付弗闌特社會主義者們組織團體請求法律禁止工廠雇用兒童作工。自然，他們也反對工人爲普通選舉權而爭鬥或（在已有普選權的地方）爲利用這種民權而鬥爭。這樣空虛底政策，相形之下，德國社會主義底工人階級運動的種種成功更加燦爛，於是各處羣衆開始謝絕無政府主義底宣傳。

一八七六年白恩的無政府主義者大會決定於次年在根提召開一次世界社會主義者大會，便是由於承認無政府主義已經完全不能爭取羣衆。根提大會自九月九號起開到九月十五號。出席代表四十二人，而無政府主義者（在哲洛米和克魯包特金領導之下）祇有十一人。他們從前底許多支持者，包括比利時人們和英國底海爾士，都已轉向社會主義這一翼，這一翼的領導者是李卜克內希，格魯里乞和弗郎克爾。李卜克內希和哲洛米之間曾經發生尖銳底衝突，因爲後者斥責德國社會主義者們底綱領是由選舉運動而決定的，但是，以全體而論，這大會的進行總算是和平底的。無政府主義者們已經失掉愛唱大言壯語的習慣，他們底演說都諧合在一種溫和底低調之中，這就可能使反對者採取較爲與人方便底態度。然而，大會中所提議底『團結公約」並無結果，因爲相對底雙方太不相同了。

馬克思對於這大會並不期待比這較好的任何結果，而且他現在正在注意着他以爲會發生革命的另一暴風中心——俄土戰爭。他曾經寫過兩封信給李卜克內希，在一八七八年二月四號所發的第一封信中，他說：「我們決定袒護土耳其，這有兩個理由：第一，我們曾經研究過土國農民，即土國人民大衆，發見他們確是歐洲農民的最能幹底和正直底代表人物之一，第二，俄國底失敗可以大大加速社會變革（這種變革底因素現在俄國甚多）因而也加速全歐洲的變革。」在這之前幾個月，他曾經寫信給索爾吉說：「這危機是歐洲歷史的一個新底轉捩點。俄羅斯——我曾經研究過俄羅斯狀況，根據非官方底和官方底原來資料（後者祇流通於很少數人，我得到牠們是經由彼得堡的朋友們幫忙的）——久已在革命關頭，而且一切必要底條件都已齊備。這幾年來好土耳其人曾經催促那革命的爆發，因爲他們不但打擊俄羅斯軍隊和俄羅斯財政，而且打擊了俄羅斯皇室（沙皇，太子和別底六個羅曼諾夫氏）。俄國學生們的傻氣底滑稽劇不過是一種表徵，本身並無價值，但是總是預兆。俄國社會各階層在經濟上，道德上和思想上都在一種崩碎狀態中。」馬克思底這種觀察經事實證明是絕對正確的，但是，因爲他底革命熱情底急劇性，而且因爲些事情的進程看得分明而不覺其遠，他往往過低估計時間因素。

俄國的始敗而終勝，據馬克思估計，是由於卑斯麥的暗中援助和英奧兩國的陰謀背信，也並非不由於土耳其人自身底錯誤，他們不能以一次革命推翻孔士旦丁的君權，雖然那君權是和沙皇最親近的。在最高危機中不能以堅決底革命形式有所作爲的人民是無可救藥的，馬克思說。

俄土戰爭的結果並不是在歐洲發生革命，而是在德國社會主義運動似乎被一種可怕底打擊所打毀的同時同地開了一次外交官會議。

四　新時代的曙光

雖然有這麼些挫折，新時代的曙光開始照臨世界地平線上。俾斯麥希望由此摧毀德國社會主義運動的法案實際上却開拓了這運動底英勇時代，掃除了一切混亂和紛歧（存在牠與倫敦兩位社會主義元老之間的，）雖然又發生過一次爭鬥。

德國黨勇敢地對付着反社會主義十字軍和反社會主義選舉（在謀刺德皇事件●之後於一八七八年夏季舉行的，）但是當牠對於那嚴重打擊有所準備的時候牠不曾認清牠應該估計到對方毒辣到什麼程度。這法案的執行是不合法的：政府當局們完全忘記了他們安慰國會的「公正執行」的一切約言，禁閉了這黨的一切機關，剝奪了幾百人的生計。幾星期之後柏林及其週圍縣區宣佈臨時戒嚴，顯然不顧破壞那法案的條文，六十多個社會主義者被驅逐出境，不但失業而且喪家。

單這一點就可想而知社會主義陣營中的不能避免底混亂。巴黎公社失敗之後國際理事會曾經訴苦說：因爲必須救濟流亡者，以至幾個月以來不能執行正常工作。現在德國黨的領導機關所遭遇的困難更爲艱危，因爲牠隨時隨地都受着警察的迫害，同時一種可怕底經濟恐慌麻痺了這國家。不能否認的是暴風分開了麥粒和穅粃：前幾年混進黨裏來的那些資產階級份子屢屢顯示他們自己的靠不住；有些領導者也經常不起這試煉，同時另一些人，包括許多有能力有價值底人，喪胆於反動派的嚴重打擊之下，唯恐引起敵方更兇猛底進攻，不敢表現任何有力底抵抗。

●德皇威廉第一于一八七八年五月十一日被霍得爾所刺，不中，同年六月二日被諾比林所刺，亦不中。

這一切當然使馬克思和恩格斯很不滿意，但是他們確也過低估計當時環境的種種困難。甚至社會民主派底國會代表——經過暴風之後又出現在國會中的九個人——的態度也適足以使他們憤懣。代表之一，馬克卡塞，認爲在辯論新關稅法案的時候必須演說和投票贊成提高鐵的入口稅。這造成一種很壞底印像，因爲人人知道這新法案是要爲德國財政增加幾百萬歲入，保障地主的利益以對抗美國底競爭，補助大規模工業在經濟恐慌年月中所自召的損失，而且人人知道反社會主義法令的終極目的是要摧毀工人階級對於危害牠底生活水準的種種打擊的抵抗力的。

白白爾盡力爲卡塞辯護，說他對於這問題曾經作過特殊研究，恩格斯輕率地答道：『倘若他底研究有絲毫價值，他應該知道德國有兩個鍊鐵廠，多提曼特聯合公司和科尼茲——勞拉鑄造廠，每一個都能滿足全德國的鐵的需要，况且此外還有許多較小底鐵工廠。所以鐵的入口稅是白癡底的，那唯一的辦法是爭取外國市場，就是說，自由貿易否則破產。他應該知道鐵廠資本家們主張鐵的入口稅，那是因爲他們已經聯合一氣，想要獨佔國內市場，並且避免生產過剩而在國外市場跌價傾銷——這是他們已經進行到相當範圍了的。卡塞的演說是爲了這獨佔集團的利益的，而他投票贊成提高鐵的入口稅也是爲他們的利益投票的。』當卡爾赫許在街燈（Die Laterne）上魯莽地攻擊卡塞的時候，不幸社會民主派國會議員們採取一種惱怒態度。這種態度使馬克思和恩格斯不能再忍。前者說道：『議會底癡呆病已經深入他們底骨髓，他們以爲他們自己是超乎批評之上，批評他們好像是大逆不道似的。』

卡爾赫許是一個青年底記者，在李卜克內希被拘禁的時間曾經代表李卜克內希編輯民主國。後來他被德國反社會主義法令所放逐，住在巴黎。自始他就作了德國黨領導者所要作的事：一八七八年十二月中，他開始在比利時的布里達發行德文街燈週刊，這週刊的作風和形式和洛乞浮底法文街燈一樣，可以摺疊起來，裝在普通信封裏寄回德國去，作為社會主義運動的聯結點。這辦法是好的，而且赫許自己十分明瞭原則上的各種問題，但是他底作風簡潔，精緻，犀利，警策，不適合於工人階級讀者的需要。適合於這種需要的是幾星期之後莫斯特在倫敦得到共產主義工人教育協會援助所發行的自由(Die Freiheit)週刊；不幸不久之後牠就失墜在業餘底革命主義裏面。

因為這兩個可以說是「野」底刊物的出現，在國外建立正式黨報的問題對於德國黨的領導者們變為急迫底的了。白白爾和李卜克內希都盡力贊助建立，而且終於克服了黨內主張謹守緘默的有力份子的頑強反對。與莫斯特合作已經不可能，而且赫許自願放棄街燈，聲言準備承辦新底黨報的編輯事務。馬克思和恩格斯完全信賴他也準備投稿。這新刊物預定在蘇里支每週發行一次，而且住在那裏的三個黨員已經受命進行牠底出版的必要準備：被驅逐出柏林的保險公司經紀人斯克拉木，卡爾科赫堡，和科赫堡爭取來作他底文學顧問的伯因斯坦。

他們並不急於執行他們底使命，這延遲的理由到一八七九年七月纔完全明白，他們發行了他們自己底社會科學與社會政策年刊(Das Jahrbuch für Sozialwissenschaft und Sozialpolitik)。這年刊是半年發行一次，那編輯的宗旨就顯現在由這三位明星署名的一篇叫作社會主義運動批評的論文裏面。牠底真正底作者是科赫堡和斯克拉木，白因斯坦不過投入幾行字而已。

這論文是一篇無謀和膚淺到出乎意外底說教，譴責黨的種種罪過，牠底不溫和底聲調，牠底排斥異己的傾向，牠底阿諛羣衆而忽視知識份子，以及一個無產階級政黨時常使小資產階級市儈覺得討厭的各樣事情。這論文的實際主旨是要黨利用反社會主義法令所强加在牠上面的閑暇來懺悔和贖罪。馬克思和恩格斯很惱怒，寫了一封私信給黨的領導者們，嚴厲要求倘若他們認爲必須容留懷抱這種意見的人們在黨內，那麽至少應該不許這樣人們代表黨發言。其實科赫堡並不曾受命於黨，而是擅自專行的，正如他主張蘇里支的三個人有權管理赫許底編輯活動而且赫許必須放棄編輯街燈的作風一樣。從此之後，赫許和倫敦的兩位元老拒絕和新底黨報再有任何關係。

關於這事的許多通信，祇有一些殘餘還保存着。這些殘餘顯示李卜克內希和白白爾並不贊成蘇里支的三個人的態度，但是難於看出爲什麽他倆不盡力加以干涉。科赫堡親自到倫敦去，會見恩格斯，但未會見馬克思。他底思想底混亂可能使恩格斯得到最壞底印像，但是無論恩格斯或馬克思都不懷疑這人底好意。由於事務所引起的相互間底齟齬使彼此難於達到任何協調，所以一八七九年九月十九號馬克思寫信給索爾吉說：倘若黨的新週刊是按照科赫堡底意旨編輯的，那麽他們就不能不公開抗議這樣『攙雜劣質』在黨及其原則裏面。『這些先生們已經被警告，而且他們也足够明白現在這問題是必須確定不是這樣便是那樣的了。倘若他們一定要降低他們自己，那就盡量降低吧，但是無論如何不許他們降低我們。』

幸而事情並未走到極端。牟爾麻擔任了蘇里支社會民主（Sozialdemokrat）週刊的編輯，據馬克思和恩格斯的意見，辦得『够糟羔的了，』但是還不至於壞到必須提出公開抗議的程度。『時常和來比錫的人們通信爭論，氣氛屢屢熱辣起來，』但是蘇里支的三個人却證明是無害的。斯克拉木完全退避在暗處，科赫堡往往在旅行之中，而白因斯坦在反動派初次進攻所造成的消沉現象的影響之下置身事外，像那時許多別底黨員一樣，最初是聽任事情自然發展的。後來，馬克思和恩格斯終於表示多分諒解黨底領導者所遭遇的巨大困難，這事實也許大有助益於平定一般人底惱怒和焦躁。一八八零年十一月五號馬克思寫信給索爾吉說：『在國外享受着較爲平靜底生活的人們，對於那些在德國國內工作於最困難底環境之下和獻出大犧牲的人們，沒有理由使事情更加困難，而爲資產階級所快意。』於是，幾個星期之後，爭論底各方締結了和平條約。

一八八零年十二月三十一號，爭爾麻聲明結束他底編輯事務。而且德國黨的領導者們決定指派卡爾赫許爲他底繼任者，以調解馬克思和恩格斯。因爲赫許住在倫敦，白白爾決定到倫敦去和他當面談判，同時要和馬克思及恩格斯透澈討論一般局勢（這是許久以來就籌劃着的。）他帶着白因斯坦同去，以消解倫敦方面反對後者的成見，因爲這時白因斯坦已經完全辯明了他自己。這次到卡諾沙❶去的旅行（黨內稱呼這次倫敦訪問）達成了各種目的，但是卡爾赫許提出他接受編輯任務的條件，說他願意在倫敦工作。這是不愉快底事，結果白因斯坦被任命爲臨時編輯。他底這地位終於變爲常任的了，而且他光榮地盡着他底職務，使人人滿意，連馬克思和恩格斯在內。一年之後，當那初選實行於反社會主義法令之下的時候，恩格斯欣喜地說道無產階級從前沒有過比這更勇敢的鬥爭。

法蘭西的運動也發展在幸運底星之下。一八七一年大屠殺之後，狄爾斯在凡爾塞對戰慄底資產階級說道法國的社會主義從此永遠死滅了，完全不顧這事實：在一八四八年六月屠殺之後，他也曾經用同樣底斷定之詞安慰過牠一次，而且已經證明那是錯誤底預言。或許他以爲一八七一年所流的血更多將要證明效果更

❶（banossa）日耳曼皇帝亨利第四（Henry IV 1080—1125）與教皇格里戈里第七（Gregory VII 1073—1085）爭執，終于一零七七年親至教皇所在地卡諾沙表示臣服承認教權高于政權。

大吧，因爲街市戰的結果，巴黎無產階級損失很大，集團鎗斃，放逐，苦役，判刑的人數達到十萬之多。一八四八年之後，社會主義曾經需要幾乎二十年之久纔從被打到失去知覺的狀態中復活起來，而一八七一年之後牠祇需要十年的一半就又蹶起。一八七六年，當軍事法令還在實行流血工作，巴黎公社的防衛者們還在倒斃於排鎗之下的時候，第一次工人代表大會也就舉行於巴黎。

眞的，這一次大會不過是一種表示，因爲牠是在資產階級底共和黨人們庇護之下的，這些人們想要工人援助他們反對君主派底地主們，而且牠底議決案也祇是關於合作事項，如斯卡爾茲狄里采在德國所主張的那樣。但是事情顯然不止於此。一八零三年和英國締結商約之後逐漸發達起來的大規模機器工業在一八七一年之後比以前發達得更加快。這工業的當前急務是補償在普法戰爭中廣大區域內所受的損失，集合必需底資本在更大規模上重建軍國主義，以及補償因法國工業化最高底省份阿色斯的割讓所召致的缺陷。大規模底工業是完全能够滿足這些要求的。新興底工廠佈滿全國，强有力底工業無產階級被創造出來了，而在舊國際的平靜日●工業無產階級的存在不過是在北部的幾個城市裏而已。

這些條件使朱力士格斯得的迅速成功成爲可能。他以他底雄辯才能投身於一八七六年由巴黎大會再開始的工人運動之中。他是新近從無政府主義轉變過來的，對於理論方面並不十分淸楚，這是由一八七七年他所創辦的平等(Egalita)上可以看出來的。雖然資本論第一卷已經譯成法文出版，他對於馬克思還是一無所知，由於卡爾赫許的吸引他纔初次注意到後者底理論。可是他還不曾透澈把握土地的和生產工具的合併所有權這觀念，幸而他底輝煌底雄辯和論爭底大才能使他成功，代表在無產階級鬥爭中成爲定論的那些

●(Ha'cycn days) 冬至前後七日相傳翠鳥在此時巢居海上而產其卵，以一種魔力鎮壓風波云。

主張喚起法國工人階級，雖然這些主張時常遭遇曾經出席過舊國際歷次大會的法國代表們的猛烈反對。

第二次工人代表大會在一八七八年二月舉行於里昂，主持者不過想重複巴黎大會，格斯得却爭取得二十個代表作爲少數派集結於他底旗幟周圍。政府和資產階級覺得事情嚴重起來了，又開始壓制工人運動，同時以重罰和苦役加害於平等編輯們，迫使牠不能生存。然而，格斯得和他底支持們並未氣餒，不屈不撓地工作到第三次大會的時候，這大會在一八七九年十月舉行於馬賽，他們在其中爭取得代表的大多數，而且立刻創立了法國社會主義工人聯合會(Federation du parti des travailleurs Socialistes en France)，準備組織政治鬥爭。平等又復活了，而且爭取得拉伐格這樣可貴底撰稿人，牠底理論底論文幾乎全是他寫的。不久之後，馬龍，從前也是巴枯林主義者，也發行了社會主義評論，得到馬克思和恩格斯偶然投稿的支持。

一八八零年春季，格斯得到倫敦去邀請馬克思，恩格斯和拉伐格幫助替這年輕底社會黨起草選舉運動的綱領。共同商定了所謂最低綱領：第一節是簡短底序論，說明這運動的最後目的是共產主義，然後在經濟方面提出直接發生於現實工人運動中的各種要求。他們並不是對於每一點都互相同意的，而且當格斯得主張綱領中應該列入要求法律規定最低工資的時候，馬克思直率地說道倘若法國無產階級還幼稚到必需這種誘餌，那就完全不值得起草一種綱領。

但是事情並不壞，而且在大體上馬克思把這綱領看作使法國工人們擺脫含胡底空言熟語而立足於現實基礎上的一個重要步驟。從這綱領所得到的反對和贊同兩方面看來，他認爲初次底眞正工人階級運動正在發展於法蘭西。他以爲在這以前法國不過有些宗派主義者在製造標語口號，同時無產階級大衆却漠不關心這些宗派，跟在急進派或假急進派資產階級後面，爲這資產階級英勇鬥爭，第二天就被曾經依賴牠們的助力而得到政權的人們所屠殺和放逐。所以，當法國政府被迫而大赦巴黎公社社員的時候，馬克思立刻同意他底兩個女婿回法國去。拉伐格回去和格斯得合作，而郎格却取得有力底地位在正義（La Justice）報上，這是極左派首領克里蒙梭的機關報。

俄羅斯的情形是不同的，而馬克思覺得甚至更爲有利。他底資本論在俄國比在其他任何地方都更爲廣泛地被閱讀，影響更大，尤其是在那較爲更年輕底科學界和文學界中得到許多支持者和不少的私人朋友。然而，在那時可以稱爲俄國羣衆運動的兩大傾向，民意黨和均田黨，都還以爲他底理論完全是外國底的。以兩黨的目的都祇在於爭取農民而論，兩黨全是巴枯林主義的。馬克思和恩格斯把兩黨所爭執底主要問題歸納如下：俄國農村自治制度——一種已經很衰落底原始底土地公有制——能够直接發展爲一種更高形式的共產主義底土地公有制嗎，或者俄國首先必須經過在西歐各國歷史發展中所見過的同一分解過程呢？

『對於這問題今日唯一可能底回答』是馬克思和恩格斯給維拉薩蘇里奇新譯共產黨宣言所作的序文裏的話：『倘若俄國革命爲西歐的工人革命發出信號，兩個革命互相呼應，那麼俄國現有底公有制是可以作爲發展到共產主義的起點的。』這種觀點說明了馬克思熱心贊助民意黨——牠底恐怖政策實際上已經使沙皇成爲加乞那革命的俘虜——而嚴厲譴責均田黨——因爲牠完全拋棄一切政治底和革命底行動，而祇是以宣傳爲滿足——雖然曾經盡力把馬克思主義灌注入俄國工人階級運動之中的那些人，如阿舍洛得和蒲列罕諾夫等，都是均田黨的分子。

最後，曙光也開始出現在英格蘭。一八八一年六月題名爲英國概論（England for all）的一本小書出版。牠是亨得曼寫的，算是民主主義聯盟的綱領，這聯盟是剛纔由英格蘭和蘇格蘭的各種半有產者及半無產者底急進社團組織成的。論資本與勞動的幾章完全摘抄或襲取馬克思底資本論，但是亨得曼並不說出這書或著者底名字，祇是在他底序文的結尾聲明他很感謝一位大思想家底著作和原著者。這樣處理馬克思底著作的奇特方法已經够討厭了，而他請馬克思原恕的申辯的話更加可惡：馬克思底名字是「很不愜人意的，」英國人不喜歡受外國人教訓，云云。馬克思從此和亨得曼斷絕關係，無論如何都認定他是「一個怯弱底東西」。

然而，在同一年內，馬克思大為高興了，由於一個英國刊物的十二月號發表了比爾孚巴克士所作的關於他的一篇論文。㊀真的，他發見其中關於他底傳記的許多錯誤和關於他底經濟原理的許多胡說，但是他重視牠，認為牠是對於新學說懷抱真實熱情而大膽反抗英國庸衆的第一等文字。這論文的出現，曾經貼出大幅廣告在倫敦西頭的牆壁上，大為轟動了的。

在馬克思寫給桒爾吉關於這事的一封信裏，這向來漠不關心毀譽的鐵人似乎感受了自得自滿的興奮。這也許有什麼可指責的吧，但是那封信確是在一種深情之中寫成的，這由牠底結尾就可以看出：「我在十一月三十號接到這本書，這在我是最有意義的，因為我底親愛底妻在臨終之前因此得到一點歡喜。你知道她對於這種事情是有着怎樣熱烈底興趣的。」馬克思夫人死於一八八一年十二月二號。

五　暮色

當暗雲逐漸從各處社會底和政治底地平線上散去的時候——這在馬克思時常是主要底事情——沉沉暮色却深深降落在他和他底家上。歐洲大陸拒絕了他，不許他到那裏溫泉場去沐浴治療，於是他底生理底

㊀近代思想第二十三號中的近代思想的領導者，卡爾馬克思。

疾病又更惡化，使他多少不宜於工作。自一八七八年以來，對於完成他底重要著作他已經無斷進行，而同時對於他底妻底康健的憂慮日益加深。

以她底平靜嫻雅底性格，她在晚年曾經享受過優遊底歲月。索爾吉喪失了兩個少年孩子，她寫信安慰他說：「那是怎樣可怕，在這種損失之後人要經過多久時間纔能恢復心理底平衡，這在我是太熟識的了，但是日常生活以其小歡娛和大麻煩，以其一切瑣細底顧慮和微末底創傷，來幫助我們，使那大憂苦逐漸被當前的小動亂所麻痺，以至幾乎不知不覺之間減輕了那劇烈底哀痛；創傷並非完全痊愈，並非不存在母親底心裏，但是人逐漸恢復了人對於新煩憂和新歡娛所應有的感受性，懷抱着破碎然而還有希望底心活下去，一直到這心寂然不動，這纔永遠和平。」世間還有誰比這莊嚴宏忍底婦人更該當在自然底手中從容解脫，輕易死去的麼？但是她底命運並不如此，在臨終之前還要忍受一些大痛苦。

一八七八年秋季，馬克思通知索爾吉他底妻「很不康健，」一年之後他又寫信說：「我底妻還是在危險底病中而我自己也站不穩。」顯然在長久疑難之後，這纔決定馬克思夫人底病是一種無可救藥底慢性癌症，必然要受許多痛苦以至於死。在這可怕底病中馬克思自己受着怎樣底苦痛是從他底妻在他底生活中所佔的職位，就可想而知的。她自己以比她底丈夫和家屬更大底堅毅精神忍耐她底病痛，因爲要時常顯示寧靜底面容，她以英雄氣慨鎮壓住一切難堪底表徵。一八八一年夏季，這病已經很重，她鼓起勇氣要到巴黎去看她底兩個已嫁底女兒。因爲治療無望，醫生們都同意讓她冒險去旅行。一八八一年六月二十二號馬克思寫信通知郎格夫人他們要來巴黎：「立刻回信，因爲媽媽不知道你喜歡她從倫敦帶什麼東西來給你，她是不肯起程的。你知道她愛作這樣底事。」在這種景況之下事情總算辦得滿意，馬克思夫人並未發生意外，但是在回來的時候馬克思自己害了肋膜炎，夾雜着支氣管炎和新發底肺炎。這是一種危險病症，但是他越過了牠，主要原因是得力於他底女兒伊利娡和連成秋馬斯的自我犧牲底悉心看護。在這些悲底日子，伊利娡曾經寫過：「母親躺在前面的大房間裏，摩爾人●躺在隣接底小房間裏。這兩個彼此相依爲命的人已經不能够同居一室了……摩爾人又已越過險病。我永遠不能忘記那天早晨他覺得他自己有力站起來了，就走進母親底房間裏。他倆好像又都年輕了——好像是一個可愛底小姑娘和一個誠懇底青年開始共同生活似的，並不像是衰病底老翁和將死底老婦彼此永遠訣別的樣子。」

馬克思夫人死的時候（一八八一年十二月二號，）馬克思還很衰弱，醫生不許他去送他底愛妻底最後旅程。馬克思寫信給他底女兒郎格夫人說：「我服從了醫生底命令，因爲在你底母親死的前幾天她表示不要在她底喪事中舉行儀式：「我們不注重外表。」她底生命消逝得很快，這在我是一大安慰。正如醫生所預言，這病具有一種全體虛脫的形式，好像是由於年老似的。甚至在最後那幾點鐘——並沒有對死掙扎，而是慢慢沉入熟睡，而且她底眼睛比以前更大，更美，更亮。」

恩格斯在燕尼馬克思底墓前演說。他以最深底敬意稱讚她爲她底丈夫的忠實同志，他底演說底結語是：「不必要我述說她個人底種種德行。她底朋友們知道牠們，而且絕不會忘記牠們或她的。倘若世上有過以使別人幸福爲自己底最大幸福的婦人，那就是這婦人。」

●馬克思在家庭中的諢名。

六 最後一年

馬克思比他底妻多活了一年多一點，但是這一時期眞不過是『慢死』而已；恩格斯底直覺是正確的，在馬克思夫人死的那一天他說，『摩爾人也已經死了。』

因爲在這短時期內兩朋友時常分離，他們通信討論延年益壽，在一種憂鬱底崇高情調之中，這爲全人類的殘酷命運耗盡心血的人的病痛底詳情是深爲動人的。

使他還固執求生的是想要竭其餘力從事於他終身以之的偉大目的的熱望。一八八一年十二月十五號他寫信給索爾吉說：『我已經脫出了雙重殘廢底重病；由我底妻的死而致的精神底傾頽，和肋膜及支氣管容易感冒的生理底痼疾。此後我一部份時間將要完全損失在恢復我底康健上。』這時間一直延長到他死那一天，因爲一切恢復健康的努力都失敗了。

醫生們當初送他到韋特島的維提諾去，後來又到阿爾吉爾去。一八八二年二月二十號他到了阿爾吉爾，但是因爲寒天旅行他又害了胸膜炎。新底憂慮是阿爾吉爾的冬季和春季異常之冷，潮濕和不快。五月二號他帶着新害的胸膜炎到了蒙提開羅，發覺那裏的天氣仍然不好。

不過，當六月初間他和郞格夫婦住在阿眞台爾的時候，他底康健少好了一點。當然，這家庭生活的舒適很有益於他，而且他在安亭附近溫泉場上的沐浴對於他底慢性氣管支炎是有效驗的。後來他和他底女兒婼拉在日內瓦湖畔維維伊住了六個星期，這也大有助益於改善他底健康，以至九月間回到倫敦的時候他似乎完全康復了，時常步行到罕甭斯特高原去——這裏高出他底家約三百尺——並無疲乏的樣子。

於是他打算恢復工作，因爲，雖然醫生們不許他住在倫敦過冬，住在南部海岸地帶是可以的。冒着十一月底濃霧他又去到維提諾，但是他發見那裏的潮濕和霧氣跟上年冬季在阿爾吉爾和蒙提開羅所發見的一樣。他又受寒，因此不能在新鮮空氣中享受有益康健底散步，卻被迫而蟄居室內，體氣越更衰弱，任何科學工作都是不可能的，雖然他對於一切科學底進步還是很有興趣（甚至對於與他自己底研究部門並無直接聯繫的那些科學，如狄普里士在慕尼赫電學展覽會中所作的種種實驗之類。）從他底通信上看來，他底心情是抑鬱失意的。當法國的年輕底工人底黨中開始顯出種種不可避免底病症的時候，他不滿意於他底兩個女婿代表他底觀念的方法；「郎格好像最後底蒲魯東主義者而拉伐格好像最後底巴枯林主義者。鬼惹他們。」在這時候他說了這一句使庸俗這樣糾纏不清底熟語：以他而論他確是不該如此，非馬克思主義底。

一八八三年一月十一號他因爲他底女兒燕尼的死而受了致命底打擊，於是回到倫敦的時候，害着惡性支氣管炎，連帶發生喉頭炎，使他幾乎不能吞嚥食物。「他忍耐着最大痛苦，祇好喝牛奶（這是他生平厭惡的東西）不吃一切較硬底滋養品。」二月間他底一葉肺上生了瘡瘍。他吃下去的藥品在這十五個月以來已經服藥過量的身體上並無多大效驗，卻損壞他底食慾和削弱他底消化力。他幾乎在不知不覺之間逐日虛脫無力，但是醫生們並不放棄希望，因爲氣管支炎已經完全不見，吞嚥食物較爲容易。然而，死亡忽然來到。一八八三年三月十四號午後，卡爾馬克思坐在他底安樂椅上毫無苦痛地悠然沉入長眠之中。

對於這無可補償底損失雖然大爲悲哀，恩格斯卻也發見足以安慰之點。「醫學或許可以使他再拖延幾年，過着毫無希望底殘廢生活，並不突然而是一寸一寸地挨到死，以爲醫業增光。我們底馬克思卻斷不能忍受這個。活活看着還許多未完底工作擺在眼前，受着很想要作而明知不能作的苦——那或許比這樣悠然死去更苦一千倍。和伊壁鳩魯一樣，他常說死對於死者並非不幸，對於後死者纔是不幸。看着這偉大天才苟延性命，以爲醫業增光，以供他在壯健時代常常駡的庸俗小人嘲笑——那麼，我們送他到他底妻躺着的墓中去比這更好一千倍。」

三月十七號，星期六，卡爾馬克思被埋葬在他底妻底墓中。他底家屬賢明地廢除了「一切儀式，」因爲用那些儀式來結束他底生活是痛感着不調和的。不過幾個忠實底朋友站在墓邊：恩格斯和共產主義聯盟時代的老同志里斯那及洛乞納，從法國來的郎格和從德國來的李卜克內希。代表科學界的是兩位最卓越底先驅者，化學家斯科里麥和生物學家拉伊藍克斯特。

恩格斯用英語向他底亡友致告別之詞，誠懇地和簡括地說明了卡爾馬克思對於人類作了什麼和他將要永遠留存在人間的是什麼，這正好借以結束本書：

「在三月十四號下午三點差一刻的時候，這位當代最偉大底思想家停止了思想。讓他獨自在房裏不到兩分鐘，當我們進去的時候我們發見他在他底椅子裏安靜地睡着了——永遠睡着了。

「正在戰鬥中底歐美無產階級和歷史底科學因這人的死亡所受的損失是無法估計的。不久我們就會感覺由於這非常卓越底領袖的死而展開的缺陷。

「正如達爾文發見自然界中有機體的進化法則一樣，馬克思發見了人類歷史的進化法則：這簡單底事實，歷來掩蔽在意識形態底種種贅生物之下：人類首先必須本身有吃，有喝，有住和有穿，然後纔能轉而注意到政治，科學，藝術和宗教；所以，生活必需資料的生產及由此而形成的某一民族或某一時代的經濟發展的特定階段乃是該民族的政治制度，法律原理，藝術以至宗教觀念賴以發展的根基，必須從這根基上來說明牠們，而歷來的說明却和這正相反。

「不止是這一點，馬克思也發明了現今資本主義生產方式的和由此而生的資產階級社會制度的發展的特殊法則。由於剩餘價值的發見光明纔忽然照射在別底一切資產階級底和社會主義底經濟學者們曾經徬徨失措的黑暗之中。

「這樣兩件發明是足够任何人終身從事的。甚至能够作成一件確也是幸運的了。在馬克思研究的許多部門中沒有一種研究是膚淺底，在每一部門中他都有獨立底發明，甚至在數學方面。

「這是作爲科學家的他，還不是他的全體。對於馬克思，科學是一種創造底，歷史底和革命底力量。在理論科學的這方面或那方面有所發明——這發明底實際效果尙未顯現——固然是他底大快樂，而他底更大快樂却在於直接以一種革命方式推動工業發展，全部歷史發展的新發明。例如他密切注意電學的種種發明的進步，以至最近馬爾克狄普里士的工作。

「對於馬克思革命是首要底事，他生存的大目的是促成用這樣那樣方法推翻資本主義社會及由此而生的政治制度，促成近代無產階級的解放：他首先使牠覺悟牠底階級地位和牠底階級需要，認識牠底解放所必需底諸條件。在這鬥爭中他是如魚在水中似的得意着的，他熱情地和固執地戰鬥着，得到稀有的成就。最初是一八二四年的萊因新聞，一八四四年巴黎的前進，一八四七年德文布魯舍爾新聞，一八四八至一八四九年間的新萊因新聞，一八五二至一八六一年間的紐約論壇——後來是許多論爭底文獻，以及在巴黎布魯舍爾和倫敦的組織工作，最後，作爲這一切的冠冕的是那偉大底國際工人協會。眞的，單這協會的組織已就是一種値得誇耀的生平事業，倘若牠底創始者並無其他任何成就。

「所以，馬克思是當代最被仇恨和最被誣蔑的人。專制底和共和底政府都驅逐他出境，同時保守底和極其民主底資產階級都互相競爭着毀謗他。他把這一切像蜘蛛網似的揮開，不理會牠們，到迫不得已纔加以回答。現在他死了，受着歐美數百萬革命工人的敬愛和哀悼：從西北利亞的礦場到加利弗尼亞的海岸。而且我敢說他有許多反對者，可是沒有私仇。

「他底名字將要活過幾世紀，他底著作也將要活過幾世紀。」㊀

㊀這演詞是用英語說的，但是，發表的時候，顯然祇有蘇里支社會民主上的一篇德文譯文。這演說的提綱恩格斯也是用德文寫的。上文是從德文再轉譯爲英文的。——英譯者。

附錄

梅林底馬克思傳初版序言上標明一九一八年三月寫成。所以這著作是依據一九一八年初期以前所能應用的資料的。梅林底準備工作，廣義地說，佔了作爲馬克思主義作家的他底全部生涯，就是十九世紀後期的三十年間。他著作德國社會民主黨史，編輯馬克思遺著，協同校印馬克思和恩格斯通信，以及寫作關於馬克思主義的短篇論文，全都是屬於這準備時期的。祇要一考究在梅林之前關於馬克思和恩格斯的生活和著作所知道的是些什麼呀，就明白梅林所奠下的基礎和所規劃的輪廓。

梅林底馬克思傳綜合着和總結了前此整個時期中的馬克思主義研究——這算是一個總名，包括馬克思和恩格斯關於當時經濟底、政治底，文學底和哲學底發展中所有的著作和組織活動，以及他們底生活；——在這一時期中梅林並不是唯一底主要人物，但是確是那些最偉大底人物之一。而且這淵博底著作是被給與一種古典文藝形式了的。

馬克思傳的大部份寫成於戰爭年代，在這些年代中他同時是德國共產黨的前身斯巴達卡斯同盟的創立者和先驅者之一。這事實是重要底，因爲表明了梅林在他底著作中所採取的政治觀點，這觀點特別現顯在他敘述馬克思恩格斯對於戰爭的態度和他們應付戰爭的實際方略之中，尤其是對於一八七零至七一年的普法戰爭。在歷史的形式中，關於馬克思主義者對於戰爭及其各種歷史底形態梅林有許多意見要說，而以直接底批評方式說明這些意見是當時法令所不許的，甚至在歷史敘述的限度之內，軍事檢察迫使他採取許多迂迴婉轉底方法來達到他底目的。

耕郎茲梅林死於一九一九年一月，而自那時起馬克思主義研究已經開始一個新階級，研究底中心是在蘇聯中央執行委員會主持之下由里阿查諾夫指導多年的莫斯科馬克思恩格斯學院。由於這一大組織的合作者們的助力，大批新資料已經被蒐集，分類和校印。自一九一八年之後，許多政府底警察底和別底案卷保存所已經被公開，在從前這些地方是完全拒絕一切研究者的，或者祇開門給那些毫無疑問底反馬克思主義底研究者。馬克思和恩格斯的著作全集正在由馬恩學院繼續印行，已經進行得很遠，包括着編校精審底全部馬恩通信。此外還有由馬恩文獻所發表的各種遺文和研究，由加斯台夫麥耶發表的拉塞爾遺著和拉塞爾與卑斯麥的通信，以及由舊俄檔案中提出的巴枯林底『懺悔』和關於巴枯林的重要材料，和在萊因地帶，倫敦，巴黎等處的文獻保存所和圖書館中勤苦搜索而得的資料。

然而，不但資料方面巨量增加，而且馬克思主義研究的歷史底地平線也已大為開擴，因為以一九一七年十一月俄國革命為起點的革命底揚起，因為世上初次出現一個無產階級專政的國家而其命運又決不像巴黎公社似的祇是一個歷史底插曲，最後，因為資產階級社會基礎已經動搖而且部分崩潰。在這些巨大底歷史事件的光焰之中，馬克思主義底諸問題已經具有一種大不相同底內容和形式，比之在資本主義社會制度相對穩定的時代，『理論』已經變為實踐，『文字』已經變為『血肉』。

馬克思主義研究的現階段離牠底終點還有一段長遠底路程。詳細底研究還須要繼續許多年，而根據現階段研究結果作成任何完備底著作恐怕在很長遠的將來也還是不可能的。現階段研究的根基自然要依賴馬恩通信及遺文的全部印行。同時，還總結了一八九零至一九一八年期間馬克思主義研究的著作——梅林底馬克思傳——是必不可少的。

這附錄的宗旨是要在牠底簡短形式許可之下使讀者認識由於這期間以後所發表的馬恩原作新出文獻以及研究結果而引起的最爲重要底諸問題。

繁徵博引是超出於這爲一般人而作的傳記的限度之外的。在現階段，卽使這樣作法，也不過是成爲各式各樣底補綴物，並不能滿足科學底確切性和完整性的嚴正要求，同時却擾亂了梅林給與他底著作的古典形式的諧和性。

在某些重要方面，這裏那裏梅林底觀點必須依照他底書的宗旨加以改變，這將要由客觀底方法來作成，而不是由論爭底和批評底方法。

一 馬克思博士論文的準備工作

馬恩學院所繼續印行的馬恩全集使馬克思底博士論文『德謨克利圖斯底和伊壁鳩魯底自然哲學之間的差異』的準備工作初次公開於世。這準備工作開始（在柏林）於一八三九年冬季，分明顯示甚至在那時馬克思就已離黑格爾而獨立。這工作證實了恩格斯回答烏登（一個蒲列罕諾夫底學生）的話。烏登問：『是否馬克思無論何時都是在確切底意義上的一個黑格爾派？』恩格斯底答覆底大意是：『關於德謨克利圖斯和伊壁鳩魯之間的差異的那論文確已顯示這可能性：在他底著述活動的初期，馬克思，完全把握住黑格爾底辯證方法，可是還未被他自己底研究的進步所逼迫而把這方法變爲唯物論辯證法，就已完全離黑格爾而獨立，在黑格爾最爲擅長的方面，卽思想史方面。黑格爾並未改造伊壁鳩魯派的泛神論底辯證法，而祇是隨意擇取這體系中的一些精華，而馬克思卻改造了這一派底泛神論底辯證法，並且絕不理想化牠，卻把牠和亞里士多德底體系相比較以暴露牠底內容薄弱。然後恩格斯詳細解釋馬克思對黑格爾的態度和拉塞爾對黑格爾的態度之間的大區別，指出拉塞爾「始終不曾把他自己從他對於黑格爾是一個學徒的關係中解放出來……」恩格斯也追述馬克思曾經打算還要更進而研究希臘哲學史而在甚至將死之前馬克思還對他談到，毫不掩飾他偏愛唯物論諸體系，而且他底主要根據在於柏拉圖和亞里士多德，以及來伯尼茲和康德。」（馬克思主義年刊，烏登底合法底馬克思主義入門。）

在這準備工作中特別有趣的是他嚴厲批評古代「庸俗主義者」普魯塔奇所主張的個性不朽的觀念，和讚美「眞實底羅馬史詩詩人」唯物論者和諸神之敵留克里丢斯，更進而揚言將來哲學向現實世界的進攻：

「正如哲學中有些接合點，使哲學在其中接觸着包含某些抽象原理在一種綜合性之中的具體事物，因而中止了那直線的進行一樣，有時哲學也不再高超，而像實務底人似的和現世私通密謀，離開阿曼斯●的清明底軌道，而投身於凡俗妖婦的懷中：：但是像那盜得天火而建立家宅在地上的普洛米修斯一樣，涉足於現世的哲學也轉而反對那超凡底天界。這就是黑格爾底哲學現在正在作着的事。」（全集一卷一七二頁）

這提示已經表明轉而反對超凡境界和實行對牠抗爭的哲學必須改變牠自己底形式。所以馬克思不久就達到結論，哲學因爲要充實牠自己必須清算牠自己。

最後，關於「哲學底歷史底著作」馬克思所說的話之中包含着將來唯物論底發展的一粒結實底種子。

●（Amenthes）未詳，大概是神話人物。

在每一哲學體系裏人必須『從哲學們竭其所知提出來的論證辯解表示之中區別出諸定義本身那恆久眞實底結晶體。』（全集一卷一四三頁）

後來，成爲歷史底唯物者，馬克思更進而區別某一時代對於牠自身怎樣思維，牠底『意識形態』與牠底眞實之間有怎樣的差異。

二　批評黑格爾底法律哲學

這初次發表於全集一卷四零三至四六三頁。全集編校者們以爲牠寫成於一八三四年三月至八月間，就是說，在馬克思辭萊因新聞編輯職務之後。在郎得孝(S. Landshut)和麥耶(I. P. Mayer)爲馬克思和恩格斯初期著作所寫的導言（馬克思史底唯物論及其他，來比錫，阿弗里得克隆尼出版，一九三二年）中，他們設法證明這作品早已寫成於一八四二年三月間，當時馬克思曾經把牠送給路格去發表在他底哲學逸話上。

馬克思在這作品中對於這問題申述了他自己底獨立底見解，這些見解有三個要點。第一，發現黑格爾底唯心論底辯證法的『神祕』過程的顚倒錯亂，第二，發現歷史發展的根源並不是黑格爾所主張的國家，而是『資產階級社會』，第三，辯明資產階級共和國本身就是一種不能解決底矛盾，不但不能實現眞正底人類大同，反而促使人間底敵對達於極端而私有財產便是各式各樣資產階級國家的基礎。

首先是關於黑格爾的『邏輯底泛神底神祕主義』：

『實在（對於黑格爾）變爲一種現象，而除了這現象而外觀念並無別底內容。觀念也沒有別底目的，除了「是永久自在的眞實精神」的邏輯底目的而外。這一節包含着黑格爾法律哲學的及其一般哲學的全部

祕奥。」（四零八頁）

「重要的是黑格爾在各處都以觀念爲主詞，而以現實底眞正底主詞，例如，「政治意見，」爲敍述詞。然而，發展時常進行在敍述詞方面。」（四一六頁）

「那唯一目的（黑格爾的）是在各項要素之中發見自在底「觀念，」「邏輯底觀念，」無論那要素是國家，或自然，同時那些實際底主詞，如以「政治結構」而論，都變爲不過是名詞，不過是認識的表象。牠們現在是而且永遠是不會被理解的，因爲牠們在根本上沒有可理解的條件。」（四一二頁）

「他（黑格爾）並不從事物發展他底思想，而是按照着在邏輯的抽象領域中自成一體的思想來發展事物。那目的並不是發展「政治機構」中的特定觀念，而是把牠作爲一環安排在牠自己（作爲觀念）底歷史之中，顯然使牠神祕化。」（四一五頁）

「正因爲黑格爾出發自一般原則的敍述詞，而不自現實底主詞，而這些原則到底必須有所根據，於是神祕底觀念就成爲這種根據。這是黑格爾底二元論，他並不把一般看作有限底現實的實體，就是說，並不把有限底存在，或現實看作無限的眞實主體。」（四二六——七頁）

因此，馬克思批評地破除了黑格爾唯心論辯證法的神祕主義，詳盡地揭露了牠底一切過程，主張一種根據於現實的辯證法，就是說唯物論底辯證法。這是一個根本底巨大底進步，不但超過黑格爾底唯心論，而且也超過一切唯心論，同時仍然保留着「理性，」就是，黑格爾底辯證法的物底實體。這也超過了費爾巴赫。

國家與資產階級社會：「無產者在私有財產的國家中有什麼權力呢？私有財產本身的特殊權力便是國家存在的根基。國家的政治組織還有什麼和這根基相矛盾的麼？國家決定牠本身被決定的位置，這是幻想。」

（五一九頁）

「私有財產是總範疇，國家的總綱。」（四八二頁）

代議政治的，形式底民主政治的矛盾：「代議政治（比較貴族政治）是進步的，因爲牠是近代國家狀況的坦白底，不曲底和邏輯底表現。牠不隱藏矛盾。」（四九二頁）

代議的矛盾：「議員們名爲被委託爲代表，而實際並不是……」（五四二頁）

在那時馬克思對於這矛盾的解決祇能提出概略：「政治底共和是在抽象底國家形式之內的民主。民主的抽象底國家形式便是共和。然而因此牠已經不是純然底政治組織。」（四三六頁）

「黑格爾底出發點大體是從國家與「資產階級社會」的分離，從「特殊利益」和「物自體」而官僚政治確是根據於這種分離的。」（四五四頁）

「官僚政治到底不過是把一般利益變爲特殊利益，不僅在——如黑格爾所說——觀念上，在抽象中，乃是在實際上，而要清算官僚政治祇有把特殊利益變爲一般利益纔可能。」（四五七——八頁）

「行政權現在是最難發展的。牠屬於全體人民的程度遠過於立法權。」（四六四頁）

眞正可驚的是：經由他底透澈批評，資產階級國家的實質和當時發展最高底法律哲學（黑格爾底），馬克思何等清楚地把握了發展到最高形式的資產階級國家（民主共和國）的根本特質而且他已經怎樣畫出更進步底另一種國家形式的輪廓，在那時他稱這新形式底國家爲「眞實底」國家。由此我們可以知道他所受費爾巴赫的影響不但有限，而且他立刻超過牠。

由馬克思底這些早期底著作所能提供的最重要底結論是：他歷來不是在資產階級意義上的和形式底

民主主義的民主主義者。

三　弗勒得里奇·恩格斯

在梅林底馬克思傳出版之後，關於恩格斯的發展和活動曾經發表過大批新資料。一九二零年加斯台夫麥耶底恩格斯傳第一卷出版，附帶着一卷早期著作(Schriften der Fruhzeit)。一九三零年全集第二卷出版，包括恩格斯一八四四年初的著作，以及書信和評論，幾乎達到七百頁之多。全集關於一八四八年以前各卷中也包含着恩格斯底一些重要底新資料。恩格斯底自然辯證法(Dialectics in nature)已經全部發表在馬恩文獻第二卷中。另一些從未發表過底恩格斯底小著作被收集在馬克思主義年鑑之中。因此關於他底事業的知識已經大爲增多，這種知識越增多，他就越更從由於他自己底太謙遜而致較爲隱晦底地位上顯露出來。

四　馬克思底初期經濟學研究和著作

一八四三年馬克思在巴黎開始研究經濟學，閱覽英法諸大家的著作。他底起點是發表在德法年刊上的恩格斯底政治經濟學批評綱要。這些還保存着的筆記本包括許多提要，摘錄自亞丹斯密士(Adam Smith)，李嘉圖(Ricardo)，穆勒(Iames S. Mill)，麥克古洛奇(Mccolloch)，斯阿(I. B. Say)，李斯特 (Friedrich List)及其他諸家。波伊斯格勒伯(Boisguillebert)是他所讀的第一個法國老經濟學家。馬克思打算把他底經濟學研究結果發表在一本小册子裏，更進而繼續發表一些獨立底小册子，批評法律，道德，政治等，然後把牠們融會貫通起來作成一部專書，最後是關於玄學底唯物論的批評。那些經濟底哲學底稿子現在已經編印在全集第三卷裏，二九至一七四頁，連帶着那些筆記本裏一篇最重要底評論同書四三七至四七三頁。

這些著作中所用的術語還分明地在費爾巴赫的影響之下。在他爲政治經濟批評的那些稿件而作的緒論的提要中馬克思指出德法年刊中的維特林（W. Weitling）底和赫斯（M. Hess）底論文，以及恩格斯底政治經濟批評綱要都不過是初步工作。『一般的積極批評，其中也包含德國對於政治經濟的積極批評，必須借重費爾巴赫底將來的哲學和哲學改造論中的『費爾巴赫底發明』以爲『眞實基礎。』『積極底人本主義底和自然主義底批評』是自費爾巴赫開端的。下列各點可以表明那時馬克思底經濟批評的初階。

亞丹斯密士所提出的工資法則是被認爲正確的。『據斯密士說，平常工資是最低的，祇適合於簡陋底人生，即動物生存。』（三九頁）生產過剩是最有利於工人的一種社會狀態——財富增廣——的結果。（四三頁）工人階級的境遇的特徵被述如次：『……在社會衰落底狀況中我們發現工人有日趨愈下底災害，在進步底狀況中工人有複雜糾紛底災害，在安定底狀況中工人有停滯不移底災害。』指出『那些枝節底（en detail）改革家——想要提高工資，或如普魯東想要建立「工資平衡」』——的錯誤（四六頁）馬克思鑒於社會財富增加而工人收入固定，採用了德國經濟學家斯休茲(Schultz)的『工人相對貧窮』的觀念。資本有時被定義爲『積存勞力』（依照亞丹斯密士）後來又定義爲『支配勞動及其產品的權力。』並沒有分析過資本底利潤。在私有財產的法則之下資本的累積結果都集中在少數人手中，這是由於競爭推進着資本的自然歸趨。（五七頁）固定資本和流通資本是從亞丹斯密士借來的。不變資本和可變資本還不曾出現。他也接受了亞丹斯密士底地租論，但是批評道：『這顯然是政治經濟中混亂觀念，把土地的豐腴轉化爲地主的職能。』(六二頁)地租是在佃農與地主之間的鬥爭中建立起來的。『在政治經濟中各處我們都發見利害相反的敵對場面，爭鬥戰爭是被承認爲社會組織的基礎的。』小規模耕作的地主對於大規模的地主的關係，正和自有工具的手工工人對於『工廠主』的關係一樣。(七四頁)社會終於分裂爲兩個階級，財產所有者們和沒有財產底工人們。(八一頁)(資產階級底)政治經濟學是從私有財產這要素出發的；牠把私有財產的實際過程歸納在概括底抽象形式之中，在法律之中，但是牠並不理解法律，就是說，牠並不表明法律是以私有財產爲出發點的。由此馬克思達到他底歷史底批判，就是，他對於這問題的革命觀點。並不從什麼『捏造底原來狀況』加以解釋，而必須從『現存底政治經濟因素』來解釋。那理由在什麼地方呢？『勞動不但生產商品，也生產牠自己，像生產普通商品似地生產工人。』(八二至八三頁)勞動所生產的事物自身表現爲『一種疏遠底存在，』爲離生產者而獨立的一種勢力。勞動的離心傾向和客體化。『這一切結果都發生於這種情形：工人把他底勞動的產品看作一種疏遠底存在。因此這就顯明了工人越更盡力勞動，他在他自己之外所創造的疏遠底客觀世界就變爲越更強橫，而他和他底內心底世界就變爲越更貧乏，可以稱爲他自己底的就越更少。這正如宗教上一樣，人越更信賴上帝，他自己內心就越更減少把握……』(八三頁)

『勞動的離心傾向』表現在下列根本現象之中：

(a)勞動對於工人成爲『外在底，』就是說，牠和他底本身不相連屬：他在勞動中覺感不幸，並非自由發揮他底體力和智力，而是在『強制』他底肉體和毀損他底精神。於是工人『覺得他底個性祇在勞動之外而勞動是在他自己之外的；』

(b)他底勞動不屬於他，而屬於別人；而且

（c）因爲客體化底勞動違反人性，1.違反自然，2.違反他自己，違反他底活動機能，違反他底生活底原動力，這種勞動也就使他化爲異類。

離心底勞動產生『並不生產的人們支配生產及其產品的權力。』（九一頁）私有財產，表面上是離心底勞動的根源和理由其實是牠底種種後果之一。（九一至九二頁）一切政治經濟底範疇都可以從離心底勞動這觀念和私有財產得到解釋。

『離心傾向，』『客體化』這觀念是直接來自費爾巴赫的，再遠些是來自黑格爾，但是必須說明的是這裏馬克思從革命觀點上把握住資產階級經濟秩序的種種基本事實之一，即工人與生產工具的分離。批評馬克思底早期經濟著作的許多資產階級學者們都不會注意到這一點。雖然術語還是黑格爾和費爾巴赫的術語，這分析却是革命底和唯物底，從工人階級和社會主義的觀點上把握住資本底基本關係，因此超過黑格爾和費爾巴赫。在這一階段中馬克思底分析的要素並不是費爾巴赫主義的形式底皮殼，而是那顯然已經超過費爾巴赫的實際內容。

馬克思還區別『原始共產主義』與共產主義之間的不同：前者是一種含混底一致，抽象地否定文化和文明的世界（他用這名詞的意義是說原始底工匠底共產主義，連帶着一種隱遁主義的觀念，推翻從來底文化世界等等，）而後者是進化的更高階段，『把私有財產當作人類自外生成之道加以積極清算，因而使人底功能順應人性而適用於人道；因而以從來發展而得的全部財富爲基礎，人完全自覺地歸復爲社會底人，就是說，眞實底人。』（一一四頁）以資本主義的技術和文化底成績爲基礎的共產主義！在這一階段馬克思還稱這種共產主義爲『完成底自然主義』和『人道主義。』

他進一步說道，「共產主義是作爲「否定之否定」的肯定，因而是人類解放和自返的歷史發展的第二階段的必要因素。共產主義是最近將來的必然形式和推動原理，但是共產主義並非人類發展的目的——而是人類社會的形式。」（一二六頁）

這觀念的更發展和顯明被發見在馬克思對哥達綱領所作的旁註之中，這旁註概略地說明了社會主義和共產主義的發展的各階段。後來馬克思完全拋棄「人類發展的目的」這觀念，而恩格斯（在馬克思同意之下）却在反杜林中發展這觀念：人類發展中的一個興起底支派必須假定一個衰落底支派，終於必須假定人類的歷史底目的。

在這裏我們也可以發見史底唯物論的核心：人底社會意識是被他底社會存在所決定的。「在人底屬從底意識中他肯定他底現實底社會生活，在思想中他不過是重複溫習他底現實經歷而已。」（一一七頁）「屬從底意識」這名詞還是費爾巴赫底的，但是那內容却根本底地超過費爾巴赫了。

接着馬克思分析「離心底勞動，」他又根據黑格爾底現象學（一八零七年出版）批評黑格爾底唯心論底辯證法。黑格爾底精髓：1.他把人類的自我創造理解爲一種過程，2.分析人類勞動。然而黑格爾祇以「抽象底智識勞動」爲勞動。他祇看見勞動底積極方面，而不看見牠底消極方面。人是被看作一種非物質底精神存在的。精神界是被認識和被清算爲人的外在底自我，但是同時被認爲人的眞實存在。「這是黑格爾底錯誤底實證主義的根源，或他底純然表面底批評主義的根源。」（一六三頁）

五　作爲國際組織者的馬克思

馬克思和恩格斯的組織活動的最高成就是把他們底許多社團合併爲共產主義同盟，而由同盟採取了科學底共產主義。首先闡明這一點的是里阿查諾夫，他把這比擬爲八十年代和九十年代間俄國各社團的終於合組成俄國社會民主黨。馬克思和恩格斯先在布魯舍爾組織『工人教育協會』他們從布魯舍爾聯絡德國，倫敦，巴黎和瑞士的共產主義團體。馬克思寫信請普魯東援助巴黎的通信委員會。在一八四六年中，布魯舍爾的中央通信社的指導者是馬克思，巴黎分社是恩格斯，倫敦分社是包爾，斯卡伯和莫爾。一八四七年一月二十號倫敦通信委員會派莫爾爲代表到布魯舍爾報告倫敦社會狀況。這次訪問造成了在倫敦開國際代表的決議。共產主義同盟就是在這大會中建立起來的。威廉烏爾伏代表布魯舍爾出席大會。規約草案交由各分社討論，等到第二次大會提出。組織的單位是『社』或分部。『社』組織於各區內。『中央區』選舉中央委員會。同盟發行了最初底共產主義機關刊物。（祇出過一期。）第二次大會舉行於一八四七年十一月。馬克思出席。在詳細討論綱領之後，馬克思受命起草共產黨宣言。宣言發表於一八四八年二月下半月。値得注意的是這共產主義宣言的最初兩版都題名爲共產黨宣言。

從這些情形看來，馬克思和恩格斯起草宣言和制定第一次國際共產黨綱領顯然不是孤立底作家的作爲，而是執行他們所組織的國際共產主義運動的領導者的任務。雖然這運動在數量上是很弱小的，牠到底代表了當日工人階級運動中一切最進步底份子的團結，因此牠是十九世紀和二十世紀工人階級社會主義和共產主義運動的眞實起點。這組織具有非法底性質是必然的，但是牠已經不是古舊底意義上所謂『陰謀反叛底團體』而是一種國際組織底革命黨，那時牠底主要目的是以馬克思和恩格斯所開發的科學底共產主義或社會主義爲根據，播種堅實底共產主義宣傳。

六 『德國意識形態』

『德國意識形態——批評最近德國哲學及其代表者費爾巴赫，包爾和斯丁納，並批評德國社會主義及其各種預言家』這書現在已經全部發表在全集第五卷之中。

第一節『費爾巴赫』中包含着馬克思和恩格斯所開發的史底唯物論的諸要素的敘述，和對於費爾巴赫的綜合底批評。人類的發展開始於人類產生生活工具。某種『生活方式』是以生產什麼和怎樣生產爲特徵的。『分工』的各階段決定財產的各種歷史底形態，就是說分工的該一階段也決定了關於勞動的資料，工具和產品的各個人的相互關係。（一一頁）財產的重要階段：1.『部落財產』（卽原始共產主義）奴隸制度開始；2.『上古國有財產』（奴隸制度還存在。）然後眞正個人私有財產的發展。3.『封建底或共有底財產；』4.資產階級底財產。『意識絕不會是別底什麼，不過是認識存在而已，而人底存在便是他底現實生活過程。』（一五頁）（所謂超然）『獨立底哲學』失掉牠底存在與眞實的表象之間的中介物。牠底地位儘可以由綜合從人類歷史發展的冥想中所得的種種抽象底結論來代替。（一六頁）『生活的產物，個人勞動底成果和生殖的新生命，都有雙重關係，一方面是自然底關係，另一方面是社會底關係——卽幾個個人合作之意，不論這種合作的條件，方式和目的如何。』（一九頁）這一段很重要，因爲牠無可非難地表明後來恩格斯在論斷人類生活的生產和複生產爲社會發展的基本因素中所使用的程式並非他自己的臨機應變底卽興之作，如某些馬克思主義批評者所爭持，而是早在一八四五至四六年間馬克思和恩格斯就已共同使用了的。語言像意識一樣古老，牠一種社會底產物。最初底分工是在性底行爲上，這是由於生理底特質的不同等等。國家是由特殊利益與一般利益之間的衝突而發展起來的。國家之內的一切爭鬥都是階級之間的實際鬥爭所幻化而成的現象。(二三頁)志在得到統治地位的各階級首先必須奪取政權。「有產者底社會」是全部歷史的眞實基礎和舞台。後來所用的「意識形態底上層構造」這名詞在這裏是用「理想主義底上層構造」這名詞來代表的。(二六頁)費爾巴赫想要把稱呼一個特殊政黨的支持者的共產主義者這名詞轉移爲徒具形式底範疇。(三一頁)費爾巴赫進展到一個理論家所能進展的地步,無論如何不超出哲學和理論之外。費爾巴赫把他自己限制於對於物底世界的純然冥想。他停滯在抽象底「人」上。他把人理解爲物體,而不當作「物底動力」。他並不批評現實底生活狀況。「在共產主義者看見變革工業和社會機構的必然性和條件」的地方,他倒退入唯心論裏面去了。「以作爲一個唯物論者而論,費爾巴赫對於歷史並不說什麽,而當他考察歷史的時候,他却不是唯物論者。」(三四頁)在統治階級之內,一種分工實行於牠底「作育意識形態的專家」與其餘底羣衆其——實是「這階級的活動份子」——之間。「國家不過是有產階層對內對外必須採取來保障牠底財產和利益的組織形式。國家的獨立祇是在這樣底國度中:社會各品位還不曾完全發展爲階級,或較爲進步品位已被廢除,但仍顯出作用,或社會中沒有一個階層取得優越地位。這就是德國的特殊情形。」(五二頁)

生產力發展到某一階段,生產工具和交通工具的生產,在某種情況之下,祇能召致損害,成爲「破壞力」。負擔着社會的一切重累的階級代表社會全體成員的大多數,被迫而敵對其他階級,覺悟根本改革的必要,與起共產主義底意識,那麽這一階級就是那必需底革命的原動因素。牠對歷來底統治階級實行一種革命鬥爭。共產主義底革命「淸算一切階級的統治和階級自身。」革命的必要不僅因爲祇有用這種方法纔能推翻統

治階級，而且也因爲祇有用這種方法纔能使新興底階級『自身避免過去一切積重難返底弊害，能够建立一種新社會。』（五九頁）

『在我們看來，歷史上已往底一切衝突都發生於生產力與社會體制之間的矛盾……所以，在某一個別底國度裏由這矛盾而引起的衝突並不一定在這一個別底國度之內激昂到爆發點。對付更高度工業化底國家的競爭——由於國際關係的擴張所造成——是充分足够在工業發展程度較低的國度中產生同樣矛盾的（例如，德國的潛伏底無產階級由於對英國工業的競爭而顯揚起來）』（六三頁）這一節明示甚至那時馬克思和恩格斯也已知道共產主義底革命或許不一定首先爆發於最高度底工業化底諸國之內。

對於斯丁納的批評佔去德國意識形態的較大部份（九七頁至四二八頁）。梅林說：『在這書的最枯燥底幾章裏，牠甚至比神聖家族更爲支離散漫，雖然沙漠中並非完全沒有沃壤，可是到底較爲稀少。』（參看本書第五章第一節）

要我們今日的工人理解馬克思和恩格斯反對斯丁納的論爭的詳細情形確是困難的，但必須指出這論爭絕不是對於今日的讀者無關重要的任何哲學底空洞問題，而是共產主義與無政府主義之間的根本討論。斯丁納是無政府主義的主要泉源之一。倘若能够從這討論中把關於社會主義和共產主義對于無政府的關係有根本重要性的每一件都拔萃編纂成一種評論，這是很有價值底工作。這討論中確是包含着這種評論的一切基本要素的。這書詳細證明斯丁納底『自由人的聯合』不過是『現社會的理想底反映』。（一八八頁）小資產階級底心理，牠底需要和牠底理想，是被揭露爲斯丁納底批評主義的基本的。斯丁納所宣傳的『反叛』是作爲反抗共產主義革命的。

馬克思和恩格斯說:「這以貧弱底駢文儷句和褪色底花言巧語寫成的全部反叛哲學到底不過是爲暴發主義辯護的誇張之詞而已。凡暴發戶在採取「自我行動」的時候都有特殊心理,想要不顧一般實際情形使他自己高升起來。他想要越過現存底障礙,而把別底東西據爲己有。已經「升」爲工廠主的那織工曾經厭惡織機,就離棄了牠。否則世界仍然要照常繼續牠底循環不斷底日常生活,這位「高升」底暴發戶就得作出僞善底神氣勸告別人們也要學他一樣變爲暴發戶。所以,斯丁納底一切挑戰底大言歸根結蒂不過是由吉勒提●底寓言而得的道德底結論,和對於有產者底苦況的玄學底解釋而已。」(三六零至六一頁)

關於「眞正社會主義」的批評,有下面這樣重要底一節:

「眞正社會主義是最完全底社會文學運動,牠底發展毫無現實底黨派意味,而且在共產黨成立之後牠也還想無論如何繼續存在。自從德國國內發展着一個眞實底共產黨以來,眞正社會主義者們顯然將要越更越更祇限於以小資產階層爲他們底羣衆,祇限於以頹廢無力底饒舌家爲這羣衆的代表人了。」

使作爲無產階級前衞組織運動的共產黨脫離小資產階級和那些小產階級意識形態底作家們的虛空運動是必要的。

七 馬克思與戈龍「工人協會」

馬克思和恩格斯於一八四八至四九年間加入革命運動,成爲民主運動的左翼,盡力向前推進。在這些年間民主派底主要羣衆是革命底小資產階級,城市的工匠和店員,鄉村的大農小農。這小資產階級成爲當時德

● Gellert.(1715–1769)德國神學家。

國革命運動的主力軍。工人階級運動，在數量上還很薄弱，以同盟者的姿態作為這小資產階級運動的左翼而活動着。馬克思和恩格斯所採取的戰略是工人階級運動先與革命底小資產階級結為同盟，當後者還是進步底而且不妨礙工人階級運動的時候，那總目的是推進革命底小資產階級使牠能夠取得政權，督促牠採取強有力底革命方策打擊貴族和資產階級，然後把工人階級組織成獨立底革命勢力對抗小資產階級，在適宜底時機從後者手中奪取政權。在他們眼前的事例是法蘭西大革命中的甲可賓黨的專政，即城市小資產階級，工人和農民的專政。

然而，德國的革命底發展却在不同底路道上。資產階級與皇室和貴族成立妥協，而小資產階級在幾次規模不大的短促底突擊之後就狼狽潰退了。

馬克思和恩格斯領導來因地帶民主運動的活動是人所熟知的，而且已經屢有足夠底記載。而首先闡明馬克思和恩格斯在戈龍和來因地帶的工人階級運動中的任務的却是梅林。

一八四八年四月十三號一個名叫科斯喬克的醫生創立戈龍工人協會，而且牠曾經迅速發展。五月八號科斯喬克宣稱已有會員五千人。協會以「來因民主聯合會區委員會」為代表機關，而且自始馬克思就通過莫爾和斯卡伯而指導着牠。不過當初，「馬克思派」是少數派。在科斯喬克領導之下的多數派不願和小資產階級底民主派聯盟，而且決定不參加普魯士和德國國民會議的選舉。七月三號科斯喬克和他底助手安尼克被捕。於是馬克思派在協會取得多數派，莫爾於七月六號當選為區委員會主席，和馬克思及恩格斯攜手合作。鬥爭緊張起來，斯卡伯（也是共產主義者）和青年律師貝克也於九月二十五號被捕。官方也曾企圖逮捕莫爾，使他不能不隱藏起來。繼承莫爾的諾茲永和羅色感覺他們不能勝任，於是馬克思於十月十六號親自執行主席職務，於十月二十二號由協會在加桑尼奇所舉行的全體大會確認他底地位。他到底成功，使協會參加選舉，而且提出一種新章程，於一八四九年二月二十五號得到通過。二月二十八號斯卡伯又取得領導權。四月十五號馬克思，威廉烏爾伏，斯卡伯和安尼克退出區委員會，同時工人協會也退出聯合會。馬克思已經決定組織獨立底工人團體的時機已經成熟。五月六號來因地帶和威斯特伐侖的各工會舉行了一次代表大會。牠底會議程序是：1.組織來因地帶和威斯特伐侖工人聯合會；2.選舉代表出席全國工人聯合會代表大會（六月，在來比錫）3.本會議決案。一八四八年五月十六號馬克思接到驅逐他出戈龍的命令。

八　第一國際

關於創立第一國際的歷史，里阿查諾夫曾經搜集得許多新資料。（馬恩文獻第一卷。）在這裏我們祇能列舉一些在準備創立中的最要事項。

一八六二年二月二十一號——由一個委員會發信邀請巴黎工人派代表到倫敦參觀世界博覽會。二十萬工人參加選舉，選出了二百個代表。第一批代表於一八六二年七月十九號起程，最後一批於十月十五號起程。

由於工人的編者的提議，於七月中在倫敦成立法國工人招待委員會。八月五號，在共濟會堂開會，但是具有資產階級性質的倫敦工聯會並未參加。一部份法國代表，連建築工人托侖在內，和倫敦工會建立聯絡。法國委員會分裂；非拿破崙派分子（托侖等）退出委員會，獨立行動。

在英國和法國宣傳贊助波蘭叛亂。法國工人被邀請到倫敦。

一八六三年七月二號——在聖哲木新堂開會。倫敦工會的和法國工人的代表出席。英法代表和參加者開會之後討論。

七月二十三號——由倫敦工聯會召集法國代表在老巴勒「鐘店」開會。決定選舉委員（五人）對法國工人發表宣言。宣言於十一月十號在「鐘店」第二次會議中通過。宣言於一八六三年十二月五號在蜂房印刷出版。八個月之後法國工人纔有回信到倫敦。一八六四年九月二十八號，在倫敦聖馬丁堂開會討論那回信。馬克思親臨講壇，但是並未積極參加討論。由他指定伊克卡留斯爲發言人。選舉臨時委員會，伊克卡留斯和馬克思被選爲德國代表，處理通信事項。議決根據英法宣言組織「國際協會」作爲國際間通信和討論的機關。並成立小委員會，包含馬克思在內，起草協會「規約和章程。」其餘的事是已經週知的。

一九一八年十一月以後，由於考察奧國警察檔案的結果，發覺伊克卡留斯——在國際工人協會理事會任職多年，後來和馬克思爭吵的——曾經以理事會進行的情報供給奧國特務機關。（Brugel, in Der Kampf, vol. XVIII)

九　馬克思恩格斯與拉塞爾斯乞委塞

梅林對於拉塞爾斯氣委塞及其政策的態度在今日是不可取的。梅林死後纔發現的一些重要事實，和此後工人階級運動發展所引起的一些新問題，迫使我們否定梅林對於拉塞爾派運動的態度。這全般問題曾經詳細檢討在波爾諾(L. Pollnau)所作的梅林全集第五卷導言裏。這裏我們祇能略舉梅林對拉塞爾派運動的意見必須修改的一些新事實和新原則。

第一件事實是俾斯麥和拉塞爾的通信，這些信在一九二八年偶然發現於普魯士首相布闌（Otto Braun）內閣的一宗未分類的舊擋案之中。布闌把這些信交給邁耶發表於後者所撰輯的俾斯麥與拉塞爾，他們的通信和討論(G.Mayer: Bismark und Lassalle, ihr Briefwechsel und ihr Gespräche)。通信開始於一八六三年五月十一號，先由俾斯麥寫一封短信給拉塞爾，邀請他去會談「勞動問題」，這就是說，早在拉塞爾的工人聯合會建立之前。現在摘抄拉塞爾於一八六三年七月八號所寫的一函裏的一節，以表明他對於俾斯麥和普魯士國王的態度：——

「然而從這縮圖（德國工人聯合會會章）看來，你就可以認清勞動階級本能底地傾向獨裁政治，祇要他們相信這獨裁政治是爲他們底利益而實行的，而且，如我最近向你所提議，無論他們如何傾向共和——或者正因爲這種傾向——他們都很願意擁戴國王爲社會統治的天然工具而不爲資產階級謀私利的工具，倘若國王能够決心採取——實際是很不可能地——一種正眞革命底國家政策，把牠自身從特權階級的君主制轉變爲革命人民的社會君主制。」

第二件事實是從淮格納(Hermaun Wagener)的遺書中所得到一個文件（也是由邁耶發表的）；向俾斯麥借到二千五百台勒的一張收條，簽字者是霍弗斯提坦(Von Hofstetten)，斯乞委塞底親信，社會民主編輯之一。參看邁耶的全德工聯會與一八八六年的危機(Der Deutsche Allgemeine Arbeiter-verein und die krisis)，發表於社會科學及社會政策文庫(Archiv für Sozialwissenschaft und Sozialpolitik)，第七十五卷（一九二七年版）一百六十七頁以下。

這些文件證明拉塞爾和斯氣委塞所遂行的政策使他們依靠俾斯麥和普魯士國王的反動底封建君主

專制到工人階級所不能容忍的程度。馬克思和恩格斯所進行的政策則是：1.完全獨立的工人階級運動；2.聯合小資產階級和農民中的革命份子反抗大敵，封建底反動派；3.凡是資產階級和軍事貴族及國王衝突的時候，就鼓勵資產階級。這政策是適合於革命工人階級底黨的利益及原則的唯一政策。馬克思和恩格斯簡直棄絕了拉塞爾派運動的前提，認爲一種機會主義，從一八四八至四九年間共產主義運動所已達到的明白原則墮落爲政客陰謀（Realpolitik）。在馬克思恩格斯與拉塞爾斯乞委塞的衝突中，前者是完全正確的。

十 馬克思與巴枯林

關於馬克思與巴枯林在第一國際中的衝突，梅林底態度在今日也是不可取的，而且也由於一些新事實和工人階級運動發展的一些新問題使我們必須修正他底意見。梅林對於這問題所犯的錯誤可以由下述情形加以解釋：第一，當時德國社會民主派對於巴枯林及其無政府主義的攻擊總是出於機會主義底考慮以及庸俗底道德論（而與馬克思和恩格斯所考慮的完全無關。）第二，自一八九零至一九一四年間，德國無政府主義對於社會民主運動並無任何嚴重危險。因此梅林忽略了第一國際時代的情形和當時德國情形根本不同，更不知道在革命的某一階段中無政府主義幾乎必然抬頭，而且牠一出現就必然在謀種情況之下，擔任一種反革命底任務。（例如馬氣諾夫在烏克蘭的任務。）

十月革命以後，從俄帝國底檔案中得到一些關於巴枯林的新事實。關於巴枯林的最重要底文獻，已經公開的，是所謂『懺悔』，這是他在奧洛夫伯爵提議之下寫給沙皇的，在他被奧國政府交付給沙皇底警察之後。這文獻由巴枯林寫成於一八五一年九月十五日，數日後進呈沙皇，沙皇交給太子閱讀，讀後歸入『第三部』

檔案中。這文獻於一九一九年發見在列寧城中央檔案所，隨即發表。巴枯林於一八五七年二月十四號寫給沙皇的一封信也已發見公佈。

這兩個文件的主旨都是要求減輕刑罰。在『懺悔』裏巴枯林從『改悔底罪人』——他簽名自稱——的觀點敍述他底革命事業。一八五七年二月十四日所寫的信甚至比『懺悔』更爲惡劣，其中有這樣底話：『我將要用什麼名詞稱呼我底過去底生活呢？開始於空想底和無效底努力，結束於罪惡……我詛咒我底錯誤，我底荒唐和我底罪惡……』從政治觀點加以研究，二月十四日的信和『懺悔』都表現着沙皇主義的大斯拉夫底反動傾向。巴枯林毫不遲疑地投合沙皇主義反對西歐民主革命運動的反動企圖。

根據現有的關於巴枯林的材料，人能够反駁馬克思和恩格斯對於他的態度的不過是他們不曾在更早時間批判他底任務而已。

關於馬克思和巴枯林之間的黨派鬥爭的『道德性質』的討論，在今日是很次要底問題。馬克思和恩格斯並不是『無邪底羔羊』，而巴枯林及其黨徒也不是的；他們雙方實行黨派鬥爭，無法嚴格適合於成規定則。無論如何，這一切現在是很次要底了。在巴枯林派與馬克思派的鬥爭之中根本原則和歷史是在馬克思和馬克思主義方面的，因此，我們可以斷言，『道德』底正當也在這一方面。